新世纪临洮教育初探

XINSHIJI LINTAO JIAOYU CHUTAN

魏文忠 编著

兰州大学出版社

图书在版编目(CIP)数据

新世纪临洮教育初探／魏文忠编著．—兰州：兰州
大学出版社,2010.7
ISBN 978-7-311-03579-2

Ⅰ.①新… Ⅱ.①魏… Ⅲ.①教育工作—概况—临洮
县 Ⅳ.①G527.424

中国版本图书馆 CIP 数据核字(2010)第 141981 号

策划编辑　张　仁
责任编辑　刘　琦　李　文
封面设计　管军伟

书　　名　新世纪临洮教育初探
作　　者　魏文忠　编著
出版发行　兰州大学出版社　（地址：兰州市天水南路 222 号　730000）
电　　话　0931 - 8912613（总编办公室）　0931 - 8617156（营销中心）
　　　　　0931 - 8914298（读者服务部）
网　　址　http://www.onbook.com.cn
电子信箱　press@onbook.com.cn
印　　刷　天水新华印刷厂
开　　本　787×1092　1/16
印　　张　22　（插页16）
字　　数　520 千
版　　次　2010 年 7 月第 1 版
印　　次　2010 年 7 月第 1 次印刷
书　　号　ISBN 978-7-311-03579-2
定　　价　52.00 元

情系故里

造福桑梓

罗鸿福 二〇一〇年春

立言杏林飞著影
投报花溪地回声

庚寅年夏 孙一峰

俯首甘为孺子牛

文杰先生雅正
丙戌之春 马培芳

◄ 2004 年 7 月 10 日,时任中共甘肃省书记苏荣在临洮县八里铺小学,甘肃省教育厅原副厅长傅九大和郭永昌、石珍、包志达等同志陪同。

► 2004 年 8 月 22 日,甘肃省政协主席陈学亨、中共上海市委副书记刘云耕为临洮县八里铺瑞安希望小学落成揭碑。

◄ 2007 年 1 月 10 日,中共甘肃省委常委、宣传部部长励小捷在临洮县职教中心,中共定西市委原书记、市人大常委会原主任石晶和郭永昌等同志陪同。

▶2009 年 7 月 30 日，教育部副部长鲁昕、中共甘肃省委常委、副省长冯健身在临洮县玉井农职业中学，中共定西市委书记、市人大常委会主任杨子兴和张翀、王萍、刘富春、李惠智等同志陪同。

◀2008 年 11 月 3 日，甘肃省政府副省长郝远在临洮县幼儿园，定西市市长许尔锋和郭永昌、张懿笃、王慧玲等同志陪同。

▶2006 年 4 月 20 日，甘肃省人大常委会原副主任石作峰参加在临洮举办的全省青少年科技大赛开幕式，张凤兰、张懿笃、陈维山等同志陪同。

◀2007 年 7 月 10 日，甘肃省教育厅厅长白继忠在临洮县文峰中学，定西市教育局局长崔振邦和张懿笃、王邦凯等同志陪同。

▶2008 年 7 月 24 日，教育部职业成人教育司司长黄尧在临洮农业技术学校，中共定西市委常委、副市长王永生和党琳、袁志伟等同志陪同。

◀2008 年 11 月 3 日，甘肃省政府副秘书长张翀、甘肃省教育厅副厅长李贵富在临洮中学，石珍等同志陪同。

▶ 2009年5月25日，甘肃省教育厅副厅长孙杰在临洮县太石镇南门小学，仲然、董世录、王邦泉等同志陪同。

◀ 2007年4月25日，甘肃省教育厅副厅长旦智塔在临洮中学，定西市市长助理王全进和崔振邦、张懿笃、赵世林、于基高、杜海雄等同志陪同。

▶ 2007年4月18日，甘肃省教育厅副厅长王萍在临洮调研职业教育工作，张懿笃、党建中、石珍、盛淑兰等同志陪同。

◀2008 年 3 月 30 日,原甘肃省教育委员会副主任孙一峰在临洮二中,袁志明、苟学彦、樊亚文等同志陪同。

▶2005 年 9 月 17 日,原甘肃省教育委员会副主任马培芳在原临洮师范学校,杨如贵、石立林、张振元、董世录等同志陪同。

◀2008 年 6 月,甘肃省教育厅、省教育厅基础教育处处长李晶在临洮三中,杨立峰、孙杰等同志陪同。

▶2008 年 10 月 29 日,中共定西市委常委、秘书长郑红伟和甘肃省人民政府教育督导团办公室主任李春芮、西北师大附属中学校长刘信生、兰炼一中校长杨勇在临洮中学参观校史室,张学东、石珍等同志陪同。

◀2005 年 6 月 8 日,定西市政府副市长王向机在临洮县洮阳初中,郭永昌、崔振邦等同志陪同。

▶2009 年 5 月 14 日,刘富春、石琳同志在临洮中学。

◀2007 年 7 月,甘肃省教育厅发展规划处处长贾宁在临洮县辛店初中,魏文忠、赵万珍等同志陪同。

◀2008 年 11 月中旬,甘肃省教育厅财务处处长高云庆在新添镇杨家大庄小学，王国成、李元成、杨少白、秦国智、刘效发等同志陪同。

▶2008 年 10 月 14 日,甘肃省教育厅师范处处长李慕堂在临洮举行的全国班主任培训班甘肃分会场开班仪式上,章伟、张振元等同志参加。

◀2007 年 4 月 18 日,甘肃省教育厅职业成人教育处处长何金保在临洮县职业教育技术中心。

▶2008 年 10 月,甘肃省教育厅基础教育处调研员何馨芳在临洮县玉井镇店子幼儿园,魏文忠、王娟等同志陪同。

▶2009 年 11 月,魏文忠同志与全国著名教育专家冯恩洪先生在武汉合影。

◀2008 年 5 月 18 日,甘肃省人民政府督学、兰州一中原校长白春永、兰州大学附属中学校长刘建伟在临洮县马家窑博物馆,张捷、桑彦荣等同志陪同。

▶2008 年 6 月 1 日,兰州大学城市规划设计院院长陈怀录教授在临洮县衙下集镇河董家小学,张成发、杨少白等同志陪同。

◀2007 年 7 月 19 日,定西市县区教育局长、基教科科长在临洮参加座谈会合影。左起徐志明、魏应安、郭忠、李良荣、崔振邦、魏文忠、吉昶、赵军、包进忠同志。

▼2003 年 3 月 26—27 日，"全县教育工作会议。许士元、陈维山、张成发、石珍、王永祥等领导同志参加。

▼2006 年 9 月 17—18 日，"全县教育工作大会。郭永昌同志主持大会，张懿笃同志作重要讲话，张凤兰、张学东、王云龙、许士元、史书昌、邓有奎等临洮县领导同志出席。

▼2007 年 9 月 7 日，"全县教育工作会议暨庆祝教师节大会。郭永昌、张学东、陈永寿、许士元、张军号、石珍、张成发、杨振邦等领导同志出席。

▲校长们参加全县教育工作会议。前排右起为蒋书杰、王生胜、何明生、杨立峰、李永忠、杨发理同志。

▲通过《临洮县基础教育资源优化整合和中小学布局结构调整草案》和《临洮县教育教学管理评价考核办法》。

◀在全县教育工作会议上签订学校教育教学目标管理责任书。左起为赵振权、李永忠、赵进忠、魏文忠、李斌、王毅、欧阳海林同志。

▲受表彰的教育系统先进集体代表和优秀个人代表在全县教育工作会议上。前排左起为赵世林、袁志民、李斌、陈明才、陈铭甲、刘社荣同志。

▲2005年9月9日,县委、县政府举行庆祝教师节表彰座谈会,郭永昌同志作了重要讲话,张凤兰、张学东、许士元、党建中、冯立娟、张成发、石珍、王永祥、魏文忠等同志参加。

▶2008年2月22日,全县校长工作会议。魏文忠、张振元、高玉红、杨少白、董世录、王玉璞、吴起忠等同志在主席台上。

▲2006年5月14日,全县职业教育现场观摩会议。

▲2005年10月7日,全县教育系统离退休干部代表座谈会,雷得田、赵树声、潘伟、杨崇玉、冯映彬、祁云、张仲凯、李作辑、刘俊渊、陈应科等同志参加。

▲2007年11月17日、24日,全县中小学信息技术应用工作现场观摩会。图为小学现场会会场。

▲2007年全县中小学德育工作经验交流暨现场会,许士元、石珍、张成发、王河生等同志参加。

◀2009年2月,临洮县小学教育教学标准化建设暨小学课堂教学评价标准实验研究活动启动。主席台右起为朱殿功、董世录、魏文忠、冯海明、罗尚智同志。

▲2009年11月14日,2010年度全县高考研讨会举行。主席台右起吴起忠、李培荣、魏文忠、瞿立业、汤晓春、张国旗、周晓萍、杨少白、董世录同志参加开幕式。

▲2008年10月26日,全县中小学教育布局调整现场会。主席台右起为唐强、董世录、杜玲、张振元、魏文忠、高玉红、杨少白同志。

▲临洮县中小学校长《2009—2011年全县中小学布局结构调整规划草案和2009年实施方案的意见》征求意见座谈会。

▼2008年5月16—18日，临洮中学创建省级示范性高中工作专家初评活动。前排右起为杨明、李春敏、刘建伟、王全进、白春永、崔振邦、陈希良、郭忠。张懿笃、赵世林分别作了工作汇报。

▲临洮中学创建省级示范性高中工作专家评估验收活动，前排左起为杨少白、杨学文、杨勇、刘信生、李春芮、王学东、李春敏，右起为魏文忠、张成发、石珍、陈永寿、张懿笃、郑宏伟、郭永昌、张学东、许士元。

▲临洮职业技术教育中心国家级重点中等职业学校评估认定活动。前排左起为陈永寿、张懿笃、郑红伟、盛淑兰、张学东、许士元。

▶2008年10月31日—11月2日，临洮职业技术教育中心国家级重点中等职业学校评估认定活动。前排右起为刘胜利、简景龙、吴英成、李召、雷志辉。

▲新建的临洮县岳麓山超然书院椒山祠。

▲新建的临洮县青少年校外活动中心。

▲新建的临洮县八里铺小学。

▲临洮县文峰中学总体规划图。

临洮县第一期中小学校长研修班合影留念

2007.7.27

▲2007年7月27日参加临洮县第一期中小学校长研修班全体校长合影。

▲2007年7月20—28日,临洮县第一期中小学校长研修班开班典礼。主席台前排右起为李映柏、石珍、任伟涛、侯一农、崔振邦、白坚、郭永昌、许士元、张成发、罗红梅、郭忠、魏文忠同志。

▲邀请定西市县教育局长参加临洮县第一期中小学校长研修班专家讲座,前排右起为包进忠、崔振邦、吉昶、魏应安、赵军、石珍、杨少白同志。

▲2008年3月29日，省教育厅赴临洮县送教下乡教师培训活动开幕式。主席台前排左起为任伟涛、胡厚升、魏小健、杨平、付晓利、张懿笃、李慕堂、孙一峰、郭永昌、张军、温攀玺、张捷、蒋毅群、魏文忠同志。

▲省教育厅领导和兰州市教育专家参加临洮教育工作座谈会，右起为蒋毅群、张军、张捷、孙一峰、李慕堂、付晓利、杨平同志。

▲省教育厅赴临洮县送教下乡教师培训活动期间，孙一峰同志和县教育局负责人听专家讲座。

新世纪临洮教育初探

◀2009 年 8 月 20 日，中语会第五届"中语西部之行"暨全省新课程语文研修活动在临洮举行，图为高中会场。主席台前排右起为刘於诚、王国成、石珍、弋文武、苏立康、崔振邦、顾之川、许士元、张成发、王钦同志出席开幕式。

▶2007 年 10 月 13—14 日，临洮县邀请兰州市专家讲师团举行全县普通高中新课改通识培训活动。主席台前排右起为田萍、张健、罗红梅、杨平、张成发、许士元、王国成、魏小健、侯一农、白辽玲、魏文忠同志。

▶2008 年 11 月 7—8 日，临洮县邀请兰州市专家讲师团举行全县普通高中新课改标准和教材培训活动。主席台前排左起为张振元、黄平、魏小健、张健、王国成、郑作慧、石珍、杨平、刘建伟、张成发、魏文忠同志。

◀2008 年 9 月 12—13、22—23 日，邀请兰州市教育专家、优秀教师和临洮县优秀校长、骨干教师举行全县初中教师学科培训活动。前排右起为杨少白、高苓、魏小健、张成发、杨平、许士元、李慕堂、石珍、张军、王河生、魏文忠、高玉红同志。

▲2008年7月13—18日,全县小学高年级教师学科培训班开班典礼。主席台前排右起为张振元、马慧珍、魏文忠、宋明钊、金利华、杨少白同志。

◀2009年7月18—23日,邀请兰州市优秀教师和我县优秀校长、骨干教师举行全县小学低中年级教师学科培训活动。

◀2008年11月30日,邀请兰州市著名教师金利华等开展了全县小学英语教师学科培训活动。

▶2008年7月11日,临洮县早期儿童发展项目农村幼儿园发展模式现场会在玉井镇店子幼儿园举行。

◄2007 年 9 月 15—16 日,在临洮举行澳大利亚发展规划署资助教育项目中期评估会。主席台右起为马骏、许士元、李晶,右五起为李虎林、马培芳、郭永昌、郝志军、王国成同志。

►2007 年 5 月,王仪(右五)、景日东(右四)同志率领定西市部分项目县代表考察我县农村远程教育项目建设。

◄2006 年 11 月 27—30 日,民进中央"中国西部农村义务教育教师培训能力建设项目"在临洮实施座谈会。图左二起为孙伟玲、周玉铭、景民、冯海明、缪得林、张振元、张捷、张成发、魏文忠、杨少白同志。

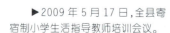

►2009 年 5 月 17 日,全县寄宿制小学生活指导教师培训会议。

全县小学教育参观学习留念 2006年5月28日

▲2006年全县学区校长参观学习活动合影。前排左起为桑彦荣、王玉璞、李兰广、杨少白、魏文忠、张振元、董世录、冯海明,中排左起为赵春平、刘永德、唐致荣、刘社荣、谢志强、李廷世、祁郁福、何廷义、秦国智、王邦泉、唐强,后排左起为赵培红、丁晖、钱永琪、李炳彦、李国洲、许琪、陈如会、张星明、边江安同志。

◀全县中小学校长现场参观活动(之一)。

▶全县中小学校长现场参观活动(之二)。图为曲强同志介绍县职业技术教育中心发展情况。

◀全县中小学校长现场参观活动(之三)。

▶临洮县委、县政府表彰 2004 年全省高考文科状元庆出蓝同学。

◀临洮县第一实验小学教师苏维平,在甘肃省小学语文阅读教学比赛活动中获一等奖。

▶临洮县第一实验小学教师王耀东,在甘肃省小学数学现场教学及研讨活动中获一等奖。

▲2006年4月20日，"三易杯"第二十一届甘肃省青少年科技创新大赛开幕式在临洮举行。

▲每年一届的"三兆杯"、"华威集团杯"中小学生才艺大赛。

▲每年一度的"安兴杯"、"金泽杯"、"阳光杯"临洮县教职工篮球比赛。

▲临洮县中小学学生书画作品"双年"展。图为张学东、许士元、张成发、王国成、魏文忠和杨建忠等同志参加开幕式。

▲每年一度的"巍雅斯杯"临洮县教职工乒乓球比赛。

▼2007年7月，作者参加民进中央『中国西部农村义务教育教师培训能力建设项目』研讨会并考察内蒙古自治区海拉尔市教师培训工作，王佐书先生和甘肃省项目县县代表在一起。

▶2006年12月，张捷同志率团赴山东潍坊考察普通高中教育。

▶2005年11月18日，临洮县教育局举行考察上海教育校长座谈会。

▼2005年4月9日，临洮县普通高中校长、副校长考察兰州大学。许士元、魏文忠、侯孝民、赵世林、李映柏、杨少白、王玉璞同志参加。

▲ 2007 年，党建中同志率团赴大连、青岛、杭州等地考察职业教育。

▲ 临洮县教育局组织中小学"双百"校长考察兰州教育，图为兰州市水车园小学尉智林校长（女）介绍学校办学做法和经验。

▲ 2009 年 12 月，（左起）水新民、袁志明、蒋书杰、魏文忠、赵世林、杨立峰、李斌同志在一起。

▲2006年9月17日,魏文忠同志在全县教育工作大会上作教育工作报告。

序　一

　　临洮，是一片孕育过汉唐雄风、传承过丝路雅韵的土地。那绵延流淌、生生不息的洮河水滋润了两岸的土地，那醇厚朴实、兼容并蓄的文化陶冶了这片土地上的人民。临洮自古为文风昌盛之地，历史上就因教育发达而闻名陇上。到了临洮，观览兴于元代的"学宫"，建于明代的"敬一亭"，还有岳麓山巅的"超然书院"，就可以想到昔日的学风之盛。今天的临洮，更是得天地之灵气，汇人文之赡博，兴学重教，英才辈出。在这样的人文背景下从事教育事业，当是继承前人、启迪来者、造福民众的一件幸事。我的朋友魏文忠同志就是这样的一位幸运者，他躬身实践教育管理和改革，形成了关于临洮教育发展的明晰思路和精妙构想。

　　我与文忠同志的交往源于彼此的工作关系。在一次赴外地的考察活动中，我注意到文忠同志每到一地考察，都非常认真仔细，他与当地的教育局长、校长和教师交流时，总是把对方的观点认真地记录在笔记本上，回去后将考察的见闻和感受付诸文字，让考察成果在教育管理中最大限度地发挥作用。最引我注意的是，他在担任临洮县教育局局长期间，临洮教育出现的显著变化。近年来，临洮县稳步实施教育教学管理改革，义务教育协调、快速、健康发展，全民受教育水平普遍提高，尤其是每年的中考、高考升学率呈现出稳步上升的态势，教育成果令人感佩。具体来说，近年临洮县教育一是注重协调发展，较好地处理了幼儿教育、小学教育、初中教育、高中教育、职业教育之间协调发展的关系，尤其是加大高中阶段教育基础设施、师资队伍、教学质量评价体系建设，满足家长、学生对高中阶段教育的需求。二是注重均衡发展，着力调整中小学布局结构，建设寄宿制学校，重新整合优化义务教育资源。三是注重内涵发展，在全体教育工作者中树立牢固的素质教育理念，面向全体学生，重视培养学生的创新精神和实践能力，促进了学生全面发展。四是注重规范发展，加强学校管理制度化、规范化、标准化建设，加强学校管理，确保了正常的教育、科研、生活秩序。五是注重专业发展，面向全体教师。对教师进行学科知识和专业技能培训，提高教师队伍素质，同时加强学校管理队伍的培养，提高学校管理人员的领导能力。这些成绩的取得，是党和政府重视、支持、关心教育的结果，也与文忠同志以及临洮县全体教育工作者的辛勤努力密不可分。

　　今年春夏之交，文忠同志带来了他编写的《新世纪临洮教育初探》的书稿，他一再谦虚地说明，这不是一本"书"，仅仅是他在担任教育局长期间的一些资料"汇编"。我认为即使是资料汇编也有它的意义，它是21世纪开头几年临洮县教育管理工作的真实记录，这些讲话资料、理论文章、图片表册承载着文忠同志的管理智慧，从中可以看见临洮教育事业发展的脉络。在今天看来，它或许是平淡无奇的，但随着时间的推移，它的价值将会凸现。

《新世纪临洮教育初探》不是一般的工作资料汇编，它凝聚了文忠同志对经济欠发达地区发展教育事业的可贵探索和实践，体现了一个教育管理者的创新意识和实践精神。阅读着这些文字，我的心灵渐渐地被感染，被打动，被震撼。文忠同志把提炼教育工作者的核心价值观作为自己的第一要务，用核心价值观统领全体教师的思想，增强每一个人的事业心和使命感，把教育融入自己的生命，养成拒绝平庸、追求卓越的气度。他经常思考的问题是：怎样的教育才是人们所期待的、社会所需要的优质教育？使一个学生通过接受学前、小学、初中、高中教育，而后考上大学甚至名牌大学的教育就是优质教育吗？他提出了造就"合格临洮人"进而造就"合格社会人"的理念，即要求教育者不仅要着眼于学生智力培养，而且要注重学生道德、情感、美感、体能的全面培养和提高，优质教育既体现在教育服务上的优质化，又借助这种优质服务促使每个个体发展。他心目中的学校，是培养人和传播文化的地方，是温暖人和催人成熟的地方。如果细读《新世纪临洮教育初探》一书，还可以发现许多令人耳目一新的东西，相信读者会有所悟。

文忠同志编著这本书的初衷是，在他离开教育局长这个岗位的时候，给未来的教育工作者留下一些关于21世纪初临洮教育的思考和探索，这是一种对未来负责任的态度，体现了他对教育事业的深厚情感。仅从这点来看，也足见文忠是一个有心人，有心于教育事业的人。我希望拿到这本书的同志能够认真读一读，其中关于教育管理工作的经验、做法、探索和思考，许有借鉴和启迪的意义。

崔振邦

（定西市教育局局长、研究员）

2010年夏日

☆ ☆ ◇ ————————

序 二

　　临洮是驰名陇上的文化大县。之所以号称文化县,一是仰仗洮河水的滋润,先人们在这里创造了辉煌的史前文明,马家窑文化、寺洼文化、辛店文化名扬四方。二是临洮自古尊师重教,特别是在明代临洮典史杨继盛的推动下,教育勃兴,人文蔚起。据不完全统计,由于崇文重教,临洮这片热土,竟在古代历史上孕育帝王26人、宰相19人、将军144人、郡守39人、刺史71人、知府知州28人、功勋66人、进士25人、举人179人、武官59人、艺林人物138人,深厚的文化积淀、优良的教育传统,使临洮教育随着时代的发展不断攀上新的高峰。

　　我生在临洮,长在临洮,在临洮11年的求学经历使我对临洮教育充满了一种难以言表的感恩之情。可以说,近些年临洮教育的发展史,就是一部领导苦抓、老师苦教、学生苦学的奋斗史。之所以突出一个"苦"字,根本的原因在于"穷",在于自然环境的严酷、基础条件的薄弱、教育资源的匮乏、观念的滞后;之所以突出一个"苦"字,是因为在教育基础相对薄弱的情况下,全县上下不等不靠,以苦攻苦,以"人一之,我十之"的精神,谱写了临洮教育新的辉煌。

　　我重新关注临洮教育,是在我离开家乡到外地工作十多年后的2002年。那一年末,挚友魏文忠先生调任县教育局局长。2004年高考,临洮学子庆出蓝一举夺得全省文科状元,临洮教育再次引起全省人民的关注,成为全县人民一时的舆论中心。从那时起,每见文忠兄,他谈论的话题就从未离开临洮教育。从学校的布局、教改的关键、管理的理念一到入学率、升学率,三句话不离本行。而每在兰州接待文忠兄,他也往往是来跑项目、跑资金、请专家,要不就是带领校长、教师到省城学习、取经。他的这种敬业精神常常感动着上级领导,也感动着像我一样的临洮老乡。他的这种执著,也往往让我庆幸,庆幸领导慧眼识人,为临洮教育系统配了一个真正有情、有义、有为的掌门人。而七年来临洮教育取得的发展、取得的成绩,为此做了一个有力的注解。

　　七年,在历史的长河中,只是短短的一瞬,但对一个创业干事的个人来讲,却是一段不平凡的经历,是一段分秒必争的历程。七年间,临洮高考二本以上的上线人数翻了近两番,这个速度是令人欣慰的,也是来之不易的。到目前,全县高中阶段入学率达91.2%,提前达到国家中长期教育规划纲要"基本普及指标"。尤为可喜的是,近三年来,全县教师整体轮训一遍,新理念、新教法开始在学校教学活动中生根发芽,为进一步提高教学质量打下了坚实的基础。七年来,临洮教育理清了新形势下的发展思路,完成了新世纪的合理布局,形成了较为完善的教育教学管理和考核体系,进一步改善了适应当代教育的硬件条件。文忠兄编著的这本书,全面、系统地记录了七年来临洮教育事业的发展历程,收集了大量翔实的数据资料,提供了许多好的可以借鉴的思路以及管理、考核范本,具有较高的史料和参考价值。我想,如果不是一个全身心扑在事业上的人,仅仅收集、整理这样一本资料,也是十分困难和难以想象的。

记得一位师长说过,干好一项事业,仅凭一个好领导是远远不够的,但干坏一项事业,一个无能的领导足矣。毫无疑问,临洮教育事业近年来取得的丰硕成果,不是文忠兄一个人干出来的,它是全县教育系统所有人乃至全县人民共同奋斗的结果。文忠兄有心,将这些思路、进展、具体做法付诸文字,日积月累,汇集成册,可嘉可贺。我想,作为近年来临洮教育事业的亲身实践者,文忠兄理应是无怨、无悔、无愧的。

书成之际,文忠兄邀我这个外行为之作序。我细细阅读了文稿,深深地为文忠兄对教育事业高度负责、无私奉献、执著耕耘的精神所打动,不由自主,草成此文,权且代序。

曹剑南
(甘肃农民报副总编、主任编辑)
2010年4月7日于五泉山下

给老师和校长们的话

——写在《临洮教育简报特刊：魏书生民主科学教育专辑》上

亲爱的老师们、敬爱的校长们：

最近，我仔细阅读了《人民教育》2009年第13—14期《魏书生民主科学教育专辑》，非常感动，眼前突然明亮了。

大家知道，我们都是在做普普通通的教育工作。做好普普通通的人，就是不普通；干好平平常常的事，就是不平常。我们的老师和校长们，就是这样的。所以，临洮教育在大家的共同努力下，取得了社会公认的进步。但是，今后之发展，路在何方？我一直在思考，好久好久，没有真正找到标准答案。

魏书生老师民主科学教育思想深深地打动了我。我想，临洮教育能不能做得到、做得久、做得好、做到家？不敢讲大话，但是起码应该先介绍介绍他的思想，首先让大家知道，让大家了解，让大家有思想准备。所以，作为教育局长，我要郑重推荐他"学习、工作、尽责、助人是享受"的教育理念。希望先好好学，认真琢磨琢磨、讨论讨论、争论争论，再组织考察学习，领会实质，然后想想能不能用、用什么、怎么用的问题。有了思想基础后，我们再来确定如何行动。

我觉得，临洮教育今后会有一个大的发展时期。如何推动、如何引领、如何加快、如何提升，也需要民主科学教育思想来指导，需要民主科学的理念和方法，需要一个民主的过程、科学的过程，形成民主科学的发展机制。对于魏书生老师"课堂教学十条要求"、"老师六步教学法"、"学生每天七个一分钟"、"培养学生的八个学习习惯"、教育工作"每年六个会"等理念和做法，老师、校长、局长在工作中都有借鉴之处。我们的目的是共同努力，着眼未来，力争通过十年的艰苦奋斗跻身全省教育先进行列。

谢谢合作！

魏文忠

2009年9月22日

目　录

年度报告

理清思路谋发展　深化改革求创新 / 002

1998年以来的这五年,是全县教育发展最快的时期之一,教育改革与发展取得了辉煌业绩,已成为我们的宝贵财富,将更加激励我们去发奋努力。

面对新形势、新要求、新情况和新问题,必须要有新思路、新举措、新突破和新发展。经过广泛讨论,我们确定了2003年和今后全县教育工作的总体思路是:紧盯一个总目标,围绕两大总任务,实施两大新战略,落实两项硬指标,狠抓八大硬措施。

认真领会"教育创新"的新思路,以全新的视觉审视自己,敢于承认差距,不甘落后,敢为人先,争创一流,敢试敢干,迎难而进,振奋斗志,顽强拼搏,紧跟时代步伐,推进教育创新。

加快高中建设步伐　强化教育基本建设　推进人事制度改革　努力提高办学水平 / 015

加速高中教育发展,在县城北关动工新建文峰中学,临洮中学、临洮二中获得了市级示范性高中称号;组织召开了临洮四中、临洮三中、衙下中学、窑店中学发展和校园总体规划论证会,完成了这4所完中的校园总体规划,高中阶段入学率达到55.2%。

坚持民主推荐、组织考察、集体决定、目标管理的原则,抓好干部队伍建设,形成高度负责、结构合理、团结坚强、带头示范的学校领导核心力量。

迎接挑战　推进课改　进一步加快教育改革与发展步伐 / 022

推进教学管理改革,完善教育教学目标管理考核责任书,突出对质量和绩效的考核,有效改革考试办法,统一对调监考教师,集中统一阅卷,严明考风考纪,有效促进了教学风气的好转。

教育工作坚持以人为本,就是要落实教育优先发展的战略地位,坚持教育创新,深化教育改革,全面推进素质教育,努力创建全民学习、终身学习的学习型社会,促进人的全面发展。在学校,就是要坚持"一切为了学生、为了一切学生、为了学生的一切"的教学理念,一切出发点和落脚点都要放在学生的学习上,放在学生的安全上,放在学生的全面发展和健康成长上。

全面实施新课改,就是抓住了临洮教育发展的新契机,就是抓住了基础教育发展的未来,就是抓住了教师培训的根本方向,就是抓住了提高教学质量的核心问题。

关于全县教育事业发展"十五"计划执行情况和"十一五"规划的报告 / 029

总结回顾"十五"期间教育事业发展成果和经验,在今后五年和比较长的一段时期内,我们要坚定地坚持以下五项基本原则:一是继续坚持高中阶段扩招原则,二是继续坚持抓主抓重、培育优质生源的原则,三是继续坚持狠抓"四风"转变不放松的原则,四是继续坚持教科研兴教、教科研兴校的原则,五是继续坚持不断深化教育改革的原则。

构建临洮特色的教科研体系,以校为重,专家引领,稳定队伍,创新机制;紧贴课堂,整合教材,开发教案,合作探究;团队作战,集体教研,共享成果,共同进步。搞好临洮教研,全县必须"一盘棋"。

民主管理是现代管理的重要体现。一要树立民主意识,二要发扬民主精神,三要实行民主决策,四要坚持公开、公正、公平、公示原则。

解放思想　实事求是　求真创新　精严细恒
把临洮教育的着重点适时地转移到全面提高教学质量上来 / 038

解放思想,是我县教育发展的必然要求。只要是经过论证的正确的东西就要实践,放到实际工作中去检查、去总结、去改进,不断推动工作进步。

实事求是,是我县教育发展的根本所在。一切从临洮教育实际出发,把握临洮教育教学管理中的内在联系,寻找临洮教育发展规律,寻求解决的办法,探求发展捷径,勇于肩负振兴临洮教育的重任,不怕吃苦流汗,不畏艰难困苦,扎扎实实搞好每一项工作,用我们的不懈努力和持续奉献争得临洮教育的发展,赢得全社会的支持。

不断创新,是我县教育发展的永恒主题。通过不断创新,一步一步地解决好临洮教育发展的紧迫问题。开展教育工作,就是一个不断发现问题、解决问题的过程,发现问题更重要,在我们不断有效解决问题的过程中,不知不觉地推进了教育发展。

开放搞活,是我县教育发展的内在联系。开放办学,就是要实行"对外开放,对内搞活,和谐进步"。各级各类学校要把自身放在周围大环境中来确定自己的办学目标和办学理念,从指导思想上确定比较优势;坚持"走出去,请进来"的方法,促进校际、县际直至市际、省际的教育交流,实现与发达地区学校的零距离接触,借鉴吸收成功的办学经验。

必须牢牢抓住教育教学质量生命线不放松 / 050

探索有效教学,提高课堂教学质量。探索主体突出、内容整合、方法多元的"探究性、专题式、模块化"的有效教学方法,开展高效课堂教学攻坚。完善"专家引领、校本培训、课题研究、教学示范"的校本教研,为质量提升提供机制保障。加强教师认知、教学设计、课堂讲授、教学组织、教学测评和教学研究等方面能力的培养，探索"重群体参与、重过程改进、重评价创新"的课堂教学模式，关注学生学习的参与性、差异性和有效性，提高课堂教学的实效性。

校长成长是学校教育教学工作的前提。教育要发展必须使学校先发展，学校要发展必须使教师先发展，教师要发展必须使校长先发展。必须着眼临洮教育未来10年发展目标要求，从现在开始下工夫培养一批中小学校长。充实校长队伍，就是充实临洮教育发展后劲。

树立教师成长新理念。学校要更加重视教师成长，树立"教师是教育第一资源，教师是学校的生命"的新理念，教师成长决定学校的发展；教师的个性张扬过程影响学校特色的形成；青年教师是未来教育的希望，青年教师的成长历程决定教育的可持续发展。

创新机制　狠抓质量　加速临洮教育制度化规范化标准化建设 / 063

加速建立现代学校管理制度，通过教育教学观念、制度、实践、业绩的创新，建立以课程设置、学科建设、教学实施、教学质量、教学职能、科室设置为主要内容的教学工作管理制度，建立以课题研究、教学竞赛、校本培训、教师成长为主要内容的教育科研管理制度，建立以教育教学质量评估、教师业绩评估、学生学业评估为主要内容的评价管理制度，建立职业教育发展和管理的基本制度。

积极探索义务教育课堂评价标准，从小学学科建设入手，从研究制定课堂评价标准抓起，制定全县义务教育阶段各门学科建设标准，课堂教学"备、讲、听、评、改"程序和标准，实验、实训和多媒体教学课堂评价标准，优秀教师、优秀班主任、优秀学生和先进集体评选标准，优秀教育研究成果评选标准，学生素质教育评价标准，教育教学管理评价标准，学校规划和建设标准，后勤服务工作管理标准，逐步实现义务教育教学管理标准化目标。

进一步完善学校考核评价体系。实行教育教学目标管理责任书考核制度，考核重点是初中和小学学生实际年流失率、完职中高（职）中一年级新生录取报到率，全县小学教育阶段、初中教育阶段前1000名、前3000名和高考指标，教师校本培训和教师应用信息技术开展教学情况，参加教学、教研竞赛活动，学前教育教学规范化程度，教师培训经费，信息技术资源建设经费，图书、资料、实验室建设和教学用具的购置经费，教研经费，音乐、美术、体育教学和活动经费落实情况。实行教育教学管理专项工作奖励制度，设立全县高考工作先进集体奖、全县义务教育教学质量进步奖、全县义务教育教学质量突出贡献奖、全县普及义务教育工作先进集体奖、全县职业教育发展突出贡献奖等专项奖。

附表　／075

探索创新

小学教育：优化结构 分层管理 / 115

在全县小学生急剧下降、小学撤并基本到位、寄宿制小学建设步伐加快的新形势下，我们必须加紧探索小学教育管理机制，积极稳妥，大胆创新，建立县教育局、学区、中心小学三级管理体制。

要面向未来，起码要面向一二十年后，祖国整体进入工业化、城镇化的美好未来，着眼审视当代小学教育发展方向和育人目标。坚持"德育为先，以人为本，素质教育，全面发展"的方向，杜绝小学中低年级应试教育，还快乐于少年儿童。

初中教育：下工夫解决"腰里软"的问题 / 119

今后，全县初中教育发展的基本思路是：打牢"普九"基础，瞄准"普及高中阶段"目标，紧盯高考形势，实施项目教育战略，打造特色教育品牌，给校长定责任，给教师压任务，向教研要质量，与时俱进，开拓创新，求真务实，通过五六年的艰苦努力，初步扭转初中教育"腰里软"的被动局面。

考风就是全县教育考试的风气问题。只有良好的政风、校风、师风和学风作保证，才会有一个好的考风；只有好的考风作保证，才会有临洮教育的良好形象，临洮教育才会有良好的发展前景。考风不正是教育发展的大敌。

高中教育：高考工作是"火车头" / 122

高考工作是高中教育的"火车头"。必须勇敢面对差距，冷静分析形势，认真寻找根源，科学确定目标，采取切实措施，一步一个脚印，现在起步，努力追赶，三年初见成效、十年大见成效。

今后，全县高中阶段教育发展的基本思路是：以普及高中阶段教育为总目标，全力创建示范性高中，狠抓高考工作，狠抓教研创新，狠抓队伍建设，给学校定任务，给校长压担子，向教研要质量，创特色树形象，抓项目促发展，与时俱进，开拓创新，求真务实，力争通过三五年的努力，初步扭转全县普通高中教育的被动局面，努力扩大中职教育规模，到2010年高中阶段入学率达到73%，为全县经济和社会事业发展培养较高素质的建设人才。

机制创新：临洮教育改革与发展的基本保证 / 127

落实三大保障：规划保障，及早着手研究制定一个科学合理、符合实际、适度超前的我县中长期教育改革和发展规划纲要，力争经过十年的改革发展，推动临洮教育迈向全省前列。财政保障，落实县级教育费附加基金、县级财政列支排危建校经费、教师培训和教研经费，提高和扩大高考和义务教育奖励财政专项经费，着力解决农村义务教育阶段住宿生生活费补助。人才保障，继续允许教育系统从县外引进紧缺专业本科以上学历和重点专业研究生以上学历教师和(师范类及综合大学相近专业)毕业生，允许从非师范院校为职业中学引进优秀本科生,继续实行教师聘用凡进必考和城区教师公开选拔政策。

实现三大调整,调整新时期教育发展新理念和新思路,调整农村中小学布局结构,调整学校教育教学管理,实现制度化、规范化、标准化。

完善四大体系,改革学校综合评价体系,改革教师业绩评价体系,改革学生学业评价体系,建立教学质量公布体系。

抓好四项重点工作,认真做好学校师生安全工作、师德师风建设工作、教育收费治理工作和突发事件处置工作,并将其作为"一把手工程",作为长期重要任务,持之以恒抓牢、抓紧、抓好。

落实常规:推进临洮教育制度化、规范化、标准化进程 / 137

2010 年 1 月 19 日,临洮县教育局第二次局务会议通过了《临洮教育工作 28 项常规》主要有以下方面。

学生活动:全县教育系统科技艺术节,全县教育系统体育运动会,全县各级各类教育学生竞赛活动。

教师活动:临洮县中小学校长研修班暨校长论坛,全县中小学教师课堂教学竞赛活动,全县小学教育课堂评价标准建设展示活动,全县中小学、幼儿园教师和管理人员培训活动,全县教育系统先进集体和优秀个人评选活动,全县城区学校教师选拔和新教师竞选岗位听评课活动。

教学工作:全县高考工作研讨会,全县中考工作研讨会,全县小学教育工作研讨会,全县高考工作督察活动,全县中考工作督察活动,全县小学毕业班教学督察活动。

考试工作:高考,中考,全县小学毕业班教学质量检测,全县高中教师在职考试,全县初中教师在职考试,全县小学教师在职考试。

教育工作:全县教育工作会议暨庆祝教师节表彰大会,全县中小学校长工作会议,全县中小学和幼儿园开学情况检查,全县中小学教育教学管理督导调查活动,全县中小学班级管理暨班主任工作经验交流会,全县中小学后勤管理工作现场观摩会,全县各级各类学校教育教学管理目标责任书考核。

规划未来:临洮县"12·5"期间创建基础教育教学管理优质示范学校设想 / 143

在广泛调查研究的基础上,2009 年 10 月 7 日提出了全县"12·5"期间创建基础教育教学管理优质示范学校设想。规划全县优质示范性中小学和幼儿园 178 所,普通高中 7 所,其中独立高中 3 所;优质示范性初中 17 所,其中初中部 4 所;优质示范性小学 68 所,其中九年制小学生寄宿学校 16 所,寄宿制完全小学 20 所,规模化发展完全小学 14 所,优质化发展完全小学 18 所;幼儿园 22 所,其中独立幼儿园 5 所,小学附属幼儿园 17 所。

附表 / 146

思考实践

临洮县教育发展状况调查报告——临洮县第一期中小学校长研修班问卷调查分析 / 165

调查中85.3%的校长认为,教育是系统工程,教育教学是一项细而碎的工作,来不得半点虚伪和骄躁。每位教育工作者都要树立信念、树立榜样、躬身实践,将"精、严、细、实、恒"精神转变为实际行动,以"情"投入,在教育教学工作中渗透课改理念,肯于吃苦,苦中求乐,严格要求自己,严格要求学生,求真务实,精中创新,细心把握教育教学的每一过程和环节。

调查中85%的校长提出,我县小学教育在做好过程性评价和小学生综合素质评价的基础上,小学毕业班教学质量检测由全县统一命题,在各乡(镇)初中就近集中的形式进行。他们普遍认为,这样既能创造公平、公正的大教育环境,也易于真实反映初等义务教育的水平,对提高全县整体教学质量有促进作用。

临洮教育发展思考与实践 / 176

以2010年甘肃省实施普通高中新课程改革为标志,我县小学、初中、高中教育整体全面进入新课改阶段,教育教学活动势必发生重大变化,探索县级教育行政部门和学校校长、全体管理人员、广大教师的思维、能力、水平和状态,勇敢地承担起时代赋予的责任,秉承新课改理念,执行新课改要求,实现新课改目标,完成新课改课程任务,培养新课改下成长起来的建设国家、建设家乡的一代新人迫在眉睫。

把全县教育工作重心适时转移到集中精力狠抓教育教学质量上来,实现临洮教育向兰州教育逐步接近的重大转变。

持续不断地大力调整全县中小学布局结构,实现把"高中教育办到城区,初中教育集中到川区,高级小学布局中心区域,初级小学布满乡村"的目标。

履行政府行政管理职责,遵循社会主义市场经济规律、现代教育规律和人的自身成长规律,加速县域教育资源的优化配置,推动县域内教育均衡发展。

主抓校长和教师"两支队伍"成长,紧握教学研究和教育资源"两大抓手",调动广大教职工的积极性、主动性和工作热情,外树"团结、奉献、求真、创新"新形象,提高"精、严、细、实、恒"新内涵,探索适合临洮实际的教育发展新机制,建立公正、公开、公平的良好竞争新秩序。

创建优质资源　改革评价体系　推动全体教师成长　协调持续全面发展 / 220

初步明确了临洮教育发展目标定位、基本思路和战略重点;

有效探索了临洮教育教学管理新模式;

基本实现了临洮高中阶段扩招战略性目标和高中建设任务;

齐心协力规划了临洮县基础教育资源优化整合和中小学布局调整规划草案并取得了实质性进展;

集中精力狠抓校长和中小学教师成长;

　　大力实施教研创新战略和教研工作取得重要成效；

　　大力实施项目教育战略和排危建校取得重要成果；

　　严格执行了国家教育政策；

　　推进依法治教工作见实效；

　　进一步加强教育系统党的建设取得了新成果。

加速进程：中小学布局结构见雏形 / 230

　　2008年9月6日，全县教育工作会议暨庆祝教师节大会，审议通过《临洮县基础教育资源优化整合和中小学布局调整规划草案》。2008年11月3日，郝远副省长在文峰小学调研时指出，"这是我心目中的寄宿制小学"，要求新建一幢宿舍楼，办成全省一流的小学生寄宿制学校。

　　近三年，特别是经过各学区的努力，共撤并义务教育阶段学校122所，临洮县中小学布局结构调整进展情况良好。

他山之石

感悟上海教育 / 241

　　上海教育的新理论、新概念、新思维、新课改，引领着中国现代教育的发展方向，是建立在牢固基础教育之上的、广泛进行探究性学习的、进而开发拓展性课程的全面素质教育。上海教育给我们临洮教育的发展引领了方向。

　　上海经验不是学不上。我们坚信，上海教育的今天就是我们的明天。学习上海经验，就是要树立先进理念，明确发展方向，理清发展思路，找到发展捷径。关键是解决教师成长、技术资源、教育教学管理三大问题。

　　科学化管理是提高教育效能和办学品位的核心，突出特色是市场经济条件下学校发展强大的根本所在。

寻找新的战略制高点　　下工夫解决瓶颈问题 / 247

　　我们必须树立坚定的信念和百倍的决心，虚心学习陇、静、会三县经验和做法，认真反思、对比、寻找差距，站在时代的前沿，从战略的角度更新发展理念、确定发展思路，努力寻找战略制高点，下大工夫抓落实，力争十五年、十年或在更短的时间内赶超陇、静、会三县教育水平。

　　以学科建设为根本点，运用外出培训、网络学习、岗位练兵、自我成长、硬性测试、考评考核等综合措施，加速学科配套和学科优化，形成一批思路敏捷、业务精细、勤于奉献、能征善战的教育教学"小团队"，引领和推动高中教育队伍建设。

　　发展信息技术教育，我们必须放在战略高度来认识。哪怕是办公楼、宿舍楼、餐厅等建得迟一点，也要优先解决实验室、图书馆、多媒体教室和教师计算机备课问题。

布局结构调整：河西做法值得借鉴 / 250

　　今后，教育一切工作，都要围绕狠抓各级各类教育教学质量这一主题，以质量振兴教育,以教育扬名临洮。提高义务教育质量,必须坚持规模办学。

坚持规模化发展,必须大力调整全县中小学布局,创办一批寄宿制学校。下工夫解决川区初中寄宿问题,创办一批有寄宿功能的九年制学校和高级小学,改办一批初级小学和初小加幼儿园教育模式学校。

苦严细实恒:潍坊市高中教育的核心价值 / 253

"苦、严、细、实、恒",是我们考察活动的最大收获。

苦,潍坊市教育督导从学生进校开始到学生晚自习结束,从教育教学、管理服务到教师学生活动全方位督导。这是我们明白了一个公理:教育是苦出来的。

严,安丘一中的全员管理,不仅教师全员行动,学生也是全员参与。名师出高徒,严教出名生。这使我们得明白了一个规律:管理,管理,你不管他就不理。

细,安丘四中不论教育教学,还是管理服务,如果不深入、不细致地抓,大而化之,是绝对不行的。韩忠玉校长抓教学,亲自分析,细致入微。这使我们明确了一个认识:细微见大。

实,潍坊市教学中心地位空前提高,教育也好、教学也好,课堂也好、课外也好,做法也好、作风也好,绝对不能浮躁。这使我们明了一个事实:教育绝对不能作秀,只能做实。

恒,安丘四中经过近十年的历程,成功实施信心教育、养成教育和感恩教育,创造驰名全国的四中"神话"。不论多么好的思路、多么好的理念,不去落实是空的,不坚定地去落实也是无用的,不持之以恒去落实更是肯定会失败的。这使我们坚定了一个信念:贵在坚持。

大事记

2003年 / 262

2004年 / 264

2005年 / 269

2006年 / 275

2007年 / 280

2008年 / 288

2009年 / 298

附 录

附录一 中共临洮县委 临洮县人民政府关于进一步加快全县教育事业发展的决定 / 307

附录二 2002—2009年高考工作分析简表 / 314

年度报告

理清思路谋发展　深化改革求创新

　　1998年以来的这五年,是全县教育发展最快的时期之一,教育改革与发展取得了辉煌业绩,已成为我们的宝贵财富,将更加激励我们去发奋努力。

　　面对新形势、新要求、新情况和新问题,必须要有新思路、新举措、新突破和新发展。经过广泛讨论,我们确定了2003年和今后全县教育工作的总体思路是:紧盯一个总目标,围绕两大总任务,实施两大新战略,落实两项硬指标,狠抓八大硬措施。

　　认真领会"教育创新"的新思路,以全新的视觉审视自己,敢于承认差距,不甘落后,敢为人先,争创一流,敢试敢干,迎难而进,振奋斗志,顽强拼搏,紧跟时代步伐,推进教育创新。

一、过去五年工作评价

　　1998年以来的这五年,是我们高举邓小平理论伟大旗帜,认真实践"三个代表"重要思想,抢抓机遇,迎难而进,改革创新,加快发展的五年。五年来,在县委、县政府的正确领导下,在全县人民和社会各界的大力支持下,在全体教职员工的不懈努力下,各级各类教育事业保持了快速、协调、健康发展,取得了显著成绩。

　　——基础教育全面加强。1999年全县实现了"两基"目标,经过巩固提高,到2002年学龄儿童入学率达到99.5%,初中阶段入学率达到96.8%,分别比1997年提高0.2个、14.4个百分点;辍学率分别控制在0.42%、1.47%以内,分别比1997年下降0.2个、0.3个百分点;青壮年非文盲率达到97%,比1997年提高了0.2个百分点;小学、初中、高中在校学生分别达到67803人、26084人、7724人,分别比1997年增加10922人、8088人、4523人;全县4—6周岁幼儿入园(班)率达到63.5%,比1997年提高6.5个百分点;女童教育、残疾人教育普遍得到了重视,女童入学率达到99.5%,残疾儿童入学率达到86.6%。**五年来,"普九"工作取得的成绩,为今后临洮教育的大发展奠定了扎实基础,县乡两级党政机关和全体教师、教育工作者为之付出的辛勤劳动永载史册,所形成的全县狠抓"两基"工作的思路、方法、措施和精神,已成为我们的宝贵财富,将更加激励我们去发奋努力。**

　　——成人教育和职业教育快速发展。成人教育:建成乡村农民文化技术学校369所,举办实用技术培训班,先后扫除青壮年文盲8845人。五年来,全县自学考试在册人数达到1900人,取得本科、专科文凭的有382人,电大教育在册人数达到838人,毕业137人。职业教育:在出现滑坡倾向的情况下,我县职业教育得到巩固提高。全县职业中学形成了工民建、医疗、计算机应用、种植、养殖等8个骨干专业,在校学生达到1283人,比1997年增加131人。五年来,为高一级学校输送合格新生374人,为社会培养各类技术人才1830人。2002年,合并县职中、县教师进修学校、县体中,新建县职业技术教育中心,工程建设进展顺利。全县6所职业中学有2所达到了省颁B级办学标准,2所达到了省颁C级办学标准,特别是玉井农职中在职教发展中创出了新路,为全县职业教育事业发展探索了有益的经验。

——教育教学改革成效显著。五年来,全县深入推进了教育管理体制改革、教育人事管理制度改革、"五三"学制过渡到"六三"学制改革、农村教育综合改革、中小学布局调整和实施素质教育等方面的改革,有力推动了教育事业的发展,提高了教育质量和办学效益。2002年,全县初中毕业会考"六合率"、小学毕业会考"双合率"分别达到35.1%、81.8%,比1997年分别提高3个、28.7个百分点;全县高考专科上线人数达到1711人、上线率达到69.4%,录取人数达到1614人,录取率达到66.5%,升学人数比1997年增加995人。1998年至2002年,全县向省内外大专以上院校输送新生4775人。五年来,全县中小学教科研工作活跃开展,有258名教师的478篇论文先后在省级学术刊物上发表,有310篇论文在地、县、校级刊物上发表,特别是临中、二中等10所学校大力支持教科研工作,取得了丰硕成果,洮阳初中教师赵宏恩先后在省、地、县级刊物上发表21篇论文,令人骄傲。这为今后全县教育创新、创特色教育品牌开了先河,带了好头。

——教师队伍素质显著提高。师德建设引起了高度重视,全县教师敬业奉献、依法执教意识明显增强。教师培训力度不断加大,先后多形式、多渠道培训教师3363人次、中小学校长273人次,培养选拔的省、地、县级骨干教师分别为12人、51人、357人,学科带头人分别为2人、5人、76人;全县中小学教师中,取得中学高级教师资格的有55人、一级教师资格的有496人,取得小学高级教师的有683人;教师学历水平显著提高,高中、初中、小学专任教师学历合格率分别达到35.4%、82.4%、90%,分别比1997年提高5.2个、9.6个、1.5个百分点。五年来,教育战线涌现出全省优秀教师、全区劳动模范、全区优秀教师共39名,涌现出省、地级先进集体3个,有657名教师和58所学校受到了县委、县政府的表彰和奖励,在全区推广了"改河初中办学模式",为全县教育工作起到了带头作用。县教育局教育项目工作、教育宣传工作等32项工作分别受到了国家、省、地、县表彰奖励。

——办学条件有效改善。五年来,全县多渠道筹措资金,实施了"贫三"、"义教"、国家危改等教育发展项目和慈心、侨心捐助工程,累计完成教育基础建设投入5400万元,先后新建、改扩建中小学150所,新建教学楼58栋,校舍面积11.76万平方米;有41所学校建成计算机教室、装机1200台,有32所学校开通了现代远程教育卫星宽带网,有79所学校的图书装备、63所学校的实验仪器装备达到了国家相关标准。特别可喜的是,从2001年开始,县委、县政府决定,每年财政列支100万元用于农村中小学排危建校,连续两年共排除了96所学校D、C级危房2.15万平方米;2002年,农村税费改革教育经费专项544万元,全部拨付用于排危建校,有力地支撑了农村"普九"工作的顺利验收。可以说,仅2002年县级财政就拨付了740万元(含洮阳初中2号教学楼专项100万元),用于学校基础建设,占当年全县大口径财政收入 9106 万元的 8.13%,占当年地方收入 7169 万元的 10.3%,这是很了不起的,表明了县委、县政府加大教育投入的决心和力度,也给予了我们教育战线强大的动力。

1998 年以来的这五年,是全县教育发展最快的时期之一,教育改革与发展取得了辉煌业绩。这是在县委、县政府的正确领导下,在县人大常委会、县政协的监督支持下,在各乡镇党委、政府和县直各部门的关心、支援、帮助下取得的,是全社会尊师重教的结果,是教育局领导和全体校长带领教职员工辛勤努力用汗水浇铸而成的。在此,我代表县教育局向所有关心、重视、支持教育工作,为振兴临洮教育付出辛勤劳动的各位领导、各界朋友、各位校长表示感谢,并通过你们,向全县人民和全体教职员工表示衷心的感谢。

二、当前形势和任务

正确认识和把握形势是做好新时期临洮教育工作的基础和前提。近年来,随着经济社会的发展和进步,全县教育工作面临的形势正在发生深刻变化,从有利的一面看,主要表现为以下几点。

首先,党的"十六大"对教育改革与发展提出了新的任务和要求。"十六大"确立了本世纪头 20 年全面建设小康社会的奋斗目标,并把较高教育水平作为小康社会的重要标志。"十六大"报告中明确提出新时期教育工作总的目标和任务,就是:"形成比较完善的现代国民教育体系;人民享有接受良好教育机会;基本普及高中阶段教育,消除文盲。形成全民学习、终身学习的学习型社会,促进人的全面发展。""造就数以亿计的高素质劳动者、数以千万计的专门人才和一大批拔尖创新人才。"同时还指明了新时期教育事业发展的优先地位、教育方针、创新方向和发展重点。对照"十六大"对教育工作的新要求,我县教育发展的基础、速度、水平以及我们的思想观念、工作方法、工作态度等方面还存在着较大差距。这就要求我们必须以党的"十六大"精神为指针,重新思考、研究和定位临洮教育工作,进一步增强事业责任感、现实紧迫感和历史使命感,扎扎实实推进临洮教育改革与发展。只有这样,才能肩负起时代赋予我们的庄严使命,才能顺利完成党和人民交给我们的光荣任务。

其次,全县经济社会发展对教育工作提出了内在的必然要求。进入 21 世纪的临洮,正处在一个重要的历史时期。一方面,在实现基本解决温饱后,全县已进入了稳定解决温饱和建设小康社会并存的新的历史发展阶段,已对教育事业快速发展提出了新的更高的要求。另一方面,随着我国加入世贸组织和西部大开发战略深入实施,临洮经济发展的潜力得到了充分的挖掘,发展的特色越加鲜明,可以说迎来了前所未有的发展机遇。在新的条件下,人才培养和劳动者素质的提高必然成为优先解决的问题之一。因此,加快教育改革与发展,努力为全县经济社会发展提供强有力的智力支持和人才保障,已成为我们教育工作者义不容辞的责任和非常紧迫的任务。

再次,从我县教育事业发展趋势来看,与时俱进,开拓创新,求真务实,全面推进教育改革与发展,已成为历史的必然和内在的要求。近年来,县委、县政府提出并大力实施了"重振临洮教育雄风,再创临洮教育辉煌"战略,2001 年 9 月召开了全县基础教育工作会议,制定《关于基础教育改革与发展的决定》,以优惠的政策保障了全县教育发展,特别是县委、县政府落实"在国务院领导下,由地方负责、分级管理、以县为主"的农村义务教育管理体制,实行教师工资县级财政统一发放,教育战线出现了前所未有的稳定局面;教育战线从多层面深化了教育改革,使全县各级各类教育事业都取得了显著成绩,积累了许多经验,为今后教育事业的发展奠定了基础;全县信息技术教育装备速度加快,成为全区装备水平较高的县之一,信息技术教育的实施,为师资培训、教学改革、提高质量提供了有利条件;全县人民发扬"尊师重教"的优良传统,各乡镇党委、政府高度重视教育工作,在本级财政特别困难的情况下,挤资金排危建校,村社干部大力支持、支援学校建设,动员群众捐资办学,在全区乃至全省领了先、出了名,特别是 1998 年以来,群众捐资达到 833 万元,全县涌现出捐资万元以上先进集体 25 个、万元以上先进个人 93 名、千元以上的个人 386 名,为推进教育事业发展提供了有力支持。这些,都要求我们必须与时俱进,开拓创新,求真务实,扎实工作,要求我们必须大力推进临洮教育改革与发展。

在正确把握形势的同时,我们必须冷静分析现状。与教育先进的发达地区相比,与先进的周边县市区相比,我县教育工作还存在许多差距,主要有以下几个方面。

一是稳固"普九"成果的任务依然很重。实事求是地讲,我县"普九"只是刚刚验收过关,可以说是低水平的,仍有一定数量的中小学危房不同程度地存在,仅 D 级和 C 级危房就分布于 160 所学校,有 6.5 万平方米,"普九"总体上仍处于排危攻坚过程之中;即使是已完成了排危任务的学校,基础教育的质量仍然是比较低的,可以说,全县教育仍处于"狠抓基础教育与开展素质教育并重"的发展时期,全面开展素质教育还需要进程的加速和必备条件的创造。另外,就高考本科以上上线情况而言,长期以来,我县始终排在全区第三的位置,"老三"这顶帽子好似"磁铁"一样吸在了我们身上。如何甩掉"老三"这顶"帽子",挺进"第二",争当冠军,直至重振当年"全省第四"的雄风,再创历史辉煌,是摆在全体教育工作者面前的重大课题。分析深层原因,可以说"表象虽在高中规模上,但根子却在初中质量上"。因此,解决临洮教育"腰里软"问题势在必行,志在必得,仍需艰苦努力。

二是教育创新的程度远远落后于发达地区。省级以上教研创新、科研创新的立项少,成果少,创新课、优质课开展得不够普遍,参与的教师和学校不是太多,可以说,还没有在全县教育战线形成"强大的队伍、坚强的阵地和浓厚的氛围",这直接影响着临洮教育特色的形成,使得临洮教育在全区、全省的品牌还不够硬。

三是全县教育结构和学校布局调整任务十分艰巨。去年,不含中等学校录取新生,全县高一新生入学率为 47%,全区为 46%;全县高中阶段毛入学率为 38.2%,全国为 42%,苏州等发达地区已达到 95%。2005 年,全国高中阶段毛入学率目标为 60%,全省为 50%。按照我县建设小康社会的总体要求,高中阶段入学率必须提高,这就要求我们必须调整全县高中布局,增设高中学校。当前首要的和突出的是必须先解决高中规模问题。从完中现状来看,大部分学校规模偏小,再加上开办了一些补习班、复读班,在一定程度上又占去了高中阶段部分教育资源。扩大高中规模,必须实行完中的高、初中部分离;与之相对应是新建初中问题,解决这一问题已迫在眉睫了,就城区而言,也可以说是到了非干不行的程度。所以,初中学校布局调整显得尤为必要。另外,随着适龄儿童情况的变化,对全县小学、村学和幼儿学校规划布局进行适度适时调整,也将成为未来几年教育工作的大事。还有,随着国家考试制度改革的不断深入,教育教学结构、教材结构、教师结构都将随之进行改革和调整。

四是教育办学体制有待进一步理顺。特别是为了迎接初中阶段适龄少年高峰期的到来和做好"五三"向"六三"学制的过渡工作,今后几年,全县初中、小学的教室和教学辅助用房都将会出现较大范围的紧缺。因此,除了每年必须排除25~50所中小学危房之外,还要及早考虑新建、扩建初中校舍问题。所以,"县办高中、乡(镇)管初中、村助小学"的三级投资办学体制有待进一步完善,大力改善办学条件的任务仍然十分沉重。

五是教师队伍自身建设需要不断加强。当前,不仅存在学校局部师资结构不合理现象,也存在重点学校骨干教师缺乏问题;不仅存在山区缺教师、少拔尖人才的现象,也存在个别教师师德上的、做人上的问题。这与新时期教育工作的重要任务极不协调,必须进一步加强队伍自身建设。

面对新形势、新要求、新情况和新问题,必须有新思路、新举措、新突破和新发展。经过广泛讨论,我们确定了2003年和今后教育工作的指导思想,即高举邓小平理论伟大旗帜,以"三个代表"重要思想为指导,大力实施科教兴县战略和临洮教育"重振雄风、再创辉煌"战略,进一步解放思想,与时俱进,深化改革,强化措施,抓主抓重,加快发展,坚持"两基"重中之重不动摇,努力开展素质教育,加速信息化教育进程,全面提高教育教学质量和办学效益,全力推进全县各级各类教育事业健康、稳定、快速发展。预期指标是:"两基"指标稳固提高,小学、初中入学率分别达到99.5%、97%,辍学率分别降低到0.4%、1.4%以下;高一新生入学率达到50%以上,高考专科以上上线人数突破2000人大关,上线率确保达到71%,力争达到73%;完成职中招生和培训各600人;全县信息技术教育普及率达到36%;争取各类教育项目资金430万元,力争完成教育项目工程建安量1800万元。**总体思路是:紧盯一个总目标,围绕两大总任务,实施两大新战略,落实两项硬指标,狠抓八大硬措施。**

紧盯一个总目标,就是教育工作必须紧紧盯住党的"十六大"提出的全面建设小康社会这一总目标,适应新形势,顺应新要求,把教育工作放在全面建设小康社会总目标中来定位、来突破、来发展。

围绕两大总任务,就是紧紧围绕和落实"十六大"对教育工作提出的普及高中阶段教育和消除文盲的两大总任务。普及高中教育,就是要制定全县高中阶段普及教育中长远期规划,明确高中阶段教育五年(2003—2008年)发展计划,从城乡高中校舍建设开头,做好全县高中、中职学校布局规划、规模调控、师资配备等重大调整工作,通过一二十年的努力,基本落实"普及高中"总任务。消除文盲,就是要在巩固现有扫盲成果、稳固"普九"阵地的基础上,从入学率、巩固率、毕业率、升学率等方面抓落实,对适龄儿童全部进行文化教育,杜绝新文盲产生,进一步抓好继续教育,建立学习型社会,使所有公民都能脱盲,直至全社会消除文盲。

实施两大新战略,就是在全县教育工作中实施"特色教育"和"项目教育"战略,促进教育事业大发展。"特色教育"战略,一是大力推广"改河初中模式",建设省级示范性高中1所,建成全县初中教育创新示范学校3所,建成全县小学创新示范学校7所;二是在高中、初中、小学分别确定教研创新学校2、3、7所,确定语文、数学、外语和政治等课程教研创新班级120个,确定科研创新重点专题20~30个,力争承担省、地级教育科研项目,使某几项单科成绩在全区名列前茅;三是在全县教师中分别确定教研创新和科研学科带头人110名,指定学科,确定班级,开展创新课竞赛活动,培养和激励一批教师走上创新之路。"项目教育"战略,一是转变认识,狠抓教育项目的论证、储备、争取、实施和验收工作,力争做到"论证储备一批、组织实施一批、竣工验收一批"。通过项目实施,使一批学校切实排除危

☆☆☆————————

房,使一批学校稳固"普九"阵地,使一批学校达到或超过"示范校"建设硬件标准。二是年内完成6所完中校园总体规划设计、论证和审批工作,抓好11个新建项目的开工建设,加快9个在建项目的进度并通过验收,积极争取青少年校外活动中心等5个重点项目并力争开工建设,组织安排县级财政支持资金100万元并完成25所农村中小学危房改造任务。三是实施好义务教育新课程改革省级实验县项目、"中国JIP新阶段实验"项目和中欧甘肃基础教育项目,实施好信息教育李嘉诚基金远程教育捐资项目,在教材改革、教师培训和信息化工作上取得新的探索和改革。四是加强组织领导,实施一把手工程,形成"局长抓总、各分管副局长分工落实、学校(区)校长全力参与"的项目教育新格局。

落实两项硬指标,就是确保完成全县高考专科以上上线人数突破2000人大关,确保全县中小学基本排除2000年底以前的D级危房,杜绝重大伤亡事故发生。

三、今后工作重点

(一)制定学校布局调整总体规划,加大教育资源整合力度,提高教育效益

我国社会主义市场经济体制从建立到完善已有了25年的历程,教育工作如何运用好市场经济规律,关键是引入竞争机制,提高效益。实现这一目标,必须一方面解决资源短缺问题,另一方面解决如何优化资源配置、发挥现有资源作用的问题。立足优化现有资源,加大整合力度,是我县教育提高效益的最佳捷径。整合教育资源,必须从学校布局、校舍资源、学生资源、教师资源、电教实验仪器和设备诸多方面抓起,必须在城区率先实行。从全县来讲,目前,教育工作面临两大难题,一是高中教育规模不足,二是初中质量有点软。单从高中规模来看,临中已开始了高中、初中部的分离,二中从今年开始实行分离,预计到2006年之前,城区两所完全中学将转轨为独立高中,为创办示范高中打好基层。从2005年开始,就可以考虑其他学校问题。这样,到2005年仅临中、二中扩招后高一年级就可以增加10个班600人,加上取消补习班因素又可每年级增加3个班180人,再考虑其他中学扩招因素,当年全县高一入学人数将达到5000人左右,普通中学高一新生入学率为55.6%。再从毕业班来分析,到2005年仅临中、二中就可以增加19个班1140人,预计全县6所完中和3所中职学校毕业生将增加至3400人;若按全县现有补习班16个班1200人考虑,将有4600名考生参加高考,比2002年的2464人净增2136人。所以,县委、县政府所做的城区完中高中、初中部分离的决策是完全正确的,也是非常及时的。因此,2003年,就要力争实现二中高中、初中部分离。再从初中情况看,为确保达到二中高中、初中部分离的目标,今年在城区必须建立一所独立初中。因此,从2003年开始的10年之内,全县就要考虑规划增设独立初中2~3所。这既是我们长期的布局规划,又是近期的奋斗目标。只有这样,才能实现重点完中向独立高中转轨过渡,才能为创办全省、全国示范性高中提供条件保障,才能为20年后实现基本普及高中目标奠定扎实的基础。2003年全区教育工作会议明确要求,要优化教育资源,解决办高考补习班占据高中资源的问题,明确规定,高中不能办补习班。大家知道,如果不办的话,全县高考形势会成什么样子,谁都不敢想象!怎么应对?经过深思熟虑,广泛征求意见,教育局认为,从整合城区教育资源开始,创办民办高中,实行民办公助,先办补习班,进而向高二、高一拓展延伸,形成一所拥有千名学生的民办独立高中。这是县委、县政府的重大决策,是贯彻地区教育工作会议精神的具体措施,也是确保全县高考不滑坡的重大举措,更是今后普及高中阶段教育发展的必然趋势。这一方

案,今天提出后,教育局将会同各有关学校进一步具体落实,拟定学校章程,协调解决一系列具体疑难问题,决心克服困难,鼓足信心,周密部署,细致安排,力争一举成功。同时,按照县委、县政府要求,进一步对全县中小学布局进行规划调整。**从有利于确保初中入学高峰期平稳度过、有利于"普九"成果稳固、有利于山区学生就近入学的大原则出发,考虑地理位置、学生生源、教师资源、校舍资源等综合因素,广泛深入农村、深入学校进行调研,积极稳妥地尽快提出全县中小学布局调整规划,为县委、县政府提供可靠的、科学的、可操作的决策依据,一经决定,抓紧付诸实施。**

（二）以发展为主题,大力推进各级各类教育事业协调发展

一是坚持"两基"重中之重地位不动摇。今年,要按照"硬件从实、软件从严、数量与质量并重"的总要求,进一步落实目标管理责任制,落实"两基"工作的政府行为和学校责任,在解决突出问题上下工夫,确保"两基"成果巩固提高,确保在4月份省级年检复查验收中不出问题。"普九"方面,完成初中增班18个、扩招1368人的任务,年内使60所小学由"五三"学制向"六三"学制过渡,减轻初中入学高峰期来临带来的压力。切实重视和研究解决初中生辍学问题,落实学校责任,把辍学率控制在最低水平。把提高教学质量作为普及义务教育的重要目标,切实改进和加强学校管理,改进教学方法,努力使今年全县小学毕业"双合率"达到84%,初中"六合率"达到42.6%。"扫盲"工作方面,按照"十六大"提出的消除文盲的新任务,进一步对全县青壮年文盲的现状进行调查摸底,研究制定扫盲发展规划、年度工作计划和工作措施,促进农村扫盲工作健康发展,围绕实施和完成"扫盲革新计划"第二期目标任务,继续坚持"堵扫结合"的方针,抓好普及小学阶段教育,坚决堵住新文盲产生的口子,坚持以扫除青壮年文盲、妇女文盲为重点,千方百计落实扫盲经费、扫盲教师、扫盲班点、扫盲活动,全面完成扫盲任务。

二是大力发展高中阶段教育。积极推进示范性高中建设,临洮中学要积极创造条件,早日跻身全省示范性高中的行列;临洮二中要加大办学条件改善力度,积极争创示范性高中;临洮四中要通过改善硬件环境,为争取全区农村示范性高中做好充分准备;玉井农职中要狠抓教学质量提高,力争创办全省农村重点中职学校。通过采取各种措施,扩大高中阶段招生,力争完成今年高一新生入学率50%的任务。**高度重视并抓好高考工作,高考工作十分重要,是形象工程、民心工程。高考工作,关乎教育形象和临洮形象,心系毕业生、家长和全县人民。可以说每一位关心家乡的人,每一位关心临洮发展的人,每一位关心临洮教育事业的人,每一位从事教育工作的人,每一位毕业生家长,甚至他们的亲属和将要成为高考考生家长的人,都在高度关注着高考工作,高度关注着每一个学校的高考结果,高度关注着全县的高考上线人数。因此,高考工作绝不可马虎。**全体高考教育工作者,必须下最大的苦功,花最大的气力,把高考任务拿下,确保全县高考专科以上上线人数突破2000人大关,确保上线率达到71%,力争达到73%。要把高考工作作为"一把手工程",教育局长、高中校长负总责,负全责,分管副局长、副校长专心抓,全力抓,各学校一定要做好决战前的各项准备工作,力争实现目标。今年,教育目标管理责任书中明确规定,高考工作实行"一票否决"。就是说,即使其他工作很出色,如果高考工作抓不上去,特别是上线人数比上年减少了,也不能通过教育局的年终考核。当然,还将考入重点院校人数列为考核重点内容,进行加分项考评,目的是能引起各完中、职中的高度重视。在这里,不妨提出一个响亮的口号:"高考工作必须从高一抓起,初中教育必须紧盯高考工作。"这一观点是否正确,大家可以讨论,但起码可以表明教育局对高考工作的重视程度和重大决心,目的就是让全教育系统、全体教职工都来重视高考工作,解决初中"腰里软"问题,为今后高考工作大发展提供后备力量。今年,县政府同意继续对高考先进单位进行表彰,对高考教育工作者进行奖励,希望大家鼓足信心,找准差距,确定目标,穷追不舍,奋力冲刺,取得高考最好成绩。

三是强化幼儿教育。以"扩大规模,规范办学,提高质量"为目标,积极动员公民个人兴办幼儿园,年内完成新办 5 所乡村幼儿园的任务,努力扩大现有幼儿园的招生规模和小学附设学前班的规模,进一步提高幼儿入园(班)率。

四是大力发展职业教育、成人教育。大力推进职业教育创新进程,坚持以市场为导向,针对区域经济对人才的需求,合理设置专业,建设骨干专业,形成各自的办学特色,走以质量求生存、求发展的路子。今年,全县要确保完成 600 人的招生任务和 600 人的培训任务。今后,县乡企学校、玉井农职中要探索"一校两制"发展模式,力争在"职中、普中"结合上做文章、创新路。成人教育,重点要抓好高中等教育自学考试工作和电大教育工作,进一步优化服务,提高质量,保持良好社会信誉,保证可持续发展;进一步增加自学考试报考人数,扩大电大招生办班。

五是积极鼓励倡导发展民办教育事业。认真贯彻执行《民办教育促进法》,把民办教育提上重要议事日程,研究制定我县扶持民办教育发展的优惠政策,吸引社会资金投入,形成公办教育和民办教育共同发展的新格局。

(三)发挥项目带动作用,大力改善办学条件

随着西部大开发战略的深入实施和国家普及高中阶段教育的开始,中央将对西部教育的投入大幅度增加。投资形式主要是项目管理的形式,谁不重视抓项目,谁就会坐失历史机遇。因此,我们提出了大力实施"项目教育战略"的工作思路,确定把项目带动教育发展作为一项长期的重要措施来落实。

一是全县教育系统的各级领导要尽快树立强烈的项目意识。**"大项目大发展,小项目小发展,没项目不发展。"今后我们不仅要把学校基建纳入教育项目,而且要把师资培训、教育科研、教育信息化等各项工作纳入教育项目的范畴,最大限度地争取项目支持。**教育局和各中学、各学区都要充分了解国家投资政策,熟知争取项目的程序和技巧,通过多种途径抓项目信息源,疏通各种渠道,舍得花时间,花精力,跑项目,争项目。各学校都要做好实施项目的准备,对校园布局、校舍建设进行合理规划,建立全县教育项目储备库,以便在项目争取和实施上抢占先机。

二是加大项目争取力度。以临洮二中综合教学实验楼"国债高中扩招"项目、临洮三中综合教学楼"国债农村排危"项目、青少年校外活动中心"国家教育基建"项目、文峰中学教学楼"中小学布局调整"项目、窑店中心小学"侨心捐助"项目为重点,力争项目支持和慈善、侨心捐资 430 万元。全县各中学和红旗、中铺、太石、辛店、新添、刘家沟门、八里铺、城关、马家窑、龙门、玉井、陈家咀、衙下、窑店、峡口等 15 个学区都要在年内完成项目争取任务,其余 13 个学区都要完成各自排危建校募捐资金的任务。

三是加强自有资金、土地置换资金项目建设和在建项目扫尾工作。尽快开工建设投资 320 万元的临洮四中综合教学楼、职工住宅楼和师生宿舍楼项目,投资 350 万元的文峰中学教学楼项目,投资 120 万元的衙下中学职工宿舍楼新建项目,投资 50 万元的县实验小学(今县实验二小,下同)2 号教学楼新建项目,投资 48 万元的八里铺张家庄白玉兰小学教学楼新建项目,超然书院工程,力争年内建成投入使用;加快县职教中心综合教学楼及学生住宿楼、玉井农职中教学楼、潘家集初中教学楼等4项国债项目建设,做好改河朱家川小学、新添大坪小学等侨心捐资项目的竣工扫尾工作,力争在5月份投入使用;安排使用好县财政支持的100万元排危资金,与各乡镇紧密配合,完成峡口初中、五户初中、衙下集董家寺小学等25所学校危房改造任务和5个扶贫援建小学项目,力争全县完成教育项目建安量1800万元的任务。同时,实施好35所学校计算机教室安装、60所小学的现代远程教育项目,实施好省级新教材改革实验县、中欧甘肃基础教育和"中国JIP新阶段"实验等信息化教育、师资培训、教材改革项目,力争创出新路子,得出新经验。

四是重视抓项目管理工作。一个项目如果执行得质量好、效益高,就能赢得投资者的信赖,就会赢得更多的项目。因此,我们必须在项目实施过程中,进行科学严格的管理,在建筑设计上有特色,在工程质量上严格把关,抓好各种文字、图片、音像资料的搜集、保存工作,对建成的项目管理使用好,最大限度地发挥项目效益。今后各学校申报项目时,要严格按照逐级申报的原则,首先由教育局审核,不允许自行越级上报。特别强调的是要按项目管理的要求,抓好质量监督工作,杜绝"豆腐渣"工程出现。有关学校要对以往工程欠账进行全面清理,并争取多方支持,清欠偿还。

五是进一步加强与各部门、各乡镇的紧密合作。继续发扬和保持县直部门、驻临单位资助联系乡镇学校的好做法,继续发挥乡镇和村社在排危建校中的重要作用,加强教育局与各部门、各乡镇的紧密合作关系,继续保持和完善"县办高中、乡(镇)管初中、村助小学"的三级投资办学体制,保持和发扬多年来形成的"共建学校、共谋发展、共兴教育"的优良传统,为全县排危建校工作和普及教育工作作出新贡献。

(四)以提高素质为目标,造就一支献身于教育、勇于创新的教师队伍

教师是推进教育改革、教育创新、教育发展的关键因素。因此,今后我们要把加强教师队伍建设,全面提高教师素质,造就一支献身于教育、勇于创新的教师队伍作为长期而重要的任务来抓。

一是始终把师德建设放在首要位置。加强教师的职业道德教育,组织教师深入学习《中小学教师职业道德规范》和《公民道德建设纲要》,着力培养教师爱岗敬业、乐于奉献的精神,促进教师转变工作作风,转变工作态度,提高工作效益。从教师的仪表言行抓起,使其时时处处为人师表。进一步培养树立优秀教师典型,发挥榜样示范作用,弘扬正气,促进形成良好的师德师风。

二是大力实施教师继续教育工程。按照实际需要,精心组织教师进行全员培训、骨干教师和学科带头人重点培训,特别是结合新课程改革实验县项目的启动,对校长和全体教师进行新的教育理念、教学模式、教学方法、教学手段的培训,以促进教育创新和素质教育深入实施。充分发挥现代教育技术设备作用,开展教师培训工作,促使教师更新知识、更新方法。继续鼓励教师通过自学考试、电大教育、函授等多种途径参加学历教育,进一步提高全县中小学专任教师学历合格率。

三是重视和加强校长队伍建设。校长是学校的灵魂,有一个好校长才能办出一所好学校。加强校长队伍建设,按照干部任用条例要求,通过严格考察考核,把那些政治过硬、作风优良、懂业务、善管理、有创新的优秀人才选拔到学校领导岗位上来,同时对工作上没有建树又不思进取的个别人坚决予以调整,使学校领导班子真正充满生机和活力。狠抓校长的培训学习,使校长不断地掌握教育新信息,借鉴新经验,成为学校最有学问的人,成为更新教育观念的先行者、教育改革的排头兵和终身学习的带头人。抓好作风建设,校长要以身作则,率先垂范,做到"校长无小节,处处做楷模"。校长不仅要成为抓建校、抓管理、抓教学、抓质量的行家里手,还要适应新形势,转换角色,协调各方面的关系,争取各方面支持,加快学校发展。

四是大力推行中小学人事制度改革。今年在全县中小学全面实施"校长负责制、教师聘任制、岗位责任制、绩效工资制",逐步建立科学的教育管理运行机制,切实解决当前教师中存在的"干好干坏一个样,干多干少一个样"的"吃大锅饭"问题,充分调动广大教职工的积极性,提高教育质量和办学效益。这项工作,具体安排分两期进行,上半年在川坪区 17 所初中、12 个学区实施,下半年在山区 13 所初中、13 个学区实施。实施过程中,要切实加强领导,借鉴推广外地做法和全县试点工作经验,严格按程序稳妥推进,认真研究解决出现的各类问题,确保改革成功。

五是大力弘扬"尊师重教"的良好社会风尚。认真落实党的知识分子政策,努力提高教职工的政治生活待遇,按月足额发放教师工资,维护教育系统稳定。组织搞好第 18 个教师节庆祝活动,为教师送温暖,办实事。继续关心教职工生活,尽可能地为其排忧解难。广泛动员教职工参加社会医疗保险和住房公积金的改革,努力提供热情周到的服务,维护教职工切身利益。

(五)大力发展现代远程教育,推进教育信息化

教育信息化是贫困地区追赶发达地区的重要捷径,只有通过信息化渠道,充分利用发达地区的优质教育资源,借鉴先进的教育教学经验、管理经验、教学方法和手段,为我所用,我们才有可能缩小与发达地区的差距,实现教育跨越式发展。大力推进教育信息化进程,已成为全国教育工作的重点目标,也是我们今后要着重抓好的一项工作。目前,我县已有 43 所中小学建成了微机教室并开设了微机课,有 32 所学校接通了现代教育卫星宽带网,县教研室和临洮二中率先开通了教育网,为我县信息技术教育的发展打下了良好基础。今年,我们要继续加大信息技术教育发展力度,组织实施李嘉诚基金西部中小学远程教育捐赠项目,为 60 所小学安装现代远程教育设备。同时,还要紧抓国家加大对信息技术教育投入的机遇,进一步争取信息技术教育的新项目。倡导和鼓励中小学利用可以收取上机费和电化教育建设费的有利政策,采取向银行贷款等办法,筹措资金,安装微机教室,装备信息技术设备,加快信息技术教育发展步伐。需要指出的是,各学校安装微机前,必须拿出可行性方案,由教育局协同电教馆审定,未经审定的不许安装,坚决杜绝"垃圾电脑"进入学校。高度重视信息技术教育设备的使用,有条件的学校尽可能开通教育网,让教师充分了解网络、学习和使用网络,使骨干教师能够运用计算机在教材整合、创新教学模式、提高教学质量上发挥重要作用。今年,确定临洮二中、洮阳初中、南街小学、实验小学等四所学校为全县信息技术教育示范学校。示范学校要积极创造条件,开通校园网,率先在信息化教育方面迈出新步、求得实效。

(六)大力实施特色教育战略,树立临洮教育品牌形象

教育创新势在必行。树立品牌,形成特色,是我县教育发展的必然趋势。今年,我县被省教育厅列为省级新课程改革实验县,这是我县教育史上的一件大事。我们一定要紧紧抓住这一机遇,大胆开展教育创新活动,结合新课程改革实验,培养一批教育创新示范学校,

培养一批课程创新实验班级、学科带头人，创一批教研、科研成果，力争经过 3~5 年，形成临洮教育特色，打造临洮教育新品牌。

一是全力抓好省级新课程改革实验县项目和"中国 JIP 新阶段实验"项目。今年秋季开学，小学和初中起始年级就要实行新课程改革实验，按照计划，上半年培训教师，下半年组织实施，工作面宽量大，时间紧，要求高，我们必须有充分的思想认识和准备，如果工作不认真，教师培训走了过场，就有可能导致改革的失败。这样的问题，在周边的县发生过，局面非常被动。因此，我们必须高度重视，层层抓好培训工作，及时研究解决实施过程中出现的各类问题，保证新课程改革一次性成功。"中国 JIP 新阶段实验"项目，是甘肃省联合国教科文协会组织实施的旨在提高中小学学生能力和推进教育整体改革的"联合革新计划"，实验的主要内容是加强中小学信息技术教育，提高教育质量。为实施好这两个项目，教育局确定一名副局长专门负责抓落实，确保按计划、按要求、按期完成任务，确保取得实效。

二是大力实施"三名"工程。年内，争取评出第一所名校、第一名县级名校长、第一批县级名教师，经过几年努力，力争挤入全区、全省"三名"行列。从现在起，人事股、教育股要认真研究制订方案和人选条件、评选办法、评选程序，广泛动员，公开评选，严格审核，按规定报批。各学区、各学校都要高度重视这一工作，充分做好各项准备工作，确保评选工作顺利进行。

三是大力创办教育创新示范学校。县教育局确定，把临洮中学创办成省级示范高中，把连儿湾初中、改河初中和洮阳初中创办成全县初中教育创新示范学校，把临师附小、县实验小学、八里铺小学、新添二小、玉井店子小学、太石小学、城关南街小学创办成全县小学创新示范学校，并确定创新示范班级 120 个；确定 60 名中学教科研创新带头教师、50 名小学教科研创新带头教师，确立县级教研课题，积极申报省级科研课题，定任务，定时间，定要求，争创教科研成果。

四是大力组织开展县域教研活动。抓好创新课成果推广，组织获奖教师送教下乡，多层次多形式开展优质课、创新课、优秀论文和优秀教案的评选活动，召开各类教育教学研讨会，办好《临洮教研》，广泛交流，提高研讨会质量。同时，继续采取"走出去，请进来"的办法，加强与发达地区的教育交流，分期分批组织赴外考察，邀请外地教育专家来临洮讲学，开阔视野，更新理念，引入先进的教育教学经验。

（七）全面贯彻教育方针，切实推进素质教育

全面贯彻教育方针，是推进素质教育、提高教育质量和办学效益的根本所在。始终坚持把德育工作摆在首位，切实提高德育工作的针对性和实效性。继续抓好中小学生时事政治教育、思想品德教育、行为规范教育、纪律法制教育、心理素质教育，弘扬民族精神，加强爱国主义和社会主义教育，引导青少年树立正确的世界观、人生观和价值观。在形式上，以中学政治课、小学思想品德课为主渠道，从社会实践和学生生活实际出发，进行社会公德教育，进行热爱家乡、热爱集体教育，进行国情教育、法制教育、纪律教育和品德修养教育，积极组织开展学雷锋活动，组织学生广泛参与环保、禁毒、普法、抵制邪教等宣传活动。充分发挥中学法制副校长、小学法制辅导员作用，通过举办法制讲座、开展法律知识竞赛等活动，对青少年学生经常性地进行法制纪律教育。要严肃校纪校规，采取积极有效的手段，矫正个别学生的不良言行，确保不发生在校学生犯罪现象。加强学生自身安全意识教育，杜绝学校原因引起的非正常事故。关心和重视学生身体健康，提倡鼓励和引导学生、学生家长支持和参与校园意外伤害等商业保险。进一步端正办学行为,积极创造条件开足开齐课程,落实教育部艺术教育规程,提高中小学美育水平。进一步重视学校体育工作,切实保证和改进体育课教学,广泛组织开展全民健身活动和各类体育竞技竞赛活动,继续抓好中铺初中等传统体育项目训练点工作,培养输送优秀体育人才,为争创"全国田径之乡"再立新功。按照中小学"减负"有关规定,坚决禁止乱订教辅读物和资料,大力改进教育教学评价体系,保证学生愉快健康成长。广泛开展学校第二课堂活动和社会实践活动,认真推广临师附小校园科技活动的成功经验,举办城区小学生首届艺术教育竞赛活动。充分发挥教育督导作用,从教育管理、教育教学、教学质量、学校建设等方面形成对全县各级各类教育的综合评价,总结典型经验,为下一步发展打好基础。

(八)加强党风廉政建设,树立教育行业良好形象

教育行业是全县精神文明建设的重要窗口单位,教育行风建设水平直接关系到教育事业改革与发展的成败。

一是进一步在教育系统开展党风廉政教育活动。把警示教育摆在突出位置,认真吸取各类腐败案件的深刻教训,不断改造世界观,自觉抵制个人主义、拜金主义、享乐主义的侵蚀,努力做到"管住自己的手,不该拿的不要拿;管住自己的嘴,不该吃的不要吃;管住自己的腿,不该去的地方不要去"。堂堂正正做人,踏踏实实干事。进一步坚持和完善校务公开制度,在学校经费开支、教师职务评聘、工作考核、评先选优、招生和学校重大决策方面,加大力度推行公开、公示制度。进一步加强基层教育工会的工作,发挥教代会的作用,对学校的重大事务进行监督,给教师一个明白,还校长一个清白。

二是坚决治理中小学乱收费。治理中小学乱收费,是教育系统党风廉政建设、行风建设最重要的目标。对此,各学校必须有充分、明确的认识。从今年春季开学检查中发现,一些学校至今没有完全弄清楚中小学"一费制"政策,有的收费公示制度落实得不够好,有的收费不开收据,有的自立收费项目或擅自抬高标准,还有的搞隐性收费,群众反映强烈。因此,校长要切实负起责任,对今年的收费情况认真进行一次清理,对发现的问题及时纠正,该清退的要不折不扣地清退。今后,若发现哪个学校违纪,特别是顶着干的,坚决予以查处,一经查实,必须从严从重处理,决不姑息。

三是努力推进依法治教。认真实施教育"四五"普法规划,在教师和学生中广泛组织开展法制教育活动,认真组织师生学习宪法和《教育法》、《义务教育法》、《教师法》、《未成年人保护法》、《预防未成年人犯罪法》等法律和教育法规,结合普法学习,进一步加强教育行政执法工作,完善执法责任制,加强执法人员培训,组织开展行政执法检查活动,提高依法治教水平。

四是高度重视并抓好学校安全工作。教育系统各级领导一定要从讲政治的高度出发,充分认识搞好安全工作的重要性,牢固树立"安全第一"和"安全重于泰山"的意识,切实把安全工作抓到手上,落到实处。在中小学师生中广泛开展安全知识教育、自救自护常识教育和心理健康教育活动,重点抓好教育部颁布的《学生伤害事故处理办法》的宣传学习,增强师生安全意识,对学校重点安全隐患部位经常进行检查,做到警钟长鸣,防患未然。要从去年潘家集初中发生的4名学生溺水死亡事故中吸取教训,进一步完善防范措施,靠实领导责任,加强安全管理,坚决杜绝不安全事故。特别要抓好学校危房的监测工作,严格落实校长责任制,对于不能继续使用的校舍,坚决关闭;对于该排除的危房,要积极想办法排除,坚决杜绝因危房倒塌而造成的恶性伤亡事故。进一步重视并抓好化学课、体育课、学生课间休息以及校内外活动的安全管理工作,确保师生人身安全。

五是高度重视信访工作,维护教育稳定。认真学习《国务院信访工作条例》,引导师生按照逐级上访的原则反映问题,尽可能减少越级上访。层层建立信访责任制,及时排查学校的各类矛盾纠纷,采取措施抓好矛盾化解工作,力求把问题解决在基层。坚决反对回避矛盾或向上转移矛盾的不良行为,坚决防止矛盾久拖不决以致矛盾激化而形成群体事件。

四、保证措施

为了保证全面完成今年的各项教育工作任务,我们必须进一步解放思想,转变作风,加强团结,勇于创新,优化服务,以崭新的姿态和良好的精神面貌投入教育事业改革发展。

一是加强学习,与时俱进。当前,要把党的"十六大"精神的学习作为首要的政治任务,引导广大师生深入学习领会精神实质,全面了解掌握党的"十六大"对教育工作提出的新任务、新要求,增强工作责任感、使命感和紧迫感。**特别要认真领会"教育创新"的新思路,以全新的视角审视自己,敢于承认差距,不甘落后,敢为人先,争创一流,敢试敢干,迎难而进,振奋斗志,顽强拼搏,紧跟时代步伐,推进教育创新。**

二是靠实责任,优化服务。教育工作面宽量大,工作目标已十分明确,工作任务已非常具体。能否完成,靠的是全系统广大教职工的齐心协力和团结奋战;如何保证,靠的是我们大家责任的落实。这次会议上,县教育局要与各中学、学区和重点学校签订教育目标管理责任书,年终进行严格考核,兑现奖罚。希望大家及时调整安排好工作,采取切实有效措施,确保各项责任指标顺利完成。今后,我们要对县委、县政府的决定坚决贯彻执行,凡安排的工作必须按期完成,凡承诺的事情必须兑现,真正做到言必行、行必果。**要优化环境,营造和优化"投资环境、建设环境、教育教学环境、干事创业环境";强化服务意识,在全教育系统形成"局长为校长服务,校长为教师服务,教师为学生服务"的服务性局面。**

三是要讲求实效,真抓实干。坚持"抓主抓重,统筹兼顾"的原则,谋大事,议大事,抓大事;树典型,抓推广,带全面;讲民主,讲团结,讲效益。大事讲原则,小事讲风格。各学校要进一步加强团结,民主共事,减少内耗,形成推进工作的强大合力。坚决反对任何形式的弄虚作假行为,特别是要着力解决好初中"六合率"、小学"双合率"方面有"水分"的问题,保证学校教学评价的公正性、公平性。进一步大兴调查研究之风,落实教育局机关领导包片、干部包乡(镇)的工作制度,加强对学校工作的检查指导。各学区作为教育局的派出机构,要充分发挥职能作用,对所管辖的小学多检查、多指导,以保证全县教育改革与发展的顺利进行。

在过去的五年,教育战线硕果累累。展望未来,临洮教育事业充满希望。现在,目标已十分明确,能否完成我们确定的各项任务,是对我们能力和水平的考验。只能成功,不可失败。我相信,只要在县委、县政府的正确领导下,精诚团结,与时俱进,开拓创新,求真务实,扎实工作,顽强拼搏,全面推进临洮教育事业改革与发展,我们的目标就一定能够实现。

(根据作者 2003 年 3 月 26 日在全县教育工作会议上所作的《教育工作报告》整理)

加快高中建设步代　强化教育基本建设
推进人事制度改革　努力提高办学水平

　　加速高中教育发展,在县城北关动工新建文峰中学,临洮中学、临洮二中获得了市级示范性高中称号;组织召开了临洮四中、临洮三中、衙下中学、窑店中学发展和校园总体规划论证会,完成了这4所完中的校园总体规划,高中阶段入学率达到55.2%。

　　坚持民主推荐、组织考察、集体决定、目标管理的原则,抓好干部队伍建设,形成高度负责、结构合理、团结坚强、带头示范的学校领导核心力量。

一、2003 年全县教育工作回顾

　　2003 年,全县教育系统按照"紧盯一个总目标(小康建设),围绕两大总任务(普及高中和消除文盲),实施两大新战略(项目教育和特色教育),落实两项硬指标(高考和排危工作),狠抓八大硬措施(调整中小学布局、推进教育科研、树立教育品牌、改善办学条件、推进教育信息化、加强教师队伍建设、推进素质教育、加强精神文明建设)"的工作思路,与时俱进,深化改革,强化措施,加快发展,各项工作都取得了良好成效。

(一)抓主抓重,推进全县各级各类教育健康协调发展

　　巩固提高"两基"成果。全县撤并了 40 所小学及教学点,其中撤并八年制学校附设初中班 1 所,小学教学点 39 个;完成了 60 所小学"五三"学制改"六三"学制的顺利过渡,有2300 名五年级小学生升入六年级学习,小学毕业生人数 8806 人;初中招生 165 个班,8543人,比上年净增 18 个班;全县学龄儿童入学率达到 99.7%,初中阶段入学率达到 97%,辍学率分别控制在 0.4%、1.45%以内;全县 4—6 周岁幼儿入园(班)率达到 67.5%;2003 年全县小学毕业会考"双科"合格率为 89.1%,初中毕业会考"六科"合格率为 31.3%;扫除文盲、半文盲 985 人,全县青壮年非文盲率达 97.2%。

　　加速高中教育发展。年初,按照党的"十六"大对教育改革与发展的新要求,对全县高中教育状况进行了深入分析,提出了加快普及高中阶段教育的目标、措施,解决城区学校的布局问题,**在县城北关动工新建文峰中学,临洮中学、临洮二中获得了市级示范性高中称号;组织召开了临洮四中、临洮三中、衙下中学、窑店中学发展和校园总体规划论证会,完成了这4所完中的校园总体规划**,并报县政府批复;完成了高中扩招计划,当年全县初

中毕业生 6766 人,全县普通高中、职中实际招生 3789 人,比当年高中毕业学生净增 36 个班 2100 多人,高一新生入学率达到 55.2%;把高考工作列为重中之重来抓,全县参加高考的学生人数达到 2776 人,高职和专科以上上线人数 2013 人,首次突破了 2000 人大关,上线率达到 72.5%;其中应届生上线人数 480 人,上线率 35.1%。

狠抓职成教工作。进一步推进骨干职中建设,组织玉井农职中、县职教中心、县卫校、县乡镇企业学校 4 所学校参加国家标准合格中等职业学校评估活动,均通过地区评估验收;县职业中学现开设工民建、医疗、计算机应用、种植、养殖等 13 个骨干专业,在校学生达到 1442 人,毕业 347 名。全县高等教育自学考试、电大教育进一步发展,自学考试在册人数达到 1900 人,电大教育在册人数达到 883 人。

加快发展信息技术教育。组织完成了总投资 180 万元的 60 所小学李嘉诚西部中小学现代远程教育项目,60 名信息技术学科教师分两批参加了省级培训。全县有 34 所学校装配了微机教室,安装微机 546 台,使全县微机总数达到了 2100 多台,生机比达到了 53:1。

(二)项目带动,加快中小学办学条件改善

实施项目教育战略,加大项目争取力度,全年争取到中央、省、市各类教育项目资金 880.3 万元,全系统累计完成建安量 1900 多万元,投资 320 万元的临洮四中综合教学楼和投资 468 万元的教师住宅楼已基本完成;投资 130 万元的衙下中学教师宿舍楼全部完成,已验收投入使用;投资 120 万元的峡口初中教学楼基本完成;投资 65 万元的实验小学综合教学楼主体完成;投资 55 万元的超然书院椒山纪念馆、老子飞升阁主体已完成;投资 65 万元的马家窑镇车刘家小学逸夫教学楼基本完成;投资 64.2 万元的张家庄白玉兰希望小学教学楼已验收交付使用;投资 420 万元的青少年活动中心和投资 475 万元的文峰中学综合楼建设进展顺利。税费改革转移支付资金全部到位,除重点项目外,所余 114 万元和县级财政列支 100 万元用于 59 所农村中小学排危工程,完成排危面积 1.2 万平方米,其中康家集小学、中铺镇新庄小学、上梁乡堑岘小学等 4 所学校进行了整体搬迁和改造;八里铺火石沟学校等 16 所学校多渠道自行筹资 65.6 万元排危建校,改善了办学条件。2003 年县教育局获得了全县招商引资考核一等奖,全县固定资产投资考核二等奖。2003 年全县财政拨付教育经费 6616 万元,占一般预算收入 10366 万元的 63.8%,比上年 6006 万元增长 10.2%,有力地支持了教育事业的改革和发展。

(三)强化特色,树立临洮教育品牌

实施特色教育战略,坚持"一校一个特色、一师一个特色、一班一个特色"的原则,坚持不懈,持之以恒,抓创新求特色,以特色树形象,努力形成临洮教育新特色。

大力培育特色学校,确定临洮中学、临洮二中为省市示范中学创建学校,玉井农职中为职业中学创新示范学校,改河、连湾、苟家滩 3 所初中为全县初中创新示范学校,临师附小、实验小学、南街小学、八里铺小学、玉井店子小学、新添二小、太石小学等 10 所小学为全县小学创新示范学校;确定语文、数学、外语和政治等课程教研创新班级 120 个、教科研示范教师 120 名,广泛组织开展创新活动。

狠抓省级新课程改革实验县工作,先派员赴兰州、白银、定西实验区实地考察学习,再召开全县启动动员会,制发《工作方案》,先观看光盘,后组织培训,420 多名骨干教师参加省、地培训,8 月初组织全县初一和小学一年级授课教师进行集中培训和分学区培训,共培训授课教师 1200 多人次,其中初中教师 550 人次,小学教师 650 多人次;为各学区和初中刻录发放光盘 162 套 7054 张,编发课改实验专刊,印发学习资料 4600 份。12 月,又从兰州请来专家,开展课改实验示范教学教研,保证了课改实验工作顺利进行。

开展教研创新工作,进一步建立完善了全县教研机构和教研网络,确定了县、乡、校三级教研员,推荐评选市级学科带头人 3 名、骨干教师 30 名;年内申报教育科研课题 30 个,其中有 1 项被列为省级重点研究课题,11 项被列为省级规划研究课题,22 项被列为市级规划研究课题,参与课题研究的教师达 159 人;组织参加省市学科竞赛、论文评选等活动,其中选送优秀案例 53 篇、优秀论文 63 篇,有 6 节优质课获得了省级二、三等奖;组织"青年教学能手"评选活动,选送省级青年教学能手 6 人、市级青年教学能手 32 人,有 2 人荣获"省特级教师"称号;编发《临洮教研》,刊发中小学教师论文 80 多篇。7 月、8 月和 12 月分别组织召开全县小学教育分析研讨会、初中教育分析研讨会和高中教育分析研讨会,明确了今后小学、初中、高中教育发展思路、目标任务和具体措施,通过开展督察工作、抓落实,使中小学进一步形成了抓管理、抓教学、抓质量的好风气。

(四)深化改革,加强教师队伍建设

加大力度,深化教育人事管理制度改革,建立教师公开选拔制度,为临中、二中、洮阳初中、实验小学公开选拔教师 53 人;着力解决边远山区教师紧缺问题,为只有一名公派教师的小学公开招考分配非师范国家任务中专生 109 名,分配非师范大专以上毕业生 48 名,分配师范类大中专生 277 名,使一些学校的师资力量得到了加强;实行代理教师考试管理制度,组织 952 名代理教师进行了文化课考试,对成绩太差的 63 名代理教师予以辞退;继续实行教师表彰制度,推定定西市优秀教师 12 人、优秀教育工作者 3 人,表彰县级优秀教师 64 人、优秀班主任 60 人、优秀教育工作者 10 人;加强教师业务培训,组织中小学教师参加国家、省、市各种培训 1800 多人次,启动实施了第二轮小学教师继续教育计划,培训小学教师 410 人、非师范院校毕业生 24 人、新任小学校长 45 人,邀请同济大学 5 名专家、教授在临洮培训初中英语教师 180 名、计算机教师 42 名。

(五)统筹兼顾,抓好其他各项工作

加强党建目标管理,组织全县教职工深入学习实践"三个代表"重要思想,广泛开展以"两个务必"为主要内容的学习教育活动,使教育系统干部职工的思想作风、工作作风、生活作风、学习作风明显转变,对教育改革与发展产生了积极推动作用。县教育局被评为全县防治非典先进单位,获得全县精神文明建设考核一等奖、机关党建目标管理二等奖,临洮二中被市委、市政府命名为地级文明单位,连湾初中、党家墩初中、实验小学被县委、县政府命名为县级文明单位。加强中小学德育工作,组织 3900 多名教师参加了"四五"普法考试,开展对学生的法制和禁毒教育,开展校园周边环境专项治理,有效预防了青少年犯罪。加强信访工作,受理各种信访案件 76 件,查处 65 件;办理人大代表、政协委员意见和提案 28 件。2003 年县教育局获得全县信访工作责任书考核三等奖。加强中小学乱收费治理工作,教育、监察、物价等 7 个部门组成 3 个督察组,对 75 所中小学的收费情况进行了专项检查,清理清退不合理收费 36 万多元,先后对 5 名顶风违纪乱收费的中小学校长进行了查处。

二、2004 年全县教育工作面临的新形势

2004 年全县教育工作面临新的形势、新的机遇和新的挑战。一方面,国家加大对西部

教育的投资力度,特别是基础教育投资增加,重点是初中建设、高中扩招、信息技术教育,省市高度重视高中建设予以专项支持,县级财政支持力度逐年加大;我县项目争取良好,年内专项投入 880.4 万元,加上地方配套,建设规模将达到 2600 多万元,特别是高中建设规模达到 1384 万元,加上青少年活动中心和文峰中学,建设规模会达到 1800 多万元;我县 2003、2004 两年高中扩招增班 36 个和 39 个,使全县高一新生班级达到 80 个班,全县高中规模达到 240 个班;年内高中新建教学楼即可全部建成招生,使全县高中(含职中)入学率达到 56%,加上普通中专招生,高中阶段入学率达到 65% 左右,为全县 2013 年实现初步基本普及高中目标奠定了基础;初中、小学等初级教育健康发展,教师学历达标率不断提高,学校教科研活动势头良好,为全县教育事业改革与发展提供了有利条件。

另一方面,全县教育工作也面临着新形势下的新挑战。

一是面临新课改的新挑战,去年以来,我县作为省级新课程改革实验县,率先在初一、小学一年级实施新一轮课改实验,这对旧的学生考试评价制度、教师考核评价制度提出了新挑战,如何建立完善新的评价体系,特别是如何转变教师教学意识,改革教师教法,改进学生学法,已成为全体教师必须面对和必须攻破的新课题,尤其是初一英语选用的是九年制教材,起始年级就是七年级,单词量特别大,对我县仅仅在城区和其他学区中心小学开设英语课的现实来说,问题更大,解决好这一问题直接关系着新课改的成功与否,如何高质量地完成新课改任务,关系着全县教育事业的振兴。

二是面临高中扩招后的新挑战,年内高中新建教学楼即可建成,除四中外,其他完中实验室也基本配齐,但仍存在诸多矛盾,主要是扩招后高中师资总体上不足的问题,扩招 39 个班需高中教师 112 名,预计今年师范类本科生分配、引进 20 名,各完中内部拔高使用 45 名,还要从全县其他初中教师中招考选调 47 名予以补充。尽管专科生分配还可以补充一些,但总体上来说对初中仍是一个新挑战。如何抓好完中教师学历拔高培养,如何抓好初中骨干教师的精心培养,已成为高中扩招后急需解决的首要问题。加上师生住宿、实验设备、图书仪器和计算机配备等一系列问题,如何解决好高中扩招与人均教育资源占有量相对不足、高中扩招与高中教育升学率可能下降、高中扩招与高中新生录取线可能下移等方面聚集产生的新矛盾,已成为我们必须面对的新挑战,正确处理好高中教育数量和质量的关系问题,是一道非下工夫解决好不可的难题,若解决得不好,势必影响全县普及高中阶段教育的进程,势必影响重振教育雄风战略的落实。

三是面临教学管理和队伍建设的新挑战,在教师工资保障、社会地位提高、广大家长高度重视教育的新形势下,一些教师担当"家教"、吃请频繁的现象抬头,参与酗酒、赌博的大有人在,更有甚者还参与、操纵、带头搞一些不正当的闹事活动,公然抵制政策落实,虽属个别,但影响很大、很恶劣。如何加强教师品德修养,整顿教师纪律作风,从制度上加以保障,是新形势下教师管理的新课题,尤其是如何发挥教师个体和校、(教研)组集体作用,使教师全身心投入教学教研活动,投身于自我素质发展,是我们抓好教师队伍建设的新挑战,打造一支有崇高师德、广博知识、精湛教艺、健康心理和强健体魄的高素质教师队伍势在必行,否则落实再创临洮教育辉煌战略就缺乏有力的支撑。

四是面临初级教育教学管理新挑战,在学校建设上,"普九"欠账过多,"贫三"项目世行贷款还款期限已到,对我县农村 14.4% 左右的中小学排危形成了新挑战;在教学管理上,一部分教师"走教",精力不集中,一些农村学校教科研开展极不平衡,初中之间、学区之间差距很大;在教师配备上,山区专任教师缺乏,代理教师过多,一时还难以过渡。如何下工夫解决初中"腰里软"和小学全面发展问题已成为重大课题,尤其是如何理顺初中与学区的关系,特别是抓好以学区为主的教研活动显得尤为重要,抓一批示范性初中、示范性小学,抓点搞示范,推广促全面,这是我们必须下决心解决的重要问题,解决不好,不可能有全县基础教育的持续、健康、协调发展。

五是面临"一费制"影响的新挑战,特别是广大农村中小学公用经费严重不足、信息技术发展受困、学校用电费用较高等矛盾,在实行"一费制"收费制度后,给全县农村中小学发展带来了新挑战,如何适应"一费制"政策并采取相应的措施,是我们面临的非常现实的问题,解决不当,将直接影响学校的正常运转。

六是面临职业教育新挑战,特别是招生下滑、出路不畅的问题较为严重,如何面对城市、农村两个市场来寻找设置优势专业,发展壮大现有骨干专业,走好"一校两制"、高中和职中"双肩并举"的发展路子尤为重要,特别是要认真研讨县职教中心发展的目标定位、办学方向和工作思路,形成统一认识,力争把职教中心办成一所面向兰州和沿海大城市,培养输送具有一定专业技能的合格人才的职业教育学校。

三、2004年全县教育工作重点

基于以上分析思考,2004年全县教育工作的指导思想是:坚持"紧盯一个总目标,围绕两大总任务,实施两大新战略,落实两项硬指标,狠抓八大硬指标"的工作思路,整合一切优势资源,大力开展"教育质量年"、"队伍建设年"、"项目实施年"活动,抓教学、抓课改,抓队伍、抓管理,抓教研、抓督导,抓特色、抓示范,抓项目、抓排危,与时俱进,开拓创新,深化改革,强化措施,求真务实,真抓实干,推动各级各类教育持续、健康、协调发展,力争迈上新台阶。

(一)大力开展教育质量年活动

1.持续推进高中扩招,狠抓高考质量。年内,深入调查,合理制订高中招生计划,力争全县普通高中、职业高中扩招39个班(总数达到80个班),扩招1900人以上,使全县高一新生招生人数达到4000人以上,入学率达到56%以上。加强示范性高中建设,临洮中学年内通过省级示范性高中验收达标;临洮二中进一步强化硬软件建设,不断改善条件、巩固规模、提高质量;玉井农职中争创全省A级标准学校。认真贯彻《民办教育促进法》,积极探索,创造条件,争取各方面的支持,力争创办一所民办中学。高度重视教学实验工作,切实加强高中教学管理,全力优化教师队伍,狠抓教研创新。推行分层教学、实行快慢分班教学办法,完成高中扩招和高考工作任务。继续把高考作为重点工作来抓,充分发挥临中、二中市级示范性高中作用,全方位支持各中学教学管理工作,改革考评办法,只评比专科以上,突出应届生升学,减少城区补习班,实现补习生向农村完中转移过渡,为学校定任务,向校长压担子,向教师要质量,促使高考取得新突破,力争使高考本科上线人数达到428人以上,上线率达到15%以上,专科以上上线人数达到1256人以上,上线率达到44%以上。其中应届生高考本科上线人数达到247人以上,上线率达到13%以上;应届生专科以上上线人数700人以上,上线率达到37%以上。确保1~2名应届毕业生高考成绩进入全省前50名,每进入一名学生,教育局奖励学校1万元。

2.狠抓教研创新,提高"普九"质量。各学区、学校要狠抓省级新课程改革实验县工作,加强课改培训,组织课改研讨,抓实验搞教研,抓实验求创新;紧紧依托洮阳、旭东、连湾等7所示范初中,附小、实验小学等10所示范小学和120个实验班级,广泛开展创新活动;大力完善教研机制,强化教研网络,硬化教研工作,充实教研力量,狠抓成果转化,推动质量提高。各完职中、示范性初中和各学区都要专设教研室,有条件的学校设立专职教研员,其他学校一律由校长、教务主任兼任教研员。进一步加大督察力度,深入学校、深入教师、深入学生、深入家长,广泛吸纳各方面意见,及时分析初中和小学教育质量,改进初中、小学教学管理评价制度,促进学校务实创新、争先创优,力争使初中毕业会考"六合率"达到35%以上,小学"双合率"达到90%以上,优秀学生所占比例大幅度提高。积极稳妥调整学校布局,改造薄弱学校,优化教育资源配置,提高办学效益。抓好75所小学"五三"学制向"六三"学制转换。拓宽渠道,多形式组织救助贫困学生,抓好初中学生"防流控辍"工作,全面完成"普九"任务,努力使初中毕业生参考率达到97%以上,初中在校学生辍学率必须控制在3%以内。

3.坚持"一校两制"方向,推进职成教育发展。进一步加强重点职中建设,创办骨干专业,扩大招生规模,提高办学效益,形成办学特色,确保完成448人的职中招生任务。县乡企学校、玉井农职中要进一步探索普中、中职"一校两制"发展模式,解决生源不足问题。年内确保县职教中心建成投入使用,探索职中、高中、初中"三合一"办学方式,充分发挥资源优势。同时,各职中要充分发挥自身优势,坚持"长短结合、灵活办学",广泛联系,举办职业技术短训班,努力提高职业教育的办学效益和社会效益。大力发展成人教育,抓好高等教育自学考试和电大教育,为干部群众参加学历教育服务。积极组织开展农村扫盲活动,年内扫除青壮年文盲2500人。

4.坚持依法治教,不断提高教育管理水平。高度重视学校安全工作,制定和落实"保安全"的强硬措施,层层靠实责任,加强检查监督,及时排除危房、火灾等隐患,确保学校和师生平安;加强学校社会治安综合治理,认真搞好"禁毒"教育,组织开展校园及周边环境综合治理,创建安全文明校园;坚决治理中小学乱收费,严肃查处教职工违纪问题,树立教育部门良好形象;积极推进教育系统政务公开、校务公开和财务公开,提高决策的透明度和公共参与度;加强信访工作,及时排查,解决矛盾纠纷,落实逐级上访制度,维护教育系统稳定;改进和加强教职工计划生育工作,杜绝超生违育问题;加强机关自身思想建设和作风建设,增强服务意识,规范工作程序,提高办事效率和管理水平。

(二)大力开展教师队伍建设年活动

1.大力加强教育系统干部队伍建设。**建立和完善科学的用人机制,实行校长任期目标管理制度,下放人事管理权限,坚持谁用人谁管理的原则,各学校中层管理人员一律由学校考察提名推荐,县教育局尊重和支持学校意见,完职中、初中的,由人事股负责按管理权限和有关程序办理任免手续;小学的,由各学区直接提名与管理。坚持民主推荐、组织考察、集体决定、目标管理的原则,抓好干部队伍建设,形成高度负责、结构合理、团结坚强、带头示范的学校领导核心力量。**

2.深入推进"四制"改革。落实工资待遇优惠政策,继续加大力度引进师范院校本科毕业生,为重点学校选拔优秀教师,为初中调配紧缺学科教师,保证高中扩招后高中、初中教师质量。建立和完善教师公正、公平、公开选聘制度,实行考核考试相结合的办法,初步确定在临中、二中、三中、四中、洮阳、文峰、旭东初中、附小、实验小学试点,除特殊情况外,凡调入者必须先考后进,学校年度考核必须实行后进淘汰制。建立教师科学合理流动制度,及时调整不胜任岗位的教师,采取积极有效措施,解决边远山区师资力量薄弱问题。实施教师学历达标"三五"计划,即从 2004 年开始,通过三年努力,使全县初中专任教师学历达标率达到 100%;通过五年的努力,高中专任教师学历达标率达到 100%,不讲任何条件地坚决调整学历不合格教师。

3.加强校长和教师培训。选派一批优秀校长和骨干教师赴上海、北京等地参加培训活动,大力培养骨干教师和学科带头人,开展以新理念、新课程、新知识、新技术为重点的教师继续教育培训和小学校长培训活动,把广大教师培养成有思想的实践者,切实提高全体教师的政治思想素质、业务素质和实际工作能力。全年培训中小学教师 1000 人次,培训小学校长 50 人,培养评选县级骨干教师 100 名。

4.加强教育系统党建工作。组建临洮县教育局党委,理顺学区和初中关系,强化初级教育管理。改进和加强教育系统思想政治、党的建设和廉政建设工作,认真搞好教师师德教育,实施中小学思想品德课程标准,加强爱国主义教育、诚信教育、法制教育,广泛组织开展精神文明创建活动,进一步加强教育宣传工作,努力营造社会各界共同关心支持教育事业的良好社会氛围。

(三)大力开展教育项目实施年活动

2004 年力争完成教育项目建安量 2600 万元,重点抓好文峰中学教学实验楼,青少年校外活动中心,临洮二中实验楼,临洮三中综合教学楼,临洮四中学生宿舍楼,窑店中学教学楼,文峰小学、安家咀学校、八里铺小学、新添联丰小学教学楼,五户初中、塔湾大湾小学教室,窑店庆恩小学教室,四十铺阿科力希望小学教室等 14 个工程项目建设,确保工程建设质量,确保秋季开学前全面建成投入使用。完成投资 194.5 万元,抓好全县 42 个远程教育收视点建设,积极稳妥地推进信息技术教育。进一步抓好农村学校排危建校,合理使用税改经费和县级排危资金,发动社会各界捐资办学,力争排除 30 所中小学危房。年内,教育系统力争争取项目资金 500 万元以上,重点争取四中学生宿舍楼、文峰中学教学楼建设资金,论证储备一批投资 100 万元、50 万元、20 万元、10 万元的建设项目,通过实施项目教育战略,推动临洮教育大发展。

人们说:"教育是事业,事业的意义在于奉献;教育是科学,科学的价值在于求真;教育是艺术,艺术的生命在于创新。"我们相信,只要广大教育工作者坚定信心,下大决心,凝聚齐心,步调一致,沿着确定的工作思路、方向奋勇前进,就一定能够全面完成各项工作任务,就一定能够在"重振雄风、再创辉煌"的征程中留下更加坚实的脚步。

(根据作者 2004 年 3 月 26 日在全县教育工作会议上所作的《教育工作报告》整理)

迎接挑战 推进课改
进一步加快教育改革与发展步代

推进教学管理改革,完善教育教学目标管理考核责任书,突出对质量和绩效的考核,有效改革考试办法,统一对调监考教师,集中统一阅卷,严明考风考纪,有效促进了教学风气的好转。

教育工作坚持以人为本,就是要落实教育优先发展的战略地位,坚持教育创新,深化教育改革,全面推进素质教育,努力创建全民学习、终身学习的学习型社会,促进人的全面发展。在学校,就是要坚持"一切为了学生、为了一切学生、为了学生的一切"的教学理念,一切出发点和落脚点都要放在学生的学习上,放在学生的安全上,放在学生的全面发展和健康成长上。

全面实施新课改,就是抓住了临洮教育发展的新契机,就是抓住了基础教育发展的未来,就是抓住了教师培训的根本方向,就是抓住了提高教学质量的核心问题。

一、2004 年全县教育工作回顾

2004 年,全县教育系统坚持整合一切优势资源的理念,大力开展"教育质量年、队伍建设年、项目实施年"活动,抓教学、抓课改、抓教研、抓督导、抓特色、抓示范,抓项目、抓排危,抓党建、抓队伍,有效促进了全县教育事业的改革与发展。

一是大力开展教育质量年活动。

推进教学管理改革。**继续完善教育教学目标管理考核责任书,突出对质量和绩效的考核,有效改革考试办法,统一对调监考教师,集中统一阅卷,严明考风考纪,有效促进了教学风气的好转**,促进了教学质量的提高,全县小学"双合率"和初中"六合率"分别为 83.1%、26.28%;普通高考本科上线率为 15.6%、专科以上上线率为 38.07%,**我县考生庆出蓝夺得高考全省文科第一名,掀开了临洮教育历史新的一页**。继续实施高中扩招,全县普通高中、职业中学招生 80 个班 4468 人,较上年扩招 679 人,高一新生入学率达到了 52.68%。

巩固提升"普九"成果。全县学龄儿童小学和初中入学率分别为 99.7% 和 97.2%,4—6 周岁幼儿入园(班)率为 67.7%。积极稳妥调整学校布局,撤并学区 10 个,使学区总数减少为 18 个,试点改办了 2 所农村中小学九年制学校,76 所小学实现了由"五三"向"六三"学制过渡。落实义务教育国家免费教科书等专项资助资金265.86万元,资助中小学生66065人,占全县适龄儿童的63.5%。

职成教育继续发展。坚持"一校两制"的方向,全县职业中学完成招生647人。县卫生职业技术学校经过政府统筹,完成了与职教中心的资源整合,成为全县教育改革新的亮点。县职教中心工民建、卫生保健和玉井农职中电子电器应用与维修3个专业,成功创办为市级重点骨干专业。

教科研成果显著。建立完善了县教育局、学区、学校教研网络,聘请兼职教研人员282人,有35项课题分别被确定为省级、市级研究课题;确定课改教研员294名,精心确定1000名小学教师和1100名初中教师担任课改任务,组织开展了全县初中教师"新课改实验研讨课"大赛,参加初赛的有1100多人,通过复赛决出县级优质课28节;组织教师广泛参加国家、省、市教研竞赛活动,获省级优质课奖的有3节、市级奖8节,优秀论文获省级奖的有23篇、市级奖124篇。县教育局获县委、县政府科技目标责任书考核二等奖,走上了教科研发展良性轨道。狠抓示范校建设,洮阳初中、连湾初中、改河初中创办为定西市示范性初中,临洮县第一实验小学(原临洮师范附属小学)、临洮县第二实验小学(原临洮县实验小学)、洮阳学区南街小学和西街小学创办为市级示范性小学。

二是大力开展教师队伍建设年活动。

成立中共临洮县教育局委员会,为强化教育战线党的思想政治工作提供了政治保障和组织保证,到2004年底,局党委下设总支16个、直属支部13个,党员976名。同时以此为契机,实行学区对初级教育行政管理的制度改革,基本理顺了学区与初中的关系,强化了初级教育的管理。

推进教育人事管理制度改革,逐步取消学校和校长行政级别制,实行校长任期考核制度,调整配备学校领导班子成员136人(次)。建立和完善了教师公正、公平、公开选聘制度,为城区学校公开选调教师52名。解决学校超编问题,按学历和工作实际,由中学向小学、由城区向农村、由川区向山坪区调整教职工224人,交流在本村学校任教教师175人,辞退代理教师405人;积极引进师范院校本科毕业生55名,分配大中专毕业生391人。

加强校长和教师培训,组织部分中小学校长、副校长共54人次赴天津、上海、河西等地考察和参加培训学习,邀请天津红桥区教育专家举办了有120名校长参加的培训班,继续教育等各类培训班培训教师1379人。组织进行了全县高三授课教师的优秀示范课教学活动,有19名教师示范讲课,105名高三教师参加了听课。

三是大力开展教育项目实施年活动。

2004年累计完成教育建安量2720万元,新建、改扩建面积44251万平方米,建成教学楼8栋,争取到教育项目资金749万元。重点组织实施了文峰中学教学楼、临洮二中综合实验楼、青少年活动中心、临洮三中综合教学楼、文峰小学教学楼、窎店中学教学楼、安家咀学校教学楼、八里铺小学教学楼、窎店镇四十铺小学教室、窎店小学教室、五户初中教室、新添镇联丰小学教学楼、塔湾乡大湾小学教室和总投资121万元的超然书院(含老子飞升阁、道统祠)共14个教育重点项目,除文峰中学教学楼、青少年校外活动中心、窎店中学教学楼外其余工程均已完成并交付使用。全县有91所中小学实施危房改造项目,改造校舍面积14595.6平方米。

二、当前面临的新形势

当前,全县教育改革与发展总的形势是,机遇与挑战并存,机遇大于挑战。从大的方面来看,国家加大对西部贫困地区的教育投入,启动实施了"农村寄宿制学校建设工程",继续实施"农村中小学危房改造工程",大力推进教育部《2003—2007年教育振兴行动计划》,为我县教育发展提供了良好的政策环境。省、市、县领导高度关注我县教育事业,在项目建设、师资队伍建设等方面给予了大力支持,特别是实施了从县外引进师范类本科毕业生政策,为我们提供了动力和机制保障。从教育自身来看,近两年完成基建投入4000多万元,办学条件特别是高中建设有了很大进展,促使基础教育结构发生了可喜变化,全县小学入学率为99.7%,初中入学率为97.2%,高一新生入学率达到52.68%,高考专科以上入学率达到38.07%,使全县教育走上了健康协调发展的轨道。教师队伍建设进一步加强,高中、初中、小学教师学历合格率分别达到64.9%、92.4%、91.89%,为新时期全县教育发展奠定了良好的基础。

但是,由于主、客观因素的制约,全县教育事业的改革与发展仍然存在一些亟待解决的矛盾和问题:一是"钱"的问题。近年来财政投资过亿元用于教育事业,但主要是职工个人部分,用于改善办学条件的仍然不足,去年年底统计,教育历年基建欠账达2115.4万元,占到全县项目欠账总数的2/3以上。目前,全县仍有2000年底以前的D级危房3.6万多平方米,有许多农村中小学的宿舍、厕所、校墙等面临倒塌的危险。实行"一费制"后,农村初中、小学除课本费、作业本费外,公用部分分别为生均57元、47元,难以维持学校的正常运转,特别是取消上机费后,学校的微机课开设受到影响,而且仍有338.74万元的微机欠账,使一些学校陷入了困境;学校布局不尽合理,仅有一墙之隔的初中和小学就有二十几所,在校学生人数极少、教育资源浪费严重的小学、村学还有相当一部分,布局调整潜力很大,难度也很大,特别是在解决初中、小学实验室问题,更新课桌凳,购置音美体器材和图书资料等方面仍需齐心努力。二是"管"的问题。初级教育管理体制尚未完全理顺,初中、小学工作不能有机衔接,招生工作不规范;农村义务教育在校学生巩固水平不高,初中辍学率反弹;农村中小学教师相对总量多、结构差,特别是贫困山区学校教师配备数量不够,教学水平总体偏低,代理教师仍然数量较大,导致农村初中教育质量不高,小学教育基础不扎实,影响整体教育水平的提高;学校内部管理体制相对滞后,没有形成较为完备的竞争机制;安全管理缺乏有效的机制制衡,影响大、性质严重的安全事件仍有发生。职业教育发展滞后,招生人数少,就业市场不宽广,如何达到职中、普中招生规模相当,如何提高职业教育办学水平,突显办学特色,是今年全县教育工作的一项重要任务。办学体制单一,民办学校发展滞后,不能适应全县教育改革与发展的新要求。从管理机制来看,我县还没有建立一套符合教育规律、适应全县教育发展的科学管理制度,管理方式方法较为落后,管理水平相对不高,中小学乱收费问题没有被根除。教育人事管理制度改革还需继续深化,主要是还没有真正形成校长"能上能下"、教师"能进能出"的竞争激励和合理流动机制,还没有真正形成较为完善的考核评价办法,影响着学校和教师整体水平的提高。三是"教"的问题。教师,是我们实现"重振雄风、再创辉煌"目标的中坚。能否承担起重任,关键是能否强化师资。目前,全县师资队伍的整体水平不高以及教师的结构、分布不均衡问题亟待解决,主要反映在高中本科学历教师数量不足,农村边远山区学校校长教学理念陈旧,教师教学技能相对落后等方面,面对新课改,难以适应。部分学校的教学行为不规范,随意延长和缩短教学时间,课堂教学抓得不好,课后不得不再行"补课",学生的课业负担超量、心理压力增加。部分学校教学计划不科学,不按规定设立课程,音、体、美教学没有得到应有的重视,有的课时减少,有的被"主课"占用,学生的兴趣、爱好得不到应有的发展。个别教师的师德不良,一些教师乐于当"家教"增加收入,一些教师参与酗酒、赌博,敬业精神不强,甚至有极个别教师违纪违法,使教师的自身形象受到了损害。这些问题,需要我们认真研究,加以解决。

三、2005年全县教育工作重点

新的一年,全县教育工作要坚持以人为本,落实科学发展观,继续按照"紧盯一个总目标,围绕两大总任务,实施两大新战略,落实两项硬指标,狠抓八大硬措施"的工作思路,大力开展全县学校安全管理年活动、全市职业教育年活动,突出高考工作、教育教学管理、新课改工作和项目建设,抓主抓重,求真务实,真抓实干,推动各级各类教育健康、协调、快速发展。

(一)以人为本,科学发展

教育工作坚持以人为本,就是要落实教育优先发展的战略地位,坚持教育创新,深化教育改革,全面推进素质教育,努力建设全民学习、终身学习的学习型社会,促进人的全面发展。在学校,就是要坚持"一切为了学生、为了一切学生、为了学生的一切"的办学理念,一切出发点和落脚点都要放在学生的学习上,放在学生的安全上,放在学生的全面发展和健康成长上。落实科学发展观,就是树立可持续发展观,在全县教育工作中、在学校教学实践中和一切发展改革问题上,既克服小有即满思想,又反对急功近利行为。目前,就我县教育事业来说,就是要深入调研,科学制定《临洮县教育事业"十一五"发展规划》,明确全县教育改革与发展的目标、任务和具体措施。经过五年努力,全县基础教育进一步发展,"普九"指标进一步提高,在创办民办学校上实现突破,职业技术教育迅速发展,创办省级示范性高中 1 所,新建普通高中 1~2 所,建成省级重点职业中学 1 所;高一新生入学率达到60%左右,普通高中与职业高中在校生比达到 1:0.5,小学、初中、高中专任教师学历合格率分别达到 95%、98%、75%;全面排除 2000 年年底以前产生的 D 级危房,逐年排除新增危房,把中小学危房率控制在 12%以下;开通城区学校局域网和一批校园网,信息技术教育和实验仪器、图书配置标准有大幅度提高,促进全县小学教育、初中教育、高中教育和职业教育协调发展。

(二)德育为首,安全第一

切实把德育工作放在首位。认真贯彻落实《中共中央国务院关于加强和改进未成年人思想道德建设的若干意见》,以全县未成年人思想道德建设暨班主任工作会议为开端,全面在中小学兴起定规划、建制度、严措施、抓落实的新高潮,真正提高未成年人思想道德水平。重点是开展以法制教育、安全教育、心理健康教育、教师职业规范教育等为主要内容的教育活动。积极改进德育工作方式方法,把班主任工作纳入议事日程,实行新任班主任岗前培训、在岗班主任提高培训、优秀班主任交流培训制度;探索创办一批学生校外实践基地,创办一批"三风"(校风、教风、学风)建设示范校;严格执行体育、音乐、美术、劳动课程标准,落实教学大纲,按规定保证学生课间、课外活动,真正实现"减负"增效。

大力开展全县学校安全管理年活动。认真执行《临洮县教育局关于开展全县中小学学校管理年活动的意见》,进一步加强领导,完职中、县直属学校由校长负责,各初中、小学由学区负责层层签订安全责任书,集中一个月左右的时间,开展安全整治,重点是开展危房改造、人身伤害、食品卫生、交通事故、防盗防火和师生犯罪等诸方面的大检查,通过发现隐患、整改排除、措施预防、整章建制,建立完善学校内部安全管理制度,整治根除一批安全隐患,从根本上杜绝重大安全事故。

(三)高考为主,提升普九

狠抓高考工作。打牢高中教育基础,坚持高考从初中抓起,进一步引导初中教育紧盯高考目标,输送优秀生源,力争使初中会考成绩达到市级示范性高中录取线人数2600人,上线率达到26.82%。把高考工作作为全县教育教学目标管理最重要的指标来对待,落实高考从高一抓起的措施,狠抓高中会考,落实高考工作和高考奖励等各项制度,提升高考工作质量。2005年全县普通高考本科以上上线人数确保616人,力争达到650人,上线率确保15.78%,力争达到16.65%;专科上线人数确保1350人,力争达到1390人,上线率确保达到34.84%,力争达到35.60%。新建或改建一所完中,确保完成高中招生4940人的任务,较上年扩招472人,使全县高一新生入学率达到52.2%,高中在校人数达到1.3万人。

提升普九水平。以省级"两基"年检评估工作为契机,进一步按照"硬件从严、软件从实"的要求,抓好"两基"的巩固提高工作,年内使小学、初中阶段学生入学率分别达到99.5%、97%,辍学率分别控制在0.4%、1.2%以内。继续坚持教育打假行动,狠抓各类考试的组织管理,严肃考风,严明考纪。采取初中毕业会考、小学毕业质量检测、新课改抽查考试统一组织、统一阅卷的措施,引导学校向管理要质量,向教研要质量,向课堂要质量,使小学毕业班"双合率"达到85%以上,优秀率达到15%以上,初中毕业会考"六合率"达到29%以上,优秀率达到5.2%以上。严格落实国家"两免一补"政策,确保299.1万元专项资金发放到位,确保有40%以上的适龄儿童得到救助,严格兑现政策。

大力发展职业技术教育。紧紧抓住实施全市职业教育建设年活动的有利时机,以扩大招生为主攻目标,积极探索推行"校企合作"、"订单培养"、定向输出技工的办学思路,广泛瞄准市场,以县职教中心工民建、卫生保健和玉井农职中电子电器应用与维修3个市级重点骨干专业为龙头,合理设置专业,加强骨干专业建设,拓宽思路,大力开展与职业院校联合办学,争取设立职业院校培训点1~2个,扩大办学效益,提高职业学校毕业生的就业率。积极争取职业教育建设项目,加强县职教中心建筑类专业实训基地建设,力争通过玉井农职中省级重点职业学校评估验收。依托县职教中心农村劳动力转移培训基地,积极配合劳动、农业部门,年内培训农村劳动力转移人员4000人次。

(四)项目为先,特色办学

大力实施项目教育战略。认真研究制定临洮县教育项目实施办法,按照项目管理"四制"(法人责任制、招标投标制、工程监理制、合同管理制)要求,进一步加大项目实施力度,严格规范项目管理,严格控制投资规模,严格项目实施质量。今年重点实施好以下项目:投资389万元的文峰中学教师业务楼、学生厕所及校门、校墙、校园硬化等附属工程建设和综合教学楼的扫尾工作,力争秋季开学前全面建成并投入使用;投资225.8万元、建筑面积3035平方米的临洮三中高中扩招教学实验楼项目,投资105万元、建筑面积1520平方米的临洮三中学生宿舍楼项目;投资133万元、建筑面积2529平方米的衙下中学国债危改平房校舍项目。用好税改转移支付资金,实施好中小学危房改造工程项目,力争排除全县农村中小学 D 级危房 5000 平方米以上。2005 年,争取项目资金力争达到 500 万元以上,争取临洮四中综合实验楼项目以及临洮三中、文峰中学的实验室仪器装备项目。

大力实施特色教育战略。坚持按照"一校一个特色、一师一个特色、一生一个特色"的要求,紧紧依托临洮中学、临洮二中 2 所市级示范性高中,洮阳、改河、连湾 3 所市级示范性初中和实验一小、实验二小、南街小学、西街小学 4 所市级示范性小学,全面执行省市示范校建设标准,大力开展创建活动。重点抓好开展优质课、优秀论文、优秀教案评比,课改大赛,科普竞赛,文艺竞赛,学科带头人、骨干教师评选活动,出一批人才,出一批成果,打造临洮教育品牌。年内力争创建市级示范性初中 2~3 所、市级示范性小学 4 所。

(五)推进课改,教研创新

大力推进新课程改革实验工作。全面实施新课改,就是抓住了临洮教育发展的新契机;全面实施新课改,就是抓住了基础教育发展的未来;全面实施新课改,就是抓住了教师培训的根本方向;全面实施新课改,就是抓住了提高教学质量的核心问题。我县作为省级课改实验县,2005 年就要在初中阶段全面推行新课改,进而向高中教育延伸推进,如何改变教师的教育教学观念,如何更新教育教学方法,如何提高教师的课改技能,如何建立完善新的教育教学评价体系,这些实际问题能否解决关系着课改的成功与否,关系着全县教育事业的振兴,各学校和学区一定要高度重视,提高认识,强化动力,确保有序开展。

深入开展教研创新活动。充分发挥局、学区、学校三级教研网络和课改教研员、学区教研员的作用,把教学总结与理论研究结合起来,把教研成果与提高教育教学质量和办学效益结合起来,把教研创新与推动新课程改革结合起来,把教研工作与中青年教师的培养结合起来,把出成果与出人才(出优秀学生、出优秀教师)结合起来,以课堂教学改革和成果转化为主攻方向,以新课改实验为主战场,全面开展创新工作,为全县教育教学质量的提高打牢基础、提供动力。

(六)统筹兼顾,和谐发展

深入推进教育人事制度改革。加强中小学编制管理,规范学校机构和岗位设置,坚决杜绝中小学超编用人。进一步完善校长负责制,改进校长选拔任用办法,严格把握校长的任职条件和资格,实行公开选拔、民主推荐、公平竞争、严格考核、择优聘任制度,建立校长任期制和合理流动机制,促进校长队伍的全面优化。进一步规范教师调整调动工作,探索实行师范院校毕业生考试分配制度,完善城区及重点学校所缺教师公开选聘制度,建立教师合理流动机制。进一步规范教师职务聘任工作,合理设置教师职称岗位,严格聘任资格和聘任程序,按照一岗一聘和条件优先的原则,公开、公平、公正聘任教师职务。依托职教中心县级教师学习资源中心和 27 个学区学习资源中心,开展以新理念、新课程、新知识、新技术为重点的教师继续教育培训和中小学校长培训活动,大力培养骨干教师和学科带头人,全面提高教师队伍和干部队伍素质。

切实加强教育系统行风建设。严格执行国家"一费制"收费政策,杜绝乱收费、乱补课、乱发放教辅,杜绝使用盗版资料。加强对教育收费的监督、检查,落实收费公示制度、教育收费财务检查制度,规范学校财务管理,防止乱收费、乱开支。切实做好综治、廉政、安全、信访等工作,解决教育发展的热点、难点问题,维护教育稳定,保障教育发展。严格依法行政,广泛开展普法活动,组织教师认真学习教育法律法规,不断提高师生的法制意识和纪律观念,不断提高教育法制化水平。

切实加强机关自身建设。进一步建立完善教育工作督察制度,转变作风,深入学校,调查研究,努力提高决策水平。建立完善全县教育工作规则,明确教育局班子成员和股室工作职责,不断理清工作思路,创新工作载体,完善工作制度,提高行政效率。加强干部职工的政治理论学习、业务技能学习,使每一名干部职工真正树立开拓创新、求真务实、廉洁高效、民主和谐的作风,创建服务性机关。

"艰苦孕育希望,奋斗标志成功"。只要我们认真落实"以人为本、科学发展,德育为首、安全第一,高考为主、提升普九,项目为先、特色办学,推进课改、教研创新,统筹兼顾、和谐发展"的总体要求,就一定会进一步加快教育改革与发展步伐,一定会办出让临洮人民满意的教育。

(根据作者 2005 年 3 月 30 日在全县教育工作会议上所作的《教育工作报告》整理)

关于全县教育事业发展"十五"计划执行情况和"十一五"规划的报告

总结回顾"十五"期间教育事业发展成果和经验,在今后五年和比较长的一段时期内,我们要坚定地坚持以下五项基本原则:一是继续坚持高中阶段扩招原则,二是继续坚持抓主抓重、培育优质生源的原则,三是继续坚持狠抓"四风"转变不放松的原则,四是继续坚持教科研兴教、教科研兴校的原则,五是继续坚持不断深化教育改革的原则。

构建临洮特色的教科研体系,以校为重,专家引领,稳定队伍,创新机制;紧贴课堂,整合教材,开发教案,合作探究;团队作战,集体教研,共享成果,共同进步。搞好临洮教研,全县必须"一盘棋"。

民主管理是现代管理的重要体现。一要树立民主意识,二要发扬民主精神,三要实行民主决策,四要坚持公开、公正、公平、公示原则。

一、全县教育事业发展"十五"计划执行情况

2001—2005 年,在县委、县政府的正确领导下,全县教育工作紧盯建设小康社会总目标,围绕普及高中和消除文盲两大总任务,实施特色教育和项目教育两大新战略,落实高考和排危工作两项硬指标,狠抓中小学布局调整、改善办学条件、深化教育科研、树立特色品牌、加速教育信息化、加强教师队伍建设、推进素质教育和建设精神文明八项硬措施,各级各类教育事业得到了健康、协调、持续发展,较好地完成了"十五"计划确定的各项任务。

——学校布局和结构调整。"十五"末,全县中小学 523 所,比 2000 年减少 41 所,高(职)中、初中、小学、幼儿教育学校结构由 2000 年的 2.3∶7.3∶89.2∶1.2 调整到了 3.1∶7.6∶86.0∶3.3;全县在校人数 11.07 万人,比 2000 年增加 0.68 万人,学生结构由 2000 年的 4.9∶22.1∶61.3∶11.7 调整到了 12.3∶24.0∶57.4∶6.3;全县专任教师 5582 人,教师结构由 2000 年的 6.4∶28.3∶63.1∶2.2 调整到了 15.7∶25.6∶56.8∶1.9,基本满足了教育事业的发展需求。

——经费投入和办学条件。"十五"期间是教育建设史上投入最好的时期之一,全县财政支出教育事业费比 2000 年增长 1.47 倍,全县先后投入改善办学条件资金 6800 多万元,改扩建校 220 所,新建、改扩建校舍 12.03 万平方米,建筑总面积为 43.9 万平方米,比 2000 年增加 7.4 万平方米。特别是高中建设快速前进,总投入 4206 万元,完成建筑面积 5.99 万

平方米,基本排除了高中学校 D 级危房,临中和二、三、四中实验室建设基本到位,开通了信息宽带网络,教育教学条件有了很大改善。

——"两基"工作和民办教育。"十五"期间,全县初中、小学阶段适龄儿童入学率分别提高 1.7 个和 0.3 个百分点,辍学率分别下降 0.27 个和 0.3 个百分点;全县幼儿入园(班)率、在校残疾儿童人数、农村青壮年人口脱盲巩固率等都有所提高。中小学教育教学管理逐步规范,特别是初中教学质量逐步提高,全县教育走上了特色办学的路子。现有民办高中 2 所、民办幼儿园 10 所,教育事业呈现出了多样化发展的趋势。2006 年义务教育经费保障机制改革顺利启动,我县义务教育阶段学校经费预算 1816 万元(其中补助免除学杂费 1578 万元,保障公用经费 238 万元),补助寄宿生生活费 156.8 万元,发放免费教科书 11 万多套(价值 472.62 万元)。义务教育经费保障机制改革政策的实施,有效解决了义务教育阶段学校经费不足的问题,教育基础得到了夯实,"两基"成果进一步稳固。

——教研工作和教师成长。2003 年以来,以深入推进基础教育新课程改革为核心,以骨干教师为引领,教研工作取得了突破性进展,有 14 人获得省、市竞赛一等奖,县教育局被评为全省、全市新课程改革工作先进集体。教师培训进一步得到加强,峡口初中、辛店初中教师学习资源中心被评为全省乡级优秀资源中心。大力推行教育人事制度和考试制度改革,不断完善教育教学评价体系,促进了学校发展和教师成长。"十五"期间,高中、初中和小学专任教师学历合格率分别提高 15.11 个、15.88 个、2.65 个百分点;2006 年, 专任教师学历达标率分别达到 52.98%、94.41%和 93.40%,这为全县教育事业发展增添了新的活力。

——高中扩招和教学质量。"十五"末,完职中在校学生为 16221 人,高一招生 5342 人,分别是 2000 年的 3.23 倍和 2.75 倍;高一新生入学率为 60.49%,增长 29.79 个百分点,是 1978 年以来的最好水平;职中、高中学生比为 0.2:1。五年来,我县本科上线 2425 人, 有 5 人被北京大学、清华大学录取,有 7 人被选拔为飞行员。临洮中学被省委、省政府表彰为全省教育系统先进集体,临洮二中被教育部、国家环境保护总局评为全国绿色学校,临中和二中被评为首批市级示范性高中,玉井农职中被确定为省级重点职业中学,洮阳等 5 所初中被评为市级示范性初中,八里铺小学等 9 所小学被评为市级示范性小学,实验一小被评为"全国小公民思想道德建设实验学校"。2006 年完成普通高中招生 71 个班 4099 人,职业中学招生 28 个班 1514 人,全县高中阶段入学率达到 67.82%,全县高(职)中在校生规模达到 1.63 万人;高考成绩 600 分以上考生 48 人,比上年 14 人净增 34 人,居全市第二名,文科 3 名考生进入全省前 50 名;重点本科上线人数 180 人,比上年 91 人净增 89 人,上线率为 3.48%,比上年 2.15%提高 1.33 个百分点;本科上线人数 661 人,比上年 525 人净增 136 人,上线率为 12.79%,比上年 12.38%提高 0.41 个百分点,本科上线人数、上线率均居全市第三名。顺利完成了临洮师范的整体移交,实现了其与临洮中学合并,为我县打造一所全市一流、居全省前列的完全中学奠定了良好基础。

总结回顾"十五"期间教育事业发展成果和经验,在今后五年和比较长的一段时期内,我们要坚定地坚持以下五项基本原则:

一是继续坚持高中阶段扩招原则。"扩大规模是决定高考的主要因素",高中规模要与人口大县的县情相符,始终保持在 5400 人左右,同时鲜明地提出并大力实施职中扩招战略,"十一五"末职普学生比达到 0.5:1,最终实现大体相当的目标。

二是继续坚持抓主抓重、培育优质生源的原则。建立普通高中与职业中学、高中与初中、初中与小学之间内在联系较为紧密的相互促进的发展关系,重点抓好临洮中学省级示范性高中创建、县职中"省重"达标和文峰中学建设,下决心解决城郊初中寄宿问题,扩大办学规模,建设示范学校,狠抓骨干教师成长,为初中、高中和职中输送优秀学生,以城带乡,以川(区)促山(区),最终实现贫困地区教育的均衡发展。

三是继续坚持狠抓"四风"转变不放松的原则。抓考纪正学风,抓成长正教风,抓校长正校风,以行政推动引导社会风气转变。

四是继续坚持教科研兴教、教科研兴校的原则。以教科研振兴临洮教育,以教科研促进学校发展,以教科研促进教师成长,以教科研推动学生成才。

五是继续坚持不断深化教育改革的原则。全县教育实行"对外开放,对内搞活"方针,有计划、有组织、分批次地派出人员考察学习、汲取先进经验,加大各类学校之间的县内交流、总结实际做法,大力开展人事制度改革、教育教学管理制度改革、教学方式方法改革,在改革中发展,在发展中改革,努力建立和完善适合临洮教育发展需求的比较科学的新机制。

在充分肯定成绩的同时,我们必须清醒地认识和分析所面临的困难和问题。归纳起来主要有:一是教育基础差、底子薄,薄弱学校较多,在办学规模、办学理念、保障机制、人才培养模式等方面还有问题,影响基础教育的均衡、协调发展。二是初中高峰期来临的严重挑战,办学体制和学校内部管理体制以及招生考试、教育评价制度改革有待深化,学校办学活力有待增强。三是教育结构不尽合理,职业教育和民办教育规模小,特别是职业教育在高中教育中所占的比重很低,骨干专业少,办学形式单一,社会效益不高。四是在基本完成排危建校任务的情况下,教育技术资源不足的困难十分突出,特别是现代信息技术设施、实验室及仪器装备、其他功能室及设施装备、图书及文体器材严重不足,影响教育教学活动的正常开展,影响教育现代化进程。五是高素质、高学历教师数量不足,教学思想观念、教育教学方式方法需进一步改进,教师学科结构、区域结构不尽合理,教师的专业发展、教学水平提高难以实现,直接影响着教育事业的发展。六是还没有建立一套符合教育规律、适应全县教育发展实际的科学管理制度,教育管理的科学化、民主化、规范化程度不够,特别是教育人事管理制度改革仍处于探索当中,还没有真正形成合理流动机制。七是与发达地区的教育交流不足,新理念、新教材、新技术没有得到全面应用,封闭发展的局面没有得到较大突破。这些问题,需要在"十一五"期间认真研究,努力加以解决。

二、全县"十一五"教育事业发展指导思想、目标任务和主要措施

(一)指导思想

2006—2010 年期间,全县教育工作深入贯彻落实科学发展观,坚持教育优先发展,全面实施素质教育,稳固提升义务教育水平,全力提高高中教育质量,大力发展职业教育,深化教育体制改革,加快农村中小学布局结构调整,促进各级各类教育协调发展,建立学习型新临洮。

(二)目标任务

根据县政府《关于印发临洮县教育事业发展"十一五"规划的通知》(临政发〔2006〕16号文件)精神,主要目标任务如下。

1.学校布局和在校人数

新增完中 2 所,撤并部分独立初中、小学,将其改制为九年制学校,把在校学生 10 人以下的三年制小学逐步撤销,完全小学改制为三年制初级小学 13 所、复式班六年制小学 117 所,使全县学校规模成为 465 所,总数比 2005 年减少 58 所。其中,完全高中 9 所,职业中专 1 所,职业中学 6 所,独立初中 21 所,九年制学校 18 所,完全小学 326 所(其中复式教学小学 118 所),三年制初级小学 67 所,幼儿园 17 所。在校人数预计达到 11.2 万人,与 2005 年基本持平;其中高中阶段预计 1.9 万人,比 2005 年增长 20.99%,力争职中和高中在校学生比达到 0.5:1;初中阶段预计 3.7 万人,比 2005 年增长 31.36%;小学阶段预计 5.2 万人,比 2005 年下降 19.5%。高中、初中、小学学生数比例由"十五"末的 13.1:25.7:61.2 调整成为 17.7:34.2:48.1。幼儿入园(班)人数 4000 人。

2.教师队伍和结构比例

按照现行规定核算,预计 2010 年教师需求量为 5500 人,比 2005 年实有人数将减少 330 人,其中高中教师 1350 人,初中教师 1450 人,小学教师 2700 人。经过五年的努力,全县高中、初中、小学专任教师学历达标率分别提高 25.5 个、5.3 个和 3.3 个百分点,分别达到 75%、98.1% 和 95.3%;培养锻炼 66 名县级名校长,其中中学校长 16 名,小学校长 50 名。

3.基础条件和技术资源

今后五年内,积极争取和实施教育发展项目,每年确保完成教育基础设施建设投资 1200 万元,到 2007 年全面排除现存的 2000 年年底以前的 D 级危房 3 万多平方米,并逐年排除新增危房,力争将中小学 D 级危房率动态控制在 10% 以下,完成寄宿制初中、小学建筑面积 2.6 万平方米和 1.2 万平方米,完成完职中建设 2.5 万平方米。

加快实验室建设,健全完职中实验室,开足开齐实验课;装备初中理、化、生实验室,购置实验仪器、药品,普遍开出演示实验,分组实验开出率达到 75% 以上;完善小学功能室建设,备齐小学必备教学实验设备。

不断优化教育技术资源,开通城区中小学城域网,在完职中和示范性初中建成学生计算机教室、多媒体教室和校园网络,使计算机和网络进入课堂;完职中和初中建成教师电子备课室,实现计算机备课;完全小学普及远程教育技术,实现平均 3 名教师使用 1 台计算机进行备课,力争使计算机进入课堂教学;加速计算机、计算机网络与教材开发、实验实训、技能训练有机结合的进程,为开展探究式学习和拓展式学习创造条件,为逐步实现教育现代化打好基础。

加强高中图书馆和初中、小学图书室建设,高中装备图书 10 万册、初中装备图书 8 万册,小学装备图书 12 万册。

4.初级教育和成人教育

使全县适龄儿童小学入学率达到 98.5% 以上,辍学率控制在 1.5% 以内;使适龄少年初中阶段入学率达到 98% 以上,辍学率控制在 2% 以内;逐年扫除现有的 7809 名青壮年文盲,消除新增文盲;巩固提高电大学历教育、高等教育自学考试成效。

5.高中教育和职业教育

到 2010 年,创办省级示范性高中 1 所,高考参考人数达到 6000~6500 人,上线人数和上线率有较大幅度提高;抢抓国家大力发展职业教育的历史机遇,创建国家级重点职业中学 1 所、省级重点职业中学 2 所,骨干专业省级 5 个、市级 10 个;积极争取县职教中心实训楼、文峰中学教学综合楼项目,争取 10 个以上骨干专业实训基地建设资金;开展就业岗前培训、下岗再就业培训和劳动力转移培训,每年培训2万人次。

(三)主要措施

1.加快教育结构调整

——调整学校布局结构。适应小城镇建设、区域经济发展和人口变化趋势,撤销规模过小、布点分散的三年制村学,发展九年制学校,形成一批规模较大、生源相对稳定、优良教师相对集中的优质教育资源,彻底改变农村中小学规模偏小、质量偏低、布局分散、效益不高的状况。积极创办义务教育优质学校,创建市级示范性初中7所、示范性小学15所,创建县级示范性初中15所、示范性小学91所,并实行年检制和动态管理,带动全县义务教育梯度发展。

——调整教育层次结构。加快发展学前教育,将规模较小的村学改制为学前教育学校,积极探索区域性早期教育服务网络。继续扩大高中招生规模,特别是扩大中等职业教育规模,调整高中阶段职业教育与普通教育的比例和结构。制定鼓励扶持政策,积极探索和鼓励民办教育的发展,开展多种办学模式实验,逐步形成公办教育与民办教育共同发展的新格局。积极探索职业教育新的办学模式,实行学历教育与技能培训并举,大力发展初中后培训、高中后培训等各类培训。大力发展多种形式的继续教育和成人教育、现代远程教育,积极构建终身教育体系。

——加快农村义务教育均衡发展。以排危建校、布局调整、寄宿制学校建设、设施配备和师资建设为重点,加大城川区优质资源学校建设和农村薄弱学校改造力度,促进全县农村义务教育均衡发展。

2.深化教育改革

——推进中小学招生考试、评价制度改革。完善相关制度和政策,建立符合素质教育要求、体现教育公平的学校考试评价体系和适合教师成长、学生发展的新课改评价体系,努力保证公民的平等受教育权利。完善各类考试制度,改革中考制度,实行中考和教学质量检测统一组织、阅卷、登分制度,考风考纪校长承诺制度,考试违规处理制度,改革高中招生制度,引导初中和小学开足开齐课程,促进学生全面发展。

——深入推进基础教育新课程改革。进一步转变教育思想,改革教学方法,扎实实施中小学课程改革,大力推进教育创新,促进学生全面发展和健康成长。切实抓好学校课程改革,提高教育资源使用效率。

——积极推进城乡教育综合改革。加强“三教结合”和“农科教结合”,充分利用农村中小学资源,特别是现代远程教育资源,加强乡(镇)、村农技校管理,开展实用技术培训、文化培训、信息服务。充分依托职业技术学校,加大农业人口职业技术培训力度,统筹、协调、促进农村教育综合发展。

3.努力提高教育质量

——广泛建立教育教学和教科研平台,开展示范性学校、特色校、德育工作示范校、教育教学研究基地校、教师培训基地校、文明单位、绿色学校的创建工作,提高学校办学水平。开展学科带头人、骨干教师、教学能手评比和优质课、示范课、优秀论文、优秀教案、教学软件开发应用竞赛活动,开展探究性课程、拓展性课程开发和计算机教学活动,狠抓学科建设,提高教师素质,提升教学水平。

——全面提高教师素质,逐步推行校长聘任制和任期目标责任制,坚持把公开选拔、公平竞争、择优聘任作为选拔任用校长的主要方式,加大学校管理力度;严格控制教师编制,建立年度编制报告和定期调整制度,坚决杜绝学校超编使用教师;全面实施教师职务资格认定制度、教师聘用制度和透明考核制度,建立健全教师过程性评价和终结性评价量化考核细则;实行教师公开选聘制度、教师岗位异动制度,集中精力优化调配教师资源;大力培养中青年骨干教师和学科带头人,使其发挥示范带头作用;加大对高学历、高素质教师的引进和培养力度,积极解决高素质、高技能教师不足的问题;进一步加强以新理念、新课程、新知识、新技术为重点的教师继续教育,促进全县中小学教师学科配套和学历达标;建立优秀教师、骨干教师到农村学校任期服务制度,促进优质教育资源共享。

——以信息化建设为先导,推进教育现代化,认真实施好总投资1087.2万元的"全县农村中小学现代远程教育工程",全面提升教育信息化水平;坚持"一切为了孩子"的理念,引进现代教育教学管理模式,大胆尝试新教法,带动教育观念、教育模式的变革,推动教育现代化进程。

三、2006—2007学年度教育工作重点

2006—2007学年度,全县教育工作按照县委、县政府的要求,发展职教,突出教研,狠抓管理,提升质量。工作重点有以下几方面。

(一)稳固提升义务教育水平

1.着力处理好初中高峰期的严重挑战,进一步提高初中教学水平。新学年,全县初中招生9872人,在校人数将达到2.79万人;预计2007—2008学年度初中招生1.25万人,在校人数将达到3.27万人,**初中高峰期已经到来,在狠抓教学质量的大前提下,必须从现在开始准备迎接挑战。一方面,要对校舍特别紧缺的学校安排实施项目;更重要的另一方面,要对现有教育资源重新调整,包括两项内容,即把学校功能室、大宿舍调整为教室作为过渡用房,再就是重新调整划分初中招生范围,后一项更为重要。要紧密结合学校自身实际,从服务区初中生增长情况、学校容纳能力等方面认真考虑,广泛调查并予以调整,战胜困难,确保顺利通过初中高峰期。**

2.大力推进农村学校布局调整和结构调整,充分运用现有教育资源。农村义务教育管理体制改革的核心内容是调整农村学校布局和结构,优化教育资源配置,深化教育人事制度改革,建立农村义务教育经费保障机制。**布局调整重点是完小和村学的分布,结构调整不仅包括高中、初中、完小和村学的学校数量构成比例,还包括各类学校规模大小和高中生、初中生、小学生人数构成比例。**我们要严格执行全县教育事业发展"十一五"规划,摸清底子,排队拿方案,组织实施,使农村学校布局调整工作再进一大步,与之相应的还要做好人事改革、编制核定、教师配备、经费保障、教学辅助用房建设和校产普查工作,顺利推进全县农村义务教育管理体制改革。

3.有力治理教育教学环境,狠抓小学教育工作。小学教育是基础的基础,是素质教育的启蒙阶段和最活跃时期。抓好小学教育,对我们教育发展的未来至关重要。小学教育必须抓主抓重,突出新课改;新课改必须深化,必须全员参与,必须有专家引领,必须相互交流,防止走入误区。要总结推广好做法,创建新平台,引导全县新课改健康发展,为我们教育的未来打好基础。

(二)全力提高高中教育质量

1.继续扩大高中规模,全力提高教育教学质量。经过连续四年的迅速扩招,2006年全

县高中在校人数达到了1.63万人的规模,普通高中学生比重由2000年的4.9%提高到了14.76%,新生入学率达到了51.28%。我们必须狠抓质量,狠抓高考,下决心把临洮中学打造成为全县龙头中学,力争在全市排位"保三争二"。同时,发挥各自优势,扬长避短,内外交流,互通信息,奖优罚劣,采取一切必要措施,大打高考翻身仗,确保实现2007年全县本科上线人数745人的目标。

2.以新理论、新理念为指引,促进学校发展、教师成长、学生进步。**认真总结高中教育成功做法,形成制度,坚持经常化,紧紧围绕"学校发展,教师成长,学生进步"这一主题,发挥特长,继续探索新的平台,服务于教育教学工作,让学校逐步形成特色,让教师和学生的个性得到充足张扬。**

3.以计算机教学为突破口,率先在全县优化技术资源。近年来实践证明,教师素质的提高根本在于自己,但学校要引导、组织和搭建平台,在当今信息时代,必须依靠计算机和计算机网络。按照全县教育事业发展"十一五"规划要求,各学校特别是完职中要以加速信息技术发展为核心,不断优化教育技术资源,以计算机、多媒体教室和网络建设为突破口,努力改善学校教学条件、学生实验条件和教师办公条件,在全县全面优化教育技术资源。

(三)大力发展职业技术教育

1.以就业为引导,以招生为突破口,下气力扩大办学规模。**加快职业教育发展,要适时把工作重心转移到职教招生和就业服务上来,以"出口"促"进口",一方面自主找企业创市场,另一方面走联合办学的路子,借助他人渠道挤占市场。目前,我们必须两方面同时出击,以"借道"为主。大力实施"职中扩招战略",采取一切措施,下气力扩大职中办学规模,努力完成职业中学招生任务。**

2.以项目为推动力,加快职教建设。把职教项目作为重中之重来争取,不论是实训基地还是骨干专业建设项目,不论是贫困学生补助还是县职中建设项目,要全面争取,确保县职教中心达到省级重点中等职业技术学校标准。

3.坚持德育为首,输出合格人才。相对于普通高中,职业中学所招学生在文化课成绩和自身素质、自身规范上,都有一定的距离,务必更进一步地抓好职中德育工作,将其作为形象工程来抓,力争输出合格人才,防止就业反复。注重"两后生"培训,与相关单位紧密配合,举办各类培训班,培训学员2000人以上,大力输转农村剩余劳动力。

(四)构建临洮特色的教科研体系

1.以校为重,专家引领,稳定队伍,创新机制。**现代教育,教研为重;教研创新,学校为重。在各完职中和市级示范性初中、小学建立校级教研机构,要确定专门人员负责教研工作,挑选一批一线优秀教师担任教研人员,保持相对稳定,聘请县内外专家指导引领,确定和承担各级各类研究课题,交任务,压担子,要成果。抓好教研工作,必须创新载体,创新机制,实行机制保障。各级各类学校都要从自己的实际出发,探索形成"制度、机构、人员、经费、成果"相统一的具有各自特色的教研保障新机制。**

2.紧贴课堂,整合教材,开发教案,合作探究。**各级各类学校在搭建教研平台的过程中,一定要紧贴教学,紧贴教材,消除脱离课堂搞教研的弊端;一定要把整合教材作为出发点,从开发校本教研、开发校本教案、开发校本教材做起;一定要来源于教学活动,应用于课堂实践,来自教师,适用于学生;一定要讲求合作,防止单打独斗,讲求探究效果,克服敷衍了事的不良习惯。**

3.团队作战,集体教研,共享成果,共同进步。**搞好临洮教研,全县必须"一盘棋"。要组织精兵强将形成勇于作战的小团队,走集体教研的路子,敢于领先,敢于承担大课题,着重研究和探讨影响全县教育改革与发展的大问题,为科学决策提供依据。今后教研工作要打破常规、打破学科、打破学校,不仅要立足教学,而且要进入整个教育工作,不但要校内联合,还要校际合作,更要注重成果推广、成果共享,达到共同进步的目的。**

(五)探索适应教育教学需求的德育工作新方式

1.突出教师岗位特点,加强思想道德和执业责任教育。各级各类学校一定要针对全县教师年龄趋小的特点,把班(级)主任成长摆到重要议事日程上来,切实加强全体教师思想道德建设,切实加强每一位教师执业责任教育,严禁体罚和心罚学生,避免校方责任伤亡事故发生。全面加强德育和班(级)主任工作,把教书与育人紧密结合起来,为每一位学生每一天都有进步提供保障。

2.紧贴教学活动需求,探索学校德育工作新方式。**德育工作,随着全县学生构成中城镇独生子女和农村一儿一女所占比例的增大,加之物质条件相对优越,各种文化影响较大,思想非常活跃等特点,我们要认真落实胡总书记"八荣八耻"重要论述,从政治、经济、历史、人文、心理、情感等方面,多角度全方位地重新思考、重新确定学校德育工作主题,打破仅仅遵循陈旧的德育工作范畴、工作内容和依靠传统的德育工作方法的思想观念,创新德育工作方式,赋予其新的时代特征和要求,努力创出一条适应新形势、新要求的学校德育工作新路子。**

3.围绕学生发展需求,创建德育工作新平台。各级各类学校都要围绕学生发展需求,结合校情,创建形式多样、内容丰富的德育工作平台,丰富学生校园学习和文化生活。

(六)创新临洮教育教学管理模式

1.推行规划管理,促进学校发展。《临洮县教育事业发展"十一五"规划》已经县政府常务会议研究通过并发布,县教育局和各级各类学校都要不折不扣地予以贯彻落实。各完职中、学区和市级示范性初中、小学,一定要按照全县"十一五"规划的要求,尽快制定和完善学校发展规划。同时完善评估管理制度,成立高中、初中、小学教育教学专家委员会,对实行规划管理的学区、学校进行年度评估,制订义务教育新课程改革实验工作评估方案,对全县新课程改革实施情况进行全面评估。

2.实行预算管理,保证资金正常运转。今年,国家加大义务教育经费保障力度,实行西部地区学杂费全免,公用经费按照标准全额转移支付,并进一步扩大了免费教科书发放范围。当前教育发展的新形势要求我们必须实行预算管理,各学校、学区要严格执行财务收支预算,强化行政督促检查,确保预算良好执行和资金安全使用。资金使用中,一旦发现违规问题,一经查实,严肃追究当事人和领导者责任。

3.实行民主管理,完善公示制度。**民主管理是现代管理的重要体现。一要树立民主意识,使民主思想常存,善于发扬民主,善于团结班子成员,善于听取和吸收各方面意见特别是不同意见,做到广开言路;二要发扬民主精神,有讲民主的勇气,要坚持讲民主,善于整合大家的意见;三要实行民主决策,发挥党务、政务会议的决策作用,重大事项特别是涉及全体职工个人政治和经济等方面切身利益的事项,一定要提交职工大会或职工代表大会讨论决定,大家讨论通过后方可执行;四要坚持公开、公正、公平原则,实行政务、事务、财务、人事和考核公示制度,接受大家监督。今后,要在公示制度的推行上开创新局面,各学**

区、学校必须推行民主管理,努力营造公平、和谐的校园氛围。

4.强化职称管理,建立公平环境。把职称管理作为教育人事工作的重要内容来抓,为教师建立一个使其放心、公平竞争的环境,让教师安安心心、踏踏实实投入教学第一线。各级各类学校和学区一定要讲公心,严格按限额、按条件上报,严格把关,做到不重不漏、不落不错。

5.坚持依法管理,狠抓三项工作。坚持依法治教、依法治校,做好学校法制教育、党风廉政、计划生育和综治工作,加强校园文化建设,狠抓师德师风建设、安全管理和治理乱收费三项重点工作,确保不发生重大问题。我们要进一步端正工作态度,精诚团结,齐心协力,无私奉献,艰苦奋斗,为临洮教育早日腾飞做出不懈的努力!

(根据作者 2006 年 9 月 18 日在全县教育工作大会上所作的《教育工作报告》整理)

解放思想　实事求是　求真创新　精严细恒
把临洮教育的着重点适时地转移到
全面提高教学质量上来

　　解放思想，是我县教育发展的必然要求。只要是经过论证的正确的东西就要实践，放到实际工作中去检查、去总结、去改进，不断推动工作进步。

　　实事求是，是我县教育发展的根本所在。一切从临洮教育实际出发，把握临洮教育教学管理中的内在联系，寻找临洮教育发展规律，寻求解决的办法，探求发展捷径，勇于肩负振兴临洮教育的重任，不怕吃苦流汗，不畏艰难困苦，扎扎实实搞好每一项工作，用我们的不懈努力和持续奉献争得临洮教育的发展，赢得全社会的支持。

　　不断创新，是我县教育发展的永恒主题。通过不断创新，一步一步地解决好临洮教育发展的紧迫问题。开展教育工作，就是一个不断发现问题、解决问题的过程，发现问题更重要，在我们不断有效解决问题的过程中，不知不觉地推进了教育发展。

　　开放搞活，是我县教育发展的内在联系。开放办学，就是要实行"对外开放，对内搞活，和谐进步"。各级各类学校要把自身放在周围大环境中来确定自己的办学目标和办学理念，从指导思想上确定比较优势；坚持"走出去，请进来"的方法，促进校际、县际直至市际、省际的教育交流，实现与发达地区学校的零距离接触，借鉴成功的办学经验。

一、2006—2007学年度教育工作回顾

　　2006年9月以来，全县教育工作在县委、县政府的正确领导下，在全体教职员工的不懈努力下，各级各类教育事业保持了持续、协调、健康发展。临洮教育得到了省、市、县领导的高度重视，得到了较好评价，全县教育系统逐步形成了"团结、奉献、求真、创新"的新风尚，为推进全县教育发展提供了精神动力。回顾一学年来的教育工作，主要有以下八个亮点：

　　——全县义务教育布局调整规划基本确定，并取得了实质性进展。积极开展了教育布局调查论证工作，制定了《临洮县义务教育布局调整草案》，秋季开学以来，经过各学区、各学校的积极努力，已撤销小学5所、村学46所，根据当地群众要求，有2所小学和3所村

学暂时予以保留,同时,未列入规划的太石学区昌木沟村学、八里铺学区雍家庄小学,也已分流了教师和学生;何家湾、水泉、巴下3所九年制学校顺利实现初中停招,县乡镇企业学校顺利完成了职中、初中教师和学生分流;完成了全县义务教育监测统计上报工作,为进一步推进义务教育发展奠定了基础。同时,经受住了初中入学高峰期和小学在校学生持续下降的考验,"普九"水平进一步巩固提高,全县小学阶段适龄儿童入学率为99.8%,残疾儿童入学率为78.2%,小学辍学率控制在0.2%以内,15周岁人口初等义务教育完成率为99.5%;初中阶段适龄儿童入学率为97.6%,辍学率控制在1.1%以内,17周岁人口初级中等义务教育完成率为96.8%。全县在园(班)幼儿6447人,入园(班)率67.7%。

——全县高中教育规划到位,高中扩招取得了历史性成绩。文峰中学建设方案获得县政府常务会议通过,标志着未来城区高中招生规模将达到平行班级56个教学班,占全县高中平行班级总数82个的68.29%,强劲地优化了高中教育资源,为实现2010年或者2012年左右高考本科以上上线人数突破千人大关奠定了扎实基础。2007年普通高中招生82个教学班4755人,超额计划355人,普通高中高一新生入学率54.57%,比上年提高3.29个百分点。

——全县高考工作经受住了重大考验,高考本科以上上线人数取得了较好成绩。2007年6月高考期间,在市县招办的领导下,各有关部门密切配合,成功侦破了一起利用信息技术手段作弊案,震慑和打击了高考舞弊分子,维护了全县高考秩序,为全体考生保持了公平竞争环境,给了临洮老百姓较为满意的结果。全县高考报名人数达到5554人,比2006年增加385人,增长7.45%;本科以上考生上线人数734人,比上年增加73人,上线率为13.22%,比上年增长0.43个百分点。

——全县职教发展取得重大突破,招生就业出现了两旺趋势。紧紧抓住国家重视发展职业教育和初中高峰期到来的有利机遇,扩大招生规模,职业中学招生2618人(其中县职教中心1253人、玉井农职中754人、农校临洮籍学生611人),比上年1717人增加901人,取得了重大突破。全县高中阶段入学率达到了86.9%,除临洮农校招生外,完职中入学率达到了80.12%,分别比上年提高18.84个和12.08个百分点,有力促进了临洮整体人口素质的不断提升。扩大就业输出,职业中学与沿海发达地区企业建立长期劳务用工协议,输出毕业生780人(其中县职教中心431人、玉井农职中349人);职业中学办学水平显著提高,县职教中心和玉井农职中继晋升为省级重点中等职业学校后,2007年上半年被省教育厅批准为职业中专,创建了包括电子电工、工民建、农机汽车驾驶与应用维修在内的近20个骨干专业。

——全县高中、职中、初中、小学教育结构发生了重大变化,持续、协调、健康发展势头强劲。今年完成布局调整后,高(职)中教育、初中教育、小学教育、幼儿教育学校结构由2000年的2.3:7.3:89.2:1.2调整到了3.4:6.35:86.65:3.6;全县在校人数10.78万人,学生结构由2000年的4.9:22.1:61.3:11.7调整到了13.66:25.49:54.87:5.98,初中及其以上学生和初中以下学生比例接近40:60。义务教育新课程改革和中考改革的顺利实施使课堂教学得到有效加强,学生综合素质得到发展,初步建立了以"专家引领、平台运作、基地带动、课题推动"为主要内容的我县特色教科研体系,教育教学质量进一步提升。中考全科及格人数为1069人,全科及格率12.88%;小学毕业检测三科均分70.5分,三科及格率44%。

——全县校长队伍、教师队伍建设有了实质性进展,教师成长作为最重要内容列上了教育工作日程。成功举办了全县第一期中小学校长研修班,教育战线思想进一步解放,集中精力抓质量的认识高度统一,达成了"教师(校长)为主体,行政(学校)为主导,自我成长,成长自己,经费保障"的全县教师(校长)成长的新共识,校长的管理知识和能力得到了充实和提高,标志着校长和教师专业建设迈上了良性轨道,标志着全县教育工作走向了全面提高质量、集中精力抓教学质量的重大转变。学校领导班子建设进一步推进,任免完职中校长、书记、副校长和主任28人(次),初中(九年制)校长、主任24人(次),学区校长、督教员26人(次),小学校长、副校长、主任207人(次)。师资力量进一步加强,分配本科、大专、中师毕业生的人数分别为84人、66人、16人,全县高中、初中和小学专任教师学历达标率分别为61%、97.14%和96.36%。

——全县教育督导、基础教育、教研创新与学年度考核融为一体的督察活动,创新了教育教学管理新途径。2007年5月以来,县教育局组织督导室,教育股,教研所和高中校长,部分初中、小学校长,行政股室人员,组成专家委员会督察组,集中两个多月时间,通过听课评课、检查作业教案和管理档案、召开座谈会、问卷调查等形式深入开展了教育教学督察和学年度学校工作综合考核,形成了全面监控和督察机制,保证了教育教学常规的落实。

——全县办学保障能力有了实质性改善,基础建设、教育经费、教学条件逐步适应教育发展需求。农村义务教育经费保障机制改革的顺利实施,国家教育项目的有效实施,为义务教育阶段学校发展提供了切实保障。特别是教育信息化方面,国家农村现代远程教育工程项目建设全面完成,覆盖义务教育阶段学校共311所,其中"模式二"项目校267所,"模式三"项目校44所,8.6万多名中小学生受益。基建项目方面,2006年下半年启动了临洮四中学生宿舍楼等4个长效机制危房改造项目,完成总投资673万元,改造面积8300平方米;2007年上半年启动了中西部农村初中改造项目,到2010年国家项目计划投资2775万元,改造面积26644平方米,同时大力实施税改经费排危和捐赠资金校舍修建工程,有力保证了校舍维修改造需求。教育经费方面,2006年全县教育事业费支出15162.3万元,比上年增加3986.3万元,增长35.67%,高于当年全县财政收入增幅28.85个百分点;生均教育事业费1388元,比上年增加381元,增长37.94%;生均公用经费294元,比上年增加186元,增长172.73%。

回顾上学年度工作,在肯定成绩的同时,我们要充分认识到还存在以下困难和问题:一是义务教育学科均分低、优良率低,高考上线人数少、优秀学生少。二是课程改革与教育观念转变并不同步,很大一部分学校管理人员和教师的教学理念和育人观念还停留在较低的水平,推进教育创新的意识不强。三是在国家实施农村义务教育经费保障机制改革的前提下,学校并没有适时向内涵发展转轨,没有把工作的重心放在教育教学方面,很大一部分学校仍然热衷于校舍建设。四是部分学校教师专业建设得不到重视,已成为影响教育良性发展的软肋。五是优秀教师和优秀生源不足,教学设施配备不齐,特别是实验设施、图书匮乏,成为制约教育发展的障碍。六是教育管理制度还不健全,民主法制、和谐进步的教育发展氛围还没有完全形成,适应教育教学改革的运行机制还不完善。七是教风、学风、校风和考风仍然需要下大气力整治,一些学校作风不实、办事不公,特别是体罚学生的现象,必须得到有效改变。

二、2006—2007 学年度教学质量分析

(一)高考分析

成绩:(1)全县报名总人数为 5554 人,与 2006 年相比,总人数增加 385 人,增长 7.45%,本科上线人数为 734 人,增加 73 人,本科上线率为 13.22%,增长 0.43 个百分点。(2)全县文科报名人数 1538 人,增长 2.7%。文科本科上线考生 241 人,增长 30.98%,上线率增长幅度比安定区(14.59%)和陇西县(-1.26%)分别高 16.39 和 32.24 个百分点。

差距:(1)本科上线率低,低于全省增长幅度 0.63 个百分点(全省本科上线率增长了 1.06 个百分点),应届生本科上线率低于全市水平 2.31 个百分点。应届本科上线人数为 283 人,比上年减少 12 人,上线率为 9.23%,减少 0.51 个百分点,其中重点上线人数为 74 人,减少 25 人,重点上线率降低 0.86 个百分点。(2)高分人数少,600 分以上考生共有 27 人,比上年减少 21 人,居全市第三名,但比第一、第二名的安定区、陇西县分别少 78 人和 41 人;重点上线人数比上年减少 44 人,其中文史类减少 19 人,理工类减少 25 人,重点上线率居全市第四名,比第一、二、三名的陇西县、安定区、渭源县分别低 2.27、2.23 和 0.06 个百分点。(3)理科上线率没有与报考人数成同比增长,理科报名人数 3635 人,比上年增长 12.36%,理科本科上线考生 452 人,增长 0.44%,上线率增长幅度比安定(16.09%)、陇西(1.23%)分别低 15.65、0.79 个百分点。(4)高考成绩与高一招生成绩形成反差,今年临中和二、三、四中应届生上线人数 272 人,与 2004 年高一招生对比,600 分以上学生总计有 353 人,相差 84 人,其中临洮中学相差 47 人,临洮二中相差 20 人,临洮三中相差 3 人,临洮四中相差 11 人。(5)全县"小三门"考生上线仍然没有取得突破,考生共有 270 人,报名人数低于陇西、安定、通渭;上线 40 人,与陇西、安定、通渭相差 93 人、7 人、29 人,甚至低于渭源;上线率为 14.81%,低于陇西、渭源、通渭。(6)学科教学不平衡,文科数学平均成绩 65.06 分,分别低于安定、陇西、通渭、渭源 2.18、11.88、4.70、3.97 分;理科数学平均成绩 76.52 分,分别低于安定、陇西、通渭、渭源 5.15、9.77、2.41、4.41 分;理科综合平均成绩 158.71 分,分别低于安定、陇西、渭源 3.99、13.39、2.79 分。(7)临洮县补习生上线 451 人,上线率为 19.01%,上线人数和上线率分别低于安定区(761 人、19.15%)310 人、0.14 个百分点,低于陇西(662 人、33.69%)211 人、14.68 个百分点,上线率低于全市平均水平(19.69%)0.68 个百分点。

2008 年高考指标预测:应届生指标预测,一是 2005—2007 年,高考二本以上应届生占上线人数的比例分别是 48.95%、44.63%、38.56%,三年平均比重是 44.05%,据此 2008 年高考应届二本上线人数预计为 361 人。二是从 2003—2005 年高一招生情况看,2003 年高一招生 536 分以上的有 651 人,到 2006 年高考二本上线 295 人,占 651 人的 45.31%;2004 年高一招生 570 分以上的有 701 人,到 2007 年高考二本上线 283 人,占 701 人的 40.37%;三年平均比重为 44.54%。2005 年高一招生 557 分以上 805 人,如果预计 2008 年为 363 人,比例为 45.09%。补习生指标预测,2005—2007 年高考二本以上补习生占上线人数的比例分别是 51.05%、55.37%、61.44%,三年平均比例是 55.95%,据此 2008 年高考补习生二本上线人数应为 477 人。高考二本上线责任指标预测,根据以上分析,全县 2008 年高考二本上线人数应为 815~835 人。经教育局局务会议研究讨论,确定 2008 年高考二本上线责任指标为 835 人,其中应届生为 363 人,补习生为 472 人,比例分别为 43.47% 和 56.53%。

(二)中考分析

成绩:(1)初中教学质量总体提高,2007 年全县总分达到示范性高中录取分数线(538.2分)以上的考生 3200 人,占全县考生的 29.47%,其中临洮中学、洮阳初中、文峰中学、旭东初中、火石沟学校 5 所学校上线人数超过本校毕业人数的 50%,程家铺初中、苟家滩初中、沿川初中、卅墩学校、卧龙初中、党家墩初中、孙梁家初中、连湾初中、上营初中、西坪初中、卅铺初中 11 所初中上线人数达到并超过了全县平均水平。(2)城区及"四门"初中成绩稳定提高,除临洮二中没有毕业生外,洮阳初中、文峰中学、临洮中学、西坪初中、卧龙初中、程家铺初中、卅铺初中、旭东初中 8 所学校参加中考的有 2377 人,占全县参考人数的 28.64%,达到示范校录取分数线以上的考生 1558 人,占全县 3200 人的 47.17%。(3)八里铺镇辖区内初中成绩相对较高,程家铺、沿川初中和火石沟学校、乡企学校(初中部),参加考试的有 459 人,占全县参考人数的 5.53%,达到示范校录取分数线以上的考生 237 人,占全县 3200 人的 7.18%。(4)全县合格率比上年有较大提高,今年全科合格率为 12.88%,超过上年 2.5 个百分点。从单科来看,政治、历史、英语科目均比上年有较大增长,语文、数学、物理、化学科目与上年基本持平。(5)全县参考率有了明显提高,2007 年中考参考率达到 95.27%,比上年提高了 2.57 个百分点。

差距:(1)完职中初中部的教学质量不高,全县 7 所完职中初中部参加考试的有 1666 人,占全县参加考试考生人数的 20.1%;只有临洮中学、文峰中学合格率超过全县平均全科合格率,临洮中学 43.24%,文峰中学 30.33%;其他学校都比较低,临洮三中 8.33%,临洮四中 7.67%,窑店中学 8.55%,衙下中学 7.14%,尤其是玉井农职中初中部进入前 1000 名的仅有 20 人,占本校考生的 10.87%,低于完职中初中平均水平(14.82%)3.95 个百分点。(2)川坪区初中教学质量低于山区初中,川坪区 17 所初中进入前 1000 名的人数占全县的 6.37%,进入前 3000 名的人数占全县的 29.44%,这两个比例分别低于山区 19 所初中(7.66%、30.98%)1.29 和 1.54 个百分点。

对三年后高考的影响:2007 年中考前 1000 名在各完职中的分布是,临洮中学 679 人、临洮二中 209 人、文峰中学 52 人、临洮四中 34 人、临洮三中 22 人、窑店中学 3 人、衙下中学 1 人。2010 年要提前突破高考本科上线人数 1000 人大关,各完中必须稳定保持前 1000 名考生的良好发展,并使 1000 名以后的考生有所突破。

(三)小学毕业班教学质量检测分析

成绩:小学毕业班教学质量检测,实行集中检测、集中阅卷的方式,为学区、学校、教师、学生提供了公平竞争的平台,得到了全县校长的普遍认同。2006—2007 学年度小学毕业班教学质量检测表明,全县小学教育教学质量呈上升趋势。与上年相比,语文平均分提高 5.63 分,数学平均分提高 0.4 分,综合降低 2.7 分,双科平均分提高 1.42 分,三科平均分提高 0.8 分;三科及格率比去年提高 0.4 个百分点,优良率提高 3.7 个百分点。高分学生人数增多,其中数学得满分的有 323 人,比去年增加 190 人,全县前 3000 名分数线比去年提高 14 分。前 3000 名学生在各学区的分布是,洮阳学区 39.1%、新添学区 11.87%、八里铺学区 11.47%、玉井学区 6.3%、龙门学区 3.97%、辛店学区 3.57%、太石学区 3.43%,以上 7 个学区进入前 3000 名的学生人数占全县的 79.7%,说明川区教学质量稳步上升,占了全县的大头;山区窑店学区 3.7%、康家集学区 3.37%、漫洼学区 2.6%,这三个学区是山区教学质量上升最快的学区。53 所教研创新示范小学毕业生进入前 3000 名的人数占到全县当年小学毕业人数的60.57%，这从一定程度上体现了创建全县优质资源小学的重要性和重大意义。

问题：(1)地域发展不平衡，八里铺学区是川、山区共存的学区，但这两年一直保持了全县小学毕业班教学质量检测和综合考核第一名；纯山区的漫洼学区学校分散，师资力量整体薄弱，但检测成绩稳居全县前列；但自然条件大体相当的衙下学区、红旗学区，其检测成绩排到了倒数位置。(2)学科发展不平衡，从全县范围来说，语文平均分81.83分，全县只有2所学校均分不及格；数学平均分73.4分，全县有45所学校平均分不及格，占全县测试学校总数的14.2%；综合科平均分56.1分，平均分不及格的学校有219所，占全县测试学校总数的69.3%。(3)53所教研创新示范小学发展不平衡，其中只有19所学校进入全县前50名，仅占53所学校的35.85%，其中洮阳学区9所，八里铺学区2所，新添学区3所，站滩学区、龙门学区、玉井学区、峡口学区、康家集学区各1所；位于全县排名第51—100名的有10所，占18.87%；位于全县第100—199名的有11所，占20.75%；位于第200—209名的有10所，占18.87%；衙下学区的兴丰小学、张家寺小学以及南屏学区的安川小学3所小学排在了全县460多所小学的后16名当中。

对未来中考和高考的意义：从新学年开学后小学毕业检测前3000名在初中教育阶段学校的分布看，占有50人以上的初中(初中部)有19所，合计2360人，占78.7%，其中洮阳初中368人，文峰中学233人，临洮中学206人，程家铺初中197人，临洮四中192人，临洮二中191人，旭东初中134人，玉井农职中116人，康家集初中79人，漫洼初中78人，刘家沟门初中75人，窑店中学75人，陈家咀初中73人，西坪初中71人，辛店初中65人，窑店初中54人，卅墩学校52人，中铺初中51人，临洮三中50人。这19所初中(初中部)是2010年中考、2013高考的中坚，必须承担中考、高考的重任。三年后，以上各校应该确保足够数量的学生进入中考前1000名。同时，仍有640人分布在其余29所初中(初中部)，占21.3%，这些初中也要确保一定数量的生源在三年后进入全县中考前1000名。

三、2007—2008学年度教育教学工作安排

(一)主要指标

1.高考重点、本科上线人数分别达到173人、835人，上线率达到2.7%、12.97%，力争三五年后二本以上上线人数突破千人大关；中考、小学毕业检测成绩和综合评价成绩较上年有明显进步。

2.高中阶段招生7400人，其中职业中学2800人，普通高中4600人，高中阶段入学率达到81.55%。学前教育入学率38%以上，义务教育阶段初级初等教育入学率99%以上，初级中等教育入学率97%以上。

3.教师学历达标率进一步提高，教师培训经费达到5%以上。

4.争取项目，建成理、化、生实验室5个，图书、实验仪器、药品购置费达到公用经费的5%以上，学校演示实验开出率高中、初中分别达到95%以上、90%以上，分组实验开出率分别达到75%、50%以上。教师办公计算机购置费达到公用经费的10%以上。

5.师德师风无重大问题，学校无重大责任安全事故和重大财经违规、乱收费问题。

(二)基本原则

今后一段时期，全县教育工作必须坚持的基本原则是：解放思想，开放搞活，团结奉

献,求真创新,精严细恒,紧握常规,注重效益,提高质量。

1.解放思想,实事求是,牢固树立"团结、奉献、求真、创新"的临洮教育新形象。

——解放思想,是我县教育发展的必然要求。近几年,我们针对高中扩招、学校布局调整、教育教学内部结构调整、职教发展、项目建设、考试评价、人事制度改革和校长培训、教师成长等问题采取了一系列举措,这都是县委、县政府审时度势、果断决策,全县教育系统坚决执行、狠抓落实的结果,也是我们一次次不断解放思想、明确思路的结果。**在新形势下如何解放思想呢?就是要围绕党和国家的教育方针、先进的教育理论和观念、新时代教育教学基本特征、现代学校功能和办学目标、教师成长与学校发展、教学质量与学生发展、新课改与评价机制、对外开放与对内搞活、和谐发展与可持续发展等重大课题,广泛、深入、持久地开展思想大讨论、大解放、大行动、大实践,也就是要做到"一学二查三动"。**一是"学",即从书本上学,从现实中学,多读好书,勤于思考,不断补充思想源泉。二是"查",下工夫深入一线,深入学校工作的各个角落,深入师生当中,掌握一手资料,形成对教育教学工作的理性认识和现实认识。三是"动",不要只说不做,只要是经过论证是正确的东西就要实践,放到实际工作中去检查、去总结、去改进,不断推动工作进步。

——实事求是,是我县教育发展的根本所在。从实际出发,实事求是,是做好一切工作的前提。实事求是,一方面,要不断地认识教育县情。县情是不断变化的,认识也需要不断提高。在充分认识把握县情的基础上,寻找发展关键点和工作着重点,不断理清思路,发展思路,确定新的目标和任务。另一方面,就是要依照教育规律,遵循教育规律,按教育发展规律办事。在近几年的教育实践中,我们制定了一些较为有效的政策和制度,并使其在实施中产生了积极作用。但是总体上看,全县教育事业发展速度还是比较慢,发展水平还是比较低。因此,**我们一定要坚持实事求是的原则,一切从临洮教育实际出发,把握临洮教育教学管理中的内在联系,寻找临洮教育发展规律,寻求解决的办法,探求发展捷径,勇于担负振兴临洮教育的重任,不怕吃苦流汗,不畏艰难困苦,扎扎实实搞好每一项工作,用我们的不懈努力和持续奉献争得临洮教育的发展,赢得全社会的支持。**

——不断创新,是我县教育发展的永恒主题。创新是教育发展的不竭动力,是教育发展的永恒主题。回顾2003年以来我县教育发展进程,回忆过去的做法,回想以往工作重点的不断转移,可以得出结论——我们年年在求新,事事在变革,这种求新和变革积累起来,就不难看出临洮教育创新的痕迹。因此,发展教育事业同其他工作一样,需要不断创新的精神,需要不断创新的动力,需要不断创新的行动。**今后我们要把改革创新的着力点放在教育教学管理这个中心上来,放在提高教育质量这个根本目标上来。通过不断创新,一步一步地解决好临洮教育发展的紧迫问题,推动教育事业不断向前发展。开展教育工作,就是一个不断发现问题、解决问题的过程,发现问题更重要,在我们不断有效解决问题的过程中,不知不觉地推进了教育发展。**

——开放搞活,是我县教育发展的内在联系。社会主义市场经济制度下的现代教育,最终注定要打破封闭办学的围栏。走不出封闭办学的局限,不实行对外开放,不学习引进教育发达地区的成功经验和高水平的管理方式,就无法实现现代临洮教育的目标。从全县中小学的实践来看,近几年在部分川区初中之间、山区初中之间,在部分学区内部,在教学管理、考试结果运用上进行了交流互动,收到了良好的效应。但是仍有一些学校甚至是城区学校仍然搞封闭办学,这种状况是教育发展的短视行为。**开放办学,就是要实行"对外开**

放,对内搞活,和谐进步"。各级各类学校要把自身放在周围大环境中来确定自己的办学目标和办学理念,从指导思想上确定比较优势;要坚持"走出去,请进来"的方法,促进校际、县际直至市际、省际的教育交流,实现与发达地区学校的零距离接触,借鉴成功的办学经验;要建立优质资源的共享机制,发挥远程教育的渗透作用,发挥先进学校和优秀教师的示范带动作用,发挥行政管理部门的综合协调作用,促进教育整体发展。

2.统一认识,团结一致,集中精力把全县教育质量搞上去。从新学年度开始,我们必须解放思想,实事求是,统一认识,团结一致,把临洮教育的着重点适时地转移到全面提高教学质量上来,实现历史性的重大转变。

——抢抓黄金机遇,大力发展职业教育。近几年,国家已颁布了持续支持职业教育发展倾斜政策,对职业学校发展和职中学生就学给予了项目支持和资金补助;发达地区劳务用工需求急剧增加,为职教毕业生就业打开了通途;"十一五"时期,我县初中教育迎来高峰期,为职业教育发展提供了充足生源,全县职教事业迎来了难得的黄金发展机遇。我们必须紧紧抓住这一历史机遇,加快骨干专业建设,加紧扩大招生规模,大力强化毕业生输出就业,解决校舍和设施不足问题,力争通过几年的努力,打造职教发展的国家级重点学校。

——建设优质资源,强劲支撑高中教育。文峰中学教学楼及附属用房建成后,城区高中招生规模达到56个班3000多人,再加上县职教中心每年招生1500人左右,共计4500名,全县大约有60%以上的初中毕业生进城在高中继续读书。**办好城区完职中,基本实现优化高中阶段教育资源目标,是我们今后完职中布局调整的主攻方向。从现在开始,就要加强一切教学资源的优化配置,大力改善教学条件,特别是改善实验、图书、多媒体教学条件;加强学校领导班子和教师队伍建设,引领高中阶段教育发展。**其余完职中要结合自己实际,找准立足点和发展点,为全县高中阶段教育发展作出贡献。

——优化布局结构,规模化发展初中教育。2008年是全县初中招生的高峰期,当年全县初中招生达到1.2万多人,预计在校学生3.61万人,是历史上最大规模;预计2012年全县初中在校学生回落到2.27万人,急速下降1.34万人,部分初中将出现校舍、师资相对过剩。因此,**我们要学会放弃,把现有一些资源相对不优的初中学校,转办为寄宿制高级小学。**国家实施农村初中改造项目和农村义务教育经费保障机制改革政策,县政府同意无论是对住本校的还是对寄宿在学校周围居民住宅里的学生,在校期间,都要落实初中寄宿生**每人每天1元钱的生活补助费政策。现在关键是如何提高初中教育的整体教学质量,我们认为必须坚持规模化发展的方向,重点解决城川区和公路沿线初中的寄宿制功能不完善的问题,举办一批优质初中和初中部,为今后规模化发展初中教育打好基础。**

——全面提高质量,促进义务教育均衡发展。"普九"之后,义务教育的发展目标就是提高质量,促进均衡发展。近几年,县教育局对高中、初中、小学实行教育教学目标责任管理,其中教育教学管理和教学质量占考核分值的75%,对小学毕业检测成绩排在前3000名的学生在学区和初中的分布以及初中(九年制学校)中考成绩排在前1000名的学生在初中(九年制学校)和高中的分布进行跟踪,并在小学、初中、高中教育教学考核中应用,加强了高中与初中、初中与小学教育的衔接和内在联系,收到了较好成效。今后,我们要在教育评估督导和教学质量评价中继续坚持。要全面提高教学质量,更要进一步加强教研队伍建设,努力提高教科研水平;积极组织各类教育教学竞赛活动;搭建优质学校展示平台,发挥示范校的辐射作用;以课改为依托,围绕课改抓质量;建立校本研修制度,促进教师专业发展;实行基础教育质量监测制度,加大过程性监控力度。

3.强化学习,增强能力,着力推动教师成长和专业化发展,抓好校长队伍、班主任队伍、教师队伍建设。

——狠抓校长队伍建设,增强临洮教育发展引领力。在办学过程中,校长处于学校管理系统的核心地位、主导地位、决策地位,校长的思想、行为和作风将在学校工作中影响全局。在学校有办学经费保障、师资力量保障的情况下,学校的发展关键在校长,必须发挥好校长的领导作用。做一个校长不容易,做一个好校长更不容易,提高校长的素质和能力成为迫在眉睫的大事。作为校长,在素质上要具有扎实的教育管理和教育教学方面的理论素质,公正、民主、依法、自律的思想品德素质,改革、创新、求真、奉献的心理素质;在能力上要具有锐意进取、果断英明的决策能力,凝聚领导班子和群众智慧推动各项工作开展的组织能力,解决突出问题维护正常秩序的协调能力,唯才是用、尽其所能的任人用人能力。这些素质和能力非一朝一夕能够练就,关键是要有"带着一颗心来,不带半根草去"的赤诚和热情,把自己的精力和智慧奉献给光荣的教育事业,勤下苦功,自觉历练,成为一名优秀的教育专家。

——狠抓中层队伍建设,强化高标准办学执行力。中层队伍是学校决策的辅助层,也是学校决策的有力执行层,是学校教育教学和后勤管理部门的"当家人",其人员结构、工作态度和工作质量直接决定着学校整体效能的发挥。中层干部要自觉加强自身修养,主动承担工作任务,遵守工作纪律,注重个人形象,提升工作能力,争做学校领导集体决策的支持者、执行者和广大教师学习的楷模。

——狠抓班主任队伍建设,形成班级管理、学生管理主导力。班主任是学校德育工作前沿阵地上的先锋,是班级管理的舵手和学生眼中的旗帜。班主任的育人理念和工作作风,决定着班级的个性特色形成。做好班主任工作,一是虚事实做,针对复杂的校园和学生,改变落后的德育方式和内容,重新审视教育对象,思考新的教育环境,把学生的注意力和兴奋点有效地吸引在课堂、集中在校园,把德育这一无形的工作有形化、实在化、具体化,赋予德育工作现实内容。二是实事细做,班主任在学生管理的每一项具体工作中,不论是学生的学习成绩、个性发展,还是一次小小过错和失误,班主任都得关注到、解决好。三是细事勤做,学生的成长和进步不是一劳永逸的事。因此,只有反复抓、抓反复,严而细、细而勤,才能够在具体的工作中不留管理漏洞和管理死角。作为班主任,就要勤走班级、常去宿舍,查出勤、查规范,勤与家长沟通,常和学生谈心,把简单的、平凡的"小事"当做每天的"必修课"。

——狠抓教师队伍建设,形成学校发展的生命力。**有人说,教师是教育第一资源;也有人说,教师是学校的生命!其根本的一条是,学校发展必须加强教师队伍建设**。一是加强教师的职业道德教育和职业理想教育,树立教师的职业成就感,让教师自愿、自觉投身于教育教学工作,主动承担教书育人的责任,争做有成绩、有贡献的名师。二是让教师成为教学研究的主体,每个教师在教学的同时,都要不断学习,认真钻研,总结、反思自身的教学行为,开展对教学内容、教学方法、教学手段等方面的研究与探讨。三是搭建教师成长的平台,展示教师的教学艺术和能力,让教师在学校搭建的各种平台上成长和进步。四是构建教师成长的协调机制,比如不同年龄段教师的帮带成长,各级骨干教师的竞争成长,各类学科教师的协调成长,形成富有活力的教师梯队。

4.精严细恒,紧握常规,把学校教育教学管理落到实处。

——强化常规,促进教育教学管理,实现精细化、严格化、持久化。**我们必须树立起"精、严、细、实、恒"的临洮教育新形象,以这种精神旗帜来集中大家的智慧,统一大家的行动,统一大家的步调,从机关到学校,从校长到教师,从教研组到教研员,从班主任到学生自我管理组织,都要全身心投入"紧扣常规、紧握常规、紧抓常规"和"抓住常规、抓实常规、抓好常规"的重大实践活动中来,全面提高机关和学校的管理水平、管理效益。**

——强化课堂教学,落实课程标准和课堂任务。课堂教学是教育教学工作的中心,在学校教学中必须显著突出这个中心。在实施新课程改革后,教育教学更要成为学校工作的中心。在课堂教学中渗透新课程的教学理念,在教学思想中体现知识与能力、过程与方法、情感、态度、价值观的目标,始终体现"一切为了学生的发展"理念。在教学方法上,注重互动、体验、探究,让学生成为课堂教学的主体,激发学生的自主学习和追求进步的动力。在教学任务的达成上,使用有效的课堂教学方法,缩短学生的认知时间,努力实现教学效果的最优化。在教学评价导向上,着眼于学生综合素质的发展,着眼于教学过程的优化,着眼于教学质量的提高。

——强化教育督导,落实教育教学常规管理。今后,必须加强教育督导工作,每学期集中两三个月时间,抽调县内优秀校长、各股室干部,组成专家督导组,对全县中小学落实教育教学常规情况进行督察,通过听课评课,检查作业教案,翻阅记载资料,进行各类问卷调查,举行教师、学生、家长座谈会等多种形式,规范学校的办学行为。

——强化教研工作,落实人员、时间、经费、内容和效用。随着新课程改革的实施,越来越多的教师认识到,教育教学的动力和根本出路是教研,以科研促教学,营造学习型学校,做科研型教师,落实教研常规,是提高教学效率和质量的必由之路。**各学校从现在开始,就要着手建立教研工作的常规管理制度,落实人员、时间、经费,保障教研工作的经常性开展。我们的目标是要让每一所学校成为教研工作的基地,让每一名老师成为教研工作的专家,让每一间教室成为教研场所。教研工作要贴近教学实际,从学校的现实出发,做到有的放矢,努力突破闭门造车的陈式,不搞花架子,不做纯理论的无谓说教,踏踏实实地研究教育教学工作的实际问题,哪怕是一篇教学日记、一节教学案例、一次教学讨论,只要能解决具体问题,就是好教研。**

——强化考试检测,落实测评制度及其结果运用的公开、公平、公正性。强化考试检测,要明确两点认识:一是近年我们坚持的小学毕业检测和中考改革制度在实践检验中是正确的,特别是统一组织、统一阅卷、集中分析的做法以及包括小学英语、科学、音乐、美术、体育的综合科检测和初中学生的综合素质评价,保证了义务教育的教学质量,而且对中考、高考起到了预测和铺垫作用,有力促进了义务教育的均衡发展。这种做法在今后的义务教育评价体系中要进一步加强和落实。二是要落实考试检测结果的运用,通过严密、公平、公正的考试检测,对学校的教育教学工作起到引导作用,促使义务教育向提高质量发展。考试检测结果既是学校教学质量考核评价的主要方面,也是整个学校工作考核评价的重要部分。对于做好评价结果的应用,各学区、各学校更应该高度重视。

——强化后勤服务,落实学校各项保障措施。后勤服务包括教育教学设备和用品供给、校舍和环境建设、学校经费和财务管理、学校安全和师生食宿管理等方面。做好后勤服务工作,是正常开展学校各项工作的重要保证。后勤服务要围绕教育教学工作,突出教育教学工作,形成对教育教学工作的强大支持。坚持后勤服务的最优化,随时随地提供优质服务,为学校开展各项工作奠定物质基础和环境条件。

5.注重效益,协调管理,全面完成各级各类教育教学目标。从 2006 年开始,为推进"十一五"教育发展,改革教育管理工作,我们提出了规划管理、评估管理、预算管理、职称管理、民主管理、依法管理和人文管理等"七大管理"。"七大管理"的内容几乎涉及教育管理的所有方面,是完成教育教学目标任务的措施保证。有效推进"七大管理",必须以制度的形式将其固定下来,县教育局将不断完善、总结推行,促使其发挥明显效果。同时,执行"七大管理",更需要各位校长的努力和奉献,只有将"七大管理"落实到各位校长的积极行动中,才能发挥制度的作用。

(三)主要措施

1.开展布局调整攻坚年活动。严格落实《临洮县义务教育布局调整草案》,在基本完成学校撤并的基础上,今后要把着重点放在抓好 53 所教研创新示范小学的创建,35 所完全小学和 82 所初级小学的复式教学研究,225 所完全小学的规范办学上来;要把着重点放在初中教育优质资源校建设和培育上来,新学年度重点抓好站滩初中、辛店初中、洮阳初中、东廿铺初中、三甲初中 5 所初中的学生宿舍建设,形成区域性优质初中;要把着重点放在抓好完职中初中部和城郊初中扩大招生规模上来,积极稳妥度过高峰期。

2.开展特色教研创建活动。**要构建教研、培训、人事、督导相结合的大教研格局,一是高中、初中、小学基地校建设既是教研基地,又是教师成长基地,更是教育教学创新基地。以教研示范校为载体,基地承载教研、教研助推基地,发挥教研工作的强大作用。二是总结各校已有的成功经验,建立骨干教师义务献课、听评课制度,把教师的授课、说课、听课、评课纳入考核制度,与教师职称评聘、评优选先挂钩,发挥骨干教师的引领作用。三是总结全县中小学校长研修班的成功经验,把这一模式推广到学区、学校,深入开展学习交流、专题讲座、课堂诊断、问卷调查等多形式互动活动。四是总结教师培训能力建设项目实施工作,建立以培训基地学校为载体,以骨干教师为引领,以教师培训模式创新为途径的新型校本培训制度,促进校长和教师自主成长。五是总结教师公开选聘和合理流动实践经验,形成有效机制保障,以人事制度改革激发教育战线的活力。六是尽快筹划高中课改培训工作,10月完成全体高中教师通识培训,2007 年底或者下年初全面开展 13 门学科培训,积极迎接和组织全省高中课改。**

3.开展信息技术进课堂活动。国家农村现代远程教育工程项目的实施,标志着我县整体实现教育信息化。但我们要清醒地认识到,这只是设备的信息化,要实现教育教学的信息化,我们还有很远的路。只有实现信息技术与教育教学实践的完全融合,才能充分利用远程优质资源,促进教育工作实现跨越式发展。因此,必须将信息技术教育的应用与研究工作提到当前学校管理和教育工作的重要位置,全体校长必须调动和组织全县教师学会运用计算机授课,50 岁以下教师必须学会上多媒体课。按照已经制定印发的《临洮县关于开展信息技术进课堂活动的实施意见》的要求,着手建立教育政务的信息化、教育教学工作的信息化、教研工作的信息化、学生学习的信息化、教师成长的信息化工作制度,真正以教育的信息化带动教育工作的现代化。

4.开展和谐校园建设年活动。创建和谐校园,形成人文与自然和谐、内部与外部环境和谐、师师和谐、师生和谐、生生和谐的良好风尚,有利于学校发展和师生进步,也是我们不断追求的目标。在创建和谐校园的活动中,必须以师生安全为中心,加强平安校园的创建工作,全县中小学要把安全管理、安全教育的各项工作细化、具体化,建立完备的管理制度,责任到人,抓好落实。坚持德育为首和"德育就是质量"的理念,着力在德育工作的实效性、针对性上下工夫,把学生的创新精神和实践能力培养作为重点,开展科学教育、艺术教育、实验操作、劳动技能培养等活动。**尽量提高课堂效率、缩短课堂教学时间,把时间和空间留给学生,把兴趣还给学生,让学生有更多自主支配的时间。加强体育教学,坚持"健康第一"的原则,保证在校学生每天有一小时的运动时间,保证学生有健康的体质。**

5.开展校长队伍建设年活动。今年,充分论证实施100名校长成长计划和100所学校成名计划,使48所初中(初中部)和53所教研示范小学成为全县义务教育发展的中坚力量,支撑全县教育发展。进一步加强校长任职交流工作,不断推进校长专业化、年轻化、知识化成长,起用一批德才兼备的后备干部,改善学校领导班子结构。延伸全县第一期中小学校长研修班活动,特别是要开展全县初中校长和学区内小学校长研修活动,近期内组织100名中小学校长赴兰州学习参观,努力使全县教育向兰州教育迅速靠近,探求临洮教育较快发展捷径。校长是教师成长第一责任人,要切实承担起组织、支持、引导教师成长的重任,调动和发挥教师的主体作用。同时,加强师德师风建设,树立教师为人师表、爱教爱生的良好形象,杜绝教师体罚、歧视学生的现象;每位教师每月(或者每学期、每学年)读一本新书,向同伴推荐一本好书,全体教师积极向上,共同进步。

6.开展教育环境建设年活动。一是机关带头加强自身建设,调整行政管理思路,把"精、严、细、实、恒"的良好作风落到实处,使教育管理工作更加贴近全县教育实际,更加符合教育改革与发展的要求,形成行为规范、运转协调、公正透明、优质高效的行政管理体制和运行机制。二是加强学校自身建设,加强普法宣传教育,加强学校管理的法制化建设,大力实施校务公开制度,公开学校政务、事务、财务,特别是涉及师生利益的职称评聘、评优选先、招生考试等工作,要坚决做到公平、公正、公开,给师生营造一个民主和谐的发展环境。切实推进学校党的建设、党风廉政建设、精神文明建设、综治、信访等工作,开展丰富多彩的创建活动。三是创建良好教育发展大环境,学校要自觉接受当地党委、政府的领导,努力争得各级部门和社会各界的广泛支持,最大限度地争取学生家长和广大群众的信赖,创建全社会关注支持的教育发展环境。

回顾过去,我们充满自豪;面对未来,我们信心倍增。让我们以只争朝夕、奋发的精神状态,以追求卓越、崇尚一流的坚定信念,以团结奉献、求真创新的扎实作风,高标准、高水平、高质量地完成新学年度教育教学工作目标任务,为促进临洮教育振兴而努力奋斗!

(根据作者2007年9月7日在全县教育工作会议暨庆祝教师节大会上的《教育工作报告》整理)

必须牢牢抓住教育教学质量生命线不放松

探索有效教学,提高课堂教学质量。探索主体突出、内容完整、方法多元的"探究性、专题式、模块化"的有效教学方法,开展高效课堂教学攻坚。完善"专家引领、校本培训、课题研究、教学示范"的校本教研,为质量提升提供机制保障。加强教师认知、教学设计、课堂讲授、教学组织、教学测评和教学研究等方面能力的培养,探索"重群体参与、重过程改进、重评价创新"的课堂教学模式,关注学生学习的参与性、差异性和有效性,提高课堂教学的实效性。

校长成长是学校教育教学工作的前提。教育要发展必须使学校先发展,学校要发展必须使教师先发展,教师要发展必须使校长先发展。必须着眼临洮教育未来10年发展目标要求,从现在开始下工夫培养一批中小学校长。充实校长队伍,就是充实临洮教育发展后劲。

树立教师成长新理念。学校要更加重视教师成长,树立"教师是教育第一资源,教师是学校的生命"的新理念,教师的成长决定学校的发展;教师的个性张扬过程影响学校特色的形成;青年教师是未来教育的希望,青年教师的成长历程决定教育的可持续发展。

一、过去学年度工作回顾

2007—2008学年度,全县教育工作坚持"解放思想,开放搞活,团结奉献,求真创新,精严细恒,紧握常规,注重效益,提高质量"的基本原则,狠抓落实,不断努力,各级各类教育事业保持了良好发展势头。主要有以下六个方面的成绩。

1.全县教育工作重心适时进行了战略性转移。从我们组织开展的265份校长问卷、923份高中教师问卷、400份初中教师问卷和352份小学教师问卷的分析结果来看,对于"把全县教育工作重心适时转移到集中精力狠抓教育教学质量上来,加速实现临洮教育向兰州教育逐步接近重大转变"的全县教育工作总体思路和发扬"精、严、细、实、恒"的教育精神,大家表示了高度一致的意见,学校和教师已付诸行动;对于"把高中教育办到城区,初中教育集中到川区,高级小学布局中心区域,初级小学布满乡村"的布局调整方向和原则,教师公开选拔和岗位异动政策,高中教育、职业教育、初中教育、小学教育、幼儿教育实行公正有效的考核评价和全县小学毕业班教学质量检测集中在初中举行等,绝大部分教师表示理解和支持,同时提出了合理意见;对于高考工作、新课改工作,搭建教师成长和学生发展平台,推行规划管理、评估管理、预算管理、职称管理、民主管理、依法管理和人文管理等"七大管理",大家表示有信心、有决心。经过上下沟通,相互交流,积极行动,全县教育系统初步形成了"解放思想,统一认识,团结一致,实事求是,不断创新,开放搞活"的新局面,展示了"团结、奉献、求真、创新"的临洮教育新形象。

2.各级各类教育协调发展。高中阶段教育持续发展,2008 年高中阶段招生 6482 人,其中普通高中 4535 人,县内中职 1947 人,高中阶段入学率 81.57%,普职比例调整为 1:0.43,教育部职成教司黄尧司长对全县职教工作给予了充分肯定;农村义务教育布局调整正常推进,初步确定了今后义务教育发展总体布局,当年秋季开学时全县 885 名小学高年级学生异动到了创建农村优质资源小学上学;幼儿教育持续发展,全县公办幼儿园总数达到 8 所,在园(班)幼儿 6616 人,入园(班)率 31.88%;民办普通中学——育霖中学形成了完全中学办学格局,引资 777 万元创办的民办中职学校——洮河机电工程学校开始招生,成为职业教育办学的有力补充;民办幼儿园 7 所,在校学生 634 人。通过以上努力,高(职)中教育、初中教育、小学教育、幼儿教育学校结构由去年 2.36:6.22:87.98:3.43 预计调整到 2.48:5.99:87.19:4.34, 学生结构由去年 13.66:25.49:54.87:5.98 调整到 18.77:31.33:42.39:7.73,全县小学阶段学生比重首次低于 50%,各级各类教育呈现出了协调发展的良好局面。

3.全县教师成长和学科培训走上了规范化良性轨道。信息技术成为教师培训新的切入点,在对全县 355 名信息技术专业人员和管理人员培训的同时,启动实施了"西部农村国家级远程教师培训"项目,培训教师 3200 多人;学科建设成为教师培训的主要方向,举办了全县普通高中新课改通识培训班,培训高中教师 949 人,举办全县小学高年级学科培训活动,培训教师 1236 人,承办了"中国西部农村义务教育教师培训能力建设"项目甘肃项目组赴临洮讲学活动、教育部——联合国儿童基金会合作 ECD 项目参与式策略培训班实地操作培训活动、"参与研究型课堂教学模式设计与操作"项目中期评估及成果展示活动、省教育厅送教下乡活动、省教育学会小学数学教学专业委员会送教下乡暨教学交流活动等,培训教师 810 人;县域内"送教下乡"成为城乡教师互动的舞台,组织骨干教师深入农村中小学 165 所,讲课、听课、评课 600 多节,举办研讨、座谈会 100 多场次;基地培训成为教师培训的有效模式,高中 3 所、初中 7 所、小学 7 所基地校广泛开展开放课堂、听评课、专题研讨等活动,全县教师 1616 人次参加了基地校培训。

4.教育行政和学校教育教学管理整体迈上了新台阶。

制定下发了一系列教育行政管理规范性文件,五年来县委、县政府和教育局制定了关于"十一五"全县教育发展规划和加强高中、初中、小学教育教学工作的意见以及教学常规、教研督导、考试检测、教育人事等一系列规范性文件,明确了"十一五"期间及今后一段时期全县教育发展的基本方向。

探索现代教育行政管理模式,实行规划管理,临洮中学、临洮二中、文峰中学、临洮四中、县职教中心等学校制定了发展规划,有利于学校的快速发展;实行预算管理,2008 年全县学校公用经费支出教师培训费占 5.4%, 教学设施购置费占 5.1%, 信息化建设经费占 9.7%,图书、实验仪器购置费占 6.7%;实行民主管理,县教育局和各学校普遍实行了人事、职称、工资、评优选先等内容的公示,全面接受社会和师生监督;实行评估管理,县教育局每学期组织专家组,对完职中和部分初中、小学教育进行评估、督察、考核;实行项目管理,近五年教育项目建设投入 8216.8 万元,新扩建校舍面积 87934 平方米,排除危房 5.39 万平方米;实行职称管理,严把限额,严格条件,维护教师利益的公平公正;实行依法管理,营造了规范、便捷、高效的教育行政运行环境。

探索人事、教研、督导、电教、经费相统一的内涵发展模式,以推进布局调整,创办优质教育资源为目标,近五年为城区中小学公开选拔补充教师 168 人,参与评课的骨干教师有 382 人,开展了全县第一期中小学校长研修班、普通高中新课程改革通识培训班、基地校培训等教师培训活动,累计培训教师 1.37 万人次,每学期坚持一个月时间深入督导中小学校上百所,在全县 267 所小学、44 所初中(部)实施了远程教育工程项目,在公用经费管理中合理确定支出比例,这一系列重大举措相互联系,相互融合,靠实了教研活动,强化了教育行政管理的教育教学导向。

寻求高中、职中、初中、小学和幼儿教育的内在联系及其发展规律,逐步完善了教育教学目标责任管理考核办法,对小学毕业检测成绩排在前 1000 名、前 3000 名的学生在学区和初中的分布,对初中(部)中考成绩排在前 1000 名的学生在高中的分布进行跟踪,合理确定考核指标,形成了相互衔接、递级推进的考核管理体系。近年来,全县部分中小学探索实践,积累了许多办学经验,如临洮中学的双轮驱动、全员管理,临洮二中、衙下中学的信心教育、养成教育,洮阳初中的内涵发展、自主管理,程家铺初中的先学后教、当堂训练,卅墩学校的校园文化建设,县第一实验小学的读书活动、科普教育等等,在全县、全市甚至全省都有影响。

5.创建各级各类学校对外交流窗口有了新的实质性进展。临洮中学顺利通过省级示范性普通高中专家组初评,创建省级示范性高中取得阶段性成绩,即将成为与全省优质高中平等交流的平台,进一步扩大了对外交流的层次和质量;洮阳初中近三年每年向师大附中输送 5~7 名高中新生,并与兰州铁路第四中学深入交流,扩大了办学视野,提升了办学层次,成为全县初中教育的龙头学校,初步具备了与全省初级中学竞争的实力,也为临洮提供了与全省初中教育相互对比的新平台;城区小学广泛与兰州市小学进行了教育教学交流,县第一实验小学与中科院兰州分院小学、七里河区王家堡小学,县第二实验小学、北街小学与城关区水车园小学,养正小学与畅家巷小学,南街小学与一只船小学,西街小学与宁卧庄小学,建设小学与静宁路小学深入开展了参观考察、课堂教学交流、教师培训等活动。

6.项目教育战略落实良好。教育项目建设再创历史新高,2008 年全县开工建设教育项目 25 个,预算投资规模 2920.43 万元,建筑面积 2.9 万平方米。从教育投资的途径来看,国家财政性投资项目增多,目前实施的长效机制维修改造项目、农村初中改造项目、校舍安全工程项目共 11 个,投资 2255.4 万元,建筑面积 2.2 万平方米;对外引资力度加大,争取捐赠资金 294.94 万元、配套 370.1 万元,实施建设项目 14 个,建筑面积 7032 平方米;编制上报了《临洮县教育系统灾后重建规划》,规划建设学校 48 所,校舍建筑面积 84083 平方米,计算机 1257 台,实验设备 75 套,课桌凳 10990 套,图书 98140 册,多媒体设备 136 套,总计投资 1.48 亿元,这将成为今后三年乃至"十二五"教育基本建设的重点。县政府承诺的 12 件实事之一的校舍排危计划 3000 平方米,实际完成 4846 平方米。排危建校已基本完成校舍建设任务,今后建校重点将转向功能设施完善配套,初中建校重点转向教研室、师生食堂建设,小学建校重点转向围墙、教师宿舍建设,办学条件向更高标准迈进。

回顾上学年度工作,在肯定成绩的同时,我们要充分认识到还存在以下困难和问题:一是全县中小学结构和布局不适宜现代教育发展要求,存在布局分散、规模偏小、教学质量不高问题,已经到非调整不可的地步,但难度很大;二是全县教师学科建设整体难以满足教育教学需求,存在学历达标率总体不高、部分学科不配套、学科优秀人才较少、学科培训和高层次交流不深入等问题,特别是全县高中教师编制过紧,本科学历比例仍然偏低;三是中小学英语学科建设滞后,特别是小学专任英语教师短缺问题突出,致使初中、小学英语教学不能衔接,严重影响着全县教学质量的整体提高;四是学前和幼儿教育教学活动小学化倾向突出,专任教师配备不齐,教学活动不规范,与全面开展素质教育的差距正在拉大;五是全县中小学特别是农村学校教育教学管理整体水平亟待大力提高,缺乏一整套完备的教育教学常规管理规程和教学创新实施办法,管理工作对指导、规范、推动教育教学的作用较小;六是师生宿舍等教学辅助用房严重滞后,不能适应保障教育教学工作要求,教育项目建设的重点应该适时转移过来;七是教师体罚学生事件仍然没有杜绝,已严重影响临洮教育形象,必须以师德师风建设为重点,提高教师职业道德修养。

二、牢牢抓住教育教学质量生命线不放松

(一)2007—2008学年度教育教学质量分析

1.高考工作

成绩:经过三十年的不懈努力,特别是近五年的艰苦爬坡,全县高考工作取得了历史性重大突破。主要体现在:一是报考人数大幅度增加,从2003年开始,每年以500~600人递增,2008年达到了6130人,年均增长20.14%。二是高考本科上线人数大幅度增加,2003年全县重点上线66人,普通本科以上上线378人;2008年重点上线209人,普通本科以上上线人数突破千人大关,达到1057人,重点和本科上线人数年平均增长29.43%和50.75%;全县普通高考应届考生3514人,二本以上上线385人,上线率为10.96%。三是全县文科优势突出,二本以上上线人数理科669人,文科332人,理科与文科上线人数相比接近2:1,特别是临洮中学、临洮二中优势明显。四是各个完全中学高考工作成绩突出,临洮中学高考二本上线突破五百人大关,总数达到557人,临洮二中除"小三门"外与陇西县文峰中学本科上线人数基本持平,达到349人,临洮中学、临洮二中二本以上上线人数和上线率均创本校历史新高;衙下中学、窑店中学首次突破两位数;临洮四中、三中、文峰中学、职教中心和育霖中学都完成或超额完成了年度考核指标,得到了全县老百姓的普遍认同。

经验:回顾近五年来的全县高考工作,主要有以下九个方面应当肯定并在今后继续发扬:一是县委、县人大常委会、县政府、县政协和市教育局高度重视高中教育和高考工作,县政府设立高考工作专项奖励10万元,安排拨付教师培训专项经费28万元,多次组织学习考察山东、上海、河西和周边县市的高考经验,给予了有效的政策保障;二是以校舍和设施为重点,加大投入,加快改善办学条件,坚持扩大高中招生规模,在定西市领了先,形成了高考工作的强大硬件和生源基础;三是全县高中教师发扬"精、严、细、实、恒"精神,起早贪黑,披星戴月,不甘落后,无私奉献,对临洮教育充满信心和期待,特别是广大高三教师,能从大局出发,舍小家,顾大家,展示了无私的奉献精神;四是县教育局和各完全中学目标

相同,步调一致,精诚协作,科学制定和分解高考工作指标,分类指导,层层落实,兑现考核,强化了高考工作责任;五是依托临洮中学、临洮二中开展基地培训,加强高考备考督察,重视高考备考信息收集和应用,备考水平明显提高;六是狠抓高中领导班子建设,大力引进省内外师范类本科生,充实了学科教师力量,公开选拔完职中缺编教师,注重青年骨干教师培养,形成了良好的师资基础;七是学校努力办学,教师顽强执教,学生勤勉求学,形成了良好的考风和教风、学风、校风;八是坚持高考从初中抓起,初中教育为高中学校输送了相应的优质生源。

2.中考工作

成绩:2008年全县应参加考试的人数为7947人,实际参加考试的人数为7431人,参考率93.51%,各科平均成绩除政治外均有提高;全科及格人数1475人,比上年增加406人,全科及格率19.85%,比上年提高6.97个百分点。全县总分在700分以上的考生共有586人,比上年增加296人,总分在700分以上考生占全部考生的7.89%,比上年提高4.28个百分点。值得注意的是,临洮中学高一最低录取分数638分,多年来首次比陇西中学低10分,差距正在缩小。

问题:从整体上看,教学质量呈现出从城郊区到川坪区、山区,一类学校到二类、三类、四类学校的梯次分布。具体来说,南屏、龙门、连湾、站滩、太石等乡镇辖区内初中学校参考率低于全县平均值,最低的南屏镇仅为85.71%;中铺、康家集、红旗、玉井、太石等乡镇辖区内独立初中和九年制学校初中部各科平均成绩居后,九年制学校初中部仅为69.14分,平均成绩最低的中铺镇辖区仅为61.81分;康家集、衙下、中铺、峡口等乡镇辖区内初中学校全科合格率不到10%,中铺、玉井、衙下、康家集、峡口等乡镇辖区内初中学校前3000名、1300名、1000名指标完成率较低。

对三年后高考的影响:从2008年中考前1300名在各高中的分布看,临洮中学843人、临洮二中359人、文峰中学43人、临洮四中29人、临洮三中22人、窑店中学2人、衙下中学2人,各高中必须保证1300名学生的成功;从前3000名在各高中的分布看,临洮中学1234人、临洮二中1200人、文峰中学311人、临洮四中128人、临洮三中76人、窑店中学12人、衙下中学16人,这是三年后高考工作的基础,必须抓好优秀生,发展中间生,提升边缘生,力争实现高考的突破性发展。

3.小学毕业班质量检测工作

成绩:总体成绩稳步上升,全县应参加检测的人数为11951人,实际参加人数为11918人,参考率99.72%。与去年相比,综合、英语两科平均成绩上升14.3分,全科平均分提高1.6分,及格率提高7.5个百分点。学区之间成绩差距与去年相比明显缩小,全科平均分在80分段的学区1个,70分段7个,60分段12个,最大相差16.4分,与去年最大相差17.9分相比缩小了1.5分;全科合格率60%以上的学区5个,与去年相比多了3个,占全县学区数的27.8%;去年及格率在30%以下的学区有7个,今年及格率最低的学区达到32.8%。全科优秀生明显增多,全县全科及格率提高7.5个百分点,良好率提高9.8个百分点,优秀率提高1.5个百分点;全县第3000名成绩为332.2分,平均成绩为83.05分,在英语单独命题的情况下,比去年平均成绩高出3分;全县第1000名成绩为362分,平均成绩为90.5分,比去年平均成绩87.5分高出3分。

问题:与去年相比,语文平均成绩下降4.7分,数学平均成绩下降2.6分。英语成绩成为影响全科合格率提高的重要因素,本次检测语文及格率93.7%,数学及格率72.8%,英语及格率61.3%,综合科及格率89.5%;由于全县英语开设进度不一,英语命题以学生的基础知识和基本技能为主,平均分为66.4分,在四科中及格率最低,有6个学区英语平均分在60分以下。学校、学科之间成绩不平衡,96所农村优质资源小学语文成绩在62.7~87.9分,相差25.2分;数学成绩在48.5~96.2分,相差47.7分;英语成绩在34.3~91.2分,相差56.9分;综合科成绩在55.5~87.6分,相差32.6分;全科平均分在56.9~89.2分,相差32.3分。从全科及格率来看,90%段6所,80%段7所,70%段14所,60%段13所,50%段10所,40%段14所,30%段12所,30%段以下20所;从优秀率来看,比例最高的小学仅为20.5%,有62所小学为0,小学农村优质资源校建设,仍然需要在师资配备和教学管理上狠下工夫。

对未来中考和高考的意义:从新学年开学后小学毕业班质量检测前3000名在初中的分布看,占有50人以上的初中(初中部)有19所,合计2373人,占79.1%,其中洮阳初中474人,临洮中学204人,文峰中学185人,玉井农职中176人,临洮二中169人,程家铺初中166人,旭东初中117人,临洮四中114人,康家集初中88人,窑店中学83人,辛店初中81人,窑店初中76人,漫洼初中75人,陈家咀初中68人,临洮三中64人,衙下中学64人,卧龙初中58人,刘家沟门初中55人,西坪初中54人。与上年相比,衙下中学、西坪初中新进入前3000名的学生人数有50人以上,卅墩学校、中铺初中则退出了新进入前3000名学生人数为50人以上学校的行列,反映出全县初中生源质量相对稳定;洮阳初中进入前3000名的学生人数比去年增加了106人,玉井农职中增加60人,文峰中学减少48人,值得相关学校高度重视,认真分析。这19所初中(初中部)是2011年中考、2014高考的中坚,必须承担中考、高考的重任。

(二)2008—2009学年度目标任务

2008年高考本科应届生上线总人数426人,上线率12.46%,其中临洮中学232人,上线率22.39%,临洮二中157人,上线率15.62%,临洮四中22人,上线率3.81%,临洮三中11人,上线率2.13%,窑店中学、衙下中学分别2人。中考、小学毕业检测成绩较上年明显提高。

(三)工作措施

根据以上分析,新学年度全县教育教学工作必须牢牢抓住教育教学质量生命线不放松,努力推动临洮教育内涵发展。

一是提高思想认识,树立全面的质量观。用先进的教育思想和教学理论武装教师的头脑,通过组织阅读教育专著,邀请专家讲学,开展学术思想大讨论、教学反思等活动,大兴研讨交流之风,百家争鸣,思想碰撞,引发教师理性思考,升华教师理论思维。**今后,全县完职中、初中、九年制学校和96所创建农村优质资源小学,必须订阅《中国教育报》和《人民教育》杂志,开通教育资源网,搜集最前沿的教育信息并结合实际加以应用。组织全面的教育现状反思,深刻领会教育质量的准确含义、实现途径和评价方式,在全体教师中树立全面的教育质量观;认识基础教育的本质和使命,将教育教学的目标指向全体学生的健康成长,关注差异,提升整体,教育学生学会做人、做事、求知。**

二是探索有效教学,提高课堂教学质量。**提高教育质量的关键在课堂。以改变教师"教学行为"为突破口,完善学科教学的规范要求,探索主体突出、内容完整、方法多元的"探究性、专题式、模块化"的有效教学方法,开展高效课堂教学攻坚。完善"专家引领、校本培训、**

课题研究、教学示范"的校本教研,为质量提升提供机制保障。加强教师认知、教学设计、课堂讲授、组织教学、教学测评和教学研究等能力培养,促进教师完成教学任务,达成教学目的。探索"重群体参与、重过程改进、重评价创新"的课堂教学模式,整合研究性学习方法,关注学生学习的参与性、差异性和有效性,提高课堂教学的实效性。

三是建立完备的考试监测体系,导向正确的教育质量观。要从优质资源学校抽调专家,探索成立县级考试监测中心,**全面分析高考、中考、小学毕业检测以及高中会考、非毕业年级检测,推出高质量理论分析报告,全面指导基础教育教学工作;深入开展小学县级考试检测命题研究,逐步建立以正确理论为导向,符合学生实际的试题库,全面评价教学质量,引导教学工作。**继续加强高考备考工作的研究,以临洮中学、临洮二中、文峰中学为龙头,其他高中为补充,进一步总结经验,激发全体教师对临洮教育的强大信心,激励全体教师以坚韧执著的精神,为争取高考工作再上新台阶作出贡献。

四是推进素质教育,促进学生全面发展。遵循人的自身成长规律,特别是依照学生和教师不同年龄特点和需求,各级学校在完成自己教学目标的前提下,根据教师和学生个性发展特长,广泛建立兴趣小组,开展丰富多彩的课余活动,促进学生个性发展,全体成才。**高度重视小学一、二年级学生普通话教学,使我们的下一代个个都会讲普通话;高度重视语文教师的教学板书设计,使我们的下一代人人都能写一手好字;初中阶段必须高度重视音乐、美术、体育教学,特别是要为高中阶段"小三门"教育培养一大批优质生源。小学阶段一定要加强学生学习习惯、行为习惯的养成教育;初中教育阶段一定要加强德育教育,树立做人的规范,一定要教会学生学习方法,更加注重学生"情感、态度、价值观"培育;高(职)中阶段,就要加强智育教育,使每一个学生更多地学到知识和提高能力,迎接高考和就业的选择。树立"稳定就是发展"的意识,从小学教育抓起,改变小学教师"包班"制,实行教师按学科跨年级授课新机制,让每一个学生接受较多教师的影响,防止小学毕业班质量检测、中考和高考"一年好又一年差"现象发生。**

五是探索德育教育的有效途径,让德育服务于学生健全人格的培养。改变教师体罚、批评等教育方式,展示教师的师表形象,注重教师的人格魅力,提高教师的专业素质,使一大批优秀教师成为学生学习的榜样;改变现行学校德育评比、检查、竞赛办法,创设学生健康成长的文明环境和实践活动,把科普、艺术、体育教育作为学校德育工作的主要内容和途径,使学生在丰富的道德实践中领悟人生的价值;改变空洞的说教模式,从学校精细化的管理中,从教师细微的人文关怀中,激发学生的智慧,激励每一名学生的自信心;改变单纯的学校教育力量,让家长支持学校,让法制保障教育,让社会服务于学生。

三、坚定不移推进基础教育资源优化整合

教育质的基础是规模,没有规模就没有良好的办学条件,就会阻碍资源的优化配置。要扩大规模,必须充分考虑县域教育实际,坚定地把优化整合基础教育资源作为重振临洮教育雄风的战略性任务落实好。

从2006年9月全省农村教育工作会议之后,县教育局即把农村中小学布局调整工作纳入重要工作日程,于2007年1至2月,利用一个半月时间,就全县中小学布局调整工作举行教育局长现场办公会议,广泛进行了调研,然后经过当年初校长工作座谈会讨论,提出了《临洮县义务教育区划调整草案(征求意见稿)》(简称《征求意见稿》),《征求意见稿》

提出后县教育局党政主要领导、分管领导分别赴全县各学区进行了调研,形成了《临洮县义务教育区划调整草案(修改稿)》(简称《修改稿》)。今年上半年,再次将《修改稿》提交全县校长工作会议讨论征求了意见。经 2008 年 4 月和 6 月县教育局第四次、第十次两次局务会议研究通过,正式提出了《临洮县基础教育资源整合和中小学布局调整规划草案》,现在提交全县教育工作会议讨论表决。如果这一草案通过表决,将成为今后一段时期全县教育布局调整的指导性文件。今后我们的工作重点:

一是统一思想认识。全县教育系统特别是各学区要以邓小平理论和"三个代表"重要思想为指导,深入贯彻落实科学发展观,促进县域内义务教育均衡发展,创建农村优质教育资源,实现"把高中教育办到城区,初中教育集中到川区,高级小学布局中心区域,初级小学布满乡村"的目标,形成全县创建小学 96 所、初中 24 所农村义务教育优质资源学校,建设 50 所农村义务教育寄宿制小学和九年制学校,普通高中、职业中学和幼儿教育协调发展布局。

二是坚持布局调整原则,一要坚持"扩规模提质量,先优化后整合"原则,96 所创建农村义务教育优质资源小学,目前学生数 26249 人,占全县小学学生总数的 50.68%,经过三年的努力,使全县高年级学生的 75% 异动集中起来享受优质资源。二要坚持"先异动后调整,先学生后教师"原则,教师跟学生走,在学生异动的同时,对教师进行工作调动或者岗位变动。三要坚持"先小学后初中,先落实后确认"原则,2008—2011 年,一定要使完全小学异动调整改制工作取得重大进展;2011 年开始,通过大约五年时间的努力,创建 24 所农村教育优质资源初中,使得全县初中教育结构发生重大变化;到 2015 年,高中教育和职业教育布局结构调整到位,初步形成科学合理的全县教育结构体系。在整个实施过程中,教育行政部门和各学区必须认真落实,不搞"夹生饭",不留后遗症,落实一处确认一处,报告政府审批一处。四要坚持"先建设后撤并,重效益保稳定"原则,在整个实施过程中,要把规划创建的初中 24 所和小学 96 所优质资源学校,作为今后学校建设的重点,在确保教学和教学辅助用房的基础上,优先解决教师学生食宿问题,尽快完善学校教学功能,适时提供教师成长条件,大力营造学生学习成长的良好环境。教育行政部门和各学区、各学校要有必要的灵活性,实事求是地完成全县基础教育布局调整重要任务,凡是自然条件和暂时学生异动确实有困难的,一律不能撤并,确保学校教育教学工作稳定,确保教师、学生、家长情绪稳定,确保社会秩序稳定。

三是科学规划发展规模,以县职教中心争创国家级重点职业中学为目标,继续完善扩大职业教育规模的政策措施,落实职教免费新政策,控制普通高中规模,缩小职普比例,促使高中阶段教育稳步发展,2009 年高中阶段总体招生规模为 8700 人,其中普通高中 4940 人、职业高中(中专)3760 人,职普比例调整到 0.76:1。重视幼儿教育发展,对全县幼儿教育发展进行规划论证,从 2009 年起步,利用三年时间,每年创办一批幼儿园,通过挂靠中心小学、独立办园等模式,使幼儿园扩大到乡镇中心小学或较大规模小学,2009 年幼儿入园(班)率超过 40%,以后逐年提高,实现幼儿入园(班)率超过全国平均水平的目标。

四是落实政策保障,城区高中向 24 所农村优质资源初中分解 5% 的招生统配指标,引导初中学生流动;通过实施农村初中改造工程、校舍安全工程、落实地震灾后重建计划等国家基本建设投资项目,落实税费改革转移支付资金,增强初中寄宿功能,加快推进寄宿制小学创建;加强农村优质资源校师资建设,特别是尽快为 96 所小学配齐英语专业教师,适当增加音美体专业教师编制,保证开足开齐课程;依据《临洮县教育教学工作评估考核办法(试行)》,将农村优质资源学校纳入直接考核范围,签订责任书,兑现奖罚,并每年进行 1~2 次大型督导活动,引导学校管理和教育教学工作;落实 50 所寄宿制小学寄宿生生活费补助政策,实行学校公用经费预算管理,保证学校教育教学经费投入。

四、持之以恒狠抓中小学英语教学

目前,全县完职中、初中普遍开设英语课,开设英语课的小学 331 所,尚有 28 所小学未开设英语课;初中使用人教版英语教材,小学使用陕西旅游出版社出版的教材;从今年开始全县小学英语统一单独命题检测,使小学毕业班质量统一检测科目增加到语文、数学、英语、综合四科;高中、初中分别配备英语专任教师 138 人、273 人,小学英语专任教师仅有 57 人,其中 96 所创建优质小学专任教师 38 人。**随着英语教学的普及,英语学科已成为中小学开设的基本课程,已成为学校和家长普遍关注的焦点。今后,要坚定地把推进英语教育作为再创临洮教育辉煌的战略性举措执行好,使英语学科承担起推动全县教育发展的重任。**

推进英语学科建设,其基础是促进学科配套。**总体目标是:县教育局在教师分配中向英语学科倾斜,力争通过三年时间,优先为农村优质资源小学配备英语学科教师,基本实现小学、初中的衔接;城区学校先行一步,抓紧探索从一年级开设英语。**从现在开始,各学区、学校要想方设法,通过借调、调整等手段,为 96 所创建农村优质资源小学配备英语专任教师。已配备英语专任教师的学校必须从三年级开始,统一开设英语课,每周最少开设两课时。县教研所要调查摸底,在完职中、初中、中心小学和学区配备兼职英语教研员,举办一次全县小学英语教学论文征集活动,摸清小学英语教学底子,加强英语教学研究,探寻措施;筹备举办第一期全县小学英语教师培训班,通过邀请兰州英语教学专家、骨干教师和本县教学骨干,对全县小学英语教师进行一次全面培训。

推进英语学科建设,其保障是建立一整套教学规范。坚持抓常规、抓规范、抓督察,确保英语教学计划、备课、上课、作业布置与批改、辅导、课外实践、考试与评价等教学环节落到实处,无教案不得上课,作业批改达不到 90% 以上定为不合格,各学区每学期对各年级英语教学进行检测,统一分析,公布检测成绩。落实购置经费,初中以上学校和 96 所创建农村优质资源小学逐步配齐 VCD、录音机、电视机、实物投影仪、多媒体和音像制品等,力争多媒体英语教学的课时占总课时的 40% 以上,利用信息技术上课率达到 80% 以上,使英语教学呈现立体性,以提高课堂教学效果。

推进英语学科建设,其关键是要营造良好的口语交流环境。完全中学、规模较大的独立初中都要开展"英语周"活动,设立英语角,开通英语广播,确定专职教师负责,使英语成为学校交流的"第二"语言。县教研所要举办全县英语教师演讲大赛,引导英语教师重视英语发音教学和口头表达能力,首先使全体英语教师具备较高水平的英语口语能力,要准确掌握英语教学日常用语,熟练使用、组织课堂教学活动。各学校也要在学生中广泛开展英语演讲比赛、朗读比赛、创作比赛等活动,营造学习英语的良好环境。针对新教材英语词汇量大的实际,英语教师要加强英语学法研究和指导,摸索听、说、读、写四种基本技能的有效教学方法,激发学生学习兴趣。

五、改革完善全县教育教学工作评估考核办法

建立完善的教育教学工作评估考核办法,是加强学校管理,推动教育教学改革的重要保证。根据教育改革的形势要求,必须不断深化教育教学评估考核办法改革,明确评估考核的原则、重点和措施,建立完备的教育管理体系。

近年来,随着中小学教育教学改革的深入推进,县教育局根据工作需求及时调整教育"三项"重点工作、学校常规管理、教学质量等方面的考核指标,逐步加大了教育教学、"普九"等方面的考核分值,从 2003 年开始,积累了大量的资料,2006 年首次兑现了目标管理责任书,为实现考核指标的科学合理奠定了基础。在此基础上,经过广泛调研论证,制定了《临洮县教育教学工作评估考核办法(试行)》草案,并经 2008 年初全县校长工作会议征求意见,经 6 月的县教育局第十次局务会议讨论通过后提交教育工作会议讨论表决。《临洮县教育教学工作评估考核办法(试行)》是今后一段时期全县学校管理的基础和依据,它必将对推进教育教学改革,推动教育布局调整和资源整合,推动实施创建教育强县战略起到重大作用,各学校、学区要认真研究,创造性实施。在具体实践中,必须重点把握以下三方面:

一是坚持以"七大"原则指引评估考核工作。坚持"实事求是,解放思想,与时俱进,科学发展"原则,不断统一思想,提高认识,理清思路,强化措施,努力加速临洮教育发展;坚持公开、公正、公平、平等竞争原则,引入竞争激励机制,合理确定不同类别学校的竞争平台,提出不同的管理要求和奖惩办法,努力创建一批农村优质资源学校;坚持县域内教育均衡发展和资源优化配置原则,继续引导扩大高中阶段教育特别是职业教育办学规模,提升义务教育质量,发展学前教育,建立各级各类教育的协调、健康发展机制;坚持基础教育新课程改革基本原则,通过新课程改革、教师培训、评估考核等环节的工作,推动新课程改革深入实施;坚持"教育优先发展,教师优先成长"原则,促进教师专业成长,打造一批县域优质师资;坚持"学生成才,教师成长,学校成功,教育发展"原则,搭建教育发展平台,推动现代教育建设;坚持教育现代管理原则,加强规划管理、评估管理、预算管理、职称管理、依法管理、民主管理、人文管理,提高学校管理水平和办学质量。

二是不断完善评估考核的重点和内容。狠抓"普九"工作,降低辍学率,提高巩固率,推进高水平"普九";不断扩大高中阶段教育规模和比例,推动基础教育协调发展;引导教育资源配置和布局调整,以规模求质量,以质量求生存,创建优质教育资源;合理确定高考、中考、小学毕业检测考核指标,建立高中、初中、小学教育教学工作的密切联系,提高教学质量;狠抓人事、教研、督导、电教、经费管理工作,保障教育教学,支持教育教学;加强教师队伍建设,提高教师专业水平,努力打造优质师资队伍;重视学前教育,发展幼儿教育,扩大学前教育规模;强化师德师风建设、安全管理、经费保障三项重点工作,为教育发展营造安全稳定的环境。

三是规范教育教学奖优罚劣机制。设立教育教学目标管理责任书考核先进单位和高考工作先进单位奖、义务教育教学质量进步奖、义务教育教学质量突出贡献奖、普及义务教育工作先进集体奖、职业教育发展突出贡献奖,引导各级各类教育协调发展。目标责任书考核与校长的升降去留挂钩,与校长的工资职称挂钩,与学校的评优选先挂钩,体现绩效性,集中反映县教育局对校长工作的要求,促进一支高水平的教育管理队伍建设。

六、不断创新全体教师专业成长平台

校长成长是学校教育教学工作的前提。教育要发展必须使学校先发展,学校要发展必须使教师先发展,教师要发展必须使校长先发展。因此,必须着眼临洮教育未来 10 年发展目标要求,从现在开始下工夫培养一批中小学校长。充实校长队伍,就是充实临洮教育发展后劲。

树立教师成长新理念。**学校要更加重视教师成长,树立"教师是教育第一资源,教师是学校的生命"的新理念,教师成长决定学校的发展;教师的个性张扬过程影响学校特色的形成;青年教师是未来教育的希望,青年教师的成长历程决定教育的可持续发展。**实现教师成长,要以(教育)局(学)校为主导,以教师为主体,主攻课程,主抓校本,记录成长历程,全面建立教师成长的组织领导体制和工作开展机制;实现教师成长,要调动广大教职工的积极性、主动性和工作热情,外树"团结、奉献、求实、创新"新形象,深化"精、严、细、实、恒"新内涵,探索适合临洮实际的教育发展新机制。

创新教师培训的形式和内容,依托县教师进修学校,丰富讲学、授课、考察、观摩等形式,高中教育抓好普通高中新课程改革学科培训、实施方案制订、课程开设等工作,使全体教师认识新课程改革教育理念的变革,适应新课程改革教育观念的改革、教学方式的改革、教学管理制度和评价制度的改革,顺利推进全县普通高中新课程改革;初中教育抓好学科培训,使全体初中教师在新一轮课改培训中得到提高。实施中小学骨干教师培训、中小学教导主任和班主任培训、中小学信息技术进课堂培训、普通高中教师网络培训、新任教师岗前培训,着力提高学校管理效益和教育教学质量。组建初中、小学教师县级培训中心,使教师进修学校、培训基地校多元参与,丰富培训活动,把培训权交给教师,让教师选择培训活动。

建立教育局、学区、学校三级教师培训网络。一是教育局确定教师培训重点和目标任务,落实 5%教师培训经费预算审查,把教师培训与职称晋升紧密联系起来,抓好县级培训和"送教下乡"记载,若培训不合格,职称不予晋升,落实专业引领,逐步建立县内各个学科的专家库,组织校长论坛、学科论坛和学科培训,发挥骨干教师的专业引领作用。二是学区主抓督察,推进区域教育交流的实施,帮助 24 所初中、96 所小学建立适合自身发展的参照系,放大自身发展视野,积极探索多个学校、多层次学校、多区域学校的区域教研,让教师在思想的碰撞中交流,在成果的吸收转化中启迪思维,激发灵感,推动自身成长。三是教师培训坚持校本为主,推进校本课程开发,充分激发教师的专业兴趣,充分适应学生认知能力的要求,充分依托学科优势,集中力量,组织开发具有区域特色的校本课程,弥补国家课程的不足,满足学生的成长需求;加强信息技术与课程的整合,充分依托信息技术,通过网络、多媒体、电视等,整合教学资源,丰富教学呈现形式,开拓课堂教学模式,使整个教学活动在信息技术环境中开展;落实同伴互助,学校要搭建教师同伴互助交流的平台,将教师的教育教学行为融入集体,组织教师个体无法实施的教育教学行为,解决教师个体难以解决的具体问题。

七、推动学校教育教学管理上水平

推动教育教学工作上水平、上台阶,关键是学校教育教学管理。我们的目标是建立现代学校管理制度,以管理的现代化推动教育发展的现代化。

☆☆☆━━━━━━━

建立适应教育创新要求的办学理念。**实践永无止境,创新永无止境。教育创新是推进教育发展的必然要求。**全县中小学要把自身放在教育改革发展的潮流中,不断更新、发展办学理念,努力使办学理念彰显全新的改革内涵,争取在一个方面或多个方面形成自身的教育理论和教育经验,成为当地、全县甚至更大范围教育发展的旗帜。每一所学校、每一名教育工作者、每一名教师,都要做改革的先锋,不断丰富办学经验和成果,为推进办学理念创新注入新的内容和活力。

加强教育教学常规管理。学校要以教研组、备课组、全体教师为主体,制定和完善《教学工作规程》和教学工作计划,落实完成教学任务的各项措施,规范教师的教学工作,推动学校工作有序开展。全体教师要认真把握备课、上课、作业布置与批改、预习和复习、辅导、考试等六个环节的基本工作,确保每一环节质量;与自身教学实际相结合,认真开展听课、评课、说课、课题实施、论文撰写、课件制作六项常规教研,不断提高教学水平。学校要加强教学常规管理,完善校本教研制度、听课评课制度、学生评教制度、常规检查制度、质量调研制度、教学评优制度等,以制度建设保障教育教学;落实教育质量监控措施,对所有教育教学活动、各个教育环节、各种教育管理制度、教学改革方案等进行经常性的随机督导和反馈调控,确保质量稳定。要在全县各级各类学校中,选拔培养一批县级教育专家,进而推向全市、全省,对外展示临洮教育形象,在县内成为全体教师的骨干培训者。

努力提高办学效益。适应新时期教师职业道德的新要求,大力弘扬"学为人师、行为世范"的高尚精神,高度重视解决教师体罚、歧视学生的问题,塑造和树立教师的职业新形象。树立安全责任意识,建立完善的学校安全管理制度,强化落实安全责任,坚持开展安全教育,重视洮河沿岸学校夏季安全工作和校园内外学生打架斗殴问题,确保安全稳定的校园秩序。**严格落实学校经费预算管理制度,落实基本预算编制支出比例,教育经费支出向教育教学倾斜,学校公用经费5%用于教师培训,10%~15%用于信息技术资源建设,10%~20%用于图书、资料、实验室建设和教学用具的购置,8%以上用于开展音乐、美术、体育教学和活动,强化学校经费支出的政策导向**,加强学校财务审查审计,防止违反预算规定挤占、挪用、超支经费等问题产生。加强对教师职称、工资、评优方面工作管理,体现教师的教育教学绩效,关注教师的个人实际,形成富有活力的人事管理机制。积极推进教育法制化,学校管理必须遵守法律法规,教师执教必须遵守职业道德,教育教学必须遵守教育规律,根本目标是营造学校工作的良好环境,为推进教育创新提供规范保障。

八、扩大教育对外开放交流创新路

教育发展要有开放视野。尽管近年通过我们的积极努力,建立了与兰州市(区)局、校之间的联系,开展了一系列较有成效的工作。但实事求是地说,我们交流的层次、频率还不够高,距离迈入兰州市教育教学改革行列的目标还有差距。如果我们满足于区域教育的成就和现状,不能走出去、请进来,不能建立与发达地区之间共同交流、同步发展的平台,我们将不能适应教育改革蓬勃发展的形势,不能满足人民群众对优质教育的需求。今后,必须把扩大教育交流作为推动教育发展的跳板和台阶落实好。

建立与兰州教育的全方位交流体系。各完职中、城(郊)区初中、城区小学以及农村义务教育优质资源学校必须走出去,利用一切可以利用的资源和优势,积极主动,加强沟通,多方联系,加大与兰州教育行政部门、教科所、普通中小学的交流和联系,与省教科所、省学科委员会、兰州市知名学校联系,组织开展讲学、观摩课堂教学、交流测试卷等活动,积小溪成大流,通过不间断的交流和联系,想尽一切办法把学校推向教育教学改革的最前沿,切实推进包括办学理念、学校管理、教学方略、考试监测、教师培训、课程改革等在内的多角度、多层次的交流,形成纵横交错、动态发展的教育交流体系。

全面推进对内搞活,开放办学。**开放办学是现代学校的必然要求**。**在办学理念上,不断积淀,认真挖掘,兼容并包,及时总结,形成具有学校特色、地域特色的办学理念,成为引领当地文化发展的精神支柱;在办学形式上,打破学校围栏,开放课堂、开放管理、开放设施,广泛组织教学开放周、家长进课堂等活动,不怕出丑,不计较社会误解,让社会了解学校,让家长了解教师,让学校在当地出名,让教师成为社会名人;在学校管理上,积极争取乡镇政府和部门的支持,依靠社会的力量,治理校园及其周边环境,加强学校安全保障,维护学校稳定。**

加大教育宣传力度。近几年,通过艰苦努力,全县教育工作不断进步,各类学校都摸索到了一些好的做法和成功经验,但我们仍然不善于总结,不善于挖掘典型,不善于宣传、推广、应用。如果我们有意识地去关注,不难发现全县教育系统有能够登台讲学的专家,也会发现有许多成就突出的学术骨干,更有许多学校也能够与城市学校一比高低。所以,从现在开始,我们要创建一些平台,让优秀教师展示自己,让他们实践锻炼,成名成才,提升临洮教育的形象。县教育局和各学校要认真总结教育发展中的经验和做法,发现一批人才,推出一批典型,通过有效宣传,优化发展环境,切实推进全县教育工作稳步前进。

新的学年度已经开始,任务艰巨,责任重大,期待希望。让我们在县委、县政府的领导下,牢牢把握教育工作的时代使命,紧密依靠全体教育工作者的智慧和努力,继续深化改革,全力提高质量,为推动全县教育发展上水平、上台阶而不懈努力!

(根据作者 2008 年 7 月 6 日在全县教育工作会议暨庆祝教师节大会上所作的《教育工作报告》整理)

创新机制　狠抓质量
加速临洮教育制度化规范化标准化建设

　　加速建立现代学校管理制度,通过教育教学观念、制度、实践、业绩的创新,建立以课程设置、学科建设、教学实施、教学质量、教学职能、科室设置为主要内容的教学工作管理制度,建立以课题研究、教学竞赛、校本培训、教师成长为主要内容的教育科研管理制度,建立以教育教学质量评估、教师业绩评估、学生学业评估为主要内容的评价管理制度,建立职业教育发展和管理的基本制度。

　　积极探索义务教育课堂评价标准,从小学学科建设入手,从研究制定课堂评价标准抓起,制定全县义务教育阶段各门学科建设标准,课堂教学“备、讲、听、评、改”程序和标准,实验、实训和多媒体教学课堂评价标准,优秀教师、优秀班主任、优秀学生和先进集体评选标准,优秀教育研究成果评选标准,学生素质教育评价标准,教育教学管理评价标准,学校规划和建设标准,后勤服务工作管理标准,逐步实现义务教育教学管理标准化目标。

　　进一步完善学校考核评价体系。实行教育教学目标管理责任书考核制度,考核重点是初中和小学学生实际年流失率、完职中高(职)中一年级新生录取报到率,全县小学教育阶段、初中教育阶段前1000名、前3000名和高考指标,教师校本培训和教师应用信息技术开展教学情况,参加教学、教研竞赛活动,学前教育教学规范化程度,教师培训经费,信息技术资源建设经费,图书、资料、实验室建设和教学用具的购置经费,教研经费,音乐、美术、体育教学和活动经费落实情况。实行教育教学管理专项工作奖励制度,设立全县高考工作先进集体奖、全县义务教育教学质量进步奖、全县义务教育教学质量突出贡献奖、全县普及义务教育工作先进集体奖、全县职业教育发展突出贡献奖等专项奖。

一、立足实际,正视差距,认清形势,把握机遇,进一步增强全县教育事业加快发展的紧迫感和责任感

　　2008—2009学年度,在县委、县政府的领导下,广大教职工发扬“团结、奉献、求真、创新”的精神,全县教育事业得到良好发展,主要体现在:

义务教育资源不断优化,全县小学布局结构调整任务基本完成。经过三年的艰苦努力,共撤并和改制学校 133 所,全县形成了完全中学 8 所(其中民办中学 1 所)、职业中学 3 所(其中民办中职 1 所)、独立初中 23 所、九年制学校 15 所、完全小学 263 所、初级小学 102 所、幼儿园 27 所(其中民办幼儿园 8 所)的中小学结构布局。2008 年底,还能够撤销完全小学 1 所、初级小学 10 所,改制完全小学为初级小学 37 所,改制九年制学校为完全小学 3 所,新设农村幼儿园 5 所,建设小学生寄宿制学校 19 所(其中九年制学校 7 所、完全小学 12 所),2010 年上半年能够基本完成全县小学布局结构调整任务。

基本完成高中建设和高中阶段扩招,平稳度过全县初中阶段高峰期,义务教育健康有序发展。**2009 年全县完职中在校人数 17335 人,高中阶段教育当年招生 7817 人,占年报初三人数 8568 人的 91.2%,创临洮教育历史纪录;其中普通高中 5360 人,占 68.57%,中职学校(含县外招生)2457 人,占 31.43%,职普比 0.46:1;全县形成了普通高中平行班 85 个,特别是城区临洮中学、临洮二中、文峰中学当年完成高一招生 52 个班,占全县高中班级 85 个的 61.2%,有效优化了高中教育资源。**秋季开学后,全县初中持续高位运行,招生 10871 人,在校学生总数 31544 人,通过充分利用校舍资源,调整学校招生计划,首度实施停招初中复读生政策,扩大城郊初中和完职中初中部办学规模等措施,形成了 7 所千人以上的优质资源初中,有效保证了初中高峰期的平稳度过。全县小学一年级招生持续下降,入学新生 4804 人,与六年级毕业生人数相比差 6091 人,在校学生总数为 37681 人。全县幼儿教育招生 5060 人,在班(园)幼儿 7844 人,学前教育入学率提高到了 52.29%。全县完职中、初中、小学、幼儿教育在校学生比例为 18.4:33.4:39.9:8.3。**临洮中学被省教育厅命名为甘肃省示范性普通高中,临洮县职教中心被教育部认定为国家级重点中等职业学校,**县教育局被评为全省电化教育工作先进集体。

加速优化教师队伍结构,狠抓教师学科培训,初步建立教师成长激励机制。根据学科配备要求,通过全市公开招考选聘和全省特岗教师选聘、5000 名大学毕业生到农村学校任教、纯农户本科毕业生分配工作等途径录用教师 240 多人,进一步优化教师队伍结构,促进了学科配套,全县普通高中教师本科学历达标率、职业中学教师本科学历达标率、初中阶段教师本科学历比例、小学阶段教师专科学历比例分别为 83.33%、74.6%、48.22%、64.5%。不断深化教师学科培训,2008 年 9 月中旬,举办了全县初中各学科教师培训班,邀请兰州市城关区教育专家和优秀教师 31 名、县内优秀校长和骨干教师 71 名,培训教师 1806 人;10 月下旬,举办全县高考工作研讨会,首次邀请兰州市教科所和有关中学高考专家、优秀教师做辅导专题和示范课,与我县 278 名高三教师研讨交流;7 月中下旬,举办了全县小学低中年级教师学科培训班,邀请省小语会和兰州市教育专家、优秀教师以及本县教学骨干人员,培训小学教师 1413 人;8 月中旬,举办了中国民生银行资助贫困地区项目初中教师培训活动,邀请北京市教育专家 9 名,培训全县初中语文、数学、英语 3 门学科教师和初中管理人员 892 名;8 月下旬,承办了全国中语会第五届"中语西部行"暨甘肃省新课程语文学科西部送教研修活动,中语会 9 名资深教育专家做专题讲座 4 场、示范课 4 节,来自兰州、白银、定西等五市州的 10 名高、初中语文教师讲授展示课 10 节,培训五市州教师 668 人,其中我县中学教师 239 人;通过公开选拔城区学校教师,参加讲课和评课的教师有 263 人;还举办全县中小学校舍安全工程培训班、全县少先队辅导员培训班、全县寄宿制小学生活指导教师培训班,培训教师 239 人,一年来全县共培训教师和管理人员

3046人次,占全县现有专任教师5822人的52.3%。同时,广泛开展学区之间、学校之间、教师之间的交流活动,举办教学开放周、教育教学教研活动,形成了教师成长新机制,涌现出了一批青年教学能手、骨干教师和特级教师。

突出教育项目建设,中小学办学条件得到很大改善,教育现代化水平明显提高。2009年实施灾后恢复重建项目、农村初中改造项目等38个,建筑总面积67391.2平方米,总投资9109.8万元,从而使**七年来全县新建和改建学校总数累计达到87所,实施教育基建项目113个,完成投资19268万元,建筑面积179464.9平方米**。信息技术、图书、实验室建设和教学用具推广和配备力度加大,全县校园网总数达到37个,多媒体教室184个,特别是临洮中学、连湾初中、洮阳初中、洮阳学区边家崖小学等一批中小学实现了"班班通"的目标;全县完中标准化实验室配备达到66个,分组实验开出率达到86.5%,中小学办学条件进一步改善。

在充分肯定成绩的同时,我们也清醒地认识到,当前全县教育事业发展仍然面临着很多困难和问题,主要是:

教师队伍结构不合理,城乡师资力量配备不平衡。义务教育阶段教师学科不配套,农村规模较小的学校教师兼职授课现象普遍,特别是初中"小三门"和小学英语教师严重缺乏,解决教师队伍结构不合理问题已经迫在眉睫;教师学习、考察、培训和教研活动机制不完善,学科带头人、青年教学能手、优秀骨干教师和学校创新性人才成长机制不活,校本培训、校本教研平台不健全,多年来教育战线涌现的出类拔萃的教师总量偏少,特别是叫得响、出了名的各专业教师十分缺乏,学科优秀教师分布不均匀,严重影响了中学教育整体发展水平。

小学和初中教育基础比较薄弱,教育督导和教学研究工作不到位。由于历史和自然条件等因素,全县农村小学和初中教学设施不完善,管理制度不健全,师资力量薄弱、成长缓慢,教育督导和教学研究工作不到位,特别是广大山区,无论是学校硬件建设还是教育教学管理的软实力,都远远落后于城镇学校,从而使小学和初中这个基础教育的"基础"不够扎实。

教育教学硬件设施不完善,实验、图书严重滞后。农村中小学实验实训、远程教育发展慢,初中阶段课堂演示实验开出率普遍不高,学生分组实验几乎没有进行。中小学图书配备严重不足,难以保证教学需求;农村中小学远程教育网络应用差别大,设备落后,配置档次普遍低。职业中学骨干专业实训基地缺乏,学生实际操作能力较弱。全县中学生寄宿和就餐硬件条件不足,据测算,全县高中学生现有住宿人数约占在校学生的47.6%,初中约占42.5%,寄宿制小学规划人数约占15%,随着中小学布局结构调整工作的进一步推进,全县寄宿生人数还会持续增加,按照国家必须保障70%的住宿生就餐的规定,我县学生住宿和食堂建设严重滞后,已经在很大程度上影响了学校教学服务质量的提高。

教育发展机制创新力度不够,教育教学评价体系不够健全。社会主义市场经济体制下现代教育发展的竞争机制没有完全确立,特别是我县基础教育资源优化配置机制、现代教育信息资源平等共享机制、教师平等竞争上岗和工资绩效挂钩激励机制等,还没有真正建立,教育系统吃"大锅饭"的现象仍然存在。特别是学校发展综合评价、教师工作业绩评价、学生学业评价体系不科学,评价形式和手段不规范,影响着教育教学活动的创新性开展。

中小学布局结构不够合理,教育教学管理水平不高。全县初中教育资源分布十分分散,在校学生上1000人的初中只有洮阳初中和6所完职中的初中部。根据2008年教育年报统计,全县完全小学分布在农村村社一级,"一村两小"现象较多,在校学生规模超过600

人的只有城区 6 所小学,300 人以上的仅仅分布在 9 个镇的 13 所小学,100 人以下的小学多达 282 所,其中 50 人以下的就有 106 所,10 人以下的有 64 所,这种现状已经成为严重制约义务教育发展的重要因素之一。学校教育教学和后勤服务管理水平差距大,相当一部分校长思想理念陈旧,机制制度过时,方式方法落后,办法单一。加之全县初中教育学生流失问题没有有效解决,职业中学招生出现新的形势变化,高三补习生人数连年下滑,这对教育行政部门实施宏观调控增大了难度,提出了新的挑战。因此,我们一定要认清形势,立足实际,正视差距,分析问题,进一步增强深化全县教育事业发展和改革的紧迫感和责任感,努力使临洮教育迎来一个新的发展时期。

二、2008—2009 学年度教育教学质量分析

(一)高考工作分析

1.成绩:二本以上上线人数 1277 人,比 2002 年的 325 人翻了近两番,比上年的 1057 人净增 220 人,增长率为 20.81%;本科上线率为 22.49%,比上年提高 5.25 个百分点;重点本科上线 317 人,比上年增加 108 人,增长率为 51.67%,重点本科上线率为 5.58%,比上年提高 2.1 个百分点。全县应届生二本以上上线 447 人,比上年的 388 人增加 59 人,上线率为 13.82%,比上年提高 2.85 个百分点,全县应届生二本以上上线率居全市第二名。临洮中学、临洮二中、临洮四中二本以上上线人数较上年有较大幅度提高,临洮二中二本以上上线人数首次超过陇西文峰中学。三年前中考前 800 名学生中,临洮中学应届生二本以上上线 249 人,占 55.58%,临洮二中应届生上线 168 人,占 61.76%。

2.问题:考生人数不足,我县考生人数 5678 人,在全省考生人数下降 6287 人的情况下,临洮比上年的 6130 人下降了 452 人,成为定西市唯一的考生人数下降的县,如何稳定高考生源成为新的挑战。本科上线人数与安定区和陇西县差距拉大,上线人数分别相差 940 人和 571 人,上线率分别相差 6.86 个和 1.68 个百分点。高分考生人数偏少,2009 年全县高考 600 分以上考生 9 人,仅占全市 600 分以上考生的 13.64%。全县"小三门"考生上线情况在全市的差距进一步扩大,"小三门"上线人数过少成为致命弱点,与安定、陇西、通渭、渭源分别相差 78 人、116 人、157 人、64 人,上线率为 27.51%,低于安定、陇西、通渭和渭源。学科之间发展不均衡,除文科外语和文科综合以外,其他科目均不理想,特别是理科数学和理科外语成为薄弱学科。文科优势不稳定,学科平均成绩处于全市中下水平,个别学科排在了全市 10 所重点中学后列。

3.2010 年全县高考形势分析和工作任务:据初步统计,全县参加 2010 年高考人数为 6020 人,其中应届生为 3654 人,比上年的 3235 人增加了 419 人;高三补习生 2366 人,比上年的 2443 人下降了 77 人,特别是全县补习生中达到今年高考二本线的人数只有 145 人,与安定、陇西、通渭等县区相差甚远,上年高考二本线以下 50 分考生继续补习的仅有 472 人。从 2009 年高考结果看,我县应届生二本以上上线率尽管排为全市第二,但与排位第三的安定区仅差 0.39 个百分点,与排位第四的渭源县仅差 0.94 个百分点。在这种形势下,要完成 2010 年全县高考二本以上上线人数 1408 人的任务,形势不容乐观,压力很大,各学校都不可掉以轻心。为此,新学年高考工作的主要任务就是,从现在起,力拼应届,决不放松有希望的每一位应届生和往届生,特别是临洮中学和临洮二中,一定要自我加压,自定目标,充分发挥省市示范性高中的优势,超额完成我们确定的任务,为全县高考工作

作出新的贡献。

（二）中考分析

1. 成绩：全县应参加中考考生 8351 人，实际参加考试人数为 7833 人，参考率为 93.8%。各科成绩中除数学、物理平均成绩较上年下降 7.42 和 4.58 分外，其余各科目平均成绩均有所提高，其中语文提高 0.44 分，英语提高 6.57 分，化学提高 6.15 分，政治提高 10.07 分，历史提高 3.45 分。全县总分 700 分以上的考生共有 904 人，比 2007 年的 290 人增加 613 人，比 2008 年的 586 人增加 318 人，占全部考生的 11.54%，比上年提高 3.65 个百分点。全科合格人数 1981 人，比上年增加 506 人；全科合格率为 25.29%，比上年提高 5.44 个百分点。全县高中招生考试第 1000 名考生成绩为 693.2 分，比上年提高 22.05 分；第 3000 名考生成绩为 593.1 分，比上年提高 26.15 分。临洮中学高一新生录取分数线为 660.5 分，比定西中学低 29 分，比陇西一中低 10.5 分，与以往相比，差距有了较大缩小，临洮二中等高中新生录取分数线也有了不同程度的提高。

2. 问题：从参考率看，全县仅达到了 93.8%，全县 50 个初中（初中部）中达到 97% 以上的只有 14 个，达到全县平均线的有 30 个，低于 90% 的仍有 12 个，沿川初中和水泉学校还在 85% 以下，一些学校初中生流失问题值得下大工夫予以遏制；从学科平均成绩来看，川坪区初中低于山区，三类学校高于二类学校，其中居后的有峡口、南屏、玉井、中铺、红旗等乡镇辖区内初中；从全科合格率看，川坪区和山区的全科合格率低于城区，山区初中高于川坪区，二类、三类、四类学校低于全县的平均线，其中低于 10 个百分点以上的有峡口、中铺、衙下、康家集等乡镇辖区内初中；从中考前 1000 名、1500 名、3000 名指标完成率和占实际参考人数的比率看，城郊区、山区初中学校高于川坪区初中学校，川坪区规模较大初中大幅度提高教育教学质量是一个亟待解决的问题。

3. 对三年后高考的影响：从 2009 年中考前 1000 名在各高中的分布看，临洮中学 692 人、临洮二中 239 人、文峰中学 18 人、临洮四中 21 人、临洮三中 17 人，这是三年后高考二本上线的基础，各高中必须保证 1000 名学生的成功；从前 1500 名在各高中的分布看，临洮中学 891 人、临洮二中 474 人、文峰中学 41 人、临洮四中 43 人、临洮三中 27 人，这是三年后高考工作的基础，必须抓好优秀生，发展中间生，提升边缘生，力争实现高考的突破性发展。

（三）小学毕业班质量检测分析

1. 成绩：全县报考人数 10649 人，实际参加检测 10622 人，参考率 99.7%；四科及格率，语文 92.8%，数学 78.2%，英语 52.3%，综合科 98.5%；平均成绩与上年相比语文提高 1 分，数学提高 2.5 分，综合科提高 8.4 分，英语下降 6 分，全科平均分提高 1.1 分。学区之间成绩差距较上年明显缩小，全科平均分 80 分以上的学区 1 个，70~79 分的有 12 个（比上年多 5 个），60~69 分的有 5 个，最大分值相差 14.6 分，比上年缩小了 1.8 分；全县第 3000 名学生成绩为 326.5 分，平均成绩 81.63 分，全县第 1000 名成绩为 354 分，平均成绩 88.5 分。

2. 问题：英语成绩成为影响全科合格率提高的重要因素，全县平均分为 59 分，在四门学科中英语的及格率、优良率、优秀率均属最低，有 12 个学区英语平均分在 60 分以下。学校、学科之间成绩不平衡，95 所创建农村优质资源小学，语文成绩在 62.7~89.7 分，相差 27 分；数学成绩在 42.9~92.6 分，相差 49.7 分；英语成绩在 41.8~76.2 分，相差 34.4 分；综合科成绩在 70.8~92.4 分，相差 21.6 分；全科平均分在 61.7~85.8 分，相差 24.1 分。从全科及格率来看,在 80% 以上的学校 10 所,在 60%~79% 的学校 23 所,在 50% 以下的有 72 所,其中 30% 以下的学校多达 29 所。全县小学优良率较低,打造优质资源小学的力度仍需进一步加大。

3.对三年后中考的意义:从新学年开学后小学毕业检测前 3000 名在初中的分布看,有 50 人以上的初中(初中部)为 18 所,合计 2294 人,占 75.63%,其中洮阳初中 468 人,文峰中学 207 人,临洮中学 191 人,玉井农职中 155 人,临洮二中 144 人,程家铺初中 129 人,辛店初中 126 人,临洮四中 114 人,旭东初中 104 人,临洮三中 91 人,窑店初中 83 人,衙下中学 78 人,窑店中学 79 人,安家咀学校 66 人,漫洼初中 64 人,中铺初中 60 人,康家集初中 55 人,卧龙初中 51 人。这 18 所初中(初中部)是 2012 年中考的中坚,必须承担初中教育发展的重任。与上年相比,安家咀学校、中铺初中新进入了前 3000 名占 50 人以上学校的行列,刘家沟门初中、陈家咀初中则退了出去,临洮三中比上年增加 35 人,安家咀学校增加 30 人,文峰中学增加 22 人,程家铺初中减少 37 人,值得相关学校和学区高度重视,认真分析,进一步做好小学教育与初中教育的有效衔接。

三、调整思路,明确目标,突出重点,稳步提升,着力提高全县教育教学质量

今后,全县教育事业发展的总体要求是:优化结构,夯实基础,狠抓质量,稳步提升。优化结构,就是要优化教育布局结构,优化教师队伍结构,优化农村教育资源;夯实基础,就是要加强基础教育特别是初中和小学教育,加强薄弱学科建设特别是英语学科建设;狠抓质量,就是全面提高各级各类教育教学质量,为上一级学校培养优质生源;稳步提升,就是要有科学的发展规划,尊重教育规律,稳步提升教育教学质量,实现教育的可持续协调发展。

根据这一总体要求,全县教育工作的指导思想是:在县委、县政府的正确领导下,全面贯彻落实科学发展观,大力实施“文化兴县”战略,进一步深化改革,创新机制,以全面提高教育教学质量为核心,积极推行素质教育,夯实和提高义务教育,改革和发展高中阶段教育,基本实现基础教育资源的整体优化;大力调整教育发展与学校管理思路,完成初中教育学校管理规范化建设和小学教育课堂评价标准化建设任务,着力提高义务教育教学质量;大力推行学校评估管理、经费预算管理、项目规划管理、人事和谐管理,不断完善学校工作评价、教师业绩评价、学生学业评价、考试评价体系,推进全县教育事业科学、持续、稳步、和谐发展。

当前及今后一段时期全县教育发展的目标任务是:

——创建优质教育教学示范学校,完职中 6 所、初中 10 所以上、小学 150 所左右,为实现县域内基础教育均衡发展奠定基础。

——进一步优化教师队伍结构,力争全县高中阶段教师研究生学历、初中阶段教师本科学历、小学阶段教师专科学历比率分别提高 2~5 个百分点。

——加快普及高中阶段教育,使高中阶段入学率达到 85% 以上,力争有 45% 以上的当年初中毕业生继续在普通高中上学,在提高上线率上下工夫,力争高考二本以上上线率年均增长 2 个百分点,2010 年全县高考二本以上上线人数指标为 1408 人,比上年增加 131 人,上线率为 23.7%。

——加大普及义务教育工作力度,着力提高初中和小学教育教学质量,实现高中、初

中和小学学生年流失率控制在 5%、3%和 1%以内的目标。

——大力发展职业教育,加强骨干专业建设,力争有 40%~45%的当年初中毕业生继续在省内外中职学校上学,实现职普比例大体相当的目标。

——大力发展幼儿教育,规范幼儿教育办学行为,实现 60%以上学前儿童接受教育的目标。

——加快教育基本建设,实施中小学校舍安全工程,确保全县中小学校舍达到抗震设防要求。

工作重点有以下几个方面。

(一)狠抓优质教育资源建设提质量,积极稳妥进行中小学布局结构调整

加速普通高中教育优化进程,完成临洮中学、临洮二中、文峰中学初中部剥离,扩大城区普通高中办学规模,形成城区普通高中 56 个平行班级、在校学生 1 万人左右的办学规模,进一步优化普通高中教育资源。

全力发展职业教育发展平台,积极实施定西大职教发展规划,以扩大招生和优质就业为目标,走好高职升学、校校联合、校企联合"三条路子",以骨干专业建设、双师型师资培育为重点,打造全市职业教育三大发展平台之一,加快形成以临洮为基地、面向全市、服务周边市州的职业教育发展格局。完成县职教中心工程机械应用与维修、玉井农职中农用三轮车驾驶与维修两个骨干专业建设。

大力创建义务教育优质资源,新建明德初中、文峰初中 2 所独立初中,调整扩大城区初中办学规模,形成 40 个平行班级、在校学生 0.65 万人左右的办学能力;在太石、新添、衙下、玉井、窑店、连湾等乡镇政府所在地,扩大初中能力,形成在校学生 1 万人的办学规模,基本优化初中教育资源。在全县 18 个乡镇政府所在地建设 20 所寄宿制小学,强化 16 所九年制学校寄宿功能,初步优化小学教育资源。

高度重视学前和幼儿教育,扩大城区幼儿教育办学规模,使城区在园幼儿达到 2500人。在其余 17 个乡镇创建优质资源幼儿园 17 所,有条件的小学延伸 2 年学前教育,大力提升全县幼儿教育发展水平。

积极稳妥调整基础教育布局结构,到 2015 年,全县中小学布局结构调整规划为公办独立高中 3 所、完全中学 3 所、职业中学 2 所,民办完职中 2 所,独立初中 21 所,4—9 年级六年制寄宿制初中 2 所,九年制学校 16 所,寄宿制小学 20 所,完全小学 150 所左右,初级小学 170 所左右,公办乡镇幼儿园 21 所,规划撤销初级小学 20 所,把学校总数调整到 380所左右,为全县教育教学质量的全面提高提供坚实的基础条件。

(二)狠抓校长和教师队伍建设提质量,全面提高教育教学水平

进一步加强校长和学校管理队伍建设,鼓励优秀校长走出去学习培训,建立挂职锻炼机制,全县中小学校长、副校长、中层负责人员和教育局机关股室负责人,要在机关与学校之间、城乡学校之间、县内外学校之间,每年选派一批人进行交流挂职。大胆起用一批德才兼备的青年干部,真正把事业心强、业务能力强、有实践经验和吃苦能干的人选拔到学校领导岗位上来。建立后备干部库档案管理制度,干部任用必须从后备干部中选拔,不进入后备干部库的不得提拔。**学区和学校校长年终考核,本校教师民主测评占 20%,教育局股室业务工作测评占 20%,学校教育教学目标管理责任书考核结果占 60%,依照以上三项合计得分确定考核等次。**

进一步加强教师队伍建设,切实加强师德师风建设,全面落实教育部新修订的《中小学教师职业道德规范》和《中小学班主任工作规定》,正师德,作师表,杜绝体罚学生和影响教师形象的现象。**建立每三年一次的县级教师全员轮训制度,坚持教师培训请进来与走出去相结合的路子,搭建教师成长的有效平台;建立教师送教下乡制度,实施"优质学校帮助薄弱学校,教师一起成长"计划;立足校本,面向课堂,主攻课改,实施"青兰"工程,推动全体教师特别是中青年教师快速成长;建立特级教师、骨干教师、青年教学能手、学科带头人、临洮名师的培养制度,形成培训和选拔评定体系,推出一批能够走出临洮、走向省内外的基础教育专家型教师。**

(三)狠抓教育督导和教学研究提质量,严格落实学校教育教学常规工作

切实加强德育工作。以未成年人思想道德建设为核心,注重学生学习行为习惯养成教育和感恩教育,切实加强新时期学校德育工作的研究和探索,积极创新德育方法,拓宽德育渠道,丰富德育内容,建立健全德育工作各项制度,充分发挥思想政治课的主渠道和学科教育的渗透作用,积极开展丰富多彩的德育活动,不断增强德育工作的针对性、实效性。**加强班主任队伍建设,班主任应该优先评优选先,优先派出去赴外地考察培训,建立班主任日志记载制度,强化班级管理工作。在高中阶段评选县级"三好学生",努力构建学校、家庭、社会三位一体的德育网络。加强网吧综合整治,为青少年健康成长营造良好的社会环境。**

不断强化教研督导工作。发挥县教研所职能,组织教研员经常深入课堂一线,通过开展教学管理研讨、专兼职教研员上示范课等活动,推动教研的深入开展;加强课堂教学的研究、指导,及时传递教研信息,推广先进教研成果,促进教学质量全面提升;建立校本教研制度,广泛开展教研活动,着力研究解决教学实践中的具体问题。县教育局每年要在全县范围内开展一次教育教学工作督察活动,深入课堂听课、评课,对教师给予业务上的指导,检查校长任课听课情况,注意发现正反两方面典型,及时总结推广或提出改进意见。

严格落实教育教学常规管理工作。每年对全县小学毕业检测前1000名、前3000名,中考前1000名、前3000名进行统计分析,合理确定考核评价依据,形成对教学质量的跟踪监控体系。切实加强"校风、教风、学风、考风"建设,严格落实教学常规管理工作,完善落实完成教学任务的各项措施,规范教师的教学行为,推动学校工作有序开展;认真把握教学各个环节的基本工作,确保每一环节质量;认真开展集体备课、听课评课、课件制作、课题研究、论文撰写等教研活动,不断提高教学水平;落实校本教研、学生评教、常规检查、质量调研、教学评优等常规检查制度,以制度的检查落实保障教育教学。

加大教学实验和多媒体教学工作。按国家规定标准,加快配备建设满足教育教学需求的实验室及仪器、药品,保证实验教学开出率,切实规范中学实验教学,提高学生实验操作技能,提高理科教学质量和水平。通过实施国家项目工程,进一步加强现代远程教育工程项目建设,重点解决教师计算机备课和应用多媒体教学问题,努力推进中小学现代远程教育工程"班班通"。

高度重视音美体教学工作。严格执行国家课程方案,各级各类学校特别是初中阶段都要依法开齐、开足、开好音美体课程。认真落实《国家学生体质健康标准》,对学生体质健康状况每学年评定一次,合理安排课外活动时间,组织学生进行集体体育活动并将其纳入教学计划,确保学生每天锻炼一小时。加强体育和艺术技能训练,让每一名中小学生在校期间能够掌握两项体育运动技能和一项艺术技能。学区、学校每学年要举办一次以学区、学校为单位的田径运动会和校园艺术节。各完职中应高度重视"小三门"考生的选拔培养,音美体专业教师必须承担高考任务,力促"小三门"高考本科上线人数有较大幅度的提高,连续几年完不成学校任务的,一律调整到初中甚至小学任教。

(四)狠抓学校管理提质量,推进教育教学工作制度化、规范化、标准化进程

加速建立现代学校管理制度,**通过教育教学观念、制度、实践、业绩的创新,建立以学校思想引导、规划确立、行政领导、经费支持、机构落实为主要内容的学校行政工作管理制度,建立以课程设置、学科建设、教学实施、教学质量、教学职能、科室设置为主要内容的教学工作管理制度,建立以课题研究、教学竞赛、校本培训、教师成长为主要内容的教育科研管理制度,建立以教育教学质量评估、教师业绩评估、学生学业评估为主要内容的评价管理制度,建立以思想道德管理、安全健康管理、教师管理、学生管理、班级管理为主要内容的师生员工管理制度,建立以行政执行、图书仪器管理、档案管理、教育信息传递、现代教育资源应用为主要内容的行政日常管理制度,建立以学校财务、食堂和食品安全管理、校舍和宿舍管理、校园环境、医疗卫生、财产设施管理为主要内容的学校后勤管理制度,建立以学校党建、廉政建设、环境治理、学校文化建设为主要内容的校园文明管理制度,建立职业教育发展和管理的基本制度。**

积极探索义务教育课堂评价标准,**从小学学科建设入手,从研究制定课堂评价标准抓起,制定全县义务教育学校语文、数学、英语、思想品德、历史、地理、物理、化学、生物、音乐、美术、体育、信息技术教育和品德与生活(社会)、科学等各门学科建设标准,课堂教学"备、讲、听、评、改"程序和标准,实验、实训和多媒体教学课堂评价标准,优秀教师、优秀班主任、优秀学生、先进集体评选标准,优秀教育研究成果评选标准,学生素质教育评价标准,教育教学管理评价标准,学校规划和建设标准,后勤服务工作管理标准,逐步实现义务教育教学管理标准化目标。**

建立阳光招生制度,**高中按县教育局划定的批次招生,城区公办普通高中按第一志愿录取,农村普通高中第一志愿录取率不得低于85%,招生录取一律实行公示制度。进行中考招生改革试点工作,城区高中招生指标的5%~15%为统配生,从县教育局规划的20所独立初中和3所六年制寄宿初中未达到第一志愿学校录取线的毕业生中按分配指标录取。音乐、美术、体育特长生按照县招办分配的指标,实行学校双划线招生录取,确保完成招生任务。义务教育实现划片招生,允许城川区初中和小学在全县范围内按计划招生,确保优质教育资源的充分运用。**

切实抓好学校安全和后勤管理服务工作。加强寄宿制学校生活指导教师培训,使生活指导教师掌握必备的寄宿生管理知识,能够迅速有效地处理各种突发事件和日常管理事务。学校要根据需求,合理布局和建设宿舍、灶房、食堂、厕所和课外活动场所,方便学生学习和生活。义务教育阶段学校特别是寄宿制小学,食堂需用的水、电、煤费用,灶具、附属设施维修经费要纳入学校公用经费预算,保证正常需求。以校园安全管理为核心,树立安全第一的意识,加强师生交通安全、人身安全教育,加强学校食品安全、医疗卫生、校园周边环境整治和学生宿舍、食堂、厕所管理工作,确保不发生学校安全责任事故和师生重大伤亡事故。需要特别强调的是,当前,各级各类学校都必须重点做好甲型 H1N1 流感防控工作,坚决贯彻落实全国、全省、全市防控工作电视电话会议精神,按照县委、县政府的统一安排部署,严格落实全县中小学防控方案,加大宣传教育工作,落实学生晨检制度,做好校园清洁、开窗通风和食品卫生工作,实行疫情报告制度,疫情一旦出现,果断处置,确保学校教育教学正常秩序。

四、深化改革,创新机制,靠实责任,加大保障,努力推进全县教育事业又好又快发展

(一)进一步完善学校、教师、学生评价体系

进一步完善学校考核评价体系。**今后,学校工作考核重点是初中和小学学生实际年流失率、完职中高(职)中一年级新生录取报到率、全县小学教育阶段、初中教育阶段前1000名、前3000名和高考指标,教师校本培训和教师应用信息技术开展教学情况,参加教学、教研竞赛活动情况,教研和教师培训基地学校承担县级较大活动情况,城区完中和农村优质示范学校每年组织教师"支教"和开展"送教下乡"活动情况,学前教育教学规范化程度,教师培训经费,信息技术资源建设经费落实情况,图书、资料、实验室建设和教学用具的购置经费落实情况,教研经费落实情况,音乐、美术、体育教学和活动经费落实情况。**完职中、初中(部)、学区、农村优质示范小学(寄宿制小学),实行教育教学目标管理责任书考核制度。严格兑现奖罚,对于完成或超额完成责任书指标的学校,由县财政列支按考核结果确定奖励等次,奖励学校和校长本人;对于完不成责任书指标的,对校长实行经济处罚,也可以实行高职低聘、岗位流转、免职。实行教育教学管理专项工作奖励制度,设立全县高考工作先进集体奖、全县义务教育教学质量进步奖、全县义务教育教学质量突出贡献奖、全县普及义务教育工作先进集体奖、全县职业教育发展突出贡献奖和党的建设、综治工作、信访工作、廉政建设等专项奖。

进一步完善教师业绩评价体系。根据教师绩效工资制度改革的要求,全县公办独立高中、完职中、独立初中、九年制学校、学区和寄宿制小学、全县创建农村优质资源小学,都要结合自己的实际和发展需求,完善更加注重工作过程的教师业绩评价制度,广泛征求教师、学生和家长意见,集中各方面的智慧,按照民主集中制的原则,提交教职工(代表)大会充分讨论通过,形成激励性的规范文件,并切实贯彻执行,依据考核结果奖励优秀教师。**改革教师业绩评价体系,过程性评价比例占50%,结果性评价比例占40%,民主测评性评价比例占10%。过程性评价必须源于过程性管理,关键是设置面向全体师生、着眼全面工作的活动平台,对每一项活动的总结就是学校过程性评价的积累。像优秀教师设计教案一样,校长也要对学校发展活动平台进行反复论证和精心设计。**

进一步改革和完善学生学业评价体系。普通高中实行学校月考和期中、期末考试评价学生学业制度,初中教育实行中考,八年级生物、地理学科全县统一检测和其他年级学校期中、期末考试制度,小学教育实行六年级和三年级全县统一检测和其他年级学校期中、期末考试制度。学生学业情况,按照考试成绩加综合素质评价,考试成绩分 a+、a、a−、b、c 五个等次,综合素质分 a、b、c、d 四个等次。学生学业评价结论在班级内公布,并向学生家长通告。

(二)创新教育行政管理机制

推行学校评估管理。**充分发挥县级高中、初中、小学教育专家委员会作用,严格执行省教育厅"三个"督导评估《办法》,使较大学校每三年评估一次,对学校近三年发展目标方向、教育教学质量、师生进步和后勤管理等方面,采取听汇报、看资料、察现场、深入课堂听课、召开师生座谈会、师生问卷调查等多种形式,进行全面督导评估,向县教育局和学校进

☆☆☆————————

行汇报和通报。**充分运用教育股、督导室、教研所力量,对高考、中考备考和完全小学教学质量每年开展一次较大规模的督察活动,召开学校中层以上干部会议反馈督察结果,向县教育局写出书面报告。较大规模学校依照本校三年或者五年规划,每年进行学校发展自我评估,向学校教职工(代表)大会报告。**

实行经费预算管理。**学校公用经费预决算必须按照各完职中、独立初中、九年制学校、学区和寄宿制小学进行分类(校)按支出项目编制、统计和公布,按年度做出结算分析并向本学校教职工(代表)大会报告。**按照新的学校财务管理体制,自觉接受乡镇财政所的监管,规范学校理财行为。加强教育内审工作,把教育内部审计的重点适时转移到公用经费预算执行上来,对于完职中、独立初中、九年制学校、学区和寄宿制小学,三年内必须审计一遍,学校主要领导变更后必须进行离任审计,保障学校公用经费安全运行。严格执行学校公用经费预算管理制度、学校支出审批管理制度、学校账务管理制度,杜绝任何形式的乱收费。若发生学校乱收费或变相乱收费问题,一经发现,坚决给予严肃的纪律处分。

落实项目规划管理。**结合农村中小学布局调整,科学合理编制临洮县校舍安全工程建设规划,把握投资方向和重点,首先彻底完成高中、中职和独立初中教学、实验、食宿硬件建设任务,全面达到国家标准要求;其次规划完成九年制学校和寄宿制小学教学及其辅助用房和教师学生食宿硬件建设任务,创建一批农村优质小学。**组合论证储备一批教育较大项目,积极争取一批影响临洮教育长远发展的重要项目,建成一批教育骨干项目,对规划建设的独立高中、农村完全中学、中职学校、独立初中、九年制寄宿学校、寄宿制小学和农村优质小学逐校进行实地论证,分别做出校园总体规划和年度建设计划,认真落实,实现重建临洮教育的目标。当前,必须全力以赴做好全县中小学校舍安全工程排查鉴定工作,力争10月底完成全县中小学校舍的排查鉴定,维修加固设计方案和2009年全县校舍重建的可研、初设审批工作;12月底前完成三年总体规划和2010年、2011年的维修加固、校舍重建年度计划及其实施方案;按照维修加固、避险迁移、重建三个层面,认真编制校舍改造规划,因地制宜,分步实施,确保完成年度建设任务。加快年内已动工建设的中央财政地震灾后恢复重建基金项目、农村初中改造项目、农村义务教育阶段寄宿制学校学生寄宿设施条件改善项目、一般灾区和"两基"攻坚县改善办学条件专项补助资金校舍等教育项目建设,保证进度,保证质量,力争早日建成使用。

实施人事和谐管理。**坚持严格的人事调动政策,凡新录用教师一律分配到农村中小学任教,城区学校教师录用一律实行公开选拔,由县教育局统一组织听课评课选拔;实行透明的职称管理政策,严格执行教师职称评定规定,必须经过所在学校申报前公示和县教育局评定后公示程序,评定中级以上职称的教师必须有一年以上农村学校工作经历或支教记载;认真听取广大一线教师的合理建议意见,不断探索和改进人事管理方式方法,营造全县教育系统和谐发展的良好环境。**加强学区工作,明确成员职责,学区校长主持全面工作并负责学校建设与布局结构调整、师生安全、人事职称、师德师风、治理乱收费、突发性事件处置工作,学区督教员负责教育教学活动和督导、教研、"普九"工作,学区会计(兼扫盲专干)负责学校预决算执行、寄宿制小学管理、学区行政事务等工作。

(三)落实教育发展保障措施

加强教育发展规划引导。及早着手研究草案,向全县广泛征求意见,制定一个科学合理、符合实际、适度超前的我县中长期教育改革和发展规划纲要,力争经过十年的改革发展,推动临洮教育迈向全省前列。

加大教育投入力度。落实县级税改经费、本级财政列支排危建校经费、教师培训和教研经费政策,提高高考奖励经费、义务教育奖励经费;提高班主任津贴,解决农村义务教育阶段住宿生生活费补助问题,提高学区年度办公公用经费,保障教育教学活动正常运转。

落实优化师资政策。着力解决初中"小三门"和英语教师严重缺乏的问题,从全省教师统一招考未达到录取分数的人员中临时聘用一年期英语、音乐、美术和幼儿教师;允许从非师范院校为职业中学引进优秀本科生,充实普通高中教师队伍;落实城川区学校附加编制,解决寄宿制小学生活指导教师编制,使其享受班主任津贴待遇;落实教师绩效工资制度,给予重点学校高级职称倾斜政策,保护广大一线教师的工作积极性;继续实行教师聘用凡进必考和城区教师公开选拔政策,对于在公开课、优质课比赛中获得市级一等奖和省级以上三等奖的农村教师,可以直接调入城区学校;落实尊师重教的各项政策,最大限度地调动和保护广大教师工作积极性,培养一批优秀骨干教师,形成支撑临洮教育发展的主体力量。

当前全县教育改革和发展面临着新的形势和挑战,教育工作任务重、要求高、责任大。让我们在县委、县政府的领导下,坚定目标不动摇,克难创新不懈怠,真抓实干不停顿,以昂扬的斗志、拼搏的精神、扎实的作风,为加速实现临洮教育的制度化、规范化、标准化建设而努力奋斗。

(根据作者 2009 年 9 月 19 日在全县教育工作会议上的讲话整理)

附　表

表1　2007—2009年全县教职工基本情况统计一览表

项目	年度	教职工总数 合计	女	行政	工人	学历 合计	研究生	本科	专科	中师	高中	初中以下	有专业合格证	学历达标率	党员	团员	民主党派	其他	中高	中一/小高	中二/小一	中三/小二/小三	未评	25岁以下	26—30岁	31—35岁	36—40岁	41—45岁	46—50岁	51—54岁	55岁以上	男59岁女54岁
公办 高中	2007	1047	379	91	48	908	2	575	324	6	1			63.55%	188	64	45	611	82	303	275	3	245	161	268	142	144	129	27	18	19	9
公办 高中	2008	1044	387	52	48	944	5	764	169	5	1			81.46%	197	27	53	667	84	321	391	2	147	108	326	162	158	138	40	22	12	5
公办 高中	2009	1094	440	46	40	1008	8	832	162	6				83.33%	215	10	36	747	100	336	388	2	182	142	309	175	158	138	57	18	11	2
公办 初中	2007	1664	676	58	33	1573		442	1086	37	8		1	97.14%	173	74	18	1308	71	462	559	26	455	242	522	295	186	176	68	52	32	15
公办 初中	2008	1723	722	53	30	1640		693	902	38	7			97.26%	187	51	20	1382	61	478	650	18	433	220	555	330	182	194	77	53	29	8
公办 初中	2009	1786	766	39	32	1715		827	850	33	5			97.78%	217	41	17	1440	80	531	689	41	408	211	574	376	172	189	99	67	27	4
公办 小学	2007	2776	1153	57	43	2676		102	1296	869	380	29	336	97.27%	341	99		2236		960	936	183	597	477	601	200	197	324	304	327	246	58
公办 小学	2008	2759	1203	64	37	2658		206	1364	716	345	27	306	97.52%	350	95	1	2213		874	980	155	648	370	729	285	196	243	311	321	203	66
公办 小学	2009	2657	1177	70	35	2552		341	1326	597	278	10	248	98.43%	343	38	2	2171		838	1072	88	552	267	817	301	199	200	343	298	127	35
聘用教师	2007	26	26			26								100%				26														
聘用教师	2008	26	26			26		20		6				100%				26														
聘用教师	2009	26	26			26		23		3				100%				26														
代课教师 高中	2007	45	25			45		5	34	2	3			86.70%				45						19	7	6	10	3				
代课教师 高中	2008	73	49			73		19	51	3				95.89%				73						51	5	3	10	3	1			
代课教师 高中	2009	16	12			16			13	3				81.25%				16									11	2	1			
代课教师 初中	2007	449	204			449		2	112	131	127	77		82.40%				449						160	68	58	66	63	26	5	5	1
代课教师 初中	2008	328	124			328		7	91	122	46	62		81.10%	22			306						59	43	48	57	77	29	7	7	1
代课教师 初中	2009	248	86			248		1	49	36	117	45		81.85%	27			221						12	20	45	56	73	28	6	8	1
代课教师 小学	2007	10				10		10						100%				10						10								
代课教师 小学	2008	14				14		14						100%				14						10								
代课教师 小学	2009	32	16			32		32						100%	1			31						19	13							
三支进村社	2007	9				9								100%				9						9								
三支进村社	2008	22				22								100%				21						14	8							
三支进村社	2009	61				61								100%				60						45	16							
特岗教师	2007	10				10			6	14				100%				10						9								
特岗教师	2008	15				15		8	14					100%				21						14								
特岗教师	2009	21				21		10	28					100%				60						45	16							
教育局 事业	2007	38	11		2	36		4	4	31					13	13		23	1	28	7				7	9	7	8	2	2	1	1
教育局 事业	2008	37	10		3	34		23	23	3					13			21	2	25	7				4	6	7	5	5	4	1	2
教育局 事业	2009	36	9		3	33		22	22	3					14			19	2	24	7				3	4	9	7	7	4		2
教育局 行政	2007	15	1	11	4																											
教育局 行政	2008	15	1	11	4																											
教育局 行政	2009	17	1	13	4																											
青少年活动中心	2007	3	3			2		2										2		2				1			3					
青少年活动中心	2008	3	2			2		1		1								2		2					1	1	1	1				
青少年活动中心	2009	3	2			3		3										2		2					1						2	
合计	2007	6093	2491	217	131	5745	13	1143	2893	1085	521	107	337		715	237	63	4730	154	1754	1779	212	1297	1088	1475	723	623	705	427	404	303	84
合计	2008	6064	2549	180	123	5761	5	1723	2651	815	479	89	306		772	173	73	4743	148	1699	2030	174	1228	845	1682	841	627	644	463	407	252	80
合计	2009	5997	2571	168	115	5714		2084	2500	680	405	57	248		830	89	53	4753	184	1730	2158	97	1142	707	1764	905	629	619	538	396	177	44

注：数据由县教育局人事股提供。

表2 2007—2009年全县教师县级培训情况一览表

时 间	地点	名 称	参加人次	培训专家	培训方式	主办单位
2007年7月	临洮	临洮县第一期中小学校长研修班	267	兰州市11名教育专家、6名骨干教师	专题讲座、示范课、教育局长与校长对话、县内学校参观、学员座谈交流、问卷调查、兰州学校考察学习	临洮县教育局
2007年9月	临洮	教育部—联合国儿童基金会合作早期儿童发展ECD项目参与式策略培训班	136	教育部、中央教科所、中国农业大学教授	专题讲座、分组讨论	临洮县教育局
2007年10月	临洮	临洮县普通高中新课程改革通识培训班	954	兰州市教育专家4名	专题讲座、互动交流	临洮县教育局
2007年12月	临洮	临洮县早期儿童发展ECD项目培训班	60	县幼儿园园长	专题讲座	临洮县教育局
2008年3月	临洮	甘肃省教育厅赴临洮送教下乡教师培训活动	300	兰州名师1名、骨干教师6名	专题讲座、示范课、问卷调查、临洮教育工作座谈会	省小教培训中心、临洮县教育局
2008年4月	临洮	全县小学教师信息技术应用培训活动	3035	学区电教专干	讲座、上机操作	临洮县教育局
2008年5月	临洮	甘肃省小数会赴临洮送教暨教学交流活动	300	兰州骨干教师6名、临洮骨干教师1名	专题讲座、示范课、问卷调查	甘肃省小数会、临洮县教育局
2008年5月	临洮	临洮县早期儿童发展ECD项目—农村幼儿园发展模式现场培训会	110	定西师专副教授、国家二级心理咨询师	专题讲座、分组讨论	临洮县教育局
2008年5月至6月	临洮	全县小学基地校培训活动	900	临洮城区骨干教师24名	专题讲座、示范课	临洮县教育局
2008年6月	临洮	甘肃省普通高中教师远程培训活动	881	全国著名教育专家42名	专家讲座、示范课、教学论坛	临洮县教育局
2008年7月	临洮	"中国西部农村义务教育教师培训能力建设"项目甘肃项目组赴临洮讲学活动	150	北京教育专家2名	专题报告、互动交流、教学调研	民进甘肃省委议政部、临洮县教育局
2008年7月	临洮	全县小学高年级教师学科培训班	1236	兰州骨干教师6名、临洮骨干教师12名	专题讲座、示范课、问卷调查	临洮县教育局
2008年8月	临洮	全县初中英语教师培训班	292	北京教育专家2名	专题报告、互动交流	冀教版教材社、临洮县教育局
2008年9月	临洮	全县初中教师学科培训班	1789	兰州市骨干教师22名、临洮县骨干教师68名	专题讲座、展示课、互动交流	临洮县教育局
2008年10月	临洮	2009年度临洮县高考备考研讨活动	345	兰州市教育专家22名、临洮县骨干教师18名	专题讲座、课堂教学观摩、说课评课、备考交流座谈	临洮县教育局
2008年10月	临洮	全县中小学会计财务知识培训班	416	县财政局行财股、县教育局计财股业务骨干共计4名	专题讲座	临洮县教育局
2008年10月	临洮	临洮县复式教学"垂直互动参与式"教学模式教师培训活动	50	临洮县复式教学骨干教师共计5名	教材解读、展示课、讨论交流	临洮县教育局
2008年11月	临洮	全县中小学校长财务知识培训班	196	县财政局、县监察局、审计局、教育局业务骨干共计4名	专题讲座	临洮县教育局

时 间	地点	名 称	参加人次	培训专家	培训方式	主办单位
2008 年11 月	临洮	全县小学英语教师培训活动	401	兰州骨干教师 2 名、临洮骨干教师 6 名	专题讲座、示范课、问卷调查	临洮县教育局
2008 年11 月	临洮	临洮县普通高中新课程标准和教材培训班	878	兰州市教育专家 38 名	专题讲座、座谈交流、问卷调查	临洮县教育局
2008 年12 月	临洮	临洮县农远项目学校校长专题培训活动	44	国家级名师	讲座、网上学习讨论	临洮县教育局
2009 年4 月	临洮	临洮县初中教师新课程课堂教学专题培训活动	1200	国家级名师	专题讲座、示范课、教学论坛	临洮县教育局
2009 年4 月至 5月	临洮	全县"参与研究型教学模式设计与操作"培训活动	1207	临洮骨干教师 16 名	教材解读、微格教学	临洮县教育局
2009 年5 月	临洮	全县寄宿制小学生活指导教师培训会	97	临洮县安全、医院、心理辅导等方面专家	专题讲座	临洮县教育局
2009 年5 月	临洮	全县"强化语文意识,提高课堂教学有效性"培训活动	260	兰州专家 1 名、骨干教师 3 名、临洮骨干教师 2 名	专题讲座、示范课	甘肃省小语会、临洮县教育局
2009 年5 月	临洮	临洮县小学教育教学开放周活动	2078	城区学校骨干教师 92 名	教学管理、课堂教学、班队活动校本教研等教学交流活动	临洮县教研所、城区小学
2009 年5 月	临洮	定西市小学英语、数学课堂教学竞赛观摩研讨活动	148	定西市优秀教师 24 名	课堂教学、专家点评	定西市教科所、临洮县教育局
2009 年5 月	临洮	全县复式教学"垂直互动参与式"教学模式教师培训活动	50	甘肃省联合国教科文协会专家 2 名、临洮复式教学骨干教师 4名	教材解读、展示课、说课、评课、讨论交流	甘肃省联合国教科文协会、临洮县教育局
2009 年6 月	临洮	临洮县音乐教师课程网络培训活动	80	国家级名师	专题讲座、示范课、论坛	临洮县教育局
2009 年7 月	临洮	全县小学低中年级学科培训班	1413	兰州骨干教师 8 名、临洮骨干教师 17 名	专题讲座、示范课、问卷调查	临洮县教育局
2009 年8 月	临洮	甘肃省义务教育网络教研临洮县培训活动	150	全国著名专家 10 名	专家讲座、示范课、教学论坛	临洮县教育局
2009 年8 月	临洮	全国中语会第五届"中语西部行"暨甘肃省新课程语文学科研修活动	239	全国中语会专家 12 名、甘肃省骨干教师 10 名	专题讲座、展示课、示范课、说课评课	定西市教育局、定西市教科所、临洮县教育局
2009 年8 月	临洮	临洮县初中新课程语文数学英语教师及教学管理者培训活动	893	全国著名专家 10 名	专题讲座、互动交流	民生银行项目部、临洮县教育局
2009 年8 月	临洮	全县中小学校长预算管理网络培训活动	30	中国中小学教师培训中心专家 6 名	专题讲座	临洮县教育局
2009 年10 月	临洮	全县初中教育教学开放周活动	1234	兰州 9 名教师、本县16 名教师	研讨课、说课评课、专题讲座	临洮县教研所、洮阳初中
2009 年10 月	临洮	全县小学教育教学研讨会	460	兰州 6 名教师、本县8名教师	研讨课、说课评课、专题讲座、学区校长述职	临洮县教育局
2009 年11 月	临洮	2010 年度临洮县高考备考工作研讨活动	314	兰州市 24 名高考专家和优秀教师、本县19 名优秀教师	辅导讲座、研讨课、说课评课、高考工作座谈会	临洮县教育局
总计			22593			

注:数据由县教育局人事股、教研所、教育股、电教馆、计财股提供。

表3　2010年全县高考工作指导性指标分解表

学校	2009年指标 报考人数	2009年指标 上线人数	2009年指标 上线率(%)	2009年二本上线及完成情况 二本上线人数	2009年二本上线及完成情况 上线率(%)	2009年二本上线及完成情况 完成率(%)	2009年高职以上上线 上线人数	2009年高职以上上线 上线率(%)	2010年参考人数	2010年指标 重点上线 上线人数	2010年指标 重点上线 上线率(%)	2010年指标 二本以上上线 小计	2010年指标 二本以上上线 上线率(%)	二本以上上线 应届生 上线人数	应届生 上线率(%)	二本以上上线 往届生 上线人数	往届生 上线率(%)	2010年指标 高职以上上线 上线人数	高职以上上线 上线率(%)
临洮中学	1971	653	33.13	714	36.23	109.34	1861	94.42	2031	229	11.28	865	42.59	370	31.25	495	58.44		
临洮二中	1569	312	2.04	427	27.21	136.86	1484	94.58	1702	98	5.76	385	22.62	156	14.55	229	36.35		
临洮三中	692	33	4.77	33	4.77	100	398	57.51	698	7	1	35	5.01	14	2.48	21	15.79	317	45.35
临洮四中	806	70	8.68	72	8.93	102.86	570	70.72	794	14	1.76	79	9.95	17	3.31	62	22.14	416	52.38
峡店中学	115	5	4.34	4	3.48	80	65	56.52	131			3	2.29	1	0.95	2	7.69	60	45.87
衙下中学	143	15	10.49	13	9.09	86.66	128	89.51	131			12	9.16	2	2.06	10	29.41	77	59.08
文峰中学	76	15	19.74	8	10.53	53.33	71	93.42	300	5	1.67	25	8.33	25	9.23			180	60
育霖中学	128	2	1.56	4	3.13	200	93	72.6	96	4	4.17	4	4.17			4		55	57.08
社会青年	178			2			55	30.9											
总计	5678	1105	19.46	1277	22.49	22.49	4725	83.21	5883	357	6	1408	23.93	585	15	823	41.46		

注：数据由县教研所高中教研室提供。

新世纪洮滨教育初探

表4 2004—2009(五个)学年度全县各完中高考二本以上上线情况统计和2010年指标预测一览表

学校	项目名称及数据	2005年指标	2005年高考二本以上上线	2006年指标	2006年高考二本以上上线	2007年指标	2007年高考二本以上上线	2008年指标	2008年高考二本以上上线	2009年指标	2009年高考二本以上上线	2010年指标预测	高一入学优质生源分布	2005年招生人数及占全县比例	高一入学优质生源分布	2006年招生人数及占全县比例	高一入学优质生源分布	2007年招生人数及占全县比例	2008年招生人数及占全县比例	2009年招生人数及占全县比例
临洮中学	本科以上上线 人数	260	235	308	355	452	403	505	557	653	714	877	600分以上	163	600分以上	236	700分以上	244	463	646
	本科以上上线 %	22.3	19.49	22.27	25.56	29.87	24.35	26.52	29.16	33.13	36.23	43.18		63.42		65.56		84.43	79.01	71.46
	往届生上线 人数	82	102	165	161	244	240	287	341	421	465	503	全县前215名	86	全县前200名	133	全县前200名	177	161	163
	往届生上线 %	10.4	26.02	30.56	28.7	38.98	29.93	36.61	38.53	42.27	46.69	59.37		68.8		66.5		88.5	80.5	81.5
	应届生上线 人数	178	133	143	194	208	163	218	216	232	249	374	全县前525名	323	全县前800名	448	全县前1000名	690	699	692
	应届生上线 %	21.7	16.34	17	23.43	23.45	19.11	19.46	21.07	23.79	25.54	31.59		51052		56		69	69.9	69.2
临洮二中	本科以上上线 人数	225	195	193	176	194	221	221	349	312	427	386	600分以上	81	600分以上	96	700分以上	24	83	194
	本科以上上线 %	18.1	15.49	14.06	12.58	13.84	15.52	12.78	21.81	19.89	27.21	22.71		31.52		26.67		8.3	14.16	21.46
	往届生上线 人数	52	110	93	118	91	115	106	207	155	259	221	全县前215名	35	全县前200名	42	全县前200名	14	18	21
	往届生上线 %	6.03	26.83	20	22.74	18.35	20.72	16.31	33.99	24.29	40.6	35.19		28		21		7	9	10.5
	应届生上线 人数	149	85	100	58	103	106	115	142	157	168	165	全县前525名	179	全县前800名	272	全县前1000名	199	223	239
	应届生上线 %	17.3	10.01	11	6.59	11.37	12.2	10.66	14.33	16.86	18.05	15.39		34.1		34		19.9	22.3	23.9
临洮三中	本科以上上线 人数	35	27	43	36	25	25	36	36	33	33	35	600分以上	2	600分以上	8	700分以上	7	12	15
	本科以上上线 %	7.45	6.21	7.68	6.79	3.42	4.05	3.63	4.59	4.77	4.77	5.01		0.78		2.22		2.4	2.05	1.66
	往届生上线 人数	19	12	24	27	12	20	30	32	22	22	21	全县前215名	0	全县前200名	5	全县前200名	4	6	3
	往届生上线 %	5.26	7.19	12.9	12.86	7.5	9.39	15.46	14.68	9.36	9.36	15.79		0		2.5		2	3	1.5
	应届生上线 人数	16	15	19	9	11	5	6	4	11	11	14	全县前525名	3	全县前800名	15	全县前1000名	21	16	17
	应届生上线 %	5.07	5.6	5.08	2.81	2.15	1.23	0.75	0.71	2.41	2.41	2.48		0.57		1.88		2.1	1.6	1.7
临洮四中	本科以上上线 人数	90	55	66	63	54	47	43	62	72	72	79	600分以上	10	600分以上	19	700分以上	3	5	19
	本科以上上线 %	11.5	6.87	7.14	6.69	6.03	5.18	3.69	6.54	8.93	8.93	9.95		3.89		5.28		1.04	0.853	2.1
	往届生上线 人数	39	36	31	41	31	42	27	44	59	59	62	全县前215名	4	全县前200名	13	全县前200名	0	3	5
	往届生上线 %	13.6	11.18	11.88	12.54	13.96	14.74	11.79	15.07	21.77	21.77	22.14		3.2		6.5		0	1.5	2.5
	应届生上线 人数	51	19	35	22	23	5	16	18	13	13	17	全县前525名	21	全县前800名	34	全县前1000名	38	18	21
	应届生上线 %	10.1	3.97	5.2	3.58	3.41	0.8	1.71	2.74	2.43	2.43	3.31		4		4.25		3.8	1.8	2.1

（分组说明：2005—2009年各"指标/高考二本以上上线"列属"2004—2009年连续五年高考任务完成情况"；"高一入学优质生源分布"及"招生人数及占全县比例"列属"2004—2009年连续五年高中高一招生生源情况"。）

续表 4

学校	项目	2005年高考指标	2005年高考二本以上上线(人数/%)	2006年高考指标	2006年高考二本以上上线(人数/%)	2007年高考指标	2007年高考二本以上上线(人数/%)	2008年高考指标	2008年高考二本以上上线(人数/%)	2009年高考指标	2009年高考二本以上上线(人数/%)	2010年高考指标预测(人数/%)	高一入学优质生源分布(2005)	2005年招生人数及占全县比例(人数/%)	高一入学优质生源分布(2006)	2006年招生生源及占全县比例(人数/%)	高一入学优质生源分布(2007)	2007年招生生源及占全县比例(人数/%)	2008年招生人数及占全县比例(人数/%)	2009年招生人数及占全县比例(人数/%)
盘店中学	本科以上上线	3	1 / 0.92	6	6 / 4.51	4	4 / 2.31	6	11 / 6.88	5	4 / 3.48	3 / 2.29	600分以上	1 / 1.56	600分以上	0 / 0	700分以上	1 / 0.35	0 / 0	2 / 0.22
	住届生上线	1	1 / 3.45	4	2 / 4.17	3	4 / 6.67	4	11 / 19.64	2	4 / 9.09	2 / 7.69	全县前215名	0 / 0	全县前200名	0 / 0	全县前200名	0 / 0	0 / 0	1 / 0.5
	应届生上线	2	0 / 0	2	4 / 4.71	1	0 / 0.79	4	0 / 0	2	1 / 2.44	1 / 0.95	全县前525名	4 / 0.76	全县前800名	1 / 0.13	全县前1000名	3 / 0.3	1 / 0.17	2 / 0.2
衡下中学	本科以上上线	3	4 / 2.84	4	4 / 2.6	5	6 / 3.51	6	15 / 8.77	15	13 / 9.09	12 / 9.16	600分以上	0 / 0	600分以上	0 / 0	700分以上	0 / 0	1 / 0.17	4 / 0.44
	住届生上线	1	3 / 5.77	2	3 / 5.08	4	3 / 12.9	4	10 / 14.93	13	9 / 13.43	10 / 29.4	全县前215名	0 / 0	全县前200名	0 / 0	全县前200名	0 / 0	0 / 0	1 / 0.5
	应届生上线	2	1 / 1.12	2	1 / 1.05	1	3 / 2.42	2	5 / 4.81	2	4 / 5.26	2 / 2.06	全县前525名	0 / 0	全县前800名	4 / 0.5	全县前1000名	1 / 1	2 / 0.2	5 / 0.5
文峰中学	本科以上上线						16 / 17.02	12	12 / 8.63	15	15 / 19.74	24 / 8.22					700分以上	8 / 2.77	11 / 1.877	17 / 1.88
	住届生上线						16 / 17.02	12	12 / 8.39	15	15 / 19.74						全县前200名	6 / 3	3 / 1.5	2 / 1
	应届生上线						0 / 0		0 / 0		0 / 0	24 / 8.22					全县前1000名	51 / 5.1	27 / 2.7	18 / 1.8
全县	本科以上上线	616 / 15.8	525 / 12.93	650 / 13.31	660 / 13.18	745 / 14.19	734 / 13.51	835 / 12.47	1057 / 17.61	1105 / 19.46	1277 / 22.49	1416 / 24.07	600分以上	257 / 100	600分以上	359 / 99.72	700分以上	287 / 99.3	575 / 98.1	897 / 99.22
	住届生上线	218 / 17.4	268 / 18.38	347 / 19.34	365 / 20.07	397 / 21.09	451 / 19.01	472 / 22.98	672 / 27.02	679 / 27.79	830 / 33.97	819 / 40.97	全县前215名	128 / 100	全县前200名	193 / 96.5	全县前200名	201 / 100	191 / 95.5	196 / 98
	应届生上线	398 / 15	257 / 9.88	303 / 9.81	295 / 9.25	348 / 10.34	283 / 8.89	363 / 7.81	385 / 10.96	426 / 13.17	447 / 13.82	597 / 15.37	全县前525名	530 / 100	全县前800名	774 / 96.75	全县前1000名	1003 / 100	985 / 98.5	1000 / 99.4

注：数据由县教研所高中教研室提供。

☆ ☆ ☆——————

表5   2007年全县各完职中高一招生录取中考前3000名分初中(部)统计表

校　名	录　取　学　校											
	临洮中学	临洮二中	临洮三中	临洮四中	衙下中学	窑店中学	文峰中学	玉井农中	职教中心	育霖中学	临洮农校	小计
临洮中学	46	3										49
临洮二中初中部	2								1			3
临洮三中初中部	5		75							1		81
临洮四中初中部	8	9		127					1	1		146
衙下中学初中部	9	11			30							50
窑店中学初中部	8					31				1		40
玉井农职中初中部	24	25					2	2				53
乡企学校初中部	10	9		1			4					24
文峰中学初中部	110	19					166	1	2			298
洮阳初中	334	238					17		3			592
旭东初中	65	81					4		1			151
程家铺初中	54	52		1			12					119
西坪初中	40	26					2					68
辛店初中	17	17	29	5			3					71
卧龙初中	28	40	1				1	1				71
刘家沟门初中	13	25	4	36			2					80
东二十铺初中	28	35				1	5					69
杨家庙初中	5	12			3		1	1				22
连湾初中	23	37	3	5			17					85
苟家滩初中	22	29			4		3					58
红旗初中	13	10	7				11					41
三甲初中	18	10			1		2	1				32
塔湾初中	24	13	1	1			6					45
党家墩初中	7	13		14								34
峡口初中	11	15	5	5			6					42
窑店初中	18	25				9	1					53
站滩初中	14	15		1			13					43
漫洼初中	20	9	2				3					34

年度报告

081

续表5

校名	录取学校											
	临洮中学	临洮二中	临洮三中	临洮四中	衙下中学	窑店中学	文峰中学	玉井农中	职教中心	育霖中学	临洮农校	小计
上梁初中	3	14	16					2				35
改河初中	17	16	15	1			6					55
孙梁家初中	9	7	4	34			1					55
潘家集初中	11	17			1		3	2				34
康家集初中	7	6	3			3						19
上营初中	10	31	1	28			6					76
五户初中	1	1	8				2					12
中铺初中	12	12	7				1					32
云谷初中	12	5					2					19
沿川初中	12	10	1				5					28
陈家咀初中	15	23						1				39
三十墩学校	11	11	1	37			1					61
牛家寺学校	11		1					1				13
水泉学校	1	1	6									8
北大坪学校	10	5				1	1	1				18
欧黄家学校			3	4								7
安家咀学校	1	12	12				1					26
何家山学校	11	8	5				2					26
火石沟学校	8	20					2					30
巴下学校	1	1										2
灵石学校	7	11	1									19
赵家咀学校	4	9										13
何家湾学校	4	2	4				1					11
黑爷庙学校												
育霖中学初中部	5	1	1					1				8
县职教中心初中部												
其他学校							1					1
社会青年	15						2					17
合　计	1174	1001	216	305	39	45	317	16	9			3000
其中"三限生"	153	166					29					348

注：此表统计2007年中考成绩在511.35分以上的考生人数，数据由县招生办公室提供。

表6　2007年全县各完职中高一招生情况统计表

项目		临洮中学	临洮二中	临洮三中	临洮四中	窑店中学	衙下中学	文峰中学	玉井农中	取教中心	育霖中学	临洮农校	小计
700 分以上		230	24	7	2	1		7					271
650 分—699 分		332	101	7	21	2		25			1		489
600 分—649 分		395	352	19	38	4	6	64		1	2		881
599 分—590 分		71	113	11	7	2	2	19			6		231
589 分—580 分		54	117	13	20	5	1	27			2		239
579 分—570 分		35	119	13	16	3	5	19			3		213
569 分—560 分		18	43	19	27	3	2	49			7		168
559 分—550 分		9	42	25	34	7	2	34	3		7		163
549 分—540 分		12	36	24	33	5	8	37	2	1	8		166
539 分—530 分		8	22	22	27	3	8	11	3	2	2		108
529 分—520 分		16	18	31	34	4	9	16	5	3	6		142
519 分—510 分		3	21	30	44	8	7	13	3	2	6		137
509 分—500 分		4	12	20	40	13	8	5	7	5	9		123
499 分—490 分		5	5	42	37	8	5	10	8	3	3		126
489 分—480 分		2	7	24	40	9	7	4	6	2	4		105
479 分—470 分		1	5	34	39	6	3	1	9	4	3		105
469 分—460 分		1	2	37	40	2	6	5	12	4	8		117
459 分—450 分		1	6	47	25	8	11		14	13	5		131
449 分—440 分			4	32	36	7	10	2	17	52	4		164
439 分—430 分		1	5	40	27	8	1	1	20	31	6		140
429 分—420 分		1	1	30	24	12	5		18	21	3		115
419 分—410 分			2	42	21	5	3	3	14	15	1		106
409 分—400 分			1	36	39	3	5		24	11	3		122
399 分—390 分			1	41	8	3	4		30	23	0		110
389 分—380 分			2	37	6	5	5		42	52	0		149
379 分—370 分				21	5	4	2		43	149	1		225
369 分—360 分				19	6	4	2		35	43	0		109
359 分—350 分				9	5	1	3		21	23	2		64
349 分—340 分				6	6	1	4		26	202	0		245
339 分—330 分			1	3	5	3	2		34	49	0		97
329 分—320 分			1	3		0			40	51	0		95
319 分—310 分		1	1	2		1			47	82	1		135
309 分—300 分				1			1		43	67	0		112
300 分以下							1		153	235	0		389
线上录取		966	826	719	611	149	136	274	679	1146	103		2609
独子、二女照顾		4	9	2	2		3	13					33
音美体录取	共计	38	82	24	7			21					172
	其中特长生	38	82	24	7			19					170
借读生		52	82		1			4			3		142
其他		74		1		6	1	51	75	65			273
总计录取学生		1326	1178	748	723	157	137	357	754	1396	106	611	7493
班级数		20	18	14	14	4	4	6	15	26	2	12	135

注："线上录取"为县招办批复之内报到的考生，"其他"指复学或未参加当年中考的本县户籍考生，"总计录取学生"中含"三线生"，数据由县招生办公室提供。

表7 2008 年全县各完职中高一招生录取中考前 3000 名分初中(部)统计表

校　名	录　取　学　校												小计
	临洮中学	临洮二中	临洮三中	临洮四中	衙下中学	窑店中学	文峰中学	玉井农中	职教中心	育霖中学	临洮农校	洮河机电工程学校	
临洮中学初中部	112	2					5						119
临洮二中初中部	7	88											95
临洮三中初中部	2	3	53										58
临洮四中初中部	12	4		81			2						99
衙下中学初中部	8	6			21		2						37
窑店中学初中部	6	6				9	3				1		25
玉井农职中初中部	29	19					2						52
文峰中学初中部	70	15					97				1		183
洮阳初中	259	148		1			15				5		428
旭东初中	55	61					8						124
程家铺初中	25	48					13						86
西坪初中	24	31					7						62
辛店初中	19	11	7				7						44
卧龙初中	27	43					7						77
刘家沟门初中	13	22	3	5			10						53
东二十铺初中	24	31					14						69
杨家庙初中	9	11			3		5						28
连湾初中	27	34					21				1		83
苟家滩初中	14	25	1				13				1		54
红旗初中	5	10	1				8						24
三甲初中	14	10			1		4						29
塔湾初中	17	16				1	3						37
党家墩初中	5	15		2			3						25
峡口初中	6	12		1			11						30
窑店初中	10	17	1			1							29
站滩初中	14	17					2				1		34
漫洼初中	17	34					14						65

校 名	录 取 学 校												小计
	临洮中学	临洮二中	临洮三中	临洮四中	衙下中学	窑店中学	文峰中学	玉井农中	职教中心	育霖中学	临洮农校	洮河机电工程学校	
上梁初中	6	13	3				4						26
改河初中	8	14	5				8						35
孙梁家初中	10	5	1	13			6						35
潘家集初中	4	2			2		8						16
康家集初中	6	13				1	5						25
上营初中	14	29		7			10						60
五户初中	2	5	1				4						12
中铺初中	12	12	2				1						27
云谷初中	11	10					2						23
沿川初中	12	14					6						32
陈家咀初中	16	23					3						39
三十墩学校	6	16		13			6						41
牛家寺学校	4	8				1	6						19
水泉学校	0	1	3										4
北大坪学校	9	11					9						29
欧黄家学校	1	9	1				1						12
安家咀学校	2	14	5										21
何家山学校	6	2					1			1			10
火石沟学校	0	11					1						12
巴下学校	3	1	1										5
灵石学校	5	12	2				1						20
赵家咀学校	2	7											9
何家湾学校	4	1											5
育霖中学初中部	0												0
县职教中心初中部	0												0
其他学校	119	7	1							3			130
社会青年	19												19
总　计	1108	979	91	123	28	12	358	2		14			2715
其中"三限生"	132	156											288

注：此表统计 2008 年中考成绩在 566.95 分以上的考生人数，数据由县招生办公室提供。

表 8 2008 年全县各完职中高一招生情况统计表

项目		临洮中学	临洮二中	临洮三中	临洮四中	窑店中学	衙下中学	文峰中学	玉井农中	取教中心	育霖中学	临洮农校	洮河机电工程学校	小计
700 分以上		463	83	12	5		1	11						575
650 分—699 分		396	321	8	17	2	1	31	1					777
600 分—649 分		209	472	32	36	2	9	112			2			874
599 分—590 分		13	38	9	16		2	43			3			124
589 分—580 分		10	35	13	12	5	5	65			4			149
579 分—570 分		14	18	16	11	3	7	75			5			149
569 分—560 分		9	19	12	15	1	4	64			6			130
559 分—550 分		8	19	10	15	5	10	69	2		3			141
549 分—540 分		8	14	12	19	2	2	22	7		4			90
539 分—530 分		4	10	22	18	5	8	31	6		7			111
529 分—520 分		6	13	13	23	2	12	21	4		6			100
519 分—510 分		3	12	25	24	4	12	1	4		5			90
509 分—500 分		5	5	26	20	6	10	4	5		6			87
499 分—490 分		5	3	22	18	8	8		6		5			75
489 分—480 分		3	2	21	13	4	6		1		6			56
479 分—470 分		3	5	25	18	2	6		5		4			68
469 分—460 分		2	1	16	19	6	9	2	7		6			68
459 分—450 分		2	1	18	22	7	11	2	12		2			77
449 分—440 分		3		19	26	6	3		8		2			67
439 分—430 分		1	1	28	26	5	7		7		3			78
429 分—420 分		4		27	25	7	4		7		4			78
419 分—410 分		0		27	24	7	4		7		3			72
409 分—400 分		2	1	13	18	4	3		7		1			49
399 分—390 分		1	1	25	11	8	2		12		2			62
389 分—380 分			2	21	9	4	4		10		2			52
379 分—370 分				20	10		3		8		2			43
369 分—360 分				12	5		1		4		5			27
359 分—350 分				13		3			11		5			32
349 分—340 分		1		3		2			3					9
339 分—330 分				2					3					5
329 分—320 分			1	3		1			3					8
319 分—310 分			1	5					6					12
309 分—300 分				0		1			7					8
300 分以下			162	0					11		9			182
线上录取		994	893	534	475	112	150	454	173					3785
独子、二女照顾		12	14		1	1	7	21			6			62
音美体录取	共计	37	122	11	22		12	29						233
	其中特长生	37	88	11	22		12	10			8			188
借读生		85	113		4		0	11			8			221
其他		96	39	17	66	8	6	12	320					564
总计录取学生		1310	1243	547	578	120	160	577	580	610	112	239	391	6482
班级数		20	18	12	14	4	4	10	9	10	2	5	10	119

注:"线上录取"为县招办批复之内报到的考生,"其他"指复学或未参加当年中考的本县户籍考生,"总计录取学生"中含"三线生",数据由县招生办公室提供。

表9 2009年全县各完职中高一招生录取中考前3000名分初中(部)统计表

校名	录取学校												
	临洮中学	临洮二中	临洮三中	临洮四中	衙下中学	窑店中学	文峰中学	育霖中学	玉井农中	取教中心	临洮农校	洮河机电工程学校	小计
临洮中学初中部	166	9					2	1					178
临洮二中初中部		73											75
临洮三中初中部	2	2	59										61
临洮四中初中部	8	5		94									107
衙下中学初中部	18	31			59		1						109
窑店中学初中部	9	10	1			5	2						27
玉井农职中初中部	31	27					6						64
文峰中学初中部	82	31					96						209
洮阳初中	268	183		1			19	2					473
旭东初中	36	58			1		5	3					103
程家铺初中	34	59		4			28	6					131
西坪初中	22	30			1		13						66
辛店初中	13	24	4	3			2	1					47
刘家沟门初中	17	21	1	2			19						60
东二十铺初中	22	28					10	1					61
连湾初中	32	30					12						74
苟家滩初中	11	27			2		2	1					43
红旗初中	1	8					1						10
三甲初中	7	16					2						25
塔湾初中	14	14					2						30
峡口初中	8	15		1			13						37
窑店初中	7	11				1							19
站滩初中	18	22					11						51
漫洼初中	14	38					22	1					75
改河初中	7	23	3	3			6	1					43
孙梁家初中	10	23		6			11						50
潘家集初中	5	16					10						31
康家集初中	6	12				1	14						33

续表9

校名	录取学校												
	临洮中学	临洮二中	临洮三中	临洮四中	衙下中学	窑店中学	文峰中学	育霖中学	玉井农中	取教中心	临洮农校	洮河机电工程学校	小计
上营初中	10	34		4			9	1					58
中铺初中	16	7					3	1					27
沿川初中	9	9					1						19
卧龙学校	34	25		2	4		3	2					80
杨家庙学校	10	10			3		2						25
陈家咀初中	9	15					2	4					30
党家墩学校	4	6					3						13
下寨子学校	7	21	5				7						40
龚家大庄学校	0	3	3				3						9
云谷学校	13	14					4						31
三十墩学校	13	12		5			6						36
牛家寺学校	6	4			1		3						14
水泉学校	0	3											3
北大坪学校	10	14					10						34
欧黄家学校	2	10	2	3			2						19
安家咀学校	5	6	4				4						19
何家山学校	7	6					7						20
火石沟学校	5	14		1				2					22
巴下学校	3	1					5						9
灵石学校	3	6	1				2	1					13
赵家咀学校	1	6											7
何家湾学校	1	1					2						4
育霖中学初中部	0												0
县职教中心初中部	0												0
其他学校	0												0
社会青年	14	1		1									16
总　计	1050	1074	81	130	71	7	387	28					2828
其中"三限生"	91	226					25						342

注：数据由县招生办公室提供。

☆☆☆——————

表10　2009年全县各完职中高一招生情况统计表

项目		临洮中学	临洮二中	临洮三中	临洮四中	窑店中学	衙下中学	文峰中学	育霖中学	玉井农中	职教中心	临洮农校	洮河机电工程学校	小计
700分以上		646	194	15	19	2	4	17						897
650分—699分		294	457	20	32	1	21	48	1					874
600分—649分		103	398	42	66	2	41	256	20					928
599分—590分		15	26	9	21	2	10	96	12					191
589分—580分		5	16	6	24	1	9	100	7					168
579分—570分		8	9	12	33	3	7	92	9					173
569分—560分		9	11	21	31	1	13	66	7					159
559分—550分		8	10	18	31	7	11	29	13					127
549分—540分		6	6	24	27	5	7	41	12					128
539分—530分		6	3	24	30	3	7	21	12					106
529分—520分		8	5	20	38	6	5	13	13					108
519分—510分		7	7	15	29	5	22	13	14					112
509分—500分		1	9	20	28	10	10	7	9					94
499分—490分		1	4	21	29	7	5	9	19					95
489分—480分		1	7	19	30	3	15	5	6					86
479分—470分		4	3	23	35		14	13	7					103
469分—460分		2	4	28	20	6	9	3	6					78
459分—450分		0	0	23	20	6	11	3	11					74
449分—440分		1	5	25	29	4	7	5	8					84
439分—430分		3	1	32	19	6	5		6					72
429分—420分		2	3	26	16	7	4	2	8					68
419分—410分		3	3	12	23	1			6					48
409分—400分		2	1	27	19	2		3	7					61
399分—390分		0	1	13	16	3			6					39
389分—380分		2	0	18	6				4					33
379分—370分		1	1	4	5	5		1	1					18
369分—360分		2	0	5	3	3			4					17
359分—350分		1	1	4	3	4		1	7					21
349分—340分		0	1	2	2				2					9
339分—330分		0	1	4	2	1			2					10
329分—320分		0		0	2			1	1					4
319分—310分		0		3	1									4
309分—300分		0		1	2				3					6
300分以下		0	48	2	1	3			2					56
线上录取		983	906	513	648	114	205	705	205					4279
照顾		14	21	3	1	6		20						65
音美体录取	共计	54	105	51	26	7	20	67						330
	其中特长生	43	83	35	24	7	20	60						272
借读生		133	45	2	1	2	1	12	33					229
其他		16	9	12	54			6						97
总计录取学生		1281	1255	555	771	124	237	863	277	407	404	320	372	6866
班级数		20	18	10	12	3	4	14	4	11	12	8	6	122

注："线上录取"为县招办批复之内报到的考生，"其他"指复学或未参加当年中考的本县户籍考生，"总计录取学生"中含"三线生"，数据由县招生办公室提供。

表11 2009年全县普通高中录取中考前3000名生源情况统计表

学校	招生人数(人)	全县前1000名				全县前1500名				全县前1501—3000名				全县前3000名			
		人数(人)	占全县前1000名的比例(%)	其中应届人数(人)	占全县前1000名的比例(%)	人数(人)	占全县前1500名的比例(%)	其中应届人数(人)	占全县前1500名比例(%)	人数(人)	占全县前1500—3000名的比例(%)	其中应届人数(人)	占全县前1500—3000名的比例(%)	人数(人)	占全县前3000名比例(%)	其中应届人数(人)	占全县前3000名的比例(%)
临洮中学	1281	692	69.20	652	65.20	891	59.40	818	54.53	159	10.60	159	10.60	1050	35.00	955	31.83
临洮二中	1255	239	23.90	225	22.50	474	31.60	428	28.53	600	40.00	600	40.00	1074	35.80	872	29.07
临洮四中	771	21	2.10	21	2.10	43	2.87	40	2.67	87	5.80	87	5.80	130	4.33	117	3.90
文峰中学	863	19	1.80	17	1.70	41	2.73	38	2.53	346	23.07	346	23.07	387	12.90	362	12.07
临洮三中	555	17	1.70	17	1.70	27	1.80	27	1.80	54	3.60	54	3.60	81	2.70	76	2.53
衙下中学	237	5	0.50	5	0.50	14	0.93	13	0.87	57	3.80	57	3.80	71	2.37	69	2.30
峪店中学	124	2	0.20	2	0.20	3	0.20	3	0.0	4	0.27	4	0.27	7	0.23	7	0.23
育森中学	277					1	0.07	1	0.07	27	1.80	27	1.80	28	0.93	28	0.93
合计	5363	994	99.40	939	93.90	1494	99.60	1368	91.20	1334	88.93	1334	88.93	2828	94.27	2486	82.87
分数		693.2—849.5分				665.7—849.5分				593.1—665.6分				593.1—849.5分			

注：数据由县招生办公室提供。

表 12　2004—2009(五个)学年度全县各初中(部)中考前1000名指标完成和2010年指导性指标分解表

类别	学校名称	连续五年初一招生前1000名情况																		
		2005—2006学年度初一新生成绩居全县前1000名完成人数				2006—2007学年度初一新生成绩居全县前1000名完成人数				2007—2008学年度初一新生成绩居全县前1000名完成人数				2008—2009学年度初一新生成绩居全县前1000名完成人数				2009—2010学年度初一新生成绩居全县前1000名完成人数			
		初一总人数	前1000名人数	占学校毕业生人数比例%	占全县前1000名人数比例%	初一总人数	前1000名人数	占学校毕业生人数比例%	占全县前1000名人数比例%	初一总人数	前1000名人数	占学校毕业生人数比例%	占全县前1000名人数比例%	初一总人数	前1000名人数	占学校毕业生人数比例%	占全县前1000名人数比例%	初一总人数	前1000名人数	占学校毕业生人数比例%	占全县前1000名人数比例%
一类	临洮中学	285	92	32.5	9.20	302	89	29.5	8.90	286	95	33.2	9.50	280	163	58.2	16.3	244	101	41.4	10.1
	洮阳初中	612	196	32.0	19.6	596	172	28.9	17.2	638	174	27.3	17.4	659	245	37.2	24.5	700	225	32.1	22.5
	文峰中学	345	115	33.3	11.5	395	110	27.8	11.0	311	99	31.8	9.9	305	91	29.8	9.10	265	96	36.2	9.60
	临洮二中	108	35	32.4	3.50	118	36	30.5	3.60	257	107	41.6	10.7	289	54	18.7	5.40	285	38	13.3	3.80
	旭东初中	230	38	16.5	3.80	180	26	14.4	2.60	278	48	17.3	4.80	319	38	11.9	3.80	196	34	17.3	3.40
	程家铺初中	231	48	20.8	4.80	487	118	24.2	11.8	443	74	16.7	7.40	409	53	13.0	5.30	341	41	12.0	4.10
	卧龙学校	195	15	7.7	1.50	309	15	4.9	1.50	339	17	5.01	1.70	295	9	3.05	0.90	256	10	3.91	1.00
	东廿铺初中	252	25	9.9	2.50	253	13	5.1	1.30	229	18	7.86	1.80	233	3	1.29	0.30	197	8	4.06	0.80
	西坪初中	217	12	5.5	1.20	289	8	2.8	0.80	254	8	3.15	0.80	306	6	1.96	0.60	190	4	2.11	0.40
	临洮四中	316	41	13.0	4.10	344	53	15.4	5.30	472	53	11.2	5.30	441	28	6.35	2.80	366	39	10.7	3.90
	玉井农中	425	26	6.1	2.60	471	19	4.0	1.90	506	40	7.91	4.00	481	58	12.1	5.80	362	65	18.0	6.50
	窑店中学	119	22	18.5	2.20	213	7	3.3	0.70	272	26	9.56	2.60	294	16	5.44	1.60	239	19	7.95	1.90
	临洮三中	182	19	10.4	1.90	176	21	11.9	2.10	301	8	2.66	0.80	330	21	6.36	2.10	305	29	9.51	2.90
	衙下中学	304	17	5.6	1.70	408	21	5.1	2.10	501	1	0.20	0.10	544	12	2.21	1.20	564	17	3.01	1.70
	刘家沟门初中	256	23	9.0	2.30	205	20	9.8	2.00	350	14	4.00	1.40	368	7	1.90	0.70	329	10	3.04	1.00
	辛店初中	228	18	7.9	1.80	321	20	6.2	2.00	314	13	4.14	1.30	299	20	6.69	2.00	286	46	16.1	4.60
二类	连儿初中	240	17	7.1	1.70	200	14	11.5	2.00	280	11	3.93	1.10	319	2	0.63	0.20	263	9	3.42	0.90
	苟家滩初中	192	13	6.8	1.30	223	7	3.1	0.70	147	2	1.36	0.20	239	9	3.77	0.90	246	9	3.66	0.90
	杨家庙学校	130	4	3.1	0.40	184	8	4.3	0.80	206	4	1.94	0.40	221	10	4.52	1.00	197	3	1.52	0.30
	三十墩学校	139	13	9.4	1.30	82	15	18.3	1.50	125	19	15.2	1.90	147	5	3.40	0.50	132	3	2.27	0.30
	孙梁家初中	112	14	12.5	1.40	114	25	21.9	2.50	171	11	6.43	1.10	167	11	6.59	1.10	165	15	9.09	1.50
	窑店初中	160	10	6.3	1.00	135	6	4.4	0.60	190	14	7.37	1.40	211	32	15.2	3.20	202	32	15.8	3.20
	改河初中	205	8	3.9	0.80	140	2	1.4	0.20	245	3	1.22	0.30	302	0	0.00	0.00	289	7	2.42	0.70
	陈家咀学校	205	16	7.8	1.60	220	13	5.9	1.30	277	27	9.75	2.70	287	20	6.97	2.00	209	13	6.22	1.30
	党家墩学校	130	8	6.2	0.80	125	12	9.6	1.20	146	5	3.42	0.50	142	7	4.93	0.70	135	2	1.48	0.20
	中铺初中	260	10	3.8	1.00	214	17	7.9	1.70	222	13	5.86	1.30	268	10	3.73	1.00	223	19	8.52	1.90
	安家咀学校	105	6	5.7	0.60	82	6	7.3	0.60	225	4	1.78	0.40	225	9	4.00	0.90	206	25	12.1	2.50
三类	火石沟学校	49	8	16.3	0.80	74	15	20.3	1.50	90	14	15.6	1.40	86	1	1.16	0.10	82	2	2.44	0.20
	沿川初中	125	12	9.6	1.20	103	17	16.5	1.70	112	5	4.46	0.50	125	2	1.60	0.20	102	5	4.90	0.50
	塔湾初中	180	12	6.7	1.20	219	10	4.6	1.00	314	5	1.59	0.50	303	2	0.66	0.20	273	4	1.47	0.40
	潘家集初中	146	6	4.1	0.60	179	3	1.7	0.30	270	0	0.00	0.00	284	2	0.70	0.20	275	0	0.00	0.00
	上营初中	230	18	7.8	1.80	294	3	1.0	0.29	343	1	0.29	0.10	347	7	2.02	0.70	366	1	0.27	0.10
	三甲初中	226	8	3.5	0.80	225	2	0.3	0.30	301	1	1.66	0.40	308	0	0.00	0.00	300	1	0.33	0.10
	峡口初中	181	11	6.1	1.10	144	11	7.6	1.10	210	10	4.76	1.00	225	3	1.33	0.30	167	6	3.59	0.60
	漫洼初中	252	15	6.0	1.50	229	31	13.5	3.10	291	24	8.25	2.40	272	17	6.25	1.70	261	12	4.60	1.20
	站滩初中	144	3	2.1	0.30	143	5	3.5	0.50	156	5	3.21	0.50	205	3	1.46	0.30	150	6	4.00	0.60
	红旗初中	118	3	2.5	0.30	74	3	4.1	0.30	219	1	0.46	0.10	211	2	0.95	0.20	220	2	0.91	0.20
	灵石学校	95	4	4.2	0.40	81	1	1.2	0.10	65	0	0.00	0.00	103	4	3.88	0.40	79	0	0.00	0.00
	欧黄家学校	52	2	3.8	0.20	55	7	12.7	0.70	58	1	1.72	0.10	67	0	0.00	0.00	61	3	4.92	0.30
四类	牛家寺学校	103	5	4.9	0.50	116	2	1.7	0.20	124	0	0.00	0.00	127	2	1.57	0.20	137	4	2.92	0.40
	康家集初中	171	8	4.7	0.80	169	16	10.7	1.80	251	21	8.37	2.10	267	16	5.99	1.60	242	20	8.26	2.00
	下寨子学校	167	7	4.2	0.70	113	11	9.7	1.10	195	1	0.51	0.10	171	2	1.17	0.20	170	1	0.59	0.10
	北大坪学校	78	3	3.8	0.30	111	0	0.0	0.00	161	2	1.24	0.20	123	5	4.07	0.50	103	3	2.91	0.30
	赵家咀学校	80	10	12.5	1.00	56	11	19.6	1.10	108	5	4.63	0.50	112	0	0.00	0.00	95	3	3.16	0.30
	龚家大庄学校	67	3	4.5	0.30	105	2	1.9	0.20	108	1	0.93	0.10	106	3	2.83	0.30	84	4	4.76	0.40
	何家山学校	160	5	3.1	0.50	114	14	12.3	1.40	138	3	2.17	0.30	142	0	0.00	0.00	107	3	2.80	0.30
	云谷学校	98	5	5.1	0.50	108	4	3.7	0.40	92	2	2.17	0.20	129	5	3.88	0.50	122	4	3.28	0.40
总计		8905	1009	11.2	101	9873	1038	10.6	104	11591	1014	8.70	101	12093	1015	8.39	102	10788	1003	9.30	100

续表12

类别	学校名称	连续五年初一招生前1000名情况 前五个学年度初一新生成绩居全县1000名人数平均值				2008—2009学年年中考成绩居全县前1000名人数指标				2009—2010学年度初三新生成绩居全县前1000名人数指标				连续五年前1000名完成情况 前五个学年度中考成绩居全县前1000名完成平均值				2004—2005学年度中考成绩居全县前1000名完成人数			
		初一总人数	前1000名人数	占学校毕业生人数比例%	占全县前1000名人数比例%	初三毕业人数	前1000名人数	占学校毕业生人数比例%	占全县前1000名人数比例%	初三毕业人数	前1000名人数	占学校毕业生人数比例%	占全县前1000名人数比例%	初三毕业人数	前1000名人数	占学校毕业生人数比例%	占全县前1000名人数比例%	初三毕业人数	前1000名人数	占学校毕业生人数比例%	占全县前1000名人数比例%
一类	临洮中学	279.4	108	38.7	10.8	415	103	24.8	10.3	355	84	23.7	8.43	256	61	23.7	6.07	0	0	0.00	0.00
	洮阳初中	641	202.4	31.6	20.2	729	218	30.0	21.8	861	218	25.3	23.6	822	269	32.7	26.9	928	308	33.19	30.80
	文峰中学	324.2	102.2	31.5	10.2	420	116	27.7	11.6	330	79	23.9	10.1	382	100	26.1	9.97	0	0	0.00	
	临洮二中	211.4	54	25.5	5.40	147	40	27.3	4.01	335	77	23.0	6.01	241	66	27.5	6.63	363	99	27.27	9.90
	旭东初中	240.6	36.8	15.3	3.68	243	43	17.6	4.27	262	44	16.9	4.44	235	52	22.1	5.20	263	52	19.77	5.20
	程家铺初中	382.2	66.8	17.5	6.68	281	54	19.6	5.40	324	54	16.8	5.44	239	42	17.6	4.20	240	44	18.33	4.40
	卧龙学校	278.8	13.2	4.73	1.32	262	25	9.42	2.47	265	22	8.23	2.18	200	30	15.2	3.04	209	43	20.57	4.30
	东廿铺初中	232.8	13.4	5.76	1.34	207	17	7.98	1.65	169	17	10.3	1.74	156	21	13.8	2.14	156	26	16.67	2.60
	西坪初中	251.2	7.6	3.03	0.76	207	13	6.10	1.26	184	15	8.32	1.53	183	23	12.6	2.30	183	25	13.66	2.50
	临洮四中	387.8	42.8	11.0	4.28	301	34	11.3	3.39	389	38	9.74	3.79	327	33	10.1	3.30	415	26	6.27	2.60
	玉井农中	449	41.6	9.27	4.16	391	21	5.39	2.11	354	23	6.50	3.25	257	23	9.11	2.34	305	12	3.93	1.20
	窑店中学	227.4	18	7.92	1.80	139	7	4.75	0.66	203	14	6.80	1.38	107	10	8.99	0.96	129	13	10.08	1.30
	临洮三中	258.8	19.6	7.57	1.96	266	22	8.25	2.19	321	18	5.48	1.76	205	16	7.62	1.56	223	7	3.14	0.70
	衙下中学	464.2	13.6	2.93	1.36	342	14	4.11	1.41	330	15	4.55	1.50	210	16	7.80	1.64	217	6	2.76	0.60
	刘家沟门初中	301.6	14.8	4.91	1.48	196	14	7.12	1.40	244	15	6.23	1.52	210	16	7.42	1.56	251	11	4.38	1.10
	辛店初中	289.6	23.4	8.08	2.34	236	11	4.51	1.06	229	14	6.11	1.72	198	11	5.56	1.10	209	10	4.78	1.00
二类	连湾初中	260.4	12.4	4.76	1.24	206	22	10.9	2.24	224	19	8.48	1.90	179	26	14.3	2.56	202	39	19.31	3.90
	苟家滩初中	209.4	8	3.82	0.80	161	9	5.62	0.90	163	10	6.26	1.02	126	12	9.86	1.24	103	6	5.83	0.60
	杨家庙学校	187.6	5.8	3.09	0.58	149	9	5.78	0.86	160	8	4.69	0.75	101	9	9.15	0.92	116	15	12.93	1.50
	三十墩学校	125	11	8.80	1.10	93	11	12.3	1.14	107	11	10.6	1.13	118	12	9.86	1.16	123	11	8.94	1.10
	孙梁家初中	145.8	15.2	10.4	1.52	164	24	14.8	2.42	148	14	9.46	1.40	114	13	11.3	1.28	140	8	5.71	0.80
	窑店初中	179.6	18.8	10.5	1.88	131	6	4.85	0.64	148	15	9.80	1.45	146	7	7.01	1.02	164	22	13.41	2.20
	改河初中	236.2	4	1.69	0.40	138	5	3.26	0.45	172	8	4.59	0.79	144	8	8.18	1.18	170	8	4.71	0.80
	陈家咀学校	239.6	17.8	7.43	1.78	197	11	5.53	1.09	181	13	7.18	1.46	157	11	7.27	1.14	219	12	5.48	1.20
	党家墩学校	135.6	6.8	5.01	0.68	97	7	7.52	0.73	96	7	6.88	0.66	79	6	8.10	0.64	124	7	5.65	0.70
	中铺初中	237.4	13.8	5.81	1.38	188	8	4.35	0.82	134	10	7.46	1.05	171	7	4.22	0.72	220	9	4.09	0.90
	安家咀学校	168.6	10	5.93	1.00	87	3	3.95	0.34	174	7	4.08	0.71	100	4	4.21	0.42	155	5	3.23	0.50
三类	火石沟学校	76.2	8	10.5	0.80	66	11	16.9	1.11	72	8	11.0	0.79	50	8	15.5	0.78	61	11	18.03	1.10
	沿川初中	113.4	8.2	7.23	0.82	91	12	13.2	1.20	93	8	9.03	0.84	71	9	12.1	0.86	90	6	6.67	0.60
	塔湾初中	257.8	6.6	2.56	0.66	177	11	5.97	1.06	191	7	3.66	0.93	135	12	8.90	1.20	162	18	11.11	1.80
	潘家集初中	230.8	2.2	0.95	0.22	174	6	3.62	0.63	191	5	2.77	0.53	100	8	8.38	0.84	99	12	12.12	1.20
	上营初中	316	5.8	1.84	0.58	224	7	2.95	0.66	274	10	3.72	1.02	183	15	7.97	1.46	206	4	1.94	0.40
	三甲初中	272	3.4	1.25	0.34	214	5	2.51	0.54	193	7	3.68	0.71	182	11	5.95	1.08	217	12	5.53	1.20
	峡口初中	185.4	8.2	4.42	0.82	163	9	5.33	0.87	191	8	4.24	0.81	138	8	5.81	0.80	155	7	4.52	0.70
	漫洼初中	261	19.8	7.59	1.98	190	17	9.14	1.74	207	18	8.74	1.81	186	16	8.84	1.64	216	16	7.41	1.60
	站滩初中	159.6	4.4	2.76	0.44	152	6	3.64	0.55	116	9	7.33	0.85	173	12	7.29	1.26	202	20	9.90	2.00
	红旗初中	168.4	2.2	1.31	0.22	99	3	3.49	0.35	182	4	2.14	0.39	106	6	5.26	0.56	131	8	6.11	0.80
	灵石学校	84.6	1.8	2.13	0.18	63	1	2.04	0.13	54	2	4.44	0.24	61	3	4.93	0.30	74	3	4.05	0.30
	欧黄家学校	58.6	2.6	4.44	0.26	61	1	2.02	0.12	46	3	6.30	0.29	49	3	6.48	0.32	64	2	3.13	0.20
四类	牛家寺学校	121.4	2.6	2.14	0.26	110	6	5.53	0.61	108	3	2.78	0.41	61	6	9.12	0.56	56	9	16.07	0.90
	康家集初中	220	16.6	7.55	1.66	165	13	8.06	1.33	183	13	7.16	1.31	119	10	8.09	0.96	149	19	12.75	1.90
	下寨子学校	163.2	4.4	2.70	0.44	121	9	7.72	0.93	161	7	4.04	0.65	97	9	8.87	0.86	98	5	5.10	0.50
	北大坪学校	115.2	2.6	2.26	0.26	81	3	3.14	0.25	114	4	4.56	0.52	90	9	9.80	0.78	78	7	8.97	0.70
	赵家咀学校	90.2	5.8	6.43	0.58	77	1	1.63	0.13	81	2	2.47	0.37	45	2	3.57	0.16	45	1	2.22	0.10
	龚家大庄学校	94	2.8	2.98	0.28	62	2	2.48	0.15	58	3	4.48	0.26	56	2	4.32	0.24	53	2	3.77	0.20
	何家山学校	132.2	5	3.78	0.50	108	3	2.79	0.30	112	3	3.57	0.48	97	5	4.75	0.46	86	5	5.81	0.50
	云谷学校	109.8	4	3.64	0.40	76	3	3.58	0.27	87	5	5.86	0.51	92	6	6.77	0.62	107	5	4.67	0.50
	总计	10575	1019	9.63	101.88	9031	1000	11.1	100	9576	1000	10.44	104	7739	1069	13.81	106.9	8176	996	12.18	99.60

类别	学校名称	连续五年前1000名完成情况															
		2005—2006 学年度中考成绩居全县前1000名完成人数				2006—2007 学年度中考成绩居全县前1000名完成人数				2007—2008 学年度中考成绩居全县前1000名完成人数				2008—2009 学年度中考成绩居全县前1000名完成人数			
		初三毕业人数	前1000名人数	占学校毕业生人数比例%	占全县前1000名人数比例%	初三毕业人数	前1000名人数	占学校毕业生人数比例%	占全县前1000名人数比例%	初三毕业人数	前1000名人数	占学校毕业生人数比例%	占全县前1000名人数比例%	初三毕业人数	前1000名人数	占学校毕业生人数比例%	占全县前1000名人数比例%
一类	临洮中学	0	0	0.00	0.00	74	28	37.84	2.80	331	65	19.64	6.50	364	89	24.45	8.90
	洮阳初中	911	274	30.08	27.40	809	294	36.34	29.40	666	245	36.79	24.50	794	222	27.96	22.20
	文峰中学	0	0	0.00	0.00	422	131	31.04	13.10	306	89	29.08	8.90	419	79	18.85	7.90
	临洮二中	337	77	22.85	7.70	0	0	0.00	0.00	132	47	35.61	4.70	131	42	32.06	4.20
	旭东初中	231	61	26.41	6.10	245	57	23.27	5.70	224	56	25.00	5.60	214	34	15.89	3.40
	程家铺初中	227	57	25.11	5.70	265	38	14.34	3.80	226	31	13.72	3.10	236	40	16.95	4.00
	卧龙学校	190	41	21.58	4.10	183	21	11.48	2.10	188	24	12.77	2.40	228	23	10.09	2.30
	东廿铺初中	155	20	12.90	2.00	167	22	13.17	2.20	163	19	11.66	1.90	137	20	14.60	2.00
	西坪初中	162	28	17.28	2.80	212	19	8.96	1.90	173	17	9.83	1.70	185	26	14.05	2.60
	临洮四中	365	45	12.33	4.50	339	36	10.62	3.60	245	28	11.43	2.80	273	30	10.99	3.00
	玉井农中	92	35	38.04	3.50	318	20	6.29	2.00	274	27	9.85	2.70	295	23	7.80	2.30
	窑店中学	87	8	9.20	0.80	117	9	7.69	0.90	90	8	8.89	0.80	111	10	9.01	1.00
	临洮三中	193	16	8.29	1.60	228	22	9.65	2.20	175	15	8.57	1.50	204	18	8.82	1.80
	衙下中学	187	20	10.70	2.00	168	12	7.14	1.20	199	7	3.52	0.70	280	37	13.21	3.70
	刘家沟门初中	233	17	7.30	1.70	201	16	7.96	1.60	184	19	10.33	1.90	182	15	8.24	1.50
	辛店初中	198	9	4.55	0.90	213	15	7.04	1.50	174	10	5.75	1.00	196	11	5.61	1.10
二类	连湾初中	161	24	14.91	2.40	172	6	3.49	0.60	186	25	13.44	2.50	173	34	19.65	3.40
	苟家滩初中	123	16	13.01	1.60	138	15	10.87	1.50	124	16	12.90	1.60	141	9	6.38	0.90
	杨家庙学校	99	12	12.12	1.20	76	2	2.63	0.20	90	9	10.00	0.90	122	8	6.56	0.80
	三十墩学校	136	13	9.56	1.30	142	13	9.15	1.30	110	9	8.18	0.90	77	12	15.58	1.20
	孙梁家初中	101	7	6.93	0.70	120	17	14.17	1.70	83	14	16.87	1.40	124	18	14.52	1.80
	窑店初中	162	13	8.02	1.30	153	6	3.92	0.60	132	8	6.06	0.80	117	2	1.71	0.20
	改河初中	186	20	10.75	2.00	153	13	8.50	1.30	102	7	6.86	0.70	110	11	10.00	1.10
	陈家咀学校	118	15	12.71	1.50	138	10	7.25	1.00	157	13	8.28	1.30	152	7	4.61	0.70
	党家墩学校	42	0	0.00	0.00	78	12	15.38	1.20	85	8	9.41	0.80	66	5	7.58	0.50
	中铺初中	174	4	2.30	0.40	153	3	1.96	0.30	164	9	5.49	0.90	142	11	7.75	1.10
	安家咀学校	103	3	2.91	0.30	85	1	1.18	0.10	76	5	6.58	0.50	80	7	8.75	0.70
三类	火石沟学校	44	9	20.45	0.90	52	10	19.23	1.00	34	1	2.94	0.10	61	8	13.11	0.80
	沿川初中	52	8	15.38	0.80	56	10	17.86	1.00	85	12	14.12	1.20	72	7	9.72	0.70
	塔湾初中	146	16	10.96	1.60	147	11	7.48	1.10	98	11	11.22	1.10	121	4	3.31	0.40
	潘家集初中	101	7	6.93	0.70	115	11	9.57	1.10	81	3	3.70	0.30	105	9	8.57	0.90
	上营初中	194	13	6.70	1.30	167	22	13.17	2.20	172	20	11.63	2.00	177	14	7.91	1.40
	三甲初中	177	18	10.17	1.80	170	7	4.12	0.70	164	10	6.10	1.00	180	7	3.89	0.70
	峡口初中	126	4	3.17	0.40	125	15	12.00	1.50	147	6	4.08	0.60	136	8	5.88	0.80
	漫洼初中	203	16	7.88	1.60	178	5	2.81	0.50	162	20	12.35	2.00	169	25	14.79	2.50
	站滩初中	208	8	3.85	0.80	184	8	4.35	0.80	124	11	8.87	1.10	146	16	10.96	1.60
	红旗初中	134	9	6.72	0.90	109	4	3.67	0.40	84	5	5.95	0.50	74	2	2.70	0.20
	灵石学校	45	2	4.44	0.20	58	4	6.90	0.40	73	5	6.85	0.50	54	1	1.85	0.10
	欧黄家学校	54	3	5.56	0.30	47	0	0.00	0.00	36	5	13.89	0.50	46	6	13.04	0.60
四类	牛家寺学校	48	8	16.67	0.80	46	6	13.04	0.60	65	3	4.62	0.30	92	2	2.17	0.20
	康家集初中	109	8	7.34	0.80	94	3	3.19	0.30	110	8	7.27	0.80	131	10	7.63	1.00
	下寨子学校	104	8	7.69	0.80	88	10	11.36	1.00	100	10	10.00	1.00	95	10	10.53	1.00
	北大坪学校	69	6	8.70	0.60	82	4	4.88	0.40	81	11	13.58	1.10	88	11	12.50	1.10
	赵家咀学校	36	1	2.78	0.10	44	5	11.36	0.50	64	1	1.56	0.10	35	0	0.00	0.00
	龚家大庄学校	66	4	6.06	0.40	62	3	4.84	0.30	45	2	4.44	0.20	52	1	1.92	0.10
	何家山学校	89	4	4.49	0.40	107	5	4.67	0.50	111	5	4.50	0.50	91	4	4.40	0.40
	云谷学校	97	2	2.06	0.20	92	7	7.61	0.70	90	10	11.11	1.00	72	7	9.72	0.70
	总计	7075	989	13.98	98.90	7392	1000	12.40	100.00	6985	989	14.16	98.90	7550	995	10.72	99.50

注：数据由县教研所初中教研室提供。

表13 2004—2009(五个)学年度全县各初中(部)中考前3000名指标完成和2010年指导性指标分解表

类别	学校名称	连续五年初一招生前1000名情况																			
		2005—2006学年度初一新生成绩居全县前3000名完成人数				2006—2007学年度初一新生成绩居全县前3000名完成人数				2007—2008学年度初一新生成绩居全县前3000名完成人数				2008—2009学年度初一新生成绩居全县前3000名完成人数				2009—2010学年度初一新生成绩居全县前3000名完成人数			
		初一总人数	前3000名人数	占学校毕业人数比例%	占全县前3000名人数比例%	初一总人数	前3000名人数	占学校毕业人数比例%	占全县前3000名人数比例%	初一总人数	前3000名人数	占学校毕业人数比例%	占全县前3000名人数比例%	初一总人数	前3000名人数	占学校毕业人数比例%	占全县前3000名人数比例%	初一总人数	前3000名人数	占学校毕业人数比例%	占全县前3000名人数比例%
一类	临洮中学	285	190	66.7	6.33	302	181	59.9	6.03	286	206	72.0	6.87	280	204	72.9	6.80	244	191	78.3	6.37
	洮阳初中	612	393	64.2	13.1	596	372	62.4	12.4	638	368	57.7	12.3	659	474	71.9	15.8	700	468	66.9	15.6
	文峰中学	345	225	65.2	7.50	395	239	60.5	7.97	311	233	74.9	7.77	305	185	60.7	6.17	265	207	78.1	6.90
	临洮二中	108	69	63.9	2.30	118	75	63.6	2.50	257	191	74.3	6.37	289	169	58.5	5.63	285	143	50.2	4.77
	旭东初中	230	135	58.7	4.50	180	81	45.0	2.70	278	134	48.2	4.47	319	117	36.7	3.90	196	104	53.1	3.47
	程家铺初中	231	185	80.1	6.17	487	178	36.6	5.93	443	197	44.5	6.57	409	166	40.6	5.53	341	129	37.8	4.30
	卧龙学校	195	48	24.6	1.60	309	83	26.9	2.77	339	71	20.9	2.37	295	58	19.7	1.93	256	51	19.9	1.70
	东廿铺初中	252	141	56.0	4.70	253	52	20.6	1.73	229	44	19.2	1.47	233	27	11.6	0.90	197	38	19.3	1.27
	西坪初中	217	62	28.6	2.07	289	47	16.3	1.57	254	26	10.2	0.87	306	54	17.6	1.80	190	33	17.4	1.10
	临洮四中	316	128	40.5	4.27	344	161	46.8	5.37	472	192	40.7	6.40	441	114	25.9	3.80	366	144	39.3	4.80
	玉井农中	425	136	32.0	4.53	471	93	19.7	3.10	506	116	22.9	3.87	481	176	36.6	5.87	362	155	42.8	5.17
	窑店中学	119	29	24.4	0.97	213	33	15.5	1.10	272	75	27.6	2.50	294	83	28.2	2.77	239	79	33.1	2.63
	临洮三中	182	37	20.3	1.23	176	70	39.8	2.33	301	50	16.6	1.67	330	64	19.4	2.13	305	91	29.8	3.03
	衙下中学	304	97	31.9	3.23	408	112	27.5	3.73	501	20	4.0	0.67	544	64	11.8	2.13	564	78	13.8	2.60
	刘家沟门初中	256	30	11.7	1.00	205	66	32.2	2.20	350	75	21.4	2.50	368	55	14.9	1.83	329	36	10.9	1.20
	辛店初中	228	104	45.6	3.47	321	85	26.5	2.83	314	65	20.7	2.17	299	81	27.1	2.70	286	162	56.6	5.40
二类	连湾初中	240	42	17.5	1.40	200	72	36.0	2.40	280	39	13.9	1.30	319	22	6.9	0.73	263	42	16.0	1.40
	苟家滩初中	192	76	39.6	2.53	223	24	10.8	0.80	147	29	19.7	0.97	239	37	15.5	1.23	246	42	17.1	1.40
	杨家庙学校	130	76	58.5	2.53	184	36	19.6	1.20	206	14	6.8	0.47	221	26	11.8	0.87	197	21	10.7	0.70
	三十墩学校	139	42	30.2	1.40	82	53	64.6	1.77	125	52	41.6	1.73	147	30	20.4	1.00	132	26	19.7	0.87
	孙梁家初中	112	65	58.0	2.17	114	63	55.3	2.10	171	49	28.7	1.63	167	32	19.2	1.07	165	42	25.5	1.40
	窑店初中	160	39	24.4	1.30	135	18	13.3	0.60	190	54	28.4	1.80	211	78	37.0	2.60	202	83	41.1	2.77
	改河初中	205	11	5.4	0.37	140	27	19.3	0.90	245	10	4.1	0.33	302	11	3.6	0.37	289	36	12.5	1.20
	陈家咀学校	205	39	19.0	1.30	220	48	21.8	1.60	277	73	26.4	2.43	287	68	23.7	2.27	209	47	22.5	1.57
	党家墩学校	130	51	39.2	1.70	125	40	32.0	1.33	146	28	19.2	0.93	142	22	15.5	0.73	135	18	13.3	0.60
	中铺初中	260	29	11.2	0.97	214	53	24.8	1.77	222	51	23.0	1.70	268	43	16.0	1.43	223	60	26.9	2.00
	安家咀学校	105	17	16.2	0.57	82	25	30.5	0.83	225	46	20.4	1.53	225	36	16.0	1.20	206	66	32.0	2.20
三类	火石沟学校	49	23	46.9	0.77	74	38	51.4	1.27	90	41	45.6	1.37	86	25	29.1	0.83	82	13	15.9	0.43
	沿川初中	125	20	16.0	0.67	103	33	32.0	1.10	112	33	29.5	1.10	125	12	9.6	0.40	102	21	20.6	0.70
	塔湾初中	180	29	16.1	0.97	219	35	16.0	1.17	314	42	13.4	1.40	303	21	6.9	0.70	273	40	14.7	1.33
	潘家集初中	146	13	8.9	0.43	179	22	12.3	0.73	270	11	4.1	0.37	284	15	5.3	0.50	275	8	2.9	0.27
	上营初中	230	45	19.6	1.50	294	39	13.3	1.30	343	25	7.3	0.83	347	43	12.4	1.43	366	32	8.7	1.07
	三甲初中	226	29	12.8	0.97	225	24	10.7	0.80	301	20	6.6	0.67	308	17	5.5	0.57	300	14	4.7	0.47
	峡口初中	181	39	21.5	1.30	144	32	22.2	1.07	210	40	19.0	1.33	225	16	7.1	0.53	167	36	21.6	1.20
	漫洼初中	252	21	8.3	0.70	229	68	29.7	2.27	291	78	26.8	2.60	272	75	27.6	2.50	261	64	24.5	2.13
	站滩初中	144	31	21.5	1.03	143	23	16.1	0.77	156	23	14.7	0.77	205	29	14.1	0.97	150	33	22.0	1.10
	红旗初中	118	18	15.3	0.60	74	8	10.8	0.27	219	8	3.7	0.27	211	15	7.1	0.50	220	21	9.5	0.70
	灵石学校	95	7	7.4	0.23	81	7	8.6	0.23	65	6	9.2	0.20	103	22	21.4	0.73	79	11	13.9	0.37
	欧黄家学校	52	3	5.8	0.10	55	20	36.4	0.67	58	9	15.5	0.30	67	3	4.5	0.10	61	17	27.9	0.57
四类	牛家寺学校	103	4	3.9	0.13	116	12	10.3	0.40	124	2	1.6	0.07	127	11	8.7	0.37	137	16	11.7	0.53
	康家集初中	171	31	18.1	1.03	169	45	45.0	2.53	251	79	31.5	2.63	267	88	33.0	2.93	242	55	22.7	1.83
	下寨子学校	167	4	2.4	0.13	113	38	33.6	1.27	195	13	6.7	0.43	171	13	7.6	0.43	170	21	12.6	0.70
	北大坪学校	78	7	9.0	0.23	111	7	6.3	0.23	161	18	11.0	0.60	123	17	17.9	0.73	103	19	18.4	0.63
	赵家咀学校	80	4	5.0	0.13	56	4	7.1	0.13	108	25	23.1	0.83	112	20	17.9	0.67	95	12	12.6	0.40
	龚家大庄学校	67	6	9.0	0.20	105	17	16.2	0.57	108	7	6.5	0.23	106	12	11.3	0.40	84	14	16.7	0.47
	何家山学校	160	16	10.0	0.53	114	35	30.7	1.17	138	14	10.1	0.47	142	17	12.0	0.57	107	11	10.3	0.37
	云谷学校	98	24	24.5	0.80	108	21	19.4	0.70	92	10	10.9	0.33	129	31	24.0	1.03	122	20	16.4	0.67
	总计	8905	3000	32.3	100	9498	3053	32.1	101.8	11591	3031	26.1	101	12093	3003	24.8	100.1	10788	3070	28.5	102

☆ ☆ ◇——————————

续表 13

类别	学校名称	连续五年初一招生前1000名情况				2008—2009学度年中考成绩居全县前3000名人数指标				2009—2010学年度初三新生成绩居全县前3000名人数指标				连续五年前3000名完成情况							
		前五个学年度初一新生成绩居全县前3000名人数平均值												前五个学年度中考成绩居全县前3000名完成平均值				2004—2005学年度中考成绩居全县前3000名完成人数			
		初一总人数	前3000名人数	占学校人数比例%	占全县前3000名人数比例%	初三毕业人数	前3000名人数	占学校毕业人数比例%	占全县前3000名人数比例%	初三毕业人数	前3000名人数	占学校毕业人数比例%	占全县前3000名人数比例%	初三毕业人数	前3000名人数	占学校毕业人数比例%	占全县前3000名名人数比例%	初三毕业人数	前3000名人数	占学校毕业人数比例%	占全县前3000名人数比例%
一类	临洮中学	279.4	194	69.6	6.48	415	223.47	56.76	7.45	355	178	50.14	5.52	256.33	137	53.45	4.57	0	0	0	0.00
	洮阳初中	641	415	64.7	13.8	729	445	63.86	14.83	861	469	54.47	15.77	821.6	531.2	64.65	17.71	928	585	63.04	19.50
	文峰中学	324.2	218	67.2	7.26	420	253.60	63.29	8.45	330	165	50.00	7.50	382.33	231.67	60.60	7.72	0	0	0	0.00
	临洮二中	211.4	129	61.2	4.31	147	86.34	61.65	2.88	335	170	50.75	4.56	240.75	143.75	59.71	4.79	363	224	61.71	7.47
	旭东初中	240.6	114	47.5	3.81	243	119.90	52.25	4.00	262	126	47.98	4.19	235.4	137.2	58.28	4.57	263	157	59.70	5.23
	程家铺初中	382.2	171	44.7	5.70	281	112.55	42.97	3.75	324	146	45.15	4.88	238.8	121.6	51	4.05	240	120	50	4.00
	卧龙学校	278.8	62	22.3	2.07	262	94.42	39	3.15	265	78	29.40	2.60	199.6	93.6	46.90	3.12	209	107	51.20	3.57
	东廿铺初中	232.8	60	25.9	2.01	207	63.86	33.76	2.13	169	67	39.59	2.23	155.6	73.4	47.17	2.45	156	69	44.23	2.30
	西坪初中	251.2	44	17.7	1.48	207	60.57	32.17	2.02	184	65	35.11	2.15	183	84.8	46.34	2.83	183	76	41.53	2.53
	临洮四中	387.8	148	38.1	4.93	301	120.82	43.05	4.03	389	138	35.53	4.61	327.4	128.6	39.28	4.29	415	114	27.47	3.80
	玉井农中	449	135	30.1	4.51	391	77.43	22.71	2.58	354	89	25.14	3.35	256.8	65.6	25.55	2.19	305	37	12.13	1.23
	窑店中学	227.4	60	26.3	1.99	139	27.92	23	0.93	203	40	19.70	1.52	106.8	31.4	29.40	1.05	129	41	31.78	1.37
	临洮三中	258.8	62	24.1	2.08	266	81.70	33.62	2.72	321	60	18.66	2	204.6	57.4	28.05	1.91	223	33	14.80	1.10
	衙下中学	464.2	74	16.0	2.47	342	80.90	26.57	2.70	330	69	20.79	2.29	210.2	63	29.97	2.10	217	41	18.89	1.37
	刘家沟门初中	301.6	52	17.4	1.75	196	55.96	31.46	1.87	244	59	24.18	2	210.2	65.6	31.21	2.19	251	77	30.68	2.57
	辛店初中	289.6	99	34.3	3.31	236	56.03	26.65	1.87	229	65	28.38	2.54	198	53	26.77	1.77	209	51	24.40	1.70
二类	连湾初中	260.4	43	16.7	1.45	206	85.23	44.28	2.84	224	67	29.96	2.24	178.8	90.8	50.78	3.03	202	116	57.43	3.87
	苟家滩初中	209.4	42	19.9	1.39	161	39.24	27.31	1.31	163	47	28.83	1.57	125.8	52.4	41.65	1.75	103	37	35.92	1.23
	杨家庙学校	187.6	35	18.4	1.15	149	37.22	27.89	1.24	160	34	21.13	1.127	100.6	33	32.80	1.10	116	42	36.21	1.40
	三十墩学校	125	41	32.5	1.35	93	46.37	52.77	1.55	107	45	42.06	1.5	117.6	49.4	42.00	1.65	123	49	39.84	1.63
	孙梁家初中	145.8	50	34.4	1.67	164	70.46	45.87	2.35	148	46	31.28	1.54	113.6	42.4	37.32	1.41	140	34	24.29	1.13
	窑店初中	179.6	54	30.3	1.81	131	25.72	22.54	0.86	149	49	33.11	1.63	145.6	43.6	29.95	1.45	164	54	32.93	1.80
	改河初中	236.2	19	8.0	0.63	138	33.00	26.83	1.10	172	35	20.23	1.16	144.2	50.6	35.09	1.69	170	51	30	1.70
	陈家咀学校	239.6	55	23.0	1.83	197	46.15	26.34	1.54	181	48	26.52	1.68	156.8	46	29.34	1.53	219	57	26.03	1.90
	党家墩学校	135.6	32	23.5	1.06	97	30.83	34.69	1.03	96	30	30.73	0.98	79	27.2	34.43	0.91	124	34	27.42	1.13
	中铺初中	237.4	47	19.9	1.57	188	36.32	22.23	1.21	134	38	28.36	1.35	170.6	33.8	19.81	1.13	220	44	20	1.47
	安家咀学校	168.6	38	22.5	1.27	87	18.72	24.43	0.62	174	29	16.49	0.96	99.8	19.4	19.44	0.65	155	16	10.32	0.53
三类	火石沟学校	76.2	28	36.7	0.93	66	32.48	52.12	1.08	72	27	37.22	0.89	50.4	25.6	50.79	0.85	61	34	55.74	1.13
	沿川初中	113.4	24	21.0	0.79	91	30.26	36.16	1.01	93	26	27.42	0.85	71	27.2	38.31	0.91	90	28	31.11	0.93
	塔湾初中	257.8	33	13.0	1.11	177	42.92	27.16	1.43	191	41	21.68	1.38	134.8	49.4	36.65	1.65	162	66	40.74	2.20
	潘家集初中	230.8	14	6.0	0.46	174	32.21	21.42	1.07	191	22	11.73	0.75	100.2	31	30.94	1.03	99	38	38.38	1.27
	上营初中	316	37	11.6	1.23	224	45.92	23.41	1.53	274	50	18.07	1.65	183.2	62.2	33.95	2.07	206	49	23.79	1.63
	三甲初中	272	21	7.6	0.69	214	30.91	17.35	1.03	193	31	16.11	1.04	181.6	41.4	22.80	1.38	217	56	25.81	1.87
	峡口初中	185.4	33	17.6	1.09	163	34.15	23.86	1.14	191	34	17.96	1.14	137.8	36	26.12	1.20	155	35	22.58	1.17
	漫洼初中	261	61	23.4	2.04	190	53.10	30.86	1.77	207	62	30.14	2.08	185.6	63.6	34.27	2.12	216	71	32.87	2.37
	站滩初中	159.6	28	17.4	0.93	152	30.56	23.01	1.02	116	41	35.34	1.37	172.8	54.2	31.37	1.81	202	68	33.66	2.27
	红旗初中	168.4	14	8.3	0.47	99	13.82	16.87	0.46	182	19	10.22	0.62	106.4	23.2	21.80	0.77	131	24	18.32	0.80
	灵石学校	84.6	11	12.5	0.35	63	10.97	20.32	0.37	54	15	27.41	0.49	60.8	19	31.25	0.63	74	18	24.32	0.60
	欧黄家学校	58.6	10	17.7	0.35	61	16.30	29.62	0.54	46	12	25.87	0.40	49.4	13.4	27.13	0.45	64	18	28.125	0.60
四类	牛家寺学校	121.4	9	7.4	0.30	110	23.98	24.71	0.80	108	13	12.04	0.48	61.4	19.6	31.92	0.65	56	23	41.07	0.77
	康家集初中	220	66	29.9	2.19	165	53.91	35.58	1.80	183	48	26.34	1.61	118.6	30.6	25.80	1.02	149	45	30.20	1.50
	下寨子学校	163.2	18	10.9	0.59	121	34.97	31.81	1.17	161	25	15.40	0.83	97	31.8	32.78	1.06	98	34	34.69	1.13
	北大坪学校	115.4	15	12.7	0.49	81	12.09	17.83	0.40	114	20	17.54	0.67	79.6	25.4	31.91	0.85	78	22	28.21	0.73
	赵家咀学校	90.2	13	14.4	0.43	77	8.45	13.89	0.28	81	11	13.95	0.38	44.8	9.6	21.43	0.32	45	6	13.33	0.20
	龚家大庄学校	94	11	11.9	0.37	62	9.66	18.50	0.32	58	11	19.48	0.38	55.6	11.4	20.50	0.38	53	11	20.75	0.37
	何家山学校	132.2	19	14.1	0.62	108	22.64	23.88	0.75	112	18	16.25	0.61	96.8	17.8	18.39	0.59	86	11	12.79	0.37
	云谷学校	109.8	21	19.3	0.71	76	14.53	22.03	0.48	87	23	26.78	0.78	91.6	25.4	27.73	0.85	107	25	23.36	0.83
	总计	10575	2980	28.2	99.34	9031	2984	33.22	99.45	9576	3000	31.33	102	7739	3125	40.4	104.2	8176	2948	36.1	98.27

年度报告

续表 13

类别	学校名称	连续五年前3000名完成情况															
		2005—2006学年度中考成绩居全县前3000名完成人数				2006—2007学年度中考成绩居全县前3000名完成人数				2007—2008学年度中考成绩居全县前3000名完成人数				2008—2009学年度中考成绩居全县前3000名完成人数			
		初三毕业人数	前3000名人数	占学校毕业生人数比例%	占全县前3000名人数比例%	初三毕业人数	前3000名人数	占学校毕业生人数比例%	占全县前3000名人数比例%	初三毕业人数	前3000名人数	占学校毕业生人数比例%	占全县前3000名人数比例%	初三毕业人数	前3000名人数	占学校毕业生人数比例%	占全县前3000名人数比例%
一类	临洮中学	0	0	0	0	74	56	75.68	1.87	331	161	48.64	5.37	364	194	53.30	6.47
	洮阳初中	911	596	65.42	19.87	809	504	62.3	16.8	666	479	71.92	15.97	794	492	61.96	16.4
	文峰中学	0	0	0	0	422	276	65.4	9.20	306	205	66.99	6.83	419	214	51.07	7.13
	临洮二中	337	179	53.12	6	0	0	0	0.00	132	94	71.21	3.13	131	78	59.54	2.60
	旭东初中	231	137	59.31	4.57	245	145	59.18	4.83	224	134	59.82	4.47	214	113	52.80	3.77
	程家铺初中	227	129	56.83	4.3	265	116	43.77	3.87	226	108	47.79	3.60	236	135	57.20	4.50
	卧龙学校	190	105	55.26	3.5	183	90	49.2	3.00	188	91	48.40	3.03	228	75	32.89	2.50
	东廿铺初中	155	77	49.86	2.57	167	73	43.71	2.43	163	82	50.31	2.73	137	66	48.18	2.20
	西坪初中	162	102	62.96	3.4	212	90	45.45	3.00	173	83	47.98	2.77	185	73	39.46	2.43
	临洮四中	365	151	41.37	5.03	339	168	49.56	5.60	245	103	42.04	3.43	273	107	39.19	3.57
	玉井农中	92	72	78.26	2.4	318	73	22.96	2.43	274	72	26.28	2.40	295	74	25.08	2.47
	窑店中学	87	25	28.74	0.83	117	40	34.19	1.33	90	23	25.56	0.77	111	28	25.23	0.93
	临洮三中	193	54	27.98	1.8	228	81	35.53	2.70	175	57	32.57	1.90	204	62	30.39	2.07
	衙下中学	187	60	32.09	2	168	54	32.14	1.80	199	43	21.61	1.43	280	117	41.79	3.90
	刘家沟门初中	233	75	32.19	2.5	201	60	29.85	2.00	184	55	29.89	1.83	182	61	33.52	2.03
	辛店初中	198	39	19.7	1.3	213	71	33.33	2.37	174	52	29.89	1.73	196	52	26.53	1.73
二类	连湾初中	161	89	55.28	3	172	79	45.93	2.63	186	95	51.08	3.17	173	75	43.35	2.50
	苟家滩初中	123	57	46.34	1.9	138	55	39.86	1.83	124	65	52.42	2.17	141	48	34.04	1.60
	杨家庙学校	99	37	37.37	1.23	76	27	35.53	0.90	90	32	35.56	1.07	122	27	22.13	0.90
	三十墩学校	136	57	41.91	1.9	142	57	40.14	1.90	110	46	41.82	1.53	77	38	49.35	1.27
	孙梁家初中	101	35	34.65	1.17	120	55	45.83	1.83	83	38	45.78	1.27	124	50	40.32	1.67
	窑店初中	162	55	33.95	1.83	153	38	24.84	1.27	132	47	35.61	1.57	117	24	20.51	0.80
	改河初中	186	67	36.02	2.23	153	51	33.33	1.70	102	41	40.20	1.37	110	43	39.09	1.43
	陈家咀学校	118	50	42.37	1.67	138	39	28.26	1.30	157	49	31.21	1.63	152	35	23.03	1.17
	党家墩学校	42	25	59.52	0.83	78	35	44.87	1.17	85	29	34.12	0.97	66	13	19.70	0.43
	中铺初中	174	36	20.69	1.2	153	30	19.61	1.00	164	30	18.29	1.00	142	29	20.42	0.97
	安家咀学校	103	14	13.59	0.47	85	24	28.24	0.80	76	23	30.26	0.77	80	20	25.00	0.67
三类	火石沟学校	44	24	54.55	0.8	52	28	53.85	0.93	34	15	44.12	0.50	61	27	44.26	0.90
	沿川初中	52	18	34.62	0.6	56	31	55.36	1.03	85	37	43.53	1.23	72	22	30.56	0.73
	塔湾初中	146	50	34.25	1.67	147	48	32.65	1.60	98	48	48.98	1.60	121	35	28.93	1.17
	潘家集初中	101	31	30.69	1.03	115	33	28.7	1.10	81	19	23.46	0.63	105	34	32.38	1.13
	上营初中	194	64	32.99	2.13	167	63	37.72	2.10	172	72	41.86	2.40	177	63	35.59	2.10
	三甲初中	177	53	29.94	1.77	170	28	16.47	0.93	164	38	23.17	1.27	180	32	17.78	1.07
	峡口初中	126	26	20.63	0.87	125	46	36.8	1.53	147	34	23.13	1.13	136	39	28.68	1.30
	漫洼初中	203	58	28.57	1.93	178	41	23.03	1.37	162	73	45.06	2.43	169	75	44.38	2.50
	站滩初中	208	60	28.85	2	184	41	22.28	1.37	124	46	37.10	1.53	146	56	38.36	1.87
	红旗初中	134	35	26.12	1.17	109	20	18.35	0.67	84	26	30.95	0.87	74	11	14.86	0.37
	灵石学校	45	12	26.67	0.4	58	24	41.38	0.80	73	26	35.62	0.87	54	15	27.78	0.50
	欧黄家学校	54	9	16.67	0.3	47	7	14.89	0.23	36	12	33.33	0.40	46	21	45.65	0.70
四类	牛家寺学校	48	20	41.67	0.67	46	18	39.13	0.60	65	23	35.38	0.77	92	14	15.22	0.47
	康家集初中	109	33	30.28	1.1	94	18	19.15	0.60	110	25	22.73	0.83	131	32	24.43	1.07
	下寨子学校	104	23	22.12	0.77	88	33	37.5	1.10	100	27	27.00	0.90	95	42	44.21	1.40
	北大坪学校	69	21	30.43	0.7	82	14	17.07	0.47	81	34	41.98	1.13	88	36	40.91	1.20
	赵家咀学校	36	4	11.11	0.13	44	17	38.64	0.57	64	12	18.75	0.40	35	9	25.71	0.30
	龚家大庄学校	66	11	16.67	0.37	62	13	20.97	0.43	45	12	26.67	0.40	52	10	19.23	0.33
	何家山学校	89	18	20.22	0.6	107	24	22.43	0.80	111	14	12.61	0.47	91	22	24.18	0.73
	云谷学校	97	26	26.8	0.87	92	18	19.57	0.60	90	26	28.89	0.87	72	32	44.44	1.07
	总计	7075	3000	27.8	100	7392	3000	37.28	100	6985	2956	42.32	98.53	7550	2970	45.44	99

注：数据由县教研所初中教研室提供。

表14　2008—2009学年度全县各初中(部)中考前1000名、1500名、3000名指标完成情况统计表

序号	学校名称	年报人数	应考人数-人数	应考人数-排序	参考人数	参考率%	参考率排序	前1000名-指标	前1000名-完成人数	前1000名-完成排序	前1000名-完成率%	前1000名-完成率排序	前1000名-占应考人数比例%	占应考排序	前1000名-占实考人数比例%	占实考排序	前1500名-指标	前1500名-完成人数	前1500名-完成排序	前3000名-指标	前3000名-完成人数	前3000名-完成排序	前3000名-完成率%	前3000名-完成率排序	前3000名-占应考人数比例%	占应考排序	前3000名-占实考人数比例%	占实考排序
1	洮阳初中	785	800	1	794	99.25	6	218	222	1	101.83	23	27.75	2	27.96	2		317	1	445	492	1	110.56	18	61.50	1	61.96	1
2	文峰中学初中部	476	443	2	419	94.58	27	116	79	3	68.10	40	17.83	5	18.85	5		116	2	254	214	2	84.25	37	48.31	6	51.07	6
3	临洮中学初中部	377	371	3	364	98.11	10	103	89	2	86.41	32	23.99	3	24.45	3		113	3	223	194	3	87.00	35	52.29	4	53.30	4
4	玉井农职中初中部	333	333	4	295	88.59	40	21	23	12	109.52	19	6.91	33	7.80	30		34	13	77	74	12	96.10	26	22.22	37	25.08	37
5	衙下中学初中部	313	311	5	280	90.03	38	14	37	6	264.29	4	11.90	15	13.21	13		50	8	81	117	5	144.44	5	37.62	17	41.79	15
6	临洮四中初中部	287	285	6	273	95.79	23	34	30	9	88.24	31	10.53	17	10.99	17		51	7	121	107	7	88.43	33	37.54	18	39.19	20
7	卧龙学校	262	243	7	228	93.83	30	25	23	12	92.00	28	9.47	21	10.09	20		37	10	94	75	9	79.79	40	30.86	27	32.89	26
8	程家铺初中	269	242	8	236	97.52	13	54	40	7	74.07	37	16.53	6	16.95	6		67	4	113	135	4	119.47	15	55.79	3	57.20	3
9	旭东初中	229	220	9	214	97.27	14	43	34	7	79.07	34	15.45	7	15.89	7		53	6	120	114	6	95.00	28	51.82	5	53.27	5
10	羊店初中	233	219	10	196	89.50	39	11	11	21	100.00	24	5.02	38	5.61	38		22	20	56	52	19	92.86	29	23.74	36	26.53	33
11	临洮三中初中部	210	211	11	204	96.68	17	22	18	15	81.82	33	8.53	24	8.82	25		28	15	82	62	16	75.61	44	29.38	30	30.39	31
12	西坪初中	208	200	12	185	92.50	34	13	26	10	200.00	8	13.00	12	14.05	12		35	12	61	73	13	119.67	14	36.50	20	39.46	19
13	刘家沟门初中	186	200	13	182	91.00	36	14	15	18	107.14	21	7.50	30	8.24	28		24	18	56	61	17	108.93	19	30.50	29	33.52	25
14	三甲初中	202	199	14	180	90.45	37	5	7	33	140.00	14	3.52	41	3.89	41		12	33	31	32	30	103.23	21	16.08	46	17.78	46
15	上营初中	207	181	15	177	97.79	12	7	14	19	200.00	8	7.73	28	7.91	29		18	22	46	64	15	139.13	7	35.36	21	36.16	22
16	连湾初中	189	180	16	173	96.11	20	22	34	8	154.55	10	18.89	4	19.65	4		43	9	85	75	9	88.24	34	41.67	13	43.35	14
17	陈家咀学校	184	176	17	152	86.36	47	11	7	33	63.64	43	3.98	40	4.61	39		10	37	46	35	29	76.09	42	19.89	41	23.03	40
18	漫洼初中	209	175	18	169	96.57	18	17	25	11	147.06	12	14.29	9	14.79	9		36	11	53	75	9	141.51	6	42.86	9	44.38	11
19	站滩初中	167	165	19	146	88.48	41	6	16	17	266.67	3	9.70	20	10.96	17		28	15	31	56	18	180.65	3	33.94	22	38.36	21
20	苟家滩初中	161	160	20	141	88.13	43	9	9	28	100.00	24	5.63	37	6.38	36		17	24	39	50	21	128.21	11	31.25	25	35.46	23
21	中铺初中	160	149	21	142	95.30	25	8	11	21	137.50	15	7.38	31	7.75	31		16	25	36	29	33	80.56	39	19.46	42	20.42	43
22	临洮二中初中部	138	139	22	131	94.24	28	40	42	4	105.00	22	30.22	1	32.06	1		55	5	86	78	8	90.70	31	56.12	2	59.54	2
23	东卅铺初中	157	139	23	137	98.56	6	17	20	14	117.65	17	14.39	8	14.60	10		29	14	64	66	14	103.13	22	47.48	7	48.18	8
24	峡口初中	156	137	24	136	99.27	6	9	8	30	88.89	29	5.84	36	5.88	37		16	25	34	42	24	123.53	12	30.66	28	30.88	29
25	孙家梁初中	148	135	25	124	91.85	35	24	18	15	75.00	36	13.33	11	14.52	11		28	15	70	50	20	71.43	46	37.04	19	40.32	17

年度报告

续表 14

序	学校名称	学生人数 年报人数	学生人数 应考人数·人数	应考人数·排序	参考人数	参考率·%	参考率·排序	前1000名 指标	完成·人数	完成·排序	完成率·%	完成率·排序	占应考人数比例·%	占应考人数比例·排序	占实考人数比例·%	占实考人数比例·排序	前1500名 完成·人数	完成·排序	前3000名 指标	完成·人数	完成·排序	完成率·%	完成率·排序	占应考人数比例·%	占应考人数比例·排序	占实考人数比例·%	占实考人数比例·排序
26	康家集初中	143	132	26	131	99.24	8	13	10	25	76.92	35	7.58	29	7.63	32	14	28	54	32	30	59.26	47	24.24	34	24.43	39
27	杨家庙学校	130	130	27	122	93.85	29	9	8	30	88.89	29	6.15	35	6.56	35	14	28	37	28	34	75.68	43	21.54	40	22.95	40
28	留店初中	137	126	28	117	92.86	33	6	2	42	33.33	47	1.59	48	1.71	48	6	42	26	24	37	92.31	30	19.05	43	20.51	42
29	塔湾初中	150	126	29	121	96.03	21	11	4	40	36.36	46	3.17	42	3.31	42	10	37	43	39	25	90.70	31	30.95	26	32.23	27
30	留店中学初中部	123	111	30	111	100.00	1	7	10	25	142.86	13	9.01	23	9.01	24	13	30	28	28	35	100.00	23	25.23	33	25.23	36
31	改河初中	178	110	31	110	100.00	1	5	11	21	220.00	7	10.00	18	10.00	21	21	21	33	44	22	133.33	9	40.00	16	40.00	18
32	潘家集初中	135	110	32	105	95.45	24	6	9	28	150.00	11	8.18	26	8.57	27	13	30	32	36	28	112.50	16	32.73	23	34.29	24
33	下篆子学校	116	102	33	95	93.14	32	9	10	25	111.11	18	9.80	19	10.53	19	18	22	35	43	23	122.86	13	42.16	12	45.26	10
34	何家山学校	101	100	34	87	87.00	46	3	4	40	133.33	16	4.00	39	4.60	40	11	35	23	22	39	95.65	27	22.00	38	25.29	35
35	牛家寺学校	102	95	35	92	96.84	15	6	2	42	33.33	47	2.11	45	2.17	45	5	43	24	14	43	58.33	48	14.74	47	15.22	47
36	卅墩学校	89	88	36	77	87.50	45	11	12	20	109.09	20	13.64	10	15.58	8	23	19	46	38	26	82.61	38	43.18	8	49.35	7
37	北大坪学校	89	88	37	88	100.00	1	3	11	21	366.67	2	12.50	14	12.50	16	15	27	12	36	27	300.00	1	40.91	14	40.91	16
38	沿川初中	97	87	38	72	82.76	50	12	7	33	58.33	44	8.05	27	9.72	23	11	35	30	22	38	73.33	45	25.29	32	30.56	30
39	安家唱学校	91	84	39	80	95.24	26	3	7	33	233.33	5	8.33	25	8.75	26	9	39	19	20	41	105.26	20	23.81	35	25.00	38
40	红旗初中	91	79	40	74	93.67	31	3	2	42	66.67	41	2.53	43	2.70	43	3	45	14	11	45	78.57	41	13.92	48	14.86	48
41	党家墩学校	80	75	41	66	88.00	44	7	5	39	71.43	39	6.67	34	7.58	33	8	40	31	13	44	41.94	50	17.33	45	19.70	44
42	云谷学校	85	75	42	72	96.00	22	3	7	33	233.33	5	9.33	22	9.72	22	13	30	15	32	30	213.33	2	42.67	11	44.44	11
43	火石沟学校	63	63	43	61	96.83	16	11	8	30	72.73	38	12.70	13	13.11	14	12	33	32	27	36	84.38	36	42.86	10	44.26	13
44	灵石学校	63	56	44	54	96.43	19	1	1	46	100.00	24	1.79	47	1.85	47	2	47	11	15	42	136.36	8	26.79	31	27.78	32
45	龚家大庄学校	56	53	45	52	98.11	10	2	1	46	50.00	45	1.89	46	1.92	46	1	48	10	10	46	100.00	23	18.87	44	19.23	45
46	欧家黄家学校	54	52	46	46	88.46	42	1	6	38	600.00	1	11.54	16	13.04	15	7	41	16	21	40	131.25	10	40.38	15	45.65	9
47	何家湾学校	51	46	47	46	100.00	1	0	1	46	100.00	24	2.17	44	2.17	44	1	48	2	2	50	100.00	23	4.35	50	4.35	50
48	赵家嘴学校	49	41	48	35	85.37	48	1	0	49	0.00	49	0.00	49	0.00	49	3	46	8	9	48	112.50	16	21.95	38	25.71	34
49	水泉学校	38	33	49	28	84.85	49	1	0	49	0.00	49	0.00	49	0.00	49	0	50	7	4	49	57.14	49	12.12	49	14.29	49
50	巴下学校	33	28	50	28	100.00	1	3	2	42	66.67	41	7.14	32	7.14	34	4	44	6	9	47	150.00	4	32.14	24	32.14	28
	总计（占全县初中毕业生比例(%)）	8590	8103		7648				998		12.32		12.32		12.32				3000	3000		37.02		37.02		37.02	

注：数据由县教研所初中教研室提供。

新世纪岷洮教育初探

表15　2009年全县各初中(部)毕业生升学情况统计表

校名	毕业人数	参加考试人数	就读学校																	其他原因	剩余人数
			临洮中学	临洮二中	临洮三中	临洮四中	衙下中学	窑店中学	文峰中学	育霖中学	玉井农中	取教中心	临洮农校	洮河机电	外市中专	定西卫校	市内其他职校	小计	升学率(%)		
临洮中学初中部	371	364	206	18	2	1			1	11	15	2	15	8	1	27	3		310	83.56	14	47
临洮二中初中部	139	131	4	89		2				4		6	9	3	14				131	94.24	2	6
临洮三中初中部	211	204		3	166					2	7	4		17	2				201	95.26		10
临洮四中初中部	285	273	10	5		247				7	5	1		2					277	97.19	1	7
衙下中学初中部	311	280	18	31			170		1	1	20	5	5	10	8				269	86.50	1	41
窑店中学初中部	111	111	9	10	3			56	6	2	3	2		5	6				102	91.89	1	8
玉井农职中初中部	333	295	31	28					15		135	12	3	1		24	3		252	75.68		81
文峰中学初中部	443	419	86	40	2	2			2	162	26	4	12	9		20			368	83.07	20	55
洮阳初中	800	794	288	225	2	9			74	22	6	10	19	1		48			704	88.00	19	77
旭东初中	220	214	36	60		1		1	23	6	12	6	7	4	21	3			180	81.82	4	36
程家铺初中	424	236	38	62		20			1	42	13	3	11	4	5	7			206	85.12	4	32
西坪初中	200	185	22	32	1	4	2		34	8	1		4	19	11	3			144	72.00		53
辛店初中	219	196	13	28	56	26			9		3		6	4	11				159	72.60	5	55
刘家沟门初中	200	182	17	20	20	65			27		3		6		1	3			162	81.00		38
东二十铺初中	139	137	22	32				9	23	11	1	7	5	0	2				112	80.58		27
连湾初中	180	173	33	33	2	6		1	2	40	12	2	3	10	10				166	92.22	1	13
苟家滩初中	160	141	14	28	1			10	14	5	6	12	5	3	26	5			129	80.63	1	30
红旗初中	79	74	1	8	13	4			11		3	5	9	10					64	81.01	5	10
三甲初中	199	180	9	16		1	4		8	6	15	4	7	18	53	15	3		163	81.91		36
塔湾初中	126	121	15	15			8		15	3	6	18	5	3	3	1			92	73.02	2	32
峡口初中	137	136	8	19		40			25	2	16		2		14				128	93.43		9
窑店初中	126	117	8	12		1		24	13	9	4	10		9	6				96	76.19		30
站滩初中	165	146	18	23		10			24	15		2	1	6	3	17			119	72.12	1	45
漫洼初中	175	169	14	39	3	4			2	46	12		5		1	9	3		138	78.86	1	36
改河初中	110	110	7	23	23	25			15	1			2		4				106	96.36		4
孙梁家初中	135	124	10	24	17	53			14				1	2	2	2			125	92.59		10
潘家集初中	110	105	6	18				5	16	1	8	17	2	2	2	6			83	75.45		27
康家集初中	132	131	6	12	2	3	2	12	23	14	8	12	4	7	7		1		121	91.67		11

续表 15

校名	毕业人数	参加考试人数	就读学校															小计	升学率(%)	其他原因	剩余人数
			临洮中学	临洮二中	临洮三中	临洮四中	衙下中学	窑店中学	文峰中学	育霖中学	玉井农中	取教中心	临洮农校	洮河机电	外市中专	定西卫校	市内其他				
上营初中	181	177	10	42	1	66			20	3	7	14	2	8	2	2		177	97.79	2	2
中铺初中	149	142	16	12	29	6		1	11	6	1	6		3	9			100	67.11	6	43
沿川初中	87	72	9	9	1	6			12	1		20	2	12	3	1		76	87.36		11
卧龙学校	243	228	34	30	3	13	4	3	11	5	5	10	8	18	11	1		156	64.20	1	86
杨家庙学校	130	122	13	13			25		4		10	6	6	7	8	2		94	72.31	2	34
党家墩学校	75	66	4	6		31			4		1	5		0		1		52	69.33		23
陈家咀初中	176	152	10	18			1		4	11	25	10	5	7	28			119	67.61	4	53
龚家大庄学校	53	52		3	19		1		5	1		5	2					36	67.92		17
云谷学校	75	72	13	15		4			8	9		6	1	0	12	2		70	93.33		5
下寨子学校	102	95	7	21	38				10	1	1	1			6			85	83.33		17
三十墩学校	88	77	13	12		36			10			0						71	80.68		17
牛家寺学校	95	83	6	4		2	10	1	8	2	5	2	2	15				57	60.00	1	37
水泉学校	33	28		3	19					1	1	1						25	75.76		8
北大坪学校	88	88	10	14				7	17	3		4	4	1			1	61	69.32		27
欧黄家学校	52	46	2	10	16	10			4		3	2			2	1		50	96.15		2
安家咀学校	84	80	5	6		46			8			4			1	1		71	84.52		13
何家山学校	100	87	7	7		27			16			2			1			60	60.00		40
火石沟学校	63	61	5	14		1			1	2	1	2	4	2	1			33	52.38		30
巴下学校	28	28	3	1	12				6				6					28	100.00		0
灵石学校	56	54	3	8	13		1		3	5		2		3	2			40	71.43	14	2
赵家咀学校	41	35	1	6		3			1	5	4			1	1	2		24	58.54		17
何家湾学校	46	46	1	1	4	1			4		1				2	3	6	23	50.00	4	19
育霖中学初中部																		0			0
县职教中心初中部	202	142							1				7	6	2			16			
社会青年	46	43	11	4		5			1				45	23				89			
其他			16	9	12	54			6									97			
合　计	8351	7833	1148	1221	553	770	236	122	851	245	366	351	175	235	458	62	24	6817	87.03		1369
其他学校			133	34	2	1	1	2	12	32	41	53	145	137				593			
总计	8351	7833	1281	1255	555	771	237	124	863	277	407	404	320	372	458	62	24	7410	94.60		

注："其他"指复学或未参加当年中考的本县户籍的考生，"其他学校"指其他外县、市(区)毕业的考生，"合计"中含"三线生"，数据由县招生办公室、教育局教育股提供。

表16　2006—2009(三个)学年度全县各初中(部)计划招生录取小学毕业班
质量检测前1000名和3000名情况统计表

序号	学校名称	2006—2007学年度		2007—2008学年度		2008—2009学年度	
		前1000名	前30000名	前1000名	前30000名	前1000名	前30000名
1	临洮中学初中部	89	206	121	204	101	191
2	临洮二中初中部	36	191	96	169	38	143
3	洮阳初中	172	368	245	474	225	468
4	文峰中学初中部	110	233	91	185	96	207
5	旭东初中	26	134	38	117	34	104
6	西坪初中	8	26	6	54	4	33
7	卧龙学校	15	71	9	58	10	51
8	程家铺初中	118	216	53	166	41	129
9	火石沟学校	15	41	1	25	2	13
10	沿川初中	17	33	2	12	5	21
11	临洮四中初中部	53	192	28	114	39	144
12	刘家沟门初中	20	75	7	55	10	36
13	孙梁家初中	25	49	11	32	15	42
14	卅墩学校	15	52	5	30	3	26
15	辛店初中	20	65	20	81	46	126
16	改河初中	2	10	0	11	7	36
17	欧黄家学校	7	9	0	3	3	17
18	下寨子学校	11	13	2	13	1	21
19	临洮三中初中部	21	50	21	64	29	91
20	安家咀学校	6	46	9	36	25	66
21	龚家大庄学校	3	7	3	12	4	14
22	中铺初中	17	51	10	43	19	60
23	何家山学校	14	14	0	17	3	11
24	红旗初中	3	8	2	15	2	21
25	灵石学校	1	6	4	22	0	11
26	上营初中	2	25	7	43	1	32
27	峡口初中	11	40	3	16	6	36
28	党家墩学校	12	28	7	22	2	18
29	站滩初中	5	23	3	29	6	33
30	云谷学校	4	10	5	31	4	20
31	漫洼初中	31	78	17	75	12	64
32	连湾初中	23	39	2	22	9	42
33	廿铺初中	13	44	3	27	8	38
34	塔湾初中	10	42	2	21	4	40
35	窑店中学初中部	7	75	16	83	19	79
36	窑店初中	6	54	32	78	32	83
37	北大坪学校	0	18	5	22	3	19
38	康家集初中	18	79	16	88	20	55
39	赵家嘴学校	11	25	0	20	3	12
40	玉井农职中初中部	19	116	58	176	65	155
41	陈家嘴学校	13	73	20	68	13	47
42	衙下中学初中部	21	20	12	64	17	78
43	杨家庙学校	8	14	10	26	3	21
44	潘家集初中	3	11	2	15	0	8
45	牛家寺学校	2	2	2	11	4	16
46	苟家滩初中	7	29	9	37	9	42
47	三甲初中	3	20	0	17	1	14
	总 计	1053	3031	1015	3003	1003	3034

注:数据由县教研所小学教研室提供。

表17 2006—2009(三个)学年度全县各县初中(部)向中职学校输送生源情况统计表和2010年任务分解表

学校	2006—2007学年度输送学生数 毕业生数	县职教中心	王井乡职中	县乡企校	临洮农校	合计	输送学生比例(%)	2007—2008学年度输送学生数 毕业生数	县职教中心	王井乡职中	县乡企校	临洮农校	合计	输送学生比例(%)	2008—2009学年度输送学生数 毕业生数	县职教中心	王井乡农职中	洮河机电工程学校	临洮农校	合计	输送学生比例(%)	三年平均输送率(%)	三年平均输送人数	2009—2010学年输送任务 毕业生数	输送学生数任务	输送学生比例(%)	备注
临洮中学初中部		3	1		11	15		74	8	2		11	21	28.4	334	8	4	14	25	51	15.3	21.8	29	371	81	21.8	
临洮二中初中部	337	5	2	1	17	25	7.4	0	11	2		17	30		133	5	3	20	15	43	32.3	19.9	33	139	28	19.9	
临洮三中初中部	208	21	4		20	45	21.6	255	37	5		20	62	24.3	195	7	10	24	7	48	24.6	23.5	52	211	50	23.5	
临洮四中初中部	385	35	7		34	76	19.7	373	47	6		34	87	23.3	252	15	52	50	12	129	51.2	31.4	97	285	90	31.4	
窑店中学初中部	106	6	9		7	22	20.8	127	11			6	17	13.4	90	3	16	14	8	41	45.6	26.6	27	111	29	26.6	
衙下中学初中部	220	10	42		22	74	33.6	218	15		26	22	63	28.9	214	8	19	8	12	47	22.0	28.2	61	311	88	28.2	
文峰中学初中部		35	4		34	73		422	38			34	72	17.1	343	42		9	12	63	18.4	17.7	69	443	78	17.7	
县职教中心初中部	300	12	2		2	16	5.3	378	10	1		2	13	3.4	299		1	8	6	15	5.0	4.6	15	202	9	4.6	
玉井农职中初中部	362	2	204		16	222	61.3	310	2	277		16	295	95.2	311	2	200	12	7	221	71.1	75.8	246	333	253	75.8	
旭东初中	240	35	22		21	78	32.5	255	35	31		21	87	34.1	225	14	8	7	8	37	16.4	27.7	67	220	61	27.7	
洮阳初中	911	74	3		58	135	14.8	809	70	4		58	132	16.3	691	15	4	4	21	44	6.4	12.5	104	800	100	12.5	
程家铺初中	237	43	2	2	25	72	30.4	272	44	9		25	78	28.7	227	17	7	54	4	82	36.1	31.7	77	242	77	31.7	
沿川初中	52	18	2		4	24	46.2	59	20	9		2	31	52.5	92	15	5	8	3	31	33.7	44.1	29	87	38	44.1	
孙家梁初中	101	19	5		4	28	27.7	133	11			4	15	11.3	94	5	13	5	1	24	25.5	21.5	22	135	29	21.5	
辛店初中	213	16			8	24	11.3	222	11	13		8	32	14.4	180	12	13	6	2	33	18.3	14.7	30	219	32	14.7	
中铺初中	174	15	32		11	58	33.3	180	14	35		11	60	33.3	168	19	6	7	4	36	21.4	29.4	51	149	44	29.4	
党家墩学校	46	23			3	26	56.5	88	24	5		3	32	36.4	88	2	18	11	1	32	36.4	43.1	30	75	32	43.1	
峡口初中	137	25	4		4	33	24.1	151	21	16		4	41	27.2	167	7	24	5	5	41	24.6	25.3	38	137	35	25.3	
窑店初中	163	31			12	43	26.4	162	28	8		12	48	29.6	133	22	33	1	1	57	42.9	33.0	49	126	42	33.0	
廿铺初中	189	26	3		9	38	20.1	204	28	5		9	42	20.6	194	29	9	6	6	50	25.8	22.2	43	139	31	22.2	
西坪初中	180	23	11		44	78	43.3	227	25	14		44	83	36.6	178	3	13	14	14	44	24.7	34.9	68	200	70	34.9	
卧龙学校	215	42	6		17	65	30.2	207	43			17	60	29.0	199	23	6	20	18	67	33.7	31.0	64	243	75	31.0	
陈家明学校	163	8	51		13	72	44.2	152	10	66		13	89	58.6	179	2	42	14	11	69	38.5	47.1	77	176	83	47.1	
杨家庙学校	103	5	24			29	28.2	94	10	24			34	36.2	105	8	9	4	6	27	25.7	30.0	30	130	39	30.0	
苟家滩初中	130	18	12		7	37	28.5	138	21	17		7	45	32.6	163	22	12	5	5	44	27.0	29.4	42	160	47	29.4	
三甲初中	191	8	20		36	64	33.5	205	15	27		36	78	38.0	173	5	11	13	14	43	24.9	32.1	62	199	64	32.1	
潘家集初中	121	8	35		6	49	40.5	160	10	39		6	55	34.4	92	10	8	4	4	26	28.3	34.4	43	110	38	34.4	

续表 17

学校	2006—2007学年度输送学生数							2007—2008学年度输送学生数							2008—2009学年度输送学生数							三年平均值		2009—2010学年输送任务			备注
	毕业生数	县职教中心	玉井农职中	县乡企学校	临洮农校	合计	输送学生比例(%)	毕业生数	县职教中心	玉井农职中	县乡企学校	临洮农校	合计	输送学生比例(%)	毕业生数	县职教中心	玉井农职中	洮河机电工程学校	临洮农校	合计	输送学生比例(%)	三年平均输送率(%)	三年平均输送人数	毕业生数	输送学生数任务	输送学生比例(%)	
康家集初中	131	25	8		5	38	29.0	113	24	16		5	45	39.8	116	4	28	4	14	50	43.1	37.3	44	132	49	37.3	
塔湾初中	179	15	25		15	55	30.7	173	18	31		15	64	37.0	107	15	11	6	4	36	33.6	33.8	52	126	43	33.8	
连湾初中	195	23	11		4	38	19.5	172	23	10		4	37	21.5	207	7	8	11	2	28	13.5	18.2	34	180	33	18.2	
站滩初中	244	7	16		17	40	16.4	192	14	19		17	50	26.0	140	1	2	1	2	6	4.3	15.6	32	165	26	15.6	
云谷学校	102	18			11	29	28.4	100	12			11	23	23.0	98	7	2	1	5	15	15.3	22.2	22	75	17	22.2	
漫洼初中	223	9	25		3	37	16.6	201	9	64		3	76	37.8	174	4	7		1	12	6.9	20.4	42	175	36	20.4	
刘连沟门初中	245	24	12		26	62	25.3	211	14	12		26	52	24.6	184	21	16	3	3	43	23.4	24.4	52	200	49	24.4	
上营初中	218	38			6	44	20.2	181	40	27		6	73	40.3	174	20	21	5	3	49	28.2	29.6	55	181	54	29.6	
改河初中	186	48			3	51	27.4	172	36	15		3	54	31.4	107	7	5			12	11.2	23.3	39	110	26	23.3	
下寨子学校	116	12	36		1	49	42.2	104	12	37		1	50	48.1	118	7	3			10	8.5	32.9	36	102	34	32.9	
龚家大庄学校	76	13	1		9	23	30.3	63	16	3		9	28	44.4	49	8	1			9	18.4	31.0	20	53	16	31.0	
红旗初中	153	25	1		6	32	20.9	129	15			6	22	17.1	94	14	3	20	1	38	40.4	26.1	31	79	21	26.1	
卅墩学校	145	5	1		4	10	6.9	142	6			4	10	7.0	124	12		3		15	12.1	8.7	12	88	8	8.7	
安家唱学校	103	12	10		4	26	25.2	96	16	11		4	31	32.3	88	14	2			16	18.2	25.2	24	84	21	25.2	
北大坪学校	75	18			10	29	38.7	87	14	1		10	25	28.7	87	4	9	9	3	25	28.7	32.0	26	88	28	32.0	
赵家唱学校	40	2	4		3	9	22.5	48	4	3		3	10	20.8	72	4	11	5	4	24	33.3	25.6	14	41	10	25.6	
牛家寺学校	49	14	4		8	26	53.1	46	14	4		8	26	56.5	67	13	5	6	3	27	40.3	50.0	26	95	47	50.0	
灵石学校	46	3	1			4	8.7	64	2	2			4	6.3	78	8	4		6	18	23.1	12.7	9	56	7	12.7	
何家山学校	95	12			4	16	16.8	122	15			4	19	15.6	112	7		1	4	12	10.7	14.4	16	100	14	14.4	
火石沟学校	44	13			3	16	36.4	57	12			3	15	26.3	42	8	5	7	2	22	52.4	38.4	18	63	24	38.4	
欧黄家学校	56	2				2	3.6	56							40	12		2	2	16	40.0	21.8	6	52	11	21.8	
育霖中学初中部	40		2			2	5.0	58						0.0						2		5.0	1				
小计	8245	904	667	4	584	2159	26.2	8462	935	897	0	584	2416	28.6	7797	514	693	431	292	1930	24.8	27.0	2168	8198	2214	27.0	
社会青年	73	278	75	9		362		15	370	188		17	575		58	67	73	15		155			364	46			
外县生源																75	140	263		478			159				
总计	8318	1182	742	13	584	2521		8477	1305	1085	0	601	2991		7855	656	906	709	292	2563			2692	8244			

注：三年平均输送率为 2010 年当年输送任务应完成率，此表中不含原县乡企学校和已成为完小的水泉学校、巴下学校，何家湾学校，数据由县教育局成教股提供。

表18 2004—2009(五个)学年度全县各学区小学毕业班质量检测前3000名指标完成和2010年指标分解表

学区名称	2004—2005 学年度			2005—2006 学年度			2006—2007 学年度			2007—2008 学年度			2008—2009 学年度			五年平均值			2009—2010 学年度指标			
	前3000名完成人数	学区毕业人数	占全县前3000名比例(%)	前3000名完成人数	学区毕业人数	占学区毕业人数比例(%)	前3000名完成人数	学区毕业人数	占全县前3000名比例(%)	前3000名完成人数	学区毕业人数	占全县前3000名比例(%)	前3000名完成人数	学区毕业人数	占全县前3000名比例(%)	前3000名完成平均人数	学区毕业平均人数	前五年完成比例平均(%)	前3000名指标人数	学区毕业人数	占学区毕业人数比例(%)	占全县前3000名比例(%)
全县	3000	8572	100.00	3053	9495	101.77	3031	11461	101.03	3003	11951	100.1	3033	10622	101.1	3024	10420	100.8	3000	9178	32.7	100
洮阳学区	1200	1809	40.00	1017	2080	33.90	1173	2221	39.10	1207	2276	40.23	1148	1972	38.3	1149	2072	38.3	1149	1780	64.6	38.3
八里铺学区	240	533	8.00	370	612	12.33	344	710	11.47	253	672	8.43	199	573	6.6	281	620	9.4	258	472	54.7	8.6
新添学区	265	712	8.83	343	730	11.43	356	1025	11.87	212	1021	7.07	234	920	7.8	282	882	9.4	282	734	38.4	9.4
辛店学区	122	513	4.07	158	605	5.27	107	774	3.57	121	801	4.03	210	768	7.0	144	692	4.8	144	779	18.4	4.8
大石学区	95	484	3.17	161	501	5.37	103	679	3.43	113	713	3.77	176	633	5.9	130	602	4.3	130	515	25.2	4.3
中铺学区	45	302	1.50	88	310	2.93	65	355	2.17	60	400	2.00	71	319	2.4	66	337	2.2	66	248	26.5	2.2
红旗学区	30	235	1.00	16	250	0.53	14	248	0.47	37	312	1.23	32	296	1.1	26	268	0.9	26	204	12.6	0.9
峡口学区	90	284	3.00	72	268	2.40	68	353	2.27	38	363	1.27	54	302	1.8	64	314	2.1	64	228	28.2	2.1
上营学区	45	277	1.50	43	285	1.43	27	398	0.90	48	406	1.60	32	390	1.1	39	351	1.3	39	359	10.9	1.3
龙门学区	170	433	5.67	84	421	2.80	119	519	3.97	62	540	2.07	69	461	2.3	101	475	3.4	101	397	25.4	3.4
笛店学区	75	329	2.50	53	378	1.77	111	540	3.70	166	544	5.53	167	484	5.6	114	455	3.8	114	370	30.9	3.8
康家集学区	35	226	1.17	85	243	2.83	101	355	3.37	107	366	3.57	81	342	2.7	82	306	2.7	82	333	24.6	2.7
玉井学区	175	648	5.83	141	681	4.70	189	792	6.30	246	769	8.20	203	545	6.8	191	687	6.4	191	448	42.6	6.4
衙下学区	190	668	6.33	187	928	6.23	43	997	1.43	105	1044	3.50	120	1046	4.0	129	937	4.3	129	847	15.2	4.3
南屏学区	105	427	3.50	48	475	1.60	55	583	1.83	65	710	2.17	64	705	2.1	67	580	2.2	67	715	9.4	2.2
连湾学区	42	239	1.40	75	247	2.50	45	389	1.50	28	412	0.93	55	340	1.8	49	325	1.6	49	298	16.4	1.6
站滩学区	55	208	1.83	44	250	1.47	33	247	1.10	60	332	2.00	53	272	1.8	49	262	1.6	49	219	22.4	1.6
漫洼学区	21	245	0.70	68	231	2.27	78	276	2.60	75	270	2.50	65	254	2.2	61	255	2.0	61	232	26.5	2.0

注：数据由县教研所小学教研室提供。

新世纪初临洮教育探

表 19　2005—2009（四个）学年度全县各学区小学毕业班质量检测前 1000 名指标完成和 2010 年指标分解表

学区名称	2005—2006 学年度			2006—2007 学年度			2007—2008 学年度			2008—2009 学年度			四年平均值				2009—2010 学年度指标			
	前100名完成人数	学区毕业人数	占全县前1000名比例(%)	前100名完成人数	学区毕业人数	占全县前1000名比例(%)	前100名完成人数	学区毕业人数	占全县前1000名比例(%)	前100名完成人数	学区毕业人数	占全县前1000名比例(%)	前1000名完成人数	学区毕业人数	占学区毕业人数比例(%)	前四年完成平均值(%)	前1000名指标人数	学区毕业人数	占学区毕业人数比例(%)	占全县前1000名比例(%)
全县	1033	9495	100.55	1020	11461	102.17	1015	11951	100.31	1003	10622	100.3	1018	10882	101.78	101.78	1000	9178	10.9	100
洮阳学区	377	2080	37.09	523	2221	50.08	583	2276	55.00	489	1972	48.9	493	2137	49.30	49.30	493	1780	27.7	49.3
八里铺学区	198	612	19.00	122	710	12.17	78	672	7.92	65	573	6.5	116	642	11.58	11.58	98	472	20.8	9.8
新添学区	109	730	10.64	98	1025	10.92	46	1021	5.00	57	920	5.7	78	924	7.75	7.75	78	734	10.6	7.8
羊店学区	40	605	3.82	19	774	2.33	27	801	3.38	67	768	6.7	38	737	3.83	3.83	38	779	4.9	3.8
太石学区	44	501	4.00	13	679	1.50	33	713	3.08	58	633	5.8	37	632	3.70	3.70	37	515	7.2	3.7
中铺学区	32	310	3.00	16	355	1.67	10	400	1.23	22	319	2.2	20	346	2.00	2.00	20	248	8.1	2.0
红旗学区	4	250	0.36	1	248	0.08	6	312	0.54	2	296	0.2	3	277	0.33	0.33	3	204	1.6	0.3
峡口学区	23	268	2.18	16	353	1.67	10	363	0.92	8	302	0.8	14	322	1.43	1.43	14	228	6.3	1.4
上营学区	2	285	0.27	1	398	0.08	7	406	0.85	1	390	0.1	3	370	0.28	0.28	3	359	0.8	0.3
龙门学区	23	421	2.18	39	519	3.50	5	540	0.85	16	461	1.6	21	485	2.08	2.08	21	397	5.2	2.1
窑店学区	13	378	1.27	25	540	2.92	51	544	5.00	51	484	5.1	35	487	3.50	3.50	35	370	9.5	3.5
康家集学区	29	243	2.91	27	355	2.58	18	366	2.38	24	342	2.4	25	327	2.45	2.45	25	333	7.4	2.5
玉井学区	32	681	3.36	67	792	6.42	78	769	7.92	78	545	7.8	64	697	6.38	6.38	64	448	14.2	6.4
衙下学区	34	928	3.45	3	997	0.58	26	1044	2.31	24	1046	2.4	22	1004	2.18	2.18	22	847	2.6	2.2
南屏学区	10	475	0.91	8	583	1.17	9	710	1.15	10	705	1.0	9	618	0.93	0.93	9	715	1.3	0.9
连湾学区	23	247	2.09	11	389	1.08	3	412	0.46	9	340	0.9	12	347	1.15	1.15	12	298	3.9	1.2
站滩学区	9	250	1.00	7	247	0.83	8	332	0.85	10	272	1.0	9	275	0.85	0.85	9	219	3.9	0.9
漫洼学区	31	231	3.00	24	276	2.58	17	270	1.46	12	254	1.2	21	258	2.10	2.10	21	232	9.1	2.1

注：数据由县教研所小学教研室提供。

表 20　2005—2009（四个）学年度全县 95 所创建农村优质资源小学毕业班质量检测前 3000 名指标完成和 2010 年指标分解表

序号	学区名称	学校名称	2005—2006学年度				2006—2007学年度				2007—2008学年度				2008—2009学年度				平均值				2009—2010学年度指标			
			前3000名人数	学校毕业人数	占全县毕业人数比例(%)	占全县前3000名指标(%)	前3000名人数	学校毕业人数	占全县毕业人数比例(%)	占全县前3000名指标(%)	前3000名人数	学校毕业人数	占全县毕业人数比例(%)	占全县前3000名指标(%)	前3000名人数	学校毕业人数	占全县毕业人数比例(%)	占全县前3000名指标(%)	四年前3000名完成平均人数	学校毕业平均人数	占全县毕业人数比例(%)	占全县前3000名指标(%)	前3000名指标人数	2010年学校毕业人数	占全县毕业人数比例(%)	占全县前3000名指标(%)
1	直属	县第一实验小学	146	187	78.1	4.87	142	192	74.0	4.73	134	185	72.4	4.47	117	153	76.5	3.90	135	179	75.2	4.49	152	202	75.0	5.05
2	直属	县第二实验小学	78	142	54.9	2.60	128	162	79.0	4.27	98	170	57.6	3.27	90	163	55.2	3.00	99	159	61.9	3.28	101	164	61.9	3.38
3	洮阳	西街小学	159	190	83.7	5.30	147	190	77.4	4.90	186	208	89.4	6.20	154	229	67.2	5.13	162	204	79.1	5.38	178	237	75.0	5.93
4	洮阳	北街小学	77	153	50.3	2.57	113	145	77.9	3.77	88	145	60.7	2.93	117	146	80.1	3.90	99	147	67.1	3.29	102	152	67.1	3.40
5	洮阳	文峰小学	48	76	63.2	1.60	66	97	68.0	2.20	46	67	68.7	1.53	64	116	55.2	2.13	56	89	62.9	1.87	63	100	62.9	2.10
6	洮阳	南街小学	144	242	59.5	4.80	165	253	65.2	5.50	231	315	73.3	7.70	239	333	71.8	7.97	195	286	68.2	6.49	167	245	68.2	5.57
7	洮阳	旭东小学	21	56	37.5	0.70	48	90	53.3	1.60	18	88	20.5	0.60	35	58	60.3	1.17	31	73	41.8	1.02	23	55	41.8	0.77
8	洮阳	建设小学	52	130	40.0	1.73	58	96	60.4	1.93	60	116	51.7	2.00	53	95	55.8	1.77	56	109	51.0	1.86	43	85	51.0	1.45
9	洮阳	养正小学	97	177	54.8	3.23	127	189	67.2	4.23	139	186	74.7	4.63	134	180	74.4	4.47	124	183	67.9	4.14	119	175	67.9	3.96
10	洮阳	杨家店小学	18	48	37.5	0.60	11	47	23.4	0.37	19	42	45.2	0.63	6	39	15.4	0.20	14	44	30.7	0.45	10	34	30.7	0.35
11	洮阳	马家窑小学	11	47	23.4	0.37	7	39	17.9	0.23	19	86	22.1	0.63	10	47	21.3	0.33	12	55	21.5	0.39	7	33	21.5	0.24
12	洮阳	卧龙学校	24	85	28.2	0.80	13	75	17.3	0.43	9	58	15.5	0.30	13	51	25.5	0.43	15	67	21.9	0.49	9	42	21.9	0.31
13	洮阳	李范家小学	4	41	9.8	0.13	4	45	8.9	0.13	1	31	3.2	0.03	24	48	50.0	0.80	8	41	20.0	0.28	8	39	20.0	0.26
14	八里铺	王家大庄小学	64	66	97.0	2.13	54	69	78.3	1.80	50	59	84.7	1.67	36	56	64.3	1.20	51	63	81.6	1.70	33	44	75.0	1.10
15	八里铺	八里铺小学	63	118	53.4	2.10	54	111	48.6	1.80	52	114	45.6	1.73	40	79	50.6	1.33	52	106	49.5	1.74	36	72	49.5	1.19
16	八里铺	孙家大庄小学	49	65	75.4	1.63	40	56	71.4	1.33	16	46	34.8	0.53	23	58	39.7	0.77	32	56	56.9	1.07	23	40	56.9	0.76
17	八里铺	王家磨小学	31	44	70.5	1.03	22	55	40.0	0.73	27	53	50.9	0.90	12	30	40.0	0.40	23	46	50.5	0.77	22	44	50.5	0.74
18	八里铺	沿川小学	7	18	38.9	0.23	11	23	47.8	0.37	2	25	8.0	0.07	18	79	22.8	0.60	10	36	26.2	0.32	16	60	26.2	0.52
19	八里铺	宿家坪小学	19	21	90.5	0.63	12	27	44.4	0.40	3	18	16.7	0.10	0	19	0.0	0.00	9	21	40.0	0.28	4	10	40.0	0.13
20	八里铺	菜子庙小学	11	27	40.7	0.37	7	24	29.2	0.23	2	28	7.1	0.07	3	23	13.0	0.10	6	26	22.5	0.19	8	34	22.5	0.26
21	八里铺	火石沟学校	23	45	51.1	0.77	14	35	40.0	0.47	8	29	27.6	0.27	7	28	25.0	0.23	13	34	38.0	0.43	9	25	38.0	0.32
22	新添	潘家庄小学	45	67	67.2	1.50	32	76	42.1	1.07	26	72	36.1	0.87	26	57	45.6	0.87	32	68	47.4	1.08	23	48	47.4	0.76
23	新添	刘家沟门小学	22	52	42.3	0.73	33	61	54.1	1.10	26	61	42.6	0.87	15	53	28.3	0.50	24	57	42.3	0.80	17	40	42.3	0.56
24	新添	第二小学	56	101	55.4	1.87	68	134	50.7	2.27	23	105	21.9	0.77	43	88	48.9	1.43	48	107	44.4	1.58	28	64	44.4	0.95

续表20

序号	学区名称	学校名称	2005—2006学年度				2006—2007学年度				2007—2008学年度				2008—2009学年度				平均值				2009—2010学年度			
			前3000名人数	学校毕业人数	占学校毕业人数比例(%)	占全县前3000名指标	前3000名人数	学校毕业人数	占学校毕业人数比例(%)	占全县前3000名指标	前3000名人数	学校毕业人数	占学校毕业人数比例(%)	占全县前3000名指标	前3000名人数	学校毕业人数	占学校毕业人数比例(%)	占全县前3000名指标	平均完成毕业人数	平均学校毕业人数	占学校毕业人数比例(%)	占全县前3000名指标比例(%)	前3000名人数	2010学校毕业人数	占学校毕业人数比例(%)	占全县前3000名指标
25	新添	杨家大庄小学	64	134	47.8	2.13	52	115	45.2	1.73	41	128	32.0	1.37	48	107	44.9	1.60	51	121	42.4	1.71	32	76	42.4	1.07
26	新添	第一小学	32	65	49.2	1.07	18	82	22.0	0.60	10	61	16.4	0.33	13	48	27.1	0.43	18	64	28.5	0.61	11	37	28.5	0.35
27	新添	卅墩学校	0	0	0.0	0.00	40	72	55.6	1.33	24	80	30.0	0.80	20	96	20.8	0.67	21	62	33.9	0.70	19	56	33.9	0.63
28	新添	冯家沟门小学	16	41	39.0	0.53	14	49	28.6	0.47	1	52	1.9	0.03	1	42	2.4	0.03	8	46	17.4	0.27	7	40	17.4	0.23
29	新添	褚家寨子小学	0	0	0.0	0.00	1	23	4.3	0.03	0	21	0.0	0.00	2	26	7.7	0.07	1	18	4.3	0.03	1	27	4.3	0.04
30	辛店	生基希望小学	21	60	35.0	0.70	21	62	33.9	0.70	29	63	46.0	0.97	56	85	65.9	1.87	32	68	47.0	1.06	44	93	47.0	1.46
31	辛店	辛店小学	15	63	23.8	0.50	12	69	17.4	0.40	18	54	33.3	0.60	39	81	48.1	1.30	21	67	31.5	0.70	24	76	31.5	0.80
32	辛店	朱家川小学	5	36	13.9	0.17	1	40	2.5	0.03	3	68	4.4	0.10	7	42	16.7	0.23	4	47	8.6	0.13	4	47	8.6	0.13
33	辛店	下兼子学校	10	28	35.7	0.33	1	29	3.4	0.03	2	37	5.4	0.07	7	53	13.2	0.23	5	37	13.6	0.17	7	54	13.6	0.24
34	辛店	欧家寨学校	20	55	36.4	0.67	9	58	15.5	0.30	3	65	4.6	0.10	17	61	27.9	0.57	12	60	20.5	0.41	8	38	20.5	0.26
35	辛店	裴家湾小学	17	27	63.0	0.57	16	38	42.1	0.53	26	43	60.5	0.87	34	63	54.0	1.13	23	43	54.4	0.78	33	61	54.4	1.11
36	辛店	刘陈家沟小学	9	36	25.0	0.30	6	36	16.7	0.20	10	27	37.0	0.33	7	27	25.9	0.23	8	32	25.4	0.27	8	32	25.4	0.27
37	辛店	祁家沟小学	0	11	0.0	0.00	2	10	20.0	0.07	0	19	0.0	0.00	2	27	7.4	0.07	1	17	6.0	0.03	1	21	6.0	0.04
38	太石	太石小学	16	42	38.1	0.53	13	57	22.8	0.43	24	77	31.2	0.80	24	52	46.2	0.80	19	57	33.8	0.64	16	48	33.8	0.54
39	太石	南门小学	17	60	28.3	0.57	7	52	13.5	0.23	17	65	26.2	0.57	23	97	23.7	0.77	16	69	23.4	0.53	16	67	23.4	0.52
40	太石	沙塄小学	37	69	53.6	1.23	17	73	23.3	0.57	7	69	10.1	0.23	33	68	48.5	1.10	24	70	33.7	0.78	21	61	33.7	0.69
41	太石	水泉小学	26	76	34.2	0.87	3	70	4.3	0.10	13	78	16.7	0.43	11	71	15.5	0.37	13	74	18.0	0.44	8	43	18.0	0.26
42	太石	巴下小学	9	39	23.1	0.30	5	40	12.5	0.17	3	40	7.5	0.10	4	29	13.8	0.13	5	37	14.2	0.18	2	17	14.2	0.08
43	太石	安家咀学校	15	31	48.4	0.50	14	36	38.9	0.47	7	42	16.7	0.23	10	42	23.8	0.33	12	38	30.5	0.38	11	35	30.5	0.36
44	太石	龚家大庄学校	2	20	10.0	0.07	1	10	10.0	0.03	0	15	0.0	0.00	3	9	33.3	0.10	2	14	11.1	0.05	1	9	11.1	0.03
45	太石	上梁小学	8	15	53.3	0.27	0	16	0.0	0.00	0	11	0.0	0.00	3	23	13.0	0.10	3	16	16.9	0.09	3	19	16.9	0.11
46	中铺	中铺小学	23	98	23.5	0.77	29	85	34.1	0.97	16	88	18.2	0.53	28	88	31.8	0.93	24	90	26.7	0.80	20	75	26.7	0.67
47	中铺	何家山学校	15	36	41.7	0.50	3	48	6.3	0.10	9	38	23.7	0.30	6	34	17.6	0.20	8	39	21.2	0.28	5	24	21.2	0.17

序号	学区名称	学校名称	2005—2006学年度				2006—2007学年度				2007—2008学年度				2008—2009学年度				平均值				2009—2010学年度指标			
			前3000名人数	学校毕业人数	占学校毕业人数比例(%)	占全县前3000名指标	前3000名人数	学校毕业人数	占学校毕业人数比例(%)	占全县前3000名指标	前3000名人数	学校毕业人数	占学校毕业人数比例(%)	占全县前3000名指标	前3000名人数	学校毕业人数	占学校毕业人数比例(%)	占全县前3000名指标	平均完成人数	平均毕业人数	占学校毕业人数比例(%)	占全县前3000名指标比例(%)	2010年前3000名指标人数	学校毕业人数	占学校毕业人数比例(%)	占全县前3000名指标
48	中铺	康家山小学	4	21	19.0	0.13	0	16	0.0	0.00	1	15	6.7	0.03	3	20	15.0	0.10	2	18	11.1	0.07	2	16	11.1	0.06
49	中铺	马家山小学	3	17	17.6	0.10	2	17	11.8	0.07	3	19	15.8	0.10	0	14	0.0	0.00	2	17	11.9	0.07	1	11	11.9	0.04
50	中铺	下石家小学	15	41	36.6	0.50	9	46	19.6	0.30	10	44	22.7	0.33	12	31	38.7	0.40	12	41	28.4	0.38	7	23	28.4	0.22
51	红旗	红咀小学	8	46	17.4	0.27	8	54	14.8	0.27	9	44	20.5	0.30	12	85	14.1	0.40	9	57	16.2	0.31	8	47	16.2	0.25
52	红旗	灵石学校	6	63	9.5	0.20	6	65	9.2	0.20	20	89	22.5	0.67	8	57	14.0	0.27	10	69	14.6	0.33	8	55	14.6	0.27
53	红旗	何家湾小学	1	35	2.9	0.03	0	32	0.0	0.00	0	30	0.0	0.00	4	31	12.9	0.13	1	32	3.9	0.04	1	27	3.9	0.04
54	上营	卢湾希望小学	8	30	26.7	0.27	4	36	11.1	0.13	9	39	23.1	0.30	10	104	9.6	0.33	8	52	14.8	0.26	8	53	14.8	0.26
55	上营	赵家台小学	12	50	24.0	0.40	4	52	7.7	0.13	7	58	12.1	0.23	9	41	22.0	0.30	8	50	15.9	0.27	5	30	15.9	0.16
56	上营	贺家沟小学	5	30	16.7	0.17	1	38	2.6	0.03	4	35	11.4	0.13	1	38	2.6	0.03	3	35	7.8	0.09	3	33	7.8	0.09
57	上营	好水小学	3	30	10.0	0.10	1	37	2.7	0.03	4	36	11.1	0.13	2	32	6.3	0.07	3	34	7.4	0.08	2	28	7.4	0.07
58	峡口	党家墩学校	20	49	40.8	0.67	18	60	30.0	0.60	14	54	25.9	0.47	9	49	18.4	0.30	15	53	28.8	0.51	11	38	28.8	0.36
59	峡口	峡口小学	9	61	14.8	0.30	22	77	28.6	0.73	8	68	11.8	0.27	29	78	37.2	0.97	17	71	23.9	0.57	9	36	23.9	0.29
60	峡口	新集小学	8	22	36.4	0.27	8	23	34.8	0.27	6	30	20.0	0.20	7	39	17.9	0.23	7	29	25.4	0.24	9	34	25.4	0.29
61	峡口	马家岔小学	4	24	16.7	0.13	1	29	3.4	0.03	2	35	5.7	0.07	1	32	3.1	0.03	2	30	6.7	0.07	1	21	6.7	0.05
62	站滩	站滩小学	14	28	50.0	0.47	10	31	32.3	0.33	16	48	33.3	0.53	16	42	38.1	0.53	14	37	37.6	0.47	13	35	37.6	0.44
63	站滩	云谷小学	6	19	31.6	0.20	3	24	12.5	0.10	5	30	16.7	0.17	8	43	18.6	0.27	6	29	19.0	0.18	5	24	19.0	0.15
64	站滩	五腚沟小学	4	9	44.4	0.13	3	13	23.1	0.10	7	13	53.8	0.23	5	21	23.8	0.17	5	14	33.9	0.16	6	17	33.9	0.19
65	遮迷	遮迷小学	12	43	27.9	0.40	5	24	20.8	0.17	12	28	42.9	0.40	8	40	20.0	0.27	9	34	27.4	0.31	9	34	27.4	0.31
66	遮迷	红庄小学	9	38	23.7	0.30	9	42	21.4	0.30	7	40	17.5	0.23	2	33	6.1	0.07	7	38	17.6	0.23	5	30	17.6	0.18
67	连湾	连湾小学	39	56	69.6	1.30	24	65	36.9	0.80	11	80	13.8	0.37	16	75	21.3	0.53	23	69	32.6	0.75	15	45	32.6	0.49
68	连湾	大湾小学	1	15	6.7	0.03	1	25	4.0	0.03	1	21	4.8	0.03	8	33	24.2	0.27	3	24	11.7	0.09	3	22	11.7	0.09
69	连湾	满郭滩小学	0	0	0.0	0.00	0	25	0.0	0.00	3	20	15.0	0.10	6	16	37.5	0.20	2	15	14.8	0.08	2	14	14.8	0.07
70	康家集	康家集小学	36	69	52.2	1.20	27	67	40.3	0.90	37	79	46.8	1.23	38	142	26.8	1.27	35	89	38.7	1.15	24	62	38.7	0.80
71	康家集	赵家明学校	9	41	22.0	0.30	9	40	22.5	0.30	8	41	19.5	0.27	9	50	18.0	0.30	9	43	20.3	0.29	11	53	20.3	0.36
72	窑店	窑店小学	12	51	23.5	0.40	30	83	36.1	1.00	40	97	41.2	1.33	54	109	49.5	1.80	34	85	40.0	1.13	36	91	40.0	1.21

续表20

序号	学区名称	学校名称	2005—2006学年度 前3000名人数	学校毕业人数	占学校毕业人数比例(%)	占全县前3000名指标比例(%)	2006—2007学年度 前3000名人数	学校毕业人数	占学校毕业人数比例(%)	占全县前3000名指标比例(%)	2007—2008学年度 前3000名人数	学校毕业人数	占学校毕业人数比例(%)	占全县前3000名指标比例(%)	2008—2009学年度 前3000名人数	学校毕业人数	占学校毕业人数比例(%)	占全县前3000名指标比例(%)	平均值 平均完成人数	平均毕业人数	占学校毕业人数比例(%)	占全县前3000名指标比例(%)	2009—2010学年度 前3000名指标人数	学校毕业人数	占学校毕业人数比例(%)	占全县前3000名指标比例(%)
73	窑店	四十铺小学	14	45	31.1	0.47	5	69	7.2	0.17	30	69	43.5	1.00	18	60	30.0	0.60	17	61	27.6	0.56	9	32	27.6	0.29
74	窑店	北大坪学校	5	39	12.8	0.17	6	41	14.6	0.20	5	40	12.5	0.17	14	48	29.2	0.47	8	42	17.9	0.25	4	24	17.9	0.14
75	龙门	三十铺小学	10	55	18.2	0.33	33	59	55.9	1.10	12	48	25.0	0.40	12	51	23.5	0.40	17	53	31.5	0.56	13	40	31.5	0.42
76	龙门	二十铺小学	21	102	20.6	0.70	26	102	25.5	0.87	19	119	16.0	0.63	20	103	19.4	0.67	22	107	20.2	0.72	13	66	20.2	0.44
77	龙门	甜水沟小学	4	66	6.1	0.13	10	75	13.3	0.33	10	73	13.7	0.33	14	65	21.5	0.47	10	70	13.6	0.32	8	58	13.6	0.26
78	龙门	上湾小学	13	23	56.5	0.43	7	17	41.2	0.23	3	21	14.3	0.10	4	17	23.5	0.13	7	20	34.6	0.23	6	18	34.6	0.21
79	龙门	店子小学	32	115	27.8	1.07	64	105	61.0	2.13	74	96	77.1	2.47	74	123	60.2	2.47	61	110	55.6	2.03	38	69	55.6	1.28
80	玉井	陈家咀小学	20	53	37.7	0.67	44	100	44.0	1.47	37	86	43.0	1.23	13	52	25.0	0.43	29	73	39.2	0.95	11	29	39.2	0.38
81	玉井	杨家台小学	10	91	11.0	0.33	13	84	15.5	0.43	22	76	28.9	0.73	32	65	49.2	1.07	19	79	24.4	0.64	14	56	24.4	0.45
82	玉井	岚观坪小学	25	80	31.3	0.83	8	87	9.2	0.27	35	98	35.7	1.17	30	51	58.8	1.00	25	79	31.0	0.82	15	47	31.0	0.49
83	玉井	朱家坪小学	10	46	21.7	0.33	8	47	17.0	0.27	9	48	18.8	0.30	4	35	11.4	0.13	8	44	17.6	0.26	6	35	17.6	0.21
84	衙下	寺洼山小学	43	146	29.5	1.43	8	105	7.6	0.27	28	123	22.8	0.93	44	229	19.2	1.47	31	151	20.4	1.03	15	75	20.4	0.51
85	衙下	河童家小学	8	66	12.1	0.27	7	84	8.3	0.23	5	86	5.8	0.17	1	98	1.0	0.03	5	84	6.3	0.18	5	77	6.3	0.16
86	衙下	鹤鸽崖小学	8	78	10.3	0.27	4	79	5.1	0.13	6	88	6.8	0.20	6	85	7.1	0.20	6	83	7.3	0.20	4	58	7.3	0.14
87	衙下	赵家集小学	18	69	26.1	0.60	6	66	9.1	0.20	15	82	18.3	0.50	8	73	11.0	0.27	12	73	16.2	0.39	7	42	16.2	0.23
88	衙下	兴丰小学	12	94	12.8	0.40	0	112	0.0	0.00	2	111	1.8	0.07	7	122	5.7	0.23	5	110	4.8	0.18	4	89	4.8	0.14
89	衙下	张家寺小学	13	70	18.6	0.43	2	81	2.5	0.07	5	82	6.1	0.17	11	88	12.5	0.37	8	80	9.7	0.26	7	71	9.7	0.23
90	衙下	牛家寺学校	2	51	3.9	0.07	1	48	2.1	0.03	3	58	5.2	0.10	1	57	1.8	0.03	2	54	3.3	0.06	2	57	3.3	0.06
91	南屏	岚林寺小学	9	42	21.4	0.30	11	45	24.4	0.37	15	42	35.7	0.50	26	87	29.9	0.87	15	54	28.2	0.51	21	75	28.2	0.71
92	南屏	紫松希望小学	5	37	13.5	0.17	3	53	5.7	0.10	11	89	12.4	0.37	3	81	3.7	0.10	6	65	8.5	0.18	7	83	8.5	0.23
93	南屏	三甲小学	9	85	10.6	0.30	4	48	8.3	0.13	7	98	7.1	0.23	9	134	6.7	0.30	7	91	7.9	0.24	6	71	7.9	0.19
94	南屏	安川小学	0	0	0.0	0.00	1	58	1.7	0.03	5	56	8.9	0.17	1	75	1.3	0.03	2	47	3.7	0.06	2	51	3.7	0.06
95	南屏	电投希望小学	2	24	8.3	0.07	4	37	10.8	0.13	1	41	2.4	0.03		66	12.1	0.27	4	47	8.9	0.13	4	44	8.9	0.13
合计	95 所		2187	5605	39.0	72.9	2141	6084	35.2	71.367	2149	6371	33.7	71.63	2314	6619	35.0	77.13	2197.8	6169.8	35.6	73.26	1925	5246	36.7	64.2

注：数据由县教研所小学教研室提供。

年度咋报

109

表21 2003—2009年全县教育建设项目一览表

序号	项目名称	建设年限(年)	建筑面积(m²)	总投资(万元)	其中				完成投资(万元)	到位资金				项目类型
					中央专项(万元)	省级资金(万元)	县级配套(万元)	捐赠款(万元)		专项(万元)	省配套(万元)	自筹(万元)	其他(万元)	
	2003年小计		12930	907	0	0	756	151						
1	临洮四中综合教学楼	2003	5500	406			360	46	360			314	46	税改经费建设项目
2	衙下中学生宿办楼	2003	2200	148			148		148			148		自建项目
3	临洮县实验小学教学楼	2003	1100	83			83		83			50	33	自建项目
4	八里铺镇张家庄小学教学楼	2003	1100	55			35	20	55			35	20	上海白玉兰捐赠项目
5	峡口初中教学楼	2003	2080	130			130		130			130		税改经费建设项目
6	超然书院	2003	950	85				85						自建项目
	2004年小计		28483.01	2407.74	270	220	1718.44	199.3						
7	文峰中学教学楼	2004	5466	492	90		402		476	90		386		税改经费建设项目
8	青少年活动中心	2004	2488	546		120	426		420		120	300		省级青少年校外活动场所项目
9	临洮二中综合实验楼	2004	5500	430		100	330		430		100	330		省级教育费附加项目
10	新添乡联丰小学教学教室	2004	600	30	20		0	10	30	20		0	10	二期危改项目
11	塔湾乡大湾小学教学教室	2004	380	20	20		0		20	20		0		二期危改项目
12	临洮三中教学楼	2004	4060	272	60		212		272	60		212		二期危改项目
13	窑店中学教学楼	2004	2388.4	148.8	60		88.8		148.8	60		88.8		二期危改项目
14	五户初中教室	2004	662.01	40	20		20		40	20		20		二期危改项目
15	洮阳镇文峰小学	2004	2363.6	154.64			84.64	70	154.64			84.64	70	上海端安捐赠项目
16	太石镇安家川小学	2004	1518	97			67	30	97			67	30	上海端安捐赠项目
17	八里铺镇八里铺小学	2004	1547	102			72	30	85.49			55.49	30	上海端安捐赠项目
18	窑店镇中心小学教室	2004	810	34.3			10	24.3	34.3			10	24.3	庆恩捐建项目
19	窑店镇四十铺小学教学教室	2004	700	41			6	35	41			6	35	阿科力捐建项目
	2005年小计		14333	1218.5	95	280	783.5	60						
20	临洮三中综合实验楼	2005	3000	280		150	130		280		150	130		省级教育费附加助资助高中建设项目
21	文峰中学业务楼、厕所等	2005	2070	389			389		389			389		税改经费建设项目
22	临洮三中学生宿舍楼(一期)	2005	4060	97.5		70	27.5		97.5		70	27.5		省级"普九"补助项目
23	衙下中学校舍	2005	2648	254	95		159		133	95		38		中央财政补助危改项目
24	红旗乡红旗小学教学楼	2005	1000	89			49	40	89			49	40	明德项目
25	新添镇孙家小学教学楼	2005	867	49			29	20	49			29	20	税改经费建设项目
26	龙门镇青化小学校舍	2005	398	30		30			30		30			省级专项
27	龙门镇高峰小学校舍	2005	290	30		30			30		30			省级专项

续表 21

序号	项目名称	建设年限（年）	建筑面积（m²）	总投资（万元）	中央专项（万元）	其中 省级资金（万元）	其中 县级配套（万元）	其中 捐赠款（万元）	完成投资（万元）	到位资金 专项（万元）	到位资金 省配套（万元）	到位资金 自筹（万元）	到位资金 其他（万元）	项目类型
	2006 年小计		9414.74	757.5	135	152	350.5	120	117	135	75	42	40	
28	临洮三中宿舍楼（二期）	2006	1767	117		75	42		117					省级"普九"补助项目
29	临洮四中综合实验楼	2006	4582	409	135	77	197		409	135	77	197		省级教育费附加资助高中建设项目
30	洮阳镇东明德小学教学楼	2006	1052	88			48	40	88			48	40	明德项目
31	八里铺镇沿川小学校舍	2006	490	36			16	20	36			16	20	上海白玉兰捐赠项目
32	南屏镇安川小学校舍	2006	589	37.5			17.5	20	37.5			17.5	20	上海白玉兰捐赠项目
33	八里铺镇高庙小学校舍	2006	561.74	43			23	20	43			23	20	爱心项目
34	衙下镇刘家河小学	2006	373	27			7	20	27			7	20	捐赠款项目
	2007 年小计		17593.6	1443.36	233	116	1062.36	32	50	48			10	
35	临洮四中宿舍楼	2007	5556	440	106	53	281		50	48				长效机制项目
36	卧龙初中综合教学楼	2007	1250	116	60	30	26		28	27				长效机制项目
37	文峰中学 1 号学生宿舍楼	2007	5790	480.6			480.6		20					税改经费建设项目
38	临洮县职教中心学生宿舍楼	2007	2934.6	257.76			257.76		5					税改经费建设项目
39	新添镇潘家庄小学校舍	2007	1098	77	40	20	17		36	18				长效机制项目
40	八里铺镇来子庙小学校舍	2007	474	40	27	13			32	27				长效机制项目
41	龙门镇刘家小学校舍	2007	491	32				32	24				10	捐赠款项目
	2008 年小计		29319	3424	1685	96	1263	381	1650	890				
42	文峰中学 2 号教学用房	2008—2009	11303	1650	649	26	975		1650	890				长效机制项目
43	站滩初中改造项目	2008	1330	122.3			22.3	100						中西部农村初中改造项目
44	站滩乡漫洼初中学生宿舍	2008	1893	178	178									中西部农村初中改造项目
45	辛店初中学生宿舍楼	2008—2009	1000	105	105				135	105				中西部农村初中改造项目
46	洮阳初中学生宿舍楼	2008—2009	2628	304	304				354	304				中西部农村初中改造项目
47	甘铺初中学生宿舍楼	2008—2009	1156	119	119				159	119				中西部农村初中改造项目
48	三甲初中中学校舍	2008—2009	2249	230	230				270	230				中西部农村初中改造项目
49	杨家庙初中校舍	2008	1291.3	102.4	100		2.4							长效机制项目
50	南屏镇三甲小学校舍	2008	356.32	28			3	25						民生银行捐助项目
51	洮阳镇李范家小学	2008	390	39			4	35						民生银行捐助项目
52	漫洼乡漫洼小学校舍	2008	471	59			34	25						完美公司捐助项目
53	洮阳镇建设小学教学楼	2008	1533	160		50	60	50			50			明德项目
54	太石镇李家湾小学校舍	2008	541.5	41			21	20						爱心项目
55	衙下集镇牛家寺小学校舍	2008	160	11.2			11.2							税改经费建设项目
56	辛店镇前川小学校舍	2008	75	7.4			7.4							税改经费建设项目
57	龙门镇五里铺小学校舍	2008	82	5.7			5.7							税改经费建设项目
58	新添镇杨家大庄教学楼	2007—2008	1244.7	111.5		20	81.5	20						招金项目
59	衙下集镇河董家小学校舍	2007—2008	596	57.2			13.7	43.5						乐施会捐赠项目
60	龙门镇三十铺小学校舍	2008	186	32				32						捐赠款项目

续表21

序号	项目名称	建设年限（年）	建筑面积（m²）	总投资（万元）	其中				完成投资（万元）	到位资金				项目类型
					中央专项（万元）	省级专项资金（万元）	县级配套（万元）	捐赠款（万元）		专项（万元）	省配套（万元）	自筹（万元）	其他（万元）	
61	洮阳镇祁家滩小学校舍	2008	170	11.7		10	1.7							省级财政专项
62	南屏镇岚林寺小学校舍	2008	663.5	49.76		19.76		30						兰州军区捐赠项目
	2009年小计		67391.2	9109.8	6207.0	737.0	959.3	1206.5	5423.6	2298.5	567.0	304.0	201.0	
63	玉井农职中初中部校舍	2008—2009	2004	150.3	113		37.3		130	113				长效机制项目
64	临洮中学教学楼维修	2008—2009		50		50			50		50			一般灾区建设项目
65	临洮二中综合艺术楼	2008—2009	1350	202			122	80	202			120		部逸夫项目
66	临洮二中初中部综合教学楼	2008—2009	4300	580	50	182	348		580	50	182	68		长效机制项目
67	站滩乡云谷学校学生宿舍	2008—2009	320	30		30			30		30			长效机制项目
68	连湾初中学生宿舍楼	2008—2009	773	100	100				100	100				中西部农村初中改造项目
69	漫洼初中学生宿舍楼	2008—2009	1516	152	152				82	82				中西部农村初中改造项目
70	上营初中学生宿舍楼	2008—2009	1506	195	195				196	196				中西部农村初中改造项目
71	玉井镇陈家唱学校初中部学生宿舍楼	2009	635	83	83				83	83				中西部农村初中改造项目
72	程家铺初中学生宿舍楼	2009	1715	223	223				223	223				中西部农村初中改造项目
73	康家集初中学生宿舍楼	2009	1330	173	173				173	173				中西部农村初中改造项目
74	中铺初中学生宿舍楼	2009	1650	215	215				215	215				中西部农村初中改造项目
75	红旗乡初中学生宿舍楼	2009	730	95	95				95	95				中西部农村初中改造项目
76	玉井镇陈家唱学校小学部教学用房	2008—2009	518	41.64			21.64	20	41.64			20	19	怀心项目
77	辛店镇刘陈家小学教学用房	2008—2009	585	58				58	60				52	乐施会捐赠项目
78	洮阳镇文峰寄宿制小学生综合楼	2008—2009	1550	286	286				226	246				一般灾区建设项目
79	潘家集初中教师办公楼	2008—2009	866	82	82				82	82				一般灾区建设项目
80	衙下中学第二小学厕所	2008—2009	204	36	36				36	36				新农村卫生新校园建设项目
81	新添镇第二小学厕所	2008—2009	102	22	22				22	22				新农村卫生新校园建设项目
82	临洮县职教中心教学楼	2009—2010	3067	460	300	160			346	300		46		职业教育建设项目
83	文峰中学2号宿舍楼、食堂	2009—2010	7661	1223	1223				100					2009年中央灾后重建基金项目
84	临洮县职教中心综合楼	2009—2010	2850	400	400				380					2009年中央灾后重建基金项目
85	临洮二中学生宿舍楼	2009—2010	5022	627	532		95		100					2009年中央灾后重建基金项目
86	红旗乡红唱寄宿制小学生宿舍、食堂	2009—2010	268	29	29				29					2009年中央灾后重建基金项目
87	站滩乡站滩寄宿制小学教学辅助用房及生活用房	2009—2010	1004	110	110				80					2009年中央灾后重建基金项目
88	连湾乡连湾寄宿制小学教学辅助用房及生活用房	2009—2010	850	94	94				80					2009年中央灾后重建基金项目

续表21

序号	项目名称	建设年限(年)	建筑面积(m²)	总投资(万元)	其中				完成投资(万元)	到位资金				项目类型
					中央专项(万元)	省级资金(万元)	县级配套(万元)	捐赠款(万元)		专项(万元)	省配套(万元)	自筹(万元)	其他(万元)	
89	峡口镇峡口寄宿制小学教学辅助用房及生活用房	2009—2010	610	67	67				50					2009年中央灾后重建基金项目
90	上营乡卢湾寄宿制希望小学教学辅助用房及生活用房	2009—2010	730	102	102				95					2009年中央灾后重建基金项目
91	临洮三中综合楼	2009—2010	1958	298	298				250					2009年中央灾后重建基金项目
92	苟家滩初中综合楼	2009—2010	1580	221	221				180					2009年中央灾后重建基金项目
93	改河初中综合楼	2009—2010	2790	391	391				350					2009年中央灾后重建基金项目
94	玉井农职中综合楼	2009—2010	1000	150	150				130					2009年中央灾后重建基金项目
95	玉井镇陈家咀小学部宿舍楼	2009—2010	366	53	53				53					2009年中央灾后重建基金项目
96	辛店镇康家崖希望小学基寄宿制小学教学辅助用房及生活用房	2009—2010	680	95	95				70					2009年中央灾后重建基金项目
97	漫洼乡漫洼寄宿制小学教学辅助用房及生活食堂用房	2009—2010	610	67	67				67					2009年中央灾后重建基金项目
98	窑店镇北大坪学校教学辅助用房及生活用房	2009—2010	500	60	60	10	11.15	30	56	22.5				2009年红十字会灾后重建项目
99	窑店镇中铺寄宿制小学宿舍及食堂	2009—2010	465	51.15		100	95	30	35	100	10		30	2009年招金集团捐赠项目
100	峡口镇三甲初中教学楼	2009—2010	1300	195		100			100			50		2009年农村义务教育设施改善项目
101	南屏镇三甲寄宿制小学综合楼	2009—2010	1420	204		174		30	30		174		30	2009年农村义务教育设施改善项目
102	潘家集初中宿舍楼	2009—2010	864	121		121			70		121			2009年农村义务教育设施改善项目
103	窑店中学厕所	2009—2010	207	40	40				40	40				新农村卫生新校园建设项目
104	洮阳镇养正小学厕所	2009—2010	200	40	20		20		35	20				新农村卫生新校园建设项目
105	八里铺镇王家大庄小学附属幼儿园综合楼	2009	498.56	49.2			49.2		30				30	土地置换
106	中铺镇下石家小学校舍	2009—2010	240	24				24	3					香港慈善捐款
107	窑店镇大坊小学校舍	2009—2010	440	45.5				45.5	3					香港慈善捐款
109	八里铺镇王家磨小学及幼儿园校舍	2009—2010	1311	100				100	35				40	中侨联捐款50万元,其余当地建筑公司捐款
110	临洮县金泽小学及幼儿园综合楼	2009—2010	6965.5	859		40		819						金泽公司捐款
111	文峰中学2号教学实验楼			100	100					100				2009校舍维修发行以奖代补资金
112	太石镇南门小学校舍改造			30	30									2009年校舍维修专项资金
113	窑店中学校舍		280	30	30	30								教育救灾专项
总计			179464.91	19268.05	8625.00	1601.00			6892.75	2149.30				

注:数据由县教育局项目办提供。

咋报废度年

探索创新

小学教育:优化结构　分层管理

在全县小学生急剧下降、小学撤并基本到位、寄宿制小学建设步伐加快的新形势下,我们必须加紧探索小学教育管理机制,积极稳妥,大胆创新,建立县教育局、学区、中心小学三级管理体制。

要面向未来,起码要面向一二十年后,祖国整体进入工业化、城镇化的美好未来,着眼审视当代小学教育发展方向和育人目标。坚持"德育为先,以人为本,素质教育,全面发展"的方向,杜绝小学中低年级应试教育,还快乐于少年儿童。

小学教育是基础教育的基础,做好新形势下小学教育工作特别重要。

一、优化结构

优化小学教育结构是大事情。经过三年的实施,我县小学撤并和寄宿制小学建设有了很大进展,出现了以下6种模式。

1.优质化发展小学,一般是县城和农村大的乡村小学。临洮县实验一小、实验二小、南街小学、北街小学、西街小学、养正小学,洮阳学区旭东小学,八里铺学区王家大庄小学、菜子庙小学,太石学区沙塄小学,辛店学区裴家湾小学、白杨小学,中铺学区下石家小学,峡口学区新集小学,玉井学区岚观坪小学、杨家台小学,衙下学区张家寺小学、鹁鸽崖小学共18所,据初步统计(下同),在校学生8688人,其中5—6年级3407人,3—4年级学生2800人,1—2年级学生2521人。

2.规模化发展完全小学,一般是乡镇或农村区域性中心小学。洮阳学区建设小学,八里铺学区八里铺小学,新添学区新添一小、新添二小、潘家庄小学,辛店学区辛店小学,太石学区太石小学,上营学区赵家台小学,窑店学区四十铺小学,龙门学区东廿铺小学、三十铺小学,衙下学区兴丰小学、河董家小学,南屏学区安川小学共14所,在校学生3257人,其中5—6年级1394人,3—4年级学生1033人,1—2年级学生830人。

3.高年级寄宿制小学,一般是乡镇中心小学或者有集贸市场的行政村小学,每个乡镇各一所小学。临洮县文峰小学,八里铺学区王家磨小学,新添学区杨家大庄小学,辛店学区康家崖生基希望小学、朱家川小学,太石学区南门小学,中铺学区中铺小学,红旗学区红咀小学,峡口学区峡口小学,上营学区卢湾希望小学,站滩学区站滩小学,漫洼学区漫洼小学,连湾学区连湾小学,窑店学区窑店小学,康家集学区康家集小学,龙门学区甜水沟小学,玉井学区店子小学,衙下学区寺洼山小学,南屏学区岚林寺小学、三甲小学共20所,在校学生5203人,其中5—6年级学生2600人(住宿学生491人),3—4年级学生1457人,1—2年级学生1146人。

4.九年制(高年级小学生寄宿)学校,规模较小独立初中和当地小学合并改制为九年制小学高年级寄宿学校,或者扩大现有九年制学校小学高年级办学规模,实行5—9年级学生寄宿,1—4年级小学生走读,探索"5·4"学制。洮阳学区卧龙学校、杨家店学校(规划改制),八里铺学区火石沟学校、沿川学校(规划改制),新添学区卅墩学校、刘家沟门学校(规划改制),辛店学区下寨子学校,太石学区安家咀学校、龚家大庄学校,中铺学区何家山学校,峡口学区党家墩学校,站滩学区云谷学校,窑店学区北大坪学校,康家集学区赵家咀学校,玉井学区陈家咀学校,衙下学区杨家庙学校共16所,小学部在校学生2574人,其中5—6年级学生1179人(住宿学生230人),3—4年级学生816人,1—2年级学生579人。

以上寄宿制、规模化、优质化发展小学(部)68所,在校学生19722人,占全县小学生总数36867人的46.51%。其中,5—6年级学生8580人,占全县相同年级小学生数15756人的54.46%(其中住宿学生744人、占68所小学和小学部高年级在校学生的8.7%);3—4年级学生6106人,占全县相同年级小学生数11383人的53.64%;1—2年级学生5076人,占全县相同年级小学生数9768人的51.97%(其中2009—2010学年度一年级招生2472人,占全县小学招生总数4804人的51.5%)。

以上68所小学(部)2008—2009学年度参加小学毕业班教学质量检测5575人,其中前1000名上线人数807人,上线率14.5%,占全县上线总数1000人的80.7%;前3000名上线人数2162人,上线率38.7%,占全县上线总数3000人的72%。

以上68所小学(部)现有教师1178人,其中男515人,占43.7%,女663人,占56.3%;年龄结构在30岁及以下463人,占34.2%,31—45岁404人,占34.3%,46—50岁133人,占11.3%,51—55岁男教师79人,占6.7%,女教师51岁、男教师56岁及以上99人,占8.4%;学历结构为师范类本科112人,占9.5%,师范类大专659人,占55.9%,中师234人,占19.9%,普通高中及以下108人,占9.2%;职称结构为中学高级2人,占0.2%,小学高级449人,占38.1%,小学一级454人,占38.5%,小学二级及以下268人,占22.8%。

5.完全小学,一般行政村各一所。全县227所完全小学,在校学生16375人,其中5—6年级学生7176人,3—4年级学生5088人,1—2年级学生4111人。

6.初级小学,在部分行政村。全县93所初级小学,在校学生770人,其中3—4年级学生189人,1—2年级学生581人。

以上完全小学、初级小学在校学生17145人,占全县小学生总数36867人的46.51%。其中,5—6年级学生7176人,占全县相同年级小学生数15756人的45.54%;3—4年级学生5277人,占全县相同年级小学生数11383人的46.36%;1—2年级学生4692人,占全县相同年级小学生数9768人的48.03%。

二、分层管理

小学教育管理重任在教育局。应分6个层面,分类实行宏观调控。

1.九年制(高年级小学生寄宿)学校。考核单位:县教育局;课程开设:一、二年级为语文、数学、品德与生活、音乐、美术、体育,三年级以上增加英语、科学和综合实践活动;教师配备:各配备专职学科教师和生活指导教师;教学功能室:按学科要求配齐;教研室:按1~2个年级1个建设;教师宿舍:按住宿人数一人一间建设;学生宿舍:按在校高年级学生人数的50%建设;食堂:按住宿人数的70%建设。

2.寄宿制小学。考核单位:县教育局;课程开设:一、二年级为语文、数学、品德与生活、音乐、美术、体育,三年级以上增加英语、科学和综合实践活动;教师配备:各配备专职学科教师和生活指导教师;教学功能室:按学科要求配齐;教研室:按1~2个年级1个建设;教师宿舍:按住宿人数一人一间建设;学生宿舍:按在校高年级学生人数的50%建设;食堂:按住宿人数的70%建设。

3.规模化和优质化发展小学。考核单位:县教育局;课程开设:一、二年级为语文、数学、品德与生活、音乐、美术、体育,三年级以上增加英语、科学和综合实践活动;教师配备:各配备专职学科教师;教学功能室:按学科要求配齐;教研室:按1~2个年级1个建设;教师宿舍:按住宿人数一人一间建设。

4.一般完全小学。考核单位:各学区;课程开设:一、二年级为语文、数学、品德与生活、音乐、美术、体育,三年级以上增加英语、科学和综合实践活动;教师配备:各配备语文、数学、英语专职教师和其他学科兼职教师;教学功能室:保证农村远程教育用房;教师宿舍:按住宿人数一人一间建设。

5.中低(1—4)年级初级小学。考核单位:各中心小学;课程开设:一、二年级为语文、数学、品德与生活、音乐、美术、体育,三、四年级增加英语、科学和综合实践活动;教师配备:各配备语文、数学、英语专职教师和其他学科兼职教师共3~4名;教师宿舍:按住宿人数一人一间建设。

6.低(1—2)年级初级小学。考核单位:各中心小学;课程开设:语文、数学、品德与生活、音乐、美术、体育;教师配备:配备1~2名教师;教师宿舍:按住宿人数一人一间建设。

三、工作重点

小学教育工作重点要适时转换。当前要抓好以下6点。

1.加快寄宿制学校建设,加强寄宿小学生管理。规划建设九年制学校16所、寄宿制小学20所,目前已经建成和基本建成21所,其中九年制学校8所,寄宿制小学13所。今后建设重点是:辛店学区朱家川小学(在建),太石学区南门小学(在建),康家集学区康家集小学(在建),龙门学区甜水沟小学(在建),玉井学区店子小学,衙下学区寺洼山小学(在建),南屏学区岚林寺小学;洮阳学区杨家店小学(改制后),八里铺学区沿川小学(改制后),新添学区卅墩学校、刘家沟门小学(改制后),辛店学区下寨子学校,太石学区安家咀学校,站滩学区云谷学校,康家集学区赵家咀学校共15所。**小学生寄宿管理的重点是:保障学校食堂餐饮、住宿卫生条件,预防校园常见病和传染病,普及住宿学生生活常识、卫生常识、道路交通规则常识、电器使用常识,使其形成良好的行为习惯。**

2.创建优质资源小学,自由异动高年级小学生。**实行义务教育阶段学生学籍动态管理,允许高年级以上小学生选择学校、自由异动。在硬件建设、师资力量、管理水平上下工夫,创建寄宿制、规模化、优质化发展小学68所,聚集全县5—6年级65%~75%的小学生享受优质教育资源,实行城区小学各捆绑1~2所农村中心小学,其他优质资源小学各捆绑1所**

完全小学的考核办法,牵引、带动和提升全县小学教育教学质量大幅度提高。

3.抓主抓重,推进寄宿制、规模化、优质化小学全面发展。根据2009—2010学年度全县教育年报统计,全县在校小学生36756人,比历史最高峰2005—2006学年度的63480人减少了26724人,减少了42%。其中,当年一年级入学人数为4804人,比历史最高峰2002—2003学年度的12886人减少了8082人,减少了62.7%。变化之大令人惊讶!因此,**在全县小学生急剧下降、小学撤并基本到位、寄宿制小学建设步伐加快的新形势下,我们必须加紧探索小学教育管理机制,积极稳妥,大胆创新,建立县教育局、学区、中心小学三级管理体制,实行县教育局对九年制学校,寄宿制小学,规模化、优质化发展小学教育教学管理工作目标责任书考核,学区对其他完全小学考核,中心小学对初级小学统一考核,适时确立小学教育管理新体系。**实行学区督教员和规模较大小学副校长包年级、包学科的办法,靠实责任,一抓到底。县教育局就是要抓好创新示范小学,抓好提高教学质量的核心要素,面向绝大部分孩子的全面成长。

4.推动校长和教师成长,全面加强教育教学管理。教育局要以"学生成才,教师成长,学校成功,教育发展"为目标,以校长和教师培训为核心,搭建符合当前小学教育发展需求的教育教学管理活动平台,特别是九年制学校、寄宿制小学、规模化、优质化小学,**一定要创新管理机制,实现教育、教学、管理的"数字化、制度化、规范化、标准化和常态化"。数字化是基础和前提,**制度化、规范化、标准化是过程和方法,常态化是目标和结果。

5.全面开展素质教育,杜绝中低年级小学生应试教育。要面向未来,起码要面向一二十年后,祖国整体进入工业化、城镇化的美好未来,着眼审视当代小学教育发展方向和育人目标。坚持"德育为先,以人为本,素质教育,全面发展"的方向,杜绝小学中低年级应试教育,还快乐于少年儿童。

6.初级小学和学生数在5人以下的完全小学一年级,按学区实行单双年间隔招生。各学区要正确引导,规范发展,细致、科学、合理地划分初级小学招生生源,确保一年级入学小学生每年度的人数大体平衡,做好学生家长的思想工作,防止有人恶意破坏。

(根据作者2009年10月17日在全县小学教育工作研讨会上的讲话整理)

初中教育:下工夫解决"腰里软"的问题

今后,全县初中教育发展的基本思路是:打牢"普九"基础,瞄准"普及高中阶段"目标,紧盯高考形势,实施项目教育战略,打造特色教育品牌,给校长定责任,给教师压任务,向教研要质量,与时俱进,开拓创新,求真务实,通过五六年的艰苦努力,初步扭转初中教育"腰里软"的被动局面。

考风就是全县教育考试的风气问题。只有良好的政风、校风、师风和学风作保证,才会有一个好的考风;只有好的考风作保证,才会有临洮教育的良好形象,临洮教育才会有良好的发展前景。考风不正是教育发展的大敌。

在新的学年即将开始的时候,县教育局决定召开这次全县初中教育分析研讨会,十分重要,也十分及时。主要目的是全面总结上学年度初中教育工作,深入分析差距,讨论决定今后初中发展教育思路、目标任务和工作措施。

一、关于 97% 和 52%

97%,就是 2004 年全县初中毕业率必须达到 97%。这是为了确保完成"普九"任务,按照《义务教育法》关于普及义务教育阶段学生流失率不得超过 3% 的要求确定的,也就是说初中会考参考率必须达到 97% 以上,否则就是违法的,应依法予以处罚。这是一个最低标准,但是实施起来难度是很大的。

52%,就是县教育局提出的 2004 年全县初中升高中的入学率,既是新学年初中要奋斗实现的重要指标,也是 2004 年普通高中招生指标。这是为了确保普及高中阶段教育的稳步推进,按照临洮 13 年内达到初级型小康标准,三年一个台阶,年年要有进步的要求,以及到 2015 年高中阶段入学率达到 65%,2025 年达到 75% 的目标确定的。

上述两项指标,能否实现,关键在初中。具体来说,2004 年城川区洮阳、八里铺、新添、刘家沟门、辛店、太石、中铺、马家窑、衙下、苟家滩、玉井、东二十里铺、窎店等乡镇内的初中参考率必须接近 100%,其余山坪区初中参考率必须达到 97% 以上。参考率保证不了,六合率、平均分等指标难有基础,高中入学率也难以保证。升学率问题,这里,只强调初中升高中问题。2004 年全县初升高入学率要达到 52%,比 2003 年实际提高 1.23 个百分点。各初中怎么办?我想,城区和城效的旭东、东二十里铺、程家铺、西坪、卧龙等学校初中升学率必须达到 90% 以上,川区初中必须达到 65% 以上,山区初中必须达到 45% 以上。

2003 年全县普通高中入学率为 50.77%,高一新生为 3444 人,即 2006 年将有 3444 人参加高考,按 2004 年全县大专以上升学率 41% 计,将有 1412 人可能达到大专分数线。2004 年初升高入学率按 52% 计,全县高一新生将达到 4600 人,比 2003 年高一学生数 3400 人增加 1200 人,也就是说 2007 年将有 4600 名应届生参加高考,大专以上上线率若平均每年增长 1 个百分点,按 44% 计,就可能有 2000 多人达到大专分数线。

只有不断提升初升高入学率,才能扩大高中规模。到 2007 年以后,为实现跨台阶的高中扩招目标,仅靠增班措施是难以实现的。因此,为了加速实现我县 2015 年建立初级型小康社会所要求的高中教育指标,必须通过新建普通高中来实现。

二、关于 52% 和 41%

52%,就是 2004 年初中升高中的升学率。41%,就是在 2003 年全县高考专科以上上线率 39.77% 的基础上提高 1.23 个百分点,2004 年上线率达到 41%。

从 2003 年高中录取分数线和录取率看,临中分数线为 488 分,报考人数 1507 人,录取率为 45%;二中分数线为 470 分,报考人数 1524 人,录取率为 53%。全县初中人数为 6591 人,初升高升学率为 50.77%,会考 AB 卷总分达到 470 分的有 2336 人,占 35.5%;550 分以上的有 532 人,占 38.08%;600 分以上的 133 人,仅占 2.02%。

也就是说,分析 AB 卷,2003 年初中为高中输送较为优秀毕业生 2336 人,占 35.5%,可以从侧面分析,到 2006 年全县专科以上上线率可能为 35.5%;从另一个角度分析,与 2006 年上线率 43%(按年均增长 1 个百分点)的指标相比,相差 7.5%,这可以看出 2006 年的高考面临严峻形势,说明高中还要为这 7.5% 的人进行"补课",说明"腰里软"的程度。

因此,初中教育如何把 52% 的学生高质量地输送到高中,高中教育如何把 41% 以上的学生高质量地培养好,这是当前临洮教育的大事,关乎教育形象,关乎学校生命。**今后,全县初中教育发展的基本思路是:打牢"普九"基础,瞄准"普及高中阶段"目标,紧盯高考形势,实施项目教育战略,打造特色教育品牌,给校长定责任,给教师压任务,向教研要质量,与时俱进,开拓创新,求真务实,通过五六年的艰苦努力,初步扭转初中教育"腰里软"的被动局面。**目标任务是:2004 年全县初中毕业生参考率力争达到 97% 以上,初升高入学率达到 52%。

三、关于特色和项目

打造特色教育品牌,实施项目教育战略。

特色教育,总的要求,一校一个特色,一师一个特色,一班一个特色,甚至一生一个特色。学校工作的每一个侧面,只要是独一无二的,就是特色。特色,关键在于持之以恒。比如,从现在开始,如果某校连续五年在会考中总评列全县前五名之内,这就是特色,就可以发牌确认;如果某校某一单科成绩连续十年列全县前三名,这也是特色,也可以发牌确认;还有德育工作、教科研活动、艺术教育、学科建设、教师成长、学生发展、学校文化和党建、综治、依法治教等方面,只要有所创新,只要长期保持荣誉,都可以发牌确认。只要坚持不懈,特色教育就可破题。因此,一方面,人事股、教育股、教研室要拿出指导性意见来引导,深入学校发现"特色",培养"特色",总结"特色",推广"特色";另一方面,各学校要依据自己的实际,选定"特色",造就"特色",突出"特色",巩固"特色"。通过大家的努力,最终形成临洮教育的特色。"特色",必须树立典型,要大抓一批典型,下工夫推广一批典型。抓"特色",必须抓创新,通过广泛开展教育创新活动,为"特色"增添时代气息。

项目战略,在当前初中教育阶段,从全县来讲,就是发展与扫尾。发展,就是新建学校,近期首要的是抓好文峰中学的建设,将来考虑新建独立初中问题。扫尾,就是在实施"贫三"、"义教"工程的基础上,逐步解决一系列的遗留问题,最重要的是解决拖欠款问题,最紧迫的是解决像五户初中等学校的排危问题。从学校来讲,就是解决拖欠款问题,根本在于争项目、跑项目,跑项目是各学校校长眼下的当然职责,尤其是拖欠数额大的初中,一定要列入重要的议事日程。

四、关于政风和考风

政风就是教育行政系统内教育工作者的作风建设问题,也就是从局长、书记到机关干部和学校全体被任命人员的作风建设问题。包括思想作风、组织作风、工作作风、纪律作风、生活作风建设等等。这里只强调工作作风,关键是开展基层调研和求真务实。机关干部,必须下基层,进学校,深入了解情况、发现问题、寻求办法、妥善解决、不留"后遗症";学校领导一班人必须坚持求真务实,反对弄虚作假。教育局纪检组、人事股要制定针对性较强的打假制度和处理办法,要追究当事人的责任。

校风就是一个学校的作风建设问题,包括校长的个人修养、班子自身建设、教师团队凝聚力等。能以身作则的校长才能带出作风正的班子,作风硬朗的班子才能够凝聚教师团队的力量,才能端正一个学校的校风、教风和学风。校风建设,关键在校长,重点在教师,表现在学生。

师风就是广大教师作风建设问题,包括敬业精神、奉献精神、思想状态、工作责任心、主动性和积极性,包括对党的事业的忠诚度、对本职工作的胜任度、对学生的热爱度,包括对学校各项制度和纪律的自觉遵守程度、对学校和教育形象的维护程度。师风影响着校风,师风关系着学风。

学风就是一个学校学生学习风气问题。好的学风如何造就、如何培养,不仅依赖学生习惯的养成,更重要的在于校风、师风建设,在于校长和教师的真抓实干和精心培育。

考风就是全县教育考试的风气问题。只有良好的政风、校风、师风和学风作保证,才会有一个好的考风;只有好的考风作保证,才会有临洮教育的良好形象,临洮教育才会有良好的发展前景。考风不正是教育发展的大敌。当前,考风不正不仅表现在考场上,而且严重地存在于一些学校的校长、教师中;不仅在考场上做"文章",而且在报表上编造假数据,甚至寻找各种借口搪塞。最近,督导室全面督察了初中参考率问题,对于问题严重的几所学校,交纪检组进一步进行纪律检查。这次会议后,教育局将作出纪律处理。希望大家以此为戒,彻底改掉作假的坏毛病。教育局要坚决刹住这股歪风,杜绝这一坏风气,防止因此而葬送临洮教育的发展前途。从明年开始,坚决改革初中考试评价制度,实行统一考试、统一组织、统一阅卷、统一标准、统一评价。

(根据作者 2003 年 8 月 22 日在全县初中教育教学工作研讨会上的讲话整理)

高中教育：高考工作是"火车头"

高考工作是高中教育的"火车头"。必须勇敢面对差距，冷静分析形势，认真寻找根源，科学确定目标，采取切实措施，一步一个脚印，现在起步，努力追赶，三年初见成效、十年大见成效。

今后，全县高中阶段教育发展的基本思路是：以普及高中阶段教育为总目标，全力创建示范性高中，狠抓高考工作，狠抓教研创新，狠抓队伍建设，给学校定任务，给校长压担子，向教研要质量，创特色树形象，抓项目促发展，与时俱进，开拓创新，求真务实，力争通过三五年的努力，初步扭转全县普通高中教育的被动局面，努力扩大中职教育规模，到2010年高中阶段入学率达到73%，为全县经济和社会事业发展培养较高素质的建设人才。

一、关于高中教育发展的思路和目标任务

2003年，全县初中毕业人数为6866人，高中计划招生3444人，实际招生3789人，比原定计划超出5.2个百分点；全县初中升高中、职中的升学率达到55.2%，比上年增加8.2个百分点，比县政府确定的任务50%高出5.2个百分点，比市教育处下达的指标高出5个百分点，超额完成了市县计划任务。这是全县各完中、职中、初中全体教职员工辛勤努力的结果。

2003年全县初中会考总分在470分以上学生人数2338人，占初中毕业生人数的35.5%，比今年高考大专以上上线率42.22%低6.72个百分点，比2006年计划低近10个百分点。这，就是初中腰里软的程度！也是高中三年的补课任务。

在新的学年，要有新的思路、新的目标和新的举措。**今后，全县高(职)中教育发展的基本思路是：以普及高中阶段教育为总目标，全力创建示范性高中，狠抓高考工作，狠抓教研创新，狠抓队伍建设，给学校定任务，给校长压担子，向教研要质量，创特色树形象，抓项目促发展，与时俱进，开拓创新，求真务实，力争通过三五年的努力，初步扭转全县高中教育的被动局面。**目标任务是：经过两三年的努力，力争实现临中、二中达到省市级示范性高中的目标；继续加大普通高中扩招力度，努力扩大中职教育规模，2004年高中阶段入学率达到56%，每两年提高5个百分点，到2007年达到65%，2010年达到73%，努力实现基本普

及高中教育的目标,为全县经济和社会事业发展培养较高素质的建设人才。

二、关于2004年高考工作

2003年,全县普通高中毕业人数1320人,结业97人,毕业率为89.37%;参加高考人数2776人(职业高中参考人数161人),其中补习生参考人数为1247人;高考高职以上上线人数2011人,列全市第三名,上线率为72.44%,列全市第四名;大专以上上线人数为1104人,列全市第三名,上线率为42.22%,列全市第四名,其中应届生高考大专以上上线人数480人,上线率为35.1%,均居全市第三位;本科以上上线人数为372名,列全市第三名,上线率为14.23%,列全市第四名,其中应届生本科以上上线人数为160人,上线率为11.7%,分别居全市第三位和第四位。2003年,全县高考高职以上上线人数首次突破两千人大关。这种状况表明,与自身过去相比,我们的工作确实有进步,但与全市水平相比,我们仍然处于上线总人数第三、上线率第四的落后局面。

2003年全市38所普通高中高考本科以上上线人数2239人,上线率为14.86%。其中,陇西一中372人,占总数的16.61%,列全市第1,上线率为36.33%,列第1;定西中学364人,占16.26%,列第2,上线率29.03%,列第2;东方红中学223人,占9.96%,列第3,上线率22.3%,列第4;陇西县文峰中学140人,占6.25%,列第7,上线率24.26%,列第3;通渭一中141人,占6.3%,列第6,上线率16.49%,列第7;临洮中学192人,占8.58%,列第4,上线率21.29%,列第5;临洮二中118人,占5.27%,列第8,上线率13.8%,列第8。还有,临洮四中43人,占1.92%,列第11,上线率8.78%,列第18。临洮上列三所学校合计353人,而定西中学一所学校为364人,无法与之相比,更谈不上跟陇西一中相比。全市38所普通高中高考应届生大专以上上线人数为2728人,上线率37.3%。其中陇西一中385人,占总数的14.11%,列全市第1,上线率为64.5%,列第1;定西中学240人,占8.8%,列第2,上线率52.9%,列第4;东方红中学218人,占7.99%,列第4,上线率55.3%,列第2;陇西县文峰中学192人,占7.04%,列第6,上线率55.2%,列第3;通渭一中220人,占8.06%,列第3,上线率46.2%,列第5;临洮中学192人,占7.04%,与陇西县文峰中学并列第6,上线率44.5%,列第7;临洮二中194人,占7.11%,列第5,上线率39.8%,列第10;还有,临洮四中64人,占2.35%,列第12,上线率22.9%,列第23。从我县临洮中学、临洮二中、临洮四中三所高中在全区38所高中的位次和上线人数看,我县高考整体实力还很薄弱,还没有占据自己稳固的、有竞争力的地位。

以上就是我们的成绩和差距,**高考工作是高中教育的"火车头",我们必须勇敢面对差距,冷静分析形势,认真寻找根源,科学确定目标,采取切实措施,一步一个脚印,现在起步,努力追赶,三年初见成效、十年大见成效。**县教育局确定,2004年全县高考大专以上上线率达到44%以上,上线人数1256人以上,应届生大专以上上线率达到37%,上线人数700人以上;本科以上上线率达到15%以上,上线人数达到428人以上,应届生本科上线率达到13%以上,上线人数247人以上。为了确保完成上述任务,必须采取以下措施。

第一,加强对高考的组织领导。年初,教育局已经安排,要把高考工作作为"一把手工程",教育局长、高中校长负总责,分管副局长、副校长专心抓、全力抓;实行"一票否决",如果高考工作抓不上去,其他工作抓得再好,年终考核中也不能评优选先。各学校要进一步细化工作分工,明确教导处、教研组、班级、教师以及后勤人员工作职责,落实日常和定期考核,及时发现问题,及时解决问题。特别是今年高三在校应届生有 1899 人,其中临洮中学 546 人,临洮二中 606 人,临洮四中 413 人,临洮三中 200 人,衙下中学 64 人,窑店中学 60 人;全县补习生 966 人。按照县教育局确定全县 44%的专科上线指标和各高中的上线指标,以上 6 所高中大专以上上线人数分别为 434 人、463 人、253 人、85 人、20 人、20 人,其中本科上线人数为 184 人、150 人、74 人、25 人和 2 人以上;专科以上上线率临中、二中增长 4%,四中、三中增长 5%;本科以上上线率临中、二中增长 2.5%,四中、三中增长 2%。各学校要靠实责任,确保该上线的学生一个不落,处于中间学习水平的学生尽最大努力争取上线,并关注学习成绩较差的学生,使其保持健康的心理状态和旺盛的求学精神,为下年取得优异成绩打好基础。同时,各职中也要全力以赴抓好高考,县职教中心、县玉井农职中、县乡镇企业学校上线率达到预期目标。

第二,确立正确的高考工作导向。高考工作尽管直接与高三在校生密切联系,但真正为高考打基础的还是高一、高二,甚至初中。当前,由于师资、设施等方面限制,高一、高二年级教学相对薄弱,尤其是初中长期处于"腰里软"境地。因此,要坚决树立"高考工作必须从高一抓起、初中教育必须紧盯高考目标"的正确认识。整个高中教育必须顺应高考导向,保证学生基础知识和基本技能全面发展;初中教育必须顺应新课程改革要求,既要抓好正在实施的起始年级新课程改革,同时要在初二、初三年级中渗透新课程的教学思想、教学方法,为四五年后的高考工作打好基础。

第三,强化对高考工作的督察指导。在高考工作中,教育局要扮演总结经验、解决问题、参谋指导的角色,至少每季度由分管副局长召开汇报会一次,听取学校高考进展情况和存在的困难、问题,帮助解决。中学教研室要广泛从国家、省、地获取高考信息,深入开展调查研究,为各高中顺利推进高考提供政策和信息支持。各高中至少要每月召开一次高考分析会,对高考工作进行阶段总结,及时改进具体做法。校长、分管副校长、教导主任、年级组长、班主任都要深入课堂、深入教师、深入学生,从每一件具体的工作抓起,扎扎实实推进高考备考。

第四,充分发挥教研在高考备考过程中的作用。由于高考备考时间短、任务重、阶段性强,所以开展高考教研就应更具针对性和主动性。各完中都要深入实际,扎实开展好高考教研活动,充分发挥高考教研的巨大作用,提高高考备考质量,特别要尽最大努力消除单个教师、单个学科盲目行动,脱离高考备考实际要求的弊病,使教师在相互交流中取长补短、互相提高,使学科在相互交流中平衡前进,共同提高。从现在开始,各高中都要有针对性地列出高考教研专题,制订计划,分配到各教研组、各任课教师予以落实,通过教研,促进高考备考工作顺利进行。

第五,树立高考"三风"。高考工作能不能取得实效,一个关键因素是看有没有良好的教学软环境。我这里提出,要以高考"三风"营造良好的教学环境。所谓高考"三风",就是上下一致、苦干实干的学校领导作风,勤于钻研、全力以赴、务求实效的教师作风和由易到难、"双基"(基础知识、基本技能)并进、积极进取的学生学习风气,希望各学校从"三风"建设起步,全力打牢高考攻坚的坚实基础,促使高考取得重大突破。树立高考"三风",就要防止歪风。目前部分高中学校存在领导不抓教学抓应酬、不管师生管社交,教师私搞家教创收、酗酒赌博分散教学精力,学生进入网吧、打架斗殴等问题,使高中学校正常的教学环境受到了不良影响。对此,各高中务必要高度重视,狠下工夫,予以彻底解决。

三、关于示范性高中建设工作

创建示范性高中,国家和省上在 20 世纪 90 年代已经实施,但对定西市来说,今年才开始组织评估。最近,地区教育处组织专家评审了临洮中学、临洮二中市级示范性高中验收,已同意上报市政府审批。从现在开始,临洮中学要紧盯创办省级示范性高中目标,通过两三年努力,申报验收,力争在全市带头创办,填充全市空白。要实现这一目标,我们面临的任务相当艰巨,与省级示范性高中建设标准相比,临洮中学校园占地只有 60 亩,差 20 亩,教师学历合格率为 70%,差 10 个百分点,高中会考一次合格率、优良率分别为 93.1%、33.9%,分别差 4.9 和 36.1 个百分点,教学仪器、设施严重不足;临洮二中专任教师学历达标率为 66.7%,高级教师占专任教师的比例为 18%,分别差 13.3 和 8 个百分点,高中会考一次合格率、优良率分别为 91.4% 和 10.4%,分别差 6.6、59.6 个百分点,实验及电教器材、体育卫生设施达不到国家一类标准,生均图书只有 10 册。这就是我县创建示范性高中的现状,也是我们今后要努力的方向和工作任务。具体如何抓,特别是争创省级示范性高中问题,县教育局、临洮中学要慎重研究,提出可行性意见,抓紧组织实施。

第一,端正对创办示范性高中的认识。创办示范性高中,是我县"两基"达标后推进教育发展,提升教育办学水平的必然要求,也是加快高中教育发展的重大举措。按照《甘肃省关于加快普通高中教育工作的意见》和《甘肃省示范性普通高中办学标准(试行)》,要求创办示范性高中的学校在办学方向、办学条件、学校管理、办学水平等各方面都要达标。按照这一要求,各有关学校在创办示范性高中活动中要坚持"硬件从严、软件从实"的原则,保证学校全面发展。同时要充分发挥示范带动作用,帮助指导薄弱高中发展。对此,全县各高中一定要有充分的思想认识,既要有迎难而上、敢拼敢干的魄力,又要有真抓实干、扎实工作的决心,既要有规划长远、争创特色、示范引导的工作目标,又要有增强实力、措施扎实、注重实效的务实作风,形成创办示范性高中的正确方向。

第二,千方百计改善办学条件。在临洮中学、临洮二中完成初、高中分离的同时,要通过项目支持、财政投入、学校贷款、土地置换等方式,扩大临洮中学土地使用面积 20 亩,配备教学仪器、设施、图书等,保证这两所高中学校硬件建设达到省市级示范性高中标准;多方运作,吸收社会资金,通过挂靠职教中心或独立办学,在城区创办一所民办高中,实现规模扩大、资源共享、布局优化。在临洮四中开工建设综合教学楼、学生宿舍楼和教师住宅楼的同时,争取实验楼项目,力争尽快达到市级示范性高中硬件标准。同时,实施临洮二中实验楼、临洮三中教学楼、窑店中学教学实验楼建设,争取衙下中学教学楼项目,力争到 2006 年全县形成 258 个教学班,每级 86 个班,可供 1.5 万名学生就读的高中办学规模,实现全县普通高中、中职学校办学硬件条件的优化。

第三,着力解决高中师资配备问题。制约示范性高中创建的最大障碍是师资配备问题。目前,全县各高中都存在这个问题。解决好这个问题,一是要继续争取县政府支持,从高校人才市场引进师范本科毕业生;二是要从实际出发,逐年分批选送在职专科教师中的年轻有为人才赴高等院校学习,取得本科学历;三是鼓励、倡导在职教师通过函授、自学、电大考试等形式,提高学历水平。通过努力,力争 3~5 年内实现临洮中学、临洮二中专任教师本科学历合格率达到 80% 以上,全县高中专任教师本科学历合格率达到 45% 以上。同时,要打造临洮高中教育品牌,通过实施"三名工程"、"80500 园丁工程"等,加强教师的培养,力争 5 年内培养完中学科带头人 10 人、骨干教师 30 人。

第四,全面优化学校管理。管理出质量,管理出效益。各高中要进一步建立健全各项管理制度,促进学校各项工作制度化、规范化;县教育局也要努力深化改革,首先在各高中建立能上能下、能进能出的灵活高效的用人机制,最大限度发挥管理效益,形成人尽其才、才尽其用、加快发展的良好局面。各高中都要充分利用校内资源,多途径、多形式地开展校园精神文明建设活动。进一步加强师德师风建设、加强德育教育,下大工夫建设良好的育人环境,使学校成为全县精神文明建设的窗口。

四、关于职业教育发展

2003 年,全县 4 所职业中学经地区国标学校专家评估小组评估,总体上都达到了国家职业教育合格学校标准。这说明,我县职业教育发展已经有了良好基础。特别是玉井农职中、县卫生学校办学实力明显增强,已经走在了全市前列。然而全县职业教育发展仍然面临严峻形势,玉井农职中、县职教中心、县卫校虽然都建成了教学楼及附属用房,但实训、教学设施和图书陈旧,补充更新工作赶不上要求;只有工民建、乡村医士、种植养殖等少数专业列入全市骨干专业,已有的骨干专业也没有产生较好效益;办学途径不够宽广,生源较少,规模不大。到目前,全县职业教育在校生仅有 1442 人,今年毕业 347 人;各职业学校专业课教师结构不尽合理,数量不足,专任教师学历合格率仅为 22.6%。这种状况已经不能适应经济社会和职业教育本身发展要求,因此,今后一段时期,全县职业教育发展的目标任务是:玉井农职中力争 2004 年达到省颁 A 级办学标准,县职教中心力争 2005 年达到省颁 B 级办学标准,今后 3~5 年内培育 10~15 个在全市较有影响力的骨干专业,全县职业教育在校生达到 2500 人,毕业生达到 650 人,逐步缩小与普通高中在校学生人数的差距。以实施示范校建设工程、就业再就业培训工程和科技兴农富民培训工程为载体,每年为高职学校输送新生 200 人,培训在岗职工 1500 人,培训农村青壮年农民 1.8 万人次。通过项目投入、政府倾斜、社会捐助、学校自筹等方式,千方百计改善职业学校办学条件,争取尽快达标,提高全县职业教育整体办学水平。

全国、全省加快高中阶段教育发展的号角已经吹响,面对新的机遇、新的挑战,不进则退。我诚恳希望全体同仁在县委、县政府的正确领导下,发愤图强,锐意创新,深化改革,加快发展,努力实现全县高中阶段教育发展既定目标,为"重振临洮教育雄风,再创临洮教育辉煌"作出积极的贡献。

(根据作者 2003 年 12 月 30 日在全县高中教育教学工作研讨会上的讲话整理)

机制创新:临洮教育改革与发展的基本保证

落实三大保障:规划保障,及早着手研究制定一个科学合理、符合实际、适度超前的我县中长期教育改革和发展规划纲要,力争经过十年的改革发展,推动临洮教育迈向全省前列。财政保障,落实县级教育费附加基金、县级财政列支排危建校经费、教师培训和教研经费,提高和扩大高考和义务教育奖励财政专项经费,着力解决农村义务教育阶段住宿生生活费补助。人才保障,继续允许教育系统从县外引进紧缺专业本科以上学历和重点专业研究生以上学历教师和(师范类及综合大学相近专业)毕业生,允许从非师范院校为职业中学引进优秀本科生,继续实行教师聘用凡进必考和城区教师公开选拔政策。

实现三大调整,调整新时期教育发展新理念和新思路,调整农村中小学布局结构,调整学校教育教学管理,实现制度化、规范化、标准化。

完善四大体系,改革学校综合评价体系,改革教师业绩评价体系,改革学生学业评价体系,建立教学质量公布体系。

抓好四项重点工作,认真做好学校师生安全工作、师德师风建设工作、教育收费治理工作和突发事件处置工作,并将其作为"一把手工程",作为长期重要任务,持之以恒抓牢、抓紧、抓好。

2008 年,临洮教育取得了丰硕成果,全县高考二本以上上线人数历史性地突破 1000 人大关;在全县教育工作会议暨庆祝教师节表彰大会上,首次表决通过了《临洮县基础教育资源优化整合和中小学布局调整规划草案》、《临洮县教育教学工作评估考核办法》两个规范性文件;全县高考备考研讨交流活动,首次邀请兰州市 25 名专家和本县 18 名骨干教师进行讲课和高考辅导,全体高三教师参加;全县教师高中、初中、小学高年级学科培训,邀请兰州教育专家和骨干教师 106 名、本县优秀教师和校长 97 名,培训我县学科教师和机关干部4138 人次,占全县教师总数的 67.43%,教师培训创历史性纪录;临洮中学通过了省教育厅专家组评估验收;临洮县职业技术教育中心通过评估认定进入国家级重点中等职业技术学校行列,县政府、县教育局被省教育厅评为 2008 年全省职业教育先进集体;临洮县第一所寄宿制小学诞生,文峰瑞安希望小学首期有 183 名小学生寄宿;临洮县第一所民办中等职业学校诞生,引进湖北机电工程学校投资777万元,在原乡镇企业技术学校校址上,建成洮河机电工程学校;郝远副省长两次来我县考察教育工作,省上支持教育建设经费654万元。在2月13日召开的全县经济工作会议上,县教育局被县委、县政府评为2008年度县直各单位重点工作和创新工作一等奖、2008年度项目建设工作一等奖,获得奖金3.6万元。临洮教育工作得到了全县普遍认同。

站在历史发展的新起点上,我们也清楚地看到教育工作仍然存在着许多问题,特别是存在的一些机制问题,已经成为影响全县教育发展目标实现的重大问题,必须下工夫改革调整。

一、临洮教育改革和发展基本目标

未来三年内,在县委、县政府的高度重视和正确领导下,临洮教育坚持解放思想、实事求是、改革开放、科学发展的指导思想,改革和发展基础教育,夯实和提高职业教育,努力完成全县中小学布局结构调整规划任务,基本实现基础教育资源的整体优化;大力调整教育发展与学校管理思路,完成初中教育学校管理规范化建设任务,完成小学教育课堂评价标准化建设任务,着力提高义务教育教学质量;进一步规范规划保障、财政保障、人才保障运行机制,大力推行学校评估管理、经费预算管理、项目规划管理、人事和谐管理,不断完善学校工作评价、教师业绩评价、学生学业评价、考试评价体系,逐步建立高考、中考和小学教育奖励激励机制,认真做好学校师生安全工作、师德师风建设工作、教育收费治理工作、突发事件处置工作和党的建设工作、依法治教工作,继续推进全县教育事业科学、持续、稳步、和谐发展,实现高考二本以上上线人数突破1500人的奋斗目标。

二、临洮教育发展存在的机制问题

总结全县教育改革与发展的经验和教训,我们认为新时期必须解决影响临洮教育发展的机制问题,主要有以下几方面。

一是社会主义市场经济体制下现代教育发展的竞争机制没有牢固确立,特别是我县基础教育资源优化配置机制、现代教育信息资源平等共享机制、教师平等竞争上岗和工资绩效挂钩激励机制等没有完全建立,教育系统吃"大锅饭"的现象尚未根除。

二是全县基础教育布局结构不合理,特别是农村完职中过多,高中优质资源偏少,农村普通高中学生流失比较严重,社会有在城区建设高中优质资源的需求,临洮老百姓和学生也有在城区享受优质高中资源的强烈愿望;全县初中教育资源分布十分分散,现有50多所初中(初中部)分散在原来35个乡镇政府所在地,规模都不大,当前尽管是全县初中学生就读的高峰期,但是在校学生上1000人的初中只有洮阳初中和临洮中学、文峰中学、临洮四中、衙下中学、玉井农职中的初中部6所,大部分占有高中教育资源;完全小学分布在农村村社一级,"一村两小"现象依然存在,特别是现有18个乡镇政府所在地中心小学普遍规模比较小,在校学生规模超过600人的只有县第一实验小学、西街小学、南街小学和县第二实验小学、养正小学、北街小学6所城区小学,超过300人的仅仅分布在洮阳、新添、辛店、衙下集、八里铺、玉井、龙门、中铺、窑店9个镇,有建设小学、文峰小学、新添第二小学、杨家大庄小学、康家崖生基希望小学、寺洼山小学、河董家小学、兴丰小学、八里铺小学、店子小学、廿铺小学、中铺小学、窑店小学13所,201~300人的27所,101~200人的98所,而100人以下的小学145所,其中50人以下的有32所,20人以下的有7所,另外,现有75所初级小学中在校学生10人以下的有49所,这种现状已经成为严重制约小学教育发展的重要因素,已经成为严重影响小学质量提高的瓶颈,已经成了非下决心解决不可的重大问题。

三是教师成长机制不健全,特别是教师学习、考察、培训和教研活动机制不完善,学科带头人、青年教学能手、优秀骨干教师和学校创新性人才成长机制不活,校本培训、校本教研平台不健全,多年来教育战线涌现的出类拔萃的教师总量偏少,特别是叫得响、出了名的小学英语、中学理科学科和职中骨干专业教师十分缺乏,学科优秀教师分布不均匀,严重影响了中学教育整体发展水平。

四是学校发展综合评价、教师工作业绩评价、学生学业评价体系不健全,评价形式和手段不规范,影响着教育教学活动的创新性开展。特别是学校教育教学和后勤服务管理没有得到比较好的发展,思想理念陈旧,机制制度过时,方式方法落后,措施单一,有的甚至成了教育发展的制约因素。

五是农村中小学实验实训、远程教育发展慢,初中阶段课堂演示实验开出率普遍不高、学生分组实验几乎没有进行;农村中小学远程教育网络应用差别大,设备档次普遍低;职业中学骨干专业实训基地缺乏,学生实际操作能力较弱;全县中学生寄宿和就餐硬件条件不足,已经在很大程度上影响了学校教学服务质量的提高。

三、临洮教育发展机制改革的主要内容

(一)落实三大保障

1.规划保障,根据《国家中长期教育改革和发展规划纲要》的基本理念、基本思路、基本要求和规划导向,及早着手研究我县中长期教育改革和发展规划纲要草案,向全县广泛征求意见,制定一个科学合理、符合实际、适度超前的改革和发展规划,指导未来十年临洮教育的发展。**规划重点是全县基础教育资源的优化整合和中小学布局结构调整,全县教师队伍建设和考核评价机制建设,基础教育课程改革和教育教学评价体系建设,职业教育改革和发展,优质资源学校规范化、标准化建设,学校文化建设和校园文化建设,教育教学法制化建设等等,力争经过十年的改革发展,推动临洮教育迈向全省前列。**

2.财政保障,争取县委、县政府同意,设立县级学生资助管理中心,负责高校学生生源地助学贷款和中等职业学校国家助学金发放工作;设立县级教育经费会计核算中心,负责全县教育系统经费预决算和资金拨付工作;加强教育内部审计工作,完职中、独立初中、九年制学校、学区和寄宿制小学,三年内必须审计一遍,学校主要领导变更后必须进行离任审计,保障学校公用经费安全运行;**落实县级教育费附加基金,最大限度地将其用于学校建设和教育发展;防止财政挤出效应,继续落实已经实施了多年的县级财政列支排危建校经费、教师培训和教研经费政策;提高和扩大高考和义务教育奖励财政专项经费;着力解决农村义务教育阶段住宿生生活费补助问题,初中校内、校外住宿学生继续按每年度250天计每人每天补助3元,小学校内住宿学生每人每天补助2元;适当提高学区年度办公公用经费;把教师工资和教育经费继续放到优先支付位置,足额及时拨付到位,保障教育教学活动正常运转。**

3.人才保障,成立县级教师培训中心,分别增加编制2~3名,在临洮中学、洮阳初中和县实验一小组建临洮县高中教师、初中教师、小学教师培训中心;将县教师进修学校办公

地点设在县教育教学研究所,实行两个机构一套班子的领导管理体制;建立教师离岗进修制度;**继续允许教育系统从县外引进紧缺专业本科以上学历和重点专业研究生以上学历教师和(师范类及综合大学相近专业)毕业生,允许从非师范院校为职业中学引进优秀本科生,充实教师特别是普通高中和职业中学教师队伍;给予教育系统适度宽松的编制政策,落实学校附加编制;落实教师绩效工资制度,给予重点学校高级职称倾斜政策,保护广大一线教师的工作积极性;继续实行教师聘用凡进必考和城区教师公开选拔政策,城区高中可以从农村普通中学公开选拔教师,对于在公开课、优质课比赛中获得市级一等奖和省级以上三等奖的农村教师,可以直接调入城区学校;保持教育战线队伍稳定,特别是中青年教师要稳定在教育岗位上。**

(二)实现三大调整

1.调整新时期教育发展新理念和新思路

(1)临洮教育,要坚持解放思想、实事求是、改革开放、科学发展的基本原则。坚持解放思想,就是要围绕党和国家的教育方针、先进的教育理论和观念、新时代教育教学基本特征、现代学校功能和办学目标、教师成长与学校发展、教学质量与学生发展、新课改与评价机制、对外开放与对内搞活、和谐发展与可持续发展等重大课题,广泛、深入、持久地开展思想大讨论、大解放、大行动、大实践;实事求是,就是要充分认识教育县情,寻找推进教育发展的关键点和工作着重点,遵循教育发展规律,探索适合临洮教育实际的发展机制和发展模式;改革开放,就是要充分借鉴先进的教育思想、教育理论和教学方式方法,不断将本县教育教学改革工作推进到全市、全省乃至全国教育实践和理论创新的前沿;科学发展,就是要坚持以人为本,树立面向全体、全面发展的质量观,坚持教育与经济社会的协调发展,坚持学校、教师、学生的发展与进步,促进教育事业又好又快发展。

(2)临洮教育,要充分体现新时期党和国家高度重视民生的重大决策。党中央从改善民生的高度提出了"优先发展教育,建设人力资源强国"的要求,指明了加快教育事业发展的重大方针政策。推进教育发展,就是要充分体现党和国家对教育事业的发展要求,把教育工作放在民生的首位,落实政策,提高质量,着力办人民满意的教育。

(3)临洮教育,要密切联系我县经济发展实际和人民群众的普遍要求。目前,全县上下正在以建设特色经济强县为目标,深入实施产业富民、工业强县、文化兴县战略,努力加快小康社会建设进程,对教育发展提出了新的更高要求。与此相适应,人民群众更加渴望子女接受优质教育资源,对教育工作充满了更高的期盼。这就要求我们充分适应这一形势和要求,坚持教育优先发展战略,加快和深化教育教学机制改革,不断挖掘优质教育资源,努力提高教育发展水平。

(4)临洮教育,要把搞好普通高中和义务教育新课改工作作为重振雄风和再创辉煌的战略性机遇抓牢、抓紧、抓好。基础教育新课程改革是国家新时期教育改革的一项重大决策,内容涉及教材开发与管理、课程改革、教学过程、教学评价和教师培养培训等方面,是今后一段时期教育改革的主要政策。必须紧抓这一历史机遇,深入研究制定考察学习、经费保障、教师培训、课程开发和实施、教育教学管理等一系列政策措施,使新课程改革成为临洮教育发展的跳板和有效平台。

(5)临洮教育,要继续引进先进的学校管理经验和优秀的教育教学方式方法。打破封闭办学的围栏,把应用先进的教育技术装备和引进先进的教育教学和管理经验作为今后临洮教育发展的一项重要原则,坚持"对外开放、对内搞活",重点是利用网络技术和多媒体技术,实行持续的远程教育,发挥网络优质教育资源的作用;同时有目的、有计划地组织考察学习活动,邀请省内外专家、骨干教师进行讲学活动,深入开展全方位、多角度的教育交流,让全体校长和师生现场感受和切身体会成功的教育教学经验和管理技术,努力缩小与教育发达地区的差距;还要加强县内各级各类学校的互学互比、互动交流,使其相互促进,推出一批有办学特色的临洮名校。

(6)临洮教育,要切实依靠自身发展的内在动力和始终不渝地坚持自主创新方针。**自主创新是教育持续发展的力量源泉,是深化教育改革的根本动力。推进临洮教育自主创新,核心是教育教学改革,关键是师资力量,基础是全体教育工作者和教师的奉献精神。全体教师和教育工作者是推进临洮教育持续发展的决定力量,是教育发展与改革的主力军,必须最大限度地调动广大教师的工作积极性。不断完善推进临洮教育发展的制度建设,创新推动临洮教育发展的新机制,不断培育临洮教育人的创新意识和成功意识,建立优秀人才成长和优秀成果涌现的平台,不断推进教育发展理论创新和实践创新。**

2.调整农村中小学布局结构

经过近五年(特别是近三年)的持续努力,2008年12月全县有公办完全中学7所、职业中学2所,民办完职中3所,独立初中23所,九年制学校18所,完全小学298所,初级小学75所,学校总数由2003年的555所调整到了426所。

临洮县进行基础教育资源优化整合和中小学布局结构调整的有利因素:一是有国家政策的正确引导和大力支持。在2009年教育工作年会上,刘延东国务委员、周济部长和白继忠厅长在讲话中都要求大力开展义务教育资源优化整合和农村中小学布局结构调整,郝远副省长视察临洮时明确指出"高中向城市集中,初中向城镇集中,小学向乡镇集中,教学点向行政村集中",全国教育资源优化整合先进地区和甘肃"河西模式"、"庆阳模式"的成功做法为我们提供了很好的借鉴。我县开展基础教育布局结构调整提出的把"把高中教育办到城区,初中教育集中到川区,寄宿制小学新建在乡镇,初级小学布满乡村"的思路,符合国家和省上的思路和政策。二是在近五年的实践中基本顺应老百姓普遍要求享受优质教育资源的愿望,我县已经合并独立初中和当地小学新组建九年制学校9所,原九年制学校停止初中招生改制为完全小学4所,完全小学实行4~6年级学生整班异动改制为初级小学15所,撤销完全小学和初级小学114所,洮阳镇文峰小学,红旗乡红咀小学,衙下集镇寺洼山小学,南屏镇三甲小学、岚林寺小学,峡口镇峡口小学、新集小学,八里铺镇沿川小学8所小学已经有寄宿小学生666名,全县整班异动小学生1136名,跟班调整教师89名,中小学调整工作进展顺利,特别是受到了广大老百姓的认同、理解和支持。三是临洮教育特别是义务教育发展的内在要求。临洮教育由于人口和学生生源发生的重大变化,要实现义务教育质量提高的目标,必须走规模化办学的路子,必须进行全县基础教育资源的优化整合,必须进行农村中小学布局结构调整,最大限度地创建和改建寄宿制优质学校,这是现阶段临洮教育发展的内在要求和必须跨越的一道坎,如何尽快跨越这道坎,决定着临洮教育发展的未来和成功。四是全县中小学布局结构调整的"扩规模提质量,先优化后整合;先建设后撤并,重效益保稳定;先异动后调整,先学生后教师;先小学后初中,先落实后确认"基本原则符合临洮实际。在确保稳定的大前提下,积极整合教育优质资源,大力推进农村中小学布局结构调整,得到了广大学校和教师的响应和一致行动。

2009—2011年,实施"13212工程",全县中小学布局结构调整规划为公办独立高中和完全中学5所,职业中学2所,民办完职中3所,独立初中20所,4—9年级六年制寄宿制初中3所,九年制学校12所,寄宿制小学20所,完全小学107所,初级小学212所,规划撤销完全小学1所、初级小学32所,学校总数调整到380所左右。2010—2011年全县中小学布局规划方案为:(1)完职中10所,其中公办独立高中2所,完全中学3所,职业中学2所,民办完职中3所。(2)规划独立初中20所,其中城区增加独立初中2所,改制完全中学为独立初中2所,保留独立初中16所;规划4—9年级六年制寄宿初中3所;规划九年制学校12所,其中保留九年制并且四年级以上学生住宿的学校8所,独立初中和当地小学合并改制为九年制并且四年级以上学生住宿的学校4所;规划九年制学校初中部停止招生并且四年级以上学生住宿的学校4所。(3)规划新建寄宿制完全小学20所。(4)规划完全小学107所,其中2009年九年制学校初中部完全停止招生后改制为完全小学3所,保留完全小学104所。(5)规划初级小学212所,其中2010—2011年规划完全小学改制为初级小学110所,2009年完全小学改制初级小学59所,保留初级小学43所;规划2009年拟撤销小学和初级小学33所,其中拟撤销完全小学1所,拟撤销初级小学32所。(6)进一步扩大城区办学规模,公办普通高中平行班级达到56个班招生3360人,职业高中15个班招生900人,初中40个班招生2400人,小学高年级30个班学生1800人,幼儿园20个班学生600人。

3.调整学校教育教学管理,实现制度化、规范化、标准化

坚持通过观念的创新、理念的创新、制度的创新、实践的创新、业绩的创新,加速建立现代学校管理制度,实现学校教育教学管理制度化、规范化、标准化。(1)建立以学校思想引导、规划确立、行政领导、经费支持、机构落实为主要内容的学校行政工作管理制度,学校发展规划、学校教育教学设计和组织实施制度,学校课程开发与设计规划和组织实施办法,学校教职工工作量化指标体系,学校财务预算审批报告制度,教职工(代表)大会制度,行政工作规则,党、团、工会、妇女组织工作制度,学校重大事务公示制度。(2)建立以课程设置、学科建设、教学实施、教学质量、教学职能、科室设置为主要内容的教学工作管理制度,教育教学科室工作职能,学校教学常规管理制度,学校课程设置与实施方案,学校学科建设制度,教师集体备课制度,教师备课规范要求,教师教案规范要求,教师课堂教学规范要求,教师课堂板书设计要求,作业布置和批改规范要求,课外辅导规范要求,课后反思规范要求。(3)建立以课题研究、教学竞赛、校本培训、教师成长为主要内容的教育科研管理制度,学校教研工作实施方案,教师校本培训制度,校本教研制度,校本课程开发与实施方案,教师读书制度,学校领导和管理人员进课堂制度,教师听、评、说课制度,教育科研实施方案(撰写论文、教学案例、课题申报、研究、鉴定),高三、初三教师赴外优先考察培训制度,骨干教师培养制度,中青年教师成长规划,学生研究性学习实施办法。(4)建立以教育教学质量评估、教师业绩评估、学生学业评估为主要内容的评价管理制度,学校考试、测试制度和违规处理办法,中考、高考奖励办法,会考奖励办法,小学毕业班质量检测奖励办法,期中、期末教学质量检测奖励办法,教学质量统一检测奖励办法,师生竞赛规程和奖励办法,教育科研成果(优秀论文、教学案例、课题研究)奖励办法,学生学业评价、综合素质评价和奖励办法。(5)建立以思想道德管理、安全健康管理、教师管理、学生管理、班级管理为主要内容的师生员工管理制度,师德师风建设实施方案,教师绩效工资和工作考核奖惩

办法,非毕业班级授课教师工作评价办法,教师工作业绩过程性评价办法,教师职称评定申报制度,优秀教师评选条件及办法,学校落实教师日常行为规范制度,学校德育工作制度和学生德育评价标准,班级管理制度,班主任工作制度和奖励处罚办法,学校应对各类突发事件应急预案及演练制度,师生法制教育制度,师生校园安全教育制度,学生交通安全教育、食品安全教育制度,学生心理健康教育咨询服务制度,学校控辍保学措施制度,学校落实中小学生日常行为规范制度。(6)建立以行政执行、图书仪器管理、档案管理、教育信息传递、现代教育资源应用为主要内容的行政日常管理制度,学校大事记记载和档案管理制度,校园网络建设规划和组织实施方案,教育资源网应用开发制度,实验教学设计计划和组织实施制度,实验课课堂评价标准,图书阅览工作规则和守则,图书、仪器和实验室工作制度,计算机教室、多媒体教室、卫星资源收视室建设规划和管理制度。(7)建立以学校财务、食堂和食品安全管理、校舍和宿舍管理、校园环境、医疗卫生、财产设施管理为主要内容的学校后勤管理制度,学校预决算制度和执行情况报告制度,财务审批管理制度,财产管理制度,寄宿生日常管理规则,学校校舍和师生安全管理制度,学校卫生管理制度,学校食堂和食品安全管理制度和操作规程,疾病预防、重大传染病防治和疫情上报制度。(8)建立以学校党建、党风廉政建设、周边环境治理、校园文化建设为主要内容的校园文明管理制度,党建工作、精神文明、党风廉政、综合治理、学校文化建设制度和年度计划执行等方面的制度。(9)建立职业教育发展和管理的基本制度,职业中学发展规划,实施联合办学管理制度,骨干专业建设规划和实施办法,专业教师聘用管理办法,实训课程开发与实施办法,学生资助经费发放管理办法,学生就业指导制度,师生业绩、学业考核评价制度。(10)建立阳光招生制度,高中按县教育局划定的批次招生,一律实行公示制度,高中招生指标的95%为统招生,由考生填报的第一志愿学校从高分到低分录取;城区高中招生指标的5%为统配生,从县教育局规划的20所独立初中和3所六年制寄宿初中未达到第一志愿学校录取线的毕业生中按分配指标录取;音乐、美术、体育特长生按照县教育局分配的指标,由学校自主招生;义务教育实行划片招生,允许城川区初中和小学在全县范围内按计划招生,确保优质教育资源的充分运用。(11)从小学学科建设入手,从研究制定课堂评价标准抓起,制定全县义务教育阶段语文、数学、英语、思想品德、历史、地理、物理、化学、生物、音乐、美术、体育、信息技术教育和品德与生活(社会)、科学等各门学科建设标准,课堂教学"备、讲、听、评、改"程序和标准,实验、实训和多媒体教学课堂评价标准,优秀教师、优秀班主任、优秀学生和先进集体评选标准,优秀教育研究成果评选标准,学生素质教育评价标准,教育教学管理评价标准,学校规划和建设标准,后勤服务工作管理标准,逐步实现义务教育教学管理标准化目标。

(三)推行四大管理

1.学校评估管理。一是学校自评,根据学校年度计划和五年规划,每年自评一次;二是教育局组织督导评估,对高考、中考备考和完全小学教学质量每年开展一次较大规模的督导活动;三是专家评估,发挥高中、初中、小学教育专家委员会作用,每三年评估一次,对学校近三年发展目标方向、教育教学质量、师生进步和后勤管理等方面,进行全面督导评估。

2.经费预算管理。县教育局要加大学校预算编制指导和执行检查工作力度,负责向县政府和全县校长工作会议报告学校公用经费预算和执行情况。学校公用经费预决算必须按照各完职中、独立初中、九年制学校、学区和寄宿制小学进行分类(校)分支出项目编制和统计,按年度做出结算分析并向本学校教职工(代表)大会报告。

3.项目规划管理。结合农村中小学布局调整,扩大城区办学规模,新建独立初中 2 所、幼儿园 1 所、特殊学校 1 所。着力解决完职中和独立初中、九年制学校寄宿生住宿和食堂紧张问题,确保 70% 的住宿生能够上灶吃饭;着力解决中学实验室和现代远程教育设备紧缺问题,积极争取实施国家农村远程教育项目二期工程,力争实现"班班通、堂堂用";着力解决农村乡镇政府所在地和集市贸易地寄宿制小学建设问题,必须采取锅炉供暖,必须建设食堂,学生必须全部上灶,进一步优化中小学办学条件。加强寄宿制小学后勤服务管理工作,必须有医疗保障,必须有固定的食品供给渠道,必须配备小学生生活指导教师。组合论证储备一批教育较大项目,积极争取一批影响临洮教育长远发展的重要项目,对规划建设的 2 所独立高中、5 所完职中、20 所独立初中、3 所六年制寄宿初中、12 所九年制寄宿学校和 20 所寄宿制完全小学逐校进行实地论证,分别做出校园总体规划和年度建设计划,形成可研报告草案,力争挤入国家校舍安全工程规划,基本解决全县农村中小学校舍问题。

4.人事和谐管理。加强校长和学校管理队伍建设,大胆起用一批善于吃苦的德才兼备的青年干部,干部任用必须从后备干部中选拔;建立后备干部库档案管理制度,不进入后备干部库的不得提拔;校长、副校长、学校中层负责人员和后备干部,实行年度工作考核民主征求意见时优秀不过一半的必须进行调整或者更换;坚持严格的人事调动政策,实行透明的职称管理政策,建立特级教师、骨干教师、青年教学能手、学科带头人、临洮名师的培养制度,形成培训和选拔评定体系,推出一批能够走出临洮、走向省内外的基础教育专家型教师。加强班主任队伍建设,评选和重奖县级模范班主任、年度"十佳"班主任,班主任应该优先评优选先、优先派出去赴外地考察培训,建立班主任日志记载制度,成立德育集体备课小组,专门研究强化班级管理工作。

(四)完善四大体系

1.学校综合评价体系。

实行教育教学目标管理责任书考核奖罚制度。一是完职中教育教学目标管理责任书考核奖罚,按照《临洮县人民政府批转县教育局关于进一步加强全县高中教育教学工作的意见的通知》(临政发〔2005〕100 号)规定,实行百分制考核,按量化打分确定考核结果,提高奖励标准,总分达到 90 分以上且考核得分第一名的授予一等奖,奖励学校 20000 元,奖励校长 5000 元,校长直接评定为优秀,奖励学校 3~5 个优秀指标;总分达到 85 分以上且考核得分第二名的授予二等奖,奖励学校 10000 元,奖励校长 3000 元,奖励学校 3 个优秀指标;总分达到 80 分以上且考核得分第三名的授予三等奖,奖励学校 5000 元,奖励校长 1000 元;得分第四至倒计第二名的不奖不罚,校长不能评为优秀;总分在 70 分以下且考核得分最后一名的,校长职称低聘一级(保留原职称档案,低聘期一年),并减少学校优秀指标 3~5 个;总分在 75 分以下且考核得分最后一名的,处罚校长一个月工资,学校和校长不能评优选先,并减少学校优秀指标 2~3 个;总分在 80 分以下且考核得分最后一名的,校长当年年终考核不能评定为优秀。以上奖金从县财政列支的 20 万元奖金中支付,处罚款项上缴县财政;奖励的优秀指标从全县高中教师中调剂解决。职业中学奖罚参照普通高中办法执行。二是初中和初中部教育教学目标管理责任书考核奖罚,按照《临洮县人民政府批转县教育局关于进一步加强全县初中教育教学工作的意见的通知》(临政发〔2005〕99 号)规定,以中考成绩综合得分作为教育局评价学校和校长工作成绩的基本依据。考核按学校类别进行,各类学校的第一、二名得奖,最后一名受罚;若一类得奖学校的成绩低于二类得奖学校的成绩,则取消一类学校的得奖,以此类推;低于全县平均成绩的学校不得奖。按考核结果确定奖励或处罚,获各类学校第一名的,奖励学校5000元,学校校长年终考核直接评为优秀,并颁发奖金1000元,奖励学校3个优秀指标(从同类学校中调剂解决);获各类学校第二名的,奖励学校3000元,学校校长年终考核直接评为优秀,并颁发奖金500元;对于排在各类学校最后一名的,处罚学校校长一个月工资,校长不得评为优秀,减少学校教师优秀指标2~3个。连续两年考核名列全县最后一名的学校,学校校长在保留现有职称、档案工资的前提下,实行高职低聘一级,期限一年;连续三年考核名列全县最后一名的学校,将学校校长高职低聘一级的职称列入档案确认,继续低聘一级或实行岗位流转或免职。若发生重大师德败坏问题、重大学校安全事故问题、严重违规收费问题的,实行一票否决,对获奖学校取消奖励,奖励名额不再递补。三是学区小学教育教学目标管理责任书考核奖罚,按照《临洮县人民政府批转县教育局关于进一步加强全县小学教育工作的意见的通知》(临政发〔2005〕98号)规定,对于完成或超额完成责任书中毕业班质量检测全县前3000名指标的学区,按考核结果确定奖励等次,设一等奖1名,奖励学区3000元,学区校长年终考核直接评为优秀,并颁发奖金1000元,奖励学区5个优秀指标;二等奖2名,奖励学区各2000元,学区校长年终考核直接评为优秀,并颁发奖金各500元,奖励学区3个优秀指标;三等奖3名,奖励学区各1000元,给学区校长颁发奖金各300元。对于完不成责任书中毕业班质量检测全县前3000名指标的学区,同时按考核结果确定,排在最后一名的学区,处罚学区校长一个月工资,取消学区5个优秀指标。对于连续两年完不成责任书中毕业班全县前3000名指标且考核两次名列最后一名的学区,学区校长在保留现有职称档案的前提下,实行高职低聘一级,期限一年;对于连续三年完不成责任书毕业班质量检测全县前3000名指标并考核三次名列最后一名的学区,将学区校长高职低聘一级的职称列入档案确认,继续低聘一级或实行岗位流转或免职。若发生重大师德败坏违法案件、重大学校安全事故、严重违规收费问题,对获得一、二、三等奖的学区,教育局直接实行一票否决,取消各类奖励,各类奖励名额不再递补。综合知识测试不合格的学区不得参加各级先进集体的评选。四是创建农村优质资源小学(寄宿制小学)教育教学目标管理责任书考核奖罚,对完成或超额完成责任书中毕业班质量检测全县前3000名指标的学校,按考核结果确定奖励等次,设一等奖10名,奖励学校各2000元,学校校长年终考核直接评为优秀,并颁发奖金各500元;二等奖10名,奖励学校各1000元,学校校长年终考核直接评为优秀,并颁发奖金各300元;三等奖10名,奖励学校各500元,给学校校长颁发奖金各100元。对于完不成责任书中毕业班质量检测全县前3000名指标且排在最后10名之内的学校,处罚校长一个月工资;对于连续两年完不成责任书指标且考核两次名列最后10名之内的小学,学校校长在保留现有职称档案的前提下,实行高职低聘一级,期限一年;对于连续三年完不成责任书指标且考核三次名列最后10名之内的小学,将校长高职低聘一级的职称列入档案确认,继续低聘一级或实行岗位流转或免职。五是幼儿教育学校奖罚参照完全小学办法执行。

实行教育教学管理专项工作奖励制度。一是设立全县高考工作先进集体奖,对完全中学和独立高中,以高考重点和本科以上上线总人数、应届生重点和本科以上上线人数以及以上4项指标的上线率(共8项指标各占12.5%)进行考核,对于完成任务并获得第一名的,颁发奖牌一面。二是设立全县义务教育教学质量进步奖,在独立初中、完职中初中部、九年制学校初中部和创建农村优质资源小学,设立年度教育教学质量进步奖各3名,奖励初中和小学教育教学目标管理责任书考核名次比上年前进最快的前三名,各颁发奖牌一块,学校校长(分管副校长)当年年终考核评定为优秀。三是设立全县义务教育教学质量突出贡献奖,在独立初中、完职中初中部、九年制学校初中部和创建农村优质资源小学,设立初中和小学教育教学质量突出贡献奖,对每年小学毕业班质量检测以及中考进入全县前1000名、前3000名学生人数最多,占本校应参加人数比例最高的前5名学校(小学2项、初中4项指标各占25%~50%进行考核),各颁发年度贡献奖奖牌一块;连续三年或累计五年保持人数最多,占比例最高的学校,各颁发突出贡献奖奖牌一块,学校校长(分管初中部副校长)当年年终考核评定为优秀。四是设立全县普及义务教育工作先进集体奖,在独立初中、完职中初中部、九年制学校初中部和创建农村优质资源小学,设立全县普及义务教育工作先进集体奖,每年奖励完成普及和巩固义务教育工作指标、当年"普九"工作考核名列全县前3名的初中(初中部)和前2名的学区,各颁发奖牌一块。五是设立全县职业教育发展突出贡献奖,奖励一名,颁发奖牌一块。六是按照工作需要设立其他专项奖,由县教育局局务会议研究决定。

2.教师业绩评价体系。改革教师业绩评价体系,过程性评价比例占50%,结果性评价比例占40%,民主测评性评价比例占10%。

3.学生学业评价体系。学生学业情况,按照考试成绩加综合素质评价,考试成绩分a+、a、a-、b、c五个等次,综合素质分a、b、c、d四个等次。学生学业评价结论在班级内公布,并向学生家长通告。

4.教学质量公布体系。县教育局将各普通高中高考、初中中考和小学毕业质量检测结果,初中八年级、小学三年级全县统一质量检测结果,作为评价学校和学区教学质量的依据,实行向社会公布的制度,自觉接受社会监督。

(五)抓好四项重点工作

县教育局要严格考核要求,各学校、学区要认真做好学校师生安全工作、师德师风建设工作、教育收费治理工作和突发事件处置工作,并将其作为"一把手工程",作为长期重要任务,持之以恒抓牢、抓紧、抓好。特别是要制定切实可行的突发事件处置预案,加以演练,落实措施;严肃财务纪律,严格执行财务预算,不得随意变更预算和改变资金使用用途,对违反者在考核中按比例扣分;学校严防师德师风、安全管理问题,发生重大责任事故的考核时记零分;杜绝任何形式的乱收费,若有违反,一经查实在考核中一票否决。同时,积极探索新形势下学校管理策略,把学校规定内化为管理者和师生的自觉行为,上升为文化引领,让规范成为习惯,使习惯符合规范。

(根据作者2009年2月22日在全县校长工作会议上的讲话整理)

落实常规：推进临洮教育制度化、规范化、标准化进程

　　2010年1月19日，临洮县教育局第二次局务会议通过了《临洮教育工作28项常规》，主要有以下方面。学生活动：全县教育系统科技艺术节，全县教育系统体育运动会，全县各级各类教育学生竞赛活动；教师活动：临洮县中小学校长研修班暨校长论坛，全县中小学教师课堂教学竞赛活动，全县小学教育课堂评价标准建设展示活动，全县中小学、幼儿园教师和管理人员培训活动，全县教育系统先进集体和优秀个人评选活动，全县城区学校教师选拔和新教师竞选岗位听评课活动；教学工作：全县高考工作研讨会，全县中考工作研讨会，全县小学教育工作研讨会，全县高考工作督察活动，全县中考工作督察活动，全县小学毕业班教学督察活动；考试工作：高考，中考，全县小学毕业班教学质量检测，全县高中教师在职考试，全县初中教师在职考试，全县小学教师在职考试；教育工作：全县教育工作会议暨庆祝教师节表彰大会，全县中小学校长工作会议，全县中小学和幼儿园开学情况检查，全县中小学教育教学管理督导调查活动，全县中小学班级管理暨班主任工作经验交流会，全县中小学后勤管理工作现场观摩会，全县各级各类学校教育教学管理目标责任书考核。

　　为了加速临洮教育制度化、规范化、标准化建设步伐，现制定临洮教育工作28项常规如下。

一、学生活动

1.全县教育系统科技艺术节

时间：5月上旬。

参加：各完职中、独立初中、学区、各幼儿园。

内容：中小学和幼儿园学生科技作品展示，中小学和幼儿园师生书法、绘画、职教作品展览，中小学、幼儿园文艺演出和中学生个人音乐展示。

承办单位：县教研所、教育股。

2.全县教育系统体育运动会

时间：5月上旬。

参加：各完职中、独立初中。

内容：全县中学生田径运动会,全县教职工乒乓球、篮球比赛,其他传统项目比赛。

承办单位：教育股、人事股。

3.全县各级各类教育学生竞赛活动

时间：3—5月、9—11月。

参加：各完职中、独立初中、九年制学校、完全小学优秀学生,自愿报名。

内容：中学生数理化竞赛、中小学生英语竞赛、小学高年级学生数学竞赛、小学生作文竞赛、中小学生普通话竞赛。

承办单位：县教研所。

二、教师活动

4.临洮县中小学校长研修班暨校长论坛

时间：三年一次,7月中旬。

参加：全县中小学校长和幼儿园园长。

内容：专题讨论,专家报告,校长交流。

承办单位：县教研所、人事股。

5.全县中小学教师课堂教学竞赛活动

时间：9—12月。

参加：中小学和幼儿园学科教师,自愿报名、学校推荐。

内容：青年教师竞赛课,申报教学能手(骨干教师、特级教师、学科带头人)选拔课,教学能手(骨干教师、特级教师)展示课,学科带头人报告会。

承办单位：县教研所、人事股。

6.全县小学教育课堂评价标准建设展示活动

时间：4月和10月。

参加：各项目小学校长、参与活动全体教师、县教育局有关股室干部。

内容：项目规定的形式。

承办单位：县教研所。

7.全县中小学、幼儿园教师和管理人员培训活动

时间：7—8月。

参加：全体教师和全体管理人员,每三年轮训一次。

内容：省内外专家讲座、县内外名师授课、听评课教师互动、学科教师座谈、教育工作问卷调查。

承办单位：县教研所、人事股、教育股。

8.全县教育系统先进集体和优秀个人评选活动

时间：7—9月。

参加：各完职中、独立初中、九年制学校、完全小学和幼儿园。

内容：评选全县教育系统先进集体、德育工作先进集体,临洮县模范教师、优秀教师、优秀教育工作者、优秀班主任、优秀德育工作者、优秀教研员、优秀生活指导教师,县委、县政府表彰;评选临洮县优秀学生、优秀班干部,县教育局表彰;评选优秀青少年,团县委和

☆☆☆————————

教育局表彰。

承办单位:团县委、县教育局(人事股、教育股)。

9.全县城区学校教师选拔和新教师竞选岗位听评课活动

时间:8 月。

参加:全县中小学按条件自愿报名的教师和新录用教师。

内容:城区学校教师选拔,分别听取高二、八年级(化学为九年级)、五年级和幼儿中班课程,幼儿教师参加能力测试;新录用教师分别听取高一、七年级、小学一年级(或者二年级)和幼儿中班课程,幼儿教师参加能力测试。

承办单位:人事股、县教研所。

三、教学工作

10.全县高考工作研讨会

时间:9 月中下旬。

参加:各完中校长和分管副校长,高三年级全体授课教师,教研所全体教研员

内容:县内外高考专家作新一年高考形势分析报告;县内外高考资深教师作高三教学示范课,进行评课活动;高中校长高考备考策略研讨交流;分解落实当年高考任务。

承办单位:县教研所。

11.全县中考工作研讨会

时间:9 月中下旬。

参加:各完职中校长和分管副校长,洮阳初中、程家铺初中、辛店初中、连湾初中、峡口初中、站滩初中、上营初中、中铺初中、改河初中校长及其初三年级全体授课教师,教研所全体教研员。其余初中和九年制学校自愿参加。

内容:县内外中考专家作新一年中考形势分析报告;县内外资深教师作初三教学示范课,进行评课活动;初中校长、分管副校长中考备考策略研讨交流;分解落实当年中考任务。

承办单位:县教研所。

12.全县小学教育工作研讨会

时间:9 月中下旬。

参加:各学区校长和督教员;县实验一小、实验二小,洮阳学区南街小学、北街小学、西街小学、养正小学、文峰小学、卧龙学校、杨家店小学、建设小学、旭东小学,八里铺学区火石沟学校、沿川小学、八里铺小学、王家磨小学、王家大庄小学、菜子庙小学,新添学区卅墩学校、刘家沟门小学、新添一小、新添二小、潘家庄小学、杨家大庄小学,辛店学区下寨子学校、康家崖生基希望小学、辛店小学、朱家川小学、裴家湾小学、白杨小学,太石学区安家咀学校、龚家大庄学校、南门小学、沙塄小学、太石小学,中铺学区何家山学校、中铺小学、下石家小学,红旗学区红咀小学,峡口学区党家墩学校、峡口小学、新集小学,上营学区卢湾希望小学、赵家台小学,站滩学区云谷学校、站滩小学,漫洼学区漫洼小学,连湾学区连湾小学,窑店学区北大坪学校、窑店小学、四十铺小学,康家集学区赵家咀学校、康家集小学,龙门学区甜水沟小学、东廿铺小学、三十铺小学,玉井学区陈家咀学校、店子小学、岚观坪小学、杨家台小学,衙下学区杨家庙学校、寺洼山小学、兴丰小学、河董家小学、张家寺小学、鹁鸽崖小学,南屏学区岚林寺小学、三甲小学、安川小学,共计 68 所学校的校长和九年

探索创新

139

制学校分管副校长,上述学校六年级全体授课教师以及教研所全体教研员。

内容:县内外小学教育专家作报告;县内外资深教师做小学六年级教学示范课,进行评课活动;学区校长述职报告,68所小学(部)校长(分管副校长)进行六年级教学研讨交流;分解落实小学教育目标任务。

承办单位:县教研所。

13.全县高考工作督察活动

时间:第二次诊断考试结束。

参加:县教育局负责人,高中教育专家委员会成员,县教研所高中教研室、教育督导室人员。

内容:督察分析当年高考工作。

承办单位:县教研所。

14.全县中考工作督察活动

时间:5月上旬。

参加:县教育局负责人、初中教育专家委员会成员、县教研所初中教研室、教育督导室人员。

内容:督察分析当年中考工作。

承办单位:县教研所。

15.全县小学毕业班教学督察活动

时间:5月下旬。

参加:县教育局负责人,小学教育专家委员会成员,县教研所小学教研室、教育督导室人员。

内容:督察分析当年小学毕业班教学工作。

承办单位:县教研所。

四、考试工作

16.高考

时间:6月6—10日。

参加:全体考生。

内容:考试。

承办单位:县教育局和城区中学。

17.中考

时间:6月16—19日

参加:全体考生。

内容:考试。

承办单位:县教育局和各完职中。

18.全县小学毕业班教学质量检测

时间:6月底或7月初。

参加:全体毕业生。

内容:检测。

承办单位:县教育局、学区和初中(部)。

19.全县高中教师在职考试

时间:高考后第一个双休日。

参加:高中全体授课教师。

内容:当年高考试题。

承办单位:县教育局和各完职中。

20.全县初中教师在职考试

时间:中考后第一个双休日。

参加:完职中和独立初中全体授课教师,其他学校自愿参加。

内容:当年中考试题。

承办单位:县教育局和各完职中、独立初中。

21.全县小学教师在职考试

时间:小学毕业班教学质量检测后。

参加:九年制学校,寄宿制小学和规模化、优质化发展完全小学(共68所)全体小学教师,其他小学自愿参加。

内容:当年小学毕业班教学质量检测试题。

承办单位:县教育局和各学区。

五、教育工作

22.全县教育工作会议暨庆祝教师节表彰大会。

时间:9月上旬。

参加:县上四大班子领导,各乡镇党委、政府主要负责人,县直单位、驻临单位主要负责人,各完职中、独立初中、学区、九年制学校、寄宿制小学和95所优质资源小学校长,各幼儿园园长,县教育局机关全体干部。

内容:总结上学年度教育工作,安排下学年度和今后教育工作;县委、县政府表彰奖励教育系统先进集体和优秀个人,县教育局兑现各级各类学校教育教学目标管理责任书考核结果;全县教育工作业务会议;其他事项。

承办单位:县教育局。

23.全县中小学校长工作会议

时间:春季开学前的第三天。

参加:各完职中、独立初中、学区、九年制学校、寄宿制小学和95所优质资源小学校长,各幼儿园园长,县教育局机关全体干部。

内容:总结和安排年度教育工作;全县中小学公用经费年度预算及其执行情况报告;教育局党委、县教育局表彰党的建设、精神文明、廉政建设、综治工作、信访工作和其他年度工作先进集体、优秀个人;其他事项。

承办单位:县教育局。

24.全县中小学和幼儿园开学情况检查

时间:春、秋季开学前一天。

参加:机关全体干部。

内容:重点检查学校开学准备情况,教师到岗、学生报名情况,教材到位和学校收费情况;排查危房、安全隐患;师德师风培训、后勤服务和其他工作。

承办单位:县教育局办公室。

25.全县中小学教育教学管理督导调查活动

时间:11—12月。

参加:高中、初中、小学和幼儿教育专家委员会成员,县政府教育督导室人员,县教育局负责人和机关相关股室负责人。

内容:通过听汇报、看现场、查资料、听评课、座谈会、问卷调查等形式,督察中小学和幼儿园教育、教学、管理常规工作,进行重点学校评估工作、主要工作调查研究和督察活动。

承办单位:县政府教育督导室、县教研所、教育股。

26.全县中小学班级管理暨班主任工作经验交流会

时间:10月。

参加:各完职中、独立初中、九年制学校校长和政教主任,学区校长,寄宿制小学和中心小学校长、德育主任,各幼儿园园长,优秀班主任代表,县教育局机关有关股室干部。

内容:总结上学年度中小学班级管理和班主任工作经验,安排新学年度工作;校长、主任和优秀班主任代表工作交流;邀请专家讲座。

承办单位:教育股。

27.全县中小学后勤管理工作现场观摩会

时间:10月。

参加:各完职中、独立初中、九年制学校、寄宿制小学校长和后勤主任,学区校长,各幼儿园园长,优秀生活指导教师代表,县教育局机关有关股室干部。

内容:总结上学年度后勤管理和寄宿制学校生活指导教师工作经验,安排新学年度工作;分组现场观摩和校长(主任)介绍经验;优秀生活指导教师代表工作交流。

承办单位:教育股、项目办、计财股。

28.全县各级各类学校教育教学管理目标责任书考核

时间:6月中下旬。

参加:各完职中、独立初中、学区和68所小学(九年制学校小学部)。

内容:目标责任书考核、学校领导班子成员和后备干部民主测评、后备干部推荐。

承办单位:机关各股室。

规划未来:临洮县"12·5"期间创建基础教育教学管理优质示范学校设想

在广泛调查研究的基础上,2009 年 10 月 7 日县教育局组织讨论提出了全县"12·5"期间创建基础教育教学管理优质示范学校设想。规划全县优质示范性中小学和幼儿园 178 所,普通高中 7 所,其中独立高中 3 所;优质示范性初中 17 所,其中初中部 4 所;优质示范性小学 68 所,其中九年制小学生寄宿学校 16 所,寄宿制完全小学 20 所,规模化发展完全小学 14 所,优质化发展完全小学 18 所;幼儿园 22 所,其中独立幼儿园 5 所,小学附属幼儿园 17 所。

一、普通高中

独立高中 3 所,即临洮中学、临洮二中、文峰中学;普通完中 4 所,即临洮三中、临洮四中、衙下中学和育霖中学(民办)。

以上高中应届 230 个班,往届 28 个班,占全县高中班级数 268 个的 96.3%,在校学生 15264 人(其中往届生 2096 人),占全县在校学生总数 15914 人的 95.9%,其中住宿学生 8546 人,占在校学生的 56%,占全县高中住宿学生总数 8815 人的 96.9%。2009—2010 学年度高中招生 5239 人,占全县普通高中招生总数 5369 人的 97.6%,其中全县中考前 1000 名、前 3000 名人数分别为 993 人和 2821 人,占 99.3%和 94%。2008—2009 学年度参加高考人数 5385 人(其中应届生 3029 人,往届生 2356 人),高考重点上线人数 317 人,上线率 5.89%,占全县上线总数 317 人的 100%;二本以上上线人数 1271 人,上线率 23.60%,占全县上线总数 1277 人的 99.53%;高考高职上线人数 4605 人,上线率 85.52%,占全县总数 4725 人的 97.46%。

以上高中部现有教师 810 人,其中男 512 人,女 298 人。年龄结构为:30 岁及以下的有 356 人,31—45 岁的有 355 人,46—50 岁的有 47 人,51—55 岁男教师 24 人,女教师 51 岁、男教师 56 岁及以上的有 28 人;学历结构为:师范类研究生 6 人,师范类本科 630 人,师范类大专 120 人;职称结构为中学高级 95 人,中学一级 258 人,中学二级 286 人,中学三级及以下 131 人。

二、优质示范初中

优质示范初中 17 所,临洮三中、临洮四中、衙下中学、窑店中学、育霖中学初中部;临洮二中初中部改制为明德初中,新城区新建文峰初中,玉井农职业中学初中部分设为唐泉初中;洮阳初中、程家铺初中、辛店初中、连湾初中、峡口初中、站滩初中、上营初中、中铺初中、改河初中。

以上初中(部)328个班,占全县初中班级数639个班的51.3%,在校学生16753人,占全县在校学生总数31589人的53%,其中住宿学生7886人,占在校学生16753人的47%,占全县初中住宿学生总数12698人的62.1%。2009—2010学年度初中招生5617人,占全县初中招生总数10788人的52.1%,其中全县小学毕业班质量监测前1000、前3000名人数分别为796人和2169人,占14.2%和38.6%。2008—2009学年度参加中考的有4304人,中考前1000名上线人数697人,上线率16.2%,占全县上线总数1000人的69.7%;中考前3000名上线人数1882人,上线率43.7%,占全县上线总数3000人的62.7%;初中(向高中)升学人数3871人,升学率89.9%,占全县升学总数7410人的52.2%。

以上初中(部)现有教师867人,其中男448人,占51.7%,女419人,占48.3%。年龄结构为:30岁及以下的有371人,占42.8%,31—45岁的有409人,占47.2%,46—50岁的有46人,占5.3%,51—55岁男教师23人,占2.7%,女教师51岁、男教师56岁及以上的有18人,占2.1%;学历结构为:师范类本科402人,占46.4%,师范类大专396人,占45.7%,中师16人,占1.9%;职称结构为:中学高级43人,占5%,中学一级277人,占31.9%,中学二级357人,占41.2%,中学三级及以下177人,占20.4%。

三、优质示范小学

优质示范小学68所,具体情况如下。

1.九年制(小学生寄宿)学校16所,即洮阳学区卧龙学校、杨家店学校(新改制),八里铺学区火石沟学校、沿川学校(新改制),新添学区卅墩学校、刘家沟门学校(新改制),辛店学区下寨子学校,太石学区安家咀学校、龚家大庄学校,中铺学区何家山学校,峡口学区党家墩学校,站滩学区云谷学校,窑店学区北大坪学校,康家集学区赵家咀学校,玉井学区陈家咀学校,衙下学区杨家庙学校。

2.寄宿制小学20所,即临洮县文峰小学,八里铺学区王家磨小学,新添学区杨家大庄小学,辛店学区康家崖生基希望小学、朱家川小学,太石学区南门小学,中铺学区中铺小学,红旗学区红咀小学,峡口学区峡口小学,上营学区上营卢湾希望小学,站滩学区站滩小学,漫洼学区漫洼小学,连湾学区连湾小学,窑店学区窑店小学(窑店初中改制),康家集学区康家集小学,龙门学区甜水沟小学,玉井学区店子小学,衙下学区寺洼山小学,南屏学区岚林寺小学、三甲小学。

3.规模化发展学校小学14所,即洮阳学区建设小学,八里铺学区八里铺小学,新添学区新添一小、新添二小、潘家庄小学,辛店学区辛店小学,太石学区太石小学,上营学区赵家台小学,窑店学区四十铺小学,龙门学区东廿铺小学、三十铺小学,衙下学区兴丰小学、河董家小学,南屏学区安川小学。

4.优质发展小学18所,即临洮县实验一小、实验二小、南街小学、北街小学、西街小学、养正小学,洮阳学区旭东小学,八里铺学区王家大庄小学、菜子庙小学,太石学区沙塄小学,辛店学区裴家湾小学、白杨小学,中铺学区下石家小学,峡口学区新集小学,玉井学区岚观坪小学、杨家台小学,衙下学区张家寺小学、鹁鸽崖小学。

以上小学(部)5—6年级238个班,占全县小学高年级班级数的40.1%,在校高年级学生8580人,占全县小学(部)高年级在校学生总数的54.46%,其中住宿学生744人,占68所小学(部)高年级在校学生的8.7%。2009—2010学年度小学(部)招生2472人,占全县小学招生总数4778人的51.7%。2008—2009学年度参加小学毕业班教学质量检测的有5575人,其中前1000名上线人数807人,上线率14.5%,占全县上线总数1000人的80.7%,前3000名上线人数2162人,上线率38.7%,占全县上线总数3000人的72%。

以上小学(部)现有教师1178人,其中男515人,占43.7%,女663人,占56.3%。年龄结构为:30岁及以下的有463人,占34.2%,31—45岁的有404人,占34.3%,46—50岁的有133人,占11.3%,51—55岁男教师79人,占6.7%,女教师51岁、男教师56岁及以上的有99人,占8.4%;学历结构为:师范类本科112人,占9.5%,师范类大专659人,占55.9%,中师234人,占19.9%,普通高中及以下的有108人,占9.2%;职称结构为:中学高级2人,占0.2%,小学高级449人,占38.1%,小学一级454人,占38.5%,小学二级及以下268人,占22.8%。

四、幼儿园

1.幼儿园5所,即临洮县幼儿园民、县幼儿园西关分园、金泽幼儿园、文峰幼儿园,玉井店子幼儿园。

2.小学附属幼儿园17所,即临洮县文峰小学附属幼儿园,八里铺学区八里铺小学附属幼儿园、王家磨小学附属幼儿园、北廿铺小学附属幼儿园、王家大庄小学附属幼儿园,新添学区新添一小附属幼儿园、新添二小附属幼儿园、杨家大庄小学附属幼儿园、潘家庄小学附属幼儿园、刘家沟门小学附属幼儿园,辛店学区康家崖生基希望小学附属幼儿园、裴家湾小学附属幼儿园,太石学区太石小学附属幼儿园、南门小学附属幼儿园,红旗学区灵石学校附属幼儿园,中铺小学附属幼儿园,窑店小学附属幼儿园。

以上幼儿园共104个班,3995人,占全县学前教育入学儿童7844人的50.9%,其中小班28个,979人,中班37个,1452人,大班39个,1564人。

以上幼儿园现有教师104人,其中男2人,占1.9%,女102人,占98.1%。年龄结构为:30岁及以下的有45人,占43.3%,31—45岁的有36人,占34.6%,46—50岁的有9人,占8.7%,51—55岁男教师0人,占0%,女教师51岁,男教师56岁及以上的有14人,占13.5%;学历结构为:师范类本科6人,占5.8%,师范类大专75人,占72.1%,中师12人,占11.5%,普通高中及以下7人,占6.7%;职称结构为:中学高级0人,占0%,小学高级33人,占31.7%,小学一级48人,占46.2%,小学二级及以下23人,占22.1%。

五、合计

"12·5"期间,全县创建优质示范学校共178所。普通高中7所,其中独立高中3所;优质示范性初中17所,其中初中部4所;优质示范性小学68所,其中九年制小学生寄宿学校16所,寄宿制完全小学20所,规模化发展完全小学14所,优质化发展完全小学18所。幼儿园22所,其中独立幼儿园5所,小学附属幼儿园17所。

附 表

表1 临洮县"12·5"期间创建基础教育教学管理优质示范学校基本情况调查表

序号	学校	学校基础条件										
		教学用房			实验用房						图书用房	
		教室数量	教室面积	多媒体装备	实验室建设数量(项目办)	实验室建设面积(项目办)	实验室使用数量(电教馆)	实验室使用面积(电教馆)	实验仪器	药品配备	图书室建设数量(项目办)	图书室建设面积(项目办)
一	普通高中	251	37477	155	66	13833	81	7587			12	4518
1	临洮中学	58	15788	67	12	4909	21	1890	一类	配齐	2	1457
2	临洮二中	60	6347	78	12	3300	16	1536	一类	配齐	2	1100
3	临洮三中	39	5260	2	12	1190	8	768	三类	配齐	2	700
4	临洮四中	47	5150	2	12	1542	11	1056	三类	配齐	2	958
5	文峰中学	26	3750	2	12	2160	18	1728	二类	配齐	2	159
6	衙下中学	13	702	1	3	384	4	384	三类	配齐	1	80
7	育霖中学	8	480	3	3	348	3	225	三类	配齐	1	64
二	优质示范初中	326	28856	67	16	2333	22	1660			8	674
1	临洮中学初中部	18	1080									
2	临洮二中初中部	18	1080									
3	临洮三中初中部	18	1080									
4	临洮四中初中部	23	1380									
5	文峰中学初中部	20	2780			475						
6	衙下中学初中部	24	1296									
7	窑店中学初中部	24	2465	2	1	60	0	0	三类	演示	1	40
8	育霖中学初中部	6	360									
9	洮阳初中	42	5665	50		382	6	340	一类	配齐		82
10	明德初中											
11	文峰初中											
12	唐泉初中		2004				4	384	三类	演示		
13	程家铺初中	20	1620	1	1	90	0	0	三类	演示	1	30
14	辛店初中	15	1468	1		180	2	90	三类	配齐	1	60
15	连湾初中	13	738	8	2	108	1	54	三类	配齐	1	90
16	峡口初中	11	594	1	1	54	0	0	三类	演示		
17	站滩初中	12	720	1	3	360	3	288	三类	演示	1	126
18	上营初中	14	1401	1	1	48	0	0	三类	演示	1	30
19	中铺初中	33	1815	1	4	216	3	216	三类	配齐	1	90
20	改河初中	15	1310	1	3	360	3	288	三类	演示	1	126
三	优质示范小学	775	64640	67	76	4086	22	1339			68	3281
(一)	九年制(小学生寄宿)学校	257	19292	21	24	1386	10	765			19	821
1	卧龙学校	24	1554	1	4	300	4	315	三类	演示	1	90
2	杨家店学校	19	2421	3	2	94	0	0	二类	演示	2	90
3	火石沟学校	11	802	0			0	0	未达标	演示		
4	沿川学校	13	974	1	2	75	0	0	三类	演示	2	74
5	卅墩学校	18	2162	1	2	120	2	108	三类	配齐	1	60
6	刘家沟门学校	24	1493	2	2	107	0	0	二类	演示	2	57
7	下寨子学校	16	992	1	3	180	0	0	三类	演示	2	95
8	安家咀学校	16	1102	1	1	54	0	0	未达标	演示	1	54
9	龚家大庄学校	12	844	1	2	50	0	0	三类	演示	2	62
10	何家山学校	14	834	1			0		三类	演示		
11	党家墩学校	16	1478	2	1	54	1	54	三类	演示	1	54
12	云谷学校	12	842	2	1	89	0	0	三类	演示	2	59
13	北大坪学校	13	524	1	2	76	0	0	三类	演示	1	40
14	赵家咀学校	12	931	1			0	0	三类	演示		
15	陈家咀学校	20	1465	2	1	84	0	0	三类	演示	2	34
16	杨家庙学校	17	874	1		103	3	288	三类	演示		52
(二)	寄宿制小学	174	16055	17	18	919	2	86			18	828
1	临洮县文峰小学	8	2050	1	1	54	0	0	两箱三仪	演示	1	54
2	八里铺学区王家磨小学	6	584	0	1	60	0	0	两箱三仪	演示	1	20
3	新添学区杨家大庄小学	14	1923	1	1	60	0	0	两箱三仪	演示	1	60
4	辛店学区康家崖生基希望小学	12	827	1	1	43	0	0	两箱三仪	演示	1	42
5	辛店学区朱家川小学	7	320	0	1	40	0	0	二类	演示	1	40
6	太石学区南门小学	7	1080	1			0	0	两箱三仪	演示	1	54
7	中铺学区中铺小学	8	1090	1	1	30	0	0	二类	演示	1	30
8	红旗学区红咀小学	6	454	1	1	60	1	36	二类	配齐	1	60
9	峡口学区峡口小学	7	903	1	1	60	0	0	二类	演示	1	60
10	上营学区卢湾希望小学	8	434	1	1	62	0	0	两箱三仪	演示	1	60
11	站滩学区站滩小学	6	368	1	1	60	0	0	二类	演示	1	60
12	漫洼学区漫洼小学	6	390	1	1	60	0	0	二类	演示	1	60
13	连湾学区连湾小学	7	300	1	1	60	0	0	两箱三仪	演示	1	45
14	窑店学区窑店小学	18	1204	1	1	45	0	0	二类	演示	1	27
15	康家集学区康家集小学	8	504	1			0	0	两箱三仪	演示		

序号	学校	学校基础条件										
		图书用房		音乐美术用房				体育活动场			教研室	
		图书室使用数量（电教馆）	藏书数量	音乐美术教室建设数量（项目办）	音乐美术教室建设面积（项目办）	音乐美术教室使用数量（电教馆）	音乐美术教室使用面积（电教馆）	体育活动场数量	体育场面积	体育用品配备	教研室数量	教研室面积
一	普通高中	11	234726	8	1020	29	2598	7	117887		42	2880
1	临洮中学	3	164000	2	300	12	1008	2	45747	达标	9	600
2	临洮二中	2	30875	2	300	10	1168	1	18900	达标	9	600
3	临洮三中	2	8582	1	90	2	120	1	12000	达标	6	360
4	临洮四中	3	26615	1	90	1	96	1	25400	达标	6	360
5	文峰中学	0	454	2	240	0	0	1	14240	未达标	6	360
6	衙下中学	0	3000			1	56	0	0	达标	4	480
7	育霖中学	1	1200			3	150	1	1600	未达标	2	120
二	优质示范初中	9	131843	0	0	2	164	11	63593		29	1614
1	临洮中学初中部										3	180
2	临洮二中初中部										3	180
3	临洮三中初中部										3	180
4	临洮四中初中部										3	180
5	文峰中学初中部										6	360
6	衙下中学初中部										2	120
7	窑店中学初中部	1	8581			0	0	1	12000	未达标	1	60
8	育霖中学初中部											
9	洮阳初中	2	33528			1	60	1	15000	达标		
10	明德初中											
11	文峰初中											
12	唐泉初中		37699					1	7992	未达标		
13	程家铺初中	0	7699			0	0	1	2600	达标	3	60
14	辛店初中	1	10240			0	0	1	3056	达标		
15	连湾初中	1	3200			0	0	1	3740	未达标		
16	峡口初中	1	3100			0	0	1	280	未达标	1	54
17	站滩初中	1	6120			1	104	1	5000	未达标	2	120
18	上营初中	1	11428			0	0	1	6700	未达标		
19	中铺初中	1	2248			0	0	1	4600	达标		
20	改河初中	1	8000			0	0	1	2625	未达标	2	120
三	优质示范小学	47	420717	7	580	10	554	78	193908		147	9810
(一)	九年制(小学生寄宿)学校	12	119097	0	0	4	208	26	58553		34	1850
1	卧龙学校	2	11725			2	100	2	5200	未达标	2	113
2	杨家店学校	1	9800			0	0	2	8000	未达标	2	117
3	火石沟学校	0	5038			0	0	1	100	未达标		
4	沿川学校	2	3805			0	0	2	4753	未达标	2	86
5	卅墩学校	1	6950			1	54	2	1200	未达标	2	62
6	刘家沟门学校	1	17532			0	0	2	2700	未达标	4	250
7	下寨子学校	1	13500			0	0	2	1800	未达标	4	265
8	安家咀学校	0	6703			0	0	2	1900	未达标	4	253
9	龚家大庄学校	1	4413			0	0	0	0	未达标	2	92
10	何家山学校	0	4500			0	0	2	800	未达标	2	86
11	党家墩学校	2	10266			1	54	1	8400	未达标	4	288
12	云谷学校	0	3067			0	0	2	6000	未达标	3	107
13	北大坪学校	0	2931			0	0	1	8000	未达标	1	60
14	赵家咀学校	0	1680			0	0	1	1000	未达标		
15	陈家咀学校	1	9907			0	0	1	2400	未达标		
16	杨家庙学校	0	7280			0	0	2	6300	未达标	2	71
(二)	寄宿制小学	17	77605	0	0	0	0	19	51295		27	1655
1	临洮县文峰小学	1	8900			0	0	1	7200	未达标	3	198
2	八里铺学区王家磨小学	1	2320			0	0	1	2000	未达标		
3	新添学区杨家大庄小学	1	6000			0	0	1	8000	未达标	3	170
4	辛店学区康家崖生基希望小学	1	6280			0	0	1	1794	未达标		258
5	辛店学区朱家川小学	1	3200			0	0	1	820	未达标	1	29
6	太石学区南门小学	1	3547			0	0	1	1200	未达标	1	54
7	中铺学区中铺小学	1	5000			0	0	1	1200	未达标	2	100
8	红旗学区红咀小学	1	2600			0	0	1	2200	未达标	1	50
9	峡口学区峡口小学	1	2900			0	0	1	1300	未达标	1	56
10	上营学区卢湾希望小学	1	3000			0	0	0	0	未达标	1	54
11	站滩学区站滩小学	1	1750			0	0	1	2000	未达标	1	64
12	漫洼学区漫洼小学	1	795			0	0	1	5041	未达标	1	60
13	连湾学区连湾小学	1	2431			0	0	1	6000	未达标	1	45
14	窑店学区窑店小学	0	2190			0	0	1	1660	未达标	2	108
15	康家集学区康家集小学	0	1721			0	0	1	580	未达标	1	65

续表1

序号	学校	后勤服务条件													
		教师宿舍			学生宿舍				教师食堂		学生食堂				
		住宿人数	宿舍数量	宿舍面积	住宿人数	占在校学生比例(%)	宿舍面积	生均面积	上灶人数	食堂面积	上灶人数	占住宿人数比例(%)	食堂数量	灶房面积	餐厅面积
一	普通高中		472	8382	8546	56	43364	5.1	60		4506	53	22	850	7460
1	临洮中学		140	2709	2013	42.4	11956	5.9			1308	65	5	200	4017
2	临洮二中		40	600	2212	56.1	10644	4.8			1040	47	4	80	770
3	临洮三中		78	1230	1305	75.7	2692	2.1			705	54	3	90	160
4	临洮四中		74	1124	1464	71.1	2042	1.4			835	57	4	120	400
5	文峰中学				1002	59.3	11230	11.2			351	35		200	1806
6	衔下中学		120	2395	96	19.6	300	3.1	60		49	51	4	160	240
7	育霖中学		20	324	454	86.1	4500	9.9			218	48	2		67
二	优质示范初中	0	199	4278	5905	28	12614	29	83		5117	87	16	1309	2080
1	临洮中学初中部				69	6.1									
2	临洮二中初中部				0										
3	临洮三中初中部				512	49.5	1069	2.1			930	87	2	80	280
4	临洮四中初中部				392	33.1									
5	文峰中学初中部				0										
6	衔下中学初中部				0										
7	窑店中学初中部			663	561	51.3	1676	3			511	91		40	116
8	育霖中学初中部				102	51.2									
9	洮阳初中				385	14.2	2065	5.4			354	92	1	214	325
10	明德初中														
11	文峰初中														
12	唐泉初中				223	25.4									
13	程家铺初中		12	227	0				30				1	26	153.7
14	辛店初中		48	982	396	55.8	998	2.5	35		372	94	2	80	240
15	连湾初中			432	703	87.2	773	1.1			647	92	1	96	300
16	峡口初中		35	345	525	86.5	378	0.7			457	87	2	80	
17	站滩初中		31	505	397	90.2	1300	3.3			357	90	2	86	86
18	上营初中		33	455	920	93.6	1654	1.8			837	91	1	384	48
19	中铺初中		40	669	234	51.5	1486	6.4	18		215	92	2	115	194
20	改河初中				486	69.7	1215	2.5			437	90	2	108	337
三	优质示范小学	0	967	18547	906	7	3720	38.17	402		775	83	25	780	816
(一)	九年制(小学生寄宿)学校	0	387	7269	278	17	1450	18.9	238		236	85	13	389	166
1	卧龙学校		40	806					78						
2	杨家店学校		29	523					56						
3	火石沟学校		10	220											
4	沿川学校		20	390	76	42.5	167	1.1			66	87	1	24	
5	卅墩学校		24	482	19	7.7	156	1.3	20		16	83			
6	刘家沟门学校		40	790									2	55	
7	下寨子学校		25	400	39	22.2	300	0.8	15		32	83	1	25	
8	安家咀学校		10	149	15	9.3	54	1.6	39		13	84	1	40	
9	龚家大庄学校		10	145	7	11.7	140	1.7	30		6	85	1	54	
10	何家山学校		30	450	41	44.6	100	1.2			35	86	1	20	
11	党家墩学校		32	660	49	23	435	8.9			42	85	2	50	
12	云谷学校		16	320									1	30	
13	北大坪学校		17	327	23	11.4	86	1			19	84	1	41	
14	赵家咀学校		16	316	9	4.3	12	1.3			7	82			
15	陈家咀学校		48	923									2	50	166
16	杨家庙学校		20	368											
(二)	寄宿制小学	0	247	4587	591	17	2234	18.3	30		507	86	10	345	650
1	临洮县文峰小学				167	46.1	1500	9			147	88		60	240
2	八里铺学区王家磨小学		8	160											
3	新添学区杨家大庄小学		20	404											
4	辛店学区康家崖生希望小学		12	225									1	20	60
5	辛店学区朱家川小学		7	120											
6	太石学区南门小学		7	112	55	22.8	60	1.3			47	85	1	30	50
7	中铺学区中铺小学		10	140	50	17.4	160	0.9			41	82	1	30	40
8	红旗学区红咀小学		28	386	52	26.5	158	1.2			44	84	1	20	30
9	峡口学区峡口小学		8	140	96	43.8	154	0.8			83	86	1	30	45
10	上营学区卢湾希望小学		22	420									1	35	45
11	站滩学区站滩小学		10	200									1	30	45
12	漫洼学区漫洼小学		8	160									1	30	50
13	连湾学区连湾小学		8	115									1	30	45
14	窑店学区窑店小学		20	374					30						
15	康家集学区康家集小学			100	39	12.7	40	1			32	82			

序号	学校	教师配备情况													
		性别结构			年龄结构					学历结构					
		合计	女	男	30岁及以下	31—45岁	46—50岁	51—55岁男教师	女教师51岁、男教师56岁及以上	普通高中及其以下	中师	师范类大专	师范类本科	师范类研究生	非师范类
一	普通高中	810	298	512	356	355	47	24	28	30	17	120	630	6	7
1	临洮中学	242	93	149	87	112	20	7	16	12	15	20	194	1	
2	临洮二中	191	64	127	68	93	15	9	6	10		17	162	1	1
3	临洮三中	133	48	85	76	47	3	4	3	3	1	32	95		2
4	临洮四中	148	63	85	77	62	3	3	3	3	1	37	103		4
5	文峰中学	57	20	37	34	22	1					6	47	4	
6	衙下中学	39	10	29	14	19	5	1		2		8	29		
7	育霖中学	0													
二	优质示范初中	927	447	480	403	433	47	26	18	14	17	432	424	0	40
1	临洮中学初中部	47	23	24	18	22	5	2				8	39		
2	临洮二中初中部	46	29	17	15	22	4	3	2	1		14	30		1
3	临洮三中初中部	50	30	20	32	15	2		1		1	25	24		
4	临洮四中初中部	78	45	33	47	28	1	1	1			25	50		3
5	文峰中学初中部	76	39	37	35	35	5	1		2		30	42		1
6	衙下中学初中部	60	28	32	32	24		3			1	36	22		1
7	窑店中学初中部	59	23	36	35	21		3		1	3	34	17		4
8	育霖中学初中部	0													
9	洮阳初中	134	83	51	20	99	9	1	5	7	2	53	67		5
10	明德初中														
11	文峰初中														
12	唐泉初中	70	28	42	23	39	4	1	3		1	20	35		14
13	程家铺初中	57	18	39	16	23	8	7	3	2	3	26	26		
14	辛店初中	46	22	24	16	28	1	1				22	21		3
15	连湾初中	36	13	23	22	13			1		1	26	9		
16	峡口初中	31	13	18	15	14	1	1			1	22	6		2
17	站滩初中	27	10	17	16	10			1		1	17	7		2
18	上营初中	45	14	31	25	16	4						34	10	
19	中铺初中	38	18	20	20	13	2	2	1		2	21	12		3
20	改河初中	27	11	16	16	11						19	7		1
三	优质示范小学	1178	663	515	463	404	133	79	99	108	234	659	112	0	65
(一)	九年制（小学生寄宿）学校	162	65	97	66	38	20	17	21	21	39	76	13	0	13
1	卧龙学校	14	9	5	2	8	1	2	1	3	2	8			1
2	杨家店学校	15	7	8	6	4	3	1	1	1	5	7	2		
3	火石沟学校	7	3	4	2	3	1					6	1		
4	沿川学校	10	3	7	4	4		1	1		4	4	2		
5	卅墩学校	14	9	5	5	3	2	1	3	3	2	7	1		1
6	刘家沟门学校	15	5	10	8	4	1		2	2	1	9	1		2
7	下寨子学校	8	5	3	5	2			1		1	4	1		2
8	安家咀学校	12	5	7	5	2			5	2	5	4			1
9	龚家大庄学校	6	2	4	1	2			1			3	2		1
10	何家山学校	6	4	2	4		2				1	4			1
11	党家墩学校	12	5	7	8	2		2		1	1	8	1		1
12	云谷学校	8		8	4			1	3	2	2	2			2
13	北大坪学校	7	2	5	1	1	2	2	1	4	2				1
14	赵家咀学校	6	2	4	2				3	1	3	1			1
15	陈家咀学校	12	4	8	7	2	1		2	1	1	6	1		1
16	杨家庙学校	10		10	2	4			1	1	5				4
(二)	寄宿制小学	337	176	161	172	81	34	24	26	38	65	185	23	0	26
1	临洮县文峰小学	26	15	11	10	14	2			3		16	3		4
2	八里铺学区王家磨小学	10	8	2	5	5					1	8	1		
3	新添学区杨家大庄小学	28	19	9	11	5	4	4	4	4	9	13			1
4	辛店学区康家崖生基希望小学	24	16	8	15	5	1	1	2	2	3	15	2		2
5	辛店学区朱家川小学	7	3	4	3	2			1	1		5	1		
6	太石学区南门小学	14	7	7	7	5			2	1	1	9			3
7	中铺学区中铺小学	23	6	17	10	5	3	2	3	4	2	10	3		4
8	红旗学区红咀小学	12	4	8	5	1	3	2	1	2	4	5			1
9	峡口学区峡口小学	19	9	10	9	3	2	3	2	3	6	8	1		1
10	上营学区卢湾希望小学	14	6	8	8	1		3	1	2	5	4			1
11	站滩学区站滩小学	10	4	6	7				1	1	2	7			1
12	漫洼学区漫洼小学	9	4	5	3			3	3		1	2	1		1
13	连湾学区连湾小学	16	4	12	3	3	2	2	2	2	5	7	1		
14	窑店学区窑店小学	19	11	8	11	3	3		2	1	4	12	1		1
15	康家集学区康家集小学	11	7	4	8			1	1	1	3	5	1		1

续表1

序号	学校	中学高级	中学一级	中学二级	中学三级及以下	小学高级	小学一级	小学二级及以下	班级数	全县	学生数	全县	班级数	全县	学生数	全县	平均班额
一	普通高中	95	258	286	131				262	268	15575	15914	84	87	5240	5369	62
1	临洮中学	40	86	81	15				68		4838		20		1288		64
2	临洮二中	33	65	56	27				61		4242		18		1251		70
3	临洮三中	4	38	56	32				36		1720		10		552		55
4	临洮四中	15	35	64	31				41		2058		14		769		55
5	文峰中学	2	21	9	24				30		1687		14		864		62
6	衙下中学	1	13	20	2				14		501		4		237		59
7	育霖中学								10		529		4		279		70
二	优质示范初中	58	297	381	177				365	636	18326	31544	121	211	6178	10824	52
1	临洮中学初中部	8	15	20	4												
2	临洮二中初中部	4	18	14	8												
3	临洮三中初中部		8	33	9				21		1035		7		361		52
4	临洮四中初中部		16	39	23				25		1184		8		362		45
5	文峰中学初中部	5	31	22	16				18		1106		6		370		62
6	衙下中学初中部	15	20	24					25		1255		9		482		54
7	窑店中学初中部	1	12	25	20				15		569		5		169		34
8	育霖中学初中部								4		196		1		50		50
9	洮阳初中	8	68	50	3				44		2706		16		943		59
10	明德初中								36		1800		12		600		50
11	文峰初中								36		1800		12		600		50
12	唐泉初中	3	31	27	9				22		877		6		223		37
13	程家铺初中	9	21	21	4				20		927		6		284		47
14	辛店初中		19	23	4				535.8		291.8		5		239		48
15	连湾初中	1	5	12	18				15		806		5		289		58
16	峡口初中		7	13	11				12		604		4		202		51
17	站滩初中		3	10	14				597		440		3		154		51
18	上营初中	1	12	19	12				18		983		6		365		61
19	中铺初中	3	7	20	8				12		454		4		159		40
20	改河初中		4	9	14				16		809		6		326		54
三	优质示范小学	2	0	0	0	449	454	268	321	859	11779	21587	88	273	3137	5900	36
(一)	九年制(小学生寄宿)学校	0	0	0	0	59	57	46	53		1610		16		429		25
1	卧龙学校					4	8	2	3		101		1		30		30
2	杨家店学校					6	5	4	3		76		1		24		24
3	火石沟学校					2	3	2	3		78		1		18		18
4	沿川学校					3	4	3	3		134		1		32		32
5	卅墩学校					6	2	6	4		142		1		38		38
6	刘家沟门学校					4	3	8	5		154		1		33		33
7	下寨子学校					1	2	5	3		132		1		34		34
8	安家咀学校					6	4	2	3		91		1		26		26
9	龚家大庄学校					2	3	1	3		36		1		12		12
10	何家山学校					2		4	3		60		1		20		20
11	党家墩学校					2	6	4	3		141		1		43		43
12	云谷学校					3	3	2	3		87		1		22		22
13	北大坪学校					5	1	1	4		82		1		30		30
14	赵家咀学校					2	3	1	4		108		1		19		19
15	陈家咀学校					5	7		3		103		1		33		33
16	杨家庙学校					6	3		3		85		1		15		15
(二)	寄宿制小学					94	141	100	97		3337		25		732		32
1	临洮县文峰小学					9	6	6	9		259		3		71		24
2	八里铺学区王家磨小学					4	5	1	4		87		1		24		24
3	新添学区杨家大庄小学					8	14	6	9		209		3		49		16
4	辛店学区康家崖生基希望小学					5	13	6	8		221		2		58		29
5	辛店学区朱家川小学					2	5	4	3		103		1		24		24
6	太石学区南门小学					2	8	4	4		151		1		36		36
7	中铺学区中铺小学					6	14	3	5		189		1		48		48
8	红旗学区红咀小学					5	2	5	4		122		1		31		31
9	峡口学区峡口小学					6	7	4	4		151		1		25		25
10	上营学区卢湾希望小学					5	5	4	5		198		1		31		31
11	站滩学区站滩小学					2	4	4	3		104		1		23		23
12	漫洼学区漫洼小学					3	3	3	3		61		1		17		17
13	连湾学区连湾小学					3	3	10	4		130		1		39		39
14	窑店学区窑店小学					5	7	7	6		188		1		36		36
15	康家集学区康家集小学					2	3	6	5		214		1		27		27

序号	学校	在校学生情况														
		二(五、八)年级					三(六、九)年级(应届)					三年级(往届)				
		班级数	全县	学生数	全县	平均班额	班级数	全县	学生数	全县	平均班额	班级数	全县	学生数	全县	平均班额
一	普通高中	75	78	4168	4251	56	75	75	3911	4251	53	28	28	2256	2282	75
1	临洮中学	20		1322		66	20		1252		63	8		976		122
2	临洮二中	18		1194		66	18		1091		61	7		706		101
3	临洮三中	10		463		46	14		578		41	4		127		32
4	临洮四中	10		461		46	12		547		46	5		281		56
5	文峰中学	10		532		53	6		271		45			20		
6	衙下中学	5		116		23	3		98		33	2		50		25
7	育霖中学	2		80		40	2		74		37			96		48
二	优质示范初中	123	216	6378	11259	54	120	209	5708	9461	50	1		62		62
1	临洮中学初中部															
2	临洮二中初中部															
3	临洮三中初中部	8		372		47	6		302		50					
4	临洮四中初中部	8		427		53	9		395		44					
5	文峰中学初中部	6		403		67	6		333		56					
6	衙下中学初中部	8		443		55	8		330		41					
7	窑店中学初中部	5		202		40	5		198		40					
8	育霖中学初中部	1		51		51	2		95		48	1		62		62
9	洮阳初中	14		917		66	14		846		60					
10	明德初中	12		600		50	12		600		50					
11	文峰初中	12		600		50	12		600		50					
12	唐泉铺初中	8		317		40	8		337		42					
13	程家铺初中	7		321		46	7		322		46					
14	辛店初中	5		246		49	5		228		46					
15	连湾初中	5		289		58	5		228		46					
16	峡口初中	4		214		54	4		188		47					
17	站滩初中	4		176		44	3		110		37					
18	上营初中	6		352		59	6		266		44					
19	中铺初中	4		168		42	4		127		32					
20	改河初中	6		280		47	4		203		51					
三	优质示范小学	106	278	3635	6798	39	127	308	5007	8889	41					
(一)	九年制(小学生寄宿)学校	17		521		33	20		660		36					
1	卧龙学校	1		29		29	1		42		42					
2	杨家店学校	1		19		19	1		33		33					
3	火石沟学校	1		22		22	1		38		38					
4	沿川学校	1		38		38	1		64		64					
5	卅墩学校	1		50		50	2		54		27					
6	刘家沟门学校	2		55		28	2		66		33					
7	下寨子学校	1		43		43	1		55		55					
8	安家咀学校	1		30		30	1		35		35					
9	龚家大庄学校	1		15		15	1		9		9					
10	何家山学校	1		17		17	1		23		23					
11	党家墩学校	1		50		50	1		48		48					
12	云谷学校	1		33		33	1		32		32					
13	北大坪学校	1		26		26	2		26		13					
14	赵家咀学校	1		37		37	2		52		26					
15	陈家咀学校	1		26		26	1		44		44					
16	杨家庙学校	1		31		31	1		39		39					
(二)	寄宿制小学	32		963		35	40		1642		38					
1	临洮县文峰小学	3		87		29	3		101		34					
2	八里铺学区王家磨小学	1		26		26	1		37		37					
3	新添学区杨家大庄小学	3		84		28	3		76		25					
4	辛店学区康家崖生基希望小学	3		68		23	3		95		32					
5	辛店学区朱家川小学	1		30		30	1		49		49					
6	太石学区南门小学	1		45		45	2		70		35					
7	中铺学区中铺小学	2		46		23	2		95		48					
8	红旗学区红咀小学	1		40		40	2		51		26					
9	峡口学区峡口小学	1		42		42	2		84		42					
10	上营学区卢湾希望小学	1		65		65	3		102		34					
11	站滩学区站滩小学	1		31		31	1		50		50					
12	漫洼学区漫洼小学	1		16		16	1		28		28					
13	连湾学区连湾小学	1		39		39	1		52		26					
14	窑店学区窑店小学	2		61		31	3		91		30					
15	康家集学区康家集小学	2		52		26	2		135		68					

探索创新

续表1

序号	学校	近三年招生情况									近三年教学质量情况	
		2007—2008 学年度			2008—2009 学年度			2009—2010 学年度			2006—2007 学年度	
		当年招生人数	其中:中考和小学毕业班检测前1000名人数	其中:中考和小学毕业班检测前3000名人数	当年招生人数	其中:中考和小学毕业班检测前1000名人数	其中:中考和小学毕业班检测前3000名人数	当年招生人数	其中:中考和小学毕业班检测前1000名人数	其中:中考和小学毕业班检测前3000名人数	毕业生人数	高考重点上线和中考,小学毕业班检测前1000名人数
一	普通高中	4607	1000	3068	4490	1000	2701	5239	993	2821	5041	135
1	临洮中学	1309	690	1174	1271	705	1108	1281	692	1050	1655	84
2	临洮二中	1190	199	1001	1233	223	979	1255	239	1074	1424	37
3	临洮三中	762	21	216	549	17	91	555	17	81	618	3
4	临洮四中	743	38	305	581	23	123	771	21	130	908	7
5	文峰中学	349	51	317	591	30	358	863	18	387	94	2
6	衙下中学	140	1	39	154	2	28	237	5	71	171	1
7	育霖中学	114	0	16	111	0	14	277	1	28	171	1
二	优质示范初中	5947	747	1955	6208	818	2022	5617	796	2169	4060	678
1	临洮中学初中部	286	95	206	280	163	204	244	101	191	74	28
2	临洮二中初中部	257	107	191	289	54	169	285	38	143	0	0
3	临洮三中初中部	301	8	50	330	21	64	305	29	91	228	22
4	临洮四中初中部	472	53	192	441	28	114	366	39	144	339	36
5	文峰中学初中部	311	99	233	305	91	185	265	96	207	422	131
6	衙下中学初中部	501	1	20	544	12	64	564	17	78	168	12
7	窑店中学初中部	462	40	129	505	48	161	441	51	162	270	15
8	育霖中学初中部											
9	洮阳初中	638	174	368	659	245	474	700	225	468	809	294
10	明德初中											
11	文峰初中											
12	唐泉初中	506	40	116	481	58	176	362	65	155	318	20
13	程家铺初中	443	74	197	409	53	166	341	41	129	265	38
14	辛店初中	314	13	65	299	20	81	286	46	162	213	15
15	连湾初中	280	11	39	319	2	22	263	9	42	172	6
16	峡口初中	210	10	40	225	3	16	167	6	36	125	15
17	站滩初中	156	5	23	205	3	29	150	6	33	184	8
18	上营初中	343	1	25	347	7	43	366	1	32	167	22
19	中铺初中	222	13	51	268	10	43	223	19	60	153	3
20	改河初中	245	3	10	302	0	11	289	7	36	153	13
三	优质示范小学										5091	789
(一)	九年制(小学生寄宿)学校										749	69
1	卧龙学校										75	1
2	杨家店学校										47	5
3	火石沟学校										35	7
4	沿川学校										23	1
5	卅墩学校										72	16
6	刘家沟门学校										61	10
7	下寨子学校										29	0
8	安家咀学校										36	0
9	龚家大庄学校										10	0
10	何家山学校										48	0
11	党家墩学校										60	4
12	云谷学校										24	0
13	北大坪学校										41	1
14	赵家咀学校										40	3
15	陈家咀学校										100	19
16	杨家庙学校										48	2
(二)	寄宿制小学										1321	142
1	临洮县文峰小学										97	26
2	八里铺学区王家磨小学										55	13
3	新添学区杨家大庄小学										115	10
4	辛店学区康家崖生基希望小学										62	3
5	辛店学区朱家川小学										40	0
6	太石学区南门小学										52	2
7	中铺学区中铺小学										85	8
8	红旗学区红咀小学										54	1
9	峡口学区峡口小学										77	6
10	上营学区卢湾希望小学										36	0
11	站滩学区站滩小学										31	3
12	漫洼学区漫洼小学										24	1
13	连湾学区连湾小学										65	9
14	窑店学区窑店小学										83	12
15	康家集学区康家集小学										67	12

☆ ☆ ◇－－－－－－－

序号	学校	近三年教学质量情况								
		2006—2007 学年度					2007—2008 学年度			
		高考重点上线率和中考、小学毕业班检测前1000名上线率%	高考二本以上上线率和中考、小学毕业班检测前3000名人数	高考二本以上上线率和中考、小学毕业班检测前3000名上线率%	高考高职上线人数和初中、小学毕业生升学人数	高考高职上线率和初中、小学毕业生升学率%	毕业生人数	高考重点上线和中考、小学毕业班检测前1000名人数	高考重点上线率和中考、小学毕业班检测前1000名上线率%	高考二本以上上线率和中考、小学毕业班检测前3000名人数
一	普通高中	2.7	722	14.3	3389	67.2	5649	209	3.7	1040
1	临洮中学	5.7	403	24.4	1398	84.5	1910	124	6.5	557
2	临洮二中	2.6	221	15.5	1110	78.0	1600	69	4.3	349
3	临洮三中	0.5	25	4.1	267	43.2	784	4	0.5	36
4	临洮四中	0.8	47	5.2	368	40.5	948	8	0.8	62
5	文峰中学	2.1	16	17.0	77	81.9	143	0	0	12
6	衙下中学	0.6	6	3.5	85	49.1	171	2	1.2	15
7	育霖中学	0.6	4	2.3	84	49.1	93	2	2.2	9
二	优质示范初中	16.7	1787	44	3760	92.6	3845	658	17.1	1762
1	临洮中学初中部	37.8	56	75.7	74	100.0	331	65	19.6	161
2	临洮二中初中部	0.0	0	0.0	0	0.0	132	47	35.6	94
3	临洮三中初中部	9.7	81	35.5	227	89.0	175	15	8.6	57
4	临洮四中初中部	10.6	168	49.6	341	91.4	245	28	11.4	103
5	文峰中学初中部	31.0	276	65.4	410	97.2	306	89	29.1	205
6	衙下中学初中部	7.1	54	32.1	205	94.0	199	7	3.5	43
7	窑店中学初中部	5.6	78	35.2	232	80.3	222	16	7.2	70
8	育霖中学初中部				20	34.5				
9	洮阳初中	36.3	504	62.3	779	96.3	666	245	36.8	479
10	明德初中									
11	文峰初中									
12	唐泉初中	6.3	73	23.0	268	84.3	274	27	9.9	72
13	程家铺初中	14.3	116	43.8	203	74.6	226	31	13.7	108
14	辛店初中	7.0	71	33.3	178	80.2	174	10	5.7	52
15	连湾初中	3.5	79	45.9	139	80.8	186	25	13.4	95
16	峡口初中	12.0	46	36.8	110	71.0	147	6	4.1	34
17	站滩初中	4.4	41	22.3	104	54.2	124	11	8.9	46
18	上营初中	13.2	63	37.7	167	92.3	172	20	11.6	72
19	中铺初中	2.0	30	19.6	144	80.0	164	9	5.5	30
20	改河初中	8.5	51	33.3	159	92.4	102	7	6.9	41
三	优质示范小学	78.9	1989	66.3		100	5279	805	80.5	1997
(一)	九年制(小学生寄宿)学校	6.9	227	7.6		100	726	33	3.3	182
1	卧龙学校	0.10	13	0.43		100	58	0	0.00	9
2	杨家店学校	0.50	11	0.37		100	42	3	0.30	19
3	火石沟学校	0.70	14	0.47		100	29	0	0.00	8
4	沿川学校	0.10	11	0.37		100	25	0	0.00	2
5	卅墩学校	1.60	40	1.33		100	80	4	0.40	24
6	刘家沟门学校	1.00	33	1.10		100	61	3	0.30	26
7	下寨子学校	0.00	1	0.03		100	37	0	0.00	2
8	安家咀学校	0.00	14	0.47		100	42	2	0.20	7
9	龚家大庄学校	0.00	1	0.03		100	15	0	0.00	1
10	何家山学校	0.00	3	0.10		100	38	0	0.00	9
11	党家墩学校	0.40	18	0.60		100	54	5	0.50	14
12	云谷学校	0.00	3	0.10		100	30	1	0.10	5
13	北大坪学校	0.10	6	0.20		100	40	1	0.10	5
14	赵家咀学校	0.30	9	0.30		100	41	0	0.00	5
15	陈家咀学校	1.90	44	1.47		100	86	12	1.20	37
16	杨家庙学校	0.20	6	0.20		100	48	2	0.20	7
(二)	寄宿制小学	14.20	425	14.17		100	1447	148	14.80	455
1	临洮县文峰小学	2.60	66	2.20		100	67	24	2.40	46
2	八里铺学区王家磨小学	1.30	22	0.73		100	53	7	0.70	27
3	新添学区杨家大庄小学	1.00	52	1.73		100	128	12	1.20	41
4	辛店学区康家崖生基希望小学	0.30	21	0.70		100	63	7	0.70	29
5	辛店学区朱家川小学	0.00	1	0.03		100	68	0	0.00	3
6	太石学区南门小学	0.20	7	0.23		100	65	7	0.70	17
7	中铺学区中铺小学	0.80	29	0.97		100	88	7	0.70	16
8	红旗学区红咀小学	0.10	8	0.27		100	44	1	0.10	9
9	峡口学区峡口小学	0.60	22	0.73		100	68	2	0.20	8
10	上营学区卢湾希望小学	0.00	4	0.13		100	39	5	0.50	9
11	站滩学区站滩小学	0.30	10	0.33		100	48	1	0.10	16
12	漫洼学区漫洼小学	0.10	5	0.17		100	28	2	0.20	12
13	连湾学区连湾小学	0.90	24	0.80		100	80	2	0.20	11
14	窑店学区窑店小学	1.20	30	1.00		100	97	21	2.10	40
15	康家集学区康家集小学	1.20	27	0.90		100	79	9	0.90	37

续表1

序号	学校	近三年教学质量情况									
		2007—2008 学年度			2008—2009 学年度						
		高考二本以上上线率和中考、小学毕业班前3000名上线率%	高考高职上线人数和初中、小学毕业生升学人数	高考高职上线率和初中、小学毕业生升学率%	毕业生人数	高考重点上线和中考、小学毕业班前1000名人数	高考重点上线率和中考、小学毕业班前1000名上线率%	高考二本以上上线和中考、小学毕业班前3000名人数	高考二本以上上线率和中考、小学毕业班前3000名上线率%	高考高职上线人数和初中、小学毕业生升学人数	高考高职上线率和初中、小学毕业生升学率%
一	普通高中	18.4	3833	67.9	5385	317	5.9	1271	23.6	4605	85.5
1	临洮中学	29.2	1617	84.7	1971	206	10.5	714	36.2	1861	94.4
2	临洮二中	20.8	1265	79.1	1569	88	5.6	427	27.2	1484	94.6
3	临洮三中	4.6	277	35.3	692	7	1.0	33	4.8	398	57.5
4	临洮四中	6.5	435	45.9	806	14	1.7	72	8.9	570	70.7
5	文峰中学	8.4	128	89.5	76	0	0	8	10.5	71	93.4
6	衙下中学	8.8	65	38.0	143	2	1.4	13	9.1	128	89.5
7	育霖中学	9.7	46	49.5	128	0	0	4	3.1	93	72.7
二	优质示范初中	45.8	3089	80.3	4304	697	16.2	1882	43.7	3871	89.9
1	临洮中学初中部	48.6	197	59.0	364	89	24.5	194	53.3	310	83.6
2	临洮二中初中部	71.2	108	81.2	131	42	32.1	78	59.5	131	94.2
3	临洮三中初中部	32.6	191	97.9	204	18	8.8	62	30.4	201	95.3
4	临洮四中初中部	42.0	224	88.9	273	30	11.0	107	39.2	277	97.2
5	文峰中学初中部	67.0	303	88.3	419	79	18.9	214	51.1	368	83.1
6	衙下中学初中部	21.6	161	75.2	280	37	13.2	117	41.8	269	86.5
7	窑店中学初中部	31.5	178	79.8	228	12	5.3	52	25.2	198	83.5
8	育霖中学初中部		0	0.0						0	0.0
9	洮阳初中	71.9	537	77.7	794	222	28.0	492	62.0	704	88.0
10	明德初中										
11	文峰初中										
12	唐泉初中	26.3	250	80.4	295	23	7.8	74	25.1	252	75.7
13	程家铺初中	47.8	182	80.2	236	40	16.9	135	57.2	206	85.1
14	辛店初中	29.9	132	73.3	196	11	5.6	52	26.5	159	72.6
15	连湾初中	51.1	133	64.3	173	34	19.7	75	43.4	166	92.2
16	峡口初中	23.1	97	58.1	136	8	5.9	39	28.7	128	93.4
17	站滩初中	37.1	53	37.9	146	16	11.0	56	38.4	119	72.1
18	上营初中	41.9	151	86.8	177	14	7.9	63	35.6	177	97.8
19	中铺初中	18.3	111	66.1	142	11	7.7	29	20.4	100	67.1
20	改河初中	40.2	81	75.7	110	11	10.0	43	39.1	106	96.4
三	优质示范小学	66.57	0	100	5575	807	80.7	2160	72		100
(一)	九年制(小学生寄宿)学校	6.07		100	764	33	3.3	165	5.5		100
1	卧龙学校	0.30		100	51	3	0.30	13	0.43		100
2	杨家店学校	0.63		100	39	1	0.10	6	0.20		100
3	火石沟学校	0.27		100	28	0	0.00	7	0.23		100
4	沿川学校	0.07		100	79	5	0.50	18	0.60		100
5	卅墩学校	0.80		100	96	3	0.30	20	0.67		100
6	刘家沟门学校	0.87		100	53	5	0.50	15	0.50		100
7	下寨子学校	0.07		100	53	1	0.10	7	0.23		100
8	安家咀学校	0.23		100	42	1	0.10	10	0.33		100
9	龚家大庄学校	0.00		100	9	0	0.00	3	0.10		100
10	何家山学校	0.30		100	34	1	0.10	6	0.20		100
11	党家墩学校	0.47		100	49	0	0.00	9	0.30		100
12	云谷学校	0.17		100	43	2	0.20	8	0.27		100
13	北大坪学校	0.17		100	48	3	0.30	14	0.47		100
14	赵家咀学校	0.27		100	50	2	0.20	6	0.30		100
15	陈家咀学校	1.23		100	52	4	0.40	13	0.43		100
16	杨家庙学校	0.23		100	38	2	0.20	7	0.23		100
(二)	寄宿制小学	15.17		100	1878	216	21.60	588	19.60		100
1	临洮县文峰小学	1.53		100	116	32	3.20	64	2.13		100
2	八里铺学区王家磨小学	0.90		100	30	5	0.50	12	0.40		100
3	新添学区杨家大庄小学	1.37		100	107	17	1.70	48	1.60		100
4	辛店学区康家崖生基希望小学	0.97		100	85	26	2.60	56	1.87		100
5	辛店学区朱家川小学	0.10		100	42	1	0.10	7	0.23		100
6	太石学区南门小学	0.57		100	97	8	0.80	23	0.77		100
7	中铺学区中铺小学	0.53		100	88	10	1.00	28	0.93		100
8	红旗学区红咀小学	0.30		100	85	2	0.20	12	0.40		100
9	峡口学区峡口小学	0.27		100	78	6	0.60	29	0.97		100
10	上营学区卢湾希望小学	0.30		100	104	0	0.00	10	0.33		100
11	站滩学区站滩小学	0.53		100	42	3	0.30	16	0.53		100
12	漫洼学区漫洼小学	0.40		100	40	3	0.30	8	0.27		100
13	连湾学区连湾小学	0.37		100	75	7	0.70	16	0.53		100
14	窑店学区窑店小学	1.33		100	109	23	2.30	54	1.80		100
15	康家集学区康家集小学	1.23		100	142	13	1.30	38	1.27		100

| 序号 | 学校 | 学校基础条件 | | | | | | | | | | |
| | | 教学用房 | | | 实验用房 | | | | | | 图书用房 | |
		教室数量	教室面积	多媒体装备	实验室建设数量(项目办)	实验室建设面积(项目办)	实验室使用数量(电教馆)	实验室使用面积(电教馆)	实验仪器	药品配备	图书室建设数量(项目办)	图书室建设面积(项目办)
16	龙门学区甜水沟小学	8	387	0	1	40	0	0	二类	演示		
17	玉井学区店子小学	11	1132	1	1	50	1	50	二类	配齐	1	50
18	衙下学区寺洼山小学	10	1244	1	1	60	0	0	二类	演示	1	36
19	南屏学区岚林小学	8	483	1	1	30	0	0	二类	演示	1	30
20	南屏学区三甲小学	8	598	1	1	45	0	0	二类	演示	1	40
(三)	规模化发展小学	125	10276	14	15	722	4	182			13	565
1	洮阳学区建设小学	13	660	1	1	12	0	0	两箱三仪	演示	1	12
2	八里铺学区八里铺小学	13	864	1	1	48	1	45	二类	配齐	1	48
3	新添学区新添一小	7	1409	1	1	50	0	0	两箱三仪	演示	1	30
4	新添学区新添二小	12	1314	1	1	54	1	50	二类	配齐	1	54
5	新添学区潘家庄小学	9	607	1	2	140	0	0	两箱三仪	演示	1	49
6	辛店学区辛店小学	9	840	1	1	36	0	0	两箱三仪	演示	1	24
7	太石学区太石小学	6	712	1	1	38	1	30	两箱三仪	演示	1	36
8	上营学区赵家台小学	6	550	1	1	45	0	0	两箱三仪	演示	1	39
9	窑店学区四十铺小学	7	440	1	1	30	0	0	两箱三仪	演示	1	54
10	龙门学区东廿铺小学	12	1119	1	1	57	1	57	二类	配齐	1	57
11	龙门学区三十铺小学	7	381	1	1	54	0	0	两箱三仪	演示	1	54
12	衙下学区兴丰小学	7	420	1	1	54	0	0	两箱三仪	演示	1	54
13	衙下学区河董家小学	9	476	1	1	54	0	0	两箱三仪	演示	1	54
14	南屏学区安川小学	8	484	1	1	50	0	0	两箱三仪	演示	1	54
(四)	优质化发展小学	219	19017	15	19	1059	6	306			18	1067
1	临洮县实验一小	22	2746	2	1	100	1	54	二类	配齐	1	100
2	临洮县实验二小	18	1008	1	1	108	1	54	二类	配齐	1	60
3	临洮县南街小学	22	1060	1	1	72	0	0	二类	演示	1	60
4	临洮县北街小学	16	1296	1	1	54	1	54	二类	配齐	1	54
5	临洮县西街小学	22	1934	1	1	54	1	54	二类	配齐	1	54
6	临洮县养正小学	19	1026	1	1	54	0	0	二类	演示	1	54
7	洮阳学区旭东学校	21	1999	1	3	180	1	50	三类	配齐	2	190
8	八里铺学区王家大庄小学	8	700	1	1	70	0	0	两箱三仪	演示	1	70
9	八里铺学区菜子庙小学	6	474	0	1	30	0	0	两箱三仪	演示	1	30
10	太石学区沙塄小学	8	1219	1	1	29	0	0	三类	演示	1	49
11	辛店学区裴家湾小学	7	628	1	1	31	0	0	两箱三仪	演示	1	49
12	辛店学区白杨小学	6	420	0	1	42	0	0	两箱三仪	演示	1	42
13	中铺学区下石家小学	6	560	0			0	0	两箱三仪	演示		
14	峡口学区新集小学	6	728	0	1	45	0	0	两箱三仪	演示	1	45
15	玉井学区岚观坪小学	8	975	1	1	45	0	0	两箱三仪	演示	1	50
16	玉井学区杨家台小学	8	972	1	1	40	1	40	两箱三仪	配齐	1	50
17	衙下学区张家寺小学	8	604	1	1	45	0	0	两箱三仪	演示	1	50
18	衙下学区鹁鸽崖小学	8	604	1	1	60	0	0	两箱三仪	演示	1	60
四	幼儿园	73	3642	1	0	0	0	0			0	0
1	县幼儿园	22	1210	1								
2	县幼儿园西关分园			0								
3	金泽幼儿园			0								
4	文峰幼儿园			0								
5	玉井店子幼儿园	4	216	0								
6	文峰小学附属幼儿园	3	150	0								
7	八里铺小学附属幼儿园	3	400	0								
8	王家磨小学附属幼儿园	2	108	0								
9	北廿铺小学附属幼儿园	3	150	0								
10	王家大庄小学附属幼儿园	3	150	0								
11	新添一小附属幼儿园	3	150	0								
12	新添二小附属幼儿园	3	108	0								
13	杨家大庄小学附属幼儿园	2	90	0								
14	潘家庄小学附属幼儿园	3	160	0								
15	刘家沟门小学附属幼儿园	2	70	0								
16	康家崖生基希望小学附属幼儿园	3	100	0								
17	裴家湾小学附属幼儿园	3	90	0								
18	南门小学附属幼儿园	3	90	0								
19	太石小学附属幼儿园	3	90	0								
20	灵石学校附属幼儿园	3	150	0								
21	中铺小学附属幼儿园	3	90	0								
22	窑店小学附属幼儿园	2	70	0								
五	合计(学校117所)	1425	134615	290	158	20252	125	10586			88	8473

续表1

序号	学校	学校基础条件										
		图书用房		音乐美术用房				体育活动场			教研室	
		图书室使用数量(电教馆)	藏书数量	音乐美术教室建设数量(项目办)	音乐美术教室建设面积(项目办)	音乐美术教室使用数量(电教馆)	音乐美术教室使用面积(电教馆)	体育活动场数量	体育场面积	体育用品配备	教研室数量	教研室面积
16	龙门学区甜水沟小学	0	2100			0	0	1	2000	未达标	1	40
17	玉井学区店子小学	1	7950			0	0	1	2000	未达标	1	60
18	衙下学区寺洼山小学	1	7800			0	0	1	2800	未达标	2	80
19	南屏学区岚林寺小学	1	3059			0	0	1	2000	未达标	2	60
20	南屏学区三甲小学	1	4062			0	0	1	1500	未达标	2	104
(三)	规模化发展小学	9	63295	0	0	0	0	14	34750		27	1529
1	洮阳学区建设小学	1	10980			0	0	1	2400	未达标	3	298
2	八里铺学区八里铺小学	0	8932			0	0	1	2500	未达标	2	110
3	新添学区新添一小	1	6245			0	0	1	4200	未达标	3	190
4	新添学区新添二小	1	8120			0	0	1	2400	未达标	4	316
5	新添学区潘家庄小学	1	6679			0	0	1	4000	未达标	2	64
6	辛店学区辛店小学	0	3800			0	0	1	2400	未达标	1	67
7	太石学区太石小学	1	4672			0	0	1	2400	未达标	3	154
8	上营学区赵家台小学	1	2600			0	0	1	2400	未达标	1	30
9	窑店学区四十铺小学	0	1435			0	0	1	1200	未达标	1	30
10	龙门学区东廿铺小学	1	1985			0	0	1	2000	未达标	3	90
11	龙门学区三十铺小学	1	1025			0	0	1	3000	未达标	1	54
12	衙下学区兴丰小学	0	3850			0	0	1	1400	未达标	1	54
13	衙下学区河董家小学	1	2080			0	0	1	2000	未达标	1	36
14	南屏学区安川小学	1	892			0	0	1	2450	未达标	1	36
(四)	优质化发展小学	9	160720	7	580	6	346	19	49310		59	4776
1	临洮县实验一小	1	14000	2	120	3	178	1	3600	达标	6	540
2	临洮县实验二小	1	7253	1	100	1	60	1	3600	达标	8	1010
3	临洮县南街小学	1	34120	1	90	0	0	1	6180	达标	6	630
4	临洮县北街小学	1	12820	1	90	1	54	1	2600	达标	6	340
5	临洮县西街小学	1	23400	1	90	1	54	1	2100	达标	6	800
6	临洮县养正小学	1	16000	1	90	0	0	1	2400	达标	6	324
7	洮阳学区旭东学校	1	19876			0	0	2	6200	未达标	4	291
8	八里铺学区王家大庄小学	1	3319			0	0	1	1800	未达标	3	147
9	八里铺学区菜子庙小学	0	1180			0	0	1	2000	未达标	1	30
10	太石学区沙塄小学	1	4142			0	0	1	1800	未达标	2	145
11	辛店学区裴家湾小学	0	3500			0	0	1	1800	未达标	1	31
12	辛店学区白杨小学	0	2950			0	0	1	500	未达标	1	42
13	中铺学区下石家小学	0	1600			0	0	1	2000	未达标	1	80
14	峡口学区新集小学	0	1500			0	0	1	2800	未达标	1	60
15	玉井学区岚观坪小学	0	2000			0	0	1	2000	未达标	3	90
16	玉井学区杨家台小学	0	8150			0	0	1	2000	未达标	2	136
17	衙下学区张家寺小学	0	2260			0	0	1	5000	未达标	1	20
18	衙下学区鹁鸽崖小学	0	2650			0	0	1	930	未达标	1	60
四	幼儿园		21160	0	0	0	211	20	20832		4	537
1	县幼儿园		11320			1	90	1	600	一类	4	497
2	县幼儿园西关分园		2000			0	0	1	10000	一类		
3	金泽幼儿园		0			0	0	0	0	0		
4	文峰幼儿园		0			0	0	0	0	0		
5	玉井店子幼儿园		1550			0	0	1	860	二类		
6	文峰小学附属幼儿园		500			0	0	1	150	三类		
7	八里铺小学附属幼儿园		300			0	0	1	2000	三类		40
8	王家磨小学附属幼儿园		470			0	0	1	300	三类		
9	北廿铺小学附属幼儿园		210			0	0	1	400	三类		
10	王家大庄小学附属幼儿园		2400			0	0	1	420	三类		
11	新添一小附属幼儿园		200			0	0	1	500	三类		
12	新添二小附属幼儿园		0			0	0	1	400	三类		
13	杨家大庄小学附属幼儿园		200			1	70	1	200	三类		
14	潘家庄小学附属幼儿园		500			1	51	1	1000	三类		
15	刘家沟门小学附属幼儿园		360			0	0	1	600	三类		
16	康家崖生基希望小学附属幼儿园		0			0	0	1	600	三类		
17	裴家湾小学附属幼儿园		300			0	0	1	300	三类		
18	南门小学附属幼儿园		200			0	0	1	300	三类		
19	太石小学附属幼儿园		240			0	0	1	150	三类		
20	灵石学校附属幼儿园		0			0	0	1	1047	三类		
21	中铺小学附属幼儿园		200			0	0	1	600	三类		
22	窑店小学附属幼儿园		210			0	0	1	405	三类		
五	合计(学校117所)		808446	15	1600	44	3527	116	396220		222	14841

序号	学校	后勤服务条件													
		教师宿舍			学生宿舍				教师食堂		学生食堂				
		住宿人数	宿舍数量	宿舍面积	住宿人数	占在校学生比例(%)	宿舍面积	生均面积	上灶人数	食堂面积	上灶人数	占住宿人数比例(%)	食堂数量	灶房面积	餐厅面积
16	龙门学区甜水沟小学		15	335											
17	玉井学区店子小学		20	400											
18	衙下学区寺洼山小学		16	309	7	1.8	12	1.7			6	85			
19	南屏学区岚林寺小学		8	126	59	24.4	60	1			51	86			
20	南屏学区三甲小学		20	361	66	25.5	90	1.4			56	85	1	30	
(三)	规模化发展小学	0	172	3453	0		0	0	74	0	0		1	34	0
1	洮阳学区建设小学		8	171											
2	八里铺学区八里铺小学		10	200											
3	新添学区新添一小		9	145					10						
4	新添学区新添二小		30	700											
5	新添学区潘家庄小学		16	329					35						
6	辛店学区辛店小学		10	183					17						
7	太石学区太石小学		7	100					12						
8	上营学区赵家台小学		12	322											
9	窑店学区四十铺小学		8	140											
10	龙门学区东廿铺小学		22	441											
11	龙门学区三十铺小学		10	156									1	34	
12	衙下学区兴丰小学		9	180											
13	衙下学区河董家小学		11	237											
14	南屏学区安川小学		10	149											
(四)	优质化发展小学	0	161	3238	37	0.7	36	0.97	60		32	86	1	12	0
1	临洮县实验一小														
2	临洮县实验二小														
3	临洮县南街小学		25	550											
4	临洮县北街小学														
5	临洮县西街小学		5	104											
6	临洮县养正小学		1	15											
7	洮阳学区旭东学校		3	48											
8	八里铺学区王家大庄小学		4	68											
9	八里铺学区菜子庙小学		8	170											
10	太石学区沙塄小学		24	484											
11	辛店学区裴家湾小学		15	266					20						
12	辛店学区白杨小学		8	200											
13	中铺学区下石家小学		2	30											
14	峡口学区新集小学		8	200	37	33.6	36	0.97			32	86	1	12	
15	玉井学区岚观坪小学		14	288											
16	玉井学区杨家台小学		18	350					40						
17	衙下学区张家寺小学		16	300											
18	衙下学区鹁鸽崖小学		10	165											
四	幼儿园	0	5	90	0		0	0	0	0			1	30	0
1	县幼儿园												1	30	
2	县幼儿园西关分园														
3	金泽幼儿园														
4	文峰幼儿园														
5	玉井店子幼儿园		5	90											
6	文峰小学附属幼儿园														
7	八里铺小学附属幼儿园														
8	王家磨小学附属幼儿园														
9	北廿铺小学附属幼儿园														
10	王家大庄小学附属幼儿园														
11	新添一小附属幼儿园														
12	新添二小附属幼儿园														
13	杨家大庄小学附属幼儿园														
14	潘家庄小学附属幼儿园														
15	刘家沟门小学附属幼儿园														
16	康家崖生基希望小学附属幼儿园														
17	裴家湾小学附属幼儿园														
18	南门小学附属幼儿园														
19	太石小学附属幼儿园														
20	灵石学校附属幼儿园														
21	中铺小学附属幼儿园														
22	窑店小学附属幼儿园														
五	合计(学校117所)	0	1643	31297	15357		59698	72	545		10398		64	2969	10356

续表1

序号	学校	合计	女	男	30岁及以下	31—45岁	46—50岁	51—55岁男教师	女教师51岁男教师56岁及以上	普通高中及以下	中师	师范类大专	师范类本科	师范类研究生	非师范类
		性别结构			年龄结构					学历结构					
16	龙门学区甜水沟小学	11	8	3	7	2	1	1		1	2	8			
17	玉井学区店子小学	24	17	7	13	9	1		1	2	1	15	4		2
18	衙下学区寺洼山小学	24	13	11	9	11	3	1		1	7	14	1		1
19	南屏学区岚林寺小学	18	9	9	12	3	2	1		2	2	13			1
20	南屏学区三甲小学	18	6	12	10	3	1	2	2	3	3	9	2		1
(三)	规模化发展小学	237	117	120	105	71	21	18	22	26	45	132	19	0	15
1	洮阳学区建设小学	30	16	14	8	15	1	2	4	3	5	19	3		
2	八里铺学区八里铺小学	24	17	7	8	10	4	1	1	3	3	14	1		3
3	新添学区新添一小	14	6	8	3	7	2	1	1		5	6	3		
4	新添学区新添二小	25	15	10	13	10	1		1	2		20	3		
5	新添学区潘家庄小学	14	8	6	8	5		1		1		10	3		
6	辛店学区辛店小学	19	12	7	12	3	1		3		1	5	11	2		
7	太石学区太石小学	15	9	6	6	4		1	4		6	7	1		1
8	上营学区赵家台小学	8	3	5	4	2		2		1	3	3			1
9	窑店学区四十铺小学	7	3	4	5	1			1	1	1	1			4
10	龙门学区东甘铺小学	23	14	9	9	8	3		3	1	4	17	1		
11	龙门学区三十铺小学	11	4	7	4	3			4	2	2	6			1
12	衙下学区兴丰小学	18	2	16	9	1	4	4		5	6	5			2
13	衙下学区河董家小学	15	3	12	6	2	2	3	2	3	4	5	1		2
14	南屏学区安川小学	14	5	9	10			3		1	3	2	8		1
(四)	优质化小学	442	305	137	120	214	58	20	30	23	85	266	57	0	11
1	临洮县实验一小	53	35	18	22	22	6	2	1		3	33	17		
2	临洮县实验二小	42	33	9	11	28	2	1		1	1	33	5		2
3	临洮县南街小学	54	45	9	5	40	5	2	2	2	5	36	10		1
4	临洮县北街小学	38	33	5	4	23	7	1	3	1	9	26	2		
5	临洮县西街小学	56	48	8	9	28	12		7	2	18	34			
6	临洮县养正小学	42	35	7	7	24	7		4	2	7	29	4		
7	洮阳学区旭东学校	18	13	5	3	9	5	1		2	4	10	2		
8	八里铺学区王家大庄小学	15	10	5	4	7		1	3	4		9	2		
9	八里铺学区菜子庙小学	7		7	3	1	2		1		4	2			1
10	太石学区沙塄小学	15	7	8	5	5	2	2	1	1	6	8			
11	辛店学区裴家湾小学	14	6	8	10	2	1	1			3	8	2		1
12	辛店学区白杨小学	11	5	6			3	2		1	4	1	3		2
13	中铺学区下石家小学	10	3	7	2	6			2	2	1	6	1		
14	峡口学区新集小学	9	4	5	4	4			1	1	3	5			
15	玉井学区岚观坪小学	15	7	8	5	5	1	2	2	1	6	5	3		
16	玉井学区杨家台小学	15	9	6	6	4	1	2	2	1	4	9	1		
17	衙下学区张家寺小学	15	6	9	9	2	2	1	1	1	4	4	2		4
18	衙下学区鹁鸽崖小学	13	6	7	4	2	2	2		1	3	8	1		
四	幼儿园	104	102	2	45	36	9	0	14	7	12	75	6	0	4
1	县幼儿园	38	37	1	11	18	4		5	4	2	30	2		
2	县幼儿园西关分园	19	19		11	8				1		15	3		
3	金泽幼儿园														
4	文峰幼儿园	0										6			3
5	玉井店子幼儿园	9	9		6	2			1		1	3			
6	文峰小学附属幼儿园	4	4		1	2			1			3			
7	八里铺小学附属幼儿园	6	6		1	2			3	2		3	1		
8	王家磨小学附属幼儿园	3	3		1	1	1					4			
9	北甘铺小学附属幼儿园	5	4	1	2	2	1					5			
10	王家大庄小学附属幼儿园	6	6		4		2				3	1			
11	新添一小附属幼儿园	4	4		2	1			1			2			
12	新添二小附属幼儿园	3	3		2				1			2			
13	杨家大庄小学附属幼儿园														
14	潘家庄小学附属幼儿园	3	3		2				1			2			
15	刘家沟门小学附属幼儿园											1			1
16	康家崖生基希望小学附属幼儿园	2	2		1	1						1			
17	裴家湾小学附属幼儿园	1	1		1							1			
18	南门小学附属幼儿园	1	1						1			1			
19	太石小学附属幼儿园														
20	灵石学校附属幼儿园	0													
21	中铺小学附属幼儿园														
22	窑店小学附属幼儿园														
五	合计（学校117所）	3019	1510		1267	1228	236	129	159	159	280	1286	1172	6	116

序号	学校	教师配备情况							在校学生情况								
		职称结构							合计				一(四、七)年级				
		中学高级	中学一级	中学二级	中学三级及以下	小学高级	小学一级	小学二级及以下	班级数	全县	学生数	全县	班级数	全县	学生数	全县	平均班额
16	龙门学区甜水沟小学					3	7	1	5		139		1		35		35
17	玉井学区店子小学					7	17		5		188		1		54		54
18	衙下学区寺洼山小学					7	11	6	6		233		1		40		40
19	南屏学区岚林寺小学					4	3	11	3		193		1		34		34
20	南屏学区三甲小学					6	4	8	3		197		1		30		30
(三)	规模化发展小学					78	96	63	65		1954		17		539		34
1	洮阳学区建设小学					16	13	1	7		205		2		59		30
2	八里铺学区八里铺小学					5	10	9	5		165		1		46		46
3	新添学区新添一小					7	4	3	3		101		1		31		31
4	新添学区新添二小					6	12	7	5		183		1		71		71
5	新添学区潘家庄小学					3	7	4	3		130		1		47		47
6	辛店学区辛店小学					6	10	3	4		141		1		30		30
7	太石学区太石小学					5	6	4	3		120		1		35		35
8	上营学区赵家台小学					3	2	3	3		94		1		27		27
9	窑店学区四十铺小学					1	4	2	4		60		1		12		12
10	龙门学区东廿铺小学					10	9	4	6		155		1		41		41
11	龙门学区三十铺小学					5	5	1	5		97		1		24		24
12	衙下学区兴丰小学					3	8	7	6		207		2		39		20
13	衙下学区河童家小学					5	4	6	7		178		2		43		22
14	南屏学区安川小学					3	2	9	4		118		1		34		34
(四)	优质化发展小学	2				218	160	59	106		4878		30		1437		46
1	临洮县实验一小	2				29	16	6	9		630		3		220		73
2	临洮县实验二小					16	23	2	9		519		3		164		55
3	临洮县南街小学					32	18	4	12		681		3		214		71
4	临洮县北街小学					20	14	2	9		457		3		139		46
5	临洮县西街小学					34	20	2	11		699		3		205		68
6	临洮县养正小学					27	10	5	9		526		3		150		50
7	洮阳学区旭东学校					13	4	1	3		172		1		46		46
8	八里铺学区王家大庄小学					6	7	2	4		117		1		35		35
9	八里铺学区菜子庙小学					1	2	4	3		88		1		22		22
10	太石学区沙塄小学					5	6	4	5		132		1		38		38
11	辛店学区裴家湾小学					3	5	6	4		144		1		36		36
12	辛店学区白杨小学					4	6	6	3		106		1		29		29
13	中铺学区下石家小学					3	6	1	3		55		1		21		21
14	峡口学区新集小学					2	2	5	3		74		1		18		18
15	玉井学区岚观坪小学					6	7	2	4		115		1		29		29
16	玉井学区杨家台小学					7	7	1	5		106		1		21		21
17	衙下学区张家寺小学					4	6	5	5		155		1		32		32
18	衙下学区鹁鸽崖小学					6	6	1	5		102		1		18		18
四	幼儿园					33	48	23	104		3995		28		979		35
1	县幼儿园					17	11	10	17		1132		4		232		58
2	县幼儿园西关分园					4	13	2	6		441		2		96		48
3	金泽幼儿园								9		270		3		90		30
4	文峰幼儿园							5	18		540		6		180		30
5	玉井店子幼儿园					2	2		5		190		1		52		52
6	文峰小学附属幼儿园					2	2		3		60		1		18		18
7	八里铺小学附属幼儿园					2	4		6		182		2		79		40
8	王家磨小学附属幼儿园					1	1	1	3		80		1		30		30
9	北甘铺小学附属幼儿园					1	3	1	3		51		1		22		22
10	王家大庄小学附属幼儿园						5	1	3		84		1		25		25
11	新添一小附属幼儿园					2	1	1	3		97		1		23		23
12	新添二小附属幼儿园					1	1	1	3		140		1		44		44
13	杨家大庄小学附属幼儿园								2		79						
14	潘家庄小学附属幼儿园					1	2		3		89		1		15		15
15	刘家沟门小学附属幼儿园								2		63						
16	康家崖生基希望小学附属幼儿园							1	3		89						
17	裴家湾小学附属幼儿园								2		67						
18	南门小学附属幼儿园							1	3		75		1		21		21
19	太石小学附属幼儿园								3		75		1		30		30
20	灵石学校附属幼儿园								2		44						
21	中铺小学附属幼儿园								3		87		1		22		22
22	窑店小学附属幼儿园								2		60						
五	合计(学校117所)	155	555	667	308	482	502	291	1052		49675		321		15534		48

续表 1

序号	学校	在校学生情况														
		二(五、八)年级					三(六、九)年级(应届)					三年级(往届)				
		班级数	全县	学生数	全县	平均班额	班级数	全县	学生数	全县	平均班额	班级数	全县	学生数	全县	平均班额
16	龙门学区甜水沟小学	2		52		26	2		52		26					
17	玉井学区店子小学	2		46		23	2		88		44					
18	衙下学区寺洼山小学	2		39		20	3		154		51					
19	南屏学区岚林寺小学	1		47		47	1		112		112					
20	南屏学区三甲小学	1		47		47	1		120		120					
(三)	规模化发展小学	21		586		39	27		829		40					
1	洮阳学区建设小学	2		65		33	3		81		27					
2	八里铺学区八里铺小学	2		49		25	2		70		35					
3	新添学区新添一小	1		35		35	1		35		35					
4	新添学区新添二小	2		49		25	2		63		32					
5	新添学区潘家庄小学	1		35		35	1		48		48					
6	辛店学区辛店小学	1		34		34	2		77		39					
7	太石学区太石小学	1		37		37	1		48		48					
8	上营学区赵家台小学	1		32		32	1		35		35					
9	窑店学区四十铺小学	1		17		17	2		31		16					
10	龙门学区东廿铺小学	2		46		23	3		68		23					
11	龙门学区三十铺小学	2		36		18	2		37		19					
12	衙下学区兴丰小学	2		60		30	2		108		54					
13	衙下学区河董家小学	2		59		30	3		76		25					
14	南屏学区安川小学	1		32		32	2		52		26					
(四)	优质化发展小学	36		1565		47	40		1876		46					
1	临洮县实验一小	3		205		68	3		205		68					
2	临洮县实验二小	3		186		62	3		169		56					
3	临洮县南街小学	4		192		48	5		275		55					
4	临洮县北街小学	3		157		52	3		161		54					
5	临洮县西街小学	4		221		55	4		273		68					
6	临洮县养正小学	3		185		62	3		191		64					
7	洮阳学区旭东学校	1		48		48	1		78		78					
8	八里铺学区王家大庄小学	1		39		39	2		43		22					
9	八里铺学区菜子庙小学	1		31		31	1		35		35					
10	太石学区沙塄小学	2		33		17	2		61		31					
11	辛店学区裴家湾小学	1		48		48	2		60		30					
12	辛店学区白杨小学	1		32		32	1		45		45					
13	中铺学区下石家小学	1		14		14	1		20		20					
14	峡口学区新集小学	1		22		22	1		34		34					
15	玉井学区岚观坪小学	1		38		38	2		48		24					
16	玉井学区杨家台小学	2		32		16	2		53		27					
17	衙下学区张家寺小学	2		51		26	2		72		36					
18	衙下学区鹁鸽崖小学	2		31		16	2		53		27					
四	幼儿园	37		1452		39	39		1564		40					
1	县幼儿园	3		396		66	7		504		72					
2	县幼儿园西关分园	6		159		80	2		186		93					
3	金泽幼儿园	2		90		30	3		90		30					
4	文峰幼儿园	1		180		30	6		180		30					
5	玉井店子幼儿园	2		80		40	2		58		29					
6	文峰小学附属幼儿园	1		17		17	1		25		25					
7	八里铺小学附属幼儿园	1		48		24	2		55		28					
8	王家磨小学附属幼儿园	1		27		29	1		21		21					
9	北廿小学附属幼儿园	1		14		14	1		15		15					
10	王家大庄小学附属幼儿园	1		28		28	1		31		31					
11	新添一小附属幼儿园	1		37		37	1		37		37					
12	新添二小附属幼儿园	1		50		50	1		46		46					
13	杨家大庄小学附属幼儿园	1		40		40	1		39		39					
14	潘家庄小学附属幼儿园	1		41		41	1		33		33					
15	刘家沟门小学附属幼儿园	1		35		35	1		28		28					
16	康家崖生基希望小学附属幼儿园	1		41		41	2		48		24					
17	裴家湾小学附属幼儿园	1		33		33	1		34		34					
18	南门小学附属幼儿园	1		34		34	1		20		20					
19	太石小学附属幼儿园	1		15		15	1		30		30					
20	灵石学校附属幼儿园	1		24		24	1		20		20					
21	中铺小学附属幼儿园	1		30		30	1		35		35					
22	窑店小学附属幼儿园	1		31		31	1		29		29					
五	合计(学校117所)	341		15633		48	361		16190		46	29		2318		74

☆ ☆ ◇ —— — — — — —

续表 1

序号	学校	近三年招生情况									近三年教学质量情况	
		2007—2008 学年度			2008—2009 学年度			2009—2010 学年度			2006—2007 学年度	
		当年招生人数	其中:中考和小学毕业班检测前1000名人数	其中:中考和小学毕业班检测前3000名人数	当年招生人数	其中:中考和小学毕业班检测前1000名人数	其中:中考和小学毕业班检测前3000名人数	当年招生人数	其中:中考和小学毕业班检测前1000名人数	其中:中考和小学毕业班检测前3000名人数	毕业生人数	高考重点上线和中考、小学毕业班检测前1000名人数
16	龙门学区甜水沟小学										75	3
17	玉井学区店子小学										105	30
18	衙下学区寺洼山小学										105	0
19	南屏学区岚林寺小学										45	1
20	南屏学区三甲小学										48	2
(三)	规模化发展小学										1161	118
1	洮阳学区建设小学										96	19
2	八里铺学区八里铺小学										111	19
3	新添学区新添一小										82	4
4	新添学区新添二小										134	26
5	新添学区潘家庄小学										76	8
6	辛店学区辛店小学										69	4
7	太石学区太石小学										57	4
8	上营学区赵家台小学										52	1
9	窑店学区四十铺小学										69	0
10	龙门学区东廿铺小学										102	18
11	龙门学区三十铺小学										59	15
12	衙下学区兴丰小学										112	0
13	衙下学区河董家小学										84	0
14	南屏学区安川小学										58	0
(四)	优质化发展小学										1860	460
1	临洮县实验一小										192	71
2	临洮县实验二小										162	83
3	临洮县南街小学										253	80
4	临洮县北街小学										145	48
5	临洮县西街小学										190	75
6	临洮县养正小学										189	48
7	洮阳学区旭东学校										90	19
8	八里铺学区王家大庄小学										69	25
9	八里铺学区菜子庙小学										24	3
10	太石学区沙塄小学										73	0
11	辛店学区裴家湾小学										38	3
12	辛店学区白杨小学										35	0
13	中铺学区下石家小学										46	1
14	峡口学区新集小学										23	0
15	玉井学区岚观坪小学										87	0
16	玉井学区杨家台小学										84	4
17	衙下学区张家寺小学										81	0
18	衙下学区鹁鸽崖小学										79	0
四	幼儿园											
1	县幼儿园											
2	县幼儿园西关分园											
3	金泽幼儿园											
4	文峰幼儿园											
5	玉井店子幼儿园											
6	文峰小学附属幼儿园											
7	八里铺小学附属幼儿园											
8	王家磨小学附属幼儿园											
9	北廿铺小学附属幼儿园											
10	王家大庄小学附属幼儿园											
11	新添一小附属幼儿园											
12	新添二小附属幼儿园											
13	杨家大庄小学附属幼儿园											
14	潘家庄小学附属幼儿园											
15	刘家沟门小学附属幼儿园											
16	康家崖生基希望小学附属幼儿园											
17	裴家湾小学附属幼儿园											
18	南门小学附属幼儿园											
19	太石小学附属幼儿园											
20	灵石学校附属幼儿园											
21	中铺小学附属幼儿园											
22	窑店小学附属幼儿园											
五	合计(学校 117 所)	10554	1747	5023	10698	1818	4723	10856	1789	4990	14192	1602

探索创新

161

续表1

序号	学校	近三年教学质量情况								
		2006—2007学年度					2007—2008学年度			
		高考重点上线率和中考、小学毕业班检测前1000名上线率	高考二本以上上线和中考、小学毕业班检测前3000名人数	高考二本以上上线率和中考、小学毕业班检测前3000名上线率	高考高职上线人数和初中、小学毕业生升学人数	高考高职上线率和初中、小学毕业生升学率	毕业生人数	高考重点上线和中考、小学毕业班检测前1000名人数	高考重点上线率和中考、小学毕业班检测前1000名上线率	高考二本以上上线和中考、小学毕业班检测前3000名人数
16	龙门学区甜水沟小学	0.30	10	0.33		100	73	1	0.10	10
17	玉井学区店子小学	3.00	64	2.13		100	96	27	2.70	74
18	衙下学区寺洼山小学	0.00	8	0.27		100	123	8	0.80	28
19	南屏学区岚林寺小学	0.10	11	0.37		100	42	5	0.50	15
20	南屏学区三甲小学	0.20	4	0.13		100	98	0	0.00	7
(三)	规范化发展小学	11.80	331	11.03		100	1146	88	8.80	293
1	洮阳学区建设小学	1.90	58	1.93		100	116	22	2.20	60
2	八里铺学区八里铺小学	1.90	54	1.80		100	114	22	2.20	52
3	新添学区新添一小	0.40	18	0.60		100	61	1	0.10	10
4	新添学区新添二小	2.60	68	2.27		100	105	5	0.50	23
5	新添学区潘家庄小学	0.80	32	1.07		100	72	8	0.80	26
6	辛店学区辛店小学	0.40	12	0.40		100	54	6	0.60	18
7	太石学区太石小学	0.40	13	0.43		100	77	12	1.20	24
8	上营学区赵家台小学	0.10	4	0.13		100	58	1	0.10	7
9	窑店学区四十铺小学	0.10	5	0.17		100	69	8	0.80	30
10	龙门学区东廿铺小学	1.80	26	0.87		100	119	3	0.30	19
11	龙门学区三十铺小学	1.50	33	1.10		100	48	0	0.00	12
12	衙下学区兴丰小学	0.00	0	0.00		100	111	0	0.00	2
13	衙下学区河董家小学	0.00	7	0.23		100	86	0	0.00	5
14	南屏学区安川小学	0.00	1	0.03		100	56	0	0.00	5
(四)	优质化发展小学	46	1006	33.53		100	1960	536	53.6	1067
1	临洮县实验一小	7.10	142	4.73		100	185	79	7.90	134
2	临洮县实验二小	8.30	128	4.27		100	170	53	5.30	98
3	临洮县南街小学	8.00	164	5.47		100	315	121	12.10	231
4	临洮县北街小学	4.80	112	3.73		100	145	45	4.50	88
5	临洮县西街小学	7.50	147	4.90		100	208	100	10.00	186
6	临洮县养正小学	4.80	127	4.23		100	186	84	8.40	139
7	洮阳学区旭东学校	1.90	48	1.60		100	88	5	0.50	18
8	八里铺学区王家大庄小学	2.50	54	1.80		100	59	22	2.20	50
9	八里铺学区菜子庙小学	0.30	7	0.23		100	28	1	0.10	2
10	太石学区沙塄小学	0.00	17	0.57		100	69	0	0.00	7
11	辛店学区裴家湾小学	0.30	16	0.53		100	43	7	0.70	26
12	辛店学区白杨小学	0.00	0	0.00		100	46	0	0.00	4
13	中铺学区下石家小学	0.10	9	0.30		100	44	1	0.10	10
14	峡口学区新集小学	0.00	8	0.27		100	30	2	0.20	6
15	玉井学区岚观坪小学	0.00	8	0.27		100	98	12	1.20	35
16	玉井学区杨家台小学	0.40	13	0.43		100	76	4	0.40	22
17	衙下学区张家寺小学	0.00	2	0.07		100	82	0	0.00	5
18	衙下学区鹁鸽崖小学	0.00	4	0.13		100	88	0	0.00	6
四	幼儿园									
1	县幼儿园									
2	县幼儿园西关分园									
3	金泽幼儿园									
4	文峰幼儿园									
5	玉井店子幼儿园									
6	文峰小学附属幼儿园									
7	八里铺小学附属幼儿园									
8	王家磨小学附属幼儿园									
9	北廿铺小学附属幼儿园									
10	王家大庄小学附属幼儿园									
11	新添一小附属幼儿园									
12	新添二小附属幼儿园									
13	杨家大庄小学附属幼儿园									
14	潘家庄小学附属幼儿园									
15	刘家沟门小学附属幼儿园									
16	康家崖生基希望小学附属幼儿园									
17	裴家湾小学附属幼儿园									
18	南门小学附属幼儿园									
19	太石小学附属幼儿园									
20	灵石学校附属幼儿园									
21	中铺小学附属幼儿园									
22	窑店小学附属幼儿园									
五	合计(学校117所)		4498			7149	14773	1672		4799

序号	学校	近三年教学质量情况									
		2007—2008学年度			2008—2009学年度						
		高考二本以上上线率和中考、小学毕业班检测前3000名上线率	高考高职上线人数和初中、小学毕业生升学人数	高考高职上线率和初中、小学毕业生升学率	毕业生人数	高考重点上线和中考、小学毕业班检测前1000名人数	高考重点上线率和中考、小学毕业班检测前1000名上线率	高考二本以上上线和中考、小学毕业班检测前3000名人数	高考二本以上上线率和中考、小学毕业班检测前3000名上线率	高考高职上线人数和初中、小学毕业生升学人数	高考高职上线率和初中、小学毕业生升学率
16	龙门学区甜水沟小学	0.33		100	65	3	0.30	14	0.47		100
17	玉井学区店子小学	2.47		100	123	39	3.90	74	2.47		100
18	衙下学区寺洼山小学	0.93		100	229	9	0.90	44	1.47		100
19	南屏学区岚林寺小学	0.50		100	87	8	0.80	26	0.87		100
20	南屏学区三甲小学	0.23		100	134	1	0.10	9	0.30		100
(三)	规模化发展小学	9.77		100	1050	86	8.60	306	10.20		100
1	洮阳学区建设小学	2.00		100	95	19	1.90	53	1.77		100
2	八里铺学区八里铺小学	1.73		100	79	13	1.30	40	1.33		100
3	新添学区新添一小	0.33		100	48	3	0.30	13	0.43		100
4	新添学区新添二小	0.77		100	88	8	0.80	43	1.43		100
5	新添学区潘家庄小学	0.87		100	57	7	0.70	26	0.87		100
6	辛店学区辛店小学	0.60		100	81	14	1.40	39	1.30		100
7	太石学区太石小学	0.80		100	52	10	1.00	24	0.80		100
8	上营学区赵家台小学	0.23		100	41	0		9	0.30		100
9	窑店学区四十铺小学	1.00		100	60	4	0.40	18	0.60		100
10	龙门学区东廿铺小学	0.63		100	103	4	0.40	20	0.67		100
11	龙门学区三十铺小学	0.40		100	51	4	0.40	12	0.40		100
12	衙下学区兴丰小学	0.07		100	122	0	0.00	7	0.23		100
13	衙下学区河董家小学	0.17		100	98	0	0.00	1	0.03		100
14	南屏学区安川小学	0.17		100	75	0	0.00	1	0.03		100
(四)	优质化发展小学	35.57		100	1883	472	47.20	1101	36.70		100
1	临洮县实验一小	4.47		100	153	64	6.40	117	3.90		100
2	临洮县实验二小	3.27		100	163	26	2.60	90	3.00		100
3	临洮县南街小学	7.70		100	333	113	11.30	239	7.97		100
4	临洮县北街小学	2.93		100	146	50	5.00	117	3.90		100
5	临洮县西街小学	6.20		100	229	81	8.10	154	5.13		100
6	临洮县养正小学	4.63		100	180	55	5.50	134	4.47		100
7	洮阳学区旭东学校	0.60		100	58	12	1.20	35	1.17		100
8	八里铺学区王家大庄小学	1.67		100	56	17	1.70	36	1.20		100
9	八里铺学区菜子庙小学	0.07		100	23	0	0.00	3	0.10		100
10	太石学区沙塄小学	0.23		100	68	7	0.70	33	1.10		100
11	辛店学区裴家湾小学	0.87		100	63	14	1.40	34	1.13		100
12	辛店学区白杨小学	0.13		100	52	1	0.10	11	0.37		100
13	中铺学区下石家小学	0.33		100	31	6	0.60	12	0.40		100
14	峡口学区新集小学	0.20		100	39	2	0.20	7	0.23		100
15	玉井学区岚观坪小学	1.17		100	51	7	0.70	30	1.00		100
16	玉井学区杨家台小学	0.73		100	65	14	1.40	32	1.07		100
17	衙下学区张家寺小学	0.17		100	88	2	0.20	11	0.37		100
18	衙下学区鹁鸽崖小学	0.20		100	85	1	0.10	6	0.20		100
四	幼儿园										
1	县幼儿园										
2	县幼儿园西关分园										
3	金泽幼儿园										
4	文峰幼儿园										
5	玉井店子幼儿园										
6	文峰小学附属幼儿园										
7	八里铺小学附属幼儿园										
8	王家磨小学附属幼儿园										
9	北廿铺小学附属幼儿园										
10	王家大庄小学附属幼儿园										
11	新添一小附属幼儿园										
12	新添二小附属幼儿园										
13	杨家大庄小学附属幼儿园										
14	潘家庄小学附属幼儿园										
15	刘家沟门小学附属幼儿园										
16	康家崖生基希望小学附属幼儿园										
17	裴家湾小学附属幼儿园										
18	南门小学附属幼儿园										
19	太石小学附属幼儿园										
20	灵石学校附属幼儿园										
21	中铺小学附属幼儿园										
22	窑店小学附属幼儿园										
五	合计(学校117所)		6992		15264	1821		5313		8476	

注:数据由临洮县教育局项目办、电教馆、人事股、教育股、职成教股及县招办、县教研室提供。

探索创新

思考实践

临洮县教育发展状况调查报告
——临洮县第一期中小学校长研修班问卷调查分析

调查中 85.3% 的校长认为,教育是系统工程,教育教学是一项细而碎的工作,来不得半点虚伪和骄躁。每位教育工作者都要树立信念、树立榜样、躬身实践,将"精、严、细、实、恒"精神转变为实际行动,以"情"投入,在教育教学工作中渗透课改理念,肯吃苦,苦中求乐,严格要求自己,严格要求学生,求真务实,集中创新,细心做好教育教学的每一过程和环节的工作。

调查中 85% 的校长提出,我县小学教育在做好过程性评价和小学生综合素质评价的基础上,小学毕业班教学质量检测由全县统一命题,在各乡(镇)初中以就近集中的形式进行。他们普遍认为,这样既能创造公平、公正的大教育环境,也易于真实反映初等义务教育的水平,对提高全县整体教学质量有促进作用。

为适应新课程改革的发展和需要,塑造高水平的管理队伍,全面提高中小学教育质量,临洮县教育局于 2007 年 7 月 20 日至 28 日成功举办了近年来全县教育系统规模最大的一次中小学校长研修班。研修期间,为了进一步明晰思路,增强发展后劲,更好地为全县教育改革和教育发展服务,就临洮县教育发展状况进行了一次无记名开放性问卷调查。

问卷调查内容

1.您认为县教育局提出的全县教育事业发展思路、总体要求、主要措施能否起到推动作用,为什么?

2.您认为"精、严、细、实、恒"的精神是否适宜现代临洮教育的发展需要,怎样才能做到?

3.有人说,当前我们面临的最大问题是教育管理大而化之和教与学的浮躁问题。您认为对吗?为什么?

4.有人认为,今后提高临洮教育质量的根本因素是做好中小学布局调整,要建设一批有规模的优质资源校,应把"高中办在城区,初中移到川区,寄宿制高级小学布局于区域中心"。这是否应该成为布局调整的方向和原则？您的想法是什么？

5.您对近年来实行的教师公开选拔和岗位异动政策看法是什么？有什么建议？

6.您对近年来临洮教育工作如何评价？对将来临洮教育发展前景有何期待？有信心吗？

7.您认为，近年来县教育局对高中教育、职业教育、初中教育、小学教育、幼儿教育的考核评价公正有效吗？您期待如何评价？

8.全县小学毕业班教学质量检测集中在初中举行,好处是什么?最大的困难是什么?如何克服这些困难？您有什么好的建议？

9.您认为现阶段县教育局应该为学校做些什么？不应该做什么？

10.县教育局领导来过您的学校吗？县教育局的干部来过吗？

11.您认为教师成长和校长队伍建设如何才能抓好？

12.在您的学校，哪些行为符合新课改理念？哪些理念难以落实,原因是什么？

13.在课改实施中，要使教师成长、学生发展，教育局还需搭建哪些平台？

14.您的学校里，教育教学方法适应课改的教师占( )%,方法传统的教师占( )%,您认为如何改变传统的现状？

15.您认为县教育局提出的"七大管理"(规划管理、评估管理、预算管理、职称管理、民主管理、依法管理、人文管理)适合学校发展吗？贵校在落实中存在哪些困难？

16.您如何评价我县教育督导工作？谈谈理由。

17.您认为，近年来县教育局行政管理的职能体现出来了吗?是否影响了学校的自我发展？您有什么期望？

18.对于临洮教育的发展,您还有什么好的意见？

调查结果与分析

被调查的265名各级各类校长中,92.5%的人积极参与讨论,并为临洮教育的整体、全面、进一步发展献计献策。调查情况见表1。

表1 各级各类校长调查情况

调查对象	发放问卷(份)	回收问卷(份)	回收率(%)
完(职)中校长	10	10	100
初中校长、完职中分管副校长	41	39	95.1
九年制学校校长	12	9	75
学区校长	18	17	94.4
完全小学校长	184	170	92.4
合计	265	245	92.5

可见,经过近年全县齐心努力,校长队伍建设迈上了新的台阶,全县在教育工作中培养了一支团结、奉献、求真、务实、创新的管理队伍,教育发展的环境优,后劲足。

☆ ☆ ☆ ————————

(一)教育改革

1.全县教育发展思路、总体要求、主要措施:较好地推动了临洮教育事业发展。调查情况见表2。

表2　发展思路、总体要求、主要措施的作用

发展思路、总体要求、主要措施起到了推动作用	81%
发展思路、总体要求、主要措施未起到推动作用	0%
其他	19%

分析:近年来,临洮县教育局以促进教师专业成长为突破口,努力探索推进教育改革发展的有效途径。2005年8月26日,经县人民政府常务会议研究通过,批转了县教育局《关于进一步加强全县高中教育教学工作的意见》、《关于进一步加强全县初中教育教学工作的意见》、《关于进一步加强全县小学教育教学工作的意见》(以下简称《意见》)。高中《意见》明确提出改善高中办学条件,推进高中扩招,规范高中办学,加强高中教育教学工作,提高教育教学质量是加快高中教育发展的迫切任务;初中《意见》提出要促进初中教育健康、有序、协调发展,全面完成九年义务教育的同时,为高中教育奠定良好基础;小学《意见》提出要更好地落实"以县为主、分级负责"的规定,引导学校全面贯彻教育方针,全面实施素质教育,全面提升教学质量。我县当前这支校长队伍都是"三个"《意见》的贯彻实施者,大家在县教育局的引领下,认真观察,理性思考,踏实践行,狠抓教师成长和专业发展,打造高素质的敬业团队;以人为本,实行目标管理,塑造高水平的管理队伍;不断强化教师能力建设,为教育全面协调发展注入新的动力。可以说,与三年前比较,临洮教育发生了量的变化、质的飞跃。调查显示,81%的校长都已达成共识,认为当前临洮教育发展的思路、总体要求、目标措施既符合全县教育实际,又具有超前性和可操作性,较好地推动了全县教育事业的发展。

校长1:县教育局提出的全县教育事业发展思路、总体要求、主要措施起到了较好的推动作用,因为这些思路、措施和要求符合当前我县教育发展的形势和实际需要。

校长2:这些思路清晰,总体要求适中,措施得力,操作性强。

校长3:符合国家的方针、政策,符合临洮教育实际,推动作用不言而喻。特别是普通高中不只是精品教育,向高职输送人才意义十分重大。

校长4:这些思路、要求、措施是在对临洮教育存在的现实问题调查分析的基础上产生的,很符合实际。

因此认为,当前我们的思路正确、目标清晰、措施得当,主要任务应该是毫不松懈地抓好各项工作,不断推动全县教育事业步入新的起点。

2.布局调整的方向和原则:"高中办在城区,初中移到川区,寄宿制高级小学布局于区域中心",建设一批有规模的优质资源校,这是提高全县教育质量的根本保证,但要把握时机,做到积极稳妥。调查情况见表3。

表3　布局调整情况调查

思路正确	30.3%
思路正确,但要把握时机,做到积极稳妥	40%
不利于教育均衡发展	15%
其他	14.7%

分析:提出这种布局调整的方向和原则,是由临洮自身的地理条件、原有学校布局和社会现实决定的——

临洮是人口大县,学校布点分散,一部分小学规模过小,师资和教学设施很难均衡配置,教育质量的差异性也较大,老百姓有意见。这证明当前这种学校布局已经不能完全适应老百姓享受教育的需求。另外,当前的社会现实是,随着计划生育政策的落实和农村社会经济的全面发展,一方面学龄人口大幅下降,另一方面老百姓渴望享受优质教育的愿望愈来愈强。为此,2005年临洮县教育局按照《中华人民共和国义务教育法实施细则》第二十六条"寄宿制小学设置可适当集中。普通初级中学和初级中等职业技术学校的设置,应当根据人口分布状况和地理条件相对集中"的规定,提出按照"加速、引导、平稳"的原则,对全县高中、初中、九年制学校、小学布局进行合理调整,引导形成一批地理位置相对集中、学校规模相对较大、生源相对稳定、优良师资和教学资源相对集中的中小学优质资源校,并在实践中逐步付诸实施。调查表明,有70.3%(30.3%+40%)的校长认为这种布局调整的方向和原则是正确的,这说明这种改革调整是可以肯定的。同时,河北承德类似的改革已取得成功经验,在全国得到推广,这也给我们以极大的启发和鼓舞。

校长1:我觉得这应该成为布局调整的方向和原则。集中一批优秀教师,将规模较小的学校合并,这更有利于对学生进行教育,更有利于全面培养学生的素质。

校长2:我认为这种布局调整的方向和原则是有前瞻性的,这可以把有限的教学设备、师资进行有效整合,使生源更集中,更有可能享受优质教育。

校长3:这样做,可以把有限的人力、财力、物力集中起来,办出高效、优质的教育,促进教育的均衡发展。

那么,为什么调查中仍有15%的校长认为这样做不利于教育的均衡发展?14.7%的校长又难以做出判断呢?

校长1:我认为这种思路不好。办学校要因地制宜,如果一刀切地搞合并,给学生上学、学校管理都带来一定的困难。

校长2:这种布局调整的方向和原则有一定的局限性,只考虑了便于管理而忽视了生源。我县城川区面积小,而山区地域广,绝大多数家庭以农为主,这势必加重家长负担,有一部分学生会失去读初中、高中的机会。

校长3:让子女享受优质教育是家长的心声与愿望,但这样做,恐怕学生辍学率将会增加,不利于"普九"。学校布局调整应该慎之又慎。

我们分析认为:一是这些校长的担心和忧虑确有道理。毕竟农村老百姓的生活水平还不高,个别特困家庭还存在,特别是初中后有望求学、但因生活窘迫不能入学的也存在。我们的大部分校长生在农村、长在农村、奉献在农村,深知农村疾苦,担心学校布局调整会造成农村孩子不能就近入学,这些想法是合情合理的。二是由于我们的大部分校长长期工作在农村,信息相对闭塞,对全县教育的发展状况、学校布局实况、老百姓的教育热望、国家对中西部地区教育发展的倾斜政策以及我们自身改革调整的意图并不十分了解。实质上,我们提出的布局调整方案,无论是建寄宿制学校也好,创建优质资源校也好,根本目的就是最大限度地缩小城乡教育差距,让农村孩子也能享受优质教育,促进教育均衡发展。

综上,学校布局调整工作既迫切又十分必要,但这也是一项长期的艰巨工程,需要教育行政部门通盘考虑,在积极宣传争取社会各界特别是广大老百姓广泛支持的同时,科学

☆☆☆————————
论证,抢抓国家项目机遇,积极稳妥地点上实施、面上推广,逐步推进。

3.教师公开选拔和岗位异动:优化了师资配备,建立起公开、公正、公平竞争的用人机制,调动了教师教书育人的积极性。但要加强制度建设和教师评价考核机制建设,规范管理,避免实际操作中的不合理、不公正、不公平产生。调查情况见表4。

表4 教师公开选拔和岗位异动调查情况

建立了教师合理流动的新机制,优化了师资,调动了积极性	53%
优化了部分学校师资,不利于教育均衡发展	40.1%
其他	6.9%

分析:在传统教育人事管理制度下,大部分农村学校的教师就近教学,这很容易形成"安分守己"观念,教学思想、教学方法以及教学手段程式僵化,这不利于现代教育的发展。2005年临洮县教育局出台了《关于临洮县教师公开选聘和岗位异动工作的实施意见》(以下简称《意见》),《意见》规定全县9所高中、完中、职中和7所独立初中、50所城乡完全小学纳入公开选聘教师试点学校。2005年公开选拔教师90名,异动教师175名(占全县教师5854人的2.99%);2006年公开选拔教师57名,异动教师119名(占全县教师6089人的1.95%)。这种教师流动机制实施两年,通过公开选聘、岗位异动,促使优秀教师向优质学校集中,教育的优质资源也逐步形成。同时,在这个过程中,对8名省、市、县新课程课堂教学大赛中获得一等奖的农村教师直接调入城区学校任教,充分调动了广大教师教书育人的积极性。

校长1:教师公开选拔效果很好,能激励教师,推动教师提高业务素质和教学水平,有利于全县教育水平的提高。

校长2:教师公开选拔,促进人才合理流动,有利于加快教师专业发展。岗位异动触及一少部分教师的心灵,确实解决了一些实实在在的问题。现在的关键是要在合理性、公平性问题上下点工夫。

校长3:我认为教师公开选拔有利于临洮教育的发展。因为,能者上,庸者让,劣者下,这本身符合社会竞争的特点。岗位异动也有助于激活用人机制。

调查中,53%的校长深有感触,认为这在当前确实是一种行之有效的管理改革措施,还认为公开选拔教师在一定程度上杜绝了人情、面子等腐败因素,对实施"阳光教育"大有好处,应该坚持下去。

但调查中也发现,40%左右的校长认为,公开选拔这种用人机制为许多有才能、有上进心的教师提供了进一步展示才华的机会,是公平、公正的。而岗位异动则导致强校更强、弱校更弱的现象出现,进一步造成教育更大的差异性。另外,由于各学区、学校在教师评价制度上的不一致性,甚至部分学校评价制度上的不科学、不规范,加上一些人为因素,因工作异动对个别教师造成伤害,失去工作积极性,结果岗位异动了,工作热情却没有了。由此看出,岗位异动机制有利有弊,需要教育行政部门认真研究,特别要在教师的工作考评长效机制上多做文章,保证边远山区薄弱学校的师资需求。要引导城川区学校在教师专业发展特别是骨干教师培养上作贡献,能够定期为相对薄弱的学校输送引领人才。因此,建立优秀教师下乡帮扶一年的流动机制迫在眉睫。人才流动应该是双幅双向的。

(二)教育教学管理

1.县教育局应为学校做些什么？为学校搭建和谐、高效的服务平台。调查情况见表5。

表5　县教育局应为学校做什么的调查情况

局机关领导、干部常到学校检查指导工作	91.5%
局机关应更多地为学校发展、教师成长搭建平台	34%
局机关应积极协调各部门,为农村学校改善办学条件	15%
局机关应对学校工作多检查指导,帮助学校搞好发展规划	11.3%
其他	8.5%

分析:近年来,县教育局通过机关环境建设年、机关工作作风建设年等活动的有效开展,使局机关工作人员的工作态度、工作作风、工作积极性都发生了根本变化,形成了勤下学校、检查指导、服务学校的好风尚。被调查学校中,91.5%的学校局机关领导和干部都进行过深入调查。

通过调查得知,面对教育发展的新形势和新任务,广大基层中小学都迫切希望县教育局工作人员常来学校,帮助和指导他们开展工作。首先,11.3%的校长希望县教育局对学校工作多深入、多检查、多指导,帮助学校制订科学合理的发展规划;其次,15%的校长希望县教育局多方协调,多方筹资,帮助边远农村学校整合教育资源,改善办学条件;最后,34%的校长认为,学校要发展,教师队伍是关键,建议教育局多为学校搭建相互交流学习的平台,为农村学校教师提供更多学习机会,为学校教师资源搭建公正、公平、合理的平台,设法让每所学校的教师达到老中青结合,设法使城区优秀骨干教师成为全县的共享资源。

校长1:县教育局应为学校做好服务,做好指导,像本次组织的校长培训就是最大的帮助。

校长2:县教育局应该多关注山区学校的教学条件,资源配置方面多向山区倾斜。

校长3:应组织骨干教师送教到学校,搭建教师发展平台。

校长4:县教育局要帮助学校规划发展方向和办学目标,优化教师结构,引领指导学校自主发展。

2.教育需要精神支柱:"精、严、细、实、恒"精神非常适合现代临洮教育的发展。调查情况见表6。

表6　教育需要的精神支柱调查

临洮教育需要"精、严、细、实、恒"精神	85.3%
其他	14.7%

分析:调查中85.3%的校长认为,教育是系统工程,教育教学是一项细而碎的工作,来不得半点虚伪和骄躁。每位教育工作者都要树立信念、树立榜样、躬身实践,将"精、严、细、实、恒"精神转变为实际行动,以"情"投入,教育教学工作中渗透课改理念,肯于吃苦,苦中求乐;严格要求自己,严格要求学生,求真务实,集中创新,细心做好教育教学的每一过程和环节的工作。有一位高中校长认为:"只有全县上下发挥团队精神,齐心协力,才能振兴临洮教育。而要这样,除了发扬'精、严、细、实、恒'的精神,目前别无他法。"同时,校长们普遍认为,"临洮学生缺失的正是这些精神,但是做到很难,临洮和会宁不一样,没有形成会宁那样的社会氛围",所以要发扬这些精神,必须要有得力的组织保证和严密的监督措施,

调动全体教职员工的工作热情和积极性,只有这样,才能从根本上解决教育管理大而化之和教与学的浮躁问题。

3.七大管理促发展:规划管理、评估管理、预算管理、职称管理、民主管理、依法管理、人文管理,促使各级各类学校步入科学发展轨道。调查情况见表7。

表7　七大管理促发展的调查

县教育局提出的七大管理适合学校发展	46.9%
县教育局提出的七大管理中有些管理办法适合学校发展	35%
其他	18.1%

分析:传统意义上的各种随意性管理已经不能适应现代学校管理和教育的发展,甚至一些学校的无序式管理影响和阻碍着学校发展。为此,县教育局在充分调查论证的基础上,在2005年提出了各级各类学校依据实际情况实施"规划管理、评估管理、预算管理、职称管理、民主管理、依法管理、人文管理"七大管理,每种管理办法又提出了具体的实施程序、步骤和措施。这些管理办法实施两年多来,很好地推进了学校发展,使各级各类学校逐步形成了科学发展的良好局面。调查表明,81.9%(46.9%+35%)的校长肯定了"七大管理"的有效性和科学性。

4.认真搞好小学毕业教学质量统一检测:努力克服一切困难,集中搞好全县小学毕业班教学质量统一检测,营造公正、公平的教育环境,全面夯实初等义务教育质量,为初中阶段教育奠定基础。调查情况见表8。

表8　小学毕业教学质量统一检测调查

小学毕业实行集中、统一检测	85%
小学毕业实行分散、学校自行检测	1.5%
其他	13.5%

分析:调查中85%的校长提出,我县小学教育在做好过程性评价和小学生综合素质评价的基础上,小学毕业班教学质量检测由全县统一命题,在各乡(镇)初中就近集中进行。普遍认为,这样既能创造公平、公正的大教育环境,易于真实反映初等义务教育的水平,对整体提高全县教学质量有促进作用。同时,校长们也提出,山区小学比较分散,集中检测时师生行走存在安全问题,需要教育行政部门从制度和措施上加以保证,努力克服前进道路中的各种困难。

校长1:小学毕业班教学质量检测应集中在初中举行,既能够检测出全县小学的整体水平,检测成绩也比较真实。困难是路程远的学生存在安全问题,以后还是坚持校长、教师带队步行的办法。建议以后举行检测时,学区承担学生的安全问题,初中承担检测编排、组织考试,这样检测结果会更加真实、有效。

校长2:小学毕业班教学质量检测集中在初中举行,对于规范小学教育教学工作,客观、公正、公平地评价学区、学校、教师的工作具有重要意义。学生安全问题是最大的困难,但是只要我们组织好,就一定能够克服各种困难。

校长3:集中检测体现了教育评价的公平性,避免了人为的考试作弊、考风不正导致的教风和学风不正的弊端,社会评价好。最大的困难是学生的安全问题,今后应该想办法取得家长的支持,把学校行为变成家长的一种自觉行为。

(三)课程改革

1.教学的核心问题:新课程理念基本确立,但新理念与教学实践的融合渗透还不紧密。调查情况见表9。

表9　教学的核心问题调查

形成正确的师生观	75%
形成正确的评价观	82.5%
能有效整合课程资源	41%
新理念与教学实践相脱节	24%
其他	9%

分析:要改进教育教学方法和手段,首先要改变育人观念,要对陈旧的教育理念进行撞击,产生新课程理念。**调查显示,75%的学校基本树立了新课程理念下的师生观;82.5%的学校能改进评价方式和评价手段,正确地评价师生的教与学活动;而对课程资源能够有效整合的学校仅占调查学校总数的41%**。从以上数据看出,全县学校教育教学工作中,新课程理念基本确立,但24%的学校认为新理念与教育教学实践相脱节的问题比较严重。究其原因:一是部分中老年教师受传统教育观念和教学模式的影响很深,对新理念的学习内化不够;二是学校自身的校本教研和校本培训不够扎实,未能切入"校本"、切中要害;三是各级教研部门的专业引领不够到位。

2.教学的关键问题:教学方法仍然不能完全适应新课程要求。调查情况见表10。

表10　教学的关键问题调查

本校内教学方法适应课改的教师占80%以上	9.2%
本校内教学方法适应课改的教师占60%以上	48%
本校内教学方法适应课改的教师占60%以下	34.8%
其他	8%

分析:新课程改革在我县已实施四年,期间做了大量工作,以提升教师的专业水平,改进教学方法。但调查显示,由于全县教师知识结构和年龄结构的差异,特别是边远农村中小学教师年龄偏大,专业水平偏低,教学方法不能适应课改要求。从全县学校来看,教学方法能适应课改的教师占本校教师80%以上的学校仅有9.2%,而且这些学校基本分布在城、川区,而34.8%的学校教学方法适应课改要求的教师占本校教师的60%以下,这些教师基本沿用过去的旧教法,采用"满堂灌"或"满堂问",难以激发学生的学习兴趣,对大面积提高教学质量具有负面影响。由此看出,加强教师培训、促进专业成长、改进教学方法的任务还十分艰巨。

(四)教育督导

全县教育督导工作初见成效,希望进一步改进督导方式,提高督导工作的针对性和实效性。调查情况见表11。

表11　教育督导成效的调查

认为教育督导有成效,进一步规范了办学行为	52%
对教育督导工作有建议	87%
其他	13%

分析:为了发挥教育督导工作的作用,从 2005 年开始,县教育局加强县级督导室人员配备,成立了高中、初中、小学教育专家委员会,出台了《关于加强全县中小学教育工作督导评估的意见》。由此开始,县教育督导室与教育股、教研室紧密配合,采用各种方式对学校工作进行督导,起到了促进作用。调查中有 52%的校长认为,全县教育督导能使县教育局全面了解基层学校的整体情况,便于对症下药,克服不足,在规范学校办学和管理中起到了推动作用,值得肯定与发扬。87%的校长对今后的教育督导工作提出了合理化建议。

校长 1:教育督导规范了学校管理,推动了学校工作向前发展。建议今后多实行分层次督导。

校长 2:教育督导的力度比以前有所加大,今后应加强对薄弱学校的督导。

校长 3:教育督导应采用不定时间、不定学校、提前不打招呼的方法进行,这样更能了解学校实情,以便采取有效对策。

校长 4:教育督导应体现实效性,避免求全,突出时段特征,起到推动学校工作的作用。

校长 5:今后的教育督导应以重点学校为基点,相邻学校的校长也参与督导工作,这样能起到互相学习、对比反思、借鉴改进的作用。

对策和建议

通过调查问卷分析,本课题组提出如下对策建议——

(一)科学制定教育发展规划

为了突出临洮教育的整体协调发展,教育行政部门需要进一步明晰思路,完善规划,明确要求,强化措施,协调好城乡教育的发展,统筹幼教、普教、职教均衡发展。一是抓紧抓好中小学布局调整工作,每个乡镇建成一所基本合格的寄宿制初中、一所基本合格的寄宿制小学或一所九年一贯制学校。二是狠抓校长队伍建设和教师成长,实施百名校长成长计划和百所学校优化行动计划,创建更多的优质资源学校。三是继续搞好中小学危房改造。四是进一步加快教育信息化建设步伐,建立农村中小学共享教育资源库。五是进一步发展高中阶段教育,加快普及高中教育步伐。要以扩充优质教育资源为重点,加快高中阶段学校建设与发展,农村高中要向城镇集中,力争达到普通高中均衡发展。

(二)科学完善教育评价体系

积极探索,不断创新,为适应教育发展变化和各方面的实际,继续完善小学教育毕业生前 3000 名、初中教育入学前 3000 名、初中毕业生前 1000 名、高中教育入学前 1000 名学生学业跟踪制度,并不断完善、修正,建立和完善更加公平、公正、合理、有效的教育评价体系,通过科学有效的教育评价引导各级各类教育健康发展。

(三)充分优化教育管理职能

进一步加强机关作风建设,强化服务意识,站在教育发展的前沿,全面体现教育行政机关的各项管理职能和管理水平。

(四)注重教育策略,突出教育效果

1.重视学前教育工作,纠正学前教育小学化的倾向。一是要规范各小学附设学前班的办学行为,统一教材,统一在校时间,严格按学前课程计划开展教育教学活动;二是加强幼儿教师配备和培训,杜绝小学教罢再去教幼儿的错误做法;三是大力发展乡镇中心幼儿园建设。

2.小学教育应偏重于学生行为习惯、意志品质、学习兴趣的培养。严格控制小学生在校时间,防止教学中打疲劳战,造成学生的厌学心理;重视培养学生的非智力因素,重视德育教育和体质活动教育,为初中教育奠定基础。

3.初中教育要抓好常规。**只有持之以恒地抓好常规,抓严细节,抓实过程,并且不断探索好的方法,才能取得成功,质量才能稳步提高。备课、上课、作业、辅导、复习、考查等若干教学环节,环环相扣组成教学单元;若干教学单元首尾相接组成一定的教学周期;若干教学周期循环往复,螺旋上升,构成完整的教学过程。教学质量就是在一个个教学环节、教学单元、教学周期,以至整个教学过程中一项项形成、一点点积累、一步步提高的。**忽视了哪个阶段、哪个步骤,都会影响整个流程的进展,影响整体质量的提高。只有整个教学过程中各环节都能按标准、上规格,终端质量才能得到保证。另外,初中教育从策略上来看,还要强化学段衔接。七年级重在抓管理,重点要抓好学习兴趣的培养和学习习惯的养成,打好坚实的基础;八年级重在抓好防止分化工作,促进不同层次的学生都有发展,不让一个学生掉队;九年级重在抓提高,要认真抓好毕业前的复习工作,注重查漏补缺,加强能力培养,指导学生有效训练。

4.高中应实行分层教育,处理好选拔教育与大众教育的有机结合。重点学校应在为高校输送人才上大做文章,一般学校要在培养有文化、有知识的合格建设人才上大做文章。高中还要提前做好新课程改革的准备工作,特别是加强教师培训,做好人力储备工作。

(五)努力搞好教师资源的均衡配置,在建设一支推动教育可持续发展的师资队伍上下苦功

一是要充实教师队伍力量,加强教师队伍建设。振兴经济的希望在教育,振兴教育的希望在教师。为提高教师队伍的整体水平和质量,建议县政府进一步加大财政投入,提高教师待遇。人事编制部门应向农村学校适当放宽教师编制,多渠道充实教师队伍。二是要解决教育内部教师供需不平衡的现象。农村学校特别是小学,教师紧缺,大部分采用包班制,教师课头多,工作量大,教研时间少,教育质量差。另外,农村学校紧缺英语、音乐、美术等专业课教师,在课堂教学中全面推进素质教育受到影响。因此,今后教师配备应向农村学校予以倾斜。三是建议落实学校教师附加编制,保证农村学校能够及时补充高素质的教师,以逐步改善农村教师队伍结构。四是教育主管部门切实加强教师管理,大力开展教师继续教育工作,逐步提高农村教师的整体素质,推进农村义务教育协调发展。我县农村中小学教师队伍的差异性较大,"一刀切"的培训方法不适合各种层次教师的需求,培训工作需要进一步扩大。培训目标、方式、内容要重新调整,要以提高教师自身的综合素质为主,特别是提高适应新课程要求的教育观念和实际教育行为、能力,帮助教师不断理解、内化基础教育改革提倡的基本理念,并强调教师实际教学行为的切实转变。

(六)进一步加强教育督导工作

一是全县性的教育督导工作应该向偏远薄弱学校延伸;二是加强学区督教员的培训工作,使其丰富督导经验和方法,成为教育督导先锋,从而强化学区级的教育督导,为县级教育督导提供信息平台;三是督导工作应该事先不发通知,不打招呼,定期与不定期结合,随机抽查与全面督导结合。这样便于发现真实问题,掌握真实情况,对指导学校发展更有实际意义。

　　总之,本期中小学校长研修班,统一了认识,解放了思想,特别是通过座谈、问卷调查,反映了校长的真实思想和对教育的满腔热情,表现出了校长们对临洮教育的信心,校长们在问卷中发表的许多观点很有针对性,表达了自己的一种向往和思想,县教育局将在今后的工作中认真采纳吸收,力争在全县教育系统形成"团结、奉献、求真、创新"的新风尚,这种新风尚的形成,无疑对将来全县教育发展是一笔宝贵的精神财富。

　　(临洮县教育局课题组组长魏文忠,成员杨少白、董世录、缪得林、冯海明、王文义)

临洮教育发展思考与实践

以 2010 年甘肃省实施普通高中新课程改革为标志,我县小学、初中、高中教育整体全面进入新课改阶段,教育教学活动势必发生重大变化,探索县级教育行政部门和学校校长、全体管理人员、广大教师的思维、能力、水平和状态,勇敢地承担起时代赋予的责任,秉承新课改理念,执行新课改要求,实现新课改目标,完成新课改课程任务,培养新课改下成长起来的建设国家、建设家乡的一代新人迫在眉睫。

把全县教育工作重心适时转移到集中精力狠抓教育教学质量上来,实现临洮教育向兰州教育逐步接近的重大转变。

持续不断地大力调整全县中小学布局结构,实现把"高中教育办到城区,初中教育集中到川区,高级小学布局中心区域,初级小学布满乡村"的目标。

履行政府行政管理职责,遵循社会主义市场经济规律、现代教育规律和人的自身成长规律,加速县域教育资源的优化配置,推动县域内教育均衡发展。

主抓校长和教师"两支队伍"成长,紧握教学研究和教育资源"两大抓手",调动广大教职工的积极性、主动性和工作热情,外树"团结、奉献、求真、创新"新形象,提高"精、严、细、实、恒"新内涵,探索适合临洮实际的教育发展新机制,建立公正、公开、公平的良好竞争新秩序。

由来与现状

由来一:全国教育发展整体水平的提高,国家对教育发展保障能力的提升,特别是对西部地区教育发展的有力支持和持续倾斜,为西部地区实现教育均衡发展提供了充分条件。

由来二:在基础教育新课程改革即将全面实施的新形势下,教育方针、教育思想、教育理论、教育观念、课程标准、教学目标、教学方法的重大转变,特别是教师在数量上的充实和结构上的完善,教育科研队伍的成长,以信息技术为主的教育资源的优化,为新时期现代化教育的发展奠定了基础,提供了必要条件。

由来三:临洮教育持续发展特别是改革开放三十年来取得的重大成就,办学条件的有效改善,长期探索中形成的办学经验、特色模式和软实力的提升,全体校长和广大教师工作热情的空前高涨和思想认识的基本一致,为临洮实现县域内教育均衡发展提供了基础条件。

基于以上认识,必须分析和准确掌握县情,临洮教育的现实情况是:

现状一:经过深入调查研究,广泛征求各界各阶层意见,达成共识,积极、合理提出全县中小学布局调整方案,报经县政府审查批准,严密组织实施,2007年秋季开学时全县实有各级各类学校465所,比1999年"普九"时的570所减少105所、比2002年555所减少90所;其中完全中学8所(其中民办1所)、职中(专)2所,独立初中29所、九年制(附设初中班)学校12所,学区18个、完全小学319所、初级小学79所,幼儿园16所(其中民办9所)。

现状二:2007年秋季开学时全县在校学生99623人,其中普通高中240个班13117人(未含临中、二中高中补习生),平均班额54.65人(女生6046人,高一83个班4810人,平均班额57.95人,高二73个班3817人,平均班额52.29人,高三84个班4490人,平均班额53.45人);职中生86个班3666人,平均班额42.63人(女生2049人,中一53个班2306人,平均班额43.51人,中二25个班884人,平均班额35.36人,中三8个班476人,平均班额59.5人);初中生586个班29190人,平均班额49.81人(女生14166人,初一214个班11606人,平均班额54.23人,初二193个班9068人,平均班额46.98人,初三179个班8123人,平均班额45.38人);小学生2187个班51796人,平均班额23.68人(女生25479人,一年级312个班5577人,平均班额17.88人,二年级288个班6021人,平均班额20.21人,三年级306个班7013人,平均班额22.92人,四年级328个班9293人,平均班额28.33人,五年级371个班11507人,平均班额31.02人,六年级400个班12358人,平均班额30.9人;其中复式181个班学生3113人,教师245人);学前275个班4688人,平均班额17.05人,幼儿园59个班1854人,平均班额31人。

表1　　　2005—2007年秋季开学时全县各学区小学在校人数

学区名称	学年度	学校数			班数	学前班	学生数		学前班	平均班额
		合计	小学	初级小学	合计		合计	其中女		
洮阳学区	2005—2006	33	30	3	289	29	11096	5303		38.39
	2006—2007	33	30	3	287	29	10485	5033		36.53
	2007—2008	33	30	3	274	28	9817	4725	946	35.83
八里铺学区	2005—2006	22	20	2	134	9	3731	1804		27.84
	2006—2007	22	20	2	137	9	3350	1639		24.45
	2007—2008	22	20	2	126	9	2812	1408	141	22.32
新添学区	2005—2006	24	23	1	180	30	5336	2616		29.64
	2006—2007	24	23	1	181	29	5025	2491		27.76
	2007—2008	24	23	1	170	26	4378	2210	449	25.75
太石学区	2005—2006	30	21	9	156	22	3694	1760		23.68
	2006—2007	30	21	9	154	23	3524	1693		22.88
	2007—2008	30	21	9	137	25	2999	1484	382	21.89

续表1

学区名称	学年度	学校数			班数	学前班	学生数		学前班	平均班额
		合计	小学	初级小学	合计		合计	其中女		
辛店学区	2005—2006	33	30	3	183	23	4583	2225		25.04
	2006—2007	33	30	3	190	23	4423	2116		23.28
	2007—2008	33	30	3	179	26	3977	1894	430	22.22
中铺学区	2005—2006	33	24	9	111	14	2047	985		18.44
	2006—2007	33	24	9	111	7	1844	898		16.61
	2007—2008	33	24	9	99	12	1622	799	173	16.38
峡口学区	2005—2006	22	17	5	90	11	1830	918		20.33
	2006—2007	22	17	5	91	11	1665	854		18.29
	2007—2008	22	17	5	78	10	1430	732	123	18.33
窑店学区	2005—2006	26	18	8	270	5	2754	1359		10.2
	2006—2007	26	18	8	108	13	2571	1272		23.81
	2007—2008	26	18	8	103	13	2205	1083	192	20.42
龙门学区	2005—2006	33	22	11	126	8	2990	1468		23.73
	2006—2007	33	22	11	130	19	2723	1372		20.95
	2007—2008	33	22	11	119	18	2323	1158	231	19.52
玉井学区	2005—2006	22	20	2	132	13	4011	1942		30.39
	2006—2007	22	20	2	124	17	3536	1736		28.52
	2007—2008	22	20	2	116	18	2323	1425	291	20.03
衙下学区	2005—2006	35	18	17	170	27	5838	2947		34.34
	2006—2007	35	18	17	164	21	5238	2648		31.94
	2007—2008	35	18	17	151	21	2922	2252	378	19.35
南屏学区	2005—2006	33	22	11	142	13	4137	2066		29.13
	2006—2007	33	22	11	146	15	4049	2008		27.73
	2007—2008	33	22	11	140	23	4502	1724	355	32.16
康家集学区	2005—2006	18	16	2	91	1	2030	955		22.31
	2006—2007	18	16	2	91	2	1902	890		20.9
	2007—2008	18	16	2	89	2	1658	778	58	18.63
连湾学区	2005—2006	23	18	5	91	1	2131	1056		23.42
	2006—2007	23	18	5	94	1	2011	1014		21.39
	2007—2008	23	18	5	90	1	1740	871	25	19.33
站滩学区	2005—2006	22	17	5	92	3	1695	848		18.42
	2006—2007	22	17	5	92	21	1567	776		17.03
	2007—2008	22	17	5	88	20	1400	695	174	15.91
漫洼学区	2005—2006	14	12	2	70	0	1678	842		23.97
	2006—2007	14	12	2	75	1	1601	826		21.35
	2007—2008	14	12	2	75	1	1428	722	722	19.04
上营学区	2005—2006	24	16	8	100	9	2316	1132		23.16
	2006—2007	24	16	8	100	11	2178	1079		21.78
	2007—2008	24	16	8	91	10	1872	938	200	20.57
红旗学区	2005—2006	13	13	0	68	8	1583	731		23.28
	2006—2007	13	13	0	64	7	1443	676		22.55
	2007—2008	13	13	0	62	12	1245	581	126	20.08
临洮县	2005—2006	460	357	103	2495	226	63480	30957		25.44
	2006—2007	460	357	103	2339	259	59135	29021		25.28
	2007—2008	460	357	103	2187	275	51796	25479	4688	23.68

表2　2007年秋季开学时全县各完职中、独立初中、九年制学校初中学生在校人数

学校名称	班数				学生数				平均班额
	小计	一年级	二年级	三年级	小计	其中女	一年级	二年级	
临洮中学	17	6	6	5	1072	531	346	394	63.1
临洮二中	9	5	2	2	605	272	325	146	67.2
文峰中学	21	6	8	7	1154	586	347	424	55
临洮三中	14	6	4	4	814	391	367	252	58.1
临洮四中	21	9	6	6	1015	479	448	305	48.3
衙下中学	21	8	7	6	1012	492	446	348	48.2
窑店中学	11	5	3	3	504	260	269	141	45.8
育霖中学	1	1		21	4	21			21
玉井农职中	24	8	8	8	1141	581	427	397	47.5
县职业中学	3	1	1	1	45	24	10	15	15
以上合计	142	55	45	42	7383	3620	3006	2422	52
洮阳初中	42	14	14	14	2223	1159	824	709	52.9
程家铺初中	18	8	5	5	941	461	392	301	52.3
卧龙初中	16	6	6	4	794	407	316	271	49.6
上营初中	15	6	5	4	785	393	361	226	52.3
旭东初中	13	5	4	4	748	374	282	236	57.5
刘家沟门初中	16	6	5	5	722	361	324	195	45.1
连湾初中	14	5	4	5	713	328	286	210	50.9
辛店初中	16	5	6	5	687	342	269	229	42.9
漫洼初中	14	5	5	4	674	348	264	196	48.1
改河(欧黄家)初中	13	5	4	4	658	313	277	200	50.6
廿铺初中	13	4	5	4	656	324	230	210	50.5
三甲初中	14	5	5	4	650	311	251	217	46.4
陈家咀初中	13	5	4	4	649	296	267	201	49.9
西坪初中	12	4	4	4	639	320	247	208	53.3
西坪初中	12	4	4	4	639	320	247	208	53.3

续表2

学校名称	班数				学生数				
	小计	一年级	二年级	三年级	小计	其中女	一年级	二年级	平均班额
塔湾初中	12	5	4	3	620	293	300	181	51.7
峡口初中	11	4	3	4	574	284	232	166	52.2
中铺初中	14	4	5	5	563	293	179	196	40.2
康家集初中	11	4	4	3	545	274	255	167	49.5
苟家滩初中	11	3	4	4	539	251	193	159	49
潘家集初中	12	5	4	3	538	268	261	175	44.8
杨家庙初中	9	4	3	2	470	246	215	151	52.2
孙梁家初中	8	3	3	2	466	245	189	169	58.3
窑店初中	9	3	3	3	466	225	190	133	51.8
上梁初中	9	3	3	3	450	213	205	121	50
站滩初中	9	3	3	3	422	203	132	151	46.9
红旗初中	8	4	2	2	405	190	214	99	50.6
沿川初中	7	3	2	2	324	165	129	91	46.3
党家墩初中	9	3	3	3	318	149	117	99	35.3
云谷初中	6	2	2	2	282	143	105	76	47
五户初中	6	2	2	2	193	92	75	62	32.2
以上合计	380	138	216	116	18714	9271	7581	5805	49.3
安家咀学校	8	4	2	2	381	172	191	87	47.6
何家山学校	8	3	2	3	369	177	138	106	46.1
卅墩学校	8	3	2	3	354	167	131	89	44.3
牛家寺学校	6	2	2	2	341	165	149	120	56.8
北大坪学校	7	3	2	2	306	141	135	81	43.7
赵家咀学校	6	2	2	2	256	104	107	77	42.7
灵石学校	5	1	2	2	224	99	68	65	44.8
火石沟学校	5	2	2	1	212	108	93	67	42.4
何家湾学校	3		2	1	101	51		60	33.7
巴下学校	2		1	1	73	46		37	36.5
水泉学校	3		2	1	68	37		49	22.7
欧黄家学校									
以上合计	61	20	21	20	2685	1267	1012	838	44
临洮县	586	214	193	179	29190	14166	11606	9068	49.8

表3　2007年秋季开学时全县各完职中高(职)中学生在校人数

学校名称	班数				学生数					
	小计	一年级	二年级	三年级	小计	其中女	一年级	二年级	三年级	平均班额
临洮中学	56	20	18	18	3642	1599	1327	1177	1138	65
临洮二中	54	18	18	18	3346	1464	1189	1087	1070	62
文峰中学	6	6			360	159	360			60
临洮三中	43	14	12	17	2229	1088	767	614	848	51.8
临洮四中	47	14	14	19	2381	1205	723	663	995	50.7
衙下中学	13	4	4	5	393	184	141	85	167	30.2
窑店中学	12	4	4	4	430	203	160	107	163	35.8
育霖中学	6	2	2	2	270	108	109	69	92	45
玉井农职中	46	23	18	5	1559	785	1085	234	240	33.9
县职业中学	40	30	7	3	2107	1264	1221	650	236	52.7
以上合计	323	135	97	91	16717	8059	7082	4686	4949	51.8

现状三：2007年秋季开学时全县实际在岗教师5997人；公派教职工5570人，专任教师5258人（其中女教师2108人），代理教师427人（其中一年期聘任教师182人，长期聘用教师26人）。分别是：完职中实有教职工1496人，师生比为1:16.12，班均教师1:3.2；其中公派教职工1462人，专任教师1288人（其中女教师536人），代理教师34人（其中一年期聘任教师9人），专任教师学历达标率为63.3%；中学高级职称88人，一级351人，二级403人，三级58人，未评388人；独立初中实有教职工1108人，师生比为1:16.89，班均教师1:2.92；其中公派教职工1081人，专任教师1025人（其中女教师408人），代理教师27人（其中一年期聘任教师20人），专任教师学历达标率为97.85%；中学高级职称38人，一级303人，二级388人，三级16人，未评280人；九年制学校实有教职工176人，师生比为1:15.26，班均教师1:2.89；其中公派教职工165人，专任教师158人（其中女教师58人），代理教师11人（其中一年期聘任教师4人），专任教师学历达标率为92.3%；中学高级职称0人，一级36人，二级58人，三级3人，未评61人；小学和幼儿园实有教职工3244人，师生比为1:15.97，班均教师1:1.48；其中公派教职工2762人，专任教师2687人（其中女教师1106人），代理教师482人（其中一年期聘任教师149人），专任教师学历达标率为96.36%；小学高级职称921人，一级947人，二级214人，未评605人。全国优秀教师和优秀教育工作者5人，省级优秀教师和优秀教育工作者22人，市级优秀教师和优秀教育工作者91人；省特级教师和园丁奖获得者29人，省级骨干教师和学科带头人19人，市级骨干教师和学科带头人180人，县级骨干教师和学科带头人581人。

表4 2007年秋季开学时全县完全中学教师情况

学校名称	班数			学生数			生师比	教师数			专任教师职称情况						
	合计	初中	高中	总计	初中	高中		合计	公派	代理	合计	其中女	中高	中一	中二	中三	未评
临洮中学	73	17	56	4714	1072	3642	16.48	286	280	6	222	86	37	83	57	2	43
临洮二中	63	9	54	3951	605	3346	16.46	240	240		224	86	34	82	69		39
文峰中学	27	21	6	1514	1154	360	14.7	103	103		97	45		33	34		30
临洮三中	57	14	43	3043	814	2229	15.22	200	197	3	181	76	3	31	53		94
临洮四中	68	21	47	3396	1015	2381	15.56	218	218		182	90	3	44	71		64
衙下中学	34	21	13	1405	1012	393	13.64	103	101	2	95	35	2	25	30		38
窑店中学	23	11	12	934	504	430	13.15	71	70	1	62	29	1	16	19		26
育霖中学	7	1	6	291	21	270	13.23	22		22							
玉井农中	70	24	46	2700	1141	1559	15.25	177	177		156	61	5	27	46	28	50
临洮职中	46	6	40	2167	60	2107	28.51	76	76		69	28	3	10	24	28	4
以上合计	468	145	323	24115	7398	16717	16.12	1496	1462	34	1288	536	88	351	403	58	388

表5 2007年秋季开学时全县独立初中教师情况

学校名称	班数	学生数		生师比	教职工数			专任教师						
		合计	其中女		合计	公派	代理	合计	其中女	中高	中一	中二	中三	未评
洮阳初中	42	2223	1159	16.47	135	135		127	79	12	63	50		2
程家铺初中	18	941	461	16.22	58	57	1	55	15	9	21	21	1	3
卧龙初中	16	794	407	18.47	43	43		42	13	1	15	16		10
上营初中	15	785	393	18.69	42	41	1	38	14		7	18		13
旭东初中	13	748	374	18.7	40	39	1	37	24	2	16	15	4	
刘家沟门初中	16	722	361	16.04	45	41	4	40	16		14	11		15

续表5

学校名称	班数	学生数		生师比	教职工数			专 任 教 师						
		合计	其中女		合计	公派	代理	合计	其中女	中高	中一	中二	中三	未评
连湾初中	14	713	328	19.27	37	37		37	14	1	1	14	1	20
辛店初中	16	687	342	14.62	47	47		46	21	2	9	29		6
漫洼初中	14	674	348	16.44	41	41		38	12		8	10	2	18
改河(欧黄家)初中	13	658	313	18.28	36	34	2	33	14		6	7	1	19
廿铺初中	13	656	324	16.82	39	39		35	11		16	15		4
三甲初中	14	650	311	15.85	41	40	1	37	13		16	12		9
陈家咀初中	13	649	296	17.08	38	38		36	9	2	14	13		7
西坪初中	12	639	320	17.27	37	37		35	14	1	15	9		10
塔湾初中	12	620	293	18.24	34	31	3	28	8	1	7	9	1	10
峡口初中	11	574	284	17.4	33	29	4	28	9		8	13		7
中铺初中	14	563	293	13.4	42	41	1	40	19	2	8	14	1	15
康家集初中	11	545	274	18.79	29	27	2	25	7		5	7	1	12
苟家滩初中	11	539	251	17.39	31	30	1	28	10	1	3	20		4
潘家集初中	12	538	268	15.82	34	34		31	10		10	12	1	8
杨家庙初中	9	470	246	18.8	25	24	1	23	8	2	8	6		7
孙梁家初中	8	466	245	19.42	24	23	1	22	8		9	7		6
窑店初中	9	466	225	17.92	26	26		25	8		6	8		11
上梁初中	9	450	213	18	25	24	1	21	4		4	6	1	10
站滩初中	9	422	203	16.88	25	25		25	9		3	11		11
红旗初中	8	405	190	19.41	22	20	2	19	6	1	6	5	1	6
沿川初中	7	324	165	16.2	20	19	1	17	5			5		12
党家墩初中	9	318	149	12.72	25	25		24	16	1	1	15		7
云谷初中	6	282	143	16.59	17	17		17	6		3	3	1	10
五户初中	6	193	92	11.35	17	17		16	6		1	7		8
以上合计	380	18714		16.89	1108	1081	27	1025	408	38	303	388	16	280

表6　2007年秋季开学时全县九年制学校教师情况

学校名称	班数	学生		生师比	教职工数			专任教师职称情况						
		合计	其中女		合计	公派	代理	合计	其中女	中高	中一	中二	中三	未评
安家咀学校	8	381	172	17.32	22	22		21	7		9	5	1	6
何家山学校	8	369	177	16.77	22	21	1	19	6		2	9	1	7
卅墩学校	8	354	167	13.62	26	24	2	24	11		9	10		5
牛家寺学校	6	341	165	18.94	18	14	4	14	3		3	4		7
北大坪学校	7	306	141	15.3	20	19	1	18	10			4		14
赵家咀学校	6	256	104	16	16	16		15	5		6	4		5
灵石学校	5	224	99	16	14	13		13	6		3	7		3
火石沟学校	5	212	108	15.14	14	13	1	13	5			4	1	8
何家湾学校	3	101	51	14.43	4	6	1	6	2			2		4
巴下学校	2	73	46	9.13	8	8		7	1			3	4	
水泉学校	3	68	37	7.56	9	9		8	8		1	5		2
欧黄家学校														
以上合计	61	2685		15.26	176	165	11	158	59		36	58	3	61
临洮县	586	47482	14166	16.97	2798	2726	72	2488	1011	126	690	859	84	729

表7　2007年秋季开学时全县小学教师和办学基础条件

学区名称	年度	班数		学生数		生师比	教职工数			办学条件				
		合计	学前班	合计	学前班		合计	公派	代理	占地面积(平方米)	建筑面积(平方米)	生均面积	危房面积(平方米)	固定资产(万元)
洮阳学区	2005—2006	289	29	11096		19	584	570	14	214884	46146			1832
	2006—2007	287	29	10485		17.62	595	582	13	214884	46350			2350
	2007—2008	274	28	9817	946	17.31	567	557	10	217489	46627	4.75		2410
八里铺学区	2005—2006	134	9	3731		20.96	178	175	3	99979	15044			577
	2006—2007	137	9	3350		18.41	182	174	8	98581	15423			728
	2007—2008	126	9	2812	141	15.45	182	174	8	90210	14547	5.17	833	758
新添学区	2005—2006	180	30	5336		18.72	285	255	30	180935	23681			739
	2006—2007	181	29	5025		17.95	280	262	18	180935	23751			755
	2007—2008	170	26	4378	449	15.64	280	256	24	180935	23723	5.01	2170	903
太石学区	2005—2006	156	22	3694			211	181	30	125124	18929			442
	2006—2007	154	23	3524			211	176	35	125124	18989			459
	2007—2008	137	25	2999	382	14.42	208	179	29	125524	19199	6.4	4100	488

学区名称	年度	班数 合计	班数 学前班	学生数 合计	学生数 学前班	生师比	教职工数 合计	教职工数 公派	教职工数 代理	占地面积（平方米）	建筑面积（平方米）	生均面积	危房面积（平方米）	固定资产（万元）
辛店学区	2005—2006	183	23	4583			227	176	51	103034	19163			393
	2006—2007	190	23	4423			231	184	47	103434	19189			420
	2007—2008	179	26	3977	430	16.71	238	187	51	104032	19237	4.84	2782	459
中铺学区	2005—2006	111	14	2047			135	106	29	65321	10177			289
	2006—2007	111	7	1844			142	105	37	65415	10096			366
	2007—2008	99	12	1622	173	12.2	133	103	30	65415	10187	6.28	785	378
峡口学区	2005—2006	90	11	1830			118	88	30	73297	9026			474
	2006—2007	91	11	1665			121	89	32	73297	9109			478
	2007—2008	78	10	1430	123	14.02	102	84	18	73297	9137	6.39	720	499
窑店学区	2005—2006	270	5	2754			139	103	36	50267	8530			216
	2006—2007	108	13	2471			139	103	33	54140	8620			226
	2007—2008	103	13	2205	192	16.46	134	108	26	54140	8620	3.91	1610	254
龙门学区	2005—2006	126	8	2990			154	114	40	72794	10459			213
	2006—2007	130	19	2723			164	124	40	72794	10444			266
	2007—2008	119	18	2323	231	14.89	156	125	31	72794	10612	4.57	2123	297
玉井学区	2005—2006	132	13	4011			194	166	28	81600	15739			354
	2006—2007	124	17	3536			189	169	20	81600	15739			354
	2007—2008	116	18	2323	291	12.48	186	166	20	81600	15750	6.78	5330	388
衙下学区	2005—2006	170	27	5838			241	205	36	121808	16943			586
	2006—2007	164	21	5238			236	203	33	121808	16964			447
	2007—2008	151	21	2922	378	12.02	243	210	33	121808	17101	5.85	3050	579
南屏学区	2005—2006	142	13	4137			177	138	39	72933	12939			137
	2006—2007	146	15	4049			183	146	37	77073	13103			186
	2007—2008	140	23	4502	355	23.21	194	153	41	77073	13103	2.91	3243	383
康家集学区	2005—2006	91	1	2030			101	56	45	33233	6854			49.7
	2006—2007	91	2	1902			107	60	47	33233	6903			58.8
	2007—2008	89	2	1658	58	15.49	107	62	43	33233	6903	4.16	1943	83.3
连湾学区	2005—2006	91	1	2131			104	77	27	56600	6762			127
	2006—2007	94	1	2011			106	74	32	59841	6784			127
	2007—2008	90	1	1740	25	17.06	102	78	32	59841	6784	3.9	2328	146

续表7

学区名称	年度	班数		学生数		生师比	教职工数			办学条件				
		合计	学前班	合计	学前班		合计	公派	代理	占地面积（平方米）	建筑面积（平方米）	生均面积	危房面积（平方米）	固定资产（万元）
站滩学区	2005—2006	92	3	1695			106	92	14	65986	8756			121
	2006—2007	92	21	1567			104	90	14	65986	8756			123
	2007—2008	88	20	1400	174	13.46	104	93	11	65986	8756	6.23	2609	142
漫洼学区	2005—2006	70	0	1678			88	64	24	35486	4684			112
	2006—2007	75	1	1601			92	65	27	35486	4796			112
	2007—2008	75	1	1428	14	15.52	92	63	29	35486	4796	3.36	1474	128
上营学区	2005—2006	100	9	2316			116	86	30	53362	9970			237
	2006—2007	100	11	2178			121	87	34	53362	10056			237
	2007—2008	91	10	1872	200	15.22	123	89	34	53362	10176	5.44	1060	283
红旗学区	2005—2006	68	8	1583			82	72	10	45053	9009			249
	2006—2007	64	7	1443			82	71	10	45053	9580			327
	2007—2008	62	12	1245	126	14.31	87	75	12	45053	9580	7.69	901	333
临洮县	2005—2006	2495	226	63480		19.59	3240	2724	516	1551696	251721	3.97		7142
	2006—2007	2339	259	59135		18.02	3281	2764	517	1562046	254652	4.31		8019
	2007—2008	2187	275	51796	4688	15.97	3244	2762	482	1557278	254838	4.92	42112	8912

现状四:经过"普九"攻坚、"贫三"、"义教"项目的实施,在全县社会各界和广大人民群众集资建校和大力支持下,2003年以来县政府每年拨付税改资金544万元、财政列支排危专项经费100万元,五年共计投入8216.8万元,新扩建校舍面积87934平方米,排除危房5.39万平方米,全县中小学基础条件得到了较大改善。2007年秋季,全县中小学实际占地面积240.9万平方米,建筑面积50.4万平方米,生均面积5.16平方米,固定资产26624.27万元;其中完职中占地面积39.5万平方米,建筑面积15.3万平方米,生均面积6.35平方米,固定资产12844.5万元;独立初中占地面积34.7万平方米,建筑面积7.4万平方米,生均面积3.94平方米,固定资产3928.22万元;九年制学校占地面积7.2万平方米,建筑面积13428平方米,生均面积5平方米,固定资产525.37万元;小学占地面积155.7万平方米,建筑面积25.5万平方米,生均面积4.92平方米,固定资产8912.18万元。

2007年教育总收入20937万元,其中,一是财政补助收入19279万元（人员工资12853.4万元,离退休费3091.5万元,税改排危资金554万元,义教免学杂费、生均公用、提高生均公用补助资金1873万元,退义教阶段课本费247万元,寄宿生补助271.9万元,职业中学肉食伙食补助32.37万元,助学金211.57万元,专项资金1016.68万元（财政拨学校527.3万元）,教育费附加172.16万元。二是事业收入1639.37万元。三是其他收入181.27万元。

2007年教育总支出20937万元,其中工资福利支出12183.59万元,商品和服务支出2971.83万元,对个人和家庭的补助3838.89万元,基本建设支出1075.56万元,其他资本性支出8671.58万元。

2007年固定资产总值27249.43万元,比上年固定资产总值23448.5万元增加3800.9万元;校舍建筑面积为47.89万平方米,比上年49.79万平方米减少1.9万平方米;年末危房4.34万平方米,比上年增加3.05万平方米。

表8 2007年秋季开学时全县完职中办学基础条件

学校名称	学生人数	占地面积	建筑面积	生均面积	危房面积	固定资产
临洮中学	4714	74050	47784	10.14		3326.45
临洮二中	3951	71674	26438	6.69		2062.85
文峰中学	1514	33259	7590	5.01		1029
临洮三中	3043	35279	14642	4.81		1215
临洮四中	3396	63760	14112	4.16		1423.6
衙下中学	1405	19054	5653	4.02		476.9
窑店中学	934	40552	5560	5.95		83.7
育霖中学	291	20200	9527	32.74	120	1810
玉井农中	2700	30429	11094	4.11	2699	390
临洮职中	2167	6640	10946	5.05		1027
以上合计	24115	394897	153346	6.35	2819	12844.5

表9 2007年秋季开学时全县独立初中、九年制学校办学基础条件

学校名称	学生人数	占地面积	建筑面积	生均面积	危房面积	固定资产
洮阳初中	2223	26680	9319	4.19		965
程家铺初中	941	12145	2540	2.7		132.24
卧龙初中	794	7357	1585	2		67.9
上营初中	785	16668	2884	3.67	450	101.68
旭东初中	748	6540	2589	3.46		72
刘家沟门初中	722	13000	2410	3.34		106
连湾初中	713	19900	2328	3.27		122.2
辛店初中	687	15535.1	4372	6.36	280	144
漫洼初中	674	13333	2502	3.71	493	112.5
改河(欧黄家)初中	658	11334	2749	4.18		116.51
廿铺初中	656	9746	2479	3.78	720	130
三甲初中	650	14632	1677	2.58	844	88

续表9

学校名称	学生人数	占地面积	建筑面积	生均面积	危房面积	固定资产
陈家咀初中	649	6088	1935	2.98		126.6
西坪初中	639	12273	2252	3.52	303	99.85
塔湾初中	620	9959	1877	3.03	467	69.38
峡口初中	574	7184	3120	5.44	382	155.2
中铺初中	563	15338	3180	5.44		169.62
康家集初中	545	10000	1241	2.28		78.73
苟家滩初中	539	11501	1995	3.7		77.9
潘家集初中	538	7367	2716	5.05	480	170
杨家庙初中	470	12080	1237	3.81	1042	40.63
孙梁家初中	466	12280	1790	3.84		98.6
窑店初中	466	10400	1542	3.31		102
上梁初中	450	6240	1770	3.93		81.52
站滩初中	422	20000	2071	4.91		42.24
红旗初中	405	9999	3508	8.66		100.74
沿川初中	324	11339	1228	3.79		83.68
党家墩初中	318	5560	2232	7.02		128.5
云谷初中	282	8200	1634	5.79	1100	75
五户初中	193	4662	942	4.88		70
以上合计	18714	347340.1	73704	3.94	6561	3928.22
安家咀学校	381	10000	1186	3.11	208	67
何家山学校	369	6000	1440	3.9		103
卅墩学校	354	5920	1320	3.72		79
牛家寺学校	341	3280	700	2.05		32.53
北大坪学校	306	7000	1179	3.85	96	67
赵家咀学校	256	4600	697	2.72		27
灵石学校	224	11271	2100	9.38		27
火石沟学校	212	5691	1139	5.37	148	31
何家湾学校	101	8334	1660	16.43	160	1.84
巴下学校	73	4000	952	13.04	400	35
水泉学校	68	6000	1055	15.51		55
欧黄家学校						
以上合计	2685	72096	13428	5	1012	525.37
临洮县	47782	852110.1	249279	5.25	10392	17712.09

表10　2003年以来实施的45项教育重点项目一览表

序号	项目名称	建筑面积	总投资	中央专项	省级资金	县级配套	捐赠款	开工时间	竣工时间
1	临洮四中综合教学楼	5500	406			360	46	2003年4月	2004年8月
2	衙下中学师生宿办楼	2200	148			148		2003年11月	2004年8月
3	临洮县实验二小教学楼	1100	83			83		2003年11月	2004年9月
4	八里铺镇张家庄小学教学楼	1100	55			35	20	2003年4月	2003年11月
5	峡口初中教学楼	2080	130			130		2003年5月	2004年11月
6	超然书院	950	85			85		2003年10月	
	2003年小计	12930	907	0	0	756	151		
7	文峰中学教学楼	5466	492	90		402		2003年11月	2005年8月
8	青少年活动中心	2488	546		120		426	2003年11月	2006年6月
9	临洮二中综合实验楼	5500	430		100		330	2004年5月	2005年8月
10	新添镇联丰小学教学楼	600	30	20		0	10	2004年5月	2004年8月
11	塔湾乡大湾小学教室	380	20	20		0		2004年5月	2004年8月
12	临洮三中教学楼	4060	272	60		212		2004年5月	2005年8月
13	窑店中学教学楼	2388.4	148.8	60		88.8		2004年5月	2005年7月
14	五户初中教室	662.01	40	20		20		2004年5月	2004年8月
15	临洮县文峰小学	2363.6	154.64			84.64	70	2004年4月	2004年8月
16	太石镇安家咀学校	1518	97			67	30	2004年4月	2004年8月
17	八里铺镇八里铺小学	1547	102			72	30	2004年4月	2004年8月
18	窑店镇中心小学教室	810	34.3			10	24.3	2004年4月	2004年8月
19	窑店镇四十铺小学教室	700	41			6	35	2004年4月	2004年8月
	2004年小计	28483.01	2407.74	270	220	1718.44	199.3		
20	临洮三中综合实验楼	3000	280		150	130		2005年6月	2006年8月
21	文峰中学业务楼、厕所等	2070	389			389		2005年6月	2006年8月
22	临洮三中学生宿舍楼(一期)	4060	97.5		70	27.5		2005年6月	2006年10月

续表 10

序号	项目名称	建筑面积	总投资	其中				开工时间	竣工时间
				中央专项	省级资金	县级配套	捐赠款		
23	衙下中学校舍	2648	254		95	159		2005 年 4 月	2006 年 10 月
24	红旗乡红旗小学教学楼	1000	89		49	40		2005 年 4 月	2005 年 9 月
25	新添镇孙家小学教学楼	867	49		29	20		2005 年 5 月	2005 年 9 月
26	龙门镇青化小学校舍	398	30		30			2005 年 5 月	2005 年 9 月
27	龙门镇高峰小学校舍	290	30		30			2005 年 5 月	2005 年 9 月
	2005 年小计	14333	1218.5	95	280	783.5	60		
28	临洮三中学生宿舍楼(二期)	1767	117		75	42		2006 年 4 月	2006 年 9 月
29	临洮四中综合实验楼	4582	409	135	77	197		2006 年 5 月	2007 年 6 月
30	洮阳镇旭东明德小学教学楼	1052	88			48	40	2006 年 5 月	2006 年 12 月
31	八里铺镇沿川小学校舍	490	36			16	20	2006 年 5 月	2006 年 10 月
32	南屏镇安川小学校舍	589	37.5			17.5	20	2006 年 5 月	2006 年 10 月
33	八里铺镇高庙小学校舍	561.74	43			23	20	2006 年 5 月	2006 年 11 月
34	衙下镇刘家河小学	373	27			7	20	2006 年 8 月	2006 年 11 月
	2006 年小计	9414.74	757.5	135	152	350.5	120		
35	临洮四中学生宿舍楼	5556	440	106	53	281		2007 年 6 月	
36	卧龙学校(初中)综合教学楼	1250	116	60	30	26		2007 年 6 月	
37	文峰中学 1 号学生宿舍楼	5790	480.6			480.6		2007 年 6 月	
38	临洮县职教中心学生宿舍楼	2934.6	257.76			257.76		2007 年 7 月	
39	新添镇潘家庄小学校舍	1098	77	40	20	17		2007 年 5 月	2007 年 10 月
40	八里铺镇菜子庙小学校舍	474	40	27	13			2007 年 4 月	2007 年 9 月
41	龙门镇三十铺小学校舍	491	32				32	2007 年 5 月	2007 年 9 月
42	衙下集镇河董家小学校舍	596	43.5				43.5	2007 年 8 月	
43	新添镇杨家大庄小学教学楼	1244.7	125		20	85	20	2007 年 9 月	
44	新添镇褚家寨子小学校舍	446	31.2			11.2	20	2007 年 5 月	2007 年 8 月
45	站滩初中学生宿舍	1893	178	178				2008 年	
	2007 年小计	21773.3	1821.06	411	136	1158.56	115.5		
	合计	86934.05	7111.8	911	788	4767	645.8		

4.2007年县教育局争取到位各类资金1141.36万元。其中:(1)2007年长效机制农村中小学校舍维修改造资金文峰中学302万元;2007年长效机制农村中小学校舍维修改造标准提高专项资金杨家庙初中100万元;2007年长效机制中小学校舍维修改造"以奖代补"资金峡口初中15万元,合计417万元。(2)2007年省级中职实训基地建设项目职教中心80万元。(3)2007年中西部农村初中校舍改造项目站滩初中178万元。(4)"普九"攻坚补助资金临洮四中40万元。(5)省级教育费附加杨家大庄小学和褚家寨子小学各10万元,合计20万元。(6)衙下中学4个、临洮四中1个实验室,文峰中学实验药品装备价值共16.35万元。(7)教育部—联合国儿童基金会ECD项目拨款9万元。(8)山东招金公司援建项目杨家大庄小学和褚家寨子小学各20万元,合计40万元。(9)江苏连云港鹰游集团公司捐助龙门镇三十铺小学32万元;鹰游纺机公司捐赠衣物及一个机装箱价值5万元。(10)完美公司捐助漫洼乡漫洼小学30万元。(11)香港乐施会捐助衙下集镇河董家小学43.5万元。(12)国家民生银行捐助133万元,其中站滩初中校舍建设捐款50万元,洮阳镇李范家小学校舍建设35万元,南屏镇三甲小学校舍建设25万元;资助贫困学生20万元,奖励优秀教师3万元。(13)张家港电力集团给窑店中学捐款10万元。(14)文峰中学国家教育费附加30万元,国家布局调整资金20万元,合计50万元。(15)当地企业家及群众捐给杨家台小学20.7万元。(16)其他捐助17.1万元。

表11 1996—2005年"普九"义务教育债务审定情况分析

按乡镇分类:

学校数	单 位	审定债务
159	合 计	41360788.82
14	直属学校和项目	30963806.85
9	八里铺镇	929296.42
9	红旗乡	952908.42
7	康家集乡	370498.76
6	连儿湾乡	78368
1	龙门镇	144533.4
10	漫洼乡	312979.36
7	南屏镇	398611.38
4	上营乡	440001.09
16	太石镇	1342226.93
13	洮阳镇	923580.04
5	峡口镇	578935.78
10	辛店镇	368622.86
10	新添镇	1015400.49
12	衙下镇	1176403.11
7	窑店镇	293528.93
8	玉井镇	236696.75
5	站滩乡	171608.7
6	中铺镇	662781.55

按年度分类：

修建年度		审定债务
1996—2005 年		41360788.82
1996—1999 年	小　计	7991201.64
	1996 年	941776.55
	1997 年	5771908.32
	1998 年	5587456.21
	1999 年	690060.56
2000—2002 年	小　计	10259719.27
	2000 年	3800262.99
	2001 年	1121244.7
	2002 年	5338211.58
2003—2005 年	小　计	23109867.91
	2003 年	12465875.14
	2004 年	5684198.71
	2005 年	4959794.06

按学校类型分类：

学校类型	159	41360788.82
直属项目	2	6968074.04
完职中	8	20019197.14
初中、九年制学校	33	7008698.22
小学	116	7364819.42

按债务数量分类：

学校个数	分　类	审定债务
159	工程项目 258 个	41360788.82
11	100 万元以上学校	29318995.84
4	50 万元以上学校	2602780.62
10	20 万元以上学校	2948392
27	10 万元以上学校	3472784
19	5 万元以上学校	1297589.34
63	1 万元及其以上学校	1581724.34
25	1 万元以下学校	138522.68

现状五:2007年秋季开学时全县以信息技术为主的教育资源

1.农村中小学现代远程教育工程项目,投资总计1087.2万元,其中国家投资724.7万元,省级投入181.2万元,县级配套181.3万元。

2.项目模式三,在全县6所完中、28所初中(洮阳、红旗两所初中已实施了"贫三"项目,未重复安排)、10所九年制学校装备网络计算机教室,配备卫星接收系统、多媒体教室、教学光盘播放设备及教学光盘。

3.项目模式二,在全县267所乡镇中心小学和村完全小学设立卫星收视点,配备数字卫星接收系统、计算机、电视机、DVD播放机以及一至六年级所需的教学光盘。

现状六:2002—2007年全县招生和教育教学质量

表12　临洮县近三个学年度中小学在校人数变化情况

学年度	合　计	高(职)中		初　中		小　学	
		人数	比例(%)	人数	比例(%)	人数	比例(%)
2005—2006	102751	12864	12.52	26407	25.7	63480	61.78
2006—2007	98838	12431	12.58	27272	27.59	59135	59.83
2007—2008	97769	16783	17.17	29190	29.86	51796	52.97

表13　城区11所中小学生源情况统计表

年级	在校学生数				学生来源(人数)							
	总计	其中女	户籍类别		洮阳镇				县内其他乡镇		外县、外省	
			城镇	农村	城区内		城区外		小计	其中女	小计	其中女
					小计	其中女	小计	其中女				
一年级	841	391	415	426	521	251	58	27	186	78	76	35
二年级	849	419	464	385	529	266	59	29	180	78	81	46
三年级	862	425	429	433	508	254	69	34	202	96	83	41
四年级	928	429	450	478	562	256	70	28	223	107	73	38
五年级	1033	465	498	535	633	315	46	18	277	97	77	35
六年级	1204	590	568	636	742	381	94	38	282	131	86	40
小计	5717	2719	2824	2893	3495	1723	396	174	1350	587	476	235
七年级	1839	876	614	1225	928	472	223	113	583	240	105	51
八年级	1661	822	629	1032	953	474	139	61	494	246	75	41
九年级	1544	758	573	971	863	460	134	62	502	210	45	26
小计	5044	2456	1816	3228	2744	1406	496	236	1579	696	225	118

续表 13

年级	在校学生数				学生来源(人数)							
	总计	其中女	户籍类别		洮阳镇				县内其他乡镇		外县、外省	
			城镇	农村	城区内		城区外					
					小计	其中女	小计	其中女	小计	其中女	小计	其中女
高一级	2852	1273	551	2301	704	368	225	107	1728	712	195	86
高二级	2228	950	425	1803	509	247	231	122	1311	500	177	81
高三级	2379	998	455	1924	620	300	231	99	1371	530	157	69
小计	7459	3221	1431	6028	1833	915	687	328	4410	1742	529	236
合计	18220	8396	6071	8045	8072	4044	1579	738	7339	3025	1230	589

年级	学生寄宿情况(人数)										城区以外学生所占比例(%)
	校内住宿		校外租住		亲友家住宿		其他		合计		
	小计	其中女	小计	其中女	小计	其中女	小计	其中女	小计	其中女	
一年级	0	0	91	36	20	9	25	12	143	60	38.05
二年级	0	0	170	86	30	14	27	15	235	121	37.69
三年级	0	0	179	82	15	9	16	8	216	103	41.07
四年级	0	0	177	83	36	20	21	10	255	119	39.44
五年级	0	0	186	67	37	16	59	33	297	122	38.72
六年级	0	0	168	91	31	24	16	9	231	135	38.37
小计	0	0	971	445	169	92	164	87	1377	660	38.87
七年级	15	6	400	183	110	57	29	11	542	257	49.54
八年级	20	8	250	121	66	37	19	11	348	177	42.62
九年级	79	35	193	91	67	37	57	25	384	188	44.11
小计	114	49	843	395	243	131	105	47	1274	622	45.6
高一级	1337	643	519	145	124	46	44	23	1969	857	75.32
高二级	964	432	420	138	125	48	53	17	1491	635	77.15
高三级	987	452	415	109	124	59	70	37	1529	657	73.94
小计	3288	1527	1354	392	373	153	167	77	4989	2149	75.43
合计	3402	1576	3168	1232	785	376	436	211	7640	3431	55.7

说明：(1)"在校学生"栏目按实际在校情况统计，"学生来源"栏目依据户籍所在地统计，"学生寄宿情况"栏目指本县户籍的应届生；(2)"城区内"指原洮阳镇所辖的社区(居委会)和村委会；(3)统计对象：临中、二中、文峰中学、洮阳初中、县职中、实验一小、实验二小、南街小学、养正小学、西街小学、北街小学。

2004—2007年各级各类学校招生情况

表14 2004—2007年各初中招生情况统计表

学校名称	2004—2005学年度初一新生成绩 居全县前1000名完成人数			2005—2006学年度初一新生成绩 居全县前1000名完成人数			2006—2007学年度初一新生成绩 居全县前1000名完成人数			前三个学年度初一新生成绩 居全县前1000名人数		
	初一总人数	前1000名人数	比例(%)	初一总人数	前1000名人数	比例(%)	初一总人数	前1000名人数	比例(%)	初一总人数	前1000名人数	比例(%)
临洮中学	285	92	32.5	302	89	29.5	286	95	33.2	873	276	31.6
洮阳初中	612	196	32.0	596	172	28.9	638	174	27.3	1846	542	29.4
文峰中学	345	115	33.3	395	110	27.8	311	99	31.8	1051	324	30.8
临洮二中	108	35	32.4	118	36	30.5	257	107	41.6	483	178	36.9
旭东初中	230	38	16.5	180	26	14.4	278	48	17.3	688	112	16.3
程家铺初中	231	48	20.8	487	118	24.2	443	74	16.7	1161	240	20.7
卧龙初中	195	15	7.7	309	15	4.9	339	17	5.0	843	47	5.6
东廿铺初中	252	25	9.9	253	13	5.1	229	18	7.9	734	56	7.6
西坪初中	217	12	5.5	289	8	2.8	254	8	3.1	760	28	3.7
乡企学校	118	12	10.2	120	71	59.2	42	19	45.2	280	102	36.4
临洮四中	316	41	13.0	344	53	15.4	472	53	11.2	1132	147	13.0
玉井农中	425	26	6.1	471	19	4.0	506	40	7.9	1402	85	6.1
窑店中学	119	22	18.5	213	7	3.3	272	26	9.6	604	55	9.1
临洮三中	182	19	10.4	176	21	11.9	301	8	2.7	659	48	7.3
衙下中学	304	17	5.6	408	21	5.1	501	1	0.2	1213	39	3.2
刘家沟门初中	256	23	9.0	205	20	9.8	350	14	4.0	811	57	7.0
辛店初中	228	18	7.9	321	20	6.2	314	13	4.1	863	51	5.9
连湾初中	240	17	7.1	200	23	11.5	280	11	3.9	720	51	7.1
苟家滩初中	192	13	6.8	223	7	3.1	147	2	1.4	562	22	3.9
杨家庙初中	130	4	3.1	184	8	4.3	206	4	1.9	520	16	3.1
三十墩学校	139	13	9.4	82	15	18.3	125	19	15.2	346	47	13.6
孙梁家初中	112	14	12.5	114	25	21.9	171	11	6.4	397	50	12.6
窑店初中	160	10	6.3	13	56	4.4	190	14	7.4	485	30	6.2
改河初中	205	8	3.9	140	2	1.4	245	3	1.2	590	13	2.2
陈家咀初中	205	16	7.8	220	13	5.9	277	27	9.7	702	56	8.0

学校名称	2004—2005 学年度 初一新生成绩 居全县前 1000 名人数			2005—2006 学年度 初一新生成绩 居全县前 1000 名人数			2006—2007 学年度 初一新生成绩 居全县前 1000 名人数			前三个学年度 初一新生成绩 居全县前 1000 名人数		
	初一总人数	前1000名人数	比例(%)	初一总人数	前1000名人数	比例(%)	初一总人数	前1000名人数	比例(%)	初一总人数	前1000名人数	比例(%)
党家墩初中	130	8	6.2	125	12	9.6	146	5	3.4	401	25	6.2
中铺初中	260	10	3.8	214	17	7.9	222	13	5.9	696	40	5.7
安家咀学校	105	6	5.7	82	6	7.3	225	4	1.8	412	16	3.9
巴下学校	41	3	7.3	51	8	15.7	0	0	0.0	92	11	12.0
水泉学校	68	3	4.4	105	6	5.7	0	0	0.0	173	9	5.2
火石沟学校	49	8	16.3	74	15	20.3	90	14	15.6	213	37	17.4
沿川初中	125	12	9.6	103	17	16.5	112	5	4.5	340	34	10.0
塔湾初中	180	12	6.7	219	10	4.6	314	5	1.6	713	27	3.8
潘家集初中	146	6	4.1	179	3	1.7	270	0	0.0	595	9	1.5
上营初中	230	18	7.8	294	2	0.7	343	1	0.3	867	21	2.4
三甲初中	226	8	3.5	225	3	1.3	301	5	1.7	752	16	2.1
峡口初中	181	11	6.1	144	11	7.6	210	10	4.8	535	32	6.0
漫洼初中	252	15	6.0	229	31	13.5	291	24	8.2	772	70	9.1
站滩初中	144	3	2.1	143	5	3.5	156	5	3.2	443	13	2.9
红旗初中	118	3	2.5	74	3	4.1	219	1	0.5	411	7	1.7
灵石学校	95	4	4.2	81	1	1.2	65	0	0.0	241	5	2.1
欧黄家学校	52	2	3.8	55	7	12.7	58	1	1.7	165	10	6.1
牛家寺学校	103	5	4.9	116	2	1.7	124	0	0.0	343	7	2.0
康家集初中	171	8	4.7	169	18	10.7	251	21	8.4	591	47	8.0
上梁初中	167	7	4.2	113	11	9.7	195	1	0.5	475	19	4.0
北大坪学校	78	3	3.8	111	0	0.0	161	2	1.2	350	5	1.4
赵家咀学校	80	10	12.5	56	11	19.6	108	5	4.6	244	26	10.7
五户初中	67	3	4.5	105	3	2.9	108	1	0.9	280	7	2.5
何家山学校	160	5	3.1	114	14	12.3	138	3	2.2	412	22	5.3
云谷初中	98	5	5.1	108	4	3.7	92	2	2.2	298	11	3.7
何家湾学校	50	3	6.0	95	0	0.0	0	0	0.0	145	3	2.1
职教中心	5	0	0	0	0	0	0	0	0	5	0	0.0
合 计	9187	1030	11.2	9873	1038	10.6	11633	1033	8.7	30793	3201	10.4

表 15　2002—2007 年全县高中招生工作简表

学校	项目		2002年 600分以上322人	2003年 600分以上127人	2004年 600分以上353人	2005年 600分以上257人	项目		2006年 600分以上360人	项目		2007年 700分以上289人
临洮中学	录取线		508.5	488	506	504.5	录取线		500	录取线		599
	招生人数		926	954	992	990	招生人数		853	招生人数		1028
	600分以上	人数	176	79	206	163	600分以上	人数	236	700分以上	人数	244
		%	54.66	62.2	58.36	63.42		%	65.56		%	84.43
	全县前525名	人数	285	273	304	323	全县前800名	人数	448	全县前1000名	人数	690
		%	54.29	52	57.9	61.52		%	56		%	69
	全县前125名	人数	69	74	83	86	全县前200名	人数	133	全县前200名	人数	177
		%	55.2	59.2	66.4	68.8		%	66.5		%	88.5
临洮二中	录取线		526	470	504.6	490	录取线		520	录取线		560
	招生人数		945	960	902	954	招生人数		957	招生人数		900
	600分以上	人数	113	29	122	81	600分以上	人数	96	700分以上	人数	24
		%	35.09	22.83	34.56	31.52		%	26.67		%	8.3
	全县前525名	人数	172	175	180	179	全县前800名	人数	272	全县前1000名	人数	199
		%	32.76	33.33	34.29	34.1		%	34		%	19.9
	全县前125名	人数	48	27	36	35	全县前200名	人数	42	全县前200名	人数	14
		%	38.4	21.6	28.8	28		%	21		%	7
临洮三中	录取线		350	380	350	310	录取线		350	录取线		366
	招生人数		345	445	635	840	招生人数		680	招生人数		770
	600分以上	人数	6	5	6	2	600分以上	人数	8	700分以上	人数	7
		%	1086	3.94	1.7	0.78		%	2.22		%	2.4
	全县前525名	人数	13	13	11	3	全县前800名	人数	15	全县前1000名	人数	21
		%	2.48	2.48	2.1	0.57		%	1.88		%	2.1
	全县前125名	人数	4	5	2	0	全县前200名	人数	5	全县前200名	人数	4
		%	3.2	4	1.6	0		%	2.5		%	2
临洮四中	录取线		465	424	440	413	录取线		415	录取线		420
	招生人数		540	727	782	812	招生人数		770	招生人数		770
	600分以上	人数	16	12	16	10	600分以上	人数	19	700分以上	人数	3
		%	4.97	9.45	4.53	3.89		%	5.28		%	1.04
	全县前525名	人数	36	53	26	21	全县前800名	人数	34	全县前1000名	人数	38
		%	6.86	10.1	4.95	4		%	4.25		%	3.8
	全县前125名	人数	8	12	4	4	全县前200名	人数	13	全县前200名	人数	0
		%	6.4	9.6	3.2	3.2		%	6.5		%	0

续表 15

学校	项目		2002年600分以上322人	2003年600分以上127人	2004年600分以上353人	2005年600分以上257人	项目		2006年600分以上360人	项目		2007年700分以上289人
衔下中学	录取线			300	300	310	录取线		325	录取线		300
	招生人数			147	206	207	招生人数		153	招生人数		220
	600分以上	人数	8	0	1	0	600分以上	人数	0	700分以上	人数	0
		%	2.48	0	0.28	0		%	0		%	0
	全县前525名	人数	12	5	3	0	全县前800名	人数	4	全县前1000名	人数	1
		%	2.29	0.95	0.57	0		%	0.5		%	1
	全县前125名	人数	2	0	1	0	全县前200名	人数	0	全县前200名	人数	0
		%	.6	0	0.8	0		%	0		%	0
窑店中学	录取线		350	350	330	300	录取线		312	录取线		300
	招生人数		100	110	220	224	招生人数		161	招生人数		220
	600分以上	人数	0	1	0	1	600分以上	人数	0	700分以上	人数	1
		%	0	0.78	0	1.56		%	0		%	0.35
	全县前525名	人数	0	4	1	4	全县前800名	人数	1	全县前1000名	人数	3
		%	0	0.76	0.19	0.76		%	0.13		%	0.3
	全县前125名	人数	0	1	0	0	全县前200名	人数	0	全县前200名	人数	0
		%	0	0.8	0	0		%	0		%	0
文峰中学	录取线						录取线			录取线		532.8
	招生人数						招生人数			招生人数		300
	600分以上	人数					600分以上	人数		700分以上	人数	8
		%						%			%	2.77
	全县前525名	人数					全县前800名	人数		全县前1000名	人数	51
		%						%			%	5.1
	全县前125名	人数					全县前200名	人数		全县前200名	人数	6
		%						%			%	3
		%						%			%	0
合计	招生人数		2856	3482	4065	4968	招生人数		4765	招生人数		6208

表 16 2007—2008 年定西市中等职业教育招生情况

县区	初中毕业生	中职招生计划	生源分布									
			实际完成招生	本县区中职	定西市电大	定西市卫校	临洮农校	定西市体校	陇西职专	定西职专	市机电学校
定西市	57493	16000	18807	13966	271	1238	1612	39	1134	239	308
临洮县	8913	2800	3279	2395	19	90	686	5	1	33	
安定区	12296	3400	4096	3655	177	196	44	11	13		
通渭县	10323	2800	2060	1705	20	127	146	3	27	10	22
陇西县	9565	2800	3327	1951	20	123	12	2	1048		171
渭源县	6474	1700	2413	1960	6	148	116	2	26	102	53
漳县	3746	1000	1327	1086	8	119	38	6	8	47	15
岷县	6176	1500	1522	1214	1	150	87	9	11	47	3
市外生源			789		20	285	483	1			

2002—2007 年全县高考情况

表 17 2002—2007 年定西市高考情况简表

项目			2002 年 总数	名次	2003 年 总数	名次	2004 年 总数	名次	2005 年 总数	名次	2006 年 总数	名次	2007 年 总数	名次
临洮县	报名情况	人数	2275	3	2615	3	3076	3	4059	3	5008	3	5433	2
		增长率%			14.95	4	17.63	3	31.96	2	23.38	3	8.49	4
	重点上线	人数	99	3	66	3	99	3	91	3	180	3	136	3
		%	4.35	3	2.52	4	3.22	3	2.24	5	3.59	3	2.5	4
	本科以上上线	人数	325	3	378	3	480	3	525	3	660	3	734	3
		%	14.29	3	14.46	4	15.6	3	12.9	5	13.18	3	13.51	3
安定区	报名情况	人数	3410	1	4086	1	4242	1	5985	1	7208	1	8746	1
		增长率%			19.82	1	3.82	5	41.09	1	20.43	4	21.34	1
	重点上线	人数	204	1	180	1	225	2	263	1	363	1	414	1
		%	5.98	2	4.41	2	5.3	2	4.39	2	5.04	1	4.73	2
	本科以上上线	人数	519	2	661	1	712	2	1061	1	1380	1	1582	1
		%	15.22	2	16.18	2	16.79	2	17.73	2	19.15	2	18.09	2
陇西县	报名情况	人数	2496	2	2922	2	3634	2	4541	2	5172	2	5367	3
		增长率%			17.07	2	24.37	2	24.96	4	13.9	5	3.77	5
	重点上线	人数	169	2	166	2	294	1	213	2	241	2	256	2
		%	6.77	1	5.68	1	8.09	1	4.69	1	4.66	2	4.77	1
	本科以上上线	人数	529	1	647	2	1050	1	1010	2	1204	2	1182	2
		%	21.19	1	22.14	1	28.89	1	22.24	1	23.28	1	22.02	1
通渭县	报名情况	人数	1839	4	2118	4	2870	4	3177	4	3972	4	4547	4
		增长率%			15.17	3	35.51	1	10.7	5	25.02	2	14.48	2
	重点上线	人数	53	5	48	5	87	4	81	5	76	4	81	5
		%	2.88	5	2.27	5	3.03	4	2.55	4	1.91	5	1.78	5
	本科以上上线	人数	164	5	211	5	439	4	424	4	489	4	465	4
		%	8.92	5	9.96	5	15.3	4	13.3	4	12.31	4	10.23	5
渭源县	报名情况	人数	1505	5	1588	5	1875	5	2460	5	3090	5	3396	5
		增长率%			5.51	5	18.07	4	31.2	5	25.61	1	9.9	3
	重点上线	人数	60	4	58	4	56	5	71	5	67	5	87	4
		%	3.99	4	3.65	3	2.99	5	2.89	3	2.17	4	2.56	3
	本科以上上线	人数	186	4	253	4	257	5	341	5	361	5	401	5
		%	12.36	4	15.93	3	13.71	5	13.86	3	11.68	5	11.81	4
定西市	报名情况	人数	12486		14529		17062		22044		26734		30335	
		增长率%			16.36		17.43		29.2		21.28		13.47	
	重点上线	人数	624		548		794		757		958		1030	
		%	5		3.77		4.65		3.43		3.58		3.4	
	本科以上上线	人数	1839		2255		3106		3514		4246		4596	
		%	14.73		15.52		18.2		15.94		15.88		15.15	

表 18　2002—2007 年全县 9 所中学高考应、补习生本科以上上线情况简表

项目			2002 年		2003 年		2004 年		2005 年		2006 年		2007 年	
			总数	名次	总数	名次	总数	名次	总数	名次	总数	名次	总数	名次
临洮中学	本科以上上线	人数	190	1	192	1	194	1	235	1	355	1	403	1
		%	23.8	1	21.3	1	23.5	1	19.5	2	25.6	1	34.4	1
	补习生上线	人数			111	1	84	2	102	2	161	1	240	1
		%			23.6	1	28	1	26	2	28.7	1	29.9	1
	应届生上线	人数			81	1	110	1	133	1	194	1	163	1
		%			18.8	1	20.3	1	16.3	1	23.4	1	19.1	1
临洮二中	本科以上上线	人数	94	2	118	2	179	2	195	2	176	2	221	2
		%	11.7	2	13.9	2	18.3	2	15.5	3	12.6	2	15.5	3
	补习生上线	人数			66	2	85	1	110	1	118	2	115	2
		%			18.2	2	22.3	2	26.8	1	22.7	2	20.7	2
	应届生上线	人数			52	2	94	2	85	2	58	2	106	2
		%			10.7	2	15.8	2	10	3	6.59	2	12.2	2
临洮三中	本科以上上线	人数	10	4	15	4	26	4	27	4	36	4	25	4
		%	4.95	4	6.58	4	9.12	4	6.21	5	6.79	3	4.05	6
	补习生上线	人数			8	4	19	4	12	4	27	4	20	4
		%			6.78	4	17.6	3	7.19	5	12.9	3	9.39	6
	应届生上线	人数			7	4	7	4	15	4	9	4	5	3
		%			6.36	4	3.95	4	5.6	4	2.81	5	1.23	5
临洮四中	本科以上上线	人数	30	3	43	3	74	3	55	3	63	3	47	3
		%	8.11	3	8.78	3	10.5	3	6.87	4	6.69	4	5.18	5
	补习生上线	人数			24	3	39	3	36	3	41	3	42	3
		%			11.4	3	13	4	11.2	4	12.5	4	14.7	4
	应届生上线	人数			19	3	35	3	19	3	22	3	5	3
		%			6.79	3	8.62	3	3.97	5	3.58	3	0.8	6
窑店中学	本科以上上线	人数	0	6	2	5	2	6	1	6	6	5	4	7
		%	0	6	3.03	6	2.3	6	0.92	7	4.51	5	2.31	8
	补习生上线	人数			1	6	0	6	1	6	2	6	4	6
		%			2.56	6	0	6	3.45	7	4.17	6	6.25	8
	应届生上线	人数			1	5	2	6	0		4	5	0	6
		%			3.7	5	3.57	5	0	7	4.71	7	0	7

项目			2002年		2003年		2004年		2005年		2006年		2007年	
			总数	名次	总数	名次	总数	名次	总数	名次	总数	名次	总数	名次
衙下中学	本科以上上线	人数	2	5	2	5	5	5	4	5	4	6	6	6
		%	5.13	5	3.17	5	5	5	2.84	6	2.6	6	3.51	7
	补习生上线	人数			2	5	3	5	3	5	3	5	3	8
		%			6.45	5	7.69	5	5.77	6	5.08	5	6.38	7
	应届生上线	人数			0	6	2	5	1	5	1	6	3	4
		%			0	6	3.28	6	1.12	6	1.05	6	2.42	4
文峰中学	本科以上上线	人数											16	5
		%											17	2
	补习生上线	人数											16	5
		%											17	3
	应届生上线	人数											0	6
		%											0	7
玉井一中	本科以上上线	人数											2	8
		%											1.3	9
	补习生上线	人数											1	9
		%											2.13	9
	应届生上线	人数											1	5
		%											3.7	3
职教中心	本科以上上线	人数							4	5	0	7	6	6
		%							26.7	1	0	7	12.8	4
	补习生上线	人数							3	5	0	7	6	6
		%							15	3	0	7	12.8	5
	应届生上线	人数							1	5	0	7	0	6
		%							11.1	2	0	7	0	7

表 19　2005—2007 年全县中考情况

学校名称	2007—2008 学年度初三新生成绩居全县前 1000 名人数			前三年学年度中考成绩居全县前 1000 名人数			2004—2005 成绩学年度中考居全县前 1000 名人数			2005—2006 成绩学年度中考居全县前 1000 名人数			2006—2007 成绩学年度中考居全县前 1000 名人数		
	初三总人数	前1000名人数	比例(%)	初三总人数	前1000名人数	比例(%)	初三总人数	前1000名人数	比例(%)	初三总人数	前1000名人数	比例(%)	初三总人数	前1000名人数	比例(%)
临洮中学	332	106	32%	74	28	37.8	0	0	0.0	0	0	0.0	74	28	37.84
洮阳初中	616	197	32%	2648	876	33.1	928	308	33.2	911	274	30.1	809	294	36.34
文峰中学	317	101	32%	422	131	31.0	0	0	0.0	0	0	0.0	422	131	31.04
临洮二中	119	38	32%	700	176	25.1	363	99	27.3	337	77	22.8	0	0	0
旭东初中	224	56	25%	739	170	23.0	263	52	19.8	231	61	26.4	245	57	23.27
程家铺初中	205	47	23%	732	139	19.0	240	44	18.3	227	57	25.1	265	38	14.34
卧龙初中	189	28	15%	582	105	18.0	209	43	20.6	190	41	21.6	183	21	11.48
东甘铺初中	195	23	12%	478	68	14.2	156	26	16.7	155	20	12.9	167	22	13.17
西坪初中	169	24	14%	557	72	12.9	183	25	13.7	162	28	17.3	212	19	8.96
乡企学校	分流			256	25	9.8	134	10	7.5	36	5	13.9	86	10	11.63
临洮四中	267	30	11%	1119	107	9.6	415	26	6.3	365	45	12.3	339	36	10.62
玉井农中	331	26	8%	715	67	9.4	305	12	3.9	92	35	38.0	318	20	6.29
窑店中学	99	10	10%	333	30	9.0	129	13	10.1	87	8	9.2	117	9	7.69
临洮三中	190	17	9%	644	45	7.0	223	7	3.1	193	16	8.3	228	22	9.65
衙下中学	216	17	8%	572	38	6.6	217	6	2.8	187	20	10.7	168	12	7.14
刘家沟门初中	209	21	10%	685	44	6.4	251	11	4.4	233	17	7.3	201	16	7.96
辛店初中	194	23	12%	620	34	5.5	209	10	4.8	198	9	4.5	213	15	7.04
连湾初中	197	16	8%	535	69	12.9	202	39	19.3	161	24	14.9	172	6	3.49
苟家滩初中	159	13	8%	364	37	10.2	103	6	5.8	123	16	13.0	138	15	10.87
杨家庙初中	100	6	6%	291	29	10.0	116	15	12.9	99	12	12.1	76	2	2.63
三十墩学校	131	10	8%	401	37	9.2	123	11	8.9	136	13	9.6	142	13	9.15
孙梁家初中	105	8	8%	361	32	8.9	140	8	5.7	101	7	6.9	120	17	14.17
窑店初中	122	6	5%	479	41	8.6	164	22	13.4	162	13	8.0	153	6	3.92
改河初中	126	10	8%	509	41	8.1	170	8	4.7	186	20	10.8	153	13	8.5
陈家咀初中	178	14	8%	475	37	7.8	219	12	5.5	118	15	12.7	138	10	7.25
党家墩初中	99	8	8%	244	19	7.8	124	7	5.6	42	0	0.0	78	12	15.38

学校名称	2007—2008 学年度初三新生成绩居全县前 1000 名人数			前三年成绩学年度中考居全县前 1000 名人数			2004—2005 成绩学年度中考居全县前 1000 名人数			2005—2006 成绩学年度中考居全县前 1000 名人数			2006—2007 成绩学年度中考居全县前 1000 名人数		
	初三总人数	前1000名人数	%	初三总人数	前1000名人数	%	初三总人数	前1000名人数	%	初三总人数	前1000名人数	%	初三总人数	前1000名人数	%
中铺初中	192	8	4%	547	16	2.9	220	9	4.1	174	4	2.3	153	3	1.96
安家咀学校	103	2	2%	343	9	2.6	155	5	3.2	103	3	2.9	85	1	1.18
巴下学校	39	2	5%	139	0	0.0	53	0	0.0	42	0	0.0	44	0	0
水泉学校	35	2	5%	138	0	0.0	88	0	0.0	0	0	0.0	50	0	0
火石沟学校	47	5	10%	157	30	19.1	61	11	18.0	44	9	20.5	52	10	19.23
沿川初中	103	10	10%	198	24	12.1	90	6	6.7	52	8	15.4	56	10	17.86
塔湾初中	119	8	7%	455	45	9.9	162	18	11.1	146	16	11.0	147	11	7.48
潘家集初中	99	7	7%	315	30	9.5	99	12	12.1	101	7	6.9	115	11	9.57
上营初中	216	15	7%	567	39	6.9	206	4	1.9	194	13	6.7	167	22	13.17
三甲初中	172	10	6%	564	37	6.6	217	12	5.5	177	18	10.2	170	7	4.12
峡口初中	175	12	7%	406	26	6.4	155	7	4.5	126	4	3.2	125	15	12
漫洼初中	204	8	4%	597	37	6.2	216	16	7.4	203	16	7.9	178	5	2.81
站滩初中	111	3	3%	594	36	6.1	202	20	9.9	208	8	3.8	184	8	4.35
红旗初中	89	3	3%	374	21	5.6	131	8	6.1	134	9	6.7	109	4	3.67
灵石学校	88	5	6%	177	9	5.1	74	3	4.1	45	2	4.4	58	4	6.9
欧黄家学校	49	1	3%	165	5	3.0	64	2	3.1	54	3	5.6	47	0	0
牛家寺学校	73	6	8%	150	23	15.3	56	9	16.1	48	8	16.7	46	6	13.04
康家集初中	128	6	5%	352	30	8.5	149	19	12.8	109	8	7.3	94	3	3.19
上梁初中	126	8	6%	290	23	7.9	98	5	5.1	104	8	7.7	88	10	11.36
北大坪学校	76	3	4%	229	17	7.4	78	7	9.0	69	6	8.7	82	4	4.88
赵家咀学校	70	4	6%	125	7	5.6	45	1	2.2	36	1	2.8	44	5	11.36
五户初中	56	3	5%	181	9	5.0	53	2	3.8	66	4	6.1	62	3	4.84
何家山学校	130	7	5%	282	14	5.0	86	5	5.8	89	4	4.5	107	5	4.67
云谷初中	83	4	5%	296	14	4.7	107	5	4.7	97	2	2.1	92	7	7.61
何家湾学校	37	2	5%	188	8	4.3	91	0	0.0	62	8	12.9	35	0	0
职教中心	16	0	0%	502	0	0.0	37	0	0.0	23	0	0.0	442	0	0
合计	7725	1000	13%	23866	3008	12.6	8579	1006	11.7	7238	1002	13.8	8049	1000	12.4

表 20 2005—2007 年全县小学毕业检测工作情况

学区名称	2004—2005 学年度				2005—2006 学年度				2006—2007 学年度				三年平均值				2007—2008 学年度测算			
	前3000名完成人数	学区毕业人数	占学区毕业人数比率%	占全县3000名比率%	前3000名完成人数	学区毕业人数	占学区毕业人数比率%	占全县前3000名比率%	前3000名完成人数	学区毕业人数	占学区毕业人数比率%	占全县前3000名比率%	前3000名完成平均人数	学区毕业平均人数	占学区毕业人数比率%	前三年完成平均率%	前3000名人数	学区毕业人数	占学区毕业人数比率%	占全县3000名比率%
全县	3000	8572	35.0	100	3053	9495	32.15	101.77	3031	11461	26.45	101.03	3028	9843	30.76	100.93	3000	12877	23.30	100
洮阳学区	1200	1809	66.3	40.	1017	2080	48.89	33.90	1173	2221	52.81	39.10	1130	2037	55.47	37.67	1131	2277	49.67	37.7
八里铺学区	240	533	45.0	8.00	370	612	60.46	12.33	344	710	48.45	11.47	318	618	51.46	10.60	318	732	43.44	10.6
新添学区	265	712	37.2	8.83	343	730	46.99	11.43	356	1025	34.73	11.87	321	822	39.09	10.71	321	1085	29.59	10.7
辛店学区	122	513	23.8	4.07	158	605	26.12	5.27	107	774	13.82	3.57	129	631	20.44	4.30	129	865	14.91	4.3
太石学区	95	484	19.6	3.17	161	501	32.14	5.37	103	679	15.17	3.43	120	555	21.56	3.99	120	772	15.54	4
中铺学区	45	302	14.9	1.50	88	310	28.39	2.93	65	355	18.31	2.17	66	322	20.50	2.20	66	438	15.07	2.2
红旗学区	30	235	12.8	1.00	16	250	6.40	0.53	14	248	5.65	0.47	20	244	8.20	0.67	21	333	6.31	0.7
峡口学区	90	284	31.7	3.00	72	268	26.87	2.40	68	353	19.26	2.27	77	302	25.39	2.56	78	386	20.21	2.6
上营学区	45	277	16.2	1.50	43	285	15.09	1.43	27	398	6.78	0.90	38	320	11.98	1.28	39	460	8.48	1.3
龙门学区	170	433	39.3	5.67	84	421	19.95	2.80	119	519	22.93	3.97	124	458	27.15	4.14	123	629	19.55	4.1
窑店学区	75	329	22.8	2.50	53	378	14.02	1.77	111	540	20.56	3.70	80	416	19.15	2.66	81	579	13.99	2.7
康家集学区	35	226	15.5	1.17	85	243	34.98	2.83	101	355	28.45	3.37	74	275	26.79	2.46	75	403	18.61	2.5
玉井学区	175	648	27.0	5.83	141	681	20.70	4.70	189	792	23.86	6.30	168	707	23.81	5.61	168	867	19.38	5.6
衙下学区	190	668	28.4	6.33	187	928	20.15	6.23	43	997	4.31	1.43	140	864	16.20	4.67	141	1136	12.41	4.7
南屏学区	105	427	24.6	3.50	48	475	10.11	1.60	55	583	9.43	1.83	69	495	14.01	2.31	69	787	8.77	2.3
连湾学区	42	239	17.6	1.40	75	247	30.36	2.50	45	389	11.57	1.50	54	291	18.56	1.80	54	433	12.47	1.8
站滩学区	55	208	26.4	1.83	44	250	17.60	1.47	33	247	13.36	1.10	44	235	18.72	1.47	45	368	12.23	1.5
漫洼学区	21	245	8.6	0.70	68	231	29.44	2.27	78	276	28.26	2.60	56	250	22.27	1.86	57	327	17.43	1.9

探索与实践

探索一:在社会主义市场经济条件下,遵循现代教育规律,探索符合临洮县情的、适合人的自身成长规律的基础教育发展模式和途径至为重要。

探索二:在知识经济、信息时代背景下,党和国家各级政府高度重视、大力支持教育事业发展,办学经费基本实现国家保障,社会热情期望教育发展成果,探索在新的形势下,教育战线如何适应、应对和落实"教育优先"发展战略,理解和执行"今天的人才就是明天的经济"的理念,以什么样的角色积极主动参与到构建终身学习社会的活动中去,以什么样的理念来办好现代教育事业尤为关键。

探索三:以 2010 年甘肃省实施普通高中新课程改革为标志,我县小学、初中、高中教育整体全面进入新课改阶段,教育教学活动势必发生重大变化,探索县级教育行政部门和学校校长、全体管理人员、广大教师的思维、能力、水平和状态,勇敢地承担起时代赋予的责任,如何秉承新课改理念,执行新课改要求,实现新课改目标,完成新课改课程任务,培养新课改下成长起来的建设国家、建设家乡的一代新人迫在眉睫。

探索四:在县委、县政府的正确领导和高度重视下,临洮教育基础条件得到了有效改善,教师队伍扩编增人,师生比接近全国平均水平,生均建筑面积基本达到标准,教育信息技术基本实现现代化,出现了浓浓的现代教育气息,探索在新的条件下,临洮教育发展思路和模式,提升基础教育质量,为各级各类学校保障优质生源需要深思熟虑。

针对以上思考,临洮教育在近五年来的实践中做了以下工作:

实践一:全县义务教育布局调整规划基本确定,并取得了实质性进展。积极开展了教育布局调查论证工作,县教育局制定了《临洮县义务教育布局调整草案》,秋季开学以来,经过各学区、各学校的积极努力,经 2007 年 11 月 1 日县政府第九次常务会议同意批准,已撤销小学 5 所、村学 47 所,撤销完全小学、改制为初级小学 22 所,村学更名为初级小学59 所,撤销初中、小学各 1 所,合并为九年制学校 1 所,撤销中职学校初中部教学点、小学各 1 所,合并为九年制学校 1 所,撤销职业初中,改制为九年制学校 1 所,撤销九年制学校,改制为完全小学 1 所,何家湾、水泉、巴下 3 所九年制学校顺利实现初中停招,县乡镇企业学校顺利完成了职中、初中教师学生分流;完成了全县义务教育监测统计上报工作,为进一步推进义务教育发展奠定了基础。这成为临洮教育工作的第一个亮点。

实践二:全县高中教育规划到位,高中扩招工作取得了重大成绩。2007 年文峰中学建设方案在县政府第二次常务会议上通过,标志着未来城区高中招生规模将达到平行级 56个教学班,占全县高中平行班级总数 82 个的 68.29%,将会强劲优化高中教育资源,为实现2010 年或者 2012 年左右高考本科以上上线突破千人大关奠定了扎实基础。2007 年普通高中高一新生入学率 54.57%。这是临洮教育的亮点之二。

实践三:全县职教发展取得重大突破,招生就业实现了两旺趋势。紧紧抓住国家重视发展职业教育和初中高峰期到来的机遇期,扩大招生规模,2007 年职业中学招生 2618 人,比上年 1717 人增加 901 人,取得了重大突破。全县高中阶段入学率达到 86.9%,除临洮农校招生外,完职中入学率达到 80.12%,分别比上年提高 18.84 个和 12.08 个百分点,职普学生比为 0.55:1，有力地支撑了临洮整体人口素质的不断提升。这是临洮教育的亮点之三。

实践四：全县高中、职中、初中、小学教育结构发生重大变化，持续、协调、健康发展势头强劲。完成 2007 年布局调整既定任务后，高(职)中教育、初中教育、小学教育、幼儿教育学校结构由 2000 年的 2.3:7.3:89.2:1.2 调整到了 2.99:8.74:84.86:3.41；全县在校人数 10.78 万人，学生结构由 2000 年的 4.9:22.1:61.3:11.7 调整到了 16.15:27.71:49.84:6.3，在校中学生与小学生(幼儿)比例由 2000 年的 27:73 调整到 44:56。这是临洮教育的亮点之四。

实践五：全县校长队伍、教师队伍建设有了实质性进展，教师成长作为最重要内容列入了教育工作日程。成功举办了全县第一期中小学校长研修班和全县普通高中教师新课程改革通识培训班，为高中新课程改革学科培训、初中和小学教师学科培训及复式班教学培训做了充分准备，标志着教师专业建设迈上了良性轨道。这是临洮教育的亮点之五。

实践六：全县教育督导、基础教育、科研创新与学年度考核融为一体的督查活动，创新了教育教学管理新途径。2007 年 5 月份以来，县教育局组织督导室、教育股、教研所和高中校长、部分初中和小学校长、行政股室人员组成专家督查组，每学期集中时间，通过听课评课、检查作业教案和管理档案、召开师生座谈会、问卷调查等形式，深入开展教育教学督查和学年度学校工作综合考核，形成了全面监控和督查机制，保证了教育教学常规的落实。这是临洮教育的亮点之六。

实践七：全县办学保障能力有了实质性改善，教育经费和教学条件逐步适应教育发展需求。农村义务教育经费保障机制改革顺利实施，国家教育项目有效实施，为义务教育阶段学校发展提供了切实保障。特别是教育信息化方面，国家农村现代远程教育工程项目建设全面完成，覆盖义务教育阶段学校共 311 所，其中"模式二"项目校 267 所，"模式三"项目校 44 所，受益中小学生 8.6 万多名。这是临洮教育的亮点之七。

实践八：初步形成了对学校的考核评价体系。实施 100 所学校成名和 100 名校长成长计划，将 10 所完职中、29 所独立初中、12 所九年制学校和 53 所教研示范创新小学适时纳入监控范围，全面进行教学质量分析，带动、帮助薄弱学校发展；对近三年小学教育小学毕业检测前 3000 名指标、小学毕业检测前 3000 名在初中和中考前 1000 名、前 3000 名在高中教育阶段成长过程进行跟踪，纳入初中和高中教学质量考核范围。这是临洮教育的亮点之八。

同时，**根据三年前入学时各校生源情况，结合学校近三年完成情况，分解下达教育教学目标管理责任书指标，从"普九"工作、师德师风、学校安全、治理乱收费、教学常规、教学管理、教学研究、教学质量等多方面进行教育教学过程性评价和教学任务终结性评价，协调和密切了全县基础教育各级各类学校之间的内在关系，既分工负责完成不同阶段的教学任务，又相互关联为上一级教学单位输送了优质生源，为高考工作奠定了较好基础。**

思路与措施

思路一：把全县教育工作重心适时转移到集中精力狠抓教育教学质量上来，实现临洮教育向兰州教育逐步接近的重大转变。**继续解放思想，坚持实事求是，认真贯彻落实科学发展观，把思想认识统一到狠抓教育教学质量上来，把实践过程统一到狠抓教育教学质量**

上来,把工作力量集中到狠抓教育教学质量上来,把财力、物力集中到狠抓教育教学质量上来,把工作热情引导到狠抓教育教学质量上来,学习和借鉴省内外基础教育发展经验和成功做法,认准和把握临洮教育县情,不断理清发展思路,从发展战略、目标方向、办学理念、资源优化、治校方略、管理方式、教育教学、教育科研、教师成长、方法过程、评价考核、考试机制和教材选用等方方面面,搭建与兰州市、城关区、七里河区教育行政部门和中小学互动的平台,加速实现临洮教育向兰州教育逐步接近的重大转变。加强学前教育管理,提升义务教育水平,狠抓高中教育质量,大力发展职业教育,保持健康、快速、持续、协调发展,把高中、初中和小学学生年流失率控制在5%、3%和1%以内,为各级各类学校培养更多的优质生源,力争3~5年实现全县高考本科上线突破1000人大关既定目标,为临洮教育"重振雄风、再创辉煌"奠定扎实基础。

思路二:持续不断地大力调整全县中小学布局,实现把"高中教育办到城区,初中教育集中到川区,高级小学布局中心区域,初级小学布满乡村"的目标。

1.高中阶段教育,到2013年以城区临洮中学、临洮县第二中学、临洮县文峰中学为主体,以临洮县第三中学、临洮县第四中学为辅助,基本优化高中教育资源,规划招生4800人,占当年初中毕业生(四年级)9293人的51.65%,把临洮中学打造成为名副其实的"县中"。怎样才能成为"县中"?我认为应具备三个条件:一是必须拥有全县60%的优秀教师、聚集70%的优质生源、完成65%的高考任务,二是成为临洮各类优秀人才成长的摇篮,三是成为临洮文化继承、传播、发扬和发展的基地!职业教育以临洮县职业中学为龙头,以临洮县玉井农职业中学为辅助,规划招生3600人,占当年初中毕业生的38.74%,高中阶段入学率达到89.44%,职普学生比例达到0.75:1。

表21 2008年全县高考工作目标管理指导指标

项目			2005年高考本科以上上线	2006年高考本科以上上线	2007年高考本科以上上线	三年合计	2007年指导指标	2008年指导指标	2008年高三(应·补)人数	2005年高一招生前800名	2005年全县占比	2006年高一招生前900名	2006年全县占比	2007年高一招生前1000名
临洮中学	本科以上上线	人数	235	355	403	993	452	505	1867					
		%	19.49	25.56	24.35	23.13	29.87	26.52						
	补习生上线	人数	102	161	240	503	244	287	784					
		%	26.02	28.7	29.93	28.22	38.98	36.61						
	应届生上线	人数	133	194	163	490	208	218	1083	478	59.3	488	54.22	679
		%	16.34	23.43	19.11	19.63	23.45	19.46						
临洮二中	本科以上上线	人数	195	176	221	589	194	221	1601					
		%	15.49	12.58	15.52	14.53	13.84	12.78						
	补习生上线	人数	110	118	115	343	91	106	550					
		%	26.83	22.74	20.72	23.43	18.35	16.31						
	应届生上线	人数	85	58	106	249	103	115	1047	278	34.5	344	38.22	209
		%	10.01	6.59	12.2	9.6	11.37	10.66						

续表21

项目			2005年高考本科以上上线	2006年高考本科以上上线	2007年高考本科以上上线	三年合计	2007年指导指标	2008年指导指标	2008年高三(应、补)人数	2005年高一招生前800名	2005年全县占比	2006年高一招生前900名	2006年全县占比	2007年高一招生前1000名
临洮三中	本科以上上线	人数	27	36	25	88	23	36	848					
		%	6.21	6.79	4.05	5.68	3.42	3.63						
	补习生上线	人数	12	27	20	59	12	30	194					
		%	7.19	12.86	9.39	9.81	7.5	15.46						
	应届生上线	人数	15	9	5	29	11	6	654	9	1.1	18	2.00	22
		%	5.6	2.81	1.23	3.21	2.15	0.75						
临洮四中	本科以上上线	人数	55	63	47	165	54	43	976					
		%	6.87	6.69	5.18	6.25	6.03	3.69						
	补习生上线	人数	36	41	42	119	31	27	229					
		%	11.18	12.54	14.74	12.82	13.96	11.79						
	应届生上线	人数	19	22	5	46	23	16	747	36	4.47	47	5.22	34
		%	3.97	3.58	0.8	2.78	3.41	1.71						
窑店中学	本科以上上线	人数	1	6	4	11	4	6	165					
		%	0.92	4.51	2.31	2.58	2.92	2.41						
	补习生上线	人数	1	2	4	7	3	2	42					
		%	3.45	4.17	6.25	4.62	6.67	4.76						
	应届生上线	人数	0	4	0	4	1	4	123	4	0.5	1	0.11	3
		%	0	4.71	0	1.57	0.79	1.93						
衙下中学	本科以上上线	人数	4	4	6	14	5	6	159					
		%	2.84	2.6	3.51	2.98	2.34	2.51						
	补习生上线	人数	3	3	3	9	4	4	51					
		%	5.77	5.08	6.38	5.74	12.9	7.69						
	应届生上线	人数	1	1	3	5	1	2	108	0	0	5	0.56	1
		%	1.12	1.05	2.42	1.53	0.71	1.07						
文峰中学	本科以上上线	人数			16			12	139					
		%			17.02		7.14	8.63						
	补习生上线	人数			16		6	12	139					
		%			17.02		7.14	8.63						
	应届生上线	人数			0				0					
		%			0				0					52

项目			2005年高考本科以上上线	2006年高考本科以上上线	2007年高考本科以上上线	三年合计	2007年指导指标	2008年指导指标	2008年高三(应、补)人数	2005年高一招生前800名	2005年全县占比	2006年高一招生前900名	2006年全县占比	2007年高一招生前1000名
玉井农中	本科以上上线	人数			2		1	2	84					
		%			1.3		1.02	0.63						
	补习生上线	人数			1				0					
		%			2.13									
	应届生上线	人数		1	2	2	1	2	84	0		0		
		%			3.7	1.2	1.02	0.63						
职教中心	本科以上上线	人数	4	0	6		6	4						
		%	26.67	0	12.77									
	补习生上线	人数	3	0	6			4						
		%	15	0	12.77									
	应届生上线	人数	1	0	0									
		%	11.11	0	0									
全县	本科以上上线	人数	525	660	734	1919	745	835	5835	805	100.00	900	100.00	1000
		%	12.93	13.18	13.51	13.21	14.19	12.47						
	补习生上线	人数	268	365	451	1084	397	472	1989					
		%	18.38	20.07	19.01	19.15	21.09	22.98						
	应届生上线	人数	257	295	283	835	348	363	3846					
		%	9.88	9.25	8.89	9.34	10.34	7.81						

2.初中教育,到2013年以完全中学初中部、乡镇政府所在地和城郊区初中为主体,即洮阳初中、临洮县文峰中学、临洮县玉井农职业中学、临洮中学、临洮县第四中学、临洮县衙下中学、程家铺初中、临洮县第三中学、卧龙学校、上营初中、旭东初中、刘家沟门初中、连湾初中、辛店初中、漫洼初中、改河初中、东甘铺初中、三甲初中、西坪初中、临洮县第二中学、峡口初中、中铺初中、康家集初中、苟家滩初中、潘家集初中、临洮县窑店中学、站滩初中、红旗初中28所学校,加大保障力度,强化寄宿功能,优化资源配置,吸引优质生源,创办优质初中;其余24所初中和九年制学校逐步过度和改制为寄宿制高级小学或完全小学。

表22 全县28所教研创新示范性初中(部)基本情况分析统计表

项 目	班级数					学生数					补习生	平均班额
	合计	一年级	二年级	三年级	补习班	合计	其中女	一年级	二年级	三年级		
临洮县	586	214	193	179		29190	14166	11999	9068	8123		
28所合计	430	158	141	131		21793	10796	8764	6928	6101		
%	73.38	73.83	73.06	73.18		74.66	76.21	75.5	76.4	75.1		

项 目	教职工数			专任教师职称情况						
	合计	公派	代理	合计	其中女	中学高级	中学一级	中学二级	中学三级	未评
临洮县	2798	2726	72	2488	1011	126	690	859	84	729
28所合计	2255	2223	32	2015	838	117	591	688	43	576
%	80.59	81.55	44.44	80.99	82.89	92.86	85.65	80.1	51.2	79

项 目	占地面积	建筑面积	生均面积	危房面积	固定资产
临洮县	852110	249279		10392	17712.09
28所合计	628589	190390		6651	13059.81
%	73.77	76.38		64	73.73

表23 临洮县2008—2013年24所初中(部)区划调整草案

初中名称	招生小学数	2007—2008学年(度)在校人数		2008—2013学年度预计在校人数				
		预计	当年年报统计	2008—2009	2009—2010	2010—2011	2011—2012	2012—2013
塔湾初中	17	689	620	695	989	945	792	628
上梁初中	13	499	450	484	595	580	560	498
杨家庙初中	6	516	470	543	680	652	546	406
陈家咀初中	7	704	649	698	776	648	481	396
窑店初中	9	504	466	521	640	597	489	363
安家咀学校	6	429	381	438	667	580	446	333
党家墩初中	8	391	318	400	460	424	359	296
牛家寺学校	4	356	341	366	405	412	361	293
孙梁家初中	4	455	466	449	485	441	378	290
沿川初中	6	334	324	354	382	382	336	285

续表 23

初中名称	招生小学数	2007—2008 学年（度）在校人数		2008—2013 学年度预计在校人数				
		预计	当年年报统计	2008—2009	2009—2010	2010—2011	2011—2012	2012—2013
北大坪学校	6	320	306	322	477	425	344	279
云谷初中	9	278	282	306	345	337	293	241
五户初中	7	242	193	249	309	300	268	241
赵家咀学校	7	265	256	302	389	389	314	240
何家山学校	12	419	369	428	401	342	266	221
卅墩学校	3	350	354	375	424	372	293	206
火石沟学校	3		212		273	252	214	161
欧黄家学校	2				193	196	180	149
灵石学校	2	238	224	290	239	235	166	122
乡镇企业学校	2	291	0	0	0	0	0	0
水泉学校			73	49	0	0	0	0
巴下学校			68	37	0	0	0	0
何家湾学校			45	60	0	0	0	0

3.小学教育,到 2013 年改制和创办 24 所寄宿制高级小学或完全小学,以八里铺学区王家大庄小学、临洮县第二实验小学、洮阳学区西街小学、洮阳学区北街小学、临洮县第一实验小学、龙门学区三十铺小学、玉井学区店子小学、洮阳学区文峰小学、洮阳学区南街小学、康家集学区康家集小学、洮阳学区旭东小学、八里铺学区八里铺小学、洮阳学区建设小学、洮阳学区养正小学、新添学区潘家庄小学、新添学区刘家沟门小学、新添学区新添第二小学、站滩学区站滩小学、峡口学区党家墩学校、玉井学区陈家咀学校、窑店学区窑店小学、峡口学区峡口小学、连湾学区连湾小学、辛店学区康家崖生基希望小学、新添学区杨家大庄小学、辛店学区辛店小学、中铺学区中铺小学、龙门学区东二十铺小学、南屏学区岚林寺小学、玉井学区杨家台小学、漫洼学区漫洼小学、站滩学区云谷学校、洮阳学区杨家店小学、太石学区太石小学、洮阳学区马家窑小学、太石学区南门小学、新添学区新添第一小学、玉井学区岚观坪小学、红旗学区红咀小学、窑店学区四十铺小学、南屏学区紫松希望小学、太石学区沙塄小学、上营学区上营卢湾希望小学、南屏学区三甲小学、上营学区赵家台小学、衙下学区寺洼山小学、辛店学区朱家川小学、衙下学区河董家小学、衙下学区鹁鸽崖小学、衙下学区赵家集小学、衙下学区兴丰小学、衙下学区张家寺小学、南屏学区安川小学53 所教研创新示范性完全小学为主体,保留 150 所左右的完全小学,其余 181 所逐步过度和改制为初级小学,实现四年级以上小学教育规模化办学,着力提高教学质量。

表 24　全县 53 所教研创新示范性小学(部)教学质量分析统计表

学区名称	学校名称	进入前3000名人数	学校毕业人数	占学校毕业人数比率%	占全县前3000名比率%	进入前3000名人数	学校毕业人数	占学校毕业人数比率%	占全县前3000名比率%	进入前3000名人数	学校毕业人数	占学校毕业人数比率%	占全县前3000名比率%
八里铺	王家大庄小学	64	66	96.97	2.13	54	69	78.26	1.80	44	59	75	1.48
直属	第二实验小学	78	142	54.93	2.60	128	162	79.01	4.27	118	164	72	3.94
洮阳	西街小学	159	190	83.68	5.30	147	190	77.37	4.90	145	193	75	4.83
洮阳	北街小学	77	153	50.33	2.57	113	145	77.93	3.77	90	139	65	3.01
直属	第一实验小学	146	187	78.07	4.87	142	192	73.96	4.73	140	186	75	4.65
龙门	三十铺小学	10	55	18.18	0.33	33	59	55.93	1.10	26	68	37.7	0.85
玉井	店子小学	32	115	27.83	1.07	64	105	60.95	2.13	52	116	45	1.74
洮阳	文峰小学	48	76	63.16	1.60	66	97	68.04	2.20	39	60	65	1.30
洮阳	南街小学	144	242	59.50	4.80	165	253	65.22	5.50	190	292	65	6.33
康家集	康家集小学	36	69	52.17	1.20	27	67	40.30	0.90	37	80	46.3	1.23
洮阳	旭东小学	21	56	37.50	0.70	48	90	53.33	1.60	43	90	47.3	1.42
八里铺	八里铺小学	63	118	53.39	2.10	54	111	48.65	1.80	65	119	55	2.18
洮阳	建设小学	52	130	40.00	1.73	58	96	60.42	1.93	55	113	48.7	1.83
洮阳	养正小学	97	177	54.80	3.23	127	189	67.20	4.23	117	180	65	3.90
新添	潘家庄小学	45	67	67.16	1.50	32	76	42.11	1.07	43	79	53.9	1.42
新添	刘家沟门小学	22	52	42.31	0.73	33	61	54.10	1.10	31	64	48.7	1.04
新添	新添第二小学	56	101	55.45	1.87	68	134	50.75	2.27	55	105	52.8	1.85
站滩	站滩小学	14	28	50.00	0.47	10	31	32.26	0.33	16	40	40.7	0.54
峡口	党家墩学校	20	49	40.82	0.67	18	60	30.00	0.60	19	55	34.9	0.64
玉井	陈家咀学校	20	53	37.74	0.67	44	100	44.00	1.47	38	92	41.8	1.28
窑店	窑店小学	12	51	23.53	0.40	30	83	36.14	1.00	30	96	31.3	1.00
峡口	峡口小学	9	61	14.75	0.30	22	77	28.57	0.73	17	74	22.5	0.56
连湾	连湾小学	39	56	69.64	1.30	24	65	36.92	0.80	40	76	52.1	1.32
辛店	康家崖生基希望小学	21	60	35.00	0.70	21	62	33.87	0.70	12	35	34.4	0.40
新添	杨家大庄小学	64	134	47.76	2.13	52	115	45.22	1.73	62	133	46.6	2.07

学区名称	学校名称	进入前3000名人数	学校毕业人数	占学校毕业人数比率%	占全县前3000名比率%	进入前3000名人数	学校毕业人数	占学校毕业人数比率%	占全县前3000名比率%	进入前3000名人数	学校毕业人数	占学校毕业人数比率%	占全县前3000名比率%
辛店	辛店小学	15	63	23.81	0.50	12	69	17.39	0.40	12	58	20.5	0.40
中铺	中铺小学	23	98	23.47	0.77	29	85	34.12	0.97	25	89	28.4	0.84
龙门	东二十铺小学	21	102	20.59	0.70	26	102	25.49	0.87	26	112	23.1	0.86
南屏	岚林寺小学	9	42	21.43	0.30	11	45	24.44	0.37	11	48	23	0.37
玉井	杨家台小学	10	91	10.99	0.33	13	84	15.48	0.43	13	96	13.1	0.42
漫洼	漫洼小学	12	43	27.91	0.40	5	24	20.83	0.17	7	28	25.4	0.24
站滩	云谷学校	6	19	31.58	0.20	3	24	12.50	0.10	6	28	20.9	0.20
洮阳	杨家店小学	18	48	37.50	0.60	11	47	23.40	0.37	14	45	30.5	0.46
太石	太石小学	16	42	38.10	0.53	13	57	22.81	0.43	23	80	29.3	0.78
洮阳	马家窑小学	11	47	23.40	0.37	7	39	17.95	0.23	19	91	21	0.64
太石	南门小学	17	60	28.33	0.57	7	52	13.46	0.23	14	64	21.4	0.46
新添	第一小学	32	65	49.23	1.07	18	82	21.95	0.60	23	67	34	0.76
玉井	岚观坪小学	25	80	31.25	0.83	8	87	9.20	0.27	21	108	19.8	0.71
红旗	红咀小学	8	46	17.39	0.27	8	54	14.81	0.27	8	47	16	0.25
窑店	四十铺小学	14	45	31.11	0.47	5	69	7.25	0.17	13	76	16.7	0.42
南屏	紫松希望小学	5	37	13.51	0.17	3	53	5.66	0.10	10	99	10	0.33
太石	沙塄小学	37	69	53.62	1.23	17	73	23.29	0.57	27	70	38	0.89
上营	上营卢湾希望小学	8	30	26.67	0.27	4	36	11.11	0.13	8	43	18.2	0.26
南屏	三甲小学	9	85	10.59	0.30	4	48	8.33	0.13	10	103	10	0.34
上营	赵家台小学	12	50	24.00	0.40	4	52	7.69	0.13	8	51	15.7	0.27
衙下	寺洼山小学	43	146	29.45	1.43	8	105	7.62	0.27	27	133	20.3	0.90
辛店	朱家川小学	5	36	13.89	0.17	1	40	2.50	0.03	7	70	10	0.23
衙下	河董家小学	8	66	12.12	0.27	7	84	8.33	0.23	10	98	10	0.33
衙下	鹁鸽崖小学	8	78	10.26	0.27	4	79	5.06	0.13	5	50	10	0.17
衙下	赵家集小学	18	69	26.09	0.60	6	66	9.09	0.20	15	86	17.8	0.51
衙下	兴丰小学	12	94	12.77	0.40	0	112	0.00	0.00	12	115	10	0.38
衙下	张家寺小学	13	70	18.57	0.43	2	81	2.47	0.07	10	87	12	0.35
南屏	安川小学	0	0	0.00	0.00	1	58	1.72	0.03	6	58	10	0.19
合　计		1764	4209	41.91	58.8	1817	4496	40.41	60.57	1913	4808	39.78	63.75
全　县		3053	9495	32.15	101.77	3031	11461	26.45	101.03	3000	12877	23.30	100
占全县毕业人数比例(%)		57.78	44.33	59.95	39.23	63.77	37.34						

思路三:履行政府行政管理职责,遵循社会主义市场经济规律、现代教育规律和人的自身成长规律,加速县域教育资源的优化配置,推动县域内教育均衡发展。

1.遵循社会主义市场经济规律,进一步深化教育改革,改变封闭办学陈式,实行对外开放、对内搞活,鼓励正当竞争,健全竞争机制,规范竞争秩序,在竞争中求生存,在竞争中求发展,在竞争中求优胜。教育行政管理部门要切实履行行政管理职责,规划和创办一批优质资源学校,允许重点学校公开选聘优秀教师,实行学籍动态管理,实现学生有序异动,根据前1000名、前3000名学生异动情况调整考核指标,加速县域教育资源的优化配置,适应现代教育发展要求。

2.遵循现代教育规律,进一步解放思想,用现代教育理论武装头脑,与时俱进,与时代同时前进,不断创新,勇于超先,满怀信心地迎接知识经济和信息时代带来的新挑战,把握新机遇。坚持依法治教、人文管理,激励人们快乐地从事教育工作。有能力、有条件的学校,要充分挖掘运用网络信息资源、教育信息技术资源和多媒体技术资源,大量应用于学校管理和教育教学活动中来,利用一切先进技术手段服务于教师工作和学生学习。

3.遵循人的自身成长规律,特别是依照学生和教师的不同年龄特点和需求,各级学校在完成自己教学目标的前提下,根据教师个性发展特长,建立不同的兴趣小组,开展丰富多彩的课余活动,促进全体学生个性的发展和全面成才。高度重视小学一、二年级学生普通话教学,使我们的下一代个个都会讲普通话;高度重视语文教师的教学板书设计,使我们的下一代人人都能写一手好字;高度重视音乐、美术、体育教学,使我们的初中生都能理解和听懂音乐,看懂舞蹈、球类比赛和绘画,参与到艺术和体育活动当中。提倡和鼓励素质教育,特别是小学阶段一定要高度重视起来,一定要加强学生学习习惯、行为习惯的养成教育,在三、四年级教学中坚决反对把学生培养成为"考试机器";初中教育阶段一定要加强德育教育,树立和形成学生一生做人的规范,一定要教会学生学习方法,更加注重学生"情感、态度、价值观"培育;高(职)中阶段,就是要加大智育教育,使每一个学生更多地学到知识和提高能力,迎接高考和就业的选择。树立稳定就是发展的意识,从小学教育抓起,改变小学教师"包班"制,实行教师按学科跨年级授课新机制,让每一个学生接受较多教师的影响,防止出现小学毕业检测、中考和高考"一年好又一年差"现象。

思路四:主抓校长和教师"两支队伍"成长,紧握教学研究和教育资源"两大抓手",调动广大教职工的积极性、主动性和工作热情,外树"团结、奉献、求真、创新"新形象,提高"精、严、细、实、恒"新内涵,探索适合临洮实际的教育发展新机制,建立公正、公开、公平的良好竞争新秩序。

1.主抓校长和教师"两支队伍"成长,为全县教育事业和各级各类学校发展保持生命活力。**校长队伍建设,首要的是政治建设。新时期做一名好校长,首要的是认真落实科学发展观,发展是第一要务,核心是以人为本,基本要求是全面协调可持续,根本方法是统筹兼顾;必须熟识党和国家的大政方针和教育方针、政策、法律、法规,懂得经济运行管理常识,熟悉财务、会计、物价、审计制度和规定,坚持依法治校和人文关怀,实现科学管理。校长队伍建设,重要的是业务建设。业务不精,难以服众;业务不深,难以成名;业务不全面,难以管全面。校长业务建设,出发点和落脚点是教育教学管理。校长要像教师设计课堂一样,对学校工作设计流程,每天不落日志记载,总结反思,落实到位。校长队伍建设,根本的是思想建设。没有先进思想的指导,不可能形成先进的理念;先进的理念,启蒙超前的思路,思**

路决定出路,正确思路领跑学校发展。校长的思想品德,对教师成长和学生发展有着重大影响。教师是教育第一资源,教师是学校的生命。教师成长决定学校的发展;教师的个性张扬过程影响着学校特色的形成。教师成长以教师为主体,以(教育)局(学)校为主导,主攻课改,主抓校本,创新活动平台,记录成长历程。青年教师是未来教育的希望,青年教师的成长历程决定着临洮教育的持续发展。**教师必须加强学习,提倡每人每学期自己读一本好书,向别人推荐一本好书。**

2.紧握教学研究和教育资源"两大抓手",为临洮教育发展插上腾飞翅膀。教研兴教,教研兴校。广泛建立教育教学和教研平台,开展示范性学校、特色校、德育工作示范校、教育教学研究基地校、教师培训基地校、文明单位、绿色学校的创建工作,提高学校办学水平。开展学科带头人、骨干教师、教学能手评比和优质课、示范课、优秀论文、优秀教案、教学软件开发应用竞赛活动,开展探究性课程、拓展性课程开发和计算机教学活动,提升教学水平。

大力实施远程教育技术教学进课堂工程,不断优化教育技术资源,开通和优化临洮教育信息网,在学校公用经费预算中列支 10%~15%,完职中和有条件的初中建成学生计算机教室、多媒体教室和校园网络,计算机和网络进入课堂;完职中和初中以教研室为单位建成教师电子备课室,实现计算机备课,完成校本教案整合;完全小学平均 3 名教师使用 1 台计算机进行备课,充分利用多媒体教育资源网和光盘教学活动,解决教育资源特别是实验短缺问题;加速计算机、计算机网络与教材开发、实验实训、技能训练有机结合的进程,为开展探究式学习和拓展式学习创造条件,打好基础。

切实加快实验室建设,在学校公用经费预算中列支 10%左右,健全完职中实验(实训)室,开足开齐实验课;装备初中理、化、生实验室,购置实验仪器、药品,普遍开出演示实验;完善小学功能室建设,备齐小学必备教学实验设备。

中小学教师住宿一律实行两人一间房,下工夫解决教研室极端不足和师生食宿严重紧张问题,实行集体办公,为集体备课提供条件。

3.外树"团结、奉献、求真、创新"新形象,提高"精、严、细、实、恒"新内涵,探索适合临洮实际的教育发展新机制。**全体教育工作者,同属于临洮教育这个大家庭,每一个成员都要精诚团结,同一片蓝天下,心向一处,事干一块,成败一体,同舟共济,共谋教育发展大计。这是临洮教育的根本动力。"教育是事业,事业的意义在于奉献;教育是科学,科学的价值在于求真;教育是艺术,艺术的生命在于创新。"奉献、求真、创新,是体现时代特征和富有实际内涵的全县教育新形象和标志,讲奉献、求真实、不断创新,是临洮教育发展不竭的精神动力,必须长期坚持,发扬光大。精、严、细、实、恒,是我们永远的追求目标、行动指南和实践要求,必须赋予新的内涵。**

思路五:落实常规,狠抓校本,特色办学,专业成长,全体成才,全面发展。

1.校本培训,要着眼于教师专业成长,围绕学校教育教学活动,从解决师生、教学和课堂问题出发,校长一把手负总责,设计、组织、实施、评估、反思校本培训,不断改进、完善、坚持。

2.校本教案,要着眼于学生全体成才,倡导集体备课和计算机备课,变手写教案为打印教案,教师必须进行三处以上修改,然后审查通过准于使用,日积月累,教师多次参与修正,形成相对稳定的校本教案,展示办学水平。

3.校本管理,就是要着眼于学校特色办学、全面发展,经过历任校长或校长的长期积累,厚积薄发,形成各学校相对独立、各具特色的管理模式,创新和规范学校管理,管理增质量,管理出效益。

4.关注学校作息时间、课时安排和学生自习,师生在校期间每天必须活动一小时,以强健身体,保证良好的精神状态和学习热情。

围绕上述思路,今后临洮教育要强化以下措施:

措施一:深化基础教育新课程改革

1.推进中小学招生考试、评价制度改革。完善相关制度和政策,建立符合素质教育要求、体现教育公平的学校考试评价体系和适合教师成长、学生发展的新课改评价体系,努力保证公民的平等受教育权利。完善各类考试制度,改革中考制度,实行中考和小学毕业教学质量检测统一组织、阅卷、登分制度,考风考纪校长承诺制度,考试违规处理制度;改革高中招生制度,引导初中和小学开足、开齐课程,促进学生全面发展。

2.充分做好普通高中新课程改革一切准备工作。在完成高中教师新课改通识培训的基础上,2008年上半年完成教师学科培训、下半年派本县专家组赴国家级实验区考察,2009年上半年拿出实施方案、确定选修课程、选定教材并完成教材培训,确保2010年按期实施。

3.深入推进义务教育新课程改革。进一步转变教育思想,完成初中、小学教师学科培训,按照初中生、小学生的特点和成长需求,确定不同的"三维"目标、课程任务、课时设置,紧紧围绕课堂解决课改中发现的教与学过程中的问题,扎实地实施义务教育课程改革,大胆创新,促进学生全面发展。

4.大力改革幼儿(学前)教育。以规范办学为总的要求,还原幼儿(学前)教育本来面目,坚决克服"小学化"倾向,坚决打击非法办学,建立良好的竞争秩序,促进健康成长。

措施二:全面提高教师素质

逐步推行校长聘任制和任期目标责任制,坚持把公开选拔、公平竞争、择优聘任作为选拔任用校长的主要方式,加强学校管理力量;全面实施教师职务资格认定制度、教师聘用制度和透明考核制度,建立健全教师过程性评价和终结性评价量化考核细则;实行教师公开选聘制度、教师岗位异动制度,集中精力优化调配教师资源;大力培养中青年教师、骨干教师和学科带头人,发挥示范带头作用;加大对高学历、高素质教师的引进和培养力度,积极解决高素质、高技能教师不足的问题;严格落实学校公用经费5%用于教师培训的规定,成立中小学教师培训中心,把教师培训与职称晋升紧密联系起来,培训不合格,职称不予晋升;进一步加强以新理念、新课程、新知识、新技术为重点的学科建设,促进全县中小学学科教师专业成长;建立优秀教师、骨干教师到农村学校任期服务制度,促进优质教育资源共享。县级以上骨干教师必须参加"送教下乡"活动,晋升中高级职称必须有"支教"活动记载。

措施三:构建临洮特色的教科研体系

1.以校为重,专家引领,稳定队伍,创新机制。现代教育,教研为重;教研创新,学校为重。抓好教研工作,必须创新载体、创新机制,实行机制保障。各级各类学校都要从自己的实际出发,探索形成"制度、机构、人员、经费、成果"相统一的具有各自特色的教研保障新机制。

2.紧贴课堂,整合教材,开发教案,合作探究。一定要紧贴教学、紧贴教材,克服脱离课堂搞教研的弊端;一定要把整合教材作为出发点,从开发校本教研、开发校本教案、开发校本教材做起;一定要讲求合作、防止单打独斗,讲求探究效果。

3.团队作战,集体教研,共享成果,共同进步。今后教研工作要打破常规、打破学科、打破学校,不仅要立足教学,而且要进入整个教育工作,不但校内联合还要校际合作,更要注重成果推广、成果共享,达到共同进步的目的。

措施四:探索适应教育教学需求的德育工作新方式

1.突出教师岗位特点,加强思想道德和执业责任教育。各级各类学校一定要针对全县教师年龄趋小的特点,把班(级)主任成长摆到重要议事日程上来,全面加强德育和班(级)主任工作,把教书与育人紧密结合起来,为每一位同学每一天都有进步提供保障。

2.紧贴教学活动需求,探索学校德育工作新方式。随着全县学生构成中城镇独生子女和农村一儿一女比例的增大,加之物质条件相对优越,各种文化影响较大,思想非常活跃等特点,要创新德育工作方式,赋予新的时代特征和要求,努力创出一条适应新形势、新要求的学校德育工作新路子。

3.围绕学生发展需求,创建德育工作新平台。各级各类学校都要围绕学生发展需求,结合校情,创建形式多样、内容丰富的学生参与管理和组织大型活动、社团协会、班级活动、参与第二课堂、自主学习、科普知识等等德育工作平台,丰富、活跃学生校园学习和文化生活。

措施五:完善对全县中小学工作评估考核办法

为了适应全县教育发展的新形势和人民群众的新要求,县教育局对全县中小学工作评估考核办法必须进行适时修订,考核重点是:

1.高(职)中、初中和小学学生实际年流失率控制在 5%、3% 和 1% 以内,完不成指标的按比例扣分。

2.完职中招生新生入学率在 85% 以上;初中 28 所、小学 53 所教研创新示范性学校新生入学人数增长(下降)比例必须较大幅度高于(低于)当年全县平均水平,完不成指标的按比例扣分。

3.(1)按当年全县小学毕业检测前 1000 名、前 3000 名指标计算,按学区和教研创新示范性小学 2004—2005 学年度成绩开始连续累进计算,三或五年的平均数即为当年指标,完不成指标的按比例扣分;

3.(2)按当年中考前 1000 名、前 3000 名指标计算,按初中(初中部)2004—2005 学年度成绩开始连续累进计算,三或五年的分别平均数 A;当年应届初中毕业生三年前招生入学时前 1000 名、前 3000 名指标 B;(A+B)÷2=当年指标,完不成指标的按比例扣分;

3.(3)按当年高考指标计算,往届生按照生源情况确定,比上年高考成绩低 50 分以内的按人数全额计算,低 80 分以内的按人数 30%~50% 计算,低 100 分以内的按人数 10%~20% 计算;累计为当年往届生上线人数 C。C÷当年往届生参考人数=往届生上线率 D%;应届生按高考成绩 2004—2005 学年度开始连续累进计算,三或五年的平均数上线率 E%,E%×当年参加高考应届生人数=当年应届生上线人数预测指标之一 F;当年应届高中毕业生三年前招生入学时前 800 名、前 900 名、前 1000 名等占全县比例 G%,G%×当年参加高考应届生人数=当年应届生上线人数预测指标之二 H;(F+H)÷2=当年应届生上线人数指标 I。I÷当年参加高考应届生人数=应届生上线率 J;C+I=高考上线人数 K,K×当年参考合计人数=当年上线率 L。K 和 L 为高考考核指标,完不成指标的按比例扣分。

4.组织高中教育专家委员会、初中教育专家委员会、小学教育专家委员会,对各完职中、初中 28 所、小学 53 所教研创新示范学校和学区教育教学工作每年进行 1~2 次大型督导活动,进行总体评分。

5.(1)教师参加县教育局和学区组织的培训比率不得低于 90%,学区组织统一培训不得少于 2 次/年,校本集中培训不得少于 4 次/年,培训无记载,对学校不考核,记零分;

5.(2)教师应用信息技术资源教学人数比例不得低于 50%,课时比例不得低于 30%;教案规范化程度不得低于 75%,课后反思记载次数不得低于 25%;达不到标准的按比例扣分;

5.(3)学校必须组织教师参加统一的教学教研和音美体竞赛活动,中学出现教师连续三年内无故不参加一次活动者对学校按比例扣分,小学无故不参加而出现空白学校时对学区考核直接记零分。

6. 全县教研基地学校 (高中教育——临洮中学、临洮二中、文峰中学 3 所,初中教育——洮阳初级中学、程家铺初中、文峰中学和临洮三中、窑店中学、衙下中学初中部 5 所,小学教育——县第一实验小学、县第二实验小学、南街小学、养正小学、北街小学、西街小学 6 所)每年承担教研、培训大型活动 2 次以上;城区完中和全县教研创新示范学校(初中 28 所——完职中初中部 10 所、独立初中 18 所,完全小学 53 所)每年组织教师“支教”和开展“送教下乡”活动 2~4 次以上,达不到要求的按比例扣分。

7.重视学前教育,规范幼儿教育,出现小学化教学的按不合格对待,考核时按程度从严扣分直至为零分。

8.落实学校公用经费 5%用于教师培训的规定,学校公用经费预算中列支 10%~15%用于信息技术资源建设,学校公用经费预算中列支 10%左右用于实验室建设,在学校公用经费预算中列支 3%左右用于开展音乐、美术、体育教学和活动,达不到标准的按比例扣分。

9.学校严格执行财务预算,不得随意变更预算和改变资金使用用途,违反者按比例扣分;学校严防师德师风、安全管理重大问题,发生责任事故的得零分;杜绝任何形式的乱收费,若有违反,一经查实一票否决。

10.学校管理积极制定长远规划和年度计划并认真执行,严格落实国家政策,各类补助、资助按照规定程序和要求及时发放到位;强化职称管理,实行政务、事务、财务、人事和考核公示制度;坚持依法管理,实践人文管理,落实科学发展,激励和鼓励人们快乐地从事教育。

措施六:创新临洮教育教学管理模式

1.推行规划管理,促进学校发展。《临洮县教育事业发展“十一五”规划》,已经在 2006 年 1 月县政府第 34 次常务会议通过并发布, 县教育局和各级各类学校都要不折不扣地予以贯彻落实。各完职中和独立初中 18 所、完全小学 53 所教研示范创新性学校,一定要按照全县“十一五”规划的要求,给予人、财、物的全力支持,实施学校发展规划,创办为县级优质资源校。同时完善评估管理制度,发挥高中、初中、小学教育教学专家委员会的重要作用,初中和小学自愿形成区域内学科发展协会,对实行规划管理的学校进行年度评估,制定普通高中和义务教育新课程改革实验工作评估方案, 对全县新课程改革实施情况进行全面评估。

2.实行预算管理,保证正常运转。今后,国家实施中西部初中校舍改造工程项目、义务教育长效机制农村中小学校舍维修改造工程项目,甘肃省实施小学校舍安全工程,为我县开展布局调整、优化校舍资源、实现教育均衡发展提供了良好契机。更重要的是国家不断加大经费保障力度，实行义务教育阶段学杂费全免，公用经费逐年提高标准全额转移支付，义务教育阶段学生全部免费发放教科书，寄宿生生活费补助范围扩大、标准提高了。教育发展的新形势要求我们必须实行预算管理，各学校、学区要严格执行财务收支预算，强化行政督查，加强财务、物价、审计、监察监督，严肃查处违纪案件，确保预算良好执行和资金安全使用。

3.实行民主管理，完善公示制度。一要树立民主意识，二要有讲民主的勇气，三要实行民主决策程序，四要坚持公开、公正、公平原则，实行政务、事务、财务、人事和考核公示制度。

4.强化职称管理，建立公平环境。把职称管理作为教育人事工作的重要内容来抓，为教师建立一个放心、公平竞争的环境，让教师安安心心、踏踏实实投入教学第一线。

5.坚持依法管理，狠抓"三项"重点工作。坚持依法治校、依法办事，运用法律武器保护学校合法权益，做好学校法制教育，狠抓师德师风建设、安全管理和治理乱收费"三项"重点工作，确保不发生重大责任事故。

6.实践人文管理，落实科学发展。面向全体职工，从教职工切身利益出发，心系职工，设身处地，关心生活，关爱职工，保护和调动广大教职工的工作积极性、主动性和工作热情，让我们热爱教育、奉献毕生、自觉地全身心投入教育这一崇高的事业中来，感悟、体会和享受事业成功，做一名无愧人生的人。

结束语：

教育工作重心在学校,学校工作重心在课堂。

激励和鼓励是教育的本质。

教育不能作"秀",只能做实。

教师是教育第一资源。

如果你只有一个目标,那么整个世界都会为你让路。

细节决定习惯,习惯决定成败。

没有统一的测试,就没有公正的评价。

技能是训练出来的。

集体备课,是提高质量的关键。

我们的目标和任务是:"三年课程,两年半完成"。

（根据作者 2008 年 2 月 22 日在全县校长工作会议上的报告整理）

创建优质资源 改革评价体系
推动全体教师成长 协调持续全面发展

初步明确了临洮教育发展目标定位、基本思路和战略重点；

有效探索了临洮教育教学管理新模式；

基本实现了临洮高中阶段扩招战略性目标和高中建设任务；

齐心协力规划了临洮县基础教育资源优化整合和中小学布局调整规划草案并取得了实质性进展；

集中精力狠抓校长和中小学教师成长；

大力实施教研创新战略和教研工作取得重要成效；

大力实施项目教育战略和排危建校取得重要成果；

严格执行了国家教育政策；

推进依法治教工作见实效；

进一步加强教育系统党的建设取得了新成果。

2003 年以来，全县教育工作坚持"紧盯一个总目标，围绕两大总任务，实施两大新战略，落实两项硬指标，狠抓八大硬措施"的总体工作思路，创建优质资源，改革评价体系，推动全体教师成长，各级各类教育协调持续全面发展。主要做法和体会：

一、初步明确了临洮教育发展目标定位、基本思路和战略重点

1.临洮教育发展目标定位的确立。1997 年，我县提出了"重振临洮教育雄风，再创临洮教育辉煌"的战略目标。从实践和现实看，实现这一目标，还要走比较长的一段路。2003 年我们调整了发展目标，使之体现过程性，使之具体化，能够让大家看得见，有信心实现。如高考工作，我们分别按照高中招生前 525 名、前 600 名、前 800 名、前 1000 名分布，向学校分解指导性指标。全县教育的发展目标，调整定位成了为实施临洮教育"重振雄风，再创辉煌"战略目标打好基础，具体就是让每一位学生初中毕业，有一半以上初中毕业生继续上普通高中学习，每一个家庭至少有一个高中毕业生，高考突破 1000 人；其余的尽可能多的在中职学校上学，求得一技之长再来就业。实践证明，这一目标基本实现。

2.临洮教育发展基本思路的调整。2003 年，我们在回顾总结过去五年成就和形势的基础上，确立了"紧盯一个总目标，围绕两大总任务，实施两大新战略，落实两项硬指标，狠抓

八大硬措施"的总体工作思路,即全县教育工作紧盯建设小康社会总目标,围绕普及高中阶段教育和消除文盲两大总任务,实施特色教育和项目教育两大新战略,落实高考和排危工作两项硬指标,狠抓中小学布局调整、改善办学条件、深化教育科研、树立特色品牌、加速教育信息化、加强教师队伍建设、推进素质教育和建设精神文明八项硬措施。依照这一思路,逐年细化,提出了具体工作原则、总体要求和重要措施。2004年提出整合一切优势资源,大力开展"教育质量年"、"队伍建设年"、"项目实施年"活动,抓教学、抓课改,抓队伍、抓管理,抓教研、抓督导,抓特色、抓示范,抓项目、抓排危,力争迈上新台阶;2005年提出大力开展全县学校安全管理年活动、全市职业教育年活动,"以人为本、科学发展,德育为首、安全第一,高考为主、提升普九,项目为先、特色办学,推进课改、教研创新,统筹兼顾、和谐发展"的总体要求;2006年提出"坚持教育优先发展,全面实施素质教育,稳固提升初级义务教育水平,全力提高高中教育质量,大力发展职业教育,深化教育体制改革,加快农村中小学布局结构调整,促进各级各类教育协调发展,建立学习型新临洮"的新要求;2007年提出全县教育工作必须坚持"解放思想,开放搞活,团结奉献,求真创新,精严细恒,紧握常规,注重效益,提高质量"的基本原则;2008年提出了"必须牢牢抓住教育教学质量生命线不放松,必须坚定地把优化整合基础教育资源作为重振临洮教育雄风的战略性任务落实好,坚定地把推进英语教育作为再创临洮教育辉煌的战略性举措执行好,必须不断深化教育教学评估考核办法改革,不断创新教师专业成长平台,建立现代学校管理制度,建立与兰州市(区)局、校之间联系"的重要举措;2009年提出了"优化结构,夯实基础,狠抓质量,稳步提升,大力实施机制创新,加速临洮教育制度化、规范化、标准化建设"的新目标,力争把全县教育工作推向一个新的发展征程。

3.临洮教育发展战略重点的转移。当前,必须郑重地把发展的战略重点转向狠抓教育教学质量。这就是要继续解放思想,坚持实事求是,认真贯彻落实科学发展观,把思想认识统一到狠抓教育教学质量上来,把实践过程统一到狠抓教育教学质量上来,把工作力量集中到狠抓教育教学质量上来,把财力、物力集中到狠抓教育教学质量上来,把工作热情引导到狠抓教育教学质量上来,学习和借鉴省内外基础教育发展经验和成功做法,认准和把握临洮教育县情,不断理清发展思路,从发展战略、目标方向、办学理念、资源优化、治校方略、管理方式、教育教学、教育科研、教师成长、方法过程、评价考核、考试机制和教材选用等方方面面,搭建与兰州市中小学互动平台,加速实现临洮教育向兰州教育逐步接近的重大转变。

二、有效探索了临洮教育教学管理新模式

1.制定了临洮教育发展"十一五"规划。2006年1月14日县政府第34次常务会议通过《临洮县教育事业发展"十一五"规划》,标志着"十一五"期间全县教育发展的指导思想、发展原则、战略重点、目标任务和保障措施基本确立。规划指出,"十一五"期间要在学校布局和在校人数、教师队伍和结构比例、基础条件和技术资源、初级教育和成人教育、高中教育和职业教育等五个方面取得重大进展。

2.出台了关于进一步加强全县高中、初中、小学教育教学工作的三个《意见》。2005年8月26日县政府第30次常务会议研究通过了县教育局制定的关于进一步加强全县高中、初中、小学教育教学工作的三个《意见》。这三个文件确立的全县高中、初中、小学教育发展

的基本方向、总体原则、工作重点和保障措施,有效指导了教育教学工作,形成了强大推动力,促使全县教育事业在近年得到了快速、健康发展。

3.通过了《临洮县教育教学工作评估考核办法(试行)》。这个《办法》已经在 2008 年 6 月 25 日县教育局第 10 次局务会议原则通过,2008 年 9 月 7 日全县教育工作会议暨庆祝教师节大会审议并一致通过。《办法》坚持实事求是、解放思想、与时俱进、科学发展原则,公开、公正、公平、平等竞争原则,县域内教育均衡发展和资源优化配置原则,基础教育新课程改革基本原则,教育优先发展"教师优先成长"原则,学生成才、教师成长、学校成功、教育发展原则,教育现代管理主要原则,围绕提高教育教学质量,确定了考核的重点内容和奖惩办法,为今后一段时期全县中小学教育教学工作考核评估提供了主要依据,是教育教学管理的基本规定。

4.密切了高中、初中、小学教育之间相互联系。在学校教育教学目标责任考核管理中,对小学毕业检测成绩前 1000 名、3000 名在学区和初中的分布、对初中(部)中考成绩前 1000 名学生在高中的分布进行跟踪,合理确定考核指标,有效探索了高中、职中、初中、小学和幼儿教育内在联系及其发展规律。

5.端正了考风、学风、教风、校风和行风。从抓考风开始,近几年连续从重处理了高考、中考、小学毕业检测中的违纪舞弊问题,维护了考试成绩和学校评价的真实、有效,形成了良好的学风、教风、校风,"精、严、细、实、恒"的精神动力,"团结、奉献、求真、创新"的教育行风,全县教育系统初步呈现出了"解放思想,统一认识,团结一致,实事求是,不断创新,开放搞活"的新气象。

三、基本实现了临洮高中阶段扩招战略性目标和高中建设任务

1.临洮高中教育战略性发展目标的确立。按照全县近 54 万人口的实际,我县高中毕业生应该是 5400 人左右。2003 年仅为 1719 人,当年高中在校人数也只有 9581 人。这种现状不适应经济发展需求,更难以实现高考上 1000 人大关的目标,必须大力发展高中,先抓高中建设,再进行高中扩招,逐步解决高中教师极度紧缺问题。通过多年的努力,我们在探索实践中一步步走过来了,2008 年高考参加人数突破了 6000 人。现在我们的目标是,到 2013 年以城区临洮中学、临洮县第二中学、临洮县文峰中学为主体,以临洮县第三中学、临洮县第四中学为辅助,基本优化普通高中教育资源,规划招生 4800 人,占当年初中毕业生(即 2008 年的五年级)9293 人的 51.65%,实现普通高中与职业中学招生比例大体相当。

2.高中建设。从 2003 年开始,对全县高中建设进行了论证规划,形成了全县完职中建设方案,随之进行了最大规模的高中建设,截至现在,全县实施完职中建设项目 16 个,完成投资 5781 万元,其中仅县级配套 4392 万元,新建建筑面积 6.88 万平方米,配备建成了满足"十一五"需求的教学、实验、住宿设施,特别是 2007 年文峰中学校园总体规划获得县政府常务会议通过,强劲支持了高中教育发展。高中建设进度和规模,已在全市领先。

3.高中阶段扩招。(1)高中扩招,2008 年普通高中招生 4535 人,高一新生入学率提高到 55.83%,普通高中在校生 12487 人,比 2003 年增加 3910 人,增长 45.59%。(2)职中扩招,2008 年职中招生 1947 人,高一新生入学率提高到 23.97%,职中在校生 7136 人,比 2003 年增加 3975 人,增长 125.75%。(3)高中阶段,2008 年全县高中阶段在校生达到 19623 人,高中阶段入学率提高到 81.57%,比 2007 年的 80.12% 提高 1.45 个百分点。

4.充实和调整高中教师。2003年以来为高中充实本科院校毕业生和教师297人,仅临洮中学新进本科大学生109人;仅从临洮中学、临洮二中调整调出教师62人,从而使高中教师学历合格率由2003年的37.8%提高到了66.46%。

5.完职中开创了开放办学的先河。2004年组织全县各完中、职中校长、副校长、部分高三教师15人赴陇西一中参观学习高中教育管理和高考备考经验,同年组织4所完中的校长或副校长赴天津挂职锻炼,4所完中的校长赴兰州和河西地区考察;2005年组织4所完中校长赴上海考察基础教育;2006年组建高中教育考察团,赴山东省潍坊市安丘一中、安丘四中、潍坊一中等学校进行了考察,同年赴陇西、静宁、会宁进行了考察,开阔了办学视野,开启了全县中小学开放办学的先河。

6.创建省级示范性高中的深远意义。**临洮中学始建于1927年,分别于1958年、1978年被评为全省十三所、二十四所重点中学之一。2006年按照市委、市政府安排,定西师专临洮分校划归临洮中学后,办学实力显著增强。经过建校以来八十年的奋力拼搏,特别是近三年的精心打造,临洮中学已具备省级示范性普通高中的办学能力。2008年5月和10月份,省级示范性普通高中初评专家组和验收专家组对临洮中学的发展给予了较高评价,省教育厅批准并授了牌。争创省级示范性普通高中,意义深远,既是临洮教育发展的必然要求,也顺应了全县人民的共同心声。成功争创,将使临洮中学恢复为一所与全省范围内优质高中平等交流的示范性普通高中,成为把临洮教育推向全省的平台。**

7.高中教育取得的历史性成就。

(1)高考工作。全县高考工作经过了三年的艰苦爬坡,取得了重大突破:一是报考人数大幅度增加,从2003年开始,每年以500~600人的规模递增,2008年达到了6130人,年均增长20.14%;二是高考本科上线人数大幅度增加,2003年全县重点上线66人,普通本科以上上线378人;2008年重点上线209人,普通本科以上上线人数突破千人大关,达到1057人,重点和本科上线人数年增长29.43%和50.75%;全县普通高考应届生共参加考试3514人,二本以上上线385人,上线率为10.96%;三是全县文科优势突出,二本以上上线人数理科669人、文科332人,理科与文科相比接近2:1,特别是临洮中学、临洮二中优势明显;四是各个完全中学高考工作成绩突出,临洮中学高考二本上线突破五百人大关,总数达到557人,临洮二中除"小三门"外与陇西县文峰中学本科上线人数基本持平,达到349人,临洮中学、临洮二中二本以上上线人数和上线率均创本校历史新高;衙下中学、窑店中学首次突破两位数;临洮四中、三中、文峰中学、职教中心和育霖中学都完成或超额完成了年度考核指标,得到了全县老百姓的普遍认同。

(2)完职中毕业人数。2008年,全县完职中毕业生总数4609人,占全县人口总数的0.85%,比2003年增加2890人、增长168.1%;2003年以来,总计毕业生总数18343人,除大专院校高职和专科以上录取11414人以外,有6929人走向经济战线,有力促进了全县劳动力素质的提高,支持了县域经济的发展。

(3)给学校带来的变化。高中教育的突破性发展,激励各完职中形成了强烈的竞争意识,争取优质生源,争取良好的办学条件,争取优质师资,争取优异的教学质量,在各完职中形成竞争办学的良好机制;激励学校创新管理机制,临洮中学的双轮驱动、全员管理,临洮二中、衙下中学的信心教育、养成教育,在全县、全市都有影响。

四、齐心协力规划了临洮县基础教育资源优化整合和中小学布局调整规划草案并取得了实质性进展

1.“普九”工作取得新成果。把“普九”工作纳入教育教学目标管理责任书,实行义务教育学籍动态管理办法,全面实施义务教育监测,提升了较高管理水平。全县小学阶段适龄儿童入学率为99.8%,残疾儿童入学率为78.2%,小学辍学率控制在0.2%以内,15周岁人口初等义务教育完成率为99.5%;初中阶段适龄儿童入学率为97.6%,辍学率控制在1.1%以内,17周岁人口初级中等义务教育完成率为96.8%。全县在班幼儿、在园幼儿6447人,入园(班)率38.1%。

2.基础教育资源优化整合的重大意义。布局分散、规模偏小、质量不高,一直是困扰临洮教育发展的最大难题。在国家加快西部地区教育发展和人民群众对优质教育资源迫切要求的形势下,加快推进基础教育资源优化整合具有重大的战略意义。随着临洮教育发展实践探索进程的不断推进和布局调整工作的深入实施,我们已经具备加快推进基础教育资源优化整合的基础和条件。《规划草案》确立的目标任务、基本原则和政策保障经过了深入论证和实践检验,具有鲜明的时代性和可操作性。它的出台和实施,顺应了全县教育发展形势和百姓要求。

3.规划草案的制定过程和主要内容。从2006年9月全省农村教育工作河西现场会议之后,县教育局即把农村中小学布局调整工作纳入重要工作日程。于2007年1至2月份,利用一个半月时间,就全县中小学布局调整工作进行了调研,然后经过当年初校长工作座谈会进行了讨论,提出了《临洮县义务教育区划调整草案》征求意见稿,《征求意见稿》提出后县教育局党政主要领导、分管领导分别赴全县各学区进行了调研,形成了《临洮县基础教育资源优化整合和中小学布局调整规划草案(征求意见稿)》。2008年上半年,再次将《草案》征求意见稿提交全县校长工作会议讨论,又一次征求意见。2008年6月25日县教育局第10次局务会议原则通过,9月7日全县教育工作会议暨庆祝教师节表彰大会上一致通过。其主要内容是:创建农村优质教育资源,实现“把高中教育办到城区,初中教育集中到川区,高级小学布局中心区域,初级小学布满乡村”的目标,形成全县创建小学96所、初中22所农村义务教育优质资源学校,建设38所农村义务教育寄宿制小学和九年制学校,普通高中、职业中学和幼儿教育协调发展布局。

4.规划草案执行的基本原则和政策保障。落实规划草案,要坚持“扩规模提质量,先优化后整合”原则,坚持“先异动后调整,先学生后教师”原则,坚持“先小学后初中,先落实后确认”原则,坚持“先建设后撤并,重效益保稳定”原则。落实城区优质高中招生5%的招生统配指标,落实初中、小学寄宿功能配备,落实创建农村优质学校师资、特别是生活指导教师配置,落实已有50所寄宿制小学寄宿生生活费补助政策,切实保障布局调整工作稳定、高效开展。

5.全县中小学布局调整的艰难进程和实质性成果。中小学布局调整工作,在近十几年的教育发展历程中一直都在艰难地进行,近几年有所加快。2003年我们对全县40所小学及教学点进行了撤并,其中撤并八年制学校附设初中班1个,小学教学点39个;2004年试点农村中小学创办九年制学校的经验,撤销达京堡初中,与赵家嘴小学合并成立赵家嘴学校,撤销石家楼初中,与北大坪小学合并成立北大坪学校;2005年应对初中招生高峰期,对

初中教育发展进行了全面论证,重新调整了划片招生方案;2006年在定西师专临洮分校撤销、并入临洮中学后,对城区中学布局进行了大幅度调整,使城区中学布局调整为3所完中、1所独立初中;2007年县政府批复实施《2007年临洮县农村义务教育学校布局调整方案》,撤销小学5所、村学47所;撤销校舍相邻的上梁初中、下寨子小学,成立下寨子九年制学校,撤销乡镇企业学校火石沟教学点,成立火石沟学校,改制何家湾职业初中为九年制普通学校,撤销上杜家九年制学校,成立上杜家小学;巴下、水泉、何家湾等九年制学校初中部停止招生;重新组建初级小学79所,从而使学校总数下降到466所,比2003年再减少45所,其中完全中学9所(含民办中学2所)、职中2所、独立初中29所、九年制学校12所、完全小学319所、初级小学79所、幼儿园16所(含民办幼儿园9所),全县高(职)中、初中、小学、幼儿教育学校结构由2005年1.74:5.81:89.15:3.29调整到2.48:5.99:87.19:4.34,学生结构由2005年12.27:24.02:57.36:6.33调整到18.77:31.33:42.39:7.73,全县小学阶段学生比例首次低于50%,各级各类教育呈现出了协调发展的良好局面。

五、集中精力狠抓中小学校长和教师成长

1.探索了校长考核、选拔、任用、培训和后备干部队伍建设的新机制。2005年制定实施了《关于加快推进中小学人事管理制度改革的通知》,提出了中小学干部队伍建设的管理办法。以此为契机,逐步加强干部队伍建设。每年对完职中、初中、学区及中心小学的领导班子进行考察、考核,按照"加强完职中领导班子、交流学区和初中校长,年轻化小学领导干部"的思路进行选拔任用,2003年以来配备完职中校级和中层领导班子71人次、初中领导班子213人次、小学1189人次,特别是配备了中小学德育主任、政教主任和寄宿制学校总务主任,有效充实了管理力量。实行校长目标责任管理,严格按照教育教学目标管理责任书,兑现奖罚,近三年累计表彰奖励校长38人次、处罚21人次,发挥了激励导向作用。加强中小学后备干部管理,建立了后备干部库,对后备干部与学校领导班子每年一样进行考核,优秀者提拔任用,不合格者清理出库。加强校长队伍培训,2007年成功举办了首期全县中小学校长研修班,兰州市10名教育专家作专题讲座各1场,6名兰州市骨干教师讲授示范课各1节,受训校长和机关干部307名,全体校长与专家授课教师、教育局领导互动交流、座谈讨论各2场,组织参观县级优质学校4所,问卷调查3次,编印了研修班校长优秀论文集,研修班还邀请定西市和各县教育局长进行了观摩,为全县教师培训创新了模式,拉开了大规模培训的序幕。

2.教师成长和培训进入了历史新阶段。加强师德师风建设,每学期召开家长会一次,对教师进行问卷调查,落实教师"八要"、"八禁"规定,学习贯彻新修订的《中小学教师职业道德规范》,树立典型,查处突出问题,树立了新时期教师的新形象。探索建立教师合理流动新机制,2005年以来实施了《关于临洮县教师公开选聘和岗位异动工作的实施意见》,为城(郊)区学校和完职中公开选拔教师185名,实行岗位异动教师335名,在全县推开了教师合理流动的新机制,激活了教师工作动力;同时将教师公开选聘与教研工作紧密结合,对各级教育教学竞赛中获得第一名的教师直接调入城区学校任教,有效激发了教师工作的积极性。把教师成长作为教师队伍建设的中心任务,2007年8月启动实施了"西部农村国家级远程教师培训项目",全县3200多名教师在311所农远项目学校,通过远程教育网和电视进行了新课程改革通识培训;10月举办了全县普通高中课改通识培训班,邀请兰州市

4 名教育专家,分别就推进高中课改的背景和目标、课程结构、课程标准和内容、课程实施和教学改革、课程评价等方面作了专题讲座,并组织了问卷调查和座谈讨论活动,培训高中教师和机关干部949名。2008 年 7 月举办了全县小学高年级教师学科培训班,兰州市 6 名小学优秀教师和本县 12 名小学骨干教师共同举办讲座和授课活动,培训小学高年级教师 1236 名;9 月举办了全县初中教师学科培训班,全县 50 所初中(部)、13 门学科1806 名教师分两期参加各个学科的培训, 培训期间邀请兰州市中小学教育教学专家和骨干教师 31 人,与本县精心选拔的 71 名初中校长、骨干教师一道培训全体初中教师,总计组织展示优质课 52 节、举办专题讲座 39 场;今年 11 月将举办全县普通高中教师学科培训班,为 2010 年实施新课程改革做好准备,这些培训加上校长研修班培训,覆盖了全县教师总数的 68.7%,教师培训的层次、质量提高到了一个新的高度。目前,我们正在开展普通高中教师继续教育网远程培训,全县高中教师参加了以"新理念、新课程、新技术和师德教育"为重点的基础教育新课程培训;参加教育部"万名中小学班主任国家级远程培训",全县初中、小学各 50 名班主任参加了远程培训。通过以上努力,有效强化了教师队伍建设,教师整体素质显著提高,全县高中、初中、小学教师学历达标率提高到 66.46%、97.58%、97.42%,涌现出全国优秀教师和优秀教育工作者 5 人,省级优秀教师和优秀教育工作者 22 人,市级优秀教师和优秀教育工作者 91 人;省特级教师和园丁奖获得者 29 人。

3.教师培训基地建设。充分依托优质资源学校的师资、设施、技术优势,培育临洮中学、洮阳初中、县实验一小等中小学教师培训基地校,通过开放课堂、听评课、专题研讨等培训活动,对周边学校甚至全县范围的教师进行培训;同时,各学区依托基地校和创建农村优质资源学校,对本学区内的教师进行培训,从而使全县一半以上的教师每年都能受到培训。特别是在临洮中学 80 周年校庆期间,开放从初中到高中各年级的课堂教学,历时一周,全县各高中、部分初中都派教师参加听课,受训教师 430 多人次;临洮县第一实验小学发挥全县小学龙头的作用, 主动邀请全县各学区的教师到学校听课, 参与学校举办的讲座、座谈、评课等活动,先后有 340 多名教师接受了培训。

4.对外开放和对内搞活。临洮二中与安丘四中,洮阳初中与兰州铁路第四中学建立了对口交流关系,扩大了办学视野,提升了办学层次;城区小学与兰州市著名小学进行交流,县第一实验小学与中科院兰州分院小学、七里河区王家堡小学,县第二实验小学、北街小学与城关区水车园小学,养正小学与畅家巷小学,南街小学与一只船小学,西街小学与宁卧庄小学,建设小学与静宁路小学广泛开展了参观考察、课堂教学交流、教师培训等活动。深入开展送教下乡活动,今年 3 月份,省教育厅赴临洮送教下乡培训教师,原省教育委员会副主任孙一峰,省教育厅师范处处长、省小学教师培训中心主任李慕堂和兰州市、城关区教育局和兰州市中小学校长、教师参加了送教下乡,培训小学校长、教师 302 人;5 月份,省教育学会小学数学教学专业委员会送教下乡,培训全县 145 所小学校长、教师 300 人。同时,县内送教下乡深入开展,县教育局抽调高中、初中、小学教育专家委员会成员和城区及周边优质学校骨干教师,春、秋季学期各持续一个多月,通过听课堂教学、评教师讲课、听教师说课、跟师生座谈交流、检查教师教案和学生作业,帮助农村教师提高教育教学水平。

5.努力培养一大批能够走出临洮、迈向甘肃的教育专家和优秀教师。近五年来,组织优秀教师参加各级课堂教学竞赛,获市级以上奖项 63 节,其中文峰中学教师郭晓燕的生物教学录像课在全国竞赛中获得一等奖, 临洮中学教师肖宗礼获第二届全国中小学体育教学观摩课二等奖,县第一实验小学教师苏伟平在甘肃省小学语文阅读教学比赛活动中获一等奖,王伟在甘肃省第二届小学语文骨干教师献课活动中获说课一等奖,王耀东在甘肃省小学数学现场教学及观摩研讨活动中获一等奖。积极搭建县内骨干教师成长平台,在2008年举行的全县小学高年级教师培训、初中教师学科培训活动中,我县小学12名和初中67名优秀校长、教师第一次登上县级培训讲台,展示了当代临洮教师的风采,受到了兰州市和本县同行的称赞。

六、大力实施教研创新战略和教研工作取得重要成效

1.学生方面。组织参加全省、全市青少年科技创新大赛获奖6项,参加全国、全省"智力七巧板竞赛"科技竞赛活动获奖97项,参加第七届全国中小学电脑制作活动获奖2项,参加省、市青少年科技创新大赛获奖20项;组织高中、初中学生参加全国各学科竞赛,获奖学生84人次,参加全国小学生英语竞赛活动,1名学生获全国一等奖,2名学生获全国二等奖;组织中学生艺术教育汇演、中学生书画展、小学生书法绘画作品展、城区小学生才艺演出、初中生英语口语表演赛等,突出了中小学生特长发展。

2.教师方面。近三年参加市级以上教科研竞赛优质课、自制教具、多媒体软件获奖94节(件)、优秀教学案例65节、优秀论文314篇;立项课题266项,其中省级重点课题8项、规划课题82项、市级课题176项,已有省、市级29项通过鉴定;红旗初中张雪琼等9名教师被评为先进个人,实验二小杨惠敏等一批骨干教师被评为省、市课改先进个人;坚持开展新课程改革竞赛活动,2004年开展"新课改实验研讨课"大赛28名教师获奖,2005年开展新课改命题竞赛涌现出获奖作品82件,2006年成功承办全省新课程初中课堂教学竞赛,临洮有2名教师获奖。截至目前,全县15名教师被评为省级青年教学能手,47名教师被评为市级青年教学能手,两名教研员被评为全国优秀教研员。

3.学校方面。2005年县教育局被评为省、市新课改工作先进集体,洮阳学区、店子小学等5个单位被评为全市基础教育新课程实验先进集体。2007年临洮县第一实验小学被确定为"甘肃省教育科学研究所综合实践活动课程实验基地"。经过评估确认,县教育局确定临洮中学、临洮二中、文峰中学3所高中,洮阳初中、连湾初中等7所初中,县第一实验小学、第二实验小学等7所小学为教研创新基地校,全县有省级重点职业中学2所、市级示范性普通高中2所、市级示范性初中5所、市级示范性小学7所,县级教研创新示范校初中3所、小学10所。

七、大力实施项目教育战略和排危建校取得重要成果

1.国家项目资金。总计实施国家项目30个,总投资6771.9万元,其中国家项目资金3157万元,新建校舍面积7.5万平方米,完成了临洮二中实验楼、文峰中学1号、2号教学实验楼、1号师生宿舍楼,临洮二中实验楼,临洮三中教学楼、实验楼、宿舍楼,临洮四中教学楼、实验楼、宿舍楼,窑店中学教学楼,衙下中学校舍建设和青少年活动中心等重点项目。

2.捐建项目资金。总计实施捐建项目27个,总投资2106.2万元,其中捐赠资金942.8万元,新建校舍面积2.78万平方米,完成了建设小学、旭东小学、八里铺小学、文峰小学教学楼,站滩初中、漫洼小学、窑店小学、菜子庙小学、河董家小学、岚林寺小学校舍建设等重点项目。

3.学校自筹资金。实施职教中心学生宿舍楼、衙下中学师生宿办楼、峡口初中教学楼等

100万元以上项目9个,以土地置换资金的办法,学校自筹和县级配套资金1575万元,新建校舍面积3.31万平方米。

4.农远项目建设。项目投资总计1087.2万元,在全县6所完中、28所初中、10所九年制学校装备模式三设备,在全县267所乡镇中心小学和村完全小学装备模式二设备。积极推进信息技术进课堂,分两期在县第一实验小学、辛店初中两所信息技术教育示范校举办了全县中小学信息技术应用工作现场观摩会,通过观摩课堂教学、授课教师说课、小组评课、参观学校功能室、召开座谈会等形式,352名中小学校长、学区校长和电教专干学习交流了信息技术在教育教学工作中的应用。

5.排危建校。2003年以来,实施排危建校322所,排危面积5.39万平方米。目前仍有危房79104平方米,其中汶川地震后新增灾损危房64283平方米。

八、严格执行了国家教育政策

1.严格执行国家农村义务教育经费保障机制改革政策。2004年开始实行免费教科书政策资金,当年落实资金265.86万元,资助中小学生6.6万人。2005年按照国家统一部署,全面实施"两免一补"政策,当年落实资金427.01万元。2006年启动实施国家农村义务教育经费保障机制改革政策,当年拨付中小学校经费1850.6万元,其中保障公用经费270.6万元、补助免除学杂费资金1580万元,县财政拨付初中寄宿生生活费补助158.86万元,累计发放免费教科书11万多套,价值472.62万元,实施农村义务教育长效保障机制项目4个,项目经费346万元。2007年调整完善农村义务教育经费保障机制改革政策,落实义务教育补助学杂费资金、公用经费1873万元,发放免费教科书104044册价值319.19万元;拨付免费教科书专项资金247万元;拨付寄宿生生活费272万元,其中中央财政补助资金4965人93万元、县级财政补助资金14975人次179.85万元。2008年春季,补助公用经费标准提高到县镇初中每生每年390元、农村初中每生每年375元、县镇小学每生每年255元、农村小学每生每年240元,全年拨付公用经费2373万元,补助寄宿生生活费标准提高到小学每生每天2元、初中每生每天3元,仅春季拨付中央和省级资金困难寄宿生生活补助费243万元、县级安排资金108.46万元,补助寄宿生8925人。

2.严格执行国家职业教育政策。2007年开始落实国家中职学校家庭贫困生补助2821人、资金211.58万元;落实省级中职学校生活补助1092人、4.91万元,肉食补助2885人、5.44万元。

3.严格执行大学生生源地助学贷款政策和国家高校、普通高中招生政策。严格落实大学生助学贷款政策,2007年办理高校学生生源地助学贷款521人、246.17万元,2008年办理助学贷款954人、429万元。落实国家高校招生报名、考试组织、志愿填报、录取等政策措施,落实普通高中招生考试组织、分批录取政策,严格执行计生户子女优惠政策,有效维护了高校和高中招生的良好秩序。

九、推进依法治教工作见实效

1.强化行政执法工作。每年制定普法和依法治理工作安排,组织教职工学习国家教育方针、政策和《教育法》、《义务教育法》、《教师法》、《未成年人保护法》等法律法规,全力提高学校和教师的政策法律意识。特别是县教育局先后清理编制了《临洮县教育局依法行政实施方案》和《临洮县教育局行政执法责任制实施方案》、《临洮县教育局行政审批项目目录》、《临洮县教育局政务公开目录和政府信息公开目录》和《临洮教育文件汇编》,规范了局机关和基层学校的依法管理工作。

2.认真办理人大代表意见建议和政协委员提案。我们把办理人大代表意见建议和政协委员提案作为改进工作、密切联系人民群众的可靠渠道和重要途径,给予了高度重视和认真办复。近三年办理人大代表意见建议 38 件,其中 A 类 20 件,占 52.6%,现场办理 6 件;办理政协委员提案 27 件,有效解决了群众反映的迫切问题。

3.积极参与执法检查和代表视察、调研工作。2006 年就贯彻实施《教育法》情况向市、县人大代表视察组进行了汇报,2007 年就贯彻实施新修订的《义务教育法》、《预防未成年人犯罪法》情况向县人大常委会进行了专题汇报,2008 年就《义务教育法》执法检查问题整改情况进行了专题汇报;近年来县人大常委会、县政协组织开展了高中教育调研、项目建设和排危建校执法检查、代表视察、委员调查活动,县教育局积极办理、落实意见和建议,有力促进了工作改进。

十、进一步加强教育系统党的建设取得了新成果

1.加强教育系统党的建设。发挥党委工作职能,发展壮大教育系统党员队伍,加强精神文明建设,强化学校及周边环境治理,大力开展教职工思想政治教育和法制纪律教育,有效发挥了党组织的战斗堡垒作用和党员干部的先锋模范作用。

2.狠抓学校安全工作。坚持经常性地开展安全教育和安全隐患排查,紧抓交通、消防、食品、校舍、活动等安全重点,积极稳妥处理潘家集初中、卅墩学校学生溺水死亡等安全事故,最大限度降低安全问题对教育工作的影响。

3.加强信访工作。严格落实《信访条例》和信访工作责任制,受理、调查、调处信访案件,积极解决信访重大问题,维护人民群众意愿,化解矛盾纠纷,维护了教育系统的稳定。

4.治理教育乱收费。坚持学校经费预算管理,实行学校财务内审检查,落实学校收费公示制度,强化开学收费检查监督,积极配合上级审计,严肃查处违规乱收费行为,维护了学校经费管理的良好秩序。

5.加强机关作风建设。在机关工作中讲奉献、讲团结,深入实际,抓主抓重,讲求实效,营造了良好的干事创业环境。

(根据作者 2008 年 10 月 24 日在临洮县十六届人大常委会第十一次会议上所作《临洮县教育工作汇报》整理)

加速进程：中小学布局结构见雏形

    2008 年 9 月 6 日，全县教育工作会议暨庆祝教师节大会，审议通过《临洮县基础教育资源优化整合和中小学布局调整规划草案》。2008 年 11 月 3 日，郝远副省长在文峰小学调研时指出，"这是我心目中的寄宿制小学"，要求新建一幢宿舍楼，办成全省一流的小学生寄宿制学校。

    经过近三年特别是学区的努力，共撤并义务教育阶段学校 122 所，临洮县中小学布局结构调整进展情况良好。根据 2009 学年度教育年报统计，全县各级各类学校实有 426 所，比 2005 年底 523 所减少 97 所，比 2003 年底 555 所减少 129 所。其中完全中学 8 所（其中民办 1 所），职业中学 3 所（其中民办 1 所），独立初中 23 所，九年制学校 18 所，完全小学 298 所，初级小学 75 所。

    三年以后，预计全县各级各类学校 427 所左右，比 2005 年底 523 所减少 96 所左右，比 2003 年底 555 所减少 128 所左右。其中独立高中 3 所，完全中学 5 所（其中民办 1 所），职业中学 3 所（其中民办 1 所），独立初中 28 所，九年制学校 15 所，完全小学 191 所左右，初级小学 182 所左右。

一、临洮县中小学布局结构调整的进展

    1.2003 年教育年报反映的事实和中小学撤销合并。2003 年 9 月，临洮县教育年报反映，辛店镇上杜家九年制学校因生源问题初一停止招生，全县有 42 所小学村学在校学生为 0 人，有几个学区为了保留教学点，上报时将其他小学的学生调整反映到了零人教学点。针对这种现状，2003 年 9 月，经县政府同意，县教育局（临教发[2003]148 号文件）撤销独立初中 5 所，与当地小学 4 所合并为九年制学校 4 所，撤销马家山初中，何家山初中、牛家寺初中（以上 2001—2002 年）、石家楼初中、达京堡初中（以上 2003 年）与中铺学区弯腰子小学、衙下学区牛家寺小学、窑店学区北大坪小学、康家集学区赵家咀小学合并为何家山学校、牛家寺学校、北大坪学校、赵家咀学校；撤销完全小学 1 所，辛店学区雷赵钱小学；完全小学改制为初级小学 3 所，龙门学区槐树小学、窑店学区阳湾小学、玉井学区宋家坪小学；撤销初级小学（村学）49 所，其中洮阳学区 2 所，南园堡村学、余家窑村学；八里铺学区 4 所，周家沟村学、张家坪村学、党家川村学、东坡村学；新添学区 2 所，刘家坪村学、大

洼山村学;辛店学区2所,陆家沟村学、山庄村学;中铺学区4所,咀头村学、红坡村学、端咀村学、菜子沟村学;峡口学区7所,阳洼村学、柳林站村学、陡坡村学、大湾村学、何家川村学、董家湾村学、茨泉子村学;龙门学区1所,祁家川村学;窑店学区1所,股子坪村学;玉井学区3所,清水渠村学、王马窑村学、郝家崖村学;衙下学区3所,松树村学、双李村学、老沟村学;连湾学区4所,新尧村学、双选村学、老庄咀村学、直沟村学;站滩学区10所,四方沟村学、深沟村学、平路村学、马营沟村学、华尖村学、短沟村学、余家湾村学、湾子口村学、石头沟村学、姜家湾村学;漫洼学区2所,阳湾村学、王家岔村学;上营学区4所,塌坡湾村学、马泉村学、老婆湾村学、洞子头村学。

2.2006年以来出现的学生异动的趋势和2007—2008年中小学撤销合并。2003年以来,全县小学生平均以2000人的幅度逐年级下降,小学生出现了向城区和乡镇中心小学异动的明显趋势。据统计,连湾学区连湾小学教学质量相对比较高,全乡14个村中有9个村和站滩乡、窑店镇部分村的159名小学生,在爷爷、奶奶或者母亲的陪同下,在学校门口和附近,每家以年租500元租用不到10平方米的房屋由学生住宿,家长陪读,有的家长带来一个孩子,有的带着两个孩子,主要就是做饭和管理孩子。峡口、站滩、中铺等中心小学也是如此,特别是城区小学更为突出。2007年秋季开学,城区内6所完全小学有在校学生5717人,其中本片生源3495人,洮阳镇其他村生源396人,县内其他乡镇生源1350人,外县、外省生源476人,片外生源合计为2222人,占了38.87%;学生寄宿1377人,占了24.08%,其中校外租住971人,亲友家住宿169人,其他方式164人。城区3所完全中学和1所独立初中,初中在校学生5044人,其中城区内生源2744人,洮阳镇其他村生源496人,县内其他乡镇生源1579人,外县、外省生源225人,片外生源合计为2300人,占了45.6%;学生寄宿1274人,占了25.26%,其中校外租住843人,亲友家住宿243人,其他方式105人。全县小学生向教育教学优质资源学校异动的趋势非常明显,家长的愿望非常迫切,肯为孩子教育进行投入。

2005年以来,连续分析了2005—2006学年度以来四年的全县教育年报,全县小学在校学生分别是63480人、59135人和51796人、43772人,分别下降了4345人、7339人、8024人和6.8%、12.4%、15.5%;2008—2009学年度比2005—2006学年度在校学生下降19708人、31.05%。2008—2009学年度全县教育年报反映,全县小学生共2011个班(其中复式179个班)43772人(其中女生21480人),平均班额21.77人;一年级278个班5049人,平均班额18.16人,二年级272个班5522人,平均班额20.30人,三年级289个班6006人,平均班额20.78人,四年级297个班6878人,平均班额23.16人,五年级333个班9178人,平均班额27.56人,六年级363个班11139人,平均班额30.69人;学前班297个4499人,平均班额15.15人,幼儿园63个班2372人,平均班额37.65人。据义务教育学生检测项目统计表明,到2010—2011学年度全县小学生预计为3.1万人,与2008—2009学年度相比继续下降约1.2万人,占27.9%,与2005—2006学年度相比下降3.2万人,占50.8%。小学在校学生的急剧减少,形成了"既减生又减班"、"减生不减班"两种现象并存的态势,广大农村小学教育教学难以有效开展,特别是山区小学复式教学增加,家长不愿意接受,孩子转学现象更为严重。

针对以上情况,县教育局执行县委、县政府的决定,加大了中小学特别是小学布局调整工作力度。2007年11月上报县政府审批(临政复字[2007]116号文件)独立初中改制为完全中学 1 所,文峰初中;农村职业初中改制为九年制学校 1 所,何家湾职业初中;九年制学校改制为完全小学 1 所,上杜家学校;撤销完全小学 4 所,其中峡口学区 1 所,红滩小学;龙门学区 2 所,韩家湾小学、小寨坪小学;玉井学区 1 所,宋家沟小学;完全小学改制为初级小学 21 所,其中中铺学区 5 所,何家山小学、伊里沟小学、康泉小学、哈拉沟小学、寺沟小学;峡口学区 1 所,中庄小学;龙门学区 2 所,岘头小学、东沟小学;窑店学区 2 所,杨家山小学、阳坡小学;玉井学区 1 所,姬李小学;南屏学区 1 所,任家沟小学;连湾学区 5 所,官尧小学、年家湾小学、阳洼小学、段家梁小学、大滩小学;站滩学区 2 所,李家庄小学、沙漠井小学;上营学区 1 所,张家河小学;红旗学区 1 所,出卜拉小学;撤销初级小学(村学)46 所,其中洮阳学区 1 所,郭王家村学;八里铺学区 2 所,胡家坪村学、瓦沟村学;太石学区 2 所,江家坪村学、昌木沟村学;辛店学区 1 所,三合村学;中铺学区 4 所,井坪村学、关沟门村学、李家沟村学、小马家村学;峡口学区 4 所,朱湾村学、东马湾村学、沙地村学、深沟门村学;龙门学区 8 所,槐树村学、毛王家村学、大石头村学、徐家山村学、野场村学、尧庄村学、何家堡村学、王郑家村学;窑店学区 7 所,古树湾村学、柯柴村学、阴洼村学、袁家山村学、陈家坪村学、花麻沟村学、阳湾村学;衙下学区 4 所,石家村学、潘家集村学、铁二村学、排家湾村学;南屏学区 4 所,巴山村学、马家沟村学、唐家湾村学、牙坪村学;康家集学区 1 所,张家坪村学;连湾学区 2 所,宋家庄村学、阳坡村学;上营学区 5 所,上窑村学、红土咀村学、大茨滩村学、下刘家村学、鸦湾村学。另外决定,全县村学全部更名为初级小学。

2008—2009 学年度全县教育年报反映,在校学生 0~10 人的有 68 所(2008 年底撤销了 18 所,改制为初级小学 4 所),分别是洮阳镇河口小学 0 人(已撤销)、贺家沟初级小学 0 人(已撤销)、闫吴家小学 0 人(已撤销)、刘李家初级小学 0 人(已撤销)、阳洼小学 8 人、老庄小学 9 人;八里铺镇雍家庄小学 0 人(已撤销);新添镇何家坪初级小学 2 人;太石镇道脉初级小学 0 人(已撤销)、蒋家坪初级小学 9 人、王府庄初级小学 6 人、中咀初级小学 8 人、鹞子岭初级小学 8 人、达家山初级小学 4 人、何家山初级小学 5 人;中铺镇新庄小学 4 人(现为初级小学)、蒋家山小学 6 人、哈拉沟小学 8 人、杨家沟小学 7 人、张家沟初级小学 0 人、摩云初级小学 5 人、康家坡初级小学 2 人、中岭初级小学 5 人、克兔初级小学 4 人;峡口镇中庄初级小学 0 人(已撤销)、大山小学 0 人、东坡小学 4 人、罗湾初级小学 8 人;窑店镇南坪初级小学 0 人(已撤销);龙门镇孟家山初级小学 0 人(已撤销)、连庄初级小学 0 人(已撤销)、白家湾小学 10 人、东沟小学 7 人;玉井镇姬李初级小学 0 人(已撤销)、邓家湾初级小学 0 人(已撤销);衙下镇杨水家初级小学 4 人、红岳初级小学 0 人(已撤销)、肖家河初级小学 0 人(已撤销)、岳家河初级小学 10 人、华家河初级小学 8 人、崖虎初级小学 8 人;南屏镇贺郝家堡初级小学 0 人(已撤销)、月那初级小学 0 人(已撤销)、梁家河初级小学 6 人、姚家嘴初级小学 4 人、录家山初级小学 7 人、王家河初级小学 7 人、蔡家滩初级小学 4 人;康家集乡任家河初级小学 0 人(已撤销);连湾乡年家湾初级小学 0 人(已撤销)、阳洼初级小学 5 人、大湾滩初级小学 6 人、吊沟初级小学 2 人、何集湾初级小学 5 人、官尧初级小学 3 人;站滩乡大庄初级小学 3 人、大滩小学 0 人、吊岔初级小学 6 人、红沟脑初级小学 6 人、沙漠井小学 7 人、李家庄小学 4 人;上营乡浅沟初级小学 5 人、秦家咀初级小学 3 人、张家河初级小学 4 人;红旗乡柳沟小学 6 人(现为初级小学)、沟门小学 2 人(现为初级小学)、下阴洼小学 4 人(现为初级小学)、出卜拉小学 2 人。在校学生 11~20 人的有 23

所(2008年底改制为初级小学2所),分别是洮阳镇坷姥小学14人、红窑小学13人、陈家坪小学13人;新添镇黄家坪小学18人(现为初级小学)、簸箕湾小学15人;辛店镇上滩初级小学11人;窑店镇杨家山初级小学18人、李七洼小学19人;峡口镇罗家湾小学15人(现为初级小学);龙门镇咀下小学15人、张家山初级小学11人;玉井镇宋家坪初级小学13人、赵家湾小学18人;衙下镇刘家庙初级小学16人、香头寺初级小学16人、蒲家山初级小学16人、唐家庙初级小学12人;南屏镇任家沟小学15人;康家集乡钟家湾小学12人;连湾乡段家梁初级小学14人、陡庄子初级小学15人;站滩乡红泉初级小学11人;漫洼乡红沟初级小学18人。

2008年12月,上报县政府审批(临政复字[2008]143号文件)独立初中与当地小学合并为九年制学校7所,卧龙初中、五户初中、上梁初中、党家墩初中、陈家咀初中、杨家庙初中和云谷初中与雁门小学、龚家大庄小学、下寨子小学、党家墩小学、陈家咀小学、杨家庙小学、云谷小学合并为卧龙学校、龚家大庄学校、下寨子学校、党家墩学校、陈家咀学校、杨家庙学校和云谷学校;撤销完全小学4所,其中洮阳学区2所,闫吴家小学、河口小学;八里铺学区1所,雍家庄小学;峡口学区1所,大山小学;完全小学改制为初级小学11所,其中新添学区1所,黄家坪小学;太石学区1所,下梁小学;辛店学区2所,石家坡小学、下杜家小学;中铺学区1所,新庄小学;峡口学区2所,罗家湾小学、东坡小学;漫洼学区1所,岳家沟小学;红旗学区3所,柳沟小学、下阴洼小学、沟门小学;撤销初级小学15所,其中洮阳学区2所,刘李家初级小学、贺家沟初级小学;太石学区1所,道脉初级小学;峡口学区1所,中庄初级小学;龙门学区2所,孟家山初级小学、连庄初级小学;窑店学区1所,南坪初级小学;玉井学区2所,姬李初级小学、邓家湾初级小学;衙下学区2所,红岳初级小学、肖家河初级小学;南屏学区2所,月那初级小学、郝家堡初级小学;康家集学区1所,任家河初级小学;连湾学区1所,年家湾初级小学。

2003年以来,全县新增加民办完职中3所,新增独立初中后改制为完全中学1所,撤销独立初中或与当地完全小学合并为九年制学校11所,农村职业初中改制为九年制学校后又初中部停止招生三年内过度为完全小学1所;九年制学校初中部停止招生三年内过度为完全小学3所,完全小学改制为初级小学(村学)35所;撤销初级小学110所,其中由完全小学先改制为初级小学后又撤销初级小学的有5所。截至2008年底,全县实有各级各类学校426所,比1999年"普九"时的570所减少144所,比2003年545所减少118所(减去新增4所,实际撤销了122所),其中完全中学9所(其中民办2所)、职中(专)4所(其中民办1所),独立初中23所、九年制(附设初中班)学校18所、完全小学298所、初级小学75所。学区原有34个,减少16个,现有18个;幼儿园原有10个,新增13个,现有23所(其中民办10所)。

根据2008—2009学年度教育年报统计,临洮县完全小学分布在农村村社一级、"一村两小"现象较多,特别是现有18个乡镇政府所在地中心小学普遍规模比较小,在校学生规模超过600人的只有县第一实验小学、西街小学、南街小学和县第二实验小学、养正小学、北街小学6所城区小学,超过300人的仅仅分布在洮阳、新添等9个镇,有建设小学、文峰小学、新添第二小学、康家崖生基希望小学等13所,201~300人的27所,101~200人98所,100人以下的小学145所,其中50人以下的有32所,20人以下7所,另外现有75所初级小学中,在校学生10人以下的有49所,这种现状已经成为严重制约小学教育发展的重要因素。

3.临洮县英语学科建设问题和现状。英语是全县最薄弱的学科,英语学科教学是影响各级各类教育质量提高最为关键的问题。目前,全县小学三年级以上开设英语学科教学的有 298 所,有授课教师 400 名,其中英语专业教师 71 名,大专以上学历非英语专业教师 329 名。这种现状,加上近年来英语专业毕业生偏少,在短时间内,难以解决全县英语教学薄弱问题。如果三年内为 150 所小学配备各 1 名专任教师,每年就要新增 25 人以上。如果为现有 298 所小学全部配备整齐,几乎没有可能。英语学科建设上不去,优质教育资源不成立。解决这一问题的出路之一,就是减少完全小学数量,建设寄宿制小学,相对集中高年级学生,优化教师队伍,进行规模化办小学。

4.通过《临洮县基础教育资源优化整合和中小学布局调整规划草案》,举行全县中小学布局调整现场观摩会议和提出《2009—2011 年临洮县农村中小学布局结构调整规划(征求意见稿)》。2008 年 6 月 25 日县教育局第 10 次局务会议原则通过,2008 年 9 月 6 日全县教育工作会议暨庆祝教师节大会审议通过《临洮县基础教育资源优化整合和中小学布局调整规划草案》;10 月 26 日全县中小学布局调整现场观摩会议,参观红旗学区红咀小学、辛店学区康家崖生基希望小学、峡口学区峡口小学、洮阳学区文峰小学,红旗学区、辛店学区、峡口学区、洮阳学区和文峰小学、西街小学校长交流发言,衙下学区、南屏学区校长表态发言,县教育局长和洮阳镇政府分管副镇长讲话;2009 年 1 月 9 日全县义务教育学校校长座谈会、2 月 10 日临洮县教育局第一次局务会议和 2 月 12 日学区校长座谈会议讨论修改《2009—2011 年临洮县农村中小学布局结构调整规划草案和 2009 年实施方案意见》征求意见稿,在思路上将"布局"调整明确到了"布局"和"结构"的双重调整。

5.郝远副省长调研临洮教育工作。2008 年 11 月 3 日,郝远副省长在省政府副秘书长张翀、省教育厅副厅长李贵富、市长许尔峰、副市长王向机和县委、县政府主要领导、分管领导、市县有关部门负责人陪同下,先后到临洮四中、文峰小学、职教中心、洮阳初中、文峰中学、临洮中学、县幼儿园、临洮二中调研工作。他强调,对于中小学教育,不提倡高中与初中的混合办学,要整合优化教育资源,实现四个"集中"原则,即高中集中在城市办学、初中向城镇集中、小学向乡镇集中、教学点向行政村集中的符合教育规律的办学原则,集中教育资源,办好中小学教育。他调研文峰小学时指出,"这是我心目中要提倡的寄宿制小学",要求新建一幢宿舍楼,办成全省一流的小学生寄宿制学校。

6.目前全县小学生异动和寄宿现状。2008 年 9 月以来,全县有 78 所完全小学,4—6 年级学生共 2312 名异动到了 6 所九年制学校和 14 所寄宿制小学,其中四年级 392 人、五年级 641 人、六年级 1275 人;寄宿高年级学生 841 人,其中四年级 152 人、五年级 219 人、六年级 470 人。特别是异动到 14 所寄宿制小学高年级学生 943 人,其中寄宿 700 人(女学生 352 人),四年级 116 人、五年级 177 人、六年级 407 人。具体分布是,南屏镇三甲寄宿制小学 64 人、岚林寺小学 58 人、塔下王家电投希望小学 35 人、紫松寄宿制小学 18 人、八里铺镇沿川寄宿制小学(已建成)42 人、辛店镇下寨子寄宿制学校 41 人、太石镇南门寄宿制小学 50 人、安家咀寄宿制学校 16 人、中铺镇中铺寄宿制小学 43 人、何家山寄宿制学校 29 人、衙下集镇寺洼山寄宿制小学 26 人、窑店镇北大坪寄宿制学校 10 人、新添镇卅墩寄宿制学校 38 人、洮阳镇文峰寄宿制小学 139 人、红旗乡红咀寄宿制小学 50 人、上堡子小学 17 人、峡口镇峡口寄宿制小学 80 人、峡口镇新集寄宿制小学 38 人、康家集乡康家集寄宿制小学40人、赵家咀寄宿制学校7人。

7.高度重视和进一步加强小学生寄宿制学校管理工作。**根据县委、县政府要求,县教育局适时转移工作重点,把小学寄宿生安全和管理作为第一位工作来抓。2009年3月15日,县教育局发布了《关于加强寄宿制小学管理工作的意见》。检查、督促、落实,进一步加强在校寄宿学生安全教育,严格落实学校生活指导教师人员,加强生活指导教师的工作责任,明确寄宿学生活动的功能区域,加强寄宿学生宿舍、食堂、厕所建设管理,加强寄宿学生食品安全工作,加强寄宿学生医疗救助工作,加强寄宿学校校园周边环境治理工作,实行县教育局机关负责人包管理制度。**

二、临洮县中小学布局结构调整的总体思路、基本原则和主要做法

(一)总体思路

进行全县基础教育资源优化整合和中小学布局结构调整,加快教育优质资源学校建设,实现教师资源的优化配置,大力加强义务教育特别是小学教育工作和薄弱学科建设。

(二)基本原则

《临洮县基础教育资源优化整合和中小学布局调整规划草案》中,提出了四个方面的基本原则。

1.扩规模提质量,先优化后整合。全县基础教育布局调整的重要目标,就是创建高中、职中和农村义务教育优质资源,最大限度地满足广大人民群众追求优质资源的愿望。教育行政部门和各学区,要通过教育改革、优化整合现有教育资源,扩大义务教育办学规模,使绝大部分中小学生享用优质资源学校教育,实现整体提高全县教育教学质量的目标。

2.先异动后调整,先学生后教师。在创建优质资源学校的过程中,必须优先考虑学生利益,把初中学生和小学高年级学生,动员异动到规划创建的23所独立初中和38所小学生寄宿的六年制初中(2所)、九年制学校(16所)和寄宿制小学(20所)等优质资源学校学习,这是教育行政部门和各学区的首要任务。然后,按照学生异动情况,对教师同步进行工作调动或者岗位变动。学生异动、教师调动后,再对学校进行调整改制。

3.先小学后初中,先落实后确认。全县基础教育布局调整工作,是一项中长期的重要工作任务。在整个实施过程中,必须根据教育县情和教育规律办事,2008—2011年,一定要使完全小学异动调整改制工作取得重大进展;2011年开始,通过大约五年时间的努力,使得全县初中教育结构发生重大变化;到2015年,高中教育和职业教育布局结构调整到位,初步形成全县科学合理的教育结构体系。在整个实施过程中,教育行政部门和各学区必须认真落实,不搞"夹生饭",不留后遗症,落实一处确认一处,报告政府审批一处。

4.先建设后撤并,重效益保稳定。在整个实施过程中,要把规划创建的23所独立初中和38所小学生寄宿的六年制初中、九年制学校和寄宿制小学等优质资源学校,作为今后学校建设的优先重点,在确保教学和教学辅助用房的基础上,优先解决教师学生食宿问题,尽快完善学校教学功能,适时为教师成长提供方便,大力营造学生学习的良好环境和条件。在整个实施过程中必须注重效益,对规划调整改制的学校,原则上只进行危房改造维修,不再进行大规模新建;教育行政部门和各学区、各学校要适当掌握必要的灵活性,实事求是地完成全县基础教育布局调整重要任务,由于自然条件和暂时学生异动确实有困难的,一律不能撤并,确保学校教育教学工作稳定,确保教师、学生、家长情绪稳定,确保社

会秩序稳定。

（三）主要做法

1.优化资源,创建优质学校。

2.广泛调研,形成可靠依据。

3.充分讨论,提出可行方案。

4.宣传发动,落实国家政策。2008年农村义务教育阶段家庭经济困难寄宿生生活补助经费补助学生22952人次, 其中校内住宿17286人次, 校外借宿5666人次；补助资金852.15万元,其中中央和省级财政469万元,县级财政383.15万元；初中835.5万元,小学16.65万元。县委、县政府一把手高度重视和全力支持,县教育局和各有关学校认真落实,临洮老百姓实实在在享受了国家民生好政策。

5.统一思想,达成行业共识。

6.精密实施,积极稳妥推进。

7.巩固成果,强化寄宿管理。

三、2010—2013年度临洮县中小学布局结构调整规划草案

近三年,特别是经过各学区的努力,共撤并义务教育阶段学校122所,临洮县中小学布局结构调整进展情况良好。根据2009年10月教育年报统计, 临洮县各级各类学校有426所；其中,完全中学8所(其中民办中学1所),职业中学3所(其中民办职中1所)；独立初中23所,九年制18所；完全小学1000人以上的4所、800~999人2所、401~799人0所、301~400人10所、201~300人24所、151~200人28所、100~150人46所、50~99人106所、21~49人101所、29~49人14所,以上合计298所；完全小学5—6年级学生正常异动到九年制学校和寄宿制小学的78所,在校学生0~4人的完全小学8所,以上合计86所；初级小学现有保留的36所, 在校学生4人及其以下初级小学29所,0人初级小学10所,以上合计75所。

根据临洮县中小学生变化实际和全县教育发展需求,2008年11月—2010年4月,县教育局认真调研论证,多次反复讨论,提出了2010—2013年度临洮县中小学布局结构调整规划草案：

（一）普通高中

2011年建成独立高中临洮中学、临洮二中、文峰中学3所,保留完全中学临洮三中、临洮四中、衙下中学、窑店中学4所,民办育霖中学1所。

（二）职业中学

保留县职教中心、玉井农职中、民办洮河机电学校3所。

（三）普通初中

1.规划扩大完全中学初中部办学规模5所,临洮三中、临洮四中、衙下中学、窑店中学、育霖中学初中部。

2.规划独立初中28所,其中扩大初中办学规模10所,洮阳初中、中铺初中、站滩初中、辛店初中、峡口初中、上营初中、漫洼初中、连湾初中、改河初中、程家铺初中；新建独立初中5所,明德初中(临洮二中初中部改建)、文峰初中(新城区新建)、唐泉初中(玉井农职中初中部改建)、中铺(循环工业园区)、太石(新区)独立初中2所；保留独立初中13所,康家集初中、苟家滩初中、三甲初中、潘家集初中、东二十铺初中、刘家沟门初中、红旗初中、塔

湾初中、窑店初中、旭东初中、西坪初中、沿川初中、孙梁家初中。

3.规划九年制学校15所,其中保留并扩大小学高年级寄宿学生规模,洮阳学区卧龙学校、八里铺学区火石沟学校、康家集学区赵家咀学校、太石学区安家咀学校、太石学区龚家大庄学校、峡口学区党家墩学校、辛店学区下寨子学校、新添学区卅墩学校、衙下学区杨家庙学校、窑店学区北大坪学校、玉井学区陈家咀学校、站滩学区云谷学校、中铺学区何家山学校13所学校,保留九年制学校,红旗学区灵石学校、衙下学区牛家寺学校2所。

4.太石学区水泉学校、太石学区巴下学校、红旗学区何家湾学校3所九年制学校改制为完全小学后,全县初中(部)为48所。

(四)小学

1.规划新建和保留完全小学190所,其中:

规划优质发展小学18所,临洮县第一实验小学、临洮县第二实验小学、临洮县南街小学、临洮县西街小学、临洮县养正小学、临洮县北街小学、洮阳学区旭东小学,八里铺学区王家大庄小学、菜子庙小学,辛店学区裴家湾小学、白杨小学,太石学区沙塄小学,中铺学区下石家小学,峡口学区新集小学,玉井学区岚观坪小学、杨家台小学,衙下学区张家寺小学、鹁鸽崖小学。

规划规模化发展小学15所,洮阳学区建设小学,八里铺学区八里铺小学,新添学区新添第二小学、潘家庄小学、新添第一小学、杨家大庄小学,辛店学区辛店小学,太石学区太石小学,上营学区赵家台小学,龙门学区东二十铺小学、三十铺小学,窑店学区四十铺小学,衙下学区兴丰小学、河董家小学,南屏学区安川小学。

规划寄宿制小学21所,临洮县文峰小学,八里铺学区王家磨小学、沿川小学,新添学区刘家沟门小学,辛店学区康家崖生基希望小学、朱家川小学,太石学区南门小学,中铺学区中铺小学,红旗学区红咀小学,上营学区上营卢湾希望小学,峡口学区峡口小学,龙门学区甜水沟小学,康家集学区康家集小学,窑店学区窑店小学,站滩学区站滩小学,漫洼学区漫洼小学,连湾学区连儿湾小学,玉井学区店子小学,衙下学区寺洼山小学,南屏学区三甲小学、岚林寺小学。

规划一般完全小学132所,洮阳学区兴荣小学、木厂小学、马家窑小学、小洼山小学、李范家小学、车刘家小学、祁家滩小学、边家湾小学、边家崖小学、王家咀小学,八里铺学区孙家大庄小学、张家庄小学、腰沟小学、二十铺小学、水渠小学、白茨湾小学、宿家坪小学,新添学区梁家小学、冯家沟门小学、孙家小学、联丰小学、潘家坡小学、阴山子小学、咀头小学、褚家寨子小学、机场小学、驹山小学、清水沟小学、大坪小学,辛店学区欧黄家小学、前川小学、祁家沟小学、泉湾小学、上杜家小学、刘陈家小学、荀家山小学,太石学区水泉小学、后地湾小学、巴下小学、甘坪小学、梁家湾小学、白土坡小学、上咀小学、李家湾小学、五丰小学、站沟小学,中铺学区康家山小学、红柳小学、马家山小学、杨家山小学、田家沟小学、清平湾小学、南家小学、马营沟小学,红旗学区何家湾小学、上堡子小学、石家窑小学、红旗小学,上营学区贺家沟小学、好水小学、塌坪小学、刘家下头小学、邓昌小学、漆家沟小学、黎明小学、包家山小学,龙门学区沈家庄小学、高峰小学、四合小学、大寨子小学、农盟小学、五里铺小学,窑店学区中间小学、翻山小学、大坊小学、黄家川小学,康家集学区黄家顶小学、西沟小学、大头山小学、邢家山小学、对坡小学、合进小学、野雀沟小学,峡口学区陆家湾小学、马家岔小学、张郭家小学,站滩学区五脏沟小学、大庙小学、牛心山小学、官庄

237

小学、小寨子小学,漫洼学区红庄小学、百花小学、箕答小学、广丰小学、新尧小学、羊圈沟小学,连湾学区簸箕湾小学、大湾小学、花儿岔小学、羊嘶川小学、王西湾小学、景湾小学、翟家梁小学、柏杨林小学、米家湾小学,玉井学区中营小学、姚家坪小学、曹家岭小学、朱家坪小学、番寺坪小学、南峰小学、录丰小学、高家窑小学、白家沟小学、赵家湾小学,衙下学区紫松小学、赵家集小学、巴马峪小学、刘家河小学、井任家小学、董家寺小学、刘排坪小学、洛家川小学,南屏学区紫松小学、格致坪小学、南屏小学、曹家湾小学、合好小学、塔下王家电投希望小学、王家寺小学、康家沟小学。

规划新建完全小学 4 所,城区新建临洮县金泽小学、临洮县第三实验小学 2 所,中铺(循环工业园区)新建 1 所,太石(新区)新建 1 所。

2.2010—2013 学年度完全小学规划改制为初级小学 114 所,其中 2010 年计划改制为初级小学 68 所,计划改制为幼儿园 1 所;2011 年计划改制为初级小学 30 所;2012 年计划改制为初级小学 16 所。

3.规划保留初级小学 68 所。

4.规划撤销初级小学 7 所。

(五)全县各级各类学校

规划 2013 学年度全县各级各类学校 426 所左右,比 2005 年底 523 所减少 96 所左右,比 2003 年底 555 所减少 128 所左右。其中独立高中 3 所,完全中学 5 所(其中民办 1 所),职业中学 3 所(其中民办 1 所),独立初中 28 所,九年制学校 15 所,完全小学 190 所左右,初级小学 182 所左右。

(六)今后工作重点

1.规划建设全县小学生寄宿制学校:(1)新添镇刘家沟门初中;(2)衙下集镇潘家集初中(2009 年一般灾区和义务教育经费项目、2009 年寄宿制建设项目);(3)南屏镇岚林寺寄宿制小学规划在校小学生 481 人,其中寄宿生 257 人;设置 9 个教学班,其中四年级 2 个班、五年级 2 个班、六年级 2 个班;(4)中铺镇何家山寄宿制学校(已建成);(5)太石镇五户寄宿制学校(已建成);(6)太石镇安家咀寄宿制学校;(7)辛店镇下寨子寄宿制学校;(8)新添镇卅墩寄宿制学校;(9)站滩乡云谷寄宿制学校(2008 年长效机制维修改造项目),在校小学生 229 人,其中寄宿生 114 人;设置 6 个教学班,其中四年级 1 个班、五年级 1 个班、六年级 1 个班;(10)窑店镇北大坪寄宿制学校(2009 年红十字会捐赠项目);(11)康家集乡赵家咀寄宿制学校;(12)玉井镇陈家咀寄宿制学校(2009 年中西部农村初中改造项目、2010 年灾后重建项目),规划在校小学生 462 人,其中寄宿生 260 人;设置 9 个教学班,其中四年级 2 个班、五年级 2 个班、六年级 2 个班;(13)红旗乡红咀寄宿制小学(2009 年灾后重建项目)规划在校小学生 267 人,其中寄宿生 114 人;设置 6 个教学班,其中四年级 1 个班、五年级 1 个班、六年级 1 个班;(14)中铺镇中铺寄宿制小学(2009 年招金集团捐赠项目);(15)太石镇南门寄宿制小学(2009 年教育厅校舍维修加固项目、2009 年校舍安全工程项目);(16)辛店镇康家崖生基希望寄宿制小学(2010 年灾后重建项目);(17)辛店镇朱家川寄宿制小学(2009 年校舍安全工程项目);(18)新添镇杨家大庄寄宿制小学(已建成);(19)八里铺镇王家磨寄宿制小学(2009 年中侨联捐赠项目);(20)八里铺镇沿川寄宿制小学(已建成);(21)上营乡上营卢湾希望寄宿制小学(2010 年灾后重建项目),规划在校小学生 471 人,其中寄宿生 238 人;设置 9 个教学班,其中四年级 2 个班、五年级 2 个班、六年

新世纪临洮教育初探

238

级2个班;(22)峡口镇峡口寄宿制小学(2010年灾后重建项目),规划在校小学生281人,其中寄宿生96人;设置6个教学班,其中四年级1个班、五年级1个班、六年级1个班;(23)站滩乡站滩寄宿制小学(2009年灾后重建项目),规划在校小学生343人,其中寄宿生187人;设置9个教学班,其中四年级2个班、五年级2个班、六年级2个班;(24)漫洼乡漫洼寄宿制小学(2009年灾后重建项目);(25)连儿湾乡连儿湾寄宿制小学(2009年灾后重建项目),规划在校小学生492人,其中寄宿生245人;设置9个教学班,其中四年级2个班、五年级2个班、六年级2个班;(26)龙门镇甜水沟寄宿制小学(团省委希望工程项目);(27)康家集乡康家集寄宿制小学(2009年校舍安全工程项目);(28)玉井镇店子寄宿制小学规划在校小学生567人,其中寄宿生202人;设置9个教学班,其中四年级2个班、五年级2个班、六年级2个班;(29)衙下集镇寺洼山寄宿制小学(2009年校舍安全工程项目);(30)南屏镇三甲寄宿制小学(2009年寄宿制建设项目)规划在校小学生448人,其中寄宿生248人;设置9个教学班,其中四年级2个班、五年级2个班、六年级2个班;(31)洮阳镇文峰寄宿制小学(2009年一般灾区和义务教育经费项目),规划在校小学生850人,其中寄宿生700人;设置9个教学班,其中三年级4个班、四年级4个班、五年级4个班、六年级4个班。

2.讨论临洮县城区中小学布局规划意见。高中:由南向北布局,南部临洮二中平行班级18个、中部临洮中学20个、北部文峰中学18个,合计56个;初中:在东西北布局,东边新建明德初中(临洮二中初中部)平行班级12个,西边洮阳初中16个,北边新建文峰初中(新城区)20个,合计48个;小学:扩大规模加寄宿,南街小学改制为寄宿小学1—4年级平行班级4个、5—6年级6个班(寄宿2个班),实验一小平行班级均为5个班,养正小学均为3个班,西街小学均为5个班,北街小学均为4个班,文峰小学改建为寄宿小学1—3年级均为1个班、4—6年级均为4个班,金泽小学平行班级均为3个班,城区小学规模达到一年级25个班、二年级25个班、三年级25个班、四年级28个班、五年级30个班、六年级30个班。新城区新建完全小学和幼儿园各一所。

3.发布临洮县农村义务教育寄宿制学校管理细则。2009年2月以来,县教育局根据县委、县政府"先行试点,狠抓管理"的要求,适时转移布局结构调整工作重点,在3月15日发布了《关于加强寄宿制小学管理工作的意见》的基础上,10月份制定下发了《临洮县农村义务教育寄宿制学校管理细则》,决定下工夫抓好现有6所九年制寄宿制学校和14所寄宿制小学已经住宿的841名4—9年级学生的安全、生活管理工作,工作目标是确保今后不发生一起学校责任事故,为全县小学生寄宿事业健康发展创造良好环境。

他山之石

感悟上海教育

上海教育的新理论、新概念、新思维、新课改，引领着中国现代教育的发展方向，是建立在牢固基础教育之上的、广泛进行探究性学习的、进而开发拓展性课程的全面素质教育。上海教育给我们临洮教育的发展引领了方向。

上海经验不是学不上。我们坚信，上海教育的今天就是我们的明天。学习上海经验，就是要树立先进理念，明确发展方向，理清发展思路，找到发展捷径。关键是解决教师成长、技术资源、教育教学管理三大问题！

科学化管理是提高教育效能和办学品位的核心，突出特色是市场经济条件下学校发展强大的根本所在。

2005年9月下旬，市教育局局长崔振邦率领全市教育考察团，作为一名成员与全市教育局局长、重点中学校长一起，赴上海对静安、卢湾、黄埔、普陀四个区教育发展情况进行了考察。归来后，总想寻找到与我们的结合点，久久思考，形成了四条感悟：

一、领略了上海教育的先进水平

在强大财政力支持下的上海教育，保持了与经济发达同步的先进水平。科技进步和创新，不仅在经济活动中充满着不竭活力，呈现出巨大动力，而且高度蕴涵在社会各项事业发展中。经济社会发展，处处体现着现代化，教育事业基本达到了现代化水平。

教育事业现代化主要体现在：现代化的理念——学生发展；现代化的课程——二期课改；现代化的教师——怎样做适应现代化的教师；现代化的管理——科学、规范、民主(有文化、有内涵)；现代化的设施——硬件软件建设。

1.强劲的经济力量支撑。建校投资按亿算，购置设备上千万，校长年薪十三万，(骨干)教师奖金达六万，(小学)公用经费(生均)八百元。

2.突出的鲜明办学特色。同济大学一附中开展"学名曲、唱名歌、演名剧"活动，合唱团代表上海演出，足球队代表全区比赛，扩大招生；同大二附中依托同大优势，举办德语班，从全市招生；卢湾中学"培养高度科学素质的高中学生，营造浓厚人文精神的学校文化"，成功创建了市级实验性示范性高中；七一中学武术表演队很有名气，刘翔就出在这个学校；静安区第一中心小学把各种特色都找全了，连自己也说不清楚哪样突出？！

3.先进的教育发展理念。

(1)静安区教育局提出"在全市提前两年实现教育现代化",目标是"扎实基础,拓展个性,让所有学生有所得";"不仅给学生知识和能力,更要给学生教会做人";"切忌浮躁、要按规律办事,切忌自满、要不断开拓,切忌作'秀'、要把事做实";"教育局有作为才会有地位,有了地位才会有更大发展"。

(2)普陀区教育局发展目标是"基本实现教育现代化,办人民满意的教育;发展方向是加强优质教育资源建设,促进基础教育均衡发展;发展战略是'圈、链、点'"。"工作策略――锻造品牌、做强一块,依托优势、提升一块,抓住机遇、发展一块";"主要抓手――推进二期课改,拓展德育特色,加强队伍建设,促进科学管理";"工作重点――专业引领、同伴互动、实践反思、制度保障、课程实践、技术资源";"工作要求――认真学习、亲临一线、组织保证,调研现状、制定计划、形成方案,抓好骨干、培训教师、形成团队,项目推动、抓好典型、以点带面,政策导向、资源配置、协调有序,总结反思、调整方案、自主发展";"工作流程――工作目标、整合资源、制定政策、搭建平台、设置流程、检查落实、监控反馈、改进优化"。

(3)同济大学二附中以"今天是未来的摇篮"为办学理念,以"理念先进,队伍精良,环境优雅"为目标,以"大胆设想、小心求证,实践第一、注重实效,抓住重点、项目推进"为策略要求,取得了明显成绩――"以学校制度建设为特征的规范管理初具雏形,以学业成绩提高为指标的教学质量稳步提高,以示范标兵名师为代表的队伍素质明显提高,以入学生源改观为标志的社会认可日渐提高,以区级示范评比为阶段的跨越发展基本实现"。

(4)静安区第一中心小学**"一切为了儿童",搞"活教育――和教书、教和书、书和教,和读书、读和书、书和读","做中学、做中教、做中求进步,做中国人、做现代中国人","以低求高,以慢求快,以静求和,以少求多","在学习过程中解决问题,在解决问题过程中学习","少、和、精是课堂教学的指导方针","学与教统一、教学适应学生应知规律,学与用统一、变知识的灌输为(思考、实践、学习、生活、社会)问题的解决","教服从于学,教服务于学,克服课堂的无效劳动、低效劳动"。**

4.完善的教育教学平台。

(1)学校的平台。最高的是市级实验性示范性高中创建活动平台,其次为区级实验性示范性高中创建活动平台和专业性、行业性的活动平台。

专业性的活动平台,如开展科技教育特色示范学校、ti数理教学技术学校、中小学学生行为规范达标学校、行为规范示范学校、德育工作示范学校、头脑奥林匹克活动特色学校、青少年科学素质2049培训计划试点学校等一系列创建活动,建成中小学课程教材改革研究基地、市教科院基础教育研究所教育科研基地等等;

行业性的活动平台,如创建国防教育优秀学校、绿色学校、文明单位、科技教育学校等各级各类平台。

(2)教师的平台。最重要的是学校教科研平台,基础性课程研究、拓展性课程研究、研究性课程开发,科学与人文论坛;还有骨干教师、教学能手、示范标兵评比,各级各类优质课、公开课竞赛、青年教师大奖赛和听课、评课、说课活动,创办《艺教求索》等杂志,专家讲座、专题讲座、主题活动以及职工音乐、美术、体育活动。

(3)学生的平台。

参与管理的平台——学生自主管理委员会、班长联席会议、德育主任助理;

学校大型活动的平台——"当代高中生形象"大讨论;

社团协会的平台——智能机器人开发者协会、"天文""om""美术"等爱好者协会、巅峰科学社、邓小平理论读书会、《沸点》杂志社;

班级活动的平台——专题班会、特色主题活动、走访党的一大到十六大代表活动;

参与第二课堂的平台——摄影展览;

自主学习的平台——学科知识竞赛;

行业知识的平台——高中学生税法知识演讲比赛。

5.完备的教学技术应用。

(1)校园网络建设,计算机网络,有线电视网络,校园广播网络,通信网络。

(2)计算机与网络应用,计算机、网络与学校管理,计算机、网络与教科研,计算机、网络与教材整合,计算机、网络与实验,计算机、网络与劳动技能课程。

(3)基础课程实验室、劳动技能实验室与拓展性教学实验室。

(4)计算机在教与学中的普遍广泛应用。

6.健全的科学管理体系。

(1)机构合理性,教育行政管理,教科研机构设置与管理,学校管理机构。

(2)理念先进性,理论依据,科学设计,实践操作。

(3)体系完整性,规划审查、预算编制、学校建设、教学评价、教育科研、课程改革、校长选派、师资队伍、德育工作、校园事故等等,都做到了实施方案、相互关联,形成了完整体系。

(4)管理实效性。

二、认识了与我们教育的巨大差距

1.根本差距——财政支撑、人才优势、教育技术。

(1)我们刚刚脱贫的经济发展水平,决定了将要开始小康建设的社会历史进程,也同样决定了教育发展水平,也就是基本普及九年义务教育而且仍然需要巩固的这样一个水平。这,就是我们教育发展水平的巨大差距。

(2)上海教育界广泛开展与发达国家教育的交流,几乎每个学校都有自己的合作伙伴,友好往来经常化。上海教育与经济发展联系紧密,市场经济规律运用于教育教学活动随时、处处可见。上海教育了解世界教育水平和信息,了解经济社会人才需求,不论是高校升学,还是开展拓展性教学,都体现了教育强大的反哺功能。而我们总是走不出去,长期关门办教育,对外面、对社会的了解太少,获取各方面信息的途径不多、不畅,对当地经济社会发展的反哺功能仅仅限于完成初等教育和多培养几个高中生。这,就是我们发展方向的巨大差距。

(3)同济大学二附中通过实行待退58人、转岗11人、流出15人、退休15人、引进53人(来自18个省)等措施,现有92名教师中中学高级、一级分别为28.3%、54.4%。我们教师资源的高学历、高职称数量上的严重不足,是最根本的差距。

(4)卢湾区劳动技术教育中心承担着全区各个中学的全部劳动技术课,拥有汽车模拟驾驶、电动缝纫、数码摄影、电动装配、电脑雕刻、建筑模型、写真器等等课程实训教室。技术资源的巨大落后,是制约我们发展现代教育和提升教学水平的巨大差距。

2.认识差距——新理论、新概念、新思维、新课改,表明了上海处在教育前沿地位,这种地位与上海的经济、社会发展、科技进步相适宜;而适合我们的新理论、新概念、新思维、新课改,一定要与自己教育的现实情况相结合才能产生形成,不求领先,但求实用,但求发展。这,是解决认识问题的结合点。

3.工作差距——教育行政、教育教学管理,技术资源与应用,师资力量和教师培训,教研机构及其教育科学研究水平,教育教学载体和平台,办学思路、特色与优势,基础教育与素质教育。这些,是我们需要加强和改进的重点。

三、领悟了我们教育的发展方向

上海教育的新理论、新概念、新思维、新课改,引领着中国现代教育的发展方向,是建立在牢固基础教育之上的、广泛进行探究性学习的、进而开发拓展性课程的全面素质教育。上海教育给我们的发展引领了方向。

1.教育教学管理,他们认为,"质量、特色、品牌,课程建设(标准、技术、资源)是核心,能力资源(设计、执教、反思)是关键,管理配套(机制、策略、举措)是保障"。

2.新课程改革,他们认为,"教育改革最核心的是课程改革,课改必须到课程建设,课程必须到学科建设";"课程建设重要的是课标解读和实施方案,教育研究人员做到章节上";"学科建设——先进理念、新课程标准的学习和实施,学科教学基本规范的确立,学科教学资源的开发和优化,学科教师业务档案的建立,学科教学专业化成长的实现,学科选修拓展课程的设计与开发,具有个性色彩的学科评价方案的生成,学科活动的策划和实施";"教师在二期课改中是执行者和开发者,实现教师个人到学科集体行为,才能解决课改中的问题;要变教教材为用教材";"(国家、地方、学校)三级课程,学生动手能力、适应社会能力、创新能力、交流能力的提高,必须有区级课程教材";"当前课改工作重点是专业引领、同伴互动、实践反思、制度保障、课程实践、技术资源";"三维目标,如情感、态度与价值观,不一定每一节课都讲,但一个单元内必须有一次安排";"高考的作文题句肯定不在课本内"。

3.聚焦问题,他们认为,"如何进行三维目标的教与学设计? 如何开展课程资源与技术开发? 如何实现教教材到用教材的转变? 如何由单一训练变为多样化训练? 如何实施信息技术与课程的整合? 怎样的是有效教学和有效教学方法"? 我们与他们都存在着差距——校长对新课程改革没有思考,专家引领不够,老师素质明显赶不上新课改(特别是学科课程、拓展课程只按自己的长处不按学生需求),学生不适应课程改革,社会不支持、不理解(前提是分数,然后才是能力),政策不配套(只出了纲目,没有深入——如评价体系),课堂改革与新课改之间的矛盾(有理念无行动、有目标无动力、有条件无机制)等问题。

4.面对考试,他们也认为,分数不是唯一的,但是,是最重要的。

四、增强了教育改革发展信心

1.学习先进教育理论与实践经验,重新审视定位我县教育发展水平,努力寻找全县教育发展的捷径。不论怎样先进的理论,必须与当地的实际紧密结合起来,否则就是教条主义。关键是重新审视我们的教育实际情况,重新定位我们的教育发展水平,重新认识我们的教育发展方向,重新完善我们的教育发展规划措施,努力寻找全县教育发展的捷径。

2.理念决定方向,思路决定出路。**上海经验不是学不上。我们坚信,上海教育的今天就**

是我们的明天。**学习上海经验,就是要树立先进理念,明确发展方向,理清发展思路,找到发展捷径。**2006—2010年期间,临洮教育工作要全面实施素质教育,稳固提升义务教育水平,全力提高高中教育质量,大力发展职业教育,深化教育体制改革,加快农村中小学布局结构调整,促进各级各类教育协调发展,建立学习型新临洮。**关键是解决教师成长、技术资源、教育教学管理三大问题。**

3.**科学化管理是提高教育效能和办学品位的核心,突出特色是市场经济条件下学校发展强大的根本所在。**实行科学、规范、民主的管理,落实公平、公正、公开原则,落实政务、事务、财务、人事等公示制度,培育和成长适合市场经济条件下的特色鲜明的教育模式和办学模式。

4.构建和筑高适应教师学生发展平台是教育行政部门和学校的基本职责,教育发展必须依靠教师发展、学生发展、技术资源发展。**构建和筑高适合我们教育发展、学校发展、教师发展、学生发展的平台,是教育行政部门和学校的当务之急。如何建设,是首要任务。建设得好与坏,是关键问题。上海已经为我们做出了榜样。**

从我们的教育实际出发,"十一五"期间,还应抓好以下工作:

(1)加快实验室建设,健全普通高中、完职中实验实训室,开足、开齐实验实训课;装备初中理、化、生实验室,购置实验仪器、药品,普遍开出演示实验,分组实验开出率达到75%以上;完善小学功能室建设,备齐小学必备教学实验设备。

(2)不断优化教育技术资源,以加速信息技术发展为核心,开通城区中小学城域网,在完职中和示范性初中建成学生计算机教室、多媒体教室和校园网络,计算机和网络进入课堂;完职中和初中建成教师电子备课室,实现计算机备课;完全小学实现远程教育技术普及,力争进入课堂教学;加速计算机、计算机网络与教材开发、实验实训、技能训练有机结合的进程,为开展探究式学习和拓展式学习创造条件,为逐步实现教育现代化打好基础。

5.谋划未来,规划发展,就是实践进步。全县教育事业发展"十一五"主要目标:

(1)学校布局和在校人数,新增完中2所,改制新增九年制学校8所、完全小学1所,撤销独立初中10所、九年制1所、完全小学8所、三年制初级小学50所,完全小学改制为三年制13所,改制为复式班六年制小学118所,使全县学校布局成为470所,总数比2005年减少36所。其中,独立高中2所、完全高中4所、职业中专1所、职业中学3所,独立初中23所、九年制学校17所、完全小学337所(其中复式教学校118所)、三年制初级小学66所,幼儿园17所。在校人数预计达到11.2万人,与2005年基本持平;其中高中阶段预计2.2万人,比2005年增长73.73%,力争普中和职中在校学生比达到2:1;初中阶段预计3.46万人,比2005年增长30.04%;小学阶段预计5.11万人,比2005年下降19.5%。高中、初中、小学比例由"十五"末的13.1:25.7:61.2调整成为20.4:32.2:47.4。幼儿入班入园人数4000人。

(2)教师队伍和结构比例,按照现行规定核算,2010年预计需求教师5630人,比2005年实有人数(含代理教师615人)将减少250人;其中高中教师1380人,初中教师1670人,小学教师2580人。经过五年的努力,全县高中、初中、小学专任教师学历达标率分别达到75%、98%和95%以上;锻炼成长66名县级名校长,其中中学16名,小学50名。

(3)初级教育和"两基"工作,全县适龄儿童小学入学率达到98.5%以上,辍学率控制在1.5%以内;适龄少年初中阶段入学率达到98%以上,辍学率控制在2%以内;逐年扫除现有

7809 名的青壮年文盲,消除新增文盲;巩固提高电大学历教育、高等教育自学考试成效。

(4)高中教育和职业教育,创办省级示范性高中 1 所,高考参考人数达到 6000 人以上,专科以上上线率达到 70%以上;创办省级重点职业高中 2 所、省级骨干专业 5 个、市级骨干专业 10 个,开展就业岗前培训、下岗再就业培训和劳动力转移培训,每年培训 2 万人次。

6.机构分立,专家引领,以校为重,队伍稳定,是教研工作取得成效的机制保障。教育行政管理部门与教育科学研究机构分设,是当前我们教育事业发展的需要;没有高层专家的引领,就没有新课程改革的引申、升华和健康发展;脱离学校搞教学研究,教研人员的不稳定性,是教学研究不能深入持久开展和取得成效的最大弊端。这一切,都归结于如何建立健全教学研究工作保障机制。

(根据作者 2005 年 11 月 18 日在全县校长工作会议上的汇报整理)

寻找新的战略制高点 下工夫解决瓶颈问题

我们必须树立坚定的信念和百倍的决心,虚心学习陇、静、会三县经验和做法,认真反思、对比、寻找差距,站在时代的前沿,从战略的角度更新发展理念、确定发展思路,努力寻找战略制高点,下大工夫抓落实,力争十五年、十年或在更短的时间内赶超陇、静、会三县教育水平。

以学科建设为根本点,运用外出培训、网络学习、岗位练兵、自我成长、硬性测试、考评考核等综合措施,加速学科配套和学科优化,形成一批思路敏捷、业务精细、勤于奉献、能征善战的教育教学"小团队",引领和推动高中教育队伍建设。

发展信息技术教育,我们必须放在战略高度来认识!哪怕是办公楼、宿舍楼、餐厅等建得迟一点,也要优先解决实验室、图书馆、多媒体教室和教师计算机备课问题!

2006年3月27—30日,县政协主席张学东率领教育考察团,与分管副县长、县政协秘书长、有关委办负责人、各完中校长一起,赴白银市会宁县、平凉市静宁县和我市陇西县,考察了各县一中等9所中学教育教学管理工作,31日又组织各完中校长观摩了县内6所中学并进行了总结。

一、深刻体会

1.教师队伍过硬。陇、静、会三县,学校校长作为一把手,站在全国、全省的前沿来寻找新的制高点,用战略眼光观察思考,率领一班子人适时地采取许多战略性举措,敢作敢为,果断决策,及时付诸实践,带领和打造了一支优良教师队伍,引领了全省高中教育发展水平。会宁县从1985年就开始补充高中教师,陇西县在1995—1996年吸收了大量师范类本科毕业生,经过一、二十年完善和组合,学科建设基本实现优化,教师全部进行循环教学,现在已经开始培养新人、解决如何接好班的问题。静宁县从五年前开始大力引进县外师范类本科毕业生,现在又面向全国各高校引进,注重教师年龄构成、地域构成,加速学科建设进而得到优化。特别是三个县一中和会宁二中,已经锻造了一支过硬的教师队伍。

2.技术装备抓得早。静宁一中、会宁一中都实现了现代化信息技术教育,计算机网络化,多媒体进教室授课经常化,有效提高了课堂效率;图书馆、实验室开放化,是全国实验

他山之石

247

室与仪器工作先进单位。特别是会宁一中，实现了实验室全天开放，学生可以自由做实验，极大地丰富了师生课外活动。这些，为学生独立思考、自主学习、发挥主体作用提供了保障。

3.高中建设力度大。我们所到中学，校园面积都达到150~200亩，大多是近年来扩大的。陇西县为一中划拨土地，年内搬迁后面积达到200亩；静宁县拆迁了23户居民，为一中两次扩充面积88亩；会宁县新建五中、六中占地都在150亩以上。校园内建筑物颇多，教学、实验、图书、网络、运动、餐厅、住宿、办公等功能俱全，政府投资启动，学校借力建设，硬件很硬，保障有力。

4.教育教学管理严。静宁一中坚持"教师发展学校"，通过实施"青蓝工程"、"名师工程"，推动教师走专业化道路，成长了一批教育教学骨干。抓教风、促学风、建校风，形成了管理育人、教书育人、环境育人、服务育人的办学格局，"苦抓、苦教、苦学、苦供、苦帮"+"信息技术、图书实验、素质教育、规范管理"，形成了新的"静会"精神。

5.高考工作居前列。2006年，静宁一中应补班级比例为1.2:1，应补学生数比例应在1:1.5以上；会宁一中、二中各有一个大约150名左右的"本科"补习班。静宁实施高考六年抓，五年本科上线增加了1.5倍；会宁一中、二中本科上线各600多人，相差几个人，重点上线都是186人；陇西一中集体选定参考资料、集体确定备考方案，上线接近临洮全县水平；静宁一中等几所中学都实行教师循环教学，让每一位教师都有机会享受成就感，使教师人人熟悉高考，个个参与高考，大家争当骨干，保证了高考工作高水平。静宁一中教育教学质量与兰州一中、师大附中等省内知名中学相比较，会宁一中与北京四中等全国知名中学相比较，互相交流。陇、静、会三县高考本科上线人数达到1000~1500人，成果辉煌。

二、主要差距

1.队伍建设。数量相对不足，"一本"率不太高，学科配套比较差，教师队伍不整齐，是我们的主要差距。

2.教风建设。我们的差距关键在"四风"上，即教风、学风、校风和社会风气。

3.资源建设。我县各校硬件功能不全，图书馆、餐厅、办公、住宿条件情况不一，仍需要继续加大投入。

4.基本建设。我们注重了数量、质量和外观，有的学校缺乏规划，忽视了功能衔接配套，使用有不便。

三、改进措施

1.努力寻找战略制高点，为高中教育发展奠定扎实基础。我县高中教育，受历史原因的影响，长期处于徘徊状态。经过近三十年的不懈努力，逐步得到了恢复和发展，有了一定的基础。但是，与陇、静、会三县相比，差距仍然拉得很大。如何缩小差距是值得我们深思和检讨的大问题。记得1985年时，我们曾经带着疑问去过会宁，考察了会宁教育。考察后，对临洮教育界振动很大。二十年后再去看，感到差距不仅没有缩小，反而拉得更大了！不论是在理念上、思路上，还是在硬件上、软件上；不论是在队伍建设方面，还是在科学管理方面；不论是在紧迫感、责任感方面，还是在增信心、下决心方面，教育局和各学校都不同程度地存在差别。所以，**我们必须树立坚定的信念和百倍的决心，虚心学习陇、静、会三县经验和做法，认真反思、对比、寻找差距，站在时代的前沿，从战略的角度更新发展理念、确定发展思**

☆☆☆◇————————

路,努力寻找战略制高点,下大工夫抓落实,力争十五年、十年或在更短的时间内赶超陇、静、会三县教育水平。今年,先从我们最薄弱的地方抓起,解决多媒体教室、教育信息技术问题,广泛应用计算机网络,明年彻底解决实验、图书问题! 这有可能是第一"战略制高点"。

2.以学科建设为根本点,加速高中教育队伍建设。坚持不懈地做好县内外本科大学生引进工作,并逐步面向重点综合大学吸引大学生;加速近三年进校"一本"青年教师成长进程,加速高中教师"专升本"进程,迅速提高教师学历达标率;以学科建设为根本点,运用外出培训、网络学习、岗位练兵、自我成长、硬性测试、考评考核等综合措施,加速学科配套和学科优化,形成一批思路敏捷、业务精细、勤于奉献、能征善战的教育教学"小团队",引领和推动高中教育队伍建设。这也可能是第二"战略制高点"。

3.以信息技术教育发展为突破口,全面加强实验设备和图书馆建设。发展信息技术教育,我们必须放在战略高度来认识! 多媒体教室和教师计算机备课任务,临中、二中年内要率先完成,三中、四中可以先借资后还债在近两年内解决,窑中、衙中按教研室配备。哪怕是办公楼、宿舍楼、餐厅等建得迟一点,也要优先解决实验、图书、多媒体教室和教师计算机备课问题! 明年税改资金要予以倾斜,各学校也要自筹相当经费予以保证。实验问题,年内各学校必须有大动作! 图书馆建设和图书购置,必须摆上学校议事日程,加速解决进程。

4.大力提高课堂效率,确实发挥学生的主体作用和教师的主导作用。学校拥有现代化教学手段,就会为教师腾出充足的时间去研究教学,就会为教师策划好每一节课,保证课堂效率提供可能和条件,教师的主导作用也会充分得到发挥;课堂效率的提高,就会为学生腾出充足的时间来自主思考、自主解决问题,学生学习的主体作用也会较好体现。当前必须提高课堂解决问题的能力,逐步过度,还时间于学生。

5.全方位出击,全力打造高中教育发展龙头学校。临洮中学校园面积不足、功能教室偏少、活动场地没落实的问题,已经到了非解决不可的地步,当年解决不了下年必须解决,解决得越早越有利! 临洮中学、二中要按自己的目标规划执行,切实肩负起历史赋予的重大责任,率先打出品牌,其他学校也要不甘落后,寻找自己的制高点,不断发展壮大。

6.改进服务措施,为全县高中教育发展提供有力保障。抓教风、促学风、建校风、转社风,是我们必须解决的关键问题,这个坎非得越过去不可! 要乘好这次考察东风,不敢拖延,不可丧失机遇,抓紧改进! 教育行政部门必须明确思路,抓住这一关键问题,加以宏观指导,和学校、社会各界共同努力,转变"四风"。同时,改进服务措施,调整高三应补比例,全方位有力保障,努力办好全县高中教育。

(根据作者 2006 年 4 月 19 日在全县校长工作会议上的汇报整理)

布局结构调整：河西做法值得借鉴

　　今后,教育一切工作,都要围绕狠抓各级各类教育教学质量这一主题,以质量振兴教育,以教育扬名临洮。提高义务教育质量,必须坚持规模办学。

　　坚持规模化发展,必须大力调整全县中小学布局,创办一批寄宿制学校。下工夫解决川区初中寄宿问题,创办一批有寄宿功能的九年制学校和高级小学,改办一批初级小学和初小加幼儿园教育模式学校。

　　2006 年 9 月 25—27 日,全省农村教育工作会议在武威市民勤县开幕、金昌市闭幕,白继忠厅长、且智塔副厅长先后主持会议并分别作了重要讲话,全省 14 个市州教育局局长或副局长、西北师范大学、河西师范学院负责人进行了交流发言,金昌市市长、武威市分管副市长和民勤县县长分别致辞,参观了民勤县双茨科高级小学、双茨科中学、泉山中学、县职业教育中心和永昌县六坝中学、金川区双湾中学、金昌市一中七所学校。定西市教育局副局长李春敏、临洮县教育局局长魏文忠作为代表参加。

　　会议主题是,在我省基本实现"两基"目标后,探讨贯彻落实新修订的《义务教育法》规定,如何促进区域性均衡发展,进一步提高义务教育教学质量问题。河西两市三县(区)的主要经验是,适应人口变化新形势,大胆探索学制改革,创办寄宿制学校,有效推进中小学布局调整工作,大面积提高义务教育教学质量。具体做法是:

一、面对人口减少新形势,及时调整思路

　　金昌市总面积 9600 平方公里,人口 46 万,农村人口 21 万;在校学生 77714 人,农村 50815 人(中学 28969 人,小学 21846 人),高中学生 1.7 万;人口与学生比例分别为 5.9:1、4.1:1 和 27.1:1。教职工 5089 人,学生与教师比例为 15.3:1;其中专任教师 4607 人(高中 936 人、初中 1451 人、小学 2220 人),学生与专任教师比例为 16.9:1(高中比例为 18.2:1)。民勤县总面积 1.6 万平方公里,人口 30.9 万;在校学生 69226 人;人口与学生比例分别为 4.5:1。教职工 3699 人,学生与教师比例为 18.7:1。这样的人口形势,要求调整初中,整合小学,把扩大高中规模作为教育发展的主要思路。金昌市和民勤县高中阶段入学率分别达到 85.2% 和 85%,基本普及了高中教育。金昌市比 2000 年提高了 37.2 个百分点,民勤普通高中入学率达到了 70% 以上。通过调整,金昌市拥有独立高中 3 所、完全中学 6 所,将原有农村

162 所小学调整为 138 所,20 所初中调整为 12 所;建成寄宿制学校 19 所,农村寄宿学生占 19%。民勤县二十多年进行了四次大规模的调整,将全县 22 所农村高中撤并为 2 所,撤并初中 75 所,农村 230 所完全小学改办为初级小学、新建高级小学 16 所,城区初中 1 所、完全小学 2 所,城区 2 所完全中学改办为高级中学(分别为省市示范性高中),全县形成了完全中学 3 所、高级中学 2 所、职业中学 1 所、独立初中 20 所、完全小学 22 所、高级小学 16 所、初级小学 209 所、教学点 20 个的学校结构和布局。临洮县总面积 960 平方公里,人口 54.3 万;在校学生 11.2 万人(其中初中学 2.67 万人,小学 6.34 万人),高中 1.62 万人;人口与学生比例分别为 4.8:1 和 39.9:1。教职工 5455 人、代理 603 人,学生与教师比例为 20.53:1(加上代理为 18.49:1);其中专任教师 5183 人(高中 906 人、初中 1503 人、小学 2774 人),学生与专任教师比例为 21:1(高中比例为 18.2:1、初中比例为 17.76:1、小学比例为 22.86:1)。相比我们的高中教育,在学生数量上相当不足,教师人数比例上大体相当,反映出高中高峰期尚未到来,我们正在经历初中高峰期,初中、小学教师编制过少,学生与教师比例差距较大。**今日河西教育的实践,就是我们明天发展之路。**

二、面对学生变化新形势,大胆创新体制

高中、初中、小学学生结构和比重的变化,促进了河西地区学校结构调整、学校体制改革和办学模式创新。民勤县按照"打破村村办小学的格局,减少小学数量,扩大学校规模,提高办学效益和质量"的基本思路,形成了"1 村 1 个初级小学,1 乡(镇)1~3 所高级小学(或完全小学)、1 所独立初中"的农村义务教育格局。**主要模式有,九年制学校模式,初中和小学 5—6 年级组成的"3+2"模式,1—6 年级完全小学模式,5—6 年级高级小学模式,1—4年级初级小学模式,完全小学和初级小学复式教学模式等。我们还可以探讨幼儿园大、中、小班和小学 1—4 年级组成的"3+4"模式,幼儿园和小学 1—2 年级组成的"3+2"模式,办学模式多样化。**

三、创办寄宿制学校,实现规模办学

金昌市在所有初中建设教学楼,利用和改造原来平房教室作为学生宿舍,校校设有学生大灶,基本满足了食宿要求。永昌县六坝中学 892 名学生全部住宿,金川区双湾中学 947名学生中住宿生占 52.2%。民勤县主要利用因学生减少而空出的房屋加上新建一些来解决住宿问题,双茨科高级小学 707 名学生中住宿生占 83.6%,双茨科中学 931 名学生中住宿生占 83.8%,泉山中学 1200 多名学生中住宿生占 72.5%。**寄宿制扩大了办学规模,实现了规模办学,解决了教育教学评价等诸多方面的问题,为提高教育教学质量奠定了基础。**

四、加强教学管理,提高教育教学质量

一是狠抓学生管理,加强德育工作,教书先育人;加强后勤管理,保证学生吃住;改善教学实验,提高学习效果。二是狠抓教师管理,实行"凡进必考",大量引进优秀本科生,教师结构和比重发生了重大变化,金昌市高中、初中、小学教师比重为 20.3:31.5:48.2,专任教师学历合格率分别为 84%、96%、98%;临洮县教师比重为 17.5:29.0:53.5,专任教师学历合格率分别为 51.9%、94.4%、93.4%。金川区双湾中学(独立初中)有 24 教学班、学生 947 人,专任教师有 82 人,其中本科学历 46 人,占 56.1%,师生比为 11.5:1。三是狠抓教育教学管理,永昌县六坝中学,是六坝乡和南坝乡两所初中合并组建的,坚持"内强教师素质,外树学校形象"校铭,以教学为中心,以人为本,以质量为本,教学与管理并重,目标与过程并

重,常规与创新并重,教育教学管理效果明显。民勤县双茨科中学虽然没有高楼大厦,但平房布局合理,校园整洁有序,鲜花绽放,处处散发着农村文化气息。四是狠抓课程改革,武威市民勤县双茨科中学、泉山中学都是基础教育课程改革先进集体。五是狠抓教学质量,双茨科中学学生九科达标率在 78% 以上,2006 年毕业升学率为 96%;泉山中学在 2006 年全国初中数理化竞赛中有 6 名学生获奖,其中 3 名获得一等奖;金昌市一中三本科以上上线率 71%,社会美誉度很高。

临洮县要以贯彻会议精神为契机,首先明确方向,端正认识,主要是狠抓各级各类教育教学质量。**今后,教育一切工作,都要围绕这一主题。认真落实各项措施,以质量振兴教育,以教育扬名临洮**。其次是充分调查,着手论证,下工夫做大一批学校的办学规模。**坚持规模化发展,必须大力调整全县中小学布局,创办一批寄宿制学校。下工夫解决川区初中寄宿问题,创办一批有寄宿功能的九年制学校和高级小学,改办一批初级小学和初小加幼儿园教育模式学校,积极应对初中高峰期的到来,积极迎接小学生持续下降的新形势**。再次是持续扩大高中阶段教育规模。完成文峰中学建设规划论证,解决完职中住宿问题,形成普通高中 5400 人、职业高中 3500 人的办学规模,加速教育大县建设进程。

(根据作者 2006 年 10 月 8 日在县教育局机关全体会议上的汇报整理)

苦严细实恒:潍坊市高中教育的核心价值

"苦、严、细、实、恒",是我们考察活动的最大收获。

苦,潍坊市教育督导从学生进校开始到学生晚自习结束,从教育教学、管理服务到教师学生活动全方位督导。这使我们明白了一个公理:教育是苦出来的。

严,安丘一中的全员管理,不仅教师全员行动,学生也全员参与。名师出高徒,严教出名生。这使我们得知了一个规律:管理,管理,你不管他就不理。

细,安丘四中不论教育教学,还是管理服务,如果不深入、不细致地抓,大而化之,是绝对不行的。韩忠玉校长抓教学,亲自分析,细致入微。这使我们明确了一个认识:细微见大。

实,潍坊市教学中心地位空前提高,教育也好、教学也好,课堂也好、课外也好,做法也好、作风也好,绝对不能浮躁。这使我们明了一个事实:教育绝对不能作"秀",只能做实!

恒,安丘四中经过近十年的历程,成功实施信心教育、养成教育和感恩教育,创造驰名全国的四中"神话"。不论多么好的思路、多么好的理念,不去落实是空的,不坚定地去落实也是无用的,不持之以恒去落实更是肯定会失败的!这使我们坚定了一个信念:贵在坚持。

2006年12月,在张捷副县长的率领下,各完中校长和县教育局负责人一行11人,赴山东省考察了潍坊市、安丘市2个教育局、3所中学和星火图书1家企业。考察活动紧凑,心得体会颇多,只要认真仿真创新,一定会有效推动临洮教育大发展。

一、基本情况

1.潍坊市,人口840万,辖8个县(或县级市)和5个区。普通高中学校68所,其中市教科院重点调度的26所;普通高中在校生每年级7万人左右。2006年高考考生占全省的1/12;本科一批上线9186人,占全省的1/6,全省第一,而山东是全国高考大省。安丘市,是人口110万的县级市,在校学生有14万多名,教师1.2万多名,近几年高考一直居潍坊市各市区前列。

2.潍坊一中,2006年1328名考生,本科录取939人,重点本科上线绝对人数、增长率、高分成绩人数指标位列潍坊市 23 所重点高中第一。安丘一中,2006 年高考,文理体一榜进线人数突破 800 人大关,文理重点本科达 436 人,音、体、美双进线 498 人。安丘四中,2006 年本科上线人数 621 人,上线率 69.62%,一所农村中学,十年创造了安丘四中"神话",成为全国驰名学校。

二、主要经验

(一)办学标准高,高中规模大

创建于 1913 年的潍坊第一中学,早在 1978 年被命名为山东省首批重点中学,2000 年学校通过国家级示范高中省级验收,成为目前山东省唯一一所国家级示范性普通高中。去年七月,潍坊市直学校布局调整中,政府划地 1259 亩,一次投资 13 个亿,将潍坊一中从城区搬迁到了新址,建设成一所"生态化、数字化、人文化、环保型"的高标准寄宿制纯高中学校,超大的校园,宏伟的建筑,园林式的绿化,优越的读书环境,打造亚洲第一中学。潍坊市高中教育规模大,已经具备了普及高中的条件。

(二)教育行风正,社会支持大

"苦、严、细、实、恒"是教育行业的正气。苦,潍坊市教育督导从学生进校开始到学生晚自习结束,从教育教学、管理服务到教师学生活动全方位督导,每年对所有中学、中心小学和每学区随机抽查其余小学 2 所进行督导检查,工作任务重,参与人员多,效果明显。潍坊市教科院加强教学质量的过程性监控,实行全市统考、集中阅卷,统一质量分析,两天阅卷,当晚数据分析网上公布,深受校长欢迎。安丘一中实行全员管理,校长亲自抓做操,坚持 50 天,以此为抓手,端正了学校"三风"。安丘四中教师对试卷像学生作业一样进行批改,针对每一位学生、每一次考试都要书写评语,登分分析,进行指导;宿舍门上有学生自己的话语:"学贵有恒,何必三更睡五更起;最无益,只怕一日曝十日寒",教室门上有学校的提醒:"图安逸另寻他路,怕吃苦莫进此门!"**书桌上学生复习资料掩埋了人头。这些使我们明白了一个公理——教育是苦出来的。严,**安丘一中的全员管理,不仅教师全员行动,学生也全员参与,不论在课堂上、校园内,还是在餐厅里、宿舍中,都有一支监督检查队伍,发现一个违规的,你必须再抓他人 3 个。**名师出高徒,严教出名生。这使我们得知了一个规律——管理,管理,你不管他就不理。细,**安丘四中韩忠玉校长关于"从课堂教学调研看改错与落实的重要"论述,从高三一节习题课三角函数调研,当堂做题统计,共做计算题 8 道,8×13=104 个题,做完的占 71.2%,做对占比 46.1%;分析出问题的主要原因:三角变换方法不会,计算错误,部分学生没做。课间操时间选取课堂训练中的四个原题重考(20 分钟),测验成绩二次统计,共做计算题 4 道,做完的占81.6%,做对的占比 54.7%,平均分 79.5 分,总分前 30 名的学生,仅有 10 位学生满分,第2、3 名得 95 分,倒数第 1、2 名仅 52 分、67 分;再次分析出问题的主要原因:基本公式记错,计算错误,三角变换方法不会,解题步骤不全,欠规范。韩忠玉校长由此引发思考:一是讲完了,就等于完成教学任务了吗?二是纠正了黑板上的学生错误就等于纠正了班级中其他同学的各种错误吗?三是本堂课的任务是尽可能在当堂落实,还是把希望放在课后,放在下一节课?四是如果我们已经讲了、做了的题目,而且是随后检测,前 30 名学生还有20 位学生不能全对,我们还希望其他的考试有好的成绩吗?校长抓教学,亲自分析,细致入微。**不论教育教学,还是管理服务,如果不深入、不细致地抓,大而化之,是绝对不行的。这使我们明确了一个认识——细微见大。实,**

在组织领导上,潍坊市教育局主要领导、分管领导身体力行,靠前指挥,其他领导全力支持、服务于教学工作,教学中心地位空前提高。加快内涵发展第一责任人是校长,校长队伍懂教学、会管理,勇于拼搏,善于创新。在课堂教学改革上,提出了"作为管理干部不推进课堂教学创新就是管理的不作为,作为教师不实践教学创新就是教学的不作为"的口号,在义务教育阶段大力推行自主互助学习型课堂,使初中阶段的课堂教学改革已经形成氛围。在时间上,学生在校的每时每刻都有安排,尽量做到充分运用。安丘四中对学生提出,"一个人的一生只有三天:昨天,今天,明天。昨天已经过去,永不复返;今天已经和你在一起,但很快也会过去;明天就要到来,但也会消逝。抓紧时间吧,一生只有三天"。**教育也好、教学也好,课堂也好、课外也好,做法也好、作风也好,绝对不能浮躁。这使我们明了一个事实——教育绝对不能作"秀",只能做实! 恒,**安丘一中把师生共同的价值取向作为学校文化建设的主题,建设崇尚一流、团结进取的组织文化,以人为本、宽严有度的制度文化,高效有序、和谐顺畅的管理文化,开放创新、灵活多样的课程文化,正己正人、合作求是的教师文化,守则尽责、诚信友善的学生文化,绿色和谐、整洁优雅的环境文化,拼搏、励志的教室文化,宁静、温馨的宿舍文化,休闲、养德的餐厅文化,自重、自持的厕所文化。**安丘四中经过近十年的历程,成功实施信心教育、养成教育和感恩教育,创造驰名全国的四中"神话"。不论多么好的思路、多么好的理念,不去落实是空的,不坚定地去落实也是无用的,不持之以恒去落实更是肯定会失败的! 这使我们坚定了一个信念——贵在坚持。**"苦、严、细、实、恒",是我们考察活动的最大收获。安丘四中的学生家长和孩子同诵韩忠玉校长亲自为学生编写的《假期劝学》,成了一种独特的家庭文化。安丘人讲,"学生豁上,教师靠上,家长陪上"。群众对教育的信心十足,社会支持教育、支持学校的热情非常高,为教育事业发展提供了强大动力。

(三)教科研实力雄厚,引领着山东教育方向

一是结构全、队伍强、机制活。潍坊市有教科院教研员60多人,负责非毕业年级的期末考试、毕业年级的两次摸底考试、两次模拟考试的组织命题、统计分析、反馈指导工作,特别是所命之题受到了周边地区的广泛应用,竞标获得了2007年山东高考自主命题权。安丘市有教科所教研员40多人,除落实潍坊市教科院统一考试外,还要负责自己组织的月考的组织命题、统计分析、反馈指导工作。他们的教育科研机构是独立法人、独立办公,运用市场经济规律,运行机制先进。二是坚定不移抓教研创新,核心问题是学科建设。三是聘请教学专家,组建高中教学专家指导委员会,充分发挥其报告指导、信息传达、资料试题把关的作用。四是校级教研非常活跃,以备课组为单元,开展每周至少一次的集体备课。**特别是集体备课,这是主要经验,也是最基础和我们最薄弱的环节。**

(四)教育行政督导力度大,积极创新管理模式

潍坊市完善指导、检查、评估"三位一体"的视导评估制度,过程性评价与终结性(高考)评价相结合。一是坚决消除教学管理的大而化之和教与学的浮躁两种现象,建立和落实中层以上干部听评课和校长点评教学情况的例会制度等"八项制度"作为对学校视导和教学督导评估的重点,喊响了"向规范答题要两个分数段"的口号。这,为我们教育行政部门充实管理、靠实管理指点了捷径,指明了抓手。二是加强教学质量的过程性监控。就是实行全市统考,集中阅卷,统一质量分析,网上公布。这,解决了我们长期思考、长期争论致使难以下决心而长期未能解决的问题。三是高度重视教学质量分析,建立并逐步完善了教学质量阶段性推进机制。潍坊市对非毕业年级把一学期划分为一个阶段,高三年级划分为四个阶段予以推进。以每一阶段末的考试成绩分析为主要线索,从备课组、班级教研组、学校、区市,自下而上查摆问题、分析原因、制定整改措施。四是降低管理重心,突出抓好两支队伍,对备课组长、班主任职能进行明确定位,备课组长不仅是年级学科教学工作引领者,更重要的应是学科教学工作的组织者、管理者、落实者;班主任不仅是班级教育的组织者、引领者,更重要的应是班级教研组教师团队的协调者、服务者。他们明确提出,"教育局管理重心在学校,学校管理重心在课堂",行政部门和教学单位、教学人员和教务人员之间,职责清晰,分工明确,关系紧密,成效显著。五是突出分类推进策略,努力提升本科上线率。潍坊市积极推行优生优培、分类推进策略,倡导实验班;狠抓高分群、本科群、边缘生群"三个群体",形成联动体系;落实不同的指导策略,尖子生重在点拨,中层生重在鼓励,边缘生重在思想上、方法上的面对面,谈心式的辅导,落实师生结对子策略,突出学法指导;定期召开全市边缘生推进研讨会,重新划定工作区域,建立边缘生推进档案卡,并落实学科教师负责制。这些策略,值得我们认真借鉴。

(五)推进新课改坚定不移,抓教学创新持之以恒

一是更新观念,转变质量增长方式。安丘市下大力气推进课堂教学创新,是大面积大幅度提高教学质量、加快教师专业成长、助推学校成为强校名校的必由之路。二是高中段大力推广"学案导学"教学模式,并作为高中教学质量可持续发展重要的增长点。潍坊市"学案导学"教学模式的推广为课堂教学注入了活力,为集体备课提供了明确具体的任务——研究编制"学案",为集体备课管理提供了抓手,并且实现了以研究"教"为主向以研究"学"为主的转变;以"学案"为载体,让学生的学习过程与结果落实在纸面上,便于学习的监控,可有效克服学生的浮躁,也为堂堂清提供了可能。三是高要求狠抓高三复习课创新,体现学案导学、以学论教的要求,明确突出主干、抓好重点的原则,贯彻相机诱导、适时点拨的思路,突出科学定位、限量优练的理念,关注分级进标、夯实基础、控制难度的策略,落实重视实验、勤于探究的做法。

(六)德育工作理念新,"三大教育"抓手硬

安丘一中以"学生要有远大的理想、高尚的品德、坚强的意志、优雅的举止、合作的精神、博大的爱心以及强烈的社会责任感"为德育理想,"以知识充实,以哲理启迪,以榜样激励,以真情感染,以实践提高"为德育纲领,以"文明行为习惯养成教育,民族精神教育,诚信与责任教育,守纪与友爱教育,个性心理品质教育"为德育内容,躬身实践了新德育理论,加上开展"净化灵魂、强健体魄与应对高考"的美育与体育活动,大力创建"师生共同的价值取向"的组织文化、制度文化、管理文化、课程文化、教师文化、学生文化、环境文化、教室文化、宿舍文化、餐厅文化、厕所文化等学校文化,使新时期学校德育工作迈上了新的轨道。特别是安丘四中开展"三大教育"活动,取得了巨大成功。

第一、实施信心教育。激励和鼓励是教育的本质。**激励和鼓励的神秘成分是"希望",有"希望"才会有成功,有成功才会产生"成功感"、"成就感",只有"成功感"、"成就感",才能使学生产生"自尊"和"自信"这两种品质,"自尊"和"自信"可以使学生产生最积极的学习心态。**

1.围绕信心教育创建学校文化:创设让墙壁说话,让草木育人的情景。在安丘四中校门外墙壁上写着一行大字:"我们要善待每一个学生,相信每一个学生,做到一个学生也不放弃"。校门西侧墙壁写着"社会评论:安丘四中,今非昔比;教师坚信:四中学生潜力无穷;儒士箴言:坚持不懈,必定成功;送进一个学生,还你一个栋梁;安丘四中——大学生的摇篮"。教室门上书写着"一勤天下无难事,长成大木柱长天"。"勤学大家敬,好问志气高"。"知识改变命运,现在决定未来"。"生命会因努力而精彩,生活会因拼搏而充实,学业与事业会因坚持而成功"。"——努力吧!拼搏吧!坚持吧!过了'玛拉','以琳'就不远了"。宿舍门上有学生自己的命名"清华居"、"北大屋"、"凌云阁"等。凌云阁:"入梦为梦想,起床为奋起"。北大屋:"小舍内安居,大天下乐业"。腾飞阁:"休息是为了更好的学习"。在一些教室里随便一转,就会看到许多来自学生的墙上作品:"我自信,我出色;我努力,我成功。""自信创造奇迹,拼搏续写神话。""脚踏实地山让路,持之以恒海可移。""把信心留给自己,把孝心献给父母。""用六个月创造一个奇迹,用六个月给自己一个惊喜。""不敢高声语,恐惊苦读人。""走进教室,满怀信心;走出教室,意气风发。""心志决定命运,态度决定高度。""我行!我能行!我一定行!"

2.针对教风学风寻找到了新德育工作抓手:师生激情宣誓张扬自信。通过宣誓提升学生的自信力,是安丘四中的一个创造,已成为一道独特的风景。一是开展教师宣誓活动,老师誓词:"我们面向学生庄严宣誓,我们用我们的智慧去启迪学生,我们用我们的情感去感化学生,我们用我们的人格去熏陶学生。"二是学生班会宣誓:"我非常聪明,我潜力无穷。我要在老师的教导下,告别三闲(闲思、闲话、闲事),静专思主(静:学习环境幽静,专:专心致志,思:积极思考,主:自主学习、主动学习),刻苦学习,遵守纪律,加强锻炼,全面发展,为四十岁作准备"!三是跑操誓词:"脚踏实地,奋力拼搏。敢立壮志,誓夺第一。四中学生,潜力无穷,自强不息,我要成功。**宣誓就是提醒——生命需要不断的提醒,宣誓就是暗示——自我暗示会生成生命的激情,宣誓就是强化——强化会使意志坚韧。**四是边缘生宣誓誓词:"父母过去的辛酸,我们已无法去改变;我们要努力奋斗,让父母体味未来的甘甜。""严于律己,孜孜耕耘。""让微笑,写满父母疲惫的脸庞;让骄傲,挂在老师欣慰的脸上;让希望,围绕在我们身旁;让未来,因拼搏更加辉煌。""洒下汗水,定有丰硕的成果;努力拼搏,会有金色的收获。""我庄严承诺:下次考试,我一定进线!我行!我能行!我一定行!"五是高考冲刺宣誓誓词:"敬爱的老师,亲爱的同学们,距离高考仅有70天了。70天,短暂而又坎坷。站在高考的门槛前,我们***级的全体同学庄严宣誓:抓住关键时段,明确人生理想。遵循老师教诲,铭记父母期望。洒下一路汗水,意志坚韧顽强。严于律己,铸就身心保障。精工细作,播下成功希望。殚精竭虑,拼出六月辉煌。让70天的精彩,写在人生的履历上;让70天的斑斓,写在四中的历史上;让70天的光芒,照耀在这片肥沃的土地上。"

3.老师、家长、社会的合力打造激发学生自信心。一是用老师情感投入激发学生自信心。树立了全体教师的教育理念:我们要让学生接受最好的教育,为人生打下坚实的基础,以学生的发展为本。教师们时刻铭记着:只有教师的爱心、耐心、信心,才能唤起学生的自信心。**爱自己的孩子是人,爱别人的孩子是神!"没有爱就没有教育"。**特别是发挥班主任核心作用,做到了八条规范:育人为本,关爱为先;理解、宽容、善待每个学生;让学生做班级主人,实现自我教育,自我发展;多表扬、多鼓励学生;因材施教,关注后进生和信心不足的学生;创设良好班风,创建丰富的自信文化;协调好与任课教师之间的关系;与家长交流,共同促进学生自信心的成长。每个科任教师实行带"研究生"式的方法,承包4~5个待优生,包学习,包思想,包生活,全方位管理自己的待优生,这样化整为零,加大了各班后三十名学生的管理力度,增强了班风的整体教学氛围,保证了教学质量的大面积丰收。开展"我的目标大学"上胸牌活动,把国旗下讲话激发信心作为信心教育的园地,给学生送去自信的力量。二是开发利用家庭教育资源。为了充分发挥家庭在学生自信心培育中的特有功能,开展了三项活动:开设家长接待日,每学期教师对承包学生至少家访一次,致家长一封信。三是社会支持信心教育活动。也许有的人认为,安丘四中的做法难以接受,特别是跑操宣誓的场景,作者本人也有想不通之处。但是,**安丘四中做到了,坚持了近十年,安丘人引以为豪;成功了,潍坊市教育局命名为韩忠玉信心教育法,获得了潍坊市普通高中教育教学(管理)方法创新燎原奖,在全市推广;神奇了,为此教育部在这里举办了三次全国性会议,除香港、澳门、台湾、西藏地区外,全国各省教育系统都组团参观了。**2006年接待6万多人,有的还不止来了一次,当年参观门票收入达40多万元。

第二,狠抓养成教育。习惯决定性格,性格决定命运。为学生的一生计谋,就必须在学生习惯养成上下工夫。"一点一滴的教育是养成教育,如:节约教育,能用手绢就不用纸巾,都是点滴的积累。"安丘四中学生走姿:挺胸,抬头,快脚步。安丘四中学生管理文件:《安丘四中学生一日常规》,《安丘四中学生校纪检查条例》,《人生"不"字知多少?》。学生道德教育目标上提出三个层次:必须做到的——利己不损人;值得提倡的——毫不利己,专门利人;坚决反对的——损人利己或损人不利己。抓养成教育的五点主要措施,建章立制,军训,组织校规校纪学习专题班会,健全监督和评估机制,学生自我认知、自我教育。

第三,进行感恩教育。安丘四中感恩教育,开展四个"感谢"活动,感谢父母养育之恩,感谢师长教育之恩,感谢他人关爱之恩,感谢社会滋哺之恩。学生亲身体会父母、老师、他人的艰辛,随父母或长辈劳动两至三天,倾听父母的成长过程和艰辛创业史,谈谈自己的感想;学生记录老师讲一节课的经过,向老师学备两节课;召开一次题为《算算亲情账,感知父母恩》的主题班会。

(七)先进的教育教学管理机制,过细的教师考核评价体系

安丘市本科生已有5年没有分配了,为教师实行聘任制奠定了人才基础。教育局聘任校长,校长聘任副校长,学校聘任教师,聘任期限内完不成任务就解聘。**潍坊一中实行目标管理,把大目标变成常目标,分解到个人,实现一个目标,再定一个,再实现一个,再定一个新的,不断确定新目标。**2007年重点本科上线实行"三级目标"——一级目标380人、二级420人、三级460人,力争三年后达到700人目标。**然后重奖教师,达到一级目标380人,就奖励教师80万元;达到二级420人,就奖励教师100万元;达到三级460人,就奖励教师120万元。**该校改革人事制度,实行校长对老师、学生负责制,副校长对校长负责、对师生负责制,考评中5个校级领导占教师的1/3票,校长占校级领导的1/3票,这样校长就占14票。学校实行职薪制——老师、职员、干部"三轨制",校长是一级,分管教导、政教工作的副校长是二级,分管教研、后勤工作的副校长和教导主任、政教主任是三级,教研主任、后勤主任、教导副主任、政教副主任是四级,年级主任享受校长助理待遇、相当于教导副主任,骨干教师和首席教师工资一样,特聘教师和校长工资一样,教师年薪3~6万元。安丘一中实行教师教学评价等级制,共三等各分三级,一等一级分值1.4,一等二级1.3,一等三级1.2,二等一级1.1,二等二级1,二等三级0.9,三等一级0.8,三等二级0.7,三等三级0.6,考评结果直接与工资挂钩。这样的机制,有效地保障并服务了教育教学实践,起到了重大的促进作用。课堂的堂堂清,教学的周周清、月月清,考试的月考、季考,伴随其中的肯定是"日日查、天天载"和"一周一小结、一月一评比",这样过细的考核评价体系,为教师建立了公平竞争的环境。

三、改进措施

不论是潍坊市、安丘市高中教育,还是三所中学的经验,值得我们学习的太多太多。本着"广泛推广,重在再创,联系实际,长远打算,宁缺毋滥,力求成功"的原则,针对我县差距和不足,近期内抓好以下工作:

(一)学习潍坊经验,切实加强教研工作

1.完善机构,充实力量。教研所与教师进修学校合署办公,成为独立法人事业单位,争取编制13人,其中中学教研室每科1人计9人;小学教研室每科1人计4人。实行经费独立预算,办理事业收费许可手续,承担教师培训任务。

2.完善制度,创新载体。(1)在普通高中、较大初中和小学实行集体备课制度。从2007年开始,全县只要有3个平行班级的中小学,都必须实行集体备课制度。校级教研以备课组为单元,开展每周至少一次的集体备课。各完全中学一定要加强学科建设,力争尽快完成;教研所要以学科为单位,整合骨干教师的力量,调集专家研究备考策略,把握备考方向,增强备考的针对性。(2)高中阶段大力推广"学案导学"教学模式,教研所和普通高中编写的教学资料,都要以"学案"的形式,以学科为单位组织研讨展评活动。(3)高度重视中学教学质量分析,建立并逐步完善教学质量阶段性推进机制。从备课组、班级教研组、学校、县局,自下而上地完善指导、检查、评估制度。(4)坚定不移地有效推进学科建设,学科建设赶不上去,就没有教育事业的可持续发展!

3.创建平台,强化措施。(1)总结教师成长的成功做法。(2)确立教师"基地学校"培训制度。(3)抓好骨干教师"示范课"、中青年教师"创新课"和"优质课"、"公开课"等一系列教科研活动。

(二)学习安丘经验,切实加强教育管理工作

1.坚持"教育局管理重心在学校,学校管理重心在课堂"的管理理念,降低管理重心,突出抓好备课组长、班主任队伍建设。在重点中小学实行年度督导评估制度。

2.县教育局要建立和落实对学校教学督导评估的重点:中层以上干部听评课制度,学校教学常规督察制度,学校汇总教学工作情况例会制度,校长点评教学情况的例会制度,期中期末考试质量分析制度,集体备课制度,作业布置与批改制度,教师建立错题档案、学生建立错题本、满分卷制度等。

3.狠抓督导促进管理,每年对各完职中、初中、九年制学校和中心小学、城区小学进行一次全面督导,对18个学区所属小学抽签督导3所,督导从学生上学时间开始到学生下自习离校为止,实行一整天全过程督导。实行督导反馈制度,向教育局和有关学校书面反馈督导结论。督导主要内容:(1)督导德育工作;(2)督导规划落实;(3)督导教学进度;(4)督导教研计划落实;(5)督导艺术教育工作;(6)督导师生考评制度;(7)督导人事职称工作。

4.在重点中学实行全县统一进度、统一考试、统一阅卷制度。没有统一的考试,就没有统一公平的评价。非毕业年级的期末考试、毕业年级的两次摸底考试、两次模拟考试都实行全县统考,集中阅卷,统一分析,两天阅卷,及时公布。

(三)学习安丘四中经验,大力开展信心教育活动

1.校长队伍的信心教育。

2.教师队伍的信心教育。

3.全体学生的信心教育。

4.机关干部的信心教育。

(四)切实加强中小学校长队伍建设

1.学习先进教育理论,启迪创新教育理念,下决心落实"苦、严、细、实、恒"。

2.掌握教育县情,征集确立学校宗旨(校训)、办学思路、发展目标、行为规范(校风、教风、学风、班风)。

3.认识校情,掌握教(师)情、学(生)情,努力寻找适合自身发展特色的路子。

(五)健全和完善考试考核评价体系

以全县统一考试为主线,坚定地实行全县高度统一的学生评价制度、教师评价制度和学校评价制度,建立、完善和形成完整的考核评价体系,为学校发展、教师成长、学生成才营造公平环境。

(根据作者 2007 年 2 月 2 日在全县校长座谈会上的汇报整理)

大事记

临洮教育大事记录

2003 年

1月5日

临洮县第十五届人大常委会第一次会议，任命魏文忠为县教育局局长，免去其县政府办公室主任职务。

2月20—21日

县教育局局长办公会议举行，听取了各股室负责人的工作汇报，明确指出了各股室的工作重点、目标任务和努力方向，讨论提出了 2003 年及今后几年全县教育改革发展"紧盯一个总目标，围绕两大总任务，实施两大新战略，落实两项硬指标，狠抓八大硬措施"的总体思路，即紧盯建设小康社会总目标，围绕普及高中阶段教育和消除文盲两大总任务，实施特色教育和项目教育两大新战略，落实高考和排危工作两项硬指标，狠抓中小学布局调整、改善办学条件、深化教育科研、树立特色品牌、加速教育信息化、加强教师队伍建设、推进素质教育和精神文明建设八项硬措施。

3月26—27日

2003 年全县教育工作会议召开，县委副书记、县政府县长郭永昌作了重要讲话，县人大常委会主任张风兰、县政协主席张学东等县上四大班子领导和各乡镇党委或政府主要负责人、定西师专临洮分校、临洮农校校长应邀出席会议。会议传达了全区教育工作会议和县委全委扩大会议暨全县经济工作会议精神；回顾总结了近五年来全县教育工作，安排部署了 2003 年及今后全县教育工作；县教育局与各学校签订了 2003 年教育教学目标管理等责任书，对 2002 年全县教育教学目标管理、精神文明建设和党建工作以及其他各个单项工作中取得优异成绩的临洮中学等 50 所学校进行了表彰奖励。魏文忠局长作了 2003 年全县教育工作报告，各完职中、初中、学区校长，城区各小学、县幼儿园园长、私立幼儿园负责人、教育局机关干部等 160 多人参加会议。

4月11日

临洮四中综合教学楼开工典礼暨捐资仪式举行，定西地区行署教育处处长王侠、县政府县长郭永昌、县政协主席张学东为工程奠基。在捐资仪式上，地县领导带头，乡镇、企事业单位代表、教师、校友和在校学生积极捐款，现场捐款 26 万多元。

5月7日

全县实施基础教育课程改革实验工作启动会议举行，我县作为第二批省级课改实验区之一，从2003年秋季开始全县小学初中起始年级整体进入新课改实验阶段。

5月20日

县教育局举行临洮三中总体发展规划论证会，原定西地区驻临洮督学雷得田、杨崇玉，县教育局局长魏文忠、总支书记张振元，太石镇党委书记杨作旭，临洮三中原校长黄宽、张鲁圣参加。会议对三中生源状况、教学设施建设、师资配置等工作进行了充分论证，根据学校2005年初、高中生人数达到2300人的发展需要，新建建筑面积6240平方米的教学楼、师生住宿楼。

6月12日

县教育局举行衙下中学总体发展规划论证会，县委副书记许士元、县政府副县长张娥，雷得田、杨崇玉、魏文忠、张振元和衙下镇党委书记潘建林等参加。

6月15日

新建超然书院开工奠基仪式举行，项目设计建设包括杨椒山纪念馆、道统祠、碑廊、侧门和老子飞升阁、凤台台阶等，建筑面积950平方米。

7月10日

全县小学教育教学工作总结暨毕业班教学质量检测分析会举行，魏文忠局长在讲话中要求全县中小学认真总结分析学年度小学教育工作，认清形势，找准差距，强化措施，全面推进小学教育改革与发展。各学区、临师附小、实验小学校长及有关学校教研员对毕业班教学质量检测情况进行了总结分析。

8月5—8日

定西地区初中基础教育新课程改革培训活动在临洮举行，培训分语文、数学、英语、历史、地理、生物、音乐、美术、体育9门学科，共设立5个培训点，来自陇西、渭源、漳县、岷县、通渭、临洮县的775名初中教师参加了培训。

8月22日

全县初中教育教学研讨会举行，会议采用分学科交流研讨的形式，共分六组，按A、B卷学科平均成绩列全县前五名的学校选派教师作中心发言，A卷学科平均成绩列全县前五名的学校选派教师作补充发言。

10月16日

文峰中学综合教学楼奠基仪式举行，新建文峰中学暂设为初级中学，设初中三个年级，每级12个班，共36个班，可容纳学生1800人，规划占地面积50亩，新建教学实验综合楼5400平方米，投资830万元，内设教室36个，化学实验室、生物实验室、物理实验室、仪器室、微机室、多功能报告厅和水暖电、电视、电话、广播、电缆系统齐全。

10月20日

临洮县青少年活动中心奠基仪式举行，县委副书记、县长郭永昌，县人大常委会主任张凤兰，县政协主席张学东，县委常委、县政府常务副县长张懿笃，县委常委、宣传部长陈维山，县人大常委会副主任张成发，县政府副县长张娥，县政协副主席王永祥、何维彪，县直有关单位负责人和教育局全体干部及城区部分中小学校长参加了奠基仪式。行署教育处王侠处长、县委许士元副书记分别讲话，魏文忠局长介绍了工程筹建情况。建设工程预计投资 420 万元,其中国家青少年校外活动场所项目资金 180 万元(土建 120 万元,设备 60 万元)、县级财政配套资金 300 万元,建筑面积 2488 平方米;内设容纳 2500 人的露天灯光球场、微机室、图书阅览室、科技活动室,音乐、美术、书法、舞蹈、劳动技术室等。

11 月 17 日

县教育局举行窑店中学发展总体规划论证会,县委副书记许士元,原定西地区驻临洮督学雷得田、杨崇玉、县教育局局长魏文忠、总支书记张振元,窑店中学原校长冯映彬,窑店、龙门、康家集乡(镇)负责人参加。与会人员从生源、校舍规模、师资配备、学校管理等各方面进行分析,决定新建教学楼为主体三层局部四层单面建筑,含功能教室在内设 30 个教学班,建筑面积 2332 平方米,总造价约 150 万元。

11 月 26 日

根据省政府《关于同意 2002 年度甘肃省特级教师的批复》(甘政函[2003]47 号),临洮中学教师谢立亚、临洮县教育局中学教研室主任缪得林两同志获全省"特级教师"称号。

12 月 5—7 日

全县新课程实验研讨和中学教改实验课大赛举行,在新课程实验研讨活动中,省教科所中等教育教学研究室刘於诚主任、兰州市二十中语文教师王永春、兰州市五中数学教师王凯、兰州市五中英语教师高雅丽讲授了初一级语文、数学、英语新课程示范课,并与听课教师座谈,全县各初中总计 819 人次参加了听课活动。在教改实验课大赛活动中,临洮二中康喜萍等 4 位教师讲授了初中生物、语文、数学、政治学科教改实验课,参加听课教师 1224 人次;潘亚龙等 7 位教师讲授了高中物理、化学、语文、数学、历史、英语学科教改实验课,参加听课教师达 1752 人次。

12 月 8 日

根据地区教育处《关于通报小学各科优秀教学案例设计评选活动结果的通知》(定地教研字[2003]21 号),在甘肃省第三届小学各科优秀教学案例评选活动中,我县教师有 10 篇各科案例获省级奖,其中一等奖 1 篇,二等奖 7 篇,三等奖 2 篇。

12 月 12 日

根据地区教育处《关于省、市第二届"青年教学能手"评选结果的通知》(定地教发[2003]103 号),我县蒋如伯、张琴蓉等 9 名教师为省级第二届"青年教学能手"。

12 月 30 日

全县高中教育分析研讨会举行,会议表彰了 2003 年高考工作先进学校,县委副书记许士元与会并讲话,县教育局局长魏文忠传达了全省高中建设河西(酒泉、张液)现场会议精神并讲话,各完职中作了交流发言。会议回顾总结了近年来全县高中教育所取得的成绩,分析了高中教育发展现状及面临的形势,初步形成了今后高中教育发展思路、奋斗目标和工作措施。下午,分语文组、数学组、文综组、理综组、英语组进行交流发言,先后有 50多名科任教师发言,研讨了各学科现状、教学对策及 2004 年高考工作。各完职中校长、副校长、教导主任、高三授课教师及局机关各股室负责人约 160 多人参加了会议。

2004 年

2 月 13 日

定西市教育局举行临洮师范附小移交工作座谈会,市教育局局长崔振邦、县政府副县长张娥和有关部门负责人参加。会议原则同意临师附小保留原有科级建制,保持原有编制不变;继续承担定西师专临洮分校毕业生的实习任务;市教育局和县政府积极筹资解决基建146万元欠款问题。

2月14日

临洮二中综合实验楼奠基仪式举行,综合实验楼为框架五层双面建筑,建筑面积5500平方米,总投资417万元,其中省级教育费附加100万元。

2月27日

临洮三中综合教学楼奠基仪式举行,省计划生育委员会副主任陈新民,原定西地委委员、纪委书记杜学华,县委书记郭永昌,县政府县长张懿笃为工程建设奠基,原定西地区教育处副处长、临洮三中原校长李炳彦,市旅游局局长张耀宗,巍雅斯名表有限公司总经理裴正江分别致辞。临洮三中综合教学楼设计为主体五层局部六层框架建筑,内设功能教室4个、普通教室32个,总建筑面积4060平方米。工程总投资281.15万元,其中国债项目资金60万元、地方配套137万元、学校自筹34.15万元。当天还举行了教学楼工程募捐活动,各级领导带头捐款,巍雅斯名表有限公司捐款11万元,宏远建筑机械化公司项目部经理龚成义捐款10万元,裴正江同志代表父母亲各捐款1万元。据统计,当天捐资总计34.7万元。

3月15—21日

市教育局组织高中教育考察活动,临洮县教育局局长、临洮中学、临洮二中、临洮三中、临洮四中校长参加,学习考察了兰州、武威、张掖、酒泉等高中建设和教育教学管理工作。21日市教育局召开了高中建设座谈会,探讨了定西市高中教育发展策略和进一步发展措施。

3月24日

临洮中学省级示范性高中评估调研工作,省督学、兰州一中原校长、调研组组长白春永和兰铁一中校长谢炳福、兰石一中校长马潮,依照省级示范性高中评估细则,从学校硬件建设、教师队伍素质、教育教学质量等方面进行了评估,对临洮中学近年发展成绩给予了肯定,为今后创建省级示范性高中提出具体意见和建议。市政协主席秦素梅、市教育局局长崔振邦、县政府县长张懿笃等陪同,临洮中学校长侯孝民介绍了学校基本情况。

3月26日

2004年全县教育工作会议召开,会议回顾总结了过去一年全县教育工作,分析了全县教育面临的形势任务,全面安排部署了2004年的各项工作;表彰了2003年全县教育教学目标管理、教育教学、精神文明建设及项目争取和募捐资金等工作先进学校,教育局与各学校签订了2004年教育教学目标管理等责任书;临洮中学、临洮二中、玉井农职中、辛店初中、苟家滩学区、县实验小学校长作了会议交流发言。县上四大班子领导,各中学、学区、中心小学、九年制学校校长、城区各小学校长,教育局全体干部、局总支下属支部书记,以及其他有关小学校长等180多人参加了会议。

4月2日

根据市教育局《关于马天正等60名教师被确定为省级学科带头人和骨干教师的通知》(定市教发[2004]20号)文件,我县赵世林、文兴奎等7名教师被确定为第四批省级骨干教师。

4月7日

临洮县职教中心搬迁工作县长办公会举行,县政府县长张懿笃主持会议,听取了有关单位对搬迁工作的意见,决定将县职中、教师进修学校、县体校、县卫校教育资源予以整合,创办综合性的职业技术教育中心,对外各自保留建制和牌子,县职教中心主任统一负责人、财、物的统筹和调度。

4月14日

定西市政府举行了临洮中学移交签字仪式。临洮中学机构、编制、人员、经费、资产全部划转临洮县管理,划转经费3846993元,学校固定资产总额10220454.39元,其中债务3695921.05元;划转全额事业编制147人,在职人员143人,其中专业技术人员115人,管理人员4人,工人18人,增加事业编制45名。

4月25日

天津市政府代表团慰问支甘教师大会暨捐赠仪式在临洮举行,天津市副市长张俊芳、甘肃省副省长李膺在仪式上分别讲话,甘肃省政府副秘书长孙公平主持,定西市政府市长武文斌、临洮县政府县长张懿笃分别致词,临洮中学校长侯孝民、天津支教教师李洪雁、漳县学生代表分别致谢词。天津市经协办副主任罗亭、市教委副主任孟庆松、红桥区副区长沈奎林、市教委语言文字与民教处长王福才、市政府办公厅秘书郭滇华、市教委语言文字与民教处干部刘婷、市教委办公室干部王丽华、天津市教育报副主编王凌佳、红桥区教育局局长姜德志、红桥区教育局办公室主任韩亮、甘肃省政府省长助理郝远、省教育厅副厅长李贵富、省扶贫办副主任李峰、定西市委副书记黄周会、市政府秘书长陈国栋、临洮县委书记郭永昌、定西市教育局局长崔振邦、市委办公室副主任何永诚等参加了仪式。捐赠仪式上,天津市财政局陆丽珍总会计师分别与临洮县县长张懿笃、漳县县长闫粉棠签订了捐赠信息技术设施、救助贫困生协议书。天津市政府向临洮县捐赠了装备40台微机的网络教室1个,区教育局捐赠了29英寸的菲利浦彩电20台,向漳县捐赠了6万元贫困学生救助金,救助学生200名。

4月25日

县教育局举行天津市红桥区教育局局长姜德志报告会,姜德志局长以"把每一所学校都办成人民群众满意的好学校"为题作了专场报告,他从发展民办教育、提高课堂教学质量、加强师资建设、改善办学条件、转变校风等方面,提出了建设性的意见、建议及对策。

5月9日

临洮县卫生学校移交签字仪式举行,按县政府县长办公会议纪要《县职教中心建设和搬迁等工作县长办公会议纪要》(2004年第2号),县卫校人、财、物等统一划归县职教中心管理,保持原有建制和牌子。教育、财政、国有资产、人事、卫生等部门负责人和县职教中心主任曲强、县卫校校长刘尊富参加了签字仪式。

5月20日

省教科所所长景民、省教科所中教室主任刘於诚一行调研临洮县初中新课改工作,在洮阳初中听课、评课,座谈了解了课改的措施效果、存在的困难问题以及今后打算等情况。

5月23—24日

全县教育学区设置工作座谈研讨会举行,听取了与会人员对乡镇撤并后教育学区设置、九年制学校发展的意见、建议,讨论提出了全县设立18个教育学区的意见。

☆☆◇——————

6月24日

2004年普通高校招生统一考试成绩揭晓，临洮中学考生庆出蓝同学以683分的成绩夺得全省文科第一名。

6月28日

根据市教育局《关于通报2004年全国初中数学、物理、化学竞赛获奖结果的通知》(定市教研字[2004]16号)，我县学生获全国数学竞赛二等奖1人、三等奖5人,物理三等奖1人,化学三等奖2人。

7月8日

根据县编委《关于更名和撤销有关机构的通知》(临编发[2004]26号)，将苟家滩镇学区更名为临洮县南屏镇学区,撤销潘家集乡、三甲乡、陈家咀镇、刘家沟门乡、塔湾乡、何家山乡、五户乡、上梁乡、马家窑镇、改河乡学区。

根据县编委《关于临洮县教育局督导室更名的批复》(临编发[2004]31号),"临洮县教育局督导室"更名为临洮县人民政府教育督导室,挂靠县教育局,单位级别、性质和人员编制不变。

7月10日

省委书记、省人大常委会主任苏荣来我县调研教育工作,深入八里铺小学,了解学校希望工程实施情况。他指出,要紧密结合实际落实科学发展观,研究加快教育发展的新思路、新举措,扎扎实实抓好发展这一要务,推进教育发展和社会全面进步。他听到当地企业家捐款建校的介绍后说,为学校建设等公益事业捐款,不应该算作"三乱"。省委副秘书长陈田贵,省农牧厅厅长蒋文兰,省教育厅副厅长傅九大,定西市委书记、市人大常委会主任石晶,市长武文斌,市委常委、秘书长王永生,县委书记郭永昌,县长张懿笃,团市委书记石琳,县委副书记陈永寿,副县长石珍,县教育局局长魏文忠等陪同。

7月17日

北京高校大学生西部支教仪式在何家山学校举行,本次西部阳光行动负责人尚立福、北京8所高校18名大学生志愿者,向何家山学校捐赠了1000册图书,这次支教活动持续了35天。

7月26日

根据市教育局《关于2004年校本课题研究立项的通知》(定市教研字[2004]19号),我县立项省级重点课题1项,省级一般课题8项。

8月22日

上海市委副书记刘云耕、甘肃省委副书记陈学享参加八里铺瑞安希望小学落成仪式并揭碑,上海威达高科技(集团)有限公司总裁周桐宇代表公司向瑞安文峰小学、八里铺小学、安家咀学校捐赠了价值2.64万元的教学仪器和设备。省委副秘书长张国斌,共青团省委书记王锐,市委书记、市人大常委会主任石晶,市长武文斌,市委副书记,组织部长杨志武,市委常委、秘书长王永生,县委书记郭永昌,团市委书记石琳等参加。

8月23日

全县小学教学研讨会举行,洮阳学区、八里铺学区、上营学区、县第一实验小学、云谷小学5校校长、苟芳霞、苏维平、牟朝霞3名教师分别交流发言,县教育局全体干部、各学区校长、中心小学校长、城区各小学校长和2004年起始年级实施改课的小学教师、各学毕业班教师代表等参加了会议。

8 月 24 日

全县初中教学研讨会举行,临洮二中、旭东初中、刘家沟门初中、程家铺初中、火石沟学校校长和科任教师代表、班主任代表作了交流发言,窑店中学、乡镇企业学校、中铺初中校长作了表态发言,县教育局全体干部、各完职中、独立初中、九年制学校校长参加了会议。

9 月 3 日

根据《未来导报》载,临洮中学教师谢立亚荣获"全国模范教师"称号,临洮中学教师杜海雄、临洮四中教师桑国雄荣获甘肃省"园丁奖"优秀教师,八里铺镇火石沟学校校长罗仲义荣获甘肃省"园丁奖"优秀教育工作者称号。

9 月 8 日

临洮县委、县政府隆重召开庆祝第二十个教师节大会,县委书记郭永昌主持大会并作总结讲话,县政府县长张懿笃作了重要讲话,充分肯定了近年来全县教育事业取得的成就,对加强教师队伍建设提出了具体要求。大会表彰先进集体 10 个、优秀教师、优秀班主任各 60 名、优秀教育工作者 10 名。连湾初中校长龙发胜、临洮中学教师刘惠珍分别代表先进集体和优秀教师发言。县人大常委会主任张风兰、县政协主席张学东等四大班子领导,魏发科、闫尚人、田得如、雷炯、杜生贵、张勋同志等市县离退休老领导,雷得田、杨崇玉同志等离退休教育工作者、教师代表,先进集体、优秀教师、优秀班主任、优秀教育工作者代表,城区各中小学教师代表,县教育局全体干部共 760 多人参加了大会。

9 月 26 日

临洮县窑店四十铺阿科力希望小学新校舍落成仪式举行,县委书记郭永昌、江苏省无锡阿科力化工有限公司董事长朱学军及其同学好友、兰州大学城市建设规划设计研究院教授陈怀录、甘肃农民报副总编曹剑南等参加了仪式。四十铺小学整体搬迁新建校舍占地面积 7 亩,建筑面积 700 平方米,总投资 47 万元,其中江苏省无锡阿科力化工有限公司董事长朱学军捐赠资金 35 万元,县级配套和当地群众捐款 12 万元。

10 月 16 日

中共临洮县教育局第一次代表大会召开,县委副书记许士元讲话,张振元作工作报告,全县教育系统 16 个总支、13 个直属支部的 99 名代表、11 名特邀代表参加了大会。会议选举了中共临洮县教育局第一届委员会委员 9 人,分别是:张振元、魏文忠、王玉璞、李映柏、苟永杰、缪得林、张蔚、苟学彦、于武高;选举了第一届纪律检查委员会委员 5 人,分别是:王玉璞、杨少白、苟永杰、马如文、李惠琪;张振元当选为党委书记,魏文忠、王玉璞当选为党委副书记,王玉璞当选为纪委书记。

10 月 27 日

省人大常委会教科文卫委员会主任王洪宾、省教育厅督学徐富玲等一行,先后视察了实施国债危改项目学校中铺中学、临洮三中、临洮四中、联丰小学、八里铺小学、临洮二中等学校,听取了县政府关于国债危改项目实施情况的汇报。

10 月 28 日

全县高中教育教学质量研讨会举行,会议表彰了 2004 年高考先进学校,许士元副书记、魏文忠局长分别讲话,杨少白副局长就 2004 年高中教育教学情况作主题报告,各完职

✿✿✿————————

中校长介绍了高中教育教学管理和高考备考情况,54 名授课教师分组交流了学科教学情况。县上四大班子分管领导,各完职中校长、分管教学的副校长,高三年级学科教师代表,局各位领导、各股室负责人参加。

11 月 14 日

根据市科协、科技局、教育局等 7 部门《关于表彰定西市第十九届青少年科技创新大赛获奖项目的通知》(定市科协发[2004]49 号),实验一小教师赵忠被评为全国优秀科技教师,定西师专临洮分校田志明《制约青少年科技素质培养的重要因素》被评为全国第十二届科技辅导员论文二等奖;我县教师获科技成果全省一等奖 1 项、二等奖 2 项,学生科学幻想绘画全省优秀奖 1 项;科技成果获市级奖 5 项,科学幻想绘画获奖 7 项。

11 月 29 日

根据市教育局《关于全省初中语文等学科探究示范课和优秀教学论文、教学案例评比结果的通知》(定市教研字[2004]24 号),我县教师获探究课省级奖 3 节、论文 23 篇。

12 月 3 日

根据市教育局《关于受国家、省有关部门表彰的我市语言文字、学生军训先进单位和先进个人情况的通报》(定市教基[2004]30 号),我县临洮二中被省教育厅、省军区司令部、省军区政治部等部门评为全省学生军训工作先进单位,临洮二中副校长马志竣被评为先进个人。

2005 年

1 月 10 日

根据市教育局《关于公布定西市中等职业学校首批市级重点专业的通知》(定市教发[2005]02 号),临洮县职业技术教育中心工业与民用建筑、卫生保健,临洮县玉井农职中电子电器应用与维修专业,被确定为市级重点专业。

2 月 24 日

县教育局举行衙下中学建设局长办公会议,就衙下中学办学规模、校园规划、校舍建设、项目筹资等方面进行了座谈,讨论形成了初步意见。县委助理调研员焦世海、县政府原助理调研员刘新立、县教育局原副局长冯应麟和县教育局、衙下镇负责人参加。

2 月

临洮县教育局被评为全省普通高中毕业会考(中考)先进单位。

3 月 15 日

文峰初中校长王邦凯、洮阳初中校长李斌、连湾初中校长龙发胜、改河初中校长欧阳海林、上营初中校长丁天琳、中铺初中校长杨发理、卅墩学校校长赵宏恩一行 8 人赴上海同济大学进行为期 40 天的实岗培训。

3 月 30 日

2005 年全县教育工作会议召开,回顾总结了 2004 年全县教育工作,对 2005 年全县教育工作进行了全面安排部署;表彰了 2004 年教育教学、项目建设、精神文明建设、党建等工作先进单位和新课改先进集体、个人,签订了 2005 年教育教学、精神文明建设、党建等目标管理责任书。县上四大班子分管领导,全县各完中、职中、独立初中、九年制学校、各学区、中心小学、城区各小学校长、县幼儿园园长及相关小学校长,局党委所属各总支、支部书记和局机关全体干部共计 150 多人参加了会议。

3 月底

根据市教育局《关于参加 2004 年全国中学生英语能力竞赛获奖结果的通知》(定市教研字[2005]2 号),我县学生获全国初二年级二等奖 1 人,初三年级三等奖 5 人,高一年级二等奖 3 人,高二年级三等奖 2 人。

4 月 9 日

临洮县完职中校长赴兰州大学学习参观活动,由县委副书记许士元带队,县教育局长、副局长、各股室负责人,各完职中校长、副校长以及洮阳初中、太石学区、安家咀学校校长和部分教师代表一行 40 多人参加,听取了兰州大学党委副书记、纪委书记周林关于兰州大学的情况介绍,听取了兰州大学原校长胡立德教授"当代教师应具备的素质"专题报告,参观了兰州大学及其各分校校区。

5 月 25—26 日

由省政府教育督导室主任李春芮、副主任朱进和省政府督学黎署泰组成省政府教育督导团,对我县义务教育和"两基"工作进行省级督导评估。5 月 26 日县政府县长张懿笃作了全县教育工作汇报。李春芮主任一行利用一天半的时间,先后深入洮阳初中等 13 所中小学进行调研,对近年来临洮教育发展给予了充分肯定,要求全县抢抓历史机遇、深化教育改革,推动临洮教育再上新台阶。市教育局副局长王仪陪同。

6 月 4 日

临洮县第二中学被国家环境保护总局、教育部评为全国第三批"绿色学校",临洮二中党支部书记苟学彦参加了在北京人民大会堂召开的全国绿色学校创建活动表彰大会。

6 月 17—19 日

2005 年全省初中"三合一"考试(中考)举行,本次考试首次实行县教育局统一组织、统一监考、统一阅卷的制度,共派出 9 个工作组负责各考点的考务及监考巡视工作,抽调各完职中、独立初中部分教师进行了集中统一阅卷。

6 月 27 日

2005 年全国高等学校招生统一考试结果揭晓,临洮四中考生杨业伟以 676 分考取理科全市第一名。

7 月 6 日

根据市教育局《关于参加 2005 年全国初中化学、物理、数学竞赛甘肃赛区获奖结果的通知》,我县学生获全国初中化学竞赛一等奖 3 人、二等奖 6 人、三等奖 12 人;数学竞赛二等奖 1 人、三等奖 7 人。

7 月 10 日

2005 年全县高考工作总结会议举行,魏文忠局长从不同角度进行分析,全面反思、总结了近三年高考工作经验教训;分管副局长、教研室、招考办负责人分别发言。县教育局班子成员、各完职中校长、分管教学副校长参加,共同讨论提出了进一步加强全县高中教育教学特别是高考工作的措施办法。

7 月 16—17 日

定西市基础教育课程改革经验交流会暨表彰大会在临洮举行,市教育局局长崔振邦、副局长李春敏分别讲话;临洮县教育局副局长杨少白代表全市课改先进县发言,洮阳初中校长李斌代表先进集体发言;会议代表分别参观观摩了洮阳初中、县实验二小开展新课改工作;会议表彰了全市课改先进集体、先进个人,临洮县教育局、洮阳学区、玉井镇店子小学、县实验一小、实验二小被评为全市基础教育课程改革工作先进集体,红旗初中张雪琼等 8 名教师被评为先进个人。

8 月 2 日

上海同济大学工会常务副主席杨荣棠、学生处副处长祁明、团委书记考书健、上海市普陀区教育局副局长范以纲、静安区教育局副局长陈宇卿、杨浦区教育局副局长孙林贤、同济大学一附中副校长张莉、二附中校长刘友霞、七一中学校长周筼、铁岭中学校长曹懋强、同济大学附小校长方向红等一行 14 人,考察了临洮教育工作。王向机副市长介绍了定西市基本情况和教育改革发展情况,临洮县教育局汇报了临洮县基本情况和教育工作。

8 月 12 日

根据《未来导报》(2005 年第 32 期)刊载,临洮县教育局被评为全省基础教育课程改革实验工作先进集体,县第二实验小学校长杨惠敏被评为先进个人。

8 月 23 日

根据市科协、市教育局等 7 单位《关于表彰第二十届定西市青少年科技创新大赛获奖项目的通知》,洮阳镇建设小学《分火罩》的作者张仕强同学获得定西市特别奖——科协主席奖;全国第十三届青少年科技辅导员获论文二等奖 5 篇、三等奖 1 篇。

8 月 31 日

根据县编委《关于成立县教育教学研究所的批复》(临编发〔2005〕36 号),成立"临洮县教育教学研究所",为事业单位,隶属县教育局,内设高中教研室、初中教研室、小学教研室,同时撤销原中学、小学教研室,将原中小学教研室的 15 名事业编制划归县教育教学研究所。

9 月 10 日

临洮二中建校五十周年校庆隆重举行,省教育厅和首任校长王肇歧发了贺信和贺诗,原省教委副主任孙一峰、市教育局局长崔振邦分别致辞,省人大常委会副秘书长、原省教委主任罗鸿福、市政府副市长王向机和县委书记郭永昌等四大班子领导、二中校友、老教师、在校师生参加了庆典大会。9 日,各位领导和嘉宾们在县文化中心观看了《相逢在今秋》文艺专场演出。

9 月

定西市人民政府任命赵世林为临洮中学校长。

9 月 12 日

全县校长工作会议举行,会议传达学习了县委郭永昌书记在第二十一个教师节表彰座谈会上的重要讲话,决定实行教育教学目标管理责任书制度,县教育局分别与各高中、初中、学区校长签订了 2006 年教育教学目标管理责任书。魏文忠局长就县政府批转的《关于进一步加强全县高中教育教学工作的意见》、《关于进一步加强全县初中教育教学工作的意见》、《关于进一步加强全县小学教育教学工作的意见》作了说明,教育局分管领导、教研所负责人分别发言。

9 月 17—18 日

全县农村小学复式教学创新模式培训班举行,原省教委副主任、甘肃省联合国教科文组织协会会长马培芳作了《关于课堂教学创新模式》的专题报告。开展复式教学示范课、说课、评课活动,培训各学区校长、复式教学骨干教师 50 多人。

9 月 22—24 日

由县教育局副局长杨少白、教研所主任缪得林带队,全县各完职中高三学科教师代表 56 人参加了天水市教科所举办的高考研讨会。

9 月 24 日—10 月 4 日

市教育局举行全市教育行政管理培训班,临洮县教育局局长魏文忠、临洮中学校长赵世林、临洮二中副校长袁志明、临洮三中校长杨立峰、临洮四中校长蒋书杰参加,参观考察了上海基础教育的发展情况。

10 月 8 日

根据市科协、市教育局《转发关于表彰第一届"甘肃省智力七巧板科普系列竞赛活动获奖项目的通知》(定市科协发〔2005〕58 号),我县学生获得全国竞赛低年级组一等奖 1 项、二等奖 3 项、三等奖 5 项、鼓励奖 4 项;中年级组三等奖 4 项、鼓励奖 10 项;高年级组一等奖1 项、二等奖 3 项、三等奖 3 项、鼓励奖 3 项;县实验一小教师李效民、实验二小校长杨惠敏为优秀辅导员。

10 月 12 —14 日

临洮县中欧项目县级教师巡回培训辅导活动举行,共抽调中小学骨干教师 36 人,分三组分赴全县各初中、学区和部分小学进行新课程理念讲座 144 场、中小学示范课教学 288 节、教学研讨会 144 场,参训教师 1854 人。

10 月 15 日

全县理化生高三教学观摩研讨会举行,县教研所组织骨干教师开展了示范课教学、说课评课、高考复习经验交流等活动,全县完全中学高三理科教师 70 多名参加。

10 月 17 日

全县教育系统离退休干部代表座谈会举行,魏文忠局长介绍了赴上海考察教育的情况和我县近年教育发展情况和今后打算,张振元书记传达了县委书记郭永昌在全县第二十一个教师节表彰座谈会上的讲话精神,原定西市驻临督学雷得田、杨崇玉,县教育局原副局长潘维、临洮中学原校长赵树声分别发言,共同商讨了临洮教育改革发展目标措施,教育系统离退休干部 20 多人参加。座谈会前,还到八里铺小学、临洮二中等 8 所中小学进行了参观活动。

10 月 18 日

根据市教育局《关于同意成立定西市临洮育霖中学的批复》(定市教发〔2005〕132 号),同意成立"定西市临洮育霖中学",学校业务由临洮县教育局主管。

10 月 21 日

临洮县中小学校长赴上海学习考察座谈会举行,魏文忠局长、临洮中学校长赵世林、连湾初中校长龙发胜、西街小学校长赵明芹等先后发言,畅谈学习经验,联系本职工作谈了今后工作思路打算,县教育局和部分股室负责人、近两年赴上海学习考察的 28 位校长参加。

10 月 28 日

县教育局副局长董世录、县教研所主任缪得林,被中央教育科学研究所教育与人力资源研究部评选为全国优秀教研员。

☆☆◇————————

10 月 30 日

市教育局局长崔振邦,先后赴窑店小学、四十铺小学、临洮中学、临洮二中、玉井农职中、县职教中心,考察了学校班子建设、学校发展和义务教育教学管理工作。

11 月 3 日

根据市教育局《关于 2005 年度省、市教育科学规划课题立项的通知》(定市教研字[2005]19 号),临洮县教育局董世录《小学新课程教学中的问题、成因及对策研究》等 2 项为省级重点课题,省级规划课题 3 项。

11 月 7—11 日

由县教育局副局长董世录带队,中铺学区校长王邦泉、上营学区校长李国洲、玉井学区校长张星明、南屏学区校长赵春平、新添学区校长秦国智、新添一小校长贠鹤龄、洮阳学区建设小学校长马建华、旭东小学校长石守敬等赴天津市红桥区考察学习。

11 月 18 日

县教育局举行各学区和部分中学校长座谈会,魏文忠局长作上海教育考察报告。

11 月 28 日

根据市教育局《关于公布市级重点中等职业学校评估结果的通知》(定市教发[2005]145 号),县职教中心为省颁标准市级重点中等职业学校。

根据中欧甘肃基础教育项目领导小组办公室《关于表彰"欧盟与我"小学生绘画比赛优秀作品、优秀指导教师和优秀组织单位的决定》(中欧甘项目办字[2005]67 号),南街小学学生绘画作品获优秀奖 1 项,教师刘亚柏获优秀指导教师奖。

根据市教育局《关于公布省、市第三届中小学"青年教学能手"评选结果的通知》(定市教发[2005]146 号),临洮中学赵春英、实验一小丁月等 7 名教师被评为甘肃省第三届中小学"青年教学能手"。

12 月 1 日和 3 日

县教育局分别举行中学校长、学区校长座谈会,听取和征求对《临洮县教育事业发展"十一五"规划草案》的修改意见。

12 月 5 日

全县小学教师新课改培训班举行,邀请省教科所崔建民、王毓新、邓香萍等 6 名专家分别作了语文、数学、综合科讲座,并指导课堂教学,洮阳等 10 个学区教师 350 多人参加。

12 月 5—6 日

玉井农职中省级重点职业中学评估活动举行,由省教育厅监察室副处级监察员牛辉峰带队的专家组一行 7 人,听取了县政府关于全县职业教育发展情况汇报、玉井农职中关于晋升省级重点中等职业学校达标情况汇报,对玉井农职中办学情况进行了全面评估,充分肯定了办学做法和经验。

12 月 6 日

根据中欧甘肃基础教育项目领导小组办公室《关于表彰中欧甘肃基础教育项目优秀教师学习资源中心的决定》(中欧甘项目办字[2005]68 号),县职教中心获得优秀县级教师学习资源中心提名奖,峡口初中、辛店初中获得教师学习资源中心优秀奖。

12 月 8 日

根据县委《关于调整教育局党委下属总支、支部隶属关系的通知》(临县委发[2005]

106 号),原县教育局党委下属教育局机关总支及其下属教育局机关、临洮中学、县职教中心、洮阳初中、文峰中学、县实验一小、县幼儿园、教印厂、教育局退休一支部、教育局退休二支部等 10 个支部和临洮二中总支及其下属临洮二中支部、临洮二中退休支部 2 个支部仍由教育局党委管理,其余总支、支部按驻地划归乡镇党委管理。

根据市教育局《关于通报 2005 年省、市中学部分学科课堂教学竞赛(评比)活动获奖结果的通知》(定市教研字〔2005〕22 号), 我县教师获甘肃省中学课堂教学竞赛二等奖 5 项、三等奖 1 项,高中语文优质课(说课)二等奖 1 项,高中数学优质课(说课)二等奖 1 项、三等奖 1 项,初中历史一等奖 1 项、二等奖 1 项,初中地理二等奖 1 项。

12 月 9 日

根据市教育局《关于 2005 年省、市级教育科研课题鉴定结果的通知》(定市教研字〔2005〕21 号),我县教师承担的省级教育科研课题通过鉴定 4 项。

12 月 9—11 日

由县教育局副局长杨少白、教研所主任缪得林带队,全县各高中、职中分管教学副校长、骨干教师代表共 32 人参加了"甘肃民勤高考论坛",听取了北京高校、高中教育专家学者专题讲座和报告,考察了民勤县高中教育。

12 月 11—13 日

全省教研工作会议在天水举行,县教育局副局长董世录介绍了临洮县教研工作经验。

12 月 15 日

根据市教育局《关于公布全国全省全市贯彻〈学校体育工作条例〉优秀中小学校和先进个人的通知》(定市教基〔2005〕30 号),临洮三中被评为全省贯彻《学校体育工作条例》优秀学校。

12 月 23 日

根据市教育局《关于参加 2005 年全国高中数学、物理、化学竞赛结果的通知》(定市教研字〔2005〕25 号),我县学生获得全国高中数学竞赛一等奖 1 人,获得全国高中物理竞赛二等奖 1 人,获得全国高中化学竞赛三等奖 1 人。

12 月 26 日

根据省教育厅、人事厅、财政厅《关于确定曹晓兵等 138 名教师为 2004 年度甘肃省特级教师的通知》(甘教师〔2005〕30 号),临洮二中袁志明,县实验一小水新民、赵忠被确定为省特级教师。

12 月 30 日

根据市教育局《关于通报全省、全市小学数学优秀论文、教学案例评选结果的通知》(定市教研字〔2005〕24 号),我县教师获省级论文二等奖 1 篇、教学案例一等奖 1 篇。

12 月 31 日

临洮县首届中学生书画展和城区小学生艺术教育成果汇报演出活动举行, 展出书画作品 380 多幅,其中国画 150 多件、色彩 110 多件、素描 50 多件、书法 40 多件、其他 30 多件,演出文艺节目 26 个。这次活动由县教育局、团县委、县文联、临洮画院等单位共同举办。

同日,根据市教育局《关于公布全省幼儿教育先进集体和先进个人的通知》(定市教基字〔2005〕32 号),县幼儿园园长王慧玲被评为全省幼儿教育工作先进个人。

2006 年

1月21日

根据县政府《关于表彰奖励2005年全县科学技术进步奖获奖项目的决定》(临政发[2006]2号),临洮二中和县教育局马永平、缪得林、孙向东、沈作能、赵淑玲、李维民、王伯强、马佐辉、康淑琴、张红英、张成红等完成的《西部贫困地区在中学化学教学中培养学生创新意识的研究》授予县科学技术进步二等奖,奖励2000元;县实验一小水新民、卜登碧、丁月、王伟、闫红煜、张爱萍等完成的《构建合作参与课堂教学模式,促进学生主动发展》,临洮二中陈维政、马少军、袁志明、李千江、李国林等完成的《现代教育技术在物理教学中的运用》授予县科学技术进步三等奖,奖励1000元。

2月21日

全县校长工作会议举行,会议传达了全省农村义务教育经费保障机制改革会议精神,魏文忠局长就2006年全县教育工作讲了话,各位分管领导作了具体安排。

2月24日

全县理化生教师高考复习交流和听评课活动在临洮中学举行。

3月9日

由省监察厅副厅长李美华带队的全省农村义务教育经费保障机制改革专项检查组一行3人,先后赴八里铺小学、文峰初中、实验一小,对我县义务教育经费保障机制改革实施情况进行检查,张懿笃县长汇报了我县义务教育经费保障机制改革实施情况,市政府市长助理王全进等陪同。

3月15日

根据省自考委《关于第七次表彰高等教育自学考试优秀考点的决定》(甘考委字[2006]8号),洮阳初中被评为2003—2005年度甘肃省自学考试优秀考点。

3月17—19日

全县高三9个学科的68名教师赴兰州参加了省教科所举办的《高考考试大纲》解析及高考备考研讨会。

3月27—30日

临洮县赴陇西、静宁、会宁学习考察工作教育活动,在县政协主席张学东带领下,考察团先后深入3县9所县城和农村中学,通过听取介绍、座谈交流、实地查看等形式,学习考察了三县发展高中教育和高考工作的成功经验和做法。其后,又观摩了我县6所完全中学,进一步调研了全县高中教育发展现状,讨论提出了普通高中发展策略。县政府副县长石珍、县教育局局长魏文忠、副局长杨少白、教研所主任缪得林和6所普通高中校长参加。

4月15日

全县高中语文数学英语学科教学观摩研讨活动举行,各高级中学、完职中的120名教师参加。

4月19日

全县校长工作会议举行,传达了省市治理乱收费工作会议精神,签订了全县教育系统党建、精神文明、综治、党风廉政、信访、安全、治理乱收费等工作目标管理责任书,魏文忠局长作了考察陇西、静宁、会宁三县高中教育情况专题报告,结合临洮实际进行了反思,提出了发展临洮高中教育的思路、想法。

4 月 20 日

"三易杯"第二十一届甘肃省青少年科技创新大赛在临洮开幕。

4 月 21 日

临洮县青少年科技创新报告会举行,城区中小学 500 多名师生参加。

5 月 1—3 日

由县教研所主任缪得林带队,全县 43 名中小学教师参加了中国写作学会阅读学专业委员会和中国教育学会语文教学专业委员会联合举办的全国著名教育专家甘肃省中小学语文教师成长与新语文教学研讨会。

5 月 13 日

定西市人民政府任命魏文忠为市教育局驻临洮督学,袁志明为临洮二中校长。

5 月 14 日

全县职业教育工作现场观摩会举行,魏文忠局长作了总结讲话,分析了当前职业教育的发展形势及我县职业教育的现状,提出了今后全县职业教育发展的目标、任务和措施要求;李兰广副局长传达了全省职业教育会议精神,汇报了赴上海、天津、青岛、兰州等地考察职业教育及 3 所职中与外地学校、企业联合办学情况;临洮农校校长党琳和全县 3 所职业学校校长发言。期间,各完职中、独立初中、九年制学校校长,教育局各股室负责人先后来到县职教中心、玉井农职中、临洮农校、县乡镇企业技术学校,对 4 所学校的基础设施建设、骨干专业设置、联合办学情况进行了现场观摩。

5 月 20 日

根据省教科所《关于 2006 年全国初中学生化学素质和实验能力竞赛甘肃赛区竞赛结果的通知》(甘教研发[2006]19 号),我县学生获一等奖 1 人,二等奖 5 人,三等奖 5 人。

根据省教科所《关于 2006 年全国初中数学竞赛甘肃赛区获奖结果的通知》,我县学生获三等奖 12 人,冯映兰等 5 名教师获辅导三等奖。

5 月 28 日

全县小学教育参观学习活动举行,全县 18 个学区校长在陇西师范参加了全市学区校长培训班后,继续在我县太石学区沙楞小学、辛店学区康家崖生基希望小学等 12 所学校参观学习,进一步座谈研讨了全县小学教育教学工作策略。

6 月 3 日

2006 年全县初中生英语口语表演比赛举行,评选出 27 个优秀节目,其中一等奖 6 个、二等奖 10 个、三等奖 11 个,优秀指导奖 18 个、优秀组织奖 5 个。

6 月 24—25 日

2006 年全县小学新课程示范课总决赛举行,来自全县 18 个学区的 26 名教师参加了总决赛,杨乐荣等 4 名教师获一等奖,赵清俊等 9 名教师获二等奖,李生辉等 13 名教师获三等奖。

7 月 1 日

2006 年全县小学毕业班教学质量统一检测顺利举行,首次实行由县教育局统一组织的制度,设立 44 个考点、341 个考场,采用集中考点、统一安排、蹲点督考、统一阅卷的办法,严明了考风考纪,保证了考试成绩的真实性。

7月3—6日

"安兴杯"2006年临洮县教职工篮球赛举行,全县教育系统的12个女队、18个男队参加了比赛,经过复赛、决赛,峡口学区联队、新添学区联队分别获男子组和女子组第一名,评出精神文明奖4个、优秀裁判员4名、优秀工作人员2名。

7月8日

临洮县2006年八年级地理、生物会考顺利举行,本次会考成绩按比例折合,首次计入普通高中招生录取总分。

7月12日

根据市教育局《关于参加2006年全国初中化学、物理、数学竞赛甘肃赛区获奖结果的通知》(定市教研字[2006]10号),我县学生在全国化学竞赛中获一等奖1人,二等奖6人,三等奖5人;在全国数学竞赛中获三等奖11人。

8月6日

临洮县刘家河育仁希望小学奠基仪式举行,甘肃省建设厅副厅长阮文易、上海寰宇实业有限公司董事长郭彦文、县委副书记许士元、县政府副县长张捷及教育局负责同志参加了奠基仪式。该项目由上海寰宇实业有限公司捐资20万元,新建教室7个、宿舍4间、校门一座、围墙105米,总建筑面积373平方米。

8月25日

根据市科协、市科技局《关于表彰第二十一届定西市青少年科技创新大赛获奖项目的通知》(定市科协发[2006]27号),我县学生作品获全国优秀科技实践活动三等奖1项,全国科技教育创新作品二等奖1项、三等奖3项。

8月26日

全市农村义务教育经费保障机制改革工作会议在临洮举行,市教育局副局长李春敏、王仪和各县区教育局负责人参加,杨少白副局长介绍了临洮县农村义务教育经费保障机制改革工作做法和经验。

8月

定西师范专科学校临洮分校(原临洮师范)移交临洮县,与临洮中学合并,为临洮中学进一步发展奠定了坚实基础。

9月11日

教育部—联合国儿童基金会儿童早期发展ECD项目2006—2010周期项目县临洮启动会举行。

9月17—18日

县委、县政府隆重召开全县教育工作大会,县委书记郭永昌主持大会并作总结讲话,县委副书记、县长张懿笃作重要讲话,县政府副县长张捷传达了全市职业教育工作暨庆祝教师节大会精神;县政府副县长张捷与各乡镇政府负责人签订了小学教育工作目标管理责任书;县委副书记许士元宣读了省、市表彰的先进集体、优秀个人名单和《中共临洮县委、临洮县人民政府关于表彰2005—2006学年度全县教育系统先进集体和优秀个人的决定》、《临洮县人民政府关于表彰2006年全县高考工作先进学校的决定》;县教育局副局长杨少白宣读了《临洮县教育局关于兑现2005—2006学年度教育教学目标管理责任书考核结果的决定》、《临洮县教育局关于表彰创建节约型学校活动先进集体的决定》;县教育局

局长魏文忠向大会作了教育工作报告。县委、县人大常委会、县政府、县政协领导,各乡镇党委、政府主要负责人,临洮农校校长,县直各部门及省、市驻临各单位负责人,各完职中中层以上学校领导,各初中、九年制学校、学区和完全小学校长、县幼儿园园长,民办中学校长,先进集体、优秀个人代表,教育系统退休老同志、老教师代表,教育局全体干部职工,共计710余人参加了大会。17日全天,各完职中、初中、九年制学校、民办中学校长,教育局领导及各股室负责人共计70多人观摩了全县高中教育。18日下午,在临洮中学召开教育工作业务会议,县教育局局长魏文忠与各完职中、初中、九年制学校、学区签订了教育教学目标管理责任书,县教育局领导就各自分管工作提了意见,临洮中学等7所学校(学区)校长作了会议交流发言。

9月19日

定西市市长杨子兴调研临洮教育工作,深入临洮中学、临洮二中、临洮农校、县职教中心,视察调研了"师范"移交、学校建设、教学质量和职教招生、就业安置等情况,对临洮教育发展给予了肯定,指出了发展临洮教育的指导意见。

9月

临洮县教育局被评为甘肃省勤工俭学工作先进单位。

10月1—2日

由县教研所主任缪得林、副主任冯海明带队,全县60多名中小学教师在兰州参加了中国教育学会、甘肃省教育学会联合举办的全国著名教育专家甘肃省中小学课改研讨会。

10月8日

县教育局举行全体干部职工会议,魏文忠局长传达了全省农村教育工作座谈会精神,介绍了河西地区农村教育改革发展和中小学布局调整工作情况,并结合我县教育实际,提出了贯彻落实意见和要求,正式拉开了临洮教育布局结构调整序幕。此前,全省农村教育工作座谈会在武威、金昌两市召开,魏文忠局长和与会代表一起学习考察了7所寄宿制中小学。

10月9日

根据省教育厅、省政府教育督导团《关于表彰全省教育督导工作先进单位和先进工作者的决定》(甘教厅[2006]100号),县教育局党委副书记、纪委书记、县政府督导室主任王玉璞被评为甘肃省教育督导先进工作者。

根据市教育局《关于参加2006年全省"综合实践—劳技教育优秀课堂教学设计"评选结果的通知》(定市教研字[2006]13号),我县玉井农职中教师郝军获一等奖,县职教中心教师孙正国、洮阳初中教师羊静仙获三等奖。

10月16—18日

全省新课程初中课堂教学竞赛观摩研讨活动在临洮成功举办,市教育局副局长李春敏、县政府副县长张捷参加并分别致辞,省政府督学、兰州一中原校长、省特级教师白春永作了题为《新课程校本教研和课堂教学设计》的专题学术报告。本次竞赛活动分语文和数学两组进行,开展观摩课堂教学31节,全省各地(州)、市参赛、观摩660多名教师参加,我县有2名教师参赛并获奖,30多名教师参加观摩。

10月20日

根据省体育局《关于授予甘肃省第六届全民健身月活动优秀组织奖和先进单位的决

☆☆☆———————
定》(甘体群[2006]37号),临洮县教育局被评为甘肃省第六届全民健身月活动先进单位。

10月27—29日

由县教研所主任缪得林带队,全县154名完职中教师在兰州参加了2007年全省高考研讨培训班。

11月3日

根据市教育局《关于2006年省、市教育科研"十一五"规划课题立项的通知》(定市教研字[2006]13号),我县中小学教师获省级课题立项29项,其中重点课题6项,规划课题23项。

11月6—7日

县职教中心晋升省级重点职业中学评估验收活动举行,由省教育厅职成教处副处长王光亚带队的专家组一行5人,听取张懿笃县长了关于全县职业教育发展情况汇报,曲强主任关于县职教中心工作汇报。县委书记郭永昌致欢迎词,市教育局副局长王仪、职成教科副科长令永峰、县上四大班子领导许士元、张成发、张捷、邓新、县教育局局长魏文忠、副局长李兰广等参加。期间,专家组通过参观职教中心展室、实地查看校内基础设施、观摩实训基地、查阅档案资料、听课、召开师生座谈会等形式进行了评估检查。专家组认为,县职教中心达到了省级重点职业中学标准,提出了今后县职教中心进一步发展的意见和建议。

11月14日

根据市教育局《关于通报全省及全市小学新课程评价工具设计大赛评选结果的通知》(定市教研字[2006]14号),我县教师获全省一等奖1项、二等奖6项、三等奖6项。

根据市教育局《转发省教育厅关于表彰奖励甘肃省第六届基础教育科研优秀成果的决定的通知》(定市教研发[2006]139号),我县临洮二中教师马永平的研究报告、系列论文《西部贫困地区在中学化学教学中培养学生创新意识的研究》获甘肃省第六届基础教育科研优秀成果二等奖。

11月17日

由县教研所副主任冯海明带队,全县30名小学教师参加了由市教育局举办的北京师范大学出版社教材培训班。

11月27—30日

由民进中央参政议政部一处处长周玉铭、民进甘肃省委参政议政部部长孙伟玲、省教育培训中心主任景民组成的"中国西部农村义务教育教师培训能力建设项目"调研组,赴辛店初中、新添第二小学等10所中小学和教师培训机构,通过实地查看、发放教师问卷、与教师座谈、访谈等形式,就我县教师培训能力建设工作进行了专题调研。

11月28日

中共临洮县教育局代表会议召开,各总支、支部47名党代表参加了会议,会议选举魏文忠、赵世林、袁志明、杨慧敏、杨世景5同志出席中共临洮县第十三次代表大会。

11月29日

根据省教育厅《关于认定省级重点中等职业学校的通知》(甘教厅[2006]118号),临洮县职业技术教育中心被认定为省级重点中等职业学校。

12月8日

根据省电教中心《转发中央电教馆关于公布教育部李嘉诚基金会"西部中小学现代远

程教育项目"评优和表彰活动结果的通知的通知》(甘电教中[2006]37号),临洮县教育局被评为县级优秀组织奖,县教育局电教馆馆长朱殿功被评为优秀个人。

12月11日

根据市教育局《关于第二届全国全省全市中小学体育教学观摩展示活动获奖名单的通报》(定市教基字[2006]38号),临洮中学肖宗礼获全国二等奖、省级一等奖,临洮四中史仲武、临洮二中樊军、潘家集初中吴春天获省级三等奖。

12月19—20日

2006年全县初中新课程实验展示课决赛举行,本次活动展示7个科目的课堂教学30节,全县210多名初中教师参加了观摩。

12月20日

临洮县赴潍坊市高中教育考察情况汇报会举行,县政府副县长张捷、魏文忠局长讲话,各完中校长作了交流发言,结合我县高中教育和学校具体情况谈了意见。12月上旬,由县政府张捷副县长带队,由县教育局、教研所负责人、各完中校长共11人组成临洮高中教育考察团,赴山东对潍坊市、安丘市高中教育和潍坊市一中、安丘一中、安丘四中3所学校办学情况进行为期7天的考察活动。本次考察活动,对全县中学教育意义重大。

12月21—22日

全县高中创新课大赛决赛举行,按照数学、英语、生物、历史4个学科,有教师37人参赛,全县150多名高中教师观摩了活动。

12月29日

全县中小学科技作品暨小学生书画展开幕仪式举行,县政府副县长张捷致辞,县人大常委会副主任张成发、县政协副主席邓新出席,县教育局局长魏文忠主持,县教育局及各股室负责人、部分初中校长、各学区校长、县第一实验小学、第二实验小学校长、县幼儿园园长、城区部分小学生共计280多人参加。本次展览共展出中小学生科技作品86件,小学生书画935幅,活动为期6天。

12月30日

"迎新春"全县中学生艺术教育汇报演出活动举行,县政府副县长张捷致辞,参加演出学校部分师生、社会各界人士共计600多人观看了演出。本次演出活动共有12所学校参加,表演节目20个,评选一等奖3个,二等奖5个,三等奖8个。

12月

根据市教育局《关于对参加2006年全国中学生英语能力竞赛获奖结果的通知》(定市教研字[2006]15号),我县学生获全国三等奖22人,省级奖14人,其中一等奖1人,二等奖12人,三等奖1人。

2007年

1月10日

省委常委、宣传部长励小捷在我县调研思想宣传工作期间,在市委书记、市人大常委会主任石晶、县委书记郭永昌等市县领导同志陪同下,视察了临洮二中、县职业教育中心和青少年活动中心。

1月18日

省教育厅、省人事厅、省财政厅《关于火霞等51名教师为2006年度甘肃省特级教师的通知》(甘教师[2007]1号)文件下发,临洮三中杨立峰被确定为甘肃省特级教师。

2月2日

临洮县首届复式教学培训班开班,为期5天,培训小学复式班教师130多名。

2月2—3日

全县校长工作座谈会议举行,魏文忠局长传达了全省农村教育工作会议精神,就应对全县初中高峰期调整划片招生方案和小学布局调整工作提了意见;高玉红副局长安排了全县义务教育监测工作,杨少白副局长作了山东潍坊市高中教育考察报告,董世录副局长安排了实施农村现代远程教育工程项目等工作,计财股股长何正军作了2006年全县中小学公用经费预算执行情况和2007年预算报告,玉井农职中校长李惠智作了山东等沿海地区职业教育发展考察报告。

3月8日

省教育厅基础教育处处长李晶一行4人,先后赴安家咀学校、康家崖生基希望小学、三十墩学校、文峰中学、临洮中学,就现代远程教育工程项目实施前期准备工作进行了调研。

3月8—12日

全县7所完中高三级高考誓师大会举行,以动员讲话、师生誓词、师生签字、主题班会及悬挂倒计时牌等为主要内容,5600名师生分别在本校参加。

3月20—23日

全县高中教育和高考备考工作集中督查活动举行,由县教育局局长任组长,党委书记、分管副局长任副组长、高中专家委员会成员参加的督查组,通过查看资料、听课评课、召开座谈会、发放师生问卷等形式,对全县7所完中高考备考工作进行了督查,提出了整改意见。

3月24—25日

由县教研所主任缪得林带队,全县各完中121名教师在兰州参加了全省《高考考纲解析》暨备考策略研讨会。

4月1日

全县校长工作会议举行,魏文忠局长就2007年全县教育工作讲了意见,董世录副局长宣读了县教育局《关于命名临洮县示范性初中和示范性小学的通知》,党委副书记、纪委书记王玉璞宣读了县教育局党委、县教育局《关于表彰2006年度精神文明建设等工作目标管理先进单位的决定》。

4月3日

根据省爱卫会、省教育厅、省卫生厅《关于命名甘肃省兰州实验小学等89所学校为甘肃省无烟学校的决定》(甘爱卫发[2007]3号),临洮二中被命名为甘肃省无烟学校。

根据省爱卫会、省教育厅、省卫生厅《关于表彰甘肃省学校健康教育先进工作者的决定》(甘爱卫发[2007]4号),临洮二中副校长王旭东被评为甘肃省学校健康教育先进工作者。

4月5日

根据市教育局《关于对全国全省全市优秀自制教具评选结果的通报》(定市教电字[2007]4号),我县教师获全省二等奖3项,三等奖1项,优秀奖3项。

根据市教育局《关于公布第十届全国多媒体教育软件大奖赛全省全市获奖名单的通知》(定市教电字[2007]5 号),我县教师获奖 14 项,省级优秀奖 3 项。

4 月 13 日

根据市教育局《关于公布第七届全国中小学电脑制作活动甘肃赛区评选结果的通知》(定市教电字[2007]6 号),我县学生电子报刊、网页制作获全国小学组三等奖各 1 项。

4 月 16 日

根据市委宣传部、市科协《关于命名定西市科普示范学校、定西市科普示范基地、全市先进农村专业技术协会的决定》(定市宣发[2007]23 号),临洮县建设小学、临洮中学被评为定西市科普示范学校。

4 月 18 日

省教育厅副厅长王萍调研临洮职业教育工作,先后深入玉井农职中、临洮农校、县职教中心 3 所职业学校,对全县职业教育发展和学校实训基地、骨干专业建设、招生就业等方面进行了调研。省教育厅职成教处处长何金保,市教育局局长崔振邦,县上领导张懿笃、石珍和教育局负责人陪同,县委常委、县政府副县长党建中作了工作汇报。

4 月 19—30 日

县教育局副局长董世录、教研所主任缪得林赴四川成都市、遂宁市参加了甘肃省课题研究考察学习培训活动。

4 月 25 日

省教育厅副厅长旦智塔调研临洮教育工作,先后深入建设小学、临洮二中、临洮中学、文峰中学,重点就我县实施国家远程教育工程项目工作进行了检查。市长助理王全进,省教育厅基教处处长李晶,省电教中心副主任景志锋,省电教中心项目部主任方振国,市教育局局长崔振邦,县委副书记、县政府县长张懿笃等陪同。

4 月 26—29 日

由县教研所副主任冯海明带队,全县 36 名小学教师在兰州参加了省教育教学研究所主办的甘肃省第二届小学语文骨干教师献课活动。在本次活动中,临洮县第一实验小学教师王伟获说课一等奖。

5 月 12—13 日

省教育厅省级送教下乡活动在临洮举行,省教育厅师范处副处长张宏,兰州市城关区教师进修学校校长任伟涛,甘肃省小学教师培训中心培训部负责人罗红梅,县委常委、副县长许士元和县教育局负责人参加了开班仪式。本次培训活动,来自兰州市城关区的 4 名优秀教师讲授优质课各 1 节,省特级教师、兰州东站小学校长陆宗英作新课改专题讲座 1 场。全县 18 个学区的 300 多名小学教师参加了培训活动。

5 月 14 日—6 月 28 日

全县义务教育学校教育教学质量集中督查活动举行,县教育局组成由局长为组长,党委书记、副书记、副局长为副组长,初中和小学专家委员会成员和相关股室人员为成员的督查组,通过"听、查、看、谈"等形式,深入全县 18 个学区、93 所中小学,就贯彻落实全县教育工作"突出两大主题、开展五大活动"情况,现代远程教育项目设备应用情况,初中、九年制学校、中心小学课堂(包括多媒体)教学工作情况等方面进行了集中督查,同时对 2006—2007 年度教育教学目标任务责任书指标完成情况进行了考核。

☆☆◇————————

5月24日

根据省教育厅《关于公布临洮县玉井农职业中学等3所职业中学改办为职业中等专业学校的通知》(甘教厅[2007]24号),临洮县玉井农职业技术中学为临洮县玉井职业中等专业学校,临洮县职教中心为临洮县职业中等专业学校。

5月28日

广东省汕头市移动公司副总经理郑钢一行25人,赴小洼山小学开展了"公司员工艰苦文化教育之小洼山支教十周年回访"活动,在举行的捐赠仪式上,广东汕头移动公司为学校捐赠现金2.5万元和价值3000多元的教学用品。

6月18日

根据市教育局《关于通报2007年全国小学生英语能力竞赛结果的通知》(定市教研字[2007]09号),我县学生获全国奖57人,其中四年级获三等奖24人;五年级获一等奖1人,二等奖1人,三等奖14人;六年级获三等奖17人。

6月20日

根据省教科所《关于通报2007年全国初中数学竞赛甘肃赛区获奖学生的通知》,我县学生获奖18人,其中获全国一等奖1人,二等奖2人,三等奖15人;我县教师获辅导奖10人,其中获辅导一等奖1人,二等奖1人,三等奖8人。

6月20—30日

县幼儿园和西关分园、店子幼儿园、爱心幼儿园负责人,参加了由市教育局组织的全市部分幼儿园园长学习考察活动,先后赴北京、天津等地实地考察幼儿教育工作。

6月22—27日

县教育局副局长高玉红、教研所主任缪得林、人事股股长马如文,参加了由民进中央参政议政部组织的"中国西部农村地区义务教育教师培训能力建设项目"研讨会,赴北京、山东等地考察活动。

6月26日—7月7日

定西市政府组织的全市职业教育考察活动,县委常委、副县长许士元,县教育局局长魏文忠,县职教中心校长曲强,玉井农职中校长李惠智参加,先后赴天津、大连、烟台、青岛、上海、杭州等地考察职业教育和大中型用工企业。

7月3日

根据省教科所《关于确定综合实践活动课程实验基地及开展实验研究工作的通知》(甘教研发[2007]28号),临洮县第一实验小学被确定为甘肃省教育科学研究所综合实践活动课程实验基地。

7月9—10日

省教育厅厅长白继忠调研临洮教育工作,先后深入临洮中学、文峰中学、新添镇褚家寨子小学和杨家大庄小学、辛店初中5所中小学,重点调研了我县高中教育发展和山东招金集团捐赠项目实施情况。市政府副市长王向机、省教育厅发展规划处处长贾宁、基教处副处长赵海峰、市教育局局长崔振邦、县长张懿笃等陪同。

7月10—11日

由美中文化协会主任周逸方带队的美籍华裔专家学者、大学生一行11人,先后围绕美国教育概况、教师自我成长、学生管理等内容,举办讲座3场,城区学校370多名中小学教师参加;围绕英语课堂教学、学生学习兴趣的激发,讲授课程78节,听课学生700多人。

7月11—12日

"巍雅斯杯"临洮县教职工乒乓球大赛举行,来自全县中小学19个男队和18个女队的150多名运动员参加,经过激烈的角逐,有8个团体、16名个人获奖。本次乒乓球大赛自6月中旬组织开展以来,全县中小学300多名教师积极参与了初赛。

7月20—28日

临洮县第一期中小学校长研修班开幕式举行,县委书记郭永昌、市教育局局长崔振邦和定西市各县教育局长参加了开班典礼。甘肃省小学教师培训中心培训部负责人罗红梅全程作了主持,中共甘肃省委讲师团团长、甘肃省理论教育信息中心主任、研究员白坚,兰州一中原校长、甘肃省特级教师、甘肃省著名教育专家白春永,兰州外国语高级中学书记、副校长、中学高级教师侯一农,兰州市城关区水车园小学校长、中学高级教师尉智林,兰州市七里河区王家堡小学校长、中学高级教师朱文龙,兰州铁路第四中学校长、中学高级教师张俊,兰州市教育科学研究所教研室原主任、中学高级教师孙耘,中科院兰州分院小学校长、书记、小学高级教师王安荣,兰州市城关区一只船小学副校长、小学高级教师王丰,甘肃省小学教师培训中心负责人、兰州市城关区教师进修学校校长任伟涛10位教育专家作专题讲座各1场,兰州外国语高级中学中学高级教师楚恒华、中学二级教师李泽军,兰州铁路第四中学中学一级教师张亚红、中学二级教师马文静,兰州市城关区一只船小学小学高级教师金利华、兰州市城关区安乐村小学小学高级教师魏彩霞6名兰州市骨干教师讲授示范课各1节,研修班历时9天,举行中学和小学校长与专家、与教育局领导座谈讨论各2场,组织参观县级优质初中、小学各2所,开展了临洮县教育发展状况大型问卷调查和2次培训活动调查问卷,全县中小学267名校长参加。10月12日,县教育局组织94名高中、初中、九年制学校校长赴兰州外国语高级中学、兰州铁路第四中学,通过观看校容校貌,听取管理经验介绍,观摩课堂教学,查看管理制度,与校长、教师座谈交流等形式,考察学习了兰州市两所优质高中的办学工作。19日,再次组织96名小学校长赴兰州市城关区水车园小学、中国科学院兰州分院小学、七里河区王家堡小学考察学习。此后,编印了研修班《校长论文选》。这次培训,从专家引领、名师示范、现场参观、名师说课、局长座谈、问卷调查、论文总结以及培训组织等各方面,探索形成了有益经验,从此拉开了全县校长、教师轮训的大幕。

8月14日

根据省教科所《关于2007年全国初中学生化学素质和实验能力竞赛甘肃赛区竞赛结果的通知》(甘教研发[2007]20号),我县学生获一等奖3人,二等奖12人。

8月16日

根据市教育局《关于省市教科研"十一五"规划课题2007年课题立项结果的通知》(定市教研字[2007]13号),我县立项省级重点课题1项、规划课题16项。

9月7日

2007年全县教育工作会议暨庆祝教师节大会召开,会议总结分析了2006—2007学年度教育工作,安排部署了2007—2008学年度及今后教育工作;表彰奖励了教育系统先进集体、先进个人、高考工作先进学校;兑现了2006—2007学年度教育教学目标管理责任书。县人大常委会主任张学东、县政协主席陈永寿和县委、县人大常委会、县政府、县政协的分管领导出席会议,县委副书记冯爱平主持并讲话,县委常委、副县长许士元讲话,县委常委、宣传部长石珍宣读了《中共临洮县委、临洮县人民政府关于表彰 2006—2007 学年度全县教育系统先进集体和先进个人的决定》、《临洮县人民政府关于奖励 2006—2007 学年度全县高考工作先进学校的决定》;县教育局副局长杨少白宣读了《临洮县教育局关于兑现 2006—2007 学年度教育教学目标管理责任书的决定》;县教育局局长魏文忠作教育工作报告。下午,签订了 2007—2008 学年度普通高中教育、职业教育、初中教育、小学教育、幼儿教育和远程教育目标管理责任书;交流了教育教学工作经验。先进集体、先进个人代表,离退休教育工作者代表,临洮农校负责人,各完职中、初中、九年制学校校长,各学区、直属小学校长,全县教研创新示范小学校长,公办幼儿园园长,育霖中学校长,教育局全体干部职工共计 195 人参加了会议。晚上,县教育局领导就各自分管工作作了强调安排。

9 月 13 日

根据市教育局《关于通报全省及全市综合实践—劳技教育优秀论文录像课评选结果的通知》(定市教研字[2007]16 号),我县教师获省级奖录像课 4 节、优秀论文 1 篇。

9 月 15—16 日

"参与研究型课堂教学模式设计与操作"项目中期评估及成果展示活动在临洮举行,省委原副书记、纪委书记李虎林、原省教委副主任马培芳、省教育厅基教处处长李晶和来自甘肃及青海两省8县的项目实验者 200 多人参加。活动期间展示优质课 9 节,其中我县两节优质课获奖,中央教科所科研处副处长郝志军就展示课作了专题讲座。"参与研究型课堂教学模式设计与操作"项目,由澳大利亚国际发展署资助、甘肃省联合国教科文组织协会组织实施,我县于当年元月份启动后,组织校本培训教师 100 人,学区内扩大培训 200 人。在7月份举行的论文评选活动中,我县有 20 篇优秀论文获奖,其中县实验二小卯莉等3名教师获一等奖,牟朝霞等7名教师获二等奖,高丽芬等 10 名教师获三等奖。

9 月 17—18 日

由省教育厅国家农村现代远程教育工程项目部主任方振国带领的省级评估专家组,先后赴县实验一小、北街小学、刘家沟门初中等 9 所中小学,通过查阅资料、发放问卷调查、座谈等形式,对我县实施国家农村现代远程教育工程项目进行了验收。该项目的实施,为全县义务教育阶段学校信息技术教育提供了重要支撑。

9 月 18 日

市人大常委会副主任韩中林率领执法检查组,先后在临洮二中和县教育局,对我县执行预防青少年违法犯罪法情况进行了检查。

9 月 20 日

省教育厅副厅长旦智塔调研临洮教育工作,先后赴辛店初中、刘家沟门初中、新添镇第二小学、新添镇卅墩学校、临洮县第一实验小学调研了我县实施国家农村中小学现代远程教育工程项目情况, 对临洮实施项目的做法给予了充分肯定。省教育厅基教处处长李晶、副调研员刘彦文,市教育局局长崔振邦,县委书记郭永昌,县委副书记、县政府县长张懿笃等陪同。

同日,教育部—联合国儿基会合作儿童早期发展 ECD 项目参与式策略培训班实地操作培训活动在临洮成功举行,省教育厅副厅长旦智塔会见了与会代表,教育部基教司幼教处专家王化敏、中央教科所前调研员周亚君、中国农业大学副教授汪力斌、甘肃省教育厅基教处副调研员何馨芳、甘肃省教科所研究员邓湘萍,和来自全国9个省(市)的27名幼教专干、幼儿园园长参加培训活动,与会人员就幼儿教育工作进行了座谈交流。

9月26—29日

"金泽杯"2007年临洮县教职工篮球赛举行,全县教育系统的6个女队、17个男队参加了比赛,经过紧张激烈的复赛、决赛,临洮三中代表队和洮阳学区代表队分别获男子组和女子组第一名,文峰中学代表队和临洮二中代表队分别获得男子组、女子组第二名。临洮县金泽房地产开发有限责任公司资助了本次全县教职工篮球赛,资助奖牌、奖品价值1.4万元。

10月2日

根据共青团中央、教育部、全国少工委《关于表彰第八届"全国十佳少先队辅导员"第七届"全国十佳少先队志愿辅导员"的决定》(中青联发[2007]35号),临洮县第一实验小学秦海燕同志被评为"全国十佳少先队辅导员"。

同日,"魏书生同志学术报告会"在定西举行,临洮县120名中小学语文教师、班主任参加。

10月13—14日、27—28日

全县普通高中课改通识培训班举行,兰州市外国语高级中学书记、副校长侯一农,兰州四中校长张健,兰州市教科所教研员、甘肃省特级教师白辽玲,兰州三中校长助理田萍分别就推进高中课改的背景和目标、课程结构、课程标准和内容、课程实施和教学改革、课程评价等方面作了专题讲座,并组织了问卷调查和座谈讨论活动。13—14日第一期培训班,全县高一、高二级教师及教育局机关干部608人参加;27—28日第二期培训班,全县完职中校长、高三级教师共计341人参加。27日晚,举行了县教育局局长与高三级全体教师座谈交流会,就新课改与高中教育、新课改与高考工作相关问题进行了有益探讨。

10月18日

根据省教育厅《关于表彰全省中小学教育装备管理、实验教学工作先进集体、先进个人的决定》(甘教厅[2007]134号),临洮县教育局被评为全省中小学教育装备管理、实验教学工作先进集体。

10月27日

临洮县举行2007年国家级中小学生学业质量分析检测活动,本次质量分析活动,由教育部基础教育二司和教育部基础教育课程教材发展中心主办,检测对象为四年级和九年级学生,检测科目为语文、数学。临洮县设15个考点、34个考场,参加检测初中生480名、小学生446名。

10月30日

根据县委、县政府《关于确定吴有仓等38名同志为县级优秀人才的通知》(临县委发[2007]71号),县政府教育督导室副主任、教研所主任缪得林,县第一实验小学校长水新民,副校长赵忠,临洮中学校长赵世林、党支部副书记于基高、教务处主任杜海雄,临洮二中校长袁志明、政教处主任朱成岗,县第二实验小学校长杨惠敏、教导主任王映香10名同志被评为县管拔尖人才。

10月

根据教育部《关于表彰全国优秀教师和全国优秀教育工作者的决定》(教人[2007]6

号),我县洮阳初中校长李斌被评为 2007 年全国优秀教师。

根据教育部《关于表彰全国中小学优秀班主任和高校优秀辅导员等先进个人的决定》(教人[2007]7 号),我县洮阳初中校长李斌被评为 2007 年全国中小学优秀德育课教师。

11 月 2 日

根据市教育局《关于 2007 年省市教育科研课题鉴定结果的通知》(定市教研字[2007]19 号),临洮县教育局董世录同志《小学新课程教学中的问题、成因及对策》、文峰中学马永平同志《加快临洮二中、文峰中学校园网建设与利用的实践研究》(以上省级重点课题)、卅墩学校赵宏恩同志《校园文化建设探究》、临洮二中王芝凤同志《高中地理学习策略研究》4 项课题通过省级鉴定。

根据市教育局《关于公布省市第四届中小学"青年教学能手"评选结果的通知》(定市教发[2007]125 号),我县苏维平、郭晓燕等 6 名教师被评为甘肃省第四届中小学"青年教学能手"。

11 月 14 日

根据市教育局《关于通报 2007 年省市高中六学科讲课说课竞赛活动获奖结果的通知》(定市教研字[2007]20 号),我县 8 名教师获奖,其中获高中语文课全省二等奖 1 项,高中地理课全市一等奖 3 项、高中生物课一等奖 1 项、高中历史课一等奖 1 项。

11 月 17 日和 24 日

全县小学和中学信息技术应用工作现场观摩会举行,进行小学课堂教学观摩课 6 节,通过授课教师说课、小组评课,参观学校功能室,召开座谈交流会等形式,学习交流了信息技术在教育教学工作中的应用。全县中小学校长、学区校长、电教专干和教师 352 人参加。

11 月 28 日

根据市教育局《关于通报 2007 年全国初中数学、物理、化学竞赛结果的通知》(定市教研字[2007]21 号),我县初中学生获奖 39 人次,其中物理竞赛一等奖 1 人,二等奖 2 人,三等奖 1 人;数学竞赛一等奖 1 人,二等奖 4 人,三等奖 15 人;化学竞赛一等奖 3 人,二等奖 12 人。

12 月 1—6 日

由县教研所初中教研室主任王文义带队,全县 19 名完职中初中部分管校长、初中校长赴北京参加了由民生银行组织的 2007 年度校长培训班,参观了北京市优质中学 1 所、中学实验基地 3 个。15 日,县教育局举行了学习考察活动校长座谈会。

12 月 3—9 日

省财政厅农村义务教育"普九"债务清理锁定工作审计组一行 12 人,先后赴 159 所学校审计项目 258 个,共清理、锁定我县义务教育"普九"债务 4136 万元。

12 月 6 日

根据市教育局《关于通报全省幼儿园优秀教育活动设计和教育案例评选结果的通知》(定市教研字[2007]23 号),我县教师作品获奖 3 项,其中获省级一等奖 1 项,二等奖 2 项目。

12 月 8 日

全县小学复式教学示范课观摩比赛活动举行,来自全县 18 个学区的 19 名小学教师讲授示范课各一节,全县 205 名复式班教师参加了观摩活动。

12 月 20—22 日

全市新农村教育人才队伍建设研讨会在岷县举行,临洮县教育局副局长杨少白、教研所主任缪得林、临洮中学校长赵世林、党支部副书记于基高、骨干教师成建平,临洮二中校长袁志明、骨干教师马佐辉,县职教中心主任曲强,县第一实验小学校长水新民一行 9 人参加。

12 月 21—22 日

全县高中创新课比赛举行,语文、化学、政治、物理、地理 5 门学科 53 名参赛者奉献了优质课,全县高中教师 600 多人参加了听课活动。

12 月 25—28 日

洮阳初中、旭东初中、程家铺初中校长和教导主任一行 8 人,参加了由中央教育科学研究所举办的"新课程背景下学校管理策略研讨会暨江苏、上海典型特色初中学校管理经验解读观摩考察活动",考察江苏扬州梅岭中学、泰兴洋思中学、南通海门东洲中学和上海闸北八中 4 所特色名校。

12 月 31 日

全县中小学教师暨中学生书画作品展和"华威集团杯"全县教职工文艺汇演活动举行,展出书画作品 848 件,演出优秀节目 25 个。

同日,根据市教育局《关于通报全国中小学综合实践—劳技教育优秀论文、录像课评选结果的通知》(定市教研字[2007]25 号),我县教师录像课获全国三等奖 2 项。

12 月

根据市教育局《关于公布"第十一届全国多媒体教育软件大奖赛"获奖名单的通知》(定市教电字[2008]1 号),我县教师获奖 23 项,其中全国优秀奖 1 项,全省二等奖 1 项、优秀奖 1 项,临洮县教育局获优秀组织奖。

根据市教育局《关于参加 2007 年全国中学生英语能力竞赛获奖结果的通知》(定市教研字[2007]25 号),我县学生获奖 20 人,其中二等奖 1 人,三等奖 19 人。

2008 年

1 月 17—27 日

市委组织部组织全市新农村教育人才队伍建设考察学习活动,临洮县教育局副局长杨少白、教研所主任缪得林、临洮中学校长赵世林、临洮二中校长袁志明参加,考察了湖北省黄冈市高中教育工作。

2 月 17 日

根据县政府《关于表彰奖励 2007 年度全县科学技术进步奖项目和县级科技功臣的决定》(临政发[2008]12 号),县乡镇企业学校康勇等 7 人《农户马铃薯窖藏技术及抑芽剂使用综合配套技术示范》项目获一等奖,奖励奖金 10000 元;临洮二中陈作林等 4 人《班级管理与班级文化建设》项目获二等奖,奖励奖金 5000 元;临洮中学胡兰芳等 7 人《新课程内容的延伸对生物教学探究》项目获三等奖,奖励现金 3000 元。

2 月 22 日

全县校长工作会议举行,县教育局局长魏文忠作了《临洮教育发展思考与实践》报告。会议总结了 2007 年教育工作,安排部署了 2008 年度全县教育教学工作;通报了 2007 年度中小学预算执行情况和全县教育教学工作受到上级表彰奖励情况;表彰奖励了 2007 年度党建、党风廉政、精神文明建设、综治、信访、安全等工作先进单位,并颁发了奖牌。会议还为获得 2007 年全县高中创新课比赛、小学复式教学示范课比赛、小学生主题作文竞赛、全县教职工文艺演出和中小学教师暨中学生书画展优秀组织奖的学校颁发了奖牌。

3 月 13—14 日

全县高中教育培训基地校交流观摩和高考备考研讨督查活动举行,承办交流观摩和研讨活动的临洮中学和临洮二中高三级骨干教师,讲授语文、化学、生物、历史、数学、英语、物理、政治、地理 9 门学科示范课 36 节;围绕 2008 年高考备考策略主题,临洮中学、临洮二中、文峰中学各学科骨干教师 45 人作了交流发言,全县参加观摩活动高三教师共 306 人。17—20 日,县教育局组织高中教育专家委员会成员,通过查看设备设施、查阅资料、听评课、发放问卷、召开座谈会等形式,督查了全县 8 所完中高考备考工作,举行教师代表座谈会 8 场,组织听评课 200 余节,发放教师问卷 340 份,学生问卷 800 份。

3 月 29—30 日

省教育厅赴临洮县送教下乡教师培训活动举行,原省教育委员会副主任、省政协文史资料委员会原主任孙一峰,省教育厅师范处处长、省小学教师培训中心主任李慕堂,中共临洮县委书记郭永昌、县长张懿笃、县人大常委会副主任张成发、县政协副主席王国成、兰州市城关区政府副区长付晓利、省教育厅基教处副调研员温攀玺、兰州市教育局师资处处长杨平、副处长魏小健、省小学教师培训中心副主任、城关区教育局局长张军,城关区教育局副局长蒋毅群、胡厚升、城关区教育局办公室主任朱益民、教研室主任石英、兰州市城关区教师进修学校校长任伟涛参加了开幕式。开幕式由县教育局局长魏文忠主持,县政府张捷副县长致欢迎词。随后召开了临洮县教育工作座谈会,围绕基础教育课程改革、教师成长、教育教学管理等工作进行了座谈交流。在此次送教下乡活动中,兰州市宁卧庄小学校长陈玉萍作了专题讲座,兰州市城关区一只船小学副校长、甘肃省园丁奖获得者、兰州市名师王丰,畅家巷小学教导主任、甘肃省园丁奖获得者马慧珍、红山根小学美术教师、兰州市教学新秀郭彤,五泉小学音乐教师孟庆瑜,水车园小学体育教师、甘肃省特级教师罗菊玲 5 名优秀骨干教师讲授语文、数学、美术、音乐、体育优质课共 5 节,并分学科进行讨论交流评课。全县 18 个学区 122 所小学教师、学区校长共计 302 人参加活动。

4 月 5—6 日

全县第一期小学教师信息技术应用培训活动举行,分别在 18 个学区的 20 个培训点全面展开。此次培训活动,历时两个月,共培训全县小学教师 3000 多人。

5 月

根据市教科所《关于甘肃省 2007 年第 24 届全国中学生物理竞赛获奖学生名单》通知,我县学生获全国中学生物理竞赛二等奖 1 人。

5 月 5—24 日

县教育局副局长董世录在中央教育行政学院参加了第十五期全国县市教育局局长培训班。

5 月 9 日

省教育厅巡视员李卫国调研临洮教育工作,先后赴临洮中学、县第一实验小学、县职教中心、临洮二中 4 所中小学,调研了学校安全工作。市教育局局长崔振邦、县政府副县长张捷、县教育局局长魏文忠等陪同。

5 月 10—11 日

由县教育局教研所副主任冯海明带队,全县中小学 143 名教师在兰州参加了"全国著名教育专家甘肃省中小学课堂教学研讨会"。

5 月 16—18 日

临洮中学争创省级示范性高中工作初评活动举行,由甘肃省政府督学、兰州一中原校长白春永为组长,兰大附中校长刘建伟、榆中一中校长陈希良组成的甘肃省示范性普通高中评估验收专家组一行,通过听汇报、现场评估检查、查验资料、深入课堂听课、召开座谈会等形式进行了初评。市长助理王全进、市教育局局长崔振邦、县委书记郭永昌、县人大常委会副主任张成发、县政协副主席王国成、市教育局副局长李春敏、基教科负责人郭忠,县教育局局长魏文忠等参加。县长张懿笃代表县委、县政府,赵世林校长代表临洮中学分别就争创省级示范性高中工作作了专题汇报;专家组在反馈会议上充分肯定了学校近年来发展变化和取得的成绩,围绕省级示范性高中建设提出了建议和意见。

5 月 17 日

县第一实验小学成功承办了甘肃省小数会送教下乡暨教学交流活动,柴学林理事长作了专题讲座,兰州市西固区兰化三小校长赵克文、西固区教育局教研员黄兰珺、兰州师范高级讲师龚彦琴参加说课、评课活动,兰化三小教师陈汉君、城关区东郊小学教师王刚、临洮县实验一小教师王耀东分别讲授优质课各一节,全县 18 个学区小学数学教师 300 多人参加了活动。

5 月 17 日—6 月 5 日

临洮县 4 名中小学班主任先后参加了全省中小学骨干班主任培训班。

5 月 28 日

省教育厅副厅长旦智塔突击检查临洮中学争创省级示范性高中工作,亲临 38 户居民搬迁现场查看指导,了解争创工作进展。省教育厅基教处处长李晶、副调研员刘彦文,县长张懿笃,县委常委、副县长党建中,县教育局局长魏文忠、副局长杨少白等陪同。

6 月 1 日

衙下集镇河董家小学校舍竣工仪式举行,香港乐施会中国部项目经理丁文广,兰州大学榆中校区工委副书记、管委副主任石生仁,兰州大学城市规划设计研究院院长陈怀录、副院长张旺锋,县人大常委会副主任张成发、县政府副县长张捷、县政协副主席王国成,县教育局和衙下集镇、衙下学区负责人,河董家小学师生和当地群众共 410 人参加。河董家小学校舍建设工程,新建建筑面积共计 695 平方米,维修校舍 230 平方米,总计投资 53.7 万元,其中香港乐施会捐赠资金 40 万元。

6 月 3 日

根据市教育局《关于通报全国第五届中小学音乐、美术课评选结果的通知》(定市教发[2008]84 号),我县教师获省级美术课二等奖 1 项。

6 月 22 日

全县小学低年级教师普通话大赛举行,来自全县 18 个学区和 2 所直属小学的 60 名教师参加了决赛。本次普通话大赛从初赛到决赛历时两个多月,参与教师达 1000 多人,共评选出一等奖 10 名,二等奖 20 名,三等奖 30 名,优秀组织奖 6 个。

6月25日

临洮县八里铺小学设立"李作辑优秀教师奖励基金",原甘肃省中等师范学校政治课中心教研组组长、原临洮师范办公室主任、高级讲师李作辑捐赠稿费1万元。

6月27日

根据市教科所《关于通报2008年全国初中数学、化学竞赛甘肃赛区获奖结果的通知》(定市教研字[2008]8号),我县初中生获全国数学竞赛一等奖1人、二等奖5人、三等奖20人,全国化学竞赛一等奖1人、二等奖6人、三等奖27人。

根据市教科所《关于通报2008年全国小学生英语能力竞赛甘肃省决赛获奖结果的通知》(定市教研字[2008]7号),我县小学生获全国奖125人,其中一等奖1人、二等奖4人、三等奖120人。

7月3日

"阳光杯"2008年临洮县教职工篮球赛成功举行,全县教育系统的6个女队、18个男队参加,经过复赛和决赛,临洮四中代表队和县职教中心代表队分别获得男子组和女子组第一名,临洮三中代表队和洮阳初中代表队分别获得男子组、女子组第二名,连湾学区代表队、窑店中学代表队被评为精神文明奖。甘肃经纬房地产开发有限责任公司为本次篮球赛资助价值2万元的奖牌、奖品。

7月4日

民进中央"中国西部农村义务教育教师培训能力建设"项目组培训活动举行,民进中央参政议政部一处处长周玉铭、民进甘肃省委参政议政部部长孙伟玲带队一行8人,在临洮举办《如何做好班主任工作》、《新时期教师素养问题》专题报告会2场,培训初中教师150人,讲授小学语文、数学示范课各1节,培训小学教师300人。

7月11日

全县早期儿童发展(ECD)项目农村幼儿发展模式现场会在玉井镇店子幼儿园举行。市教育局副局长李春敏参加,邀请定西师专副教授、国家二级心理咨询师张学东作专题讲座1场,举行观摩课堂教学1节,组织开展了分组讨论和问卷调查,培训乡镇负责人、学区校长、幼儿园园长、幼儿教师、学生家长120多人。

7月13—20日

全县小学高年级教师学科培训班举行,兰州市畅家巷小学教导主任、甘肃省园丁奖获得者马慧珍,宁卧庄小学一级教师郝玲,一只船小学教师、甘肃省教学能手金利华,西北新村小学教导主任宋明钊,静宁路小学教师于晓彦,兰园小学教导副主任魏彩霞6名优秀教师,与临洮县实验一小教师王耀东、实验二小教师文发科、孙学霞、张云珠4名小学骨干教师进行讲课,县教研所副主任、小学教研室主任冯海明,县实验一小校长、甘肃省特级教师水新民,八里铺小学副校长、甘肃省特级教师李福兰,实验二小副校长毛朝辉,南街小学副校长吴碧华,养正小学副校长卜登碧,实验一小教导主任丁月、教研室副主任苏维平了8场专题讲座,重点是培训新教材、课程标准解读、课堂教学技能等方面内容,包括小学语文、数学、英语、品德与社会等学科,利用6天时间分两期,培训全县小学高年级各学科任课教师和学区、学校管理人员共1236人参加。

7月23日

根据市教育局《关于临洮县玉井镇店子幼儿园申请省二类幼儿园的批复》(定市教发

[2008]125号),玉井镇店子幼儿园被评为省二类幼儿园。

7月24日

教育部职成教司黄尧司长、副司长刘建同、教育部职成教司办公室主任谢俐调研临洮县职业教育工作,深入临洮县职教中心、临洮农校及其实习基地甘肃三易花卉公司,就全县职业教育发展和学校实训基地建设等方面进行了调研,高度评价了临洮县作为西部地区贫困地区大力发展职业教育的做法,肯定了县职教中心办学取得的成绩。市委常委、副市长王永生,省教育厅副厅长王萍,县政府县长张懿笃及市、县相关部门负责人陪同。

8月

根据市委、市政府《关于表彰定西市第一届劳动模范的决定》(定市委发[2008]20号),临洮二中政教主任朱成岗被评为定西市第一届劳动模范。

8月5日

根据市科协、市教育局、市科技局、环保局、体育局、团市委、市妇联《关于表彰第二十三届定西市青少年科技创新大赛获奖项目的通知》(定科协发[2008]43号),我县学生作品获奖14项,其中省级一等奖1项、三等奖1项。

8月18—19日

全市初中英语教材(冀教版)临洮县培训活动举行,河北师范大学副教授张敬彩、河北省保定市乐凯中学教师王凌凌分别就英语课程标准、冀教版英语教材编写指导思想、教材结构、课堂教学步骤等作了专题讲座,与参训教师进行了研讨交流,全县296名初中英语教师参加。

8月26日

根据县编委《关于调整机构编制的通知》(临编发[2008]5号),临洮县文峰中学按完全中学设置,科级建制。

8月28日

市教育局局长崔振邦先后深入县职教中心、洮河机电学校调研我县职业教育发展情况。

9月6—7日

2008年全县教育工作会议暨庆祝教师节大会召开,会议总结分析了2007—2008学年度教育工作,安排部署了2008—2009学年度及今后教育工作,表彰奖励了教育系统先进集体、先进个人和高考工作先进学校,兑现了2007—2008学年度教育教学目标管理责任书考核结果。县委书记郭永昌作重要讲话,县人大常委会主任张学东,县政协主席陈永寿,县委常委、武装部长张军号,县人大常委会副主任张成发,县政协副主席杨振邦,临洮农校校长党琳出席了会议。县委常委、副县长许士元主持会议,县委常委、宣传部长石珍同志宣读了《中共临洮县委、临洮县人民政府关于表彰2007—2008学年度全县教育系统先进集体和先进个人的决定》《临洮县人民政府关于表彰奖励2007—2008学年度全县高考工作先进学校的决定》,县教育局局长魏文忠同志作教育工作报告,县教育局副局长杨少白同志宣读了《临洮县教育局关于兑现2007—2008学年度教育教学目标管理责任书的决定》。会议讨论通过了《临洮县基础教育资源优化整合和中小学布局调整草案》和《临洮县教育教学工作评估考核办法》,签订了2008—2009学年度普通高中教育、职业教育、初中教育、小学教育、幼儿教育和远程教育目标管理责任书,临洮中学、临洮二中等12所学校作交流发言。退休教育工作者代表、先进集体、先进个人代表,各完职中、初中、九年制学校校长,各学区、直属小学校长,公办幼儿园园长,育霖中学、龙门中学、洮河机电学校校长,全县96所农村优质资源小学校长,教育局全体干部职工共计240多人参加了会议。

9月8日

江苏省无锡市阿科力化工集团公司董事长朱学军一行3人,赴窑店镇四十铺阿科力希望小学,捐赠排球、篮球、足球各10个、羽毛球拍5副,价值3200元。

9月12—13日、22—23日

全县初中教师学科培训班举行,省教育厅师范处处长、省小学教师培训中心主任李慕堂,兰州市教育局师资处处长杨平、副处长魏小健,省小学教师培训中心副主任、城关区教育局局长张军,城关区教育局副局长高苓、干部祁永礼,兰州市城关区语文中心教研组组长、兰州市十九中办公室主任马莹,兰州市四十三中教导主任张喜良,城关区英语中心教研组组长、兰铁四中教师岳建生,城关区政治中心教研组组长、兰铁四中教师郭琦,城关区音乐中心教研组组长、兰州市十九中教师周娓参加。本次培训分两期,集中四天时间,分别在县职教中心、临洮中学、临洮二中、文峰中学、洮阳初中五个培训点,兰州市城关区教研室教研员刘俐,兰铁四中教导主任陈亚君、语文教研组组长张亚红、数学备课组组长姚伟、英语教研组组长孙爱梅、史地教研组组长陶卫群、教师袁莉娜、祁国华,兰州十九中政教主任吕斌、教师韩栋、陈晓雁、刘玉红、柴泽春、牛志杰,兰州十六中教师毛尉英、李文霞,兰州三十五中教导主任魏京兰、教师王永生,兰州四十三中教师陆星、管彬彬,兰州市华侨实验学校教师李毅31名骨干教师,临洮县洮阳初中校长李斌、副校长申红江、教研室主任赵晓梅、教师裴明莉、于涛、高云、李和广、雷育玲、龚大伟,旭东初中校长赵进忠,程家铺初中校长李永忠、副校长白正清,卅墩学校校长赵宏恩,连湾初中校长师加祥,文峰中学副校长马永平、教师郭晓燕、聂江芳、孙全卫、王进恭,辛店初中校长赵万珍、政教主任张亚正,西坪初中校长赵振权、副校长李应明,上营初中校长黄建强,玉井农职中副校长麻剑颖,东二十铺初中教师杜胜龙,临洮中学教师宋晓娟、肖宗礼、杨志,临洮二中教师肖长林、成琳,临洮三中曹燕,临洮四中高志涛等71名初中校长和学科骨干教师,作专题讲座40场次、讲授优质课52节次、评课互动交流26场次,组织进行问卷调查,对全县完职中初中部、独立初中和九年制学校初中部13门学科的全体教师共计1806人,实现了初中教师全员培训。

9月17日

根据市教育局、市劳动和社会保障局、中国电信定西分公司《关于表彰奖励定西市第一届"电信杯"中等职业学校学生技能大赛获奖个人和团体的决定》(定市教发[2008]164号),我县学生获奖9人,其中二等奖1人、三等奖8人,县职教中心被评为团体二等奖。

9月19日

全县中小学40名教师在安定区分别参加了全市一年级、七年级音乐、美术教师集中培训班。

9月20日

省教育厅装备办公室主任魏杰一行3人,对县职教中心2007年实训项目装备情况进行了检查验收,市教育局副局长盛淑兰等陪同。

9月19—21日

由县政府教育督导室主任吴起忠、县教研所主任缪得林带队,全县130名高中教师在兰州参加了全省高考研讨培训会。

9月28日

县教育局机关办公地址,由洮阳镇西关5号搬迁到东大街8号(县委原办公楼)。

10月13—16日

全县高中教育教学质量集中督查活动举行,县教育局组织高中教育专家委员会成员、部分高中学科骨干教师和机关干部,通过听汇报、听评课、组织教师座谈、学生问卷、查看资料、实地查看等方式,对全县8所完中高中部教育教学工作进行了督查,了解了学校管理、德育工作、课堂教学、学校多媒体室、电脑室等学校功能室运作以及图书阅览、期中考试组织等情况,共举行教师座谈会8次,听评课252节,组织学生问卷436份,抽查了高一、高二级语文、数学、英语、物理、化学、生物、政治、历史、地理9门学科的教师教案和学生作业。在分校反馈会上,专家组成员就学校各项管理制度、发展变化、课堂教学效果、学生问卷调查结果、作业、教案检查情况等存在问题进行了实事求是的反馈。

10月14日

教育部"万名中小学班主任国家级远程培训"开学典礼甘肃分会场活动在临洮举行,省教育厅师范处处长、省小学教师培训中心主任李慕堂参加分会场开学典礼并讲话。全县初中50名、小学50名班主任,听取中国青年政治学院陆士桢教授的专题报告。本次培训活动为期45天,设立中学培训班和小学培训班。

10月15日

根据市语委会、市教育局、市广播电视台《关于定西市第二届中华经典诗文朗诵比赛获奖情况的通知》(定市语委[2008]22号),我县教师获奖6人,其中获一等奖1人、三等奖4人、优秀奖1人;学生获奖5人,其中获一等奖1人、二等奖1人、三等奖2人、优秀奖1人。

10月20日

"巍雅斯杯"2008年临洮县教职工乒乓球大赛决赛,临洮中学代表队获得团体男子组第一名,县第一实验小学代表队获得女子组第一名,辛店初中代表队获得团体男子组第二名,临洮二中代表队获得女子组第二名,塔湾初中代表队、八里铺学区代表队获得本次大赛精神文明奖。

同日,全县中学生普通话朗诵暨经典诗词诵读竞赛活动举行,60名初中组、高中组选手参加决赛,获一等奖6人、二等奖12人、三等奖18人、优秀奖24人。

10月23日

2009年度临洮县高考备考研讨交流活动举行,第一次邀请兰州市专家、骨干教师培训临洮县全体高三教师。兰州市教育局师资处处长杨平,副处长魏小健,兰州市教科所所长、中学特级教师郑作慧,副所长、中学高级教师黄平,兰州市教科所教研室主任、中学高级教师周晓萍,教研室副主任、中学高级教师李培荣,实验室副主任、中学高级教师姜竹青,办公室副主任王欣菲,中学高级教师朱武兰、张志存、张晓玲、俞树江、王英、刘卫莉、何新建、代燕、魏公江、兰州一中教研室副主任、中学高级教师金东升、兰化三中中学高级教师曲爱贞、兰州五十六中中学高级教师张克黎、兰州民族中学中学高级教师曹先、兰州三十三中中学高级教师韩萍、兰州二十七中中学高级教师陈一东、兰州二十二中中学高级教师杨重诚、兰州三中中学高级教师杨秀琴25名专家、骨干教师,和临洮中学教研室副主任、中学高级教师刘慧珍,英语教研组组长、中学高级教师王诚,生物教研组组长、中学高级教师胡兰芳,中学高级教师黄伟、孙克义,中学一级教师李凤萍、刘岩、杜琳霞、中学二级教师窦彩

☆☆☆————————

云,育霖中学副校长、中学一级教师王瑞生,临洮二中政教处主任、中学高级教师朱成岗,物理教研组组长、中学一级教师张正虎,中学一级教师马佐辉、张德雄,文锋中学副校长、中学一级教师马永平,教导处主任、中学一级教师马忠会,中学一级教师王芝凤,窑店中学中学一级教师冯小平18名优秀教师参加,讲授优质课18节,作专题报告18场,组织说课评课活动,培训全县高三年级各科教师278名。

10月26日

全县中小学教育布局调整现场会举行,组织观摩了布局调整工作成绩显著的红旗学区红咀小学、辛店学区康家崖生基希望小学、峡口学区峡口小学、洮阳学区文峰小学4所学校;讨论了《临洮县小学寄宿生管理办法(征求意见稿)》;教育局局长魏文忠在讲话中通报了全县义务教育布局调整工作进展情况,安排部署了下一阶段布局调整工作;洮阳镇副镇长杜玲介绍了经验和做法,县教育局有关领导、相关股室负责人和8名学区校长、西街小学、文峰小学校长发言。各学区校长和红旗、上营、峡口、连湾学区中心小学校长等40多人参加。

10月29—31日

临洮中学创建省级示范性普通高中工作评估验收活动举行,省教育厅组成由省政府教育督导团办公室主任李春芮任组长,西北师大附中校长刘信生、白银市一中校长王学东、兰炼一中校长杨勇为成员的省级示范性普通高中评估验收专家组,在市委常委、宣传部部长郑红伟,市教育局副局长李春敏、基教科科长郭忠、市委宣传部副科级干部杨学文及县上四大班子主要领导、分管领导和教育局班子成员的陪同下,通过实地查看学校基本建设、设施配备、教学活动,查阅档案资料、召开师生座谈会、听课等形式,对临洮中学创建省级示范性普通高中工作进行评估验收。10月29日上午召开了汇报会,县委常委、副县长许士元作了临洮县政府创建省级示范性普通高中工作汇报,临洮中学校长赵世林汇报了学校工作。10月31日总结反馈会议上,省教育厅专家组作了评估验收总结,对临洮县和临洮中学创建工作给予了较高评价。郑红伟部长作了总结讲话。

10月31日—11月2日

县职业技术教育中心创建国家级重点中等职业学校评估认定活动举行,省教育厅组成由兰州资源环境职业学院党委书记吴英成任组长,省教育厅职成处干部简景龙、静宁县职教中心校长雷志辉、甘肃省煤炭学校校长刘胜利、武威市卫生学校校长李召为成员的国家级重点中等职业技术学校评估认定专家组,在市委常委、宣传部部长郑红伟,市教育局副局长盛淑兰、职成教科科长令永峰、市委宣传部副科级干部杨学文及县上四大班子主要领导、分管领导和县教育局班子成员的陪同下,通过实地查看学校办学情况、查阅档案资料、召开师生座谈会、听课等形式,对临洮县职业技术教育中心晋升国家级重点中等职业学校工作进行了评估认定。11月1日上午召开了汇报会,县政府县长张懿笃就临洮县创建国家级重点中等职业学校工作作了汇报,县职业技术教育中心主任曲强汇报了学校工作。11月2日总结反馈会上,专家组总结反馈了评估情况,对临洮县和学校创建工作给予了充分肯定。郑红伟部长作了总结讲话。

10月

根据省教育厅、省人事厅《关于表彰2008年"园丁奖"优秀教师、优秀教育工作者和教育系统先进集体的通报》(甘教厅[2008]119号),临洮县教育局魏文忠被评为甘肃省"园丁

295

奖"优秀教育工作者,临洮中学成建平、临洮二中杨相如、洮阳初中申红江被评为"园丁奖"优秀教师。

在中国学前教育研究会学前教育管理研究专业委员会举办的"托希望,发展新农村幼儿教育"研讨会上,县教育局高玉红、边晓鸣提交的论文《农村幼儿园发展的路就在脚下》获二等奖。

11月3日

郝远副省长调研临洮教育工作,先后深入临洮四中、文峰小学、职教中心、洮阳初中、文峰中学、临洮中学、县幼儿园、临洮二中调研工作高中教育、职业教育和义务教育寄宿制学校建设工作。郝远强调,对于中小学教育,不提倡高中与初中的混合办学,要整合教育资源,实现"四个集中"原则,即高中集中在城市办学、初中向城镇集中、小学向乡镇集中、教学点向行政村集中的符合教育规律的办学原则,集中教育资源,办好中小学教育。省政府副秘书长张翀,省体育局长杨卫、副局长李发昌、省教育厅副厅长李贵富、财务处处长高云庆,市长许尔峰、副市长王向机、秘书长陈国栋,教育局副局长盛淑兰和县委、县政府主要领导、分管领导陪同。

同日,根据省教育科学规划领导小组办公室《关于2008年甘肃省教育科研课题鉴定结果的通知》(甘教规办发[2008]05号),我县课题通过省级鉴定6项,其中县教育局教研所1项、旭东初中1项、党家墩初中1项、养正小学1项,临洮县第一实验小学的2项课题被鉴定为甘肃省教育科学"十一五"规划重点课题 "优秀等级"。

11月4日

全县中小学校长财会知识培训班举行,县教育局邀请县财政、监察、审计等部门专业人员对各完职中分管财务校长(主任),独立初中、九年制学校、学区、局直属小学校长及96所农村创建优质教育资源小学校长、县幼儿园、西关幼儿园园长进行了培训。

同日,根据市科协、市教育局《关于通报定西市科技辅导员获得全国、全省"第十六届青少年辅导员论文"奖的通知》(定科协发[2008]55号]),我县教师获二等奖1项、三等奖2项。

11月7—8日

全县普通高中新课程标准和教材培训班举行,兰州市教育局师资处处长杨平,副处长魏小健,兰州市教科所所长、甘肃省特级教师郑作慧,副所长、中学高级教师黄平,兰州市教科所教育教学质量研究室主任郭彦强, 兰州市教科所教研室主任、中学高级教师周晓萍,教研室副主任、中学高级教师李培荣,兰州大学附属中学校长、甘肃省地理教学研究会理事长、甘肃省特级教师刘建伟,兰州四中校长、中学高级教师张健,兰州二十八中校长、中学高级教师朱向明,兰州外国语学校党支部书记、副校长、甘肃省中学语文研究会副理事长侯一农,兰州十一中副校长、甘肃省骨干教师王延宁,兰州大学附属中学副校长、兰州市物理学会理事长石长青,兰州二十二中党支部书记、副校长朱晓凤,兰州五中副校长、兰州市物理学会副理事长、甘肃省特级教师梁国仕,兰州二十七中副校长、甘肃省骨干教师王建超,兰化四中副校长、中学高级教师陈王生,兰州九中副校长、甘肃省骨干教师刘卫东,兰州五中党支部副书记、中学高级教师吕玫,兰州三中副校长、甘肃省地理学会理事张忠苍,兰州西北中学校长助理、甘肃省骨干教师丁世英,兰州大学附属中学教务主任、甘肃省优秀教师张成烈,兰化一中科研处主任、甘肃省骨干教师沈奇平,兰州二中办公室主任、甘肃省特级教师刘学芳,兰州二十七中教研室主任、甘肃省特级教师孙志刚,兰化三中教研室主任、甘肃省特级教师郎晓鸿,兰州市教科所教研员、中学高级教师朱武兰、张志存、王英,兰州市教科所教研员、甘肃省特级教师张晓玲,兰州市教科所教研员、甘肃省骨干教师马颖,兰铁三中中学高级教师、甘肃省特级教师曹晓兵,兰州大学附属中学中学高级教师、甘肃省骨干教师严力亚,兰州西北中学中学高级教师、甘肃省骨干教师蒋剑锋38名专家、优秀教师参加,作了33个专题讲座,培训各完职中9个学科教师和机关干部878人。这次培训活动,标志着全县普通高中新课改准备工作全面启动。

11月12—14日

县教育局副局长高玉红、教育股干部边晓鸣,县幼儿园赵丽梅、章渭霞,店子幼儿园王娟,二十铺幼儿园教师丁红梅,新添一校幼儿园郭瑞萍7名同志在兰州参加了由省教育厅举办的《幼儿园教师指导手册》培训班。

11月17—22日

县教育局计财股股长何正军参加了中国教育审计学会在北京举办的教育系统审计人员后续教育培训班。

11月18日

根据市教科所《关于通报2008年全国初中物理竞赛获奖结果的通知》(定市教研字[2008]24号),我县学生获奖3人,其中获全国二等奖2人,三等奖1人。

根据市文明办、市综治办、市公安局、市教育局、市民政局《关于授予全市2008年交通安全文明村、文明学校、文明社区、文明企业称号的决定知》(定公交发[2008]13号),我县三十墩学校被授予市级交通安全文明学校。

11月21日

根据市教科所《关于转发〈甘肃省教育科学"十一五"规划和2008年课题立项评审结果的通知〉的通知》(定市教研字[2008]25号),我县共有23项课题立项,其中省级重点课题2项,省级规划课题21项。

11月22日

临洮县杨家大庄小学招金教学楼落成典礼暨招金矿业股份有限公司2008年度捐资仪式举行,甘肃省副省长郝远、山东招金矿业股份有限公司副总裁时文革分别讲话,省政府张翀副秘书长主持,山东招金矿业股份有限公司纪委书记刘永胜、定西市副市长王向机、临洮县政府县长张懿笃等为杨家大庄小学举行招金教学楼落成剪彩,张懿笃县长致词。省体育局局长杨卫,省教育厅副厅长李贵富,财务处处长高云庆,省政府办公厅八处处长马赛敏,山东招金矿业股份有限公司党群部经理薛东峰,甘肃招金公司副总经理刘玉帅,市教育局副局长王仪,县委常委、副县长许士元,县委常委、宣传部部长石珍参加典礼。捐赠仪式上,山东招金矿业股份有限公司为甘肃省教育厅捐赠资金200万元。

11月25日

根据市教育局《关于转发省教育厅关于表彰奖励甘肃省第七届基础教育科研优秀成果的通知的通知》(定市教发[2008]204号),我县第一实验小学赵忠的《小学开展综合实践活动课程的研究》、临洮中学庆党生的《家教心得》、临洮二中陈作林的《班级管理与班级文化建设研究》3项课题获甘肃省第七届基础教育科研优秀成果三等奖。

11月30日

全县小学英语教师学科培训班举行,兰州市一只船小学高级教师、城关区小学英语兼职教研员金利华,秦安路小学英语教研组组长罗海蓉讲授示范课 2 节、作专题报告 2 场,县实验一小教师毛红、县实验二小教师讲张云珠、西街小学教师李芳、文峰小学教师张勇、洮阳学区小洼山小学教师牟忠华、杨家店小学教师禹宝玉等优秀教师进行观摩课 6 节,培训全县小学教师 401 人。

12 月 1 日

根据全国中小学教师继续教育网《关于批复教师学习与资源中心的函》(远培字[2008]219 号),临洮县被确定为教育部全国中小学教师继续教育网教师学习与资源中心,开展远程中小学教师教育工作。

12 月 12 日

根据市教科所《关于省市 2008 年初中英语等学科课堂教学竞赛及中学音乐等学科录像课评比结果的通知》(定市教研字[2008]27 号),我县教师获录像课省级奖 4 节,其中音乐录像课获二等奖 1 项,体育录像课获一等奖 1 项、二等奖 1 项,信息技术录像课获三等奖 1 项。

根据市教科所《关于 2008 年省市中学教学案例评比活动获奖结果的通知》(定市教研字[2008]30 号),我县教师获奖省级 29 人,其中一等奖 6 人,二等奖 19 人,三等奖 4 人。

12 月 30 日

根据省教育厅《关于表彰职业教育先进集体和先进工作者的决定》(甘教厅[2008]177号),临洮县人民政府、临洮县教育局被评为甘肃省职业教育工作先进集体。

12 月 31 日

"华威杯"2009 年全县教职工精品书画展、小学生书画展和临洮县迎新春中学生文艺演出成功举行,展出教职工精品书画作品 143 件、小学生书画作品 648 件,演出文艺节目18 个。

2009 年

1 月 9 日

全县校长工作座谈会举行,会议研究讨论了《2009—2011 年临洮县义务教育布局调整规划草案和 2009 年实施方案的意见》、《临洮县教育局关于加强和规范全县义务教育课程开设意见》、《临洮县解决农村住宿生就餐问题方案》、《临洮县农村寄宿制小学建设规划》征求意见稿。

1 月

临洮县教育局被评为全省电化教育工作先进集体。

2 月 11 日

根据省教育厅《关于确定韩萍等 471 名教师为全省中小学第五批省级骨干教师培养对象的通知》(甘教师[2009]2 号),临洮中学刘慧珍、刘家沟门初中赵明生等 8 名教师被确定为甘肃省第五批省级骨干教师培养对象。

2 月 18 日

教育部发布了《关于公布 2008 年认定的国家级重点中等职业学校名单的通知》,临洮县职业教育中心认定为国家级重点中等职业学校。

2 月 21—22 日

全县校长工作会议举行,会议总结了 2008 年全县教育工作,通报了 2008 年度全县教育教学工作受到上级表彰奖励情况,表彰奖励了 2008 年度党的建设等工作目标管理先进单位,安排部署了 2009 年全县教育教学工作;临洮中学、临洮二中、文峰中学、程家铺初中校长和县教育局教研所负责人先后发言,就 2008 年参加教育学习培训情况进行了交流;县教育局计财股负责人作了《2008 年度临洮县教育部门预算执行情况暨 2009 年预算编制情况草案》的报告;签订了 2009 年度党建、党风廉政建设、精神文明建设、综治、信访、安全、消防、计划生育、工会等工作目标管理责任书,讨论了《2009—2011 年临洮县中小学布局结构调整规划草案》(征求意见稿)。各完职中、初中、九年制学校、学区、直属小学校长,民办完职中校长,创建农村优质资源学校校长,公办幼儿园园长,各总支、支部书记,教育局全体干部职工共计 210 多人参加了会议。

3 月 18 日

根据市教育局、市人事局、市财政局《关于董淑琴等五名教师确定为 2008 年度甘肃省特级教师的通知》(定市教发[2009]36 号),临洮中学校长赵世林被确定为 2008 年度甘肃省特级教师。

3 月 27 日

省教育厅基教处处长李晶一行 3 人,先后深入潘家庄幼儿园、二十铺幼儿园、店子幼儿园、县幼儿园调研我县学前教育发展情况。

3 月 31 日

根据市委宣传部、市科协、市教育局《关于命名定西市青少年科普教育基地、定西市科普示范学校和表彰全市优秀科技教师的决定》,临洮县青少年科学工作室(实验一小)被命名为定西市青少年科普教育基地,县第二实验小学、洮阳初中、西街小学被命名为定西市科普示范学校。

4 月 7 日

根据市教育局《关于公布第十二届全国多媒体软件大奖赛甘肃赛区暨定西市信息技术与学科整合优质课评选结果的通知》(定市教发[2009]47 号),临洮县教师获全国三等奖 3 人,其中信息技术与学科教学整合课例三等奖 1 人,优秀教案设计三等奖 2 人。

4 月 16 日

全省推进中考改革工作交流会在兰州举行,杨少白副局长代表临洮县教育局作了交流发言。

4 月 21 日

根据县委组织部《关于转发市委关于郭忠等 130 名同志确定为第七批市管拔尖人才的通知的通知》([2009]26 号),新确定临洮县第二实验小学高级教师王映香、临洮县玉井农职业中学高级教师康勇,继续确定临洮中学高级教师于基高、临洮县第一实验小学高级教师赵忠为第七批市管拔尖人才。

4 月 23 日

西北师范大学附中党委副书记赵盛庆、副校长黄永丰、王文槐一行 43 人,在连湾初中开展了教学交流和农村生活体验活动,与连湾初中、站滩初中、漫洼初中、塔湾初中、赵家咀学校的 92 名教师进行了教学交流研讨活动。

4 月 24 日

根据县编委《关于成立有关机构及调整编制的通知》,成立"临洮县语言文字工作委员会办公室",挂靠县教育局。

5月8日

根据省教育厅《关于命名临洮中学等5所学校为"甘肃省示范性普通高中"的通知》(甘教基[2009]15号),临洮中学被命名为"甘肃省示范性普通高中"。

5月13日

全县中小学食堂建设启动会举行,2009年市列25所和县列4所中学完成了食堂建设任务。

5月16日

省小学语文教学专业委员会来临洮送教下乡,参加"强化语文意识,提高课堂教学有效性"专题研讨活动。期间,兰州市3名教师、县实验一小2名教师讲授优质课各一节,并进行了说课、评课活动,全县18个学区300多名小学语文教师参加了本次活动。

5月17日

全县寄宿制小学生活指导教师培训会议举行,培训了全县18个学区20所寄宿制小学管理人员和生活指导教师90多人。

5月19日—20日

全市小学数学英语优质课堂教学竞赛观摩研讨活动在临洮举行,来自全市七县区的24名小学数学、英语教师参加了竞赛,400多名小学数学、英语教师参加了优质课观摩活动。我县西街小学教师吴成军、实验一小靳晓婷获数学课堂教学一等奖,实验一小教师毛红、西街小学教师李芳获英语课堂教学一等奖,实验二小张晓花、张芸珠分别获数学、英语课堂教学二等奖。

5月25日

省教育厅副厅长孙杰调研临洮教育工作,对太石镇南门小学建设的可行性进行前期考察。在考察中,孙杰副厅长听取了县教育局负责同志关于全县中小学布局结构调整情况,指出临洮中小学布局调整目前已取得了阶段性成果,要求继续加大力度,加快全县中小学布局结构调整进程。省教育厅发展规划处处长贾宁、财务处处长高云庆,县委常委、副县长仲然,县教育局局长魏文忠和太石镇负责同志陪同。

6月1日

定西市委常委、副市长陈柏恒一行,先后赴漫洼初中、连湾初中、辛店初中、程家铺初中、洮阳初中、中铺初中等学校检查农村初中校舍改造项目和灾后重建项目,县长石琳、教育局局长魏文忠等陪同。

同日,养正小学隆重召开百年校庆暨杨明堂先生办学一百周年纪念大会,县委常委、县政府副县长许士元向大会致辞,杨明堂先生亲属讲述了杨明堂一生捐资办学的先进事迹,表达了对养正小学建校一百周年的热烈庆贺和对杨明堂先生的深切缅怀。

6月19—21日

全县小学品德与生活(社会)、英语优质课竞赛观摩活动分别在实验一小、实验二小举行。来自全县18个学区的41名教师参加了竞赛,300多名小学教师参加了观摩活动。

7月2—3日

全县初中新课程示范课决赛活动举行,在临洮中学、临洮二中、文峰中学3个赛场6个赛点,来自全县完中、初中、九年制学校的60名教师分别参加了语文、数学、英语、政治、历史、物理、化学、生物八个学科新课程"示范课"决赛活动。

☆☆☆————————

7月16日

临洮县教育局、临洮县金泽房地产开发公司表彰奖励2009年全县高考文理科前三名考生会议举行,临洮县金泽房地产开发公司出资奖励了2009年高考全县文科第一名的临洮二中学生刘学峰、第二名的临洮中学学生刘利斌、第三名的临洮中学学生马亚兰,理科第一名的临洮四中学生师文涛、第二名的临洮中学学生王海龙、第三名的临洮中学学生马蓉6名同学。

7月18—23日

全县小学低中年级教师学科培训活动举行,邀请兰州市城关区东站小学教师苏丹丹、五泉小学教师张婕、秦安路小学教师王维安,七里河区王家堡小学教师杨燕、张军,安宁区十里店小学教师李莉,兰州市小学一级教师刘晟,兰州师范附属小学教师王龙等8名骨干教师,县实验一小校长水新民、教导主任丁月、政教主任秦海燕、副主任王伟、教研室副主任王耀东、教师羊世新,县实验二小副校长王映香、教导主任张碧霞、教师牟朝霞,北街小学副校长宋亚莉,养正小学副校长卜登碧,西街小学教导主任马慧,南街小学教导主任王智13名校长、主任和骨干教师先后作语文、数学、品德与生活学科示范教学30节,举办专题讲座20场,参训学员与授课教师互动交流12场,组织问卷调查1次,培训全县小学低年级各学科任课教师及各学区、学校管理人员共计1413名。此次培训活动,标志着为期三年的全县中小学教师全员轮训顺利完成。

7月20—21日

市人大常委会副主任张敏政率领市人大代表视察组,先后深入东二十铺初中、临洮中学、临洮二中对我县落实市政府10件实事办理情况进行了调研。县长石琳、县人大常委会副主任孙生俊、王耀洲、张成发、吴有仓、县政协副主席王河生、县教育局长魏文忠陪同。

7月22日

省教育厅厅长白继忠调研临洮职业教育工作,先后深入玉井农职中、县职教中心就我县职业教育发展进行了指导。市政府副市长王向机,省教育厅财务处副处长王爱平,职成教处副处长王筱亭,市教育局局长崔振邦,县政协主席陈永寿,县委常委、县政府副县长许士元,县教育局局长魏文忠等陪同。

7月24日

全县中小学和幼儿园校方责任保险培训活动举行,省教育厅勤俭办主任王成俊、市教育局副局长王仪讲了话,全国教育行业风险管理顾问、北京联合保险经纪有限公司甘肃分公司负责人袁栋、总经理助理袁辉作了专题讲座,全县各完职中、初中、九年制学校、学区、城区部分小学、幼儿园负责同志共计100多人参加了培训活动。

7月30日

教育部副部长鲁昕调研临洮职业教育工作和校舍安全工程实施情况,在省委常委、常务副省长冯健身,市委书记、市人大常委主任杨子兴,市长许尔锋陪同下,深入玉井农职中、玉井镇杨家台小学、玉井镇农户、县职教中心、连儿湾初中进行实地考察。在考察过程中,鲁昕副部长认真听取工作汇报,仔细察看学校基础设施建设、学校重点学科建设、学生宿舍、食堂建设,重点了解农村义务教育阶段经费保障机制及农村校舍安全工程有关政策落实情况,了解了我县职业学校的发展状况、发展成绩和今后的发展思路,充分肯定了我县各级各类教育取得的成绩,就今后我县教育事业发展和"校安工程"建设工作提出了指导性建议和意见。省政府副秘书长张翀,省教育厅副厅长孙杰、王萍,省财政厅副厅长李珊,县委书记刘富春,县委常委、副县长许士元,县教育局局长魏文忠等陪同。

8月15日—17日

中国民生银行资助贫困地区项目临洮县初中新课程语文、数学、英语教师及教学管理者培训活动举行,在开幕式上,县委副书记、县政府县长石琳同志致欢迎辞,中国民生银行项目办主任李岩东同志讲话,县委常委、县政府副县长许士元同志主持,县人大常委会副主任张成发、县政协副主席王国成及县教育局领导出席。在3天的培训活动中,北京市教科院基础教育教学研究中心综合室主任、北京师大硕士生导师陶礼光,北京市教科院教研员、全国优秀教师、全国心理教育首届十佳专家杨忠健,北京市教育学院宣武分院二部综合室主任、北京市特级教师孔祥旭,北京市教科院基础教育教学研究中心教研员、北京市学科带头人王彤彦,北京市教育学院宣武分院二部教研员、中语教研室主任、北京市学科带头人王舒起,北京市教师进修学院宣武分院教研员、中学高级教师彭林、刁卫东,北京市东城基础教育教学研究中心教研员、英国哈莱大学特聘高级督学曹爱淑,北京市西城基础教育教学研究中心教研员、海淀区教师进修学校英语教研室主任胡小力等专家作专题讲座,在职教中心、临洮中学、临洮二中、第一实验小学四个培训点,对全县152名初中教学行政人员、206名初中语文教师、286名初中数学教师、248名初中英语教师总计892人进行了培训。

8月19日

根据市科协、市教育局《关于通报第24届全国、全省青少年科技创新大赛获奖项目的通知》(定科协发[2009]39号),临洮县学生获全国科学竞赛项目三等奖1项。

8月20日

全国中语会第五届"中语西部行"暨全省新课程语文学科B区研修活动在临洮举行。全国中语会理事长、北京教育学院教授、著名语文教育专家苏立康,市教育局局长崔振邦,省教育科学研究所副所长弋文武分别在活动开幕式上讲话,县委常委、县政府副县长许士元致辞。县委常委、宣传部部长石珍,县人大常委会副主任张成发,县政协副主席王国成等参加开幕仪式。活动期间,特邀全国中语会副理事长、著名特级教师、高中新课改专家史绍典,全国中语会秘书长、初中高中语文教材主编顾之川,全国中语会副秘书长、中央教科所研究员、语文教学专家张鹏举,全国中语会副秘书长、《中学语文教学》杂志主编张蕾,全国中语会学术委员会副主任、湖北省荆州市教研院中学语文研究员、全国著名特级教师余映潮,全国中语会学术委员、清华大学附属中学著名语文特级教师、东北师大兼职教授赵谦翔,全国中语会学术委员、著名语文特级教师、吉林省教育学院教授张玉新,北京市基础教育教学研究中心语文教研员、著名特级教师李卫东,新课程《语文导报》编辑部主任张黎明,甘肃省教科所语文教研员、资深高考专家刘於诚等专家,作专题讲座4场、示范课4节,来自兰州、白银、定西、临夏、甘南五市州的10名初中教师作竞赛课10节,培训5市州教师668人(其中临洮教师239人)。

9月7日

根据县委办公室《关于转发〈刘荣清等30名同志确定为全市首批领军人才的通知〉的通知》(临县委办发[2009]93号),临洮中学高级教师于基高被确定为全市首批领军人才。

9月9日

市委常委、市委宣传部长郑红伟,在教师节前夕,代表市委、市政府来临洮走访座谈慰问离退休老教师和优秀教师代表,市教育局副局长李春敏,县委常委、宣传部部长石珍,县教育局局长魏文忠陪同。

9月19日

2009年全县教育工作会议召开,县委书记刘富春同志作了重要讲话,县长石琳同志主持会议并作总结讲话,县委常委、副县长许士元同志作了《教育工作报告》。会议总结回顾了上学年度全县教育工作,安排部署了新学年度及今后全县教育工作,表彰奖励2009年高考工作先进学校8所、2008—2009学年度全县教育系统先进集体35个、先进个人301人,兑现了教育教学目标管理责任书,签订了2009—2010学年度全县普通高中教育、职业教育、初中教育、小学教育、幼儿教育和教育装备使用目标管理责任书,来自学区、学校的8位校长就推进教育教学改革,提高教育教学质量和办学效益,作了会议交流发言。同时,会议讨论了《关于进一步深化全县教育事业发展改革的决定(征求意见稿)》,决定向全县乡镇、各单位广泛征求意见。县委、县人大常委会、县政府、县政协在家领导,临洮农校校长,各乡镇党委书记、乡镇长,县直各单位,驻临各单位主要负责人,先进集体、先进个人代表,各完职中、独立初中、九年制学校校长,各学区、直属小学校长,公办幼儿园园长,育霖中学、洮河机电学校校长,全县95所农村优质资源小学校长,县教育局局机关全体干部职工共计400多人参加了会议。县教育局局长魏文忠在教育工作业务会议上作了讲话。

9月23日—25日

"阳光杯"2009年临洮县教职工篮球赛和"巍雅斯杯"教职工乒乓球赛举行,经过三天紧张激烈的角逐,文峰中学代表队获得篮球赛男子组第一名,洮阳学区代表队获得女子组第一名,临洮中学代表队获得乒乓球赛团体男子组第一名,临洮二中代表队获得女子组第一名,刘国平、周天晖分获男女单打第一名,离退休老教师男女队分获精神文明奖。

9月28日—29日

全县高中创新课决赛活动举行,来自全县各完职中语文、数学、英语、物理、化学、生物、历史、政治、地理9个学科教师58人参加决赛,56位骨干教师担任评委,440多名高中教师参加了观摩。

9月

临洮中学被省教育厅评为甘肃省普通高中学生研究性学习优秀案例评选活动优秀组织奖。

八里铺学区王家大庄小学校长曹桂娥评为全国模范教师。

10月9日

全县中小学校舍安全工程排查和鉴定工作开始,经过36天的连续奋战,甘肃省建筑科学研究院专家组完成我县中小学校舍安全工程排查和鉴定工作,共鉴定临洮县115所学校的楼房校舍185幢,鉴定面积28万多平方米。

10月11日

根据市教科所《关于转发2009年度全省中小学心理健康教育典型案例评选获奖结果的通知的通知》(定市教研字[2009]31号),临洮县教师获全省一等奖2名、二等奖5名、三等奖1名。

根据市教育局、市劳动局和社会保障局、中国电信定西分公司《关于表彰奖励定西市第二届"电信杯"中等职业学校学生技能大赛获奖团体和个人的通报》(定市教发[2009]175号),临洮职业中专获学校团体二等奖;获团体项目一等奖 1 名、二等奖 1 名、三等奖 1 名;获个人项目一等奖 2 名、二等奖 6 名、三等奖 10 名。

10 月 12—16 日

全县初中教育教学开放周活动举行,邀请兰铁四中校长张俊带领 9 名优秀教师与本县教师互动交流,共讲授教学研讨课 24 节,开展评课活动 5 次,举办专题讲座 3 场,观摩洮阳初中教师教案、学生作业 1 次,围绕"有效课堂教学策略"、教师备课、作业布置和批改等问题进行交流研讨,全县 47 所初中(初中部)1234 名各学科任课教师参加活动。

10 月 17 日

全县小学教育教学工作研讨活动举行,在城区小学设五个培训点,邀请兰州市宁卧庄小学党支部书记、校长陈玉萍作了学校管理专题讲座,兰州市一只船小学教师、城关区教学新秀徐建保,一只船小学教师王锦,水车园小学教师马婧、柏延霞,畅家巷小学教导处副主任刘静萍 5 名优秀骨干教师,与县实验一小副校长、甘肃省特级教师赵忠、教研室副主任王耀东、教师宋芸,南街小学教导主任王智,县实验二小教师张云珠,西街小学教师宋云芝,辛店学区康家崖生基希望小学龚芳芳 8 名骨干教师,讲授优质课 8 节、小学语文、数学、英语、综合等学科专题讲座 4 场,各学区校长、68 所优质资源小学(九年制学校)校长及六年级任课教师 460 多人参加,围绕教育教学管理、小学各学科课堂教学策略等内容进行了研讨交流。期间,18 位学区校长进行了述职汇报,县教育局局长魏文忠就小学教育讲了三点意见。

10 月 22 日

百事员工回访暨母亲水窖捐赠仪式在连儿湾初中举行,中国妇女发展基金会秘书长秦国英、百事(中国)投资有限公司集团事务副总裁邰祥梅、省妇联副主席管春梅、市委常委、宣传部部长郑红伟及县上领导刘富春、石琳、张成发、杨振邦等同志参加捐赠仪式。百事(中国)投资有限公司捐赠 40 万元人民币,为我县 10 余所山区中小学校修建集雨水窖,从而解决 6000 多名师生的饮水问题。

11 月 5—7 日

临洮二中市级示范性高中复评督导验收举行,市政府教育督导室主任李卿、市教育局教科所所长王钦、定西市一中校长董勇、陇西一中校长陈勤、市政府教育督导室主任科员陈广、市教育局基教科副科长赵平,在县政府党组成员汤晓春、市教育局驻临洮督学、县教育局局长魏文忠,副局长杨少白,县政府教育督导室主任吴起忠以及临洮二中负责同志陪同下参加了复评督导验收活动。专家组通过听汇报、听课,看校容校貌及学校硬件建设,查阅各种档案资料,与师生代表座谈等形式,对临洮二中进行了综合复评督导,专家组充分肯定了临洮二中教育教学管理工作做法和经验。

11 月 6 日

根据市教育局《关于全市第二届"电信杯"中等职业学校学生技能大赛"优秀指导教师"获奖情况的通报》(定西市教发[2009]193 号),临洮县职教中心教师王开平等教师 4 名被评为优秀指导教师。

11月11日

依据县人大常委会《关于黎辉等职务任免的决定》(临人常发[2009]47号),任命张国旗同志为临洮县教育局局长。

依据县委《关于郭燕宏等同志职务任免的通知》(临县委知字[2009]45号),魏文忠同志任县教育局党委书记。

11月14日

2010年度全县高考备考工作研讨活动成功举行,兰州市教科所所长郑作慧,党支部副书记、副所长瞿立业、省生物学会会长、兰州市教科所教研室主任周晓萍,兰州市教科所教研室副主任李培荣,县政府党组成员汤晓春,县教育局局长张国旗、市教育局驻临洮督学、县教育局党委书记魏文忠、副局长杨少白、董世录,县政府教育督导室主任吴起忠以及高三级全体教师参加了开班典礼。本次研讨活动,分语文、数学、英语、物理、化学、生物、政治、历史、地理9个学科,邀请兰州市教科所教研员、甘肃省劳动模范、语文高级教师朱武兰,兰州市数学中心教研组成员、甘肃省讲师团成员、数学高级教师魏公江,甘肃省骨干教师、兰州市英语中心教研组组长、英语高级教师马颖,兰州市政治中心教研组副组长、政治特级教师刘卫莉,兰州市物理中心教研组副组长、物理高级教师俞树江,兰州市化学中心教研组副组长、化学高级教师王英,西北师范大学附属中学高级教师、甘肃省骨干教师宋学峰,兰州市骨干教师、地理高级教师何建新,兰州七中语文高级教师、甘肃省骨干教师高国君,兰州二十二中数学一级教师、兰州市教学新秀张晓飞,兰州二中英语高级教师、教学能手温秀萍,兰铁一中物理高级教师、兰州市讲师团成员黄晖,兰化一中化学一级教师、甘肃省教学能手邓亚鹏,兰州二十七中生物高级教师、甘肃省骨干教师雷耀华,兰炼一中政治高级教师、甘肃省教学能手刘永兰,兰州五中历史一级教师、兰州市教学新秀杨国强,兰铁一中地理高级教师、兰州市教学新秀里李学瑞等20名高中知名教育专家和优秀教师,与临洮中学语文高级教师、甘肃省骨干教师成建平,临洮二中数学高级教师、甘肃省骨干教师朱成岗,临洮中学英语教研组组长、甘肃省骨干教师王诚,临洮二中物理高级教师、临洮县物理学科带头人谢四清,临洮二中化学教研组组长、临洮县骨干教师沈作能,临洮中学生物教研组组长、甘肃省骨干教师胡兰芳,临洮中学政治高级教师、定西市骨干教师孙克义,临洮中学一级教师、临洮县优秀教师石岩,临洮二中地理一级教师张德雄,临洮中学语文二级教师、临洮县优秀教师姚凤玲,临洮中学数学二级教师周建魁,临洮二中英语一级教师、定西市骨干教师何惠琴,临洮二中物理二级教师王建荣,临洮中学化学一级教师、甘肃省青年教学能手张琴蓉,临洮中学生物一级教师、临洮县优秀教师杜琳霞,临洮中学政治高级教师阎芳,文峰中学教导处主任、中学历史高级教师马忠会,临洮二中地理二级教师王小宁19名高三级优秀骨干教师一道讲授优质课19节,作备考辅导报告19场次,开展说课、评课每学科各一场(次),全县高三级314名教师参加了研讨活动。期间,举行了全县各完中高考备考汇报会,听取了各位校长的高考备考工作汇报,县教育局局长张国旗作了重要讲话,充分肯定了各学校在高考备考中的有效做法,同时强调要真抓实干、狠抓落实,打胜高考攻坚战,完成2010年高考指导性目标。

11月15—25日

魏文忠、吴起忠、袁志明同志在兰州市教育局局长王有伟带领下,参加了中央教科所培训部、兰州市教育局、南京市教育局联合举办的第三届全国校长发展学校第三期培训班,并在重庆、湖北中小学参观考察。

11 月 27 日

全县初中教育教学规范化管理现场观摩交流活动举行,来自全县完职中初中部、独立初中、九年制学校的校长、教育局领导以及相关股室负责人 60 多人,先后观摩了洮阳初中课堂教学,参观了学校信息化建设所取得的成果,查看了学校制度建设以及档案资料管理,参观了东二十铺初中、衙下中学、辛店初中的食堂建设和宿舍管理。在观摩总结会上,县教育局局长张国旗就初中学校的管理问题作了重要讲话,洮阳初中、程家铺初中、衙下中学、连湾初中、潘家集初中的校长作了交流发言。

11 月 28 日

全县 ECD 项目教师培训活动举行,西北师范大学教授、甘肃省幼教专家郑名,甘肃省保育院高级教师卫榕分别作了专题讲座,县教育局局长张国旗同志讲话。本次培训采取专题讲座的形式,对全县公办、民办幼儿园园长、19 所公办幼儿园全体教师及 68 所优质示范校学前班教师共计 200 人进行了培训。

12 月 10 日

县委、县政府印发了《关于进一步加快全县教育事业改革发展的决定》(临县委发[2009]86 号),明确提出了今后临洮教育改革和发展的目标任务、工作重点和保障措施,将对全县教育事业科学、持续、和谐发展起到重要作用。

12 月

临洮县教育局被评为全省教育宣传工作先进集体。

2009 年

临洮县人民政府和站滩初中等 3 所学校被市政府评为全市中学食堂建设工作先进单位和先进集体,杨少白等 3 名同志被评为先进个人。

附录一

中共临洮县委　临洮县人民政府
关于进一步加快全县教育事业改革发展的决定

临县委发[2009]86号

为了全面贯彻落实科学发展观,进一步加快全县教育事业改革发展,特作如下决定。

一、目标任务

全县教育事业改革发展的总体要求是:优化结构,夯实基础,狠抓质量,稳步提升。优化结构,就是要优化教育布局结构,优化教师队伍结构,优化农村教育资源配置;夯实基础,就是要加强基础教育特别是初中和小学教育,加强薄弱学科建设特别是英语学科建设;狠抓质量,就是全面提高各级各类教育教学质量,为高一级学校输送优质生源;稳步提升,就是要有科学的发展规划,尊重教育规律,稳步提升教育教学质量。

指导思想是:全面贯彻落实科学发展观,坚持育人为本、德育为先,实施素质教育,夯实和提高义务教育,加强高中教育,大力发展职业教育,重视学前教育,以全面提高教育教学质量为核心,优化教育结构,建立教育奖励激励机制,提高教育现代化水平,推进全县教育事业又好又快发展。

目标任务是:

——创建优质教育教学示范学校,完职中 5 所、初中 10 所以上、小学 150 所左右,为实现县域内基础教育均衡发展奠定基础。

——进一步优化教师队伍结构,力争全县高中阶段教师研究生学历、初中阶段教师本科学历、小学阶段专科学历分别提高 2~5 个百分点。

——加快普及高中教育,高中阶段入学率达到 85% 以上,力争有 45% 以上的当年初中毕业生继续在普通高中上学,在提高上线率上下工夫,力争高考二本以上上线率年均增长 2 个百分点以上;

——加大普及义务教育工作力度,着力提高初中和小学教育教学质量,实现高中、初中和小学学生年流失率控制在 5%、3% 和 1% 以内的目标;

——大力发展职业教育,加强骨干专业建设,力争有 40% 以上的当年初中毕业生继续在职业中学上学,实现职普比例大体相当的目标;

——大力发展幼儿教育,规范幼儿教育办学行为,到 2015 年实现 60% 以上学前儿童接受教育的目标。

——加强学生法制教育、德育教育和心理健康教育,使学生养成良好的道德行为习惯。

二、工作重点

(一)狠抓优质教育教学示范学校建设,积极稳妥进行中小学布局结构调整

1.加速普通高中教育优化进程。在县城扶持发展民办高中 1 所,城区形成 4 所独立高中、64个平行班级、在校学生1万人左右的办学规模,全面优化普通高中教育资源。

2.全力打造职业教育发展平台。实施大职教发展战略,依托现有职业教育基础设施和教学体系,加大扶持力度,紧抓招生和就业两个关键环节,走高职升学、校校联合、校企联合办学的路子,狠抓中职教育质量提高,为高职院校输送一批合格人才。进一步明确县职教中心、玉井农职中等职业学校的办学方向,逐步剥离非职业教育。

3.大力创建义务教育优质教育教学示范学校。在城区新建独立初中1所,城区形成3所独立初中、42个平行班级、在校学生0.65万人左右的办学规模;在太石、新添、衙下、玉井、窑店、连湾、上营等乡镇政府所在地,扩大初中,形成在校学生1万人的办学规模,基本优化初中教育资源。在全县18个乡镇政府所在地建设20所寄宿制小学,强化九年制学校寄宿功能,初步优化小学教育资源。

4.高度重视学前和幼儿教育。在城区文峰东路、文峰西路规划新建县级幼儿园2所,形成城区布局幼儿园4所、在园幼儿1900多人的办学规模;在其余17个乡镇创建优质资源幼儿园17所,有条件的小学延伸2年学前教育,大力提升全县幼儿教育发展水平。

5.积极稳妥调整基础教育布局结构。到2015年,全县中小学布局结构调整规划为公办独立高中3所、完全中学3所、职业中学2所,民办完职中2所;独立初中21所,4—9年级六年制寄宿制初中2所,九年制学校16所;寄宿制小学20所,完全小学150所左右,初级小学170所;幼儿园21所,学校总数调整到380所左右。

(二)狠抓校长和教师队伍建设,全面提高教育教学水平

6.进一步加强校长和学校管理队伍建设。不断学习掌握现代教育理念,走出去考察和学习借鉴先进地区教育发展经验和做法,紧紧围绕提升质量大胆实践,积极探索教育教学管理方式方法,努力发挥引导、推动、示范、带头作用。县教育局要培养使用一批德才兼备的青年教师,真正把事业心强、业务能力强、有实践经验和吃苦能干的人选拔到学校领导岗位上来;建立后备干部库档案管理制度,干部任用注重从后备干部中选拔;独立高中、完全中学、职业中学、独立初中、九年制学校、学区和寄宿制小学校长年终考核,由县教育局统一组织。建立挂职锻炼机制,全县中小学校长、副校长和中层负责人员,要在机关与学校之间、城乡学校之间、县内外学校之间,每年选派一批负责人员交流挂职。在一所学校任职6年以上的校长原则上应在同类学校进行交流。建立中小学校长、学区区长述职评议制度。

7.进一步加强教师队伍建设。建立每三年一次的教师全员轮训制度,坚持教师培训请进来与走出去相结合的路子,搭建教师成长的有效平台;建立教师送教下乡制度,实施"优质学校帮助薄弱学校、教师一起成长"计划;立足校本,面向课堂,主攻课改,实施"青蓝"工程,推动全体教师特别是中青年教师快速成长。建立特级教师、骨干教师、青年教学能手、学科带头人、临洮名师的培养制度,形成培训和选拔评定体系,推出一批能够走出临洮、走向省内外的基础教育专家型教师。

(三)狠抓教育督导和教学研究,严格落实学校教育教学常规工作

8.切实加强德育工作。以未成年人思想道德建设为核心,成立德育集体备课小组,切实加强新时期学校德育工作的研究和探索,积极创新德育方法,拓宽德育渠道,丰富德育内容,建立健全德育工作各项制度和阵地,充分发挥思想政治课的主渠道和学科教育的渗透作用,积极开展丰富多彩的德育活动,不断增强德育工作的针对性、实效性;加强班主任队伍建设,评选和重奖县级模范班主任、年度"十佳"班主任,班主任应该优先评优选先、优先派出去赴外地考察培训,建立班主任日志记载制度,强化班级管理工作;开设法制课,加强法制宣传教育,提高广大师生的法制意识;努力构建学校、家庭、社会三位一体的德育网络,加强网吧综合整治,为青少年健康成长营造良好的社会环境。

9.不断强化教研督导工作。县教研所要发挥职能,引进推广省内外先进地区教育教学经验;组织教研员经常深入课堂一线,通过开展教学管理研讨、教研员上示范课等活动,推动教研的深入开展;加强课堂教法研究、指导,及时传递教研信息,推广先进教研成果,促进教学质量全面提升;建立校本教研制度,广泛开展教研活动,着力研究解决教学实践中的具体问题。县教育局每年要在全县范围内开展一次教育教学工作检查活动,深入课堂进行业务指导;检查校长任课、听课、评课情况;注意发现正反两方面典型,及时总结推广或提出改进建议和意见。

10.严格落实教育教学常规管理工作。县教育局要每年对全县小学毕业检测前1000名、前3000名,中考前1000名、前3000名进行统计分析,合理确定考核评价依据,对高中按三年前入学时招收的全县前300名、前1000名学生人数合理确定学校当年应届生重点本科、本科上线人数、上线率指标,形成对全县小学、初中、高中教学质量的跟踪监控体系。切实加强"校风、教风、学风、考风"建设,严格落实教学常规管理工作,落实教育教学各项措施,规范教师教学行为,推动教学工作有序开展;认真把握教学各个环节的基本工作,确保每一环节质量;认真开展集体备课、听课评课、课件制作、课题研究、论文撰写等教研活动,不断提高教学水平;落实校本教研、学生评教、质量调研、教学评优等常规检查制度,以制度的检查落实保障教育教学。

11.加大教学实验和多媒体教学工作。按国家规定标准,加快实验室建设,配齐实验仪器、药品,保证实验教学开出率,切实研究规范中学实验教学,提高学生实验操作技能,提高理科教学质量和水平。通过实施国家项目工程,进一步加强现代远程教育工程项目建设,强化教师培训,提高运用远程教育网开展教学的能力,重点解决教师计算机备课和应用多媒体教学问题,努力推进中小学现代远程教育工程"班班通"。

12.高度重视音、美、体教学工作。严格执行国家课程方案,各级各类学校都要依法开齐、开足、开好音、美、体课程;认真落实《国家学生体质健康标准》,对学生体质健康状况每学年评定一次,合理安排课外活动时间,组织学生进行集体体育活动并将其纳入教学计划,确保学生每天锻炼一小时;加强体育和艺术技能训练,让每一名中小学生在校期间能够掌握两项体育运动技能和一项艺术技能;学区、学校每学期要举办一次以学区、学校为单位的田径运动会和校园艺术节;各完职中应高度重视音、美、体考生的选拔培养,音、美、体专业教师必须承担高考任务,力促音、美、体高考本科上线人数有较大幅度的提高。

13.切实抓好学校后勤管理服务工作。县教育局要加强寄宿制学校生活指导教师培训,使生活指导教师掌握必要的寄宿生管理知识,能够迅速有效地处理各种突发事件和日常管理事务。学校要根据需求,合理布局和建设宿舍、灶房、食堂、厕所和课外活动场所,方便学生学习和生活。义务教育阶段学校开办食堂的,水、电、煤费用、灶具经费和附属设施维修经费要纳入学校公用经费预算,保证正常需求。加强学校食品安全、医疗卫生和学生宿舍、食堂、厕所等管理工作,保证师生良好的生活环境。

(四)狠抓学校管理,推进教育教学工作规范化、制度化、标准化进程

14.加速建立现代学校管理制度。通过教育教学观念、制度、实践、业绩的创新,建立以学校思想引导、规划确立、行政领导、经费支持、机构落实为主要内容的学校行政工作管理制度;建立以课程设置、学科建设、教学实施、教学质量、教学职能、科室设置为主要内容的教学工作管理制度;建立以课题研究、教学竞赛、校本培训、教师成长为主要内容的教育科研管理制度;建立以教育教学质量评估、教师业绩评估、学生学业评估为主要内容的评价管理制度;建立以思想道德管理、安全健康管理、教师管理、学生管理、班级管理为主要内容的师生员工管理制度;建立以行政执行、图书仪器管理、档案管理、教育信息传递、现代教育资源应用为主要内容的行政日常管理制度;建立以学校财务、食堂和食品安全管理、校舍和宿舍管理、文化环境、医疗卫生、财产设施管理为主要内容的学校后勤管理制度;建立以学校党建、廉政建设、环境治理、校园文化建设为主要内容的校园文明管理制度;建立职业教育发展和管理的基本制度。

15.建立阳光招生制度。初高中班级要按照教育部规定的标准班额设置,不超额招生。高中按县教育局划定的批次招生,城区公办普通高中按第一志愿录取,农村普通高中第一志愿录取不得低于85%,招生录取一律实行公示制度;进行中考招生改革试点工作,城区高中招生指标的5%~15%为统配生,从县教育局规划的21所独立初中和2所六年制寄宿初中未达到第一志愿学校录取线的毕业生中按分配指标录取;音乐、美术、体育特长生按照县教育局分配的指标,实行学校双划线招生录取,确保完成招生任务;义务教育实现划片招生,允许城川区初中和小学在全县范围内按计划招生,确保优质教育资源的充分运用。

16.积极探索义务教育课堂评价标准。从小学学科建设入手,从研究制定课堂评价标准抓起,制定全县义务教育语文、数学、英语、思想品德、历史、地理、物理、化学、生物、音乐、美术、体育、信息技术教育和品德与生活(社会)、科学等各门学科建设标准,课堂教学"备、讲、听、评、改"程序和标准,实验、实训和多媒体教学课堂评价标准,优秀教师、优秀班主任、优秀学生和先进集体评选标准,优秀教育研究成果评选标准,学生素质教育评价标准,教育教学管理评价标准,学校规划和建设标准,后勤服务工作管理标准,逐步实现义务教育教学管理标准化目标。

(五)创新评价机制,不断完善学校考核评价、教师业绩评价、学生学业评价体系

17.进一步完善学校综合评价体系。一是进一步明确学校工作考核重点,着重考核初中和小学学生实际年流失率、完职中高(职)中一年级新生录取报到率,全县小学教育阶段、初中教育阶段前1000名、前3000名和高考指标,教师校本培训和教师应用信息技术开展教学情况,参加教学教研和竞赛活动,教研和教师培训基地学校承担县级较大活动情况、城区完中和农村优质示范学校每年组织教师"支教"和开展"送教下乡"活动情况,学前教育教学规范化程度,教师培训经费、信息技术资源建设经费、图书、资料、实验室建设和教学用具的购置经费、教学研究经费、音乐美术体育教学和活动经费落实情况。二是完职中、初中(部)、学区、农村优质示范小学(寄宿制小学),实行教育教学目标管理责任书考核制度。严格兑现奖罚,对完成或超额完成责任书指标的学校,确定奖励等次,奖励学校和校长本人;对完不成责任书指标的,对校长实行经济处罚,实行校长聘任制、交流制等,也可以实行高职低聘、岗位流转、免职。三是实行教育教学管理专项工作奖励制度,设立全县高考工作先进集体奖、义务教育教学质量进步奖、义务教育教学质量突出贡献奖、普及义务教育工作先进集体奖、职业教育发展突出贡献奖和党的建设、综治、信访工作、廉政建设等专项奖。

18.进一步完善教师业绩评价体系。执行《甘肃省义务教育学校绩效实施意见》,制定全县奖励性绩效工资分配指导意见,建立符合教育教学规律和教师、管理、工勤技能等岗位不同特点的绩效考核办法,形成相应的奖励和激励机制。全县各级各类学校,都要结合自己的实际和发展需求,制定更加注重工作过程的教师绩效评价制度,广泛征求教师、学生和家长意见,集中各方面的智慧,按照民主集中制的原则,提交教职工(代表)大会充分讨论通过,形成激励性的规范文件,上报县教育局审查备案并切实贯彻执行,依据考核结果奖励优秀教师。改革教师业绩评价体系,过程性评价比例占50%,结果性评价比例占40%,民主测评性评价比例占10%。

19.进一步改革和完善学生学业评价体系。普通高中实行学校月考和期中、期末考试评价学生学业制度,初中教育实行中考、八年级全县统一检测和其他年级期中、期末考试制度,小学教育实行六年级和三年级全县统一检测和其他年级期中、期末考试制度。义务教育阶段学生学业情况,按照考试成绩加综合素质评价。

20.进一步扩大和完善教学质量公布体系。县教育局对各普通高中高考、初中(部)中考、小学毕业质量检测结果,初中八年级、小学三年级全县统一质量检测结果,作为评价学校和学区教学质量的依据,采取适当方式,实行向社会公布的制度,自觉接受社会监督。

(六)创新行政管理机制,不断适应全县教育发展新需求

21.推行学校评估管理。充分发挥高中、初中、小学教育专家委员会作用,严格执行省教育厅督导评估"三个"《办法》,使规模较大学校每三年评估一次,对学校近三年发展目标方向、教育教学质量、师生进步和后勤管理等方面,采取听汇报、看资料、察现场、深入课堂听课、召开师生座谈会、师生问卷调查等多种形式,进行全面督导评估,公开通报;加强教育教学督导工作,充分运用教育股、督导室、教研室力量,对高考、中考备考和完全小学教学质量每年开展一次较大规模的督查活动,召开学校中层以上干部会议反馈督查结果,并由县教育局书面通报;较大规模学校依照本校三年或者五年规划,每年进行学校发展自我评估,向学校教职工(代表)大会报告。

22.实行经费预算管理。学校公用经费预决算必须按照各完职中、独立初中、九年制学校、学区和寄宿制小学进行分类(校)支出项目编制和统计,按年度作出结算分析并向本学校教职工(代表)大会报告;通过中小学布局结构调整,大幅度减少预算单位数量;强化校财局管政策落实,提高学校公用经费预算执行的保障能力,逐步改变预决算脱节的现象;积极实施财政国库统一支付政策,充分发挥乡镇财政所的监管作用,加强学校公用经费使用的监督能力,把教育内部审计的重点转移到公用经费预算执行上来,确保学校内在发展需求。

23.实行项目规划管理。结合农村中小学布局调整,科学合理编制临洮县校舍安全工程建设三年规划,把握投资方向和重点,按照国家地震设防和综合防灾标准,分别制定加固维修、拆除新建规划方案,依照高中、中职、独立初中、九年制学校和完全小学,分别完成教学及其辅助用房、教师学生食宿用房、实验图书装备硬件建设任务,创建一批农村优质学校。对拟规划建设的独立高中、农村完全中学、中职学校、独立初中、九年制寄宿学校、寄宿制小学和农村优质小学逐校进行实地论证,分别作出校园总体规划和年度建设计划,并认真落实建设规划。今后,创办寄宿制学校,实行先建宿舍再招生的制度。

24.实施人事和谐管理。坚持严格的人事调动政策,凡新录用教师一律分配到农村中小学任教,城区学校进入教师一律公开选拔,由县教育局统一组织听课评课选拔;实行透明的职称管理政策,教师评定职称,必须经过所在学校申报前公示和县教育局评定后公示程序,评定中级以上职称的教师必须有农村学校工作经历或支教记载;认真听取广大一线教师的合理建议和意见,不断探索改进人事管理方式方法,创造全县教育系统和谐发展的良好环境。

三、保障措施

25.规划保障。县发展和改革局和县教育局要根据《国家中长期教育改革和发展规划纲要》的基本理念、基本思路、基本要求和规划导向,及早着手研究我县中长期教育改革和发展规划纲要草案,向全县广泛征求意见,制定一个科学合理、符合实际、适度超前的全县教育事业改革和发展中长期规划,指导未来十年临洮教育的发展。规划重点是全县基础教育资源的优化整合和中小学布局结构调整,全县教师队伍建设和考核评价机制建设,基础教育课程改革和教育教学评价体系建设,职业教育改革和发展,优质资源学校规范化、标准化建设,学校文化建设和校园文化建设,教育教学法制化建设等等,力争经过十年的改革发展,推动临洮教育迈向全省前列。

26.财政保障。设立县级学生资助管理中心,负责高校学生生源地助学贷款和中等职业学校国家助学金发放工作;建立县级教育经费会计核算中心,加强教育经费监管工作,加强教育内部审计工作,完职中、独立初中、九年制学校、学区和寄宿制小学,三年内必须审计一遍,学校主要领导变更后必须进行离任审计,保障学校公用经费安全运行;县级教育费附加基金,全部用于学校建设和教育发展;继续落实县级财政列支排危建校经费100万元、教师培训和教研经费30万元的政策;提高和扩大教育奖励财政专项经费,在现有的基础上,高考奖励经费提高到20万元、义务教育奖励经费提高到10万元;着力解决中小学校音、体、美和英语教师严重缺乏的问题,县教育局从全省教师统一招考未达到录取分数的人员中临时聘用一年期英语教师70人、音乐美术和幼儿专业教师30人,由县财政每年预算列支,每人每月发放生活补助经费600元;提高班主任报酬,各学校要在绩效工资奖励性部分提高班主任津贴和增加超课时津贴;着力解决农村义务教育阶段住宿生生活费补助问题,初中校内、校外住宿学生继续按250天计每人每天3元补助,寄宿制小学校内住宿学生每人每天2元补助;适度提高学区年度办公公用经费,把教师工资和教育经费继续放到优先支付位置,足额及时拨付到位,保障教育教学活动正常运转。

27.人才保障。成立县级教师培训中心,在临洮中学、洮阳初中和县实验一小组建临洮县高中教师、初中教师和小学教师培训中心;将县教师进修学校办公地点设在县教育教学研究所,实行两个机构一套班子的领导管理体制;建立教师离岗进修制度,每年安排适当数量本科学历青年教师离岗进修取得研究生证书;经人事部门同意,教育系统可以从县外引进紧缺专业本科以上学历和重点专业研究生以上学历教师和(师范类及综合大学相近专业)毕业生,允许为职业中学从非师范院校引进优秀本科生,充实、提升普通中学和职业中学教师队伍,选派公办教师到民办中学任教;按照国家、省市规定,为完职中和初中的实验课配备专任实验教师,为寄宿制中小学配备生活指导教师和技术工人,为规模较大的中小学逐步配备校医;给予教育系统适度宽松的编制政策,为城川区学校依学生规模,按规定增加教师编制,逐步解决城川区中小学教师紧缺的问题;给予重点学校高级职称倾斜政策。

28.加强领导。县委、县政府每年定期不定期地召开专门会议讨论研究教育工作,具体

☆☆☆——————

研究决定全县教育改革发展和中小学布局调整等有关重大问题。县教育局要强化督促检查,及时发现问题,及时解决问题;对重大问题及时向县委、县政府汇报,今后凡涉及教育布局调整、学校撤并等重大事宜,要认真调查研究,汇报县委、县政府决定;各乡镇、各部门要切实履行各自的工作职责,积极配合,广泛动员社会力量支持教育事业,努力营造全县教育改革发展的良好氛围,推进临洮教育事业又好又快发展。

2009 年 12 月 10 日

附录二

2002—2009 年高考工作分析简表

表 1　2002—2009 年定西市高考工作简表（一）

单位	项目		2002年 总数	名次	2003年 总数	名次	2004年 总数	名次	2005年 总数	名次	2006年 总数	名次	2007年 总数	名次	2008年 总数	名次	2009年 总数	名次
临洮县	报名情况	人数	2275	3	2615	3	3076	3	4059	3	5008	3	5433	2	6001	3	5602	4
		增长%			14.95	4	17.63	3	31.96	2	23.38	3	8.49	4	10.45	3	-6.65	5
	重点上线	人数	99	3	66	3	99	3	91	3	180	3	136	3	209	3	317	3
		%	4.35	3	2.52	4	3.22	3	2.24	3	3.59	3	2.5	3	3.48	3	5.66	3
	本科以上上线	人数	325	3	378	3	480	3	525	3	660	3	734	3	1057	3	1277	4
		%	14.29	3	14.46	4	15.6	3	12.9	5	13.18	3	13.51	3	17.61	3	22.8	3
安定区	报名情况	人数	3410	1	4086	1	4242	1	5985	1	7208	1	8746	1	9121	1	9098	1
		增长%			19.82	1	3.82	5	41.09	1	20.43	4	21.34	1	4.29	5	-0.25	4
	重点上线	人数	204	1	180	1	225	2	263	1	363	1	414	1	549	1	602	1
		%	5.98	2	4.41	2	5.3	2	4.39	2	5.04	2	4.73	2	6.02	2	6.62	2
	本科以上上线	人数	519	2	661	1	712	2	1061	2	1380	2	1582	2	2114	1	2217	1
		%	15.22	2	16.18	2	16.79	2	17.73	2	19.15	2	18.09	2	23.18	2	24.37	2
陇西县	报名情况	人数	2496	2	2922	2	3634	2	4541	2	5172	2	5367	3	5852	4	5977	3
		增长%			17.07	2	24.37	2	24.96	2	13.9	2	3.77	2	9.04	4	2.14	3
	重点上线	人数	169	2	166	2	294	1	213	2	241	2	256	2	329	2	459	2
		%	6.77	1	5.68	2	8.09	2	4.69	2	4.66	2	4.77	1	5.62	2	7.68	1
	本科以上上线	人数	529	1	647	2	1050	1	1010	2	1204	2	1182	2	1487	2	1848	2
		%	21.19	1	22.14	1	28.89	1	22.24	1	23.28	1	22.02	1	25.41	1	30.92	1
通渭县	报名情况	人数	1839	4	2118	4	2870	4	3177	4	3972	4	4547	4	6097	2	7835	2
		增长%			15.17	3	35.51	1	10.7	5	25.02	2	14.48	2	34.09	1	28.51	1
	重点上线	人数	53	5	48	5	87	4	81	4	76	4	81	5	116	5	272	4
		%	2.88	5	2.27	5	3.03	4	2.55	4	1.91	5	1.78	5	1.9	5	3.47	5
	本科以上上线	人数	164	5	211	5	439	4	424	4	489	4	465	4	683	4	1348	3
		%	8.92	5	9.96	5	15.3	4	13.3	4	12.31	4	10.23	5	11.2	5	17.2	5
渭源县	报名情况	人数	1505	5	1588	5	1875	5	2460	5	3090	5	3396	5	3763	5	4328	5
		增长%			5.51	5	18.07	4	31.2	3	25.61	1	9.9	3	10.81	2	15.01	2
	重点上线	人数	60	4	58	4	56	5	71	5	67	5	87	4	128	4	185	5
		%	3.99	4	3.65	3	2.99	5	2.89	5	2.17	4	2.56	4	3.4	4	4.27	4
	本科以上上线	人数	186	4	253	4	257	5	341	5	361	5	401	5	638	5	923	5
		%	12.36	4	15.93	3	13.71	5	13.86	3	11.68	5	11.81	4	16.95	4	21.33	4
定西市	报名情况	人数	12486		14529		17062		22044		26734		30335		34404		36588	
		增长%			16.36		17.43		29.2		21.28		13.47		13.41		6.35	
	重点上线	人数	624		548		794		757		958		1030		1421		1970	
		%	5		3.77		4.65		3.43		3.58		3.4		4.13		5.38	
	本科以上上线	人数	1839		2255		3106		3514		4246		4596		6382		8215	
		%	14.73		15.52		18.2		15.94		15.88		15.15		18.55		22.45	

表2 2002—2009年定西市高考工作简表(二)

单位和项目				2002年 总数	名次	2003年 总数	名次	2004年 总数	名次	2005年 总数	名次	2006年 总数	名次	2007年 总数	名次	2008年 总数	名次	2009年 总数	名次
临洮县	报考人数			2275	3	2615	3	3076	3	4059	3	5008	3	5433	2	6001	3	5602	4
	重点	文科	人数	16	4	6	5	16	4	19	3	45	3	26	3	51	3	78	3
			%	0.7	4	0.23	5	0.52	5	0.47	3	0.9	2	0.48	3	0.85	3	1.39	3
		理科	人数	83	3	60	4	83	3	72	4	135	3	110	3	158	3	239	3
			%	3.65	3	2.29	4	2.7	3	1.77	4	2.7	3	2.02	4	2.63	4	4.27	3
	本科以上	文科	人数	28	4	40	5	72	4	116	3	184	3	241	3	332	3	402	3
			%	1.23	5	1.53	5	2.34	4	2.86	4	3.67	5	4.44	3	5.53	3	7.18	2
		理科	人数	277	3	316	3	374	3	366	3	450	3	452	3	669	3	801	3
			%	12.18	2	12.08	2	12.16	3	9.02	3	8.99	3	8.32	3	11.15	3	14.3	3
安定区	报考人数			3410	1	4086	1	4242	1	5985	1	7208	1	8746	1	9121	1	9098	1
	重点	文科	人数	51	1	23	3	30	2	56	2	60	2	63	1	87	1	137	1
			%	1.5	2	0.56	3	0.71	2	0.94	2	0.83	3	0.72	2	0.95	2	1.51	2
		理科	人数	153	1	157	1	195	1	208	1	303	1	351	1	462	1	465	1
			%	4.49	2	3.84	2	4.6	2	3.48	2	4.2	2	4.01	1	5.07	1	5.11	2
	本科以上	文科	人数	81	1	135	2	130	2	255	1	377	1	432	1	546	1	587	1
			%	2.38	2	3.3	3	3.06	3	4.26	2	5.24	2	4.94	2	5.99	2	6.45	3
		理科	人数	409	1	503	1	543	1	763	1	951	1	1104	1	1460	1	1478	1
			%	11.99	3	12.31	2	12.8	2	12.75	1	13.19	1	12.62	1	16	1	16.25	2
通渭县	报考人数			1839	4	2118	4	2870	4	3177	4	3972	4	4547	4	6097	2	7835	2
	重点	文科	人数	12	5	10	4	18	3	11	4	15	4	11	4	16	5	59	4
			%	0.65	5	0.47	4	0.63	4	0.35	5	0.38	5	0.24	5	0.26	5	0.75	4
		理科	人数	41	4	38	5	69	4	70	4	61	4	70	5	100	5	213	4
			%	2.23	5	1.79	5	2.4	4	2.2	4	1.54	5	1.54	5	1.64	5	2.72	5
	本科以上	文科	人数	28	4	51	4	90	4	100	4	161	4	121	4	182	4	358	4
			%	1.52	4	2.41	4	3.14	2	3.15	3	4.05	4	2.66	5	2.99	5	4.57	5
		理科	人数	122	5	142	5	282	4	261	4	275	4	277	4	369	5	759	4
			%	6.63	5	6.7	5	9.83	4	8.22	4	6.92	4	6.09	5	6.05	5	9.69	5
陇西县	报考人数			2496	2	2922	2	3634	2	4541	2	5172	2	5367	3	5852	4	5977	3
	重点	文科	人数	42	2	31	1	81	1	53	2	63	1	57	2	77	2	118	2
			%	1.68	1	1.06	1	2.23	1	1.17	1	1.22	1	1.06	1	1.32	1	1.98	1
		理科	人数	127	2	135	2	213	1	160	2	178	2	199	2	252	2	341	2
			%	5.09	1	4.62	1	5.86	1	3.52	3	3.44	2	3.71	2	4.31	2	5.71	1
	本科以上	文科	人数	72	2	163	1	269	1	298	1	396	1	391	2	500	2	623	1
			%	2.88	1	5.58	1	7.4	1	6.56	1	7.66	1	7.29	1	8.54	1	10.42	1
		理科	人数	406	2	435	2	651	1	546	2	650	2	658	2	819	2	1035	2
			%	16.27	1	14.89	1	17.91	1	12.02	2	12.57	2	12.26	2	14	2	17.32	1

续表2

单位和项目			2002年 总数	名次	2003年 总数	名次	2004年 总数	名次	2005年 总数	名次	2006年 总数	名次	2007年 总数	名次	2008年 总数	名次	2009年 总数	名次
渭源县	报考人数		1505	5	1588	5	1875	5	2460	5	3090	5	3396	5	3763	5	4328	5
	重点	文科 人数	19	3	13	3	12	3	10	5	12	5	9	5	22	4	24	5
		文科 %	1.26	3	0.82	2	0.64	3	0.41	4	0.39	4	0.27	4	0.58	4	0.55	5
		理科 人数	41	4	45	4	44	5	61	5	55	5	78	4	106	4	161	5
		理科 %	2.72	4	2.83	3	2.35	5	2.48	3	1.78	5	2.3	3	2.82	3	3.72	4
	本科以上	文科 人数	35	3	59	3	49	5	65	5	120	5	99	5	164	5	231	5
		文科 %	2.33	3	3.72	2	2.61	4	2.64	5	3.88	5	2.92	5	4.36	5	5.34	5
		理科 人数	129	4	183	4	175	5	217	5	190	5	253	5	378	4	554	5
		理科 %	8.57	4	11.52	4	9.33	5	8.82	4	6.15	5	7.45	4	10.05	4	12.8	4

注:不含三职生

表3 2002—2009年定西市高考工作简表(三)

单位和项目			2002年 总数	名次	2003年 总数	名次	2004年 总数	名次	2005年 总数	名次	2006年 总数	名次	2007年 总数	名次	2008年 总数	名次	2009年 总数	名次
临洮中学	报考人数		798	6	901	4	824	7	1206	4	1389	6	1655	3	1910	4	1971	5
	重点	文科 人数	9	4	4	4	13	4	12	4	39	1	21	3	32	4	61	3
		文科 %	1.13	5	0.44	7	1.58	3	1	6	2.81	2	1.27	4	1.68	4	3.09	2
		理科 人数	57	3	31	7	37	6	40	6	81	3	63	5	92	4	145	3
		理科 %	7.14	3	3.44	7	4.49	7	3.32	7	5.83	3	3.81	6	4.82	6	7.36	3
	本科以上	文科 人数	16	4	25	6	37	6	59	5	128	5	171	3	193	3	239	2
		文科 %	2.01	2	2.77	7	4.49	7	4.89	5	9.22	4	10.33	3	10.1	5	12.13	4
		理科 人数	165	2	159	3	149	6	163	5	224	4	221	4	352	4	454	5
		理科 %	20.68	2	17.65	2	18.08	5	13.52	6	16.13	5	13.35	6	18.43	5	23.03	4
临洮二中	报考人数		806	4	851	6	978	4	1259	3	1399	5	1424	6	1600	6	1569	7
	重点	文科 人数	3	6	1	5	1	8	4	7	3	8	4	8	16	7	15	7
		文科 %	0.37	8	0.12	8	0.1	8	0.32	8	0.21	8	0.28	9	1	6	0.96	7
		理科 人数	21	7	19	7	29	7	20	7	35	8	33	8	53	7	73	7
		理科 %	2.61	8	2.23	8	2.97	8	1.59	7	2.5	8	2.32	8	3.31	7	4.65	8
	本科以上	文科 人数	4	7	8	8	16	8	37	7	25	8	42	8	109	7	142	6
		文科 %	0.5	8	0.94	8	1.64	8	2.94	7	1.79	8	2.95	8	6.81	7	9.05	6
		理科 人数	81	7	107	7	144	7	148	7	143	8	166	7	222	7	256	7
		理科 %	10.05	6	12.57	7	14.72	7	11.76	8	10.22	7	11.66	9	13.88	7	16.32	8

单位	项目			2002年总数	名次	2003年总数	名次	2004年总数	名次	2005年总数	名次	2006年总数	名次	2007年总数	名次	2008年总数	名次	2009年总数	名次
临洮文峰中学	报考人数													94	9	143	9	76	9
	重点	文科	人数											1	9	0	9	0	8
			%											1.06	5	0	9	0	9
		理科	人数											1	9	0	9	0	9
			%											1.06	9	0	9	0	9
	本科以上	文科	人数											2	9	1	9	3	7
			%											2.12	9	0.7	9	3.95	9
		理科	人数											13	9	10	9	4	9
			%											13.83	5	6.99	9	5.26	9
定西一中	报考人数			1080	1	1254	1	869	6	1372	2	1857	1	2306	2	2259	2	2258	2
	重点	文科	人数	20	1	9	2	12	5	26	2	35	2	41	1	50	1	65	2
			%	1.85	3	0.72	3	1.38	4	1.9	2	1.88	4	1.78	3	2.21	3	2.88	4
		理科	人数	94	1	95	2	97	2	111	2	172	1	228	1	289	1	291	1
			%	8.7	2	7.58	2	11.16	2	8.09	2	9.26	1	9.89	1	12.79	1	12.89	2
	本科以上	文科	人数	29	2	46	3	49	4	107	2	164	2	199	2	238	2	205	3
			%	2.69	4	3.67	5	5.64	4	7.8	4	8.83	4	8.63	4	10.54	4	9.08	5
		理科	人数	253	1	311	1	210	1	374	1	476	2	612	1	710	1	756	2
			%	23.43	1	24.8	1	24.17	2	27.26	1	25.63	2	26.54	2	31.43	1	33.48	2
安定区东方红中学	报考人数			973	2	1000	3	1111	1	1571	1	1852	2	2416	1	2354	1	2269	1
	重点	文科	人数	20	1	9	2	14	3	19	3	22	5	19	4	33	3	67	1
			%	2.06	1	0.9	3	1.26	5	1.21	4	1.19	5	0.79	6	1.4	5	2.95	3
		理科	人数	29	4	43	3	79	3	57	3	92	3	96	3	172	3	127	5
			%	2.98	7	4.3	3	7.11	3	3.63	5	4.97	5	3.97	5	7.31	3	5.6	6
	本科以上	文科	人数	32	1	72	2	64	3	98	3	154	3	174	2	251	1	312	1
			%	3.29	1	7.2	2	5.76	5	6.24	5	8.32	5	7.2	5	10.66	3	13.75	2
		理科	人数	93	4	140	4	242	1	249	2	305	3	374	3	569	2	532	3
			%	9.56	7	14	8	21.78	3	15.85	4	16.47	4	15.48	4	24.17	3	23.45	3
通渭一中	报考人数			805	5	855	5	1002	2	636	8	1364	7	1608	4	1997	3	2206	3
	重点	文科	人数	4	5	6	3	10	6	10	6	10	6	5	7	7	8	27	5
			%	0.5	7	0.7	5	1	6	1.57	3	0.73	6	0.31	8	0.35	8	1.22	6
		理科	人数	26	6	31	5	46	4	46	4	45	6	56	7	74	6	141	4
			%	3.23	6	3.63	5	4.59	4	7.23	2	3.3	6	3.48	7	3.71	7	6.39	5
	本科以上	文科	人数	12	5	24	7	41	5	57	6	73	7	57	7	92	8	168	4
			%	1.49	6	2.81	6	4.09	6	8.96	3	5.35	6	3.54	7	4.61	7	7.62	7
		理科	人数	76	8	112	6	164	5	166	4	177	6	210	5	263	6	499	4
			%	9.44	8	13.1	6	16.37	6	26.1	2	12.98	6	13.06	7	13.17	8	22.62	5

续表3

单位和项目			2002年 总数	名次	2003年 总数	名次	2004年 总数	名次	2005年 总数	名次	2006年 总数	名次	2007年 总数	名次	2008年 总数	名次	2009年 总数	名次
陇西一中	报考人数		890	3	1024	2	968	5	1232	5	1445	2	1417	7	1575	7	1579	6
	重点	文科 人数	11	3	24	1	33	1	37	1	29	3	29	2	41	2	52	4
		文科 %	1.24	4	2.34	1	3.41	2	3	1	2.01	3	2.05	2	2.6	2	3.29	1
		理科 人数	82	2	102	1	116	1	112	1	124	2	127	2	177	2	241	2
		理科 %	9.21	1	9.96	1	1198	1	9.09	1	8.58	2	8.96	2	11.24	2	15.26	1
	本科以上	文科 人数	29	2	88	1	100	1	149	1	181	1	152	4	194	3	205	3
		文科 %	3.26	2	8.59	1	10.33	1	12.09	1	12.53	2	10.73	2	12.32	2	12.98	3
		理科 人数	155	3	174	2	171	4	225	3	571	1	423	2	502	3	645	2
		理科 %	17.42	3	16.99	3	17.67	5	18.26	3	39.52	1	29.85	1	31.87	1	40.85	1
陇西县文峰中学	报考人数		529	8	577	8	671	8	733	7	816	8	763	8	859	8	1021	8
	重点	文科 人数	3	6	4	4	24	2	8	6	23	4	17	5	24	5	27	5
		文科 %	0.57	6	0.69	6	3.58	1	1.09	5	2.82	1	2.23	1	2.79	1	2.64	5
		理科 人数	20	4	21	6	62	4	26	7	46	5	62	6	60	8	69	8
		理科 %	3.78	4	3.64	5	9.24	3	3.55	6	5.64	4	8.13	3	6.98	6	6.76	4
	本科以上	文科 人数	7	6	38	4	66	2	74	4	138	4	108	5	133	5	144	5
		文科 %	1.32	7	6.59	3	9.84	2	10.1	2	16.91	1	14.15	1	15.48	1	14.1	1
		理科 人数	85	6	98	8	195	3	111	8	186	5	157	8	198	8	219	8
		理科 %	16.07	4	16.98	4	29.06	1	15.14	5	22.79	3	20.58	3	23.05	4	21.44	6
渭源一中	报考人数		777	7	815	7	988	3	1125	6	1402	4	1540	5	1734	5	2026	4
	重点	文科 人数	15	2	9	2	8	7	8	6	4	7	7	6	16	6	19	6
		文科 %	1.93	2	1.1	2	0.81	7	0.71	7	0.29	7	0.45	7	0.92	6	0.94	8
		理科 人数	28	5	34	5	26	8	41	5	39	7	65	7	87	5	112	6
		理科 %	3.6	5	4.17	4	2.63	8	3.64	4	2.78	7	4.22	4	5.02	5	5.53	7
	本科以上	文科 人数	22	3	37	5	34	7	42	7	70	7	70	6	123	6	142	6
		文科 %	2.83	3	4.54	4	3.44	7	3.73	7	4.99	7	4.55	6	7.09	6	7.01	8
		理科 人数	88	5	132	5	125	8	158	6	140	8	193	5	273	6	353	6
		理科 %	11.33	5	16.2	5	12.65	8	14.04	6	9.99	8	12.53	8	15.74	6	17.42	7

注：不含三职生

表 4 2002—2009 年临洮县 7 所中学高考本科以上上线分科(文、理)情况简表

单位	科	项目	2002年总数	2002年名次	2003年总数	2003年名次	2004年总数	2004年名次	2005年总数	2005年名次	2006年总数	2006年名次	2007年总数	2007年名次	2008年总数	2008年名次	2009年总数	2009年名次
临洮中学	文科	人数	16	1	25	1	38	1	59	1	128	1	171	1	193	1	239	1
		%	2.01	2	2.77	1	4.49	1	4.89	1	9.22	1	10.33	1	101.1	1	12.13	1
	理科	人数	165	1	159	1	149	1	163	1	224	1	221	1	352	1	454	1
		%	20.68	1	17.65	1	18.08	1	13.5	1	16.13	1	13.35	2	18.43	1	23.03	1
临洮二中	文科	人数	4	2	8	2	16	2	37	2	25	2	42	2	109	2	142	2
		%	0.5	5	0.94	4	1.64	4	2.94	2	1.79	2	2.95	2	6.81	2	9.05	2
	理科	人数	81	2	107	2	147	2	148	2	143	2	166	2	222	2	256	2
		%	10.05	2	12.57	2	14.72	2	11.76	2	10.22	2	11.66	3	13.88	2	16.32	2
临洮三中	文科	人数	3	3	3	3	5	4	3	4	8	4	7	4	6	4	4	4
		%	1.49	3	1.28	3	1.75	2	0.68	5	1.51	3	1.13	6	0.77	6	0.58	6
	理科	人数	6	4	10	4	16	4	17	4	25	4	14	4	26	4	19	4
		%	2.97	4	4.27	4	5.61	4	3.9	4	4.72	4	2.27	5	3.32	5	2.75	7
临洮四中	文科	人数	4	2	3	3	12	3	13	3	14	3	11	3	12	3	11	3
		%	1.08	4	0.61	5	16.99	3	1.62	3	1.49	4	1.21	5	1.27	5	1.36	5
	理科	人数	25	3	39	3	59	3	36	3	41	3	32	3	45	3	52	3
		%	6.76	3	7.96	3	8.36	3	4.49	3	4.35	4	3.52	4	4.75	4	6.45	3
窑店中学	文科	人数	0	5	0	5	0	6	0	6	2	5	3	5	4	6	0	6
		%	0	6	0	6	0	6	0	6	1.5	5	1.73	4	2.5	4	0	7
	理科	人数	0	5	1	5	0	6	1	5	3	5	1	7	5	6	4	6
		%	0	5	1.41	6	0	6	0.9	5	2.26	5	0.58	7	3.13	6	3.48	6
衙下中学	文科	人数	1	4	1	4	1	5	1	5	1	6	1	7	5	5	3	5
		%	2.56	1	1.59	2	1	5	1.42	4	0.65	6	0.58	7	2.92	3	2.1	4
	理科	人数	0	5	1	5	2	5	1	5	3	5	3	6	5	6	7	5
		%	0	5	1.59	5	2	5	0.7	6	1.95	6	1.75	6	2.92	7	4.9	5
文峰中学	文科	人数											2	6	1	7	3	5
		%											2.13	3	0.7	7	3.95	3
	理科	人数											13	5	10	5	4	6
		%											13.83	1	7.99	3	5.26	4

表5　2002—2009年定西市高考应、往届生本科以上上线情况简表

单位和项目			2002年		2003年		2004年		2005年		2006年		2007年		2008年		2009年	
			总数	名次	总数	名次	总数	名次	总数	名次	总数	名次	总数	名次	总数	名次	总数	名次
临洮县	本科以上上线	人数	325	3	378	3	479	3	525	3	660	3	734	3	1057	3	1277	4
		%	13.2	3	13.62	3	14.72	3	12.93	3	13.18	3	13.22	3	17.24	3	22.49	3
	往届生上线	人数			218	3	229	3	268	3	365	3	451	3	669	3	830	4
		%			20.08	2	21.69	1	18.38	3	20.07		19.01	3	25.8	4	33.97	3
	应届生上线	人数			160	3	250	3	257	3	295		283	3	388	3	447	3
		%			10.46	2	12.38	3	9.88		9.25		8.89	3	10.97	3	13.82	2
安定区	本科以上上线	人数	519	2	661	1	712	2	1061	1	1380	1	1582	1	2114	1	2217	1
		%	15	2	15.91	2	16.4	2	17.73	2	19.15	2	18.06	2	22.91	2	24.17	2
	往届生上线	人数			413	1	285	2	325	2			761	1	1441	1	1587	1
		%											19.15	2	31.6	2	35.42	2
	应届生上线	人数			248	2	427	2	736	1			821	1	673	1	630	2
		%											17.14	1	14.76	2	13.43	3
陇西县	本科以上上线	人数	529	1	647	2	1050	1	1010	2	1204	2	1182	2	1487	2	1848	2
		%	19.6	1	20.62	1	27.75	1	22.24	1	23.28	1	20.73	1	24.3	1	29.35	1
	往届生上线	人数			334	2	441	1	464	1			662	2	874	2	1072	2
		%											33.69	1	46	1	46.35	1
	应届生上线	人数			313	1	609	1	546	2			520	2	613	2	776	1
		%											13.92	2	15.51	1	19.48	1
通渭县	本科以上上线	人数											465	4	683	4	1348	3
		%											10.2	5	11.13	5	17.08	5
	往届生上线	人数											226	5	412	5	909	3
		%											12.49	5	17.41	5	26.03	5
	应届生上线	人数											239	4	271	4	439	4
		%											8.69	4	7.18	5	9.98	5
渭源县	本科以上上线	人数											401	5	638	5	923	5
		%											11.81	4	16.95	4	21.33	4
	往届生上线	人数											251	4	425	4	589	5
		%											17.93	4	27.21	3	33.95	4
	应届生上线	人数											150	5	213	5	334	5
		%											7.52	5	9.68	4	12.88	4
定西市	本科以上上线	人数	1839		2255		3106		3514		4246		4596		6382		8125	
		%	14.1		14.95		17.66		15.94		15.88		15.15		18.15		22	
	往届生上线	人数			1273		1367						2477		4057		5308	
		%											19.69		29.3		33.03	
	应届生上线	人数			982		1739		2039				2119		2325		2817	
		%											11.54		11.31		13.25	

表6　2002—2009年定西市8所中学应、往届生本科以上上线情况简表

单位	项目		2002年 总数	名次	2003年 总数	名次	2004年 总数	名次	2005年 总数	名次	2006年 总数	名次	2007年 总数	名次	2008年 总数	名次	2009年 总数	名次
临洮中学	本科以上上线	人数	190		192		194	6	235	5	355		403	4	557	4	714	4
		%	23.81		21.31		23.54	5	19.49	6	25.56		24.35	4	29.16	5	36.23	5
	往届生上线	人数			111		84	7	102	5	161		240	3	341	4	465	4
		%			23.62		28		26.02		28.7		29.93	3	38.53	5	46.69	5
	应届生上线	人数			81		110	6	133	5	194		163	4	216	4	249	4
		%			18.79		20.3		16.34		23.43		19.11	4	21.07	5	25.54	3
临洮二中	本科以上上线	人数	94		118		179	7	195	8	176		221	8	349	8	427	7
		%	11.66		13.87		18.3	7	15.49	8	12.58		15.52	8	21.81	7	27.21	7
	往届生上线	人数			66		85	6	110	4	118		115	8	207	7	259	7
		%			18.18		22.25		26.83		22.74		20.72	7	33.99	7	40.6	7
	应届生上线	人数			52		94	7	85	8	58		106	7	142	8	168	8
		%			10.66		15.77		10.01		6.59		12.2	7	14.33	8	18.05	6
陇西一中	本科以上上线	人数	298		372		404	1	507	1			596	2	724	3	878	2
		%	33.48		36.33		41.74	2	41.32	1			42.06	1	45.97	1	55.6	1
	往届生上线	人数					147		270				379		440	3	515	3
		%											52.64	2	60.61	2	78.03	1
	应届生上线	人数					257	1	237	2			217	2	284	3	363	1
		%											31.13	2	33.45	1	39.5	1
陇西文峰中学	本科以上上线	人数	104		140		285	3	197	7			282	6	350	7	382	8
		%	19.66		24.26		42.47	1	28.1	3			36.96	2	40.75	3	37.41	4
	往届生上线	人数					110	3	97	7			126	7	192	8	209	8
		%											56	1	68.33	1	60.93	2
	应届生上线	人数					175	3	100	6			156	5	158	5	173	7
		%											29	3	27.34	3	25.52	4
定西一中	本科以上上线	人数	292		364		263	4	488	2			823	1	956	1	978	1
		%	27.04		29.03		30.26	3	35.57	2			35.69	3	42.32	2	43.31	2
	往届生上线	人数					34	8	10	8			230	4	633	1	630	2
		%											25.16	6	55.48	3	52.46	4
	应届生上线	人数					229	2	478	1			593	1	323	1	348	2
		%											42.6	1	28.89	2	32.92	2
安定区东方红中学	本科以上上线	人数	142		223		311	2	354	3			550	3	830	2	864	3
		%	14.59		22.3		27.99	4	22.53	4			22.76	5	35.26	4	38.08	3
	往届生上线	人数					161	1	152	2			366	2	534	2	661	1
		%											29.26	4	48.46	4	60.26	3
	应届生上线	人数					150	4	202	3			184	3	296	2	203	5
		%											15.79	6	23.64	4	17.32	7

续表6

单位	项目		2002年		2003年		2004年		2005年		2006年		2007年		2008年		2009年	
			总数	名次	总数	名次	总数	名次	总数	名次	总数	名次	总数	名次	总数	名次	总数	名次
通渭一中	本科以上上线	人数	98		141		234	5	247	4			283	5	381	6	707	5
		%	12.17		16.49		23.35	6	21.02	5			17.6	7	19.08	8	32.05	6
	往届生上线	人数					97	4	99	6			132	6	226	6	451	5
		%											17.74	8	22.71	8	41.38	6
	应届生上线	人数					137	5	148	4			151	6	155	6	256	3
		%											17.48	5	15.47	7	22.94	5
渭源一中	本科以上上线	人数	122		173		168	8	221	6	224		280	7	426	5	537	6
		%	15.7		21.23		17	8	17.89	7	15.98		18.18	6	24.57	6	26.51	8
	往届生上线	人数					87	5	125	3	139		179	5	277	5	347	6
		%									21.48		26.02	5	34.2	6	40.26	8
	应届生上线	人数					81	8	96	7	85		101	8	149	7	190	6
		%									11.26		11.85	8	16.13	6	16.32	8

表7　2002—2009年临洮县9所中学高考应、补习生本科以上上线情况简表

单位	项目		2002年		2003年		2004年		2005年		2006年		2007年		2008年		2009年	
			总数	名次	总数	名次	总数	名次	总数	名次	总数	名次	总数	名次	总数	名次	总数	名次
临洮中学	本科以上上线	人数	190	1	192	1	194	1	235	1	355	1	403	1	557	1	714	1
		%	23.8	1	21.31	1	23.54	1	19.49	2	25.56	1	24.35	1	29.16	1	36.23	1
	往届生上线	人数	111			1	84	2	102	2	161	1	240	1	341	1	465	1
		%			23.62	1	28	1	26.02	2	28.7	1	29.93	1	38.53	1	46.69	1
	应届生上线	人数			81	1	110	1	133	1	194	1	163	1	216	1	249	1
		%			18.79	1	20.3	1	16.34	1	23.43	1	19.11	1	21.07	1	25.54	1
临洮二中	本科以上上线	人数	94	2	118	2	179	2	195	2	176	2	221	2	349	2	427	2
		%	11.66	2	13.87	2	18.3	2	15.49	3	12.58	2	15.52	3	21.81	2	27.21	2
	往届生上线	人数			66	2	85	1	110	1	118	2	115	2	207	2	259	2
		%			18.18	2	22.25	2	26.83	1	22.74	2	20.72	2	33.99	2	40.6	2
	应届生上线	人数			52	2	94	2	85	2	58	2	106	2	142	2	168	2
		%			10.66	2	15.77	2	10.01	3	6.59	2	12.2	2	14.33	2	18.05	2
临洮三中	本科以上上线	人数	10	4	15	4	26	4	27	4	36	4	25	4	36	4	33	4
		%	4.95	4	6.58	4	9.12	4	6.21	5	6.79	3	4.05	6	4.59	8	4.77	6
	往届生上线	人数			8	4	19	4	12	4	27	4	20	4	32	4	22	4
		%			6.78	4	17.59	3	7.19	5	12.86	3	9.39	6	14.68	7	9.36	6
	应届生上线	人数			7	4	15	4	15	4	9	4	5	3	4	4	11	4
		%			6.36	4	3.95	4	5.6	4	2.81	5	1.23	5	0.71	6	2.41	5

单位和项目			2002年		2003年		2004年		2005年		2006年		2007年		2008年		2009年	
			总数	名次	总数	名次	总数	名次	总数	名次	总数	名次	总数	名次	总数	名次	总数	名次
临洮四中	本科以上上线	人数	30	3	43	3	74	3	55	3	63	3	47	3	62	3	72	3
		%	8.11	3	8.78	3	10.48	3	6.87	4	6.69	4	5.18	5	6.54	7	8.93	5
	往届生上线	人数			24	3	39	3	36	3	41	3	42	3	44	3	59	3
		%			11.43	3	13	4	11.18	4	12.54	4	14.74	4	15.07	5	21.77	3
	应届生上线	人数			19	3	35	3	19	3	22	3	5	3	18	3	13	3
		%			6.79	3	8.62	3	3.97	5	3.58	3	0.8	6	2.74	5	2.43	4
窑店中学	本科以上上线	人数	0	6	2	5	2	6	1	6	6	5	4	7	11	7	4	7
		%	0	6	3.03	6	2.3	6	0.92	7	4.51	5	2.31	8	6.88	6	3.48	7
	往届生上线	人数			1	6	0	6	1	6	2	6	4	7	11	6	3	7
		%			2.56	6	0	6	3.45	7	4.17	6	6.25	8	19.64	4	9.09	7
	应届生上线	人数			1	5	2	6	0	6	4	5	0	6	0	7	1	6
		%			3.7	5	3.57	5	0	7	4.71	4	0	7	0	7	1.22	6
衙下中学	本科以上上线	人数	2	5	2	5	5	5	4	5	4	6	6	6	15	5	13	5
		%	5.13	5	3.17	5	5	5	2.84	6	2.6	6	3.51	7	8.77	4	9.09	4
	往届生上线	人数			2	5	3	5	3	5	3	5	3	8	10	7	9	5
		%			6.45	5	7.69	5	5.77	6	5.08	5	6.38	7	14.93	6	13.43	4
	应届生上线	人数			0	6	2	5	1	5	1	6	3	4	5	4	4	5
		%			0	6	3.28	6	1.12	6	1.05	6	2.42	4	4.81	4	5.26	3
文峰中学	本科以上上线	人数											16	5	12	6	8	6
		%											17.02	2	8.39	5	10.53	3
	往届生上线	人数											16	5	12	5	8	6
		%											17.02	3	8.39	8	10.53	5
	应届生上线	人数											0	6	0	7	0	7
		%											0	7	0	7	0	7
玉井农中	本科以上上线	人数											2	8	1	9	0	9
		%											1.3	9	0.49	9	0	9
	往届生上线	人数											1	9	1	9	0	9
		%											2.13	9	0.72	9	0	8
	应届生上线	人数											1	5	0	7	0	7
		%											3.7	3	0	7	0	7
职教中心	本科以上上线	人数							4	5	0	7	6	6	5	8	1	8
		%							26.67	1	0	7	12.77	4	15.63	3	3.13	8
	往届生上线	人数							3	5	0	7	6	6	2	8	1	8
		%							15	3	0	7	12.77	5	22.22	3	9.09	7
	应届生上线	人数							1	5	0	7	0	6	3	6	0	7
		%							11.11	2	0	7	0	7	13.04	3	0	7

表8　2002—2009年定西市8所城区中学高考工作简表

单位和项目		数据\年度	2002年		2003年		2004年		2005年		2006年		2007年		2008年		2009年	
			总数	名次	总数	名次	总数	名次	总数	名次	总数	名次	总数	名次	总数	名次	总数	名次
临洮中学	报名情况	人数	798	6	901	4	824	7	1206	6	1389	5	1655	3	1910	4	1971	5
		增长%			12.91	3	-8.55	6	46.36	2	15.17	5	19.15	3	15.41	3	3.19	3
	重点上线	人数	58	3	35	6	50	5	52	5	120	3	84	4	124	4	206	3
		%	7.27	3	3.88	6	6.07	4	4.31	5	8.64	3	5.08	3	6.49	4	10.45	3
	本科以上上线	人数	190	3	192	4	194	5	235	5	355	4	403	4	557	4	714	4
		%	23.81	3	21.31	4	23.54	4	19.49	5	25.56	3	24.35	3	29.16	4	36.23	4
临洮二中	报名情况	人数	806	4	851	6	978	4	1259	3	1399	4	1424	6	1600	6	1569	6
		增长%			5.58	5	14.92	3	28.73	4	11.12	7	1.79	6	12.36	5	-1.94	6
	重点上线	人数	21	7	19	7	31	7	24	7	38	7	37	7	69	7	88	7
		%	2.61	7	2.23	7	3.17	7	1.91	7	2.72	7	2.6	7	4.31	6	5.61	7
	本科以上上线	人数	94	7	118	7	179	6	195	7	176	7	221	7	349	7	427	7
		%	11.66	7	13.87	7	18.3	6	15.49	7	12.58	7	15.52	8	21.81	6	27.21	6
临洮文峰中学	报名情况	人数											94	8	143	8	76	8
		增长%											52.13	1			-46.85	8
	重点上线	人数											2	8	0	8	0	8
		%											2.13	8	0	8	0	8
	本科以上上线	人数											16	8	12	8	8	8
		%											17.02	7	8.39	8	10.53	8
陇西一中	报名情况	人数	890	3	1024	2	968	5	1227	5	1445	3	1417	7	1575	7	1579	7
		增长%			15.06	2	-5.47	5	26.76	5	17.77	3	-1.94	7	11.15	6	0.25	4
	重点上线	人数	93	2	126	1	149	1	149	1	153	2	156	2	218	2	293	2
		%	10.45	2	12.3	1	15.39	1	12.14	1	10.59	2	11.01	2	13.84	2	18.56	1
	本科以上上线	人数	298	1	372	1	404	1	507	1	471	2	596	2	724	3	878	2
		%	33.48	1	36.33	1	41.74	1	41.32	1	32.6	2	42.06	1	45.97	1	55.6	1
定西一中	报名情况	人数	1080	1	1254	1	869	6	1372	2	1857	1	2306	2	2259	2	2258	2
		增长%			16.11	1	-30.7	7	57.88	1	35.35	1	24.18	2	-2.04	7	-0.04	5
	重点上线	人数	114	1	104	2	109	2	137	2	207	1	269	1	339	1	356	1
		%	10.56	1	8.29	2	12.54	2	9.99	2	11.15	1	11.67	1	15.01	1	15.77	2
	本科以上上线	人数	292	2	364	2	263	2	488	2	649	1	823	1	956	2	978	1
		%	27.04	2	29.03	2	30.26	2	35.57	2	34.95	1	35.69	2	42.32	2	43.31	2

单位	数据和项目		2002年 总数	名次	2003年 总数	名次	2004年 总数	名次	2005年 总数	名次	2006年 总数	名次	2007年 总数	名次	2008年 总数	名次	2009年 总数	名次
东方红中学	报名情况	人数	973	2	1000	3	1111	1	1571	1	1852	2	2416	1	2354	1	2269	1
		增长%			2.77	7	11.1	4	41.4	3	17.89	2	30.45	1	-2.57	8	-3.61	7
	重点上线	人数	49	4	52	3	93	3	76	3	114	4	115	3	172	3	194	4
		%	5.04	5	5.2	4	8.37	3	4.84	3	6.16	4	4.76	4	7.31	3	8.55	4
	本科以上上线	人数	142	4	223	3	311	3	354	3	467	3	550	3	830	2	864	3
		%	14.59	5	22.3	3	27.99	3	22.53	3	25.22	4	22.76	4	35.26	3	38.08	3
通渭一中	报名情况	人数	805	5	855	5	1002	2	1175	7	1364	6	1608	4	1997	3	2206	3
		增长%			6.21	4	17.19	6	17.27	7	16.09	4	17.89	4	24.19	2	10.47	2
	重点上线	人数	30	6	37	5	56	6	56	4	55	5	61	6	81	6	168	5
		%	3.73	6	4.33	5	5.59	6	4.77	4	4.03	6	3.79	6	4.06	7	7.62	5
	本科以上上线	人数	98	6	141	6	234	6	247	4	263	5	283	5	381	6	707	6
		%	12.17	6	16.49	6	23.35	5	21.02	4	19.28	5	17.6	6	19.08	7	32.05	5
渭源一中	报名情况	人数	777	7	815	7	988	3	1235	4	1402	7	1540	5	1734	5	2026	4
		增长%			4.89	6	21.23	1	25	6	13.52	6	9.84	5	12.6	5	16.84	1
	重点上线	人数	43	5	43	4	34	6	49	5	43	6	72	5	103	5	131	6
		%	5.53	4	5.28	3	3.44	6	3.97	6	3.07	6	4.68	5	5.94	6	6.47	6
	本科以上上线	人数	122	5	173	5	168	7	221	6	224	6	280	6	426	5	537	6
		%	15.7	4	21.23	5	17	7	17.89	6	15.98	6	18.18	5	24.57	5	26.51	7

表 9 2002—2009年定西市8所农村中学高考工作简表

单位	数据和项目		2002年 总数	名次	2003年 总数	名次	2004年 总数	名次	2005年 总数	名次	2006年 总数	名次	2007年 总数	名次	2008年 总数	名次	2009年 总数	名次
临洮四中	报名情况	人数	370	2	490	2	706	1	801	1	942	1	908	2	948	2	806	3
		增长%			32.43	1	44.08	3	13.46	5	17.6	4	-3.61	6	4.41	4	-14.98	8
	重点上线	人数	6	5	11	2	13	2	8	3	12	3	7	3	8	3	14	3
		%	1.62	5	2.24	4	1.84	5	1	6	1.27	3	0.77	4	0.84	4	1.74	4
	本科以上上线	人数	30	4	43	2	74	3	55	4	63	4	47	4	62	4	72	5
		%	8.11	5	8.78	6	10.48	5	6.87	6	6.69	7	5.18	6	6.54	6	8.93	6
临洮三中	报名情况	人数	202	8	228	7	285	7	435	7	530	6	618	5	784	4	692	5
		增长%			12.87	4	25	5	52.63	2	21.84	3	16.6	4	26.86	1	-11.73	7
	重点上线	人数	3	7	1	7	3	7	6	4	6	4	3	4	5	5	7	6
		%	1.49	6	0.44	8	1.05	7	1.38	5	1.13	4	0.49	6	0.51	5	1.01	6
	本科以上上线	人数	10	8	15	7	26	8	27	6	36	7	25	7	36	6	33	7
		%	4.95	7	6.58	7	9.12	7	6.21	7	6.79	6	4.05	7	4.59	8	4.77	8

续表9

单位和项目		2002年 总数	2002年 名次	2003年 总数	2003年 名次	2004年 总数	2004年 名次	2005年 总数	2005年 名次	2006年 总数	2006年 名次	2007年 总数	2007年 名次	2008年 总数	2008年 名次	2009年 总数	2009年 名次
陇西文峰中学	报名情况 人数	529	1	577	1	671	2	701	2	816	2	763	3	859	3	1021	2
	报名情况 增长%			9.07	6	16.29	6	4.47	6	16.41	5	-6.5	7	12.58	2	18.86	2
	重点上线 人数	23	1	25	1	86	1	34	1	69	1	79	1	84	1	96	1
	重点上线 %	4.35	2	4.33	1	12.82	1	4.85	1	8.46	1	10.35	1	9.78	1	9.4	1
	本科以上上线 人数	104	1	140	1	285	1	197	1	277	1	282	1	350	1	382	1
	本科以上上线 %	19.66	1	24.26	1	42.47	1	28.1	1	33.95	1	36.96	1	40.75	1	37.41	1
陇西首阳中学	报名情况 人数	255	7	335	4	491	4	571	4	645	4	536	6	495	7	524	8
	报名情况 增长%			31.37	2	46.57	1	16.29	4	12.96	6	-16.9	8	-7.64	8	5.86	5
	重点上线 人数	8	4	4	5	5	6	3	6	5	5	1	7	0	7	3	7
	重点上线 %	3.14	4	1.19	6	1.02	8	0.53	6	0.78	5	0.19	8	0	7	0.57	7
	本科以上上线 人数	27	5	41	4	93	2	95	2	68	3	62	3	50	4	90	4
	本科以上上线 %	10.59	4	12.24	3	18.94	2	16.64	2	10.54	4	11.57	2	10.1	3	17.18	3
渭源二中	报名情况 人数	288	5	322	5	346	6	576	3	746	3	947	1	1062	1	1135	1
	报名情况 增长%			11.81	5	7.45	8	66.47	1	29.51	1	26.94	2	12.14	3	6.87	4
	重点上线 人数	11	3	9	3	11	3	14	2	21	2	12	2	22	2	40	2
	重点上线 %	3.82	3	2.8	2	3.18	2	2.43	2	2.82	2	1.27	3	2.07	2	3.52	2
	本科以上上线 人数	42	2	42	3	48	5	55	4	85	2	78	2	144	2	217	2
	本科以上上线 %	14.58	2	13.04	2	13.87	4	9.55	5	11.39	2	8.24	3	13.56	2	19.12	2
通源鸡川中学	报名情况 人数	300	4	255	6	346	6	343	8	330	8	440	8	435	8	596	6
	报名情况 增长%			-0.15	8	35.69	4	-0.87	7	-0.38	7	33.33	1	-1.14	7	37.01	1
	重点上线 人数	15	2	6	4	13	2	8	3	2	7	5	4	6	4	13	4
	重点上线 %	5	1	2.35	3	3.76	2	2.33	3	0.61	7	1.14	2	1.38	3	2.18	3
	本科以上上线 人数	33	3	26	6	52	4	45	5	37	6	34	6	31	7	68	6
	本科以上上线 %	11	3	10.2	4	15.03	3	13.12	3	11.21	3	7.73	4	7.13	4	11.41	5
安定二中	报名情况 人数	281	6	361	3	526	3	436	6	398	7	582	7	578	6	555	7
	报名情况 增长%			28.47	3	45.71	2	-17.11	8	-0.87	8	32.66	2	-0.69	6	-3.98	6
	重点上线 人数	3	7	2	6	7	5	4	5	3	6	4	5	0	8	3	7
	重点上线 %	1.07	7	0.55	7	1.33	6	0.92	7	0.75	6	0.76	7	0	8	0.54	8
	本科以上上线 人数	12	7	8	8	29	7	20	7	21	8	19	8	30	8	32	8
	本科以上上线 %	4.27	8	2.22	8	5.51	8	4.59	8	5.28	8	3.6	8	5.19	7	5.77	7
渭源莲峰中学	报名情况 人数	308	3	322	5	361	5	488	5	625	5	653	4	662	5	779	4
	报名情况 增长%			4.55	7	12.11	7	35.18	3	28.07	1	4.48	5	1.38	5	17.67	3
	重点上线 人数	5	6	6	4	10	3	8	3	3	6	3	6	3	6	12	5
	重点上线 %	1.62	5	1.86	4	2.77	5	1.64	5	0.48	8	0.46	8	0.45	8	1.54	5
	本科以上上线 人数	22	6	30	5	35	6	60	4	47	5	35	5	47	5	130	3
	本科以上上线 %	7.14	6	9.32	5	9.7	6	12.3	4	7.52	6	5.36	5	7.1	5	16.69	4

☆ ☆ ☆——————

表10　2002—2009年定西市7所农村中学高考工作简表

单位	项目		2002年总数	2002年名次	2003年总数	2003年名次	2004年总数	2004年名次	2005年总数	2005年名次	2006年总数	2006年名次	2007年总数	2007年名次	2008年总数	2008年名次	2009年总数	2009年名次
窑店中学	报名情况	人数	54	6	66	6	87	7	109	7	133	7	173	6	160	7	115	7
		增长%			22.22	3	31.82	6	25.29	2	22.01	2	30.08	3	-7.5	5	-28.13	7
	重点上线	人数	0	5	0	4	1	4	0	3	0	4	1	3	0	4	0	4
		%	0	5	0	4	1.15	3	0	5	0	5	0.58	2	0	4	0	6
	本科以上上线	人数	0	7	2	5	2	6	1	7	6	6	4	7	11	6	4	7
		%	0	7	3.03	6	2.3	7	0.92	7	4.51	6	2.31	7	6.88	4	3.48	7
衙下中学	报名情况	人数	39	7	63	7	100	6	141	6	154	6	171	7	171	6	143	6
		增长%			61.54	1	58.73	1	41	2	9.22	4	11.04	6	0	3	-16.37	6
	重点上线	人数	0	5	0	4	1	4	0	3	0	4	1	3	2	4	2	3
		%	0	5	0	4	1	4	0	5	0	5	0.58	2	1.17	1	1.4	1
	本科以上上线	人数	2	5	2	5	5	5	4	5	4	7	6	6	15	5	13	6
		%	5.13	3	3.17	5	5	5	2.84	6	2.6	7	3.51	3	8.77	2	9.09	2
通渭李店中学	报名情况	人数	116	4	113	4	136	4	160	5	193	5	237	5	230	5	341	5
		增长%			-2.59	6	20.35	7	17.65	4	20.63	3	22.8	5	-2.95	4	48.26	1
	重点上线	人数	1	4	0	4	0	4	1	2	0	4	0	4	0	4	3	2
		%	0.86	4	0	4	0	7	0.63	4	0	5	0	5	0	4	0.88	3
	本科以上上线	人数	3	4	5	4	5	4	13	2	19	4	20	4	4	7	29	4
		%	2.59	5	4.42	2	3.68	6	8.13	2	9.84	2	8.44	1	1.74	7	8.5	3
陇西通安中学	报名情况	人数	90	5	93	5	134	5	237	4	338	4	424	4	511	2	476	4
		增长%			3.33	5	44.09	3	76.87	1	42.62	1	25.44	4	20.52	1	-6.85	5
	重点上线	人数	0	5	0	4	3	2	2	2	2	2	3	1	5	1	5	1
		%	0	5	0	4	2.24	1	0.42	4	0.59	2	0.71	1	0.98	2	1.05	2
	本科以上上线	人数	1	6	5	4	17	4	28	2	35	4	35	4	52	1	76	1
		%	1.11	6	5.38	1	12.69	1	11.81	1	10.36	1	8.25	2	10.18	1	15.97	1
通渭马营中学	报名情况	人数	220	3	234	3	329	3	374	1	401	3	571	2	606	1	868	1
		增长%			6.36	4	40.6	4	13.68	5	7.22	5	42.39	1	6.13	2	43.23	3
	重点上线	人数	3	1	3	1	2	1	3	1	2	2	2	2	1	3	5	1
		%	1.36	3	0.43	3	0.61	3	0.8	1	0.5	1	0.35	3	0.17	3	0.58	4
	本科以上上线	人数	9	4	8	3	29	2	29	1	24	3	16	3	16	4	51	2
		%	4.09	4	3.42	4	8.81	3	7.75	3	5.99	3	2.8	4	2.64	4	5.88	5
安定宁远中学	报名情况	人数	233	2	369	1	491	1	411	1	539	1	525	3	454	3	539	3
		增长%			58.37	2	33.06	5	-16.29	7	31.14	6	-2.6	7	-13.52	6	18.72	4
	重点上线	人数	8	2	2	2	6	1	2	1	4	1	1	3	0	4	2	3
		%	3.43	2	0.54	2	1.22	2	0.24	4	0.74	1	0.19	4	0	4	0.37	5
	本科以上上线	人数	17	2	11	1	45	1	22	1	28	2	14	4	24	3	30	4
		%	7.3	1	2.98	7	9.16	2	5.35	4	5.19	4	2.67	5	5.29	5	5.57	6
安定巉口中学	报名情况	人数	414	1	305	2	467	2	490	2	462	2	633	1	430	4	621	2
		增长%			-26.33	7	53.11	2	4.93	6	-5.7	7	37.01	2	-32.07	7	44.42	2
	重点上线	人数	17	1	5	1	1	4	0	3	1	3	0	4	0	4	0	4
		%	4.11	1	1.64	1	0.21	4	0	5	0.22	4	0	5	0	4	0	4
	本科以上上线	人数	29	1	10	2	24	3	16	4	22	4	9	5	34	2	37	3
		%	7	2	3.28	4	5.14	4	3.23	6	4.76	5	1.42	7	7.91	3	5.96	4

表 11　2002—2009 年定西市高考音、美、体专业上线（本科）情况简表

学校	2002 年				2003 年				2004 年				2005 年			
	合计	音乐	美术	体育	合计	音乐	美术	体育	合计	音乐	美术	体育	合计	音乐	美术	体育
临洮县	9	3	3	3	16	2	4	10	34	4	13	17	43	7	13	23
陇西县	33	10	7	16	44	13	20	11	130	42	59	29	166	60	53	53
安定区	7	2	2	3	23	3	7	13	39	4	14	21	38	11	15	12
通渭县	11	0	7	4	11	1	4	6	67	13	38	16	63	8	39	16
渭源县	5	1	2	2	9	3	6	0	33	14	13	6	59	27	18	14
岷　县	1	0	0	1	6	0	3	3	4	1	1	2	3	2	0	1
漳　县	2	1	1	0	3	0	0	3	6	0	4	2	6	1	4	1
定西市	68	17	22	29	112	22	44	46	313	78	142	93	378	116	142	120

学校	2006 年				2007 年				2008 年				2009 年			
	合计	音乐	美术	体育	合计	音乐	美术	体育	合计	音乐	美术	体育	合计	音乐	美术	体育
临洮县	26	16	1	9	40	4	8	28	56	14	18	24	74	25	37	12
陇西县	158	42	64	52	133	41	45	47	168	69	54	45	190	59	107	24
安定区	52	7	20	25	47	9	20	18	108	36	45	27	152	41	86	25
通渭县	53	3	40	10	67	13	30	24	132	30	73	29	231	51	163	17
渭源县	51	15	32	4	49	13	26	10	96	32	47	17	138	42	89	7
岷　县	10	1	4	5	5	2	3	0	22	5	12	5	22	5	16	1
漳　县	9	1	3	5	12	0	4	8	31	7	14	10	31	12	15	4
定西市	359	85	164	110	353	82	136	135	613	193	263	157	838	235	513	90

表 12　2002—2009 年定西市 13 所中学高考音、美、体专业（本科）上线情况简表

学校	2002 年				2003 年				2004 年				2005 年			
	合计	音乐	美术	体育	合计	音乐	美术	体育	合计	音乐	美术	体育	合计	音乐	美术	体育
临洮中学	4	3	1	0	8	2	4	2	7	2	2	3	13	5	4	4
临洮二中	4	0	2	2	4	0	0	4	16	1	9	6	10	0	3	7
临洮三中	0	0	0	0	2	0	0	2	5	1	1	3	7	0	1	6
临洮四中	0	0	0	0	1	0	0	1	3	0	1	2	6	1	3	2
临洮文峰中学																
陇西一中	2	0	0	2	8	0	5	3	17	4	7	6	21	3	8	10
陇西二中	6	1	3	2	6	1	3	2	11	4	4	3	28	9	7	12
陇西文峰中学	7	1	1	5	4	1	2	1	24	10	8	6	12	5	3	4
定西中学	2	0	2	0	6	1	3	3	4	1	1	2	7	2	2	3
东方红中学	3	1	0	2	11	1	2	8	5	1	1	3	7	3	1	3
通渭一中	8	0	6	2	5	0	1	4	29	8	16	5	24	2	16	6
渭源一中	3	1	2	0	4	3	1	0	9	1	4	4	21	8	7	6
渭源二中	1	0	0	1	3	0	3	0	12	5	6	1	11	7	4	0

学校	2006 年				2007 年				2008 年				2009 年			
	合计	音乐	美术	体育	合计	音乐	美术	体育	合计	音乐	美术	体育	合计	音乐	美术	体育
临洮中学	3	0	2	1	10	0	2	8	8	1	5	2	21	5	9	7
临洮二中	8	1	2	5	13	1	3	9	11	6	2	3	29	14	13	2
临洮三中	3	0	3	0	4	1	1	2	4	1	1	2	10	3	6	1
临洮四中	8	0	6	2	4	1	1	2	5		1	4	9	2	6	1
临洮文峰中学					1	1	0	0	1	1			1		1	
陇西一中	25	8	11	6	21	8	11	2	28	10	15	3	28	8	17	3
陇西二中	37	8	12	17	23	5	9	9	27	9	8	10	31	13	16	2
陇西文峰中学	22	2	10	10	17	5	2	10	19	8	3	8	19	5	10	4
定西中学	9	1	4	4	12	2	4	6	8	4	4	0	17	8	3	6
东方红中学	5	0	1	4	2	0	0	2	10	2	2	6	20	9	8	3
通渭一中	13	1	11	1	16	6	5	5	26	6	15	5	40	12	27	1
渭源一中	14	5	6	3	17	5	5	7	30	8	14	8	42	12	29	1
渭源二中	15	4	11	0	9	3	4	2	30	8	16	6	28	5	20	3

表 13　2002—2009 年定西市 8 所中学高考音、美、体专业 (本科) 上线情况简表

学校	2002 年				2003 年				2004 年				2005 年			
	合计	音乐	美术	体育	合计	音乐	美术	体育	合计	音乐	美术	体育	合计	音乐	美术	体育
窑店中学	0	0	0	0	1	0	0	1	1	0	0	1	0	0	0	0
衙下中学	1	0	0	1	0	0	0	0	2	0	0	2	1	0	1	0
职教中心	0	0	0	0	0	0	0	0	0	0	0	0	4	0	0	4
玉井农中	0	0	0	0	0	0	0	0	0	0	0	0	0	0	0	0
义岗中学	0	0	0	0	0	0	0	0	5	0	4	1	6	0	5	1
李店中学	0	0	0	0	3	0	1	2	4	0	2	2	9	2	5	2
通安中学	0	0	0	0	4	2	2	0	7	3	4	0	16	7	4	5
北寨中学	0	0	0	0	1	0	0	1	2	1	1	0	4	0	1	3
学校	2006 年				2007 年				2008 年				2009 年			
	合计	音乐	美术	体育	合计	音乐	美术	体育	合计	音乐	美术	体育	合计	音乐	美术	体育
窑店中学	1	0	0	1	0	0	0	0	2	0	0	2	0	0	0	0
衙下中学	0	0	0	0	2	0	1	1	5	0	5	0	3	1	2	0
职教中心	0	0	0	0	6	0	0	6	5	0	0	5	1			1
玉井农中	0	0	0	0	0	0	0	0	0	0	0	0	0	0	0	0
义岗中学	1	0	1	0	0	0	0	0	1	0	0	1	9	0	9	0
李店中学	13	0	12	1	14	1	9	4	3	0	2	1	21		20	1
通安中学	0	0	0	0	10	4	2	4	12	9	1	2	17	8	6	3
北寨中学	3	1	2	0	5	2	0	3	7	2	3	2	15	5	8	2

表 14　2005—2009 年临洮县普通高校招生三职生(高职)上线人数统计表

学校	2005 年			2006 年			2007 年			2008 年			2009 年		
	报考人数	上线人数	上线率	报考人数	上线人数	上线率	报考人数	上线人数	上线率	报考人数	上线人数	上线率	报考人数	上线人数	上线率
玉井农职中	123	79	64.23	105	99	94.29	80	59	73.75	125	36	28.80	62	19	30.65
职教中心	14	7	50.00	18	8	44.44	12	1	8.33	4	1	25.00	14	1	7.14
社会青年				1	1	100.00									
合计	137	125	68.31	124	108	87.10	92	64	69.57	129	37	28.68	76	20	26.32

表 15　2002—2009 年临洮县高中招生工作简表

学校	项目		2002 年 600分以上322人	2003 年 600分以上127人	2004 年 600分以上353人	2005 年 600分以上257人	项目		2006 年 600分以上360人	项目		2007 年 700分以上289人	2008 年 700分以上580人	2009 年 700分以上904人
临洮中学	录取线		508.5	488	506	504.5	录取线		500	录取线		599	636.05	660.6
	招生人数		875	915	932	1190	招生人数		1125	招生人数		1309	1271	1188
	600分以上	人数	176	79	206	163	600分以上	人数	236	700分以上	人数	244	471	657
		%	54.66	62.2	58.36	63.42		%	65.56		%	84.43	81.21	72.68
	全县前525名	人数	285	273	304	323	全县前800名	人数	448	全县前1000名	人数	690	699	704
		%	54.29	52	57.9	61.52		%	56		%	69	69.9	70.4
	全县前125名	人数	69	74	83	86	全县前200名	人数	133	全县前200名	人数	177	166	169
		%	55.2	59.2	66.4	68.8		%	66.5		%	88.5	83	84.5
临洮二中	录取线		526	470	504.6	490	录取线		520	录取线		560	609.45	638
	招生人数		964	1005	993	1159	招生人数		1124	招生人数		1190	1233	1192
	600分以上	人数	113	29	122	81	600分以上	人数	96	700分以上	人数	24	86	189
		%	35.09	22.83	34.56	31.52		%	26.67		%	8.3	14.83	20.91
	全县前525名	人数	172	175	180	179	全县前800名	人数	272	全县前1000名	人数	199	223	233
		%	32.76	33.33	34.29	34.1		%	34		%	19.9	22.3	23.3
	全县前125名	人数	48	27	36	35	全县前200名	人数	42	全县前200名	人数	14	21	20
		%	38.4	21.6	28.8	28		%	21		%	7	10.5	10
临洮三中	录取线		350	380	350	310	录取线		350	录取线		366	382.8	400
	招生人数		369	450	633	848	招生人数		708	招生人数		762	549	532
	600分以上	人数	6	5	6	2	600分以上	人数	8	700分以上	人数	7	12	16
		%	1086	3.94	1.7	0.78		%	2.22		%	2.4	2.07	1.77
	全县前525名	人数	13	13	11	3	全县前800名	人数	15	全县前1000名	人数	21	16	18
		%	2.48	2.48	2.1	0.57		%	1.88		%	2.1	1.6	1.8
	全县前125名	人数	4	5	2	0	全县前200名	人数	5	全县前200名	人数	4	6	3
		%	3.2	4	1.6	0		%	2.5		%	2	3	1.5

学校	项目	2002年 600分以上322人	2003年 600分以上127人	2004年 600分以上353人	2005年 600分以上257人	项目	2006年 600分以上360人	项目	2007年 700分以上289人	2008年 700分以上580人	2009年 700分以上904人
临洮四中	录取线	465	424	440	413	录取线	415	录取线	420	406.35	384.6
	招生人数	542	727	782	932	招生人数	814	招生人数	743	581	620
	600分以上 人数	16	12	16	10	600分以上 人数	19	700分以上 人数	3	6	20
	%	4.97	9.45	4.53	3.89	%	5.28	%	1.04	1.03	2.21
	全县前525名 人数	36	53	26	21	全县前800名 人数	34	全县前1000名 人数	38	18	23
	%	6.86	10.1	4.95	4	%	4.25	%	3.8	1.8	2.3
	全县前125名 人数	8	12	4	4	全县前200名 人数	13	全县前200名 人数	0	3	5
	%	6.4	9.6	3.2	3.2	%	6.5	%	0	1.5	2.5
衙下中学	录取线		300	300	310	录取线	325	录取线	300	381.4	451
	招生人数	137	148	206	207	招生人数	151	招生人数	140	154	220
	600分以上 人数	8	0	1	0	600分以上 人数	0	700分以上 人数	0	1	4
	%	2.48	0	0.28	0	%	0	%	0	0.17	0.44
	全县前525名 人数	12	5	3	0	全县前800名 人数	4	全县前1000名 人数	1	2	5
	%	2.29	0.95	0.57	0	%	0.5	%	1	0.2	0.5
	全县前125名 人数	2	0	1	0	全县前200名 人数	0	全县前200名 人数	0	0	1
	%	1.6	0	0.8	0	%	0	%	0	0	0.5
窑店中学	录取线	350	350	330	300	录取线	312	录取线	300	397.7	363
	招生人数	112	114	190	224	招生人数	156	招生人数	155	122	97
	600分以上 人数	0	1	0	1	600分以上 人数	0	700分以上 人数	1	0	0
	%	0	0.78	0	1.56	%	0	%	0.35	0	0
	全县前525名 人数	0	4	1	4	全县前800名 人数	1	全县前1000名 人数	3	0	0
	%	0	0.76	0.19	0.76	%	0.13	%	0.3	0	0
	全县前125名 人数	0	1	0	0	全县前200名 人数	0	全县前200名 人数	0	0	0
	%	0	0.8	0	0	%	0	%	0	0	0
文峰中学	录取线					录取线		录取线	532.8	553.46	567.5
	招生人数					招生人数		招生人数	349	591	815
	600分以上 人数					600分以上 人数		700分以上 人数	8	12	17
	%					%		%	2.77	2.07	1.88
	全县前525名 人数					全县前800名 人数		全县前1000名 人数	51	27	18
	%					%		%	5.1	2.7	1.8
	全县前125名 人数					全县前200名 人数		全县前200名 人数	6	4	2
	%					%		%	3	2	1

学校	项目		2002年 600分以上 322人	2003年 600分以上 127人	2004年 600分以上 353人	2005年 600分以上 257人	项目	2006年 600分以上 360人	项目	2007年 700分以上 289人	2008年 700分以上 580人	2009年 700分以上 904人
玉井农职中	录取线			480	400	300	录取线		录取线			
	招生人数			87普 125职	233普 90职	354普 76职	招生人数	59普 40职	招生人数	29普 1056职	107普 601职	
	600分以上	人数	2	0	2	0	600分以上	0	700分以上	0	0	
		%	0.62	0	0.57	0		0		0	0	
	全县前525名	人数	11	8	1	0	全县前800名	0	全县前1000名	0	0	
		%	2.1	6.3	0.28	0		0		0	0	
	全县前125名	人数	1	0	0	0	全县前200名	0	全县前200名	0	0	
		%	0.8	0	0	0		0		0	0	
职教中心	录取线				180	350	录取线		录取线			
	招生人数			185职	222职	260职	招生人数	650职	招生人数	1221职	621职	
	600分以上	人数	0	0	0	0	600分以上	0	700分以上	0	0	
		%	0	0	0	0		0		0	0	
	全县前525名	人数	0	0	0	0	全县前800名	0	全县前1000名	0	0	
		%	0	0	0	0		0		0	0	
	全县前125名	人数	0	0	0	0	全县前200名	0	全县前200名	0	0	
		%	0	0	0	0		0		0	0	
育霖中学	录取线				180	350	录取线		录取线			343.9
	招生人数						招生人数	117	招生人数	114	111	132
	600分以上	人数					600分以上	0	700分以上	0	0	
		%								0	0	
	全县前525名	人数					全县前800名	0	全县前1000名	0	0	
		%						0		0	0	
	全县前125名	人数					全县前200名	0	全县前200名	0	0	
		%						0		0	0	
合计	招生人数		3002普	3468普 367职	4061普 354职	4968普 354职	招生人数	4249普 1109职	招生人数	4790普 2311职	4719普 1222职	4719普 1222职

注：2002年和2005年不含史、地、生成绩；"职"指中职生，"普"指普通高中生。

表16　2002—2009年临洮县各高中招生音、美、体特长生录取简表

学　校	项　目		2002年	2003年	2004年	2005年	2006年	2007年	2008年	2009年
临洮中学	降分录取总数		7	8	12	20	26	37	37	45
	其中	音乐	2	2	3	4		12	13	10
		美术	2	2	3	7		9	9	15
		体育	3	4	6	9		16	15	20
临洮二中	降分录取总数		16	21	13	35		81	70	85
	其中	音乐	4	5	2	6		19	25	21
		美术	3	2	2	14		28	24	37
		体育	9	13	9	15		34	21	21
临洮三中	降分录取总数		8	5	9	9		22	32	35
	其中	音乐	1	1	92	3		11	12	3
		美术	2	2	3	2		4	8	12
		体育	5	2	4	4		7	12	20
临洮四中	降分录取总数		5	3	7	16	18	7	27	35
	其中	音乐	0	0	1	5				5
		美术	1	1	1	6				4
		体育	4	2	5	14				26
衙下中学	降分录取总数		0	3	1				12	20
	其中	音乐	0	0	0					2
		美术	0	0	0					16
		体育	0	3	1					2
窑店中学	降分录取总数		8	6	10				8	10
	其中	音乐	0	0	0					0
		美术	0	0	0					2
		体育	8	6	10					8
文峰中学	降分录取总数							21	29	60
	其中	音乐								15
		美术								19
		体育								26

表17 2007—2010年临洮县各高中、完中、职中高考工作目标任务分解表

学校	2007年						2008年					
	参考人数		本科上线		其中应届本科上线		参考人数		本科上线		其中应届本科上线	
	总计	应届生人数	人数	上线率(%)	人数	上线率(%)	总计	应届生人数	人数	上线率(%)	人数	上线率(%)
临洮中学	1513	887	452	29.87	208	23.45	1867	1083	505	27.05	218	20.13
临洮二中	1402	906	194	13.84	103	11.37	1601	1047	221	13.80	115	10.98
临洮三中	672	512	23	3.42	11	2.15	848	654	36	4.25	6	0.92
临洮四中	896	674	54	6.03	23	3.41	976	747	43	4.41	16	2.14
衙下中学	171	140	4	2.34	1	0.71	159	108	6	3.77	2	1.85
窑店中学	171	126	5	2.92	1	0.79	165	123	6	3.64	4	3.25
文峰中学	84		6	7.14			139		12	8.63		
育霖中学	205		6	2.93								
玉井农中	98	85	1	1.02	1	1.18	84	84	2	2.38	2	2.38
职教中心									4		4	
合计	5212	3367	745	14.19	348	10.34	5835	3846	835	14.31	363	9.44

学校	2009年						2010年					
	参考人数		本科上线		其中应届本科上线		参考人数		本科上线		其中应届本科上线	
	总计	应届生人数	人数	上线率(%)	人数	上线率(%)	总计	应届生人数	人数	上线率(%)	人数	上线率(%)
临洮中学	1820	1036	653	35.88	232	22.39	2021	1183	865	42.80	370	31.28
临洮二中	1658	1005	312	18.82	157	15.62	1700	1072	385	22.65	156	14.55
临洮三中	702	517	33	4.70	11	2.13	699	566	35	5.01	14	2.47
临洮四中	798	578	70	8.77	22	3.81	795	515	79	9.94	17	3.30
衙下中学	139	80	15	10.79	2	2.50	131	97	12	9.16	2	2.06
窑店中学	123	93	5	4.07	2	2.15	131	105	3	2.29	1	0.95
文峰中学	89		15	16.85			293	272	25	8.53	25	9.19
育霖中学	90	62	2	2.22			98	73	4	4.08		
玉井农中	7	37					17	17				
职教中心	6											
合计	5432	3408	1105	20.34	426	12.50	5885	3900	1408	23.93	585	15.00

表18 2007—2009年临洮县各学校高考成绩统计表

学校	项目	报名			成绩及及格率	语文						数学					
		2007年	2008年	2009年		2007年		2008年		2009年		2007年		2008年		2009年	
						均分	名次	均分	名次	均分	名次	均分	名次	均分	名次	均分	名次
临洮中学	文科	529	652	662	成绩	107.9	1	104.9	1	101.4	3	80.5	1	86.89	2	81.19	2
					合格率	97.2	1	94.79	2	95.47	2	40.5	1	54.45	1	37.76	1
	理科	1067	1210	1246	成绩	105.7	1	101.6	1	101.1	1	88.3	1	81.77	1	85.68	2
					合格率	93.6	1	88.35	3	92.3	2	55.3	1	38.43	1	48.72	1
临洮二中	文科	312	453	551	成绩	106.5	2	104.5	2	102	2	71.1	2	88.15	1	81.71	1
					合格率	93.6	3	93.38	3	96.55	1	24.7	2	54.08	2	37.39	2
	理科	1058	1075	937	成绩	103.8	2	101.5	2	101.1	1	83.7	2	76.86	2	85.74	1
					合格率	90.9	2	90.23	1	93.92	2	47.5	2	28	2	47.07	2
临洮三中	文科	175	186	182	成绩	97.2	8	94.39	7	93.71	7	51.2	8	54.62	7	46.4	8
					合格率	82.3	8	70.97	6	71.43	7	10.3	3	12.9	7	3.85	7
	理科	403	557	461	成绩	95.8	5	90.97	8	91.27	7	63.9	7	53.15	9	58.99	8
					合格率	70.2	7	59.78	8	62.91	8	17.1	7	6.82	8	9.76	8
临洮四中	文科	251	265	204	成绩	95.8	10	97.83	4	95.81	5	51.9	6	63.11	5	55.59	6
					合格率	76.1	9	78.11	4	82.35	6	8.2	4	18.87	4	5.39	6
	理科	619	648	568	成绩	93.8	8	93.73	6	94.44	4	63.5	8	60.2	6	66.3	5
					合格率	65.8	9	69.6	5	73.77	4	20.0	5	11.27	4	15.49	6
衙下中学	文科	78	82	75	成绩	99.8	5	94.66	6	98.79	4	51.3	7	49.63	8	58.79	4
					合格率	85.9	7	69.51	8	90.67	3	3.9	8	12.2	8	8	4
	理科	79	73	59	成绩	93.2	9	95.15	4	96.21	2	65.5	6	62.56	4	69.96	4
					合格率	64.6	10	67.12	7	83.05	4	20.3	5	9.59	5	16.95	5
窑店中学	文科	53	60	36	成绩	99.4	7	94.92	5	94.68	5	41.9	9	57.8	6	46.24	9
					合格率	86.8	6	70	7	86.11	5	5.7	6	13.33	6	0	8
	理科	111	90	75	成绩	94.3	7	94.12	5	91.73	6	53.8	9	58.18	7	64.08	7
					合格率	74.8	6	68.89	6	73.33	6	10.8	6	8.89	6	17.33	6
文峰中学	文科	25	45	21	成绩	101.3	4	104.1	3	102.1	1	60.1	3	81	3	69.21	3
					合格率	92.0	4	97.78	1	90.48	4	8.0	5	42.22	3	28.57	3
	理科	67	97	53	成绩	99.3	3	99.91	3	95.06	3	83.7	3	74.62	3	75.63	3
					合格率	88.1	3	88.66	2	88.68	3	44.8	3	21.65	3	22.64	3
玉井职专	文科	24	38	20	成绩	106.2	3	90.29	9	89.65	9	59.5	4	39.03	9	48.08	7
					合格率	95.8	2	50	9	40	9	4.2	7	0	9	0	8
	理科	46	42	27	成绩	95.3	6	89.64	9	90.33	8	70.1	4	52.57	8	54.54	9
					合格率	78.3	5	47.62	9	48.15	9	23.9	4	0	9	7.41	9
育霖中学	文科	48	22	34	成绩	99.8	6	92.45	8	92.65	8	52.2	5	64	4	56.22	5
					合格率	87.5	5	72.73	5	70.59	7	0.0	9	18.18	5	5.88	5
	理科	118	63	91	成绩	96.6	4	93.54	7	93.43	5	66.4	5	60.29	5	66.1	6
					合格率	80.5	4	69.84	4	72.53	7	17.0	8	7.94	7	10.99	7
职教中心	文科		6		成绩			74.17	10					38.83	10		
					合格率			50	9					0	9		
	理科		0		成绩												
					合格率												

学校	项目	报名			成绩及及格率	语文						数学					
		2007年	2008年	2009年		2007年		2008年		2009年		2007年		2008年		2009年	
						均分	名次	均分	名次	均分	名次	均分	名次	均分	名次	均分	名次
临洮中学	文科	529	652	662	成绩	74.0	1	82.69	1	81.61	1	300.4	1	182.72	1	172.9	1
					合格率	27.0	1	42.48	1	39.27	1	80.2	1	7.82	1	41.24	1
	理科	1067	1210	1246	成绩	75.1	1	83.65	1	81.39	1	175.2	2	185.52	1	164.9	1
					合格率	28.8	1	43.31	1	37.19	1	49.2	1	57.85	1	66.69	1
临洮二中	文科	312	453	551	成绩	66.1	2	79.53	2	77.39	2	187.4	2	174.91	3	169	2
					合格率	14.4	3	35.98	2	31.22	3	65.4	3	46.36	3	28.31	3
	理科	1058	1075	937	成绩	68.8	2	78.67	2	78.06	2	172.2	3	174.22	3	157.9	2
					合格率	20.4	2	33.67	2	31.38	2	45.6	2	46.88	3	60.62	2
临洮三中	文科	175	186	182	成绩	51.7	9	56.87	7	51.59	7	168.3	8	147.66	5	139.3	8
					合格率	2.9	8	8.6	7	6.04	5	38.9	8	20.43	5	6.04	7
	理科	403	557	461	成绩	51.5	9	56.5	9	53.14	7	141.7	6	132.64	9	116.3	7
					合格率	3.7	9	9.16	7	6.29	6	19.1	6	15.8	9	7.81	6
临洮四中	文科	251	265	204	成绩	53.5	8	63.79	5	59.23	5	159.6	10	146.72	7	149.8	5
					合格率	10.0	5	13.58	4	8.82	4	29.9	9	14.72	7	10.29	5
	理科	619	648	568	成绩	55.6	5	62.37	5	61.22	5	136.4	7	141.33	7	128.3	5
					合格率	7.4	5	14.51	5	13.56	5	20.2	5	22.07	6	12.5	4
衙下中学	文科	78	82	75	成绩	53.7	7	53.67	8	64.74	4	174.5	6	146.83	6	162.1	4
					合格率	1.3	9	8.54	8	5.33	6	39.7	7	19.51	6	16	4
	理科	79	73	59	成绩	54.5	8	61.32	6	68.81	4	144.7	5	153.97	4	145.8	3
					合格率	10.1	4	12.33	6	13.56	4	20.3	4	31.51	4	20.34	3
窑店中学	文科	53	60	36	成绩	54.9	5	59.42	6	45.72	9	168.9	7	143.95	8	140.9	7
					合格率	13.2	4	10	6	0	7	41.5	6	13.33	8	2.78	9
	理科	111	90	75	成绩	55.3	6	62.86	4	52.75	8	127.1	9	136.89	8	112.6	8
					合格率	5.4	8	18.89	4	4	7	13.5	8	21.11	8	4	8
文峰中学	文科	25	45	21	成绩	65.6	3	81.58	3	75.88	3	182.2	3	176.44	2	168.9	3
					合格率	20.0	2	11.11	5	33.33	2	72.0	2	48.89	2	33.33	2
	理科	67	97	53	成绩	66.5	3	76.34	3	72.97	3	178.5	1	175.81	2	145	4
					合格率	14.9	3	25.77	3	24.53	3	52.2	2	47.42	2	11.32	5
玉井职专	文科	24	38	20	成绩	58.8	4	52.72	9	53.4	6	180.9	4	136.87	9	135.9	9
					合格率	8.3	6	5.26	9	0	7	54.2	5	5.26	9	10	6
	理科	46	42	27	成绩	56.7	4	56.64	8	47.59	9	146.0	4	150.57	5	105.9	9
					合格率	6.5	7	7.14	8	0	8	21.7	3	21.43	7	0	9
育霖中学	文科	48	22	34	成绩	53.8	6	65.09	4	50.57	8	178.5	5	155.64	4	149.3	6
					合格率	4.2	7	18.18	4	0	7	56.3	4	31.82	4	2.94	8
	理科	118	63	91	成绩	55.0	7	59.56	7	59.29	6	134.3	8	147.75	6	117.5	6
					合格率	6.8	6	4.76	9	8.79	6	18.6	7	25.4	5	4.4	7
职教中心	文科		6		成绩			33.67	10					96.67	10		
					合格率			0	10					0	10		
	理科		0		成绩												
					合格率												

趣

（代后记）

　　我常常思考,怎样才能够实现教育的持续进步。我想,如果用数学公式表达的话,就是:(奉献+求真+创新)×团结=教育事业!

　　教育是事业,事业是祖祖辈辈的人必须一直要做下去的事。如果每一代人、每一个人都在积累,都在前进,我们的教育就会日积月累,有了几年、十几年、几十年的默默奉献,一旦达到了"厚"的程度,就不得不"发"! 教育是一门艺术,艺术的生命在于求真。教育不能作秀,更不能做假,只能做实、做真、做正。教育是一门科学,科学是必须要有创新精神的。一个方案,一项制度,一种机制,都要不断修改完善,改到无法继续再改的时候,就是科学的,过上三年、六年、十年后回头再看,就是创新。只要不断创新,就可以积蓄力量,就会打造出一个全新的局面。教师是脑力劳动者,关键是学校文化引领。学校要面向全体、面向全面、面向发展,要突出特色、张扬个性、发挥特长,不断优化平台,实现教师"个性特长"与学校"集体智慧"的完美结合,团结出"生产力"。因此,从事教育工作的人,只有奉献、求真、创新、团结,才能实现厚积薄发,持续进步,就会有强烈的成就感和无穷的力量。

　　我常常思考,怎样才能够把教育的事做好。我想,如果用数学公式表达的话,就是:(真心+悟心+爱心)×恒心=责任心!

　　教育是一个心理活动,首先得用真心去做。平平常常的人,清清楚楚、明明白白地做;普普通通的事,踏踏实实、真真切切地干;真心做人,真心教书,真心学习。其次要有悟心,一种现象,一种行为,甚至一种教学方法,好与不好,如何判断,关键是感悟和切入的角度,标准是实用和有效。再次要有爱心,因为肩负的是社会的责任和每一个家庭的希望、每一个孩子的成功,我们的一言一行都影响着孩子,甚至影响到孩子的一生。还要有恒心,教育的"积累",不是像开工厂、办企业那样有投入马上就会有回报,而是像涓涓细流一样一点一滴蓄积起来的,它的回报是隐性的、久远的。一个教育工作者如果把真心、悟心、爱心、恒心用到每一个孩子身上,用到自己必须要做的平凡的每一件小事中,就会有很多的追随者和不竭的动力。

　　我常常思考,怎样的人生才能够算是快乐人生。我想,如果用数学公式表达的话,就是:(快乐学习+快乐工作+快乐生活)×快乐心态=快乐人生!

　　人的一生中,在学校能够做到快乐学习,肯定是好学生,在单位能够做到快乐工作,肯定是好员工,在家庭能够做到快乐生活,肯定是精彩、充实的人。一个人,如果把学习、工作、生活当做快乐的事情去做,当做一种享受来对待,就会有适当的自由度和无穷的乐趣。

在拙作付梓出版之际,我特别感谢原省教委主任罗鸿福,原省教委副主任孙一峰、马培芳为本书题词;感谢定西市教育局局长崔振邦,甘肃农民报副总编曹剑南为本书作序;感谢临洮县教育局局长张国旗,甘肃日报社广告发行处处长周诚,原甘肃省中等师范学校政治课中心教研组组长、原临洮师范学校高级讲师李作辑的鼎力支持;感谢定西师范高等专科学校办公室副主任张慧为本书所做的策划、校勘等工作;感谢临洮县教育局各股室、临洮县政府教育督导室、临洮县教育科学研究所、临洮县招生委员会办公室,特别是定西市招生委员会办公室和同事朱殿功、王建军、于崇斌、李效民等同志提供了相关图表资料。我还要特别感谢组织安排我从事了教育工作,并向多年来对我的工作给予关怀、支持和帮助的老前辈、各位领导、校长和老师们谨致谢意,向支持临洮教育发展的兰州市及城关区教育界的朋友们谨致谢意,向对本书的编辑出版给予大力协助和支持的各位同事、朋友谨致谢意!

这里,我还要特别说明,本书只收集了我所积累的一些文字材料,仅是自家之言和一些粗浅思考,大部分虽付诸实践,但在广度和深度上仍有欠缺,特别是对于广大教育工作者丰富的实践活动挖掘、总结得不够;有些虽然想到了,但没有做到,有的做得还不够到位。另外,由于认识水平和实践能力所限,有一些观点和做法肯定存在欠妥之处甚或谬误,敬请读者批评、指正。

斯是后记。

魏文忠

2010 年 4 月 20 日